Polen – Ostseeküste und Masuren

„Das wichtigste Stück des Reisegepäcks
ist und bleibt ein fröhliches Herz."

*Hermann Löns (1866–1914),
deutscher Journalist und Schriftsteller*

Impressum

Kristine Jaath
**Reise Know-How Polen –
Ostseeküste und Masuren**

erschienen im
Reise Know-How Verlag Peter Rump GmbH
Osnabrücker Str. 79
33649 Bielefeld

© Reise Know-How Verlag Peter Rump GmbH
2008, 2011, 2013
**4., neu bearbeitete und komplett aktualisierte
Auflage 2015**

Alle Rechte vorbehalten.

Gestaltung
Umschlag: G. Pawlak, P. Rump (Layout);
 Andrea Hesse (Realisierung)
Inhalt: Günter Pawlak (Layout);
 Andrea Hesse (Realisierung)
Fotonachweis: die Autorin (kj), Volker Hagemann (vh),
bm (Bio-Landgut Marczak, Anna und Lech Marczak),
www.fotolia.de (Nachweis jeweils am Bild)
Titelfoto: die Autorin (Motiv: im Landschaftspark
Kaschubische Schweiz)
Karten: Thomas Buri, Catherine Raisin, der Verlag

Lektorat: Andrea Hesse

Druck und Bindung: Media-Print, Paderborn

ISBN 978-3-8317-2621-9
Printed in Germany

Dieses Buch ist erhältlich in jeder Buchhandlung
Deutschlands, der Schweiz, Österreichs, Belgiens
und der Niederlande. Bitte informieren Sie Ihren
Buchhändler über folgende Bezugsadressen:
Deutschland
 Prolit GmbH, Postfach 9, D-35461 Fernwald (Annerod)
 sowie alle Barsortimente
Schweiz
 AVA Verlagsauslieferung AG,
 Postfach 27, CH-8910 Affoltern
Österreich
 Mohr Morawa Buchvertrieb GmbH
 Sulzengasse 2, A-1230 Wien
Niederlande, Belgien
 Willems Adventure, www.willemsadventure.nl

Wer im Buchhandel trotzdem kein Glück hat,
bekommt unsere Bücher auch über unseren
Büchershop im Internet: www.reise-know-how.de

**Wir freuen uns über Kritik, Kommentare
und Verbesserungsvorschläge, gern auch
per E-Mail an info@reise-know-how.de.**

**Alle Informationen in diesem Buch sind von
der Autorin mit größter Sorgfalt gesammelt
und vom Lektorat des Verlages gewissenhaft
bearbeitet und überprüft worden.**

**Da inhaltliche und sachliche Fehler nicht
ausgeschlossen werden können, erklärt
der Verlag, dass alle Angaben im Sinne der
Produkthaftung ohne Garantie erfolgen
und dass Verlag wie Autorin keinerlei
Verantwortung und Haftung für inhaltliche
und sachliche Fehler übernehmen.**

**Die Nennung von Firmen und ihren Produkten
und ihre Reihenfolge sind als Beispiel ohne
Wertung gegenüber anderen anzusehen.
Qualitäts- und Quantitätsangaben sind rein
subjektive Einschätzungen der Autorin und
dienen keinesfalls der Bewerbung von Firmen
oder Produkten.**

Vorwort

Weshalb ich nach Polen und nicht nach Mallorca oder in die Karibik fahre, fragt man mich oft. Die Antwort ist einfach: Weil Polen und ganz besonders der polnische Norden zauberhaft schön ist und weil die Menschen so herzlich sind.

Natürlich besteht an der Ostseeküste und weiter östlich in Ermland-Masuren keine Gut-Wetter-Garantie. Dafür wird man mit herrlichen Sandstränden, Küstenkliffs und atemberaubenden Dünengebirgen entschädigt. Glasklare Seen, bunte Wiesen und stille Waldlandschaften sind die Alternative zu den mediterranen und karibischen Badepisten. Paddeln, Segeln und Baden sind in der schönen Jahreszeit aber auch im nördlichen Polen angesagt, außerdem Radeln, Reiten und Wandern.

Wer sich heute in Polens Norden aufmacht – in die Woiwodschaften Westpommern und Pommern, an die Danziger Bucht, ins alte Oberland, ins Ermland, nach Masuren und in die Suwalszczyzna – wird neben einer vielerorts noch nahezu unberührten Natur außerdem backsteingotische Kirchen und Klöster, alte preußische Herrenhäuser, die Schlösser der pommerschen Herzö-

Auf der Reise zu Hause
www.reise-know-how.de

- Ergänzungen nach Redaktionsschluss
- kostenlose Zusatzinformationen und Downloads
- das komplette Verlagsprogramm
- aktuelle Erscheinungstermine
- Newsletter abonnieren

Bequem einkaufen im Verlagsshop

Oder Freund auf Facebook werden

> Typisch pommersche Landschaft

Vorwort

ge, die stolzen Burgen der Deutschordensritter, verschlafene Dörfer, kleine Landstädtchen und traditionsreiche Hansestädte vorfinden. Kurz, er wird ein tausendjähriges europäisches Kulturerbe entdecken, dessen Steine Geschichte vermitteln und Geschichten erzählen.

Dazu gehört auch das gemeinsame schwierige deutsch-polnische Erbe. Das Konzentrationslager Stutthoff, der Bunkerwald „Mamerki" oder das Hitlerquartier „Wolfsschanze" zählen ebenfalls zu den herausragenden Besichtigungszielen. Auch in diesem historischen Spannungsfeld bewegt sich eine Reise durch das nördliche Polen.

Vor allem aber weckt kaum eine andere Region in Mitteleuropa so sehnsuchtsvolle Bilder von Entschleunigung, Stille und Ursprünglichkeit. Besonders der nordöstliche Winkel Polens gilt von jeher als Sinnbild einer noch unversehrten, einfachen Welt – wenngleich der Zeittakt im dritten Jahrtausend, zwischen Handy und Autostau, auch hier mittlerweile um einiges schneller schlägt. Seit dem Fall des Eisernen Vorhangs 1989 hat sich die junge demokratische Republik erheblich verändert. Neue Woiwodschaftsgrenzen wurden gezogen, Verwaltungs- und Sozialreformen, NATO- und EU-Beitritt und in näherer Zukunft wohl noch die Euro-Einführung unterwerfen das Land einem ständigen Wandel. Was soeben noch galt, besteht im nächsten Moment oft schon nicht mehr. Und der Wandel ist noch nicht abgeschlossen. Daher bitte ich um Verständnis, falls sich die eine oder andere Information in diesem Reiseführer in kürzester Zeit schon wieder geändert hat.

Was aber trotz allem unverändert bleibt, sind die zauberhafte Natur und die berühmte polnische Gastfreundschaft. So wünsche ich Ihnen eine angenehme, spannende und erlebnisreiche Reise ins nördliche Polen. Es ist eine Reise in das Herz Europas.

Kristine Jaath

Inhalt

Vorwort	4
Kartenverzeichnis	12
Hinweise zur Benutzung	13
Die Regionen im Überblick	16

1 Stettin (Szczecin) und Umgebung 20

Geschichte	26
Sehenswertes	28
Praktische Tipps	35
Stargard Szczeciński (Stargard in Pommern)	38

2 Die Insel Wolin 44

Stadt Wolin	48
Świnoujście (Swinemünde)	50
Międzyzdroje (Misdroy)	59
Im Woliner Nationalpark	66
Am rechten Oder-Arm	68

3 Von Kamień Pomorski nach Kołobrzeg 70

Kamień Pomorski (Cammin)	74
Von Kamień Pomorski nach Trzebiatów	76
Pobierowo (Poberow)	77
Trzęsacz (Hoff)	77
Rewal (Rewahl)	78
Niechorze (Horst)	80
Pogorzelica (Fischerkaten)	81
Trzebiatów (Treptow an der Rega)	81
Gryfice (Greifenberg in Pommern)	83
Mrzeżyno (Treptower Deep) und Dźwirzyno (Kolberger Deep)	84
Kołobrzeg (Kolberg)	85

4 Von Kołobrzeg nach Darłowo 94

Von Ustronie Morskie nach Mielno/Unieście	98
Ustronie Morskie (Henkenhagen)	98
Gąski (Funkenhagen)	102
Sarbinowo (Sohrenbohm)	103
Dobrzyca (Kordeshagen)	103
Mielno/Unieście (Großmöllen/Nest)	104
Jamno (Jamund) und Łabusz (Labus)	105
Koszalin (Köslin)	106
Darłowo (Rügenwalde)	111
Umgebung von Darłowo	117

5 Das Slowinzische Küstenland 118

Ustka (Stolpmünde)	122
Słupsk (Stolp)	127
Dolina Charlotty (Charlottental)	133
Ausflug nach Swołowo (Schwolow)	133
Rund um den Slowinzischen Nationalpark	136
Rowy (Rowe)	136
Smołdzino (Schmolsin) und Czołpino	137
Kluki (Klucken)	138
Łeba (Leba)	139
Von Łeba aus in den Slowinzischen Nationalpark	140
Östlich von Łeba	141

Inhalt

6 Das Kaschubische Küstenland — 146

Gemeinde Krokowa (Krockow)	150
Żarnowiec (Zarnowitz)	150
Krokowa (Krockow)	151
Von Karwia zur Halbinsel Hel	152
Władysławowo (Großendorf)	153
Halbinsel Hel	154
Chałupy (Ceynowa)	155
Kuźnica (Kußfeld)	155
Jastarnia (Putziger Heisternest)	156
Jurata (Danziger Heisternest)	159
Hel (Hela)	159
Puck (Putzig)	161
Wejherowo (Neustadt)	165

7 Kaschubische Schweiz — 168

Żukowo (Zuckau)	172
Kartuzy (Karthaus)	172
Im Kaschubischen Landschaftspark	174
Mirachowo (Mirchau)	174
Sianowo (Schwanau)	174
Chmielno (Ludwigsdorf)	176
Zwischen Chmielno und Ostrzyce (Ostritz)	176
Wieżyca (Turmberg)	177
Szymbark (Schönberg)	178
Kościerzyna (Berent)	179
Ausflug nach Bytów (Bütow)	181
Ausflug nach Będomin	183
Ausflug zum Kaschubischen Freilichtmuseum	185

8 Trójmiasto (Dreistadt) — 188

Öffentlicher Personennahverkehr	192
Gdynia (Gdingen)	193
Sehenswertes	193
Praktische Tipps	199
Sopot (Zoppot)	200
Sehenswertes	200
Praktische Tipps	203
Danzig (Gdańsk)	205
Geschichte	207
Sehenswertes zwischen Kohlenmarkt und Mottlau-Ufer (Tour 1)	211
Sehenswertes zwischen Brotbänkertor und Altstädtischem Graben (Tour 2)	217
Sehenswertes in der Altstadt (Tour 3)	220
Sehenswertes außerhalb des historischen Zentrums	225
Sehenswertes in der Umgebung	227

9 Frische Nehrung und Weichselniederung — 232

Von der Weichselmündung zur Frischen Nehrung	236
Konzentrationslager Stutthof	238
Frische Nehrung	239
Kąty Rybackie (Bodenwinkel)	240
Krynica Morska (Kahlberg-Liep)	241
Piaski (Neukrug)	242
Tczew (Dirschau)	242
Die Marienburg in Malbork	243
Die Marienburg	244
Der Ort	247
Sztum (Stuhm)	252
Kwidzyn (Marienwerder)	253

Exkurse und Info-Kästen

Die Insel Wolin
Der Wisent – Wiedergeburt
des europäischen Wildrinds 64

Von Kamień Pomorski nach Kołobrzeg
Der „Totale Film" 89

Von Kołobrzeg nach Darłowo
Bernstein – das Ostsee-Gold 100
Tolle Knolle – die Kartoffel 116

Das Slowinzische Küstenland
Henryk Sienkiewicz –
ein Dichter der Nation 134
Slowinzen und Kaschuben 142

Das Kaschubische Küstenland
Jurata, die Königin der Ostsee 158

Kaschubische Schweiz
Józef Wybicki – Dichter der
polnischen Nationalhymne 184

Trójmiasto (Dreistadt)
Solidarność –
Chronik einer Revolution 222

Frische Nehrung und Weichselniederung
Der Deutsche Orden 248

Frisches Haff und Oberländische Seenplatte
Eine Schiffs- und Landpartie auf
dem Elbląg-Ostróda-Kanal 270
Nikolaus Kopernikus 276

Ermland und südliches Masuren
Von der prußischen Eiche zur
Marienverehrung von Heilige Linde 314
Wo sich die masurischen
Störche tummeln 330

Die Großen Masurischen Seen
Paddeln auf der Krutynia 344
Die Altgläubigen 354
Die Masuren 360
Der Storch 380

Suwałki-Seenplatte
Wassertouren in Masuren 410

Praktische Reisetipps von A bis Z
Schutz vor Zeckenbissen 429

Land und Natur
Woiwodschaften (Provinzen) 466
Wetterregeln 472
Ein bisschen Erdgeschichte –
die Entstehung der Ostsee 476

Staat und Gesellschaft
Das Land im Überblick 513
Geschichte im Überblick 516
Staatssymbole 522

Pelplin	253
Gniew (Mewe)	255

10 Frisches Haff und Oberländische Seenplatte 258

Elbląg (Elbing)	262
Kadyny (Cadinen)	268
Frombork (Frauenburg)	269
Braniewo (Braunsberg)	275
Von Elbląg zur Oberländischen Seenplatte	279
Pasłęk (Preußisch Holland)	279
Kwitajny (Quittainen)	280
Słobity (Schlobitten)	280
Morąg (Mohrungen)	280
Ostróda (Osterode)	283
Südlich von Ostróda	288
Grunwald (Grünfelde)	290
Iława (Deutsch Eylau)	293

11 Ermland und südliches Masuren 296

Im nördlichen Ermland	302
Pieniężno (Mehlsack)	302
Orneta (Wormditt)	303
Dobre Miasto (Guttstadt)	304
Lidzbark Warmiński (Heilsberg)	305
Kloster Stoczek	308
Biszynek (Bischofstein)	309
Reszel (Rößel)	311
Święta Lipka (Heilige Linde)	313
Olsztyn (Allenstein)	318
Gietrzwałd (Dietrichswalde)	327
Südlich von Olsztyn – in Masuren	328
Olsztynek (Hohenstein)	329

12 Die Großen Masurischen Seen 332

Mrągowo (Sensburg)	337
An der Mrągowo-Seenplatte	340
Piecki (Peitschendorf)	340
Sorkwity (Sorquitten)	341
Ryn (Rhein)	343
Der Śniardwy-See (Spirding-See)	343
Mikołajki (Nikolaiken)	345
Im Masurischen Landschaftspark	349
An der Krutynia	351
Wojnowo (Eckertsdorf)	353
Ruciane-Nida (Rudschanny/Niedersee)	355
Pisz (Johannisburg) und die Puszcza Piska (Johannisburger Heide)	358
Orzysz (Arys)	359
Der Mamry-See (Mauer-See)	362
Kętrzyn (Rastenburg)	363
Schloss der Grafen Dönhoff in Drogosze (Dönhoffstädt)	366
Nakomiady (Eichmedien)	366
Führerhauptquartier Wolfsschanze	367
Sztynort (Steinort)	370
Mamerki	371
Węgorzewo (Angerburg)	372
Giżycko (Lötzen)	375

13 Buckliges Masuren 382

Puszcza Borecka (Borkener Forst)	386
Gołdap (Goldap)	387
Puszcza Romincka (Rominter Heide)	388
Olecko (Marggrabowa/Treuburg)	389
Ełk (Lyck)	391

14 Suwałki-Seenplatte 394

Augustów	399
Suwałki	403
Suwałki-Landschaftspark	406
Wigry-Nationalpark	407

15 Praktische Reisetipps von A bis Z 414

Anreise	416
Botschaften und Konsulate	421
Elektrizität	422
Essen und Trinken	423
Feiertage und Ferien	425
FKK	426
Fotografie	426
Geld	426
Gesundheit	428
Information	430
Kinder	432
Kleidung und Reisegepäck	432
Medien	433
Menschen mit Handicaps	433
Nationalparks	434
Notfälle	435
Öffnungszeiten	436
Post	437
Sicherheit	438
Sport und andere Aktivitäten	439
Telefon und Internet	443
Toiletten	444
Unterkunft	444
Unterwegs in Polen	452
Zollvorschriften	461

16 Land und Natur — 462

Polens nördliche Regionen	464
Klima	470
Flora und Fauna	472
Umwelt- und Naturschutz	478

17 Staat und Gesellschaft — 482

Geschichte	484
Polen im neuen Jahrtausend	514
Staat und Verwaltung	521
Medien	523
Wirtschaft	525
Tourismus	528

18 Menschen und Kultur — 530

Menschen und Mentalitäten	532
Religion und Gesellschaft	535
Sitten und Bräuche	540
Die Frau in der Gesellschaft	545
Alltagskultur	546
Architektur	549
Literatur	553
Malerei, Musik und Film	557

19 Anhang — 562

Kleine Sprachhilfe	564
Literaturtipps	568
Ortsnamenkonkordanz	570
Register	586
Die Autorin	600

In zahlreichen Freilichtmuseen wird traditionelles Handwerk präsentiert

Schnatteriges Trio

Karten

Polens Nordwesten   **Umschlag vorn**
Polens Nordosten   **Umschlag hinten**
Die Regionen im Überblick   **16, 18**

Thematische Karten

Landschaft im 13. Jahrhundert	490
Marienburg Lageplan	244
Oberländischer Kanal	272
Provinzen	466
Święta Lipka (Heilige Linde), Grundriss	312
Teilungen Polens	502
Westverschiebung Polens	509
Wolfsschanze	367

Landkarten

Stettin (Sczcecin) und Umgebung	23
Insel Wolin	47
Von Kamień Pomorski nach Kołobrzeg	72
Von Kołobrzeg nach Darłowo	96
Das Slowinzische Küstenland	120
Das Kaschubische Küstenland	148
Kaschubischer Landschaftspark	175
Kaschubische Schweiz	171
Trójmiasto (Dreistadt)	191
Frische Nehrung und Weichselniederung	234
Frisches Haff und Oberländische Seenplatte	261, 284
Ermland und südliches Masuren	298
Die Großen Masurischen Seen	334
Buckliges Masuren	385
Suwałki-Seenplatte	396

Ortspläne

Augustów	400
Bytów (Bütow)	182
Danzig (Gdańsk)	206
Tour 1	211
Tour 2	219
Tour 3	221
Elbląg (Elbing)	264
Ełk (Lyck)	392
Frombork (Frauenburg), Kathedralhügel	269
Gdynia (Gdingen)	194
Giżycko (Lötzen)	376
Iława (Deutsch Eylau)	292
Kętrzyn (Rastenburg)	364
Kołobrzeg (Kolberg)	86
Koszalin (Köslin)	108
Lidzbark Warmiński (Heilsberg)	306
Malbork (Marienburg)	246
Międzyzdroje (Misdroy)	60
Mikołajki (Nikolaiken)	346
Mrągowo (Sensburg)	338
Olsztyn (Allenstein)	320
Ostróda (Osterode)	286
Puck (Putzig)	162
Słupsk (Stolp)	128
Sopot (Zoppot)	202
Stargard Szczeciński (Stargard in Pommern)	38
Stettin (Szczecin)	24
Suwałki	404
Świnoujście (Swinemünde)	52
Ustka (Stolpmünde)	124

Hinweise zur Benutzung

Gliederung

Dieser Band ist ein Tourenführer zum Entdecken der drei nördlichen Woiwodschaften (Verwaltungsbezirke) Polens: **Westpommern** (Zachodniopomorskie), **Pommern** (Pomorskie) sowie **Ermland-Masuren** (Warmińsko-Mazurskie).

Auf den Seiten 16 bis 19 findet sich ein **Überblick über das Reisegebiet:** Kurze Texte charakterisieren die 14 Regionen, die in diesem Band vorgestellt werden, und zwei **Karten** zeigen, wo sich diese Regionen befinden. Zur besseren Orientierung ist jedes Ortskapitel mit einer **Ziffer** versehen, die sich auch in diesen Karten wiederfindet.

Der Hauptteil des Reiseführers widmet sich der Beschreibung von **Orten und Sehenswürdigkeiten** im nördlichen Polen. **Von Westen nach Osten** werden die wichtigsten und schönsten landschaftlichen und kulturellen Attraktionen der Reiseregion vorgestellt. Die ersten Kapitel führen, mit Abstechern ins Binnenland, immer an der Küste entlang. In der Woiwodschaft Pomorskie werden zudem die Kaschubische Schweiz und die bedeutendsten Sehenswürdigkeiten in der Weichselniederung beschrieben. Danach geht es durch die Regionen Frisches Haff und Oberländische Seenplatte, durch das Ermland und das „Land der kristall'nen Seen und dunklen Wälder", Masuren, bis hin zur Region Suwalszczyzna, die im nordöstlichsten Winkel Polens bereits in der Woiwodschaft Podlaskie (Podlachien) liegt.

Am **Anfang jedes Regionalkapitels** steht ein Überblick über das betreffende Gebiet. Darauf folgen die Beschreibungen der Ortschaften, ihrer Geschichte und Sehenswürdigkeiten sowie im Anschluss die reisepraktischen Infos.

Nach den Ortskapiteln folgt der Abschnitt **„Praktische Reisetipps von A bis Z",** in dem alles Wissenswerte zu Anreise, Geldfragen, Unterkünften, Transport- und Verkehrsmitteln, Essen und Trinken und vieles mehr zu finden ist.

Die anschließenden Kapitel stellen das **Land und seine Bewohner** vor: Natur, Geschichte, Staat und Gesellschaft, Kultur, Traditionen und Alltagsleben.

Für die Suche nach einem bestimmten Ort oder einem Sachgebiet steht im **Anhang** ein umfangreiches **Register** zur Verfügung. Ferner findet man dort eine kleine **Sprachhilfe,** eine Übersetzungshilfe für die Speisekarte, **Literaturhinweise** sowie eine **Namenskonkordanz,** also ein Verzeichnis der polnischen, ehemals deutschen Orts- und Landschaftsnamen Polnisch – Deutsch/Deutsch – Polnisch.

Nicht verpassen!

Die Highlights der Region erkennt man an der gelben Hinterlegung.

MEIN TIPP: ...
... steht für spezielle Empfehlungen der Autorin: abseits der Hauptpfade, nach ihrem persönlichen Geschmack.

Der Schmetterling ...
... zeigt an, wo man besonders gut Natur erleben kann oder Angebote im Bereich des nachhaltigen Tourismus findet.

Karten und Pläne

Jede der 14 vorgestellten Regionen wird auf einer eigenen Karte zu **Beginn des jeweiligen Kapitels** dargestellt. Orte, die im Kapitel ausführlich vorgestellt werden, sind mit einem **Fähnchen** gekennzeichnet, in dem jeweils die Seitenzahl vermerkt ist, unter der die Ortsbeschreibung zu finden ist.

Bei größeren und wichtigen oder auch unübersichtlichen Orten finden sich **Stadtpläne.** Der Übersichtlichkeit halber sind dabei Sehenswürdigkeiten, die im Text stets mit ihrer polnischen Bezeichnung und der deutschen Übersetzung genannt werden, in den Kartenlegenden nur mit ihren **deutschen Bezeichnungen** eingetragen, sonst sähen viele Legendenpunkte etwa so aus: „Kirche der Unbefleckten Empfängnis der Jungfrau Maria (Kościół pw. Niepokalanego Pocznęcia Najświętszej Marii Panny)", was sicher mehr verwirrt als hilft.

Abkürzungen und Schreibweisen von Internetadressen

Die Abkürzung „ul." bei den Adressangaben steht für das polnische *ulica,* Straße, „al." für *aleja,* Allee, und „pl." für *plac,* Platz. Das Kürzel „św.", wie man es beispielsweise bei Kirchennamen findet (Kościół św. Jerzego/St. Georgskirche), steht für *święty,* heilig.

Internetadressen, die über zwei Zeilen verlaufen, sind nur dort mit einem Trennstrich geschrieben, wo dieser Bestandteil der Adresse ist.

Unterkunftspreise

Die Ziffern, mit denen Herbergen und Quartiere versehen wurden, beziehen sich nicht auf die Hotelkategorie, sondern auf die fünf **Preisklassen,** wie wir sie für den schnellen Überblick eingeteilt haben. Die Unterkunftstipps in den Ortsbeschreibungen gelten mit ihren Preisangaben, sofern nicht anders aufgeführt, stets für ein **Doppelzimmer** für zwei Personen mit WC/Duschbad inklusive **Frühstück** bei einer Übernachtung in der Hochsaison. Näheres hierzu siehe „Praktische Reisetipps von A bis Z, Unterkunft".

①	= 20–35 €	(ca. 85–145 Zł.)
②	= 35–50 €	(ca. 145–210 Zł.)
③	= 50–70 €	(ca. 210–290 Zł.)
④	= 70–100 €	(ca. 290–415 Zł.)
⑤	= über 100 €	(über 415 Zł.)

Namen und Ortsbezeichnungen

Als ich in einem Gespräch mit meinem Großvater von „E-ł-k" in Masuren berichtete, wollte er nicht verstehen, dass ich von „L-y-c-k" sprach, der Stadt, in der er geboren wurde und aufwuchs. Auf einmal konnten wir uns nicht mehr verstehen. Denn diese simplen drei oder vier Buchstaben, die doch nur einen Ort auf der Erde bezeichnen, bedeuteten zugleich die vielen entsetzlichen Dinge, die sich im Verlauf der Geschichte zwischen Deutschen und Polen ereignet haben. Sie handeln von Unterdrückung, von Krieg und Vertreibung und tragen oft heute noch einen unendlichen Schmerz.

Namen und Ortsbezeichnungen

Sagt ein Engländer „Naples" und ein Deutscher „Neapel", wird sich der Einwohner der italienischen Stadt Napoli kaum gekränkt fühlen. Die Entscheidung, ob „Ełk" oder „Lyck", „Słupsk" oder „Stolp", ist in manchen Kreisen dagegen leider Programm. Insofern bedeutet sie mehr als nur eine topografische Bezeichnung, sondern transportiert oft zugleich die Art der Auseinandersetzung mit der polnisch-deutschen Geschichte. Die Namen sind ein Spiegel davon – im Guten wie im Schlimmen.

Und wie halte ich es in diesem Reiseführer? Es werden selbstverständlich die Regionen im nördlichen Polen beschrieben – im Respekt vor den Menschen, die 1945 ihre Heimat verloren, Deutschen wie Polen, und im Gedenken an die sechs Millionen polnischen Toten, die Hitler-Deutschland verschuldet hat.

Es werden generell die **polnischen Ortsnamen** verwendet. Ehemalige deutsche Namen stehen einmalig in Klammern, z.B. Kołobrzeg (Kolberg). Kolberg gilt für die Zeit, in der die Stadt Kolberg hieß; ihre Sehenswürdigkeiten kann man nur in Kołobrzeg entdecken. Ausnahmen bilden Stettin/Szczecin und Danzig/Gdańsk als größte und bekannteste Städte im nördlichen Polen, für die wir, wie in der öffentlichen Berichterstattung allgemein üblich, die deutsche Lesart verwenden.

Sehenswürdigkeiten sind im Text aus Gründen der besseren Lesbarkeit zuerst mit ihrem deutschen Namen aufgeführt, in Klammern folgt die polnische Bezeichnung, z.B. Kirche St. Peter und Paul (Kościół św. Piotra i Pawła). Die wenigsten touristischen Hinweistafeln in den polnischen Städten sind auch in Fremdsprachen gehalten.

Die **geografischen Bezeichnungen** sind ebenfalls der Lesefreundlichkeit angepasst. Ein See wird nicht zum *jezioro*, sondern bleibt ein See, auch wenn er nicht mehr „Mauer-" sondern „Mamry"-See heißt. Wichtig ist nur zu wissen, dass die Abkürzung „Jez." auf polnischen Landkarten „See" bedeutet, während andererseits auf Karten aus einem deutschen „Heimwehverlag" der Name „Mamry" nur lupenkleingedruckt unter der historischen deutschen Bezeichnung zur Erwähnung kommt.

Zur besseren Orientierung haben wir die geografischen Namen deshalb mal deutsch und mal polnisch verwendet. So ist neben dem „Kawcza-Berg" auch der „Góra Kawcza" (*góra* = Berg) und in Klammern die historische Bezeichnung (Kaffeeberg) im Text zu finden. Entsprechendes gilt für die „Pojezierze Kaszubskie" oder „Kaschubische Seenplatte" und „Mazury" oder „Masuren". Und last but not least: Zatoka Gdańska ist wie im Deutschen die Danziger Bucht, wohingegen Zalew Wiślany übersetzt Weichsel-Haff bedeutet, das Weichsel-Haff in der deutschsprachigen Landeskunde aber als „Frisches Haff" bezeichnet wird. In diesem Reiseführer werden die geografischen Namen darum einfach abgewechselt, mal der polnische angeführt (mit dem deutschen in Klammern) und dann wieder umgekehrt; in der Absicht, dass die Orientierung im Text wie auf den Landkarten damit leichter fällt.

Darüber hinaus ist im Anhang zu diesem Reiseführer eine **Namenskonkordanz** zu finden.

Die Regionen im Überblick

1 Stettin und Umgebung 20

Szczecin ist mit über 400.000 Einwohnern die siebtgrößte Stadt Polens. Das Schloss der Herzöge von Pommern (S. 28) zählt zu ihren bedeutendsten Sehenswürdigkeiten. Weitere Höhepunkte sind die rekonstruierte Altstadt (S. 30) sowie die Chobry-Wälle (S. 32), die sich über der Oder erheben.

2 Die Insel Wolin 44

Die Nachbarinsel von Usedom schmückt sich mit einem 35 km langen Strand. Unmittelbar hinter den Badeorten Świnoujście (S. 50) und Międzyzdroje (S. 59) dehnen sich schöne Buchenwälder im Woliner Nationalpark (S. 66) aus. Beim Städtchen Wolin (S. 48) führt das Slawen- und Wikingerzentrum ins 10. Jh. zurück. Den schönsten Blick auf die Ostsee bietet der Gosań-Berg (S. 66). Mit 95 m über dem Meeresspiegel ist er Teil der höchsten Kliffküste Polens.

3 Von Kamień Pomorski nach Kołobrzeg 70

Kiefernbewachsene Dünenwälle sind typisch für die Küste zwischen Camminer Bodden und Kołobrzeg (S. 85), dem größten Kurbad an der polnischen Ostseeküste. Eenfalls gekurt wird an der Boddenküste in Kamień Pomorski (S. 74). In den Badeorten Pobierowo (S. 77), Trzęsacz (S. 77), Rewal (S. 78), Niechorze (S. 80) und Pogorzelica (S. 81) geht es in den Sommerferien hoch her. Umso stiller zeigt sich das Hinterland mit dem pommerschen Landstädtchen Trzebiatów (S. 81).

4 Von Kołobrzeg nach Darłowo 94

Die Badeorte Gąski (S. 102), Sarbinowo (S. 103), Chłopy (S. 103) und die Gemeindestadt Mielno Unieście

☐ Anschlusskarte S. 18 **Die Regionen im Überblick**

(S. 98) locken im Sommer zahlreiche Gäste an. Kulturelle Höhepunkte bilden die Stadt Koszalin (S. 106), mit Marienkirche, Marienheiligtum und Aussichtsturm auf dem Gollenberg, sowie das Herzogsschloss in Darłowo (S. 111).

 Das Slowinzische Küstenland 118

Das Seebad Ustka (S. 122) bildet den Auftakt zu den spektakulären Dünen im Slowinzischen Nationalpark (S. 136). In Rowy (S. 136) und Łeba (S. 139) stehen Badefreuden an erster Stelle. Reetgedeckte Katen im Slowinzischen Freilichtmuseum in Kluki (S. 138) bewahren das Andenken an die Slowinzen, die einst an diesem Küstenstrich siedelten. Als einzige Großstadt weit und breit wartet Słupsk (S. 127) mit dem Schloss der Herzöge von Pommern auf.

 Das Kaschubische Küstenland 146

Bei Jastrzębia Góra (S. 152) ist der nördlichste Punkt Polens erreicht. Auf 35 km Länge greift die Halbinsel Hel (S. 154) in die Danziger Bucht. Sie zählt dank steter Brise zu den besten Surfspots an der südlichen Ostsee. Das Städtchen Puck (S. 161) hat sich selbst in der Hochsaison einen stillen Charakter bewahrt. Nahebei zieht Wejherowos (S. 165) berühmter Kalvarienberg Pilger an.

Kaschubische Schweiz 168

Sanfte Hügel durchziehen das seengeschmückte Land und türmen sich bei Wieżyca (S. 177) im Kaschubischen Landschaftspark auf fast 330 m auf. Kulturelle Mittelpunkte bilden Kartuzy (S. 172) sowie Kościerzyna (S. 179). Als Meisterwerk der gotischen Burgenbaukunst präsentiert sich die Ordensritterburg in Bytów (S. 181). Originalgebäude und vieles mehr aus alter kaschubische Zeit zeigt das Kaschubische Freilichtmuseum (S. 185) im Wdzydzki-Landschaftspark.

Trójmiasto (Dreistadt) 188

Nirgends lebt man an der polnischen Ostseeküste dichter gedrängt als in der Dreistadt Gdynia/Sopot/Gdańsk: Gdynia (S. 193), moderne Hafenstadt; Sopot (S. 200), mondänes Seebad und quirlige Szenehochburg; Danzig (S. 205), traditionsreiche Hansestadt mit zahllosen Sehenswürdigkeiten.

 ### Frische Nehrung und Weichselniederung 232

Feine Strände und Kiefernwäldchen schmücken die Frische Nehrung. Im Landesinneren prägen schmale Kanäle die fruchtbare Weichselniederung. Prachtvoll erheben sich die Backsteinbauwerke der Deutschordensritter in Kwydzin (S. 253), Gniew (S. 255) und allen voran in Malbork (S. 244), wo die Marienburg über der Nogat thront, die größte Backsteinburg Europas und Weltkulturerbe.

 ### Frisches Haff und Oberländische Seenplatte 258

In Frombork (S. 269) wirkte einst Nikolaus Kopernikus. Elbląg (S. 262) ist für seine Altstadt und als Ausgangspunkt für Schiffspartien auf dem Oberländischen Kanal berühmt. In Grunwald (S. 290) zeichnet ein Freilichtgelände die Schlacht von Grunwald/Tannenberg nach.

Die Regionen im Überblick

11 Ermland und südliches Masuren 296

Die Burgschlösser der Bischöfe von Ermland zählen zu den herausragenden Sehenswürdigkeiten in Ermland, darunter die Bischofsburgen von Lidzbark Warmiński (S. 305), Reszel (S. 311) und der Landeshauptstadt von Ermland-Masuren, Olsztyn (S. 318). Im weiten Bauernland liegen bedeutende Marienwallfahrten, so Gietrzwałd (S. 327), Kloster Stoczek (S. 308) und überragend Święta Lipka (S. 313), wo eine der schönsten Barockkirchen Nordpolens die Pilger anzieht. In Olsztynek (S. 329) führt das Masurische Freilichtmuseum in vergangene Zeiten zurück.

12 Die Großen Masurischen Seen 332

„Land der dunklen Wälder und kristall'nen Seen" wird die Region der Großen Masurischen Seen genannt. Tausende durch kleine Flüsse und Kanäle miteinander verbundene Gewässer bilden ein Dorado für Wassersportler. Im Westen schlängelt sich das Flüsschen Krutynia (S. 351) durch die Mrągowo-Seenplatte (S. 340). An den größten masurischen Seen, dem Mamry-See (S. 362) und dem Śniardwy-See (S. 343), liegen die Wassersporthochburgen Giżycko (S. 375) und Mikołajki (S. 345). Alte Mauern, wie Schloss Steinort in Sztynort (S. 370) oder auch die Bunkeranlage Mauerwald (Mamerki, S. 371), erzählen von der deutschen Geschichte. Vor den Toren von Kętrzyn (S. 363) liegen im Wald die Ruinen des Führerhauptquartiers Wolfsschanze (S. 367).

13 Buckliges Masuren 382

Das Hügelland östlich der Großen Masurischen Seeplatte ist touristisch noch kaum entdeckt. Von Sümpfen und Mooren durchzogen zeigen sich das Walddickicht der Puszcza Borecka (S. 386) und der Puszcza Romincka (S. 388). Die historische Hauptstadt Masurens Ełk (S. 391) wartet mit einer hübschen Seepromenade und einer historischen Schmalspurbahn auf.

14 Suwałki-Seenplatte 394

Im äußersten nordöstlichen Winkel Polens dehnen sich der Urwald der Puszcza Augustówska, Polens größtes zusammenhängendes Waldgebiet, und der Wigry-Nationalpark (S. 407) aus. Perle im Nationalpark ist das Kamaldulenser-Kloster am Wigry-See (S. 409). Nahebei schmückt sich Suwałki (S. 403) mit einem klassizistischen Stadtzentrum. Die größte Attraktion in Augustów (S. 399) ist der historische Augustów-Kanal, der zur Freude der Paddler im Wechsel mit kleinen Flüsschen 26 Seen miteinander verbindet.

Geschichte | 26
Sehenswertes | 28
Praktische Tipps | 35
Stargard Szczeciński | 38

1 Stettin und Umgebung

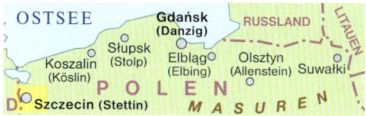

„Paris des Nordens" wird die Hauptstadt der Woiwodschaft Westpommern gerne genannt. Zwischen Oder und Ostsee gelegen, ist Stettin das wirtschaftliche und kulturelle Zentrum der gesamten Region.

 Majestätisch: Wały Chrobrego am Oder-Ufer. Seit Anfang des 20. Jh. bilden die in deutscher Zeit „Haken-Terrassen" genannten, prächtigen Repräsentationsbauten die Visitenkarte Stettins

STETTIN UND UMGEBUNG

Stettin (**Szczecin**) an den Ufern der Oder: historische Hauptstadt der pommerschen Herzöge, **Hauptstadt** der Woiwodschaft Westpommern (Zachodniopomorskie), mit 408.000 Einwohnern siebtgrößte Stadt Polens, mit Świnoujście größter Hafenkomplex an der polnischen Ostseeküste, wichtigstes Wirtschafts- und Handelszentrum Nordwestpolens, Universitätsstadt mit zahlreichen Hochschulen und kultureller Mittelpunkt der Region. Noch viele weitere Superlative könnten die Stettiner aufzählen, und sie betonen mit Stolz, dass über ihrer Stadt „bis heute der Geist des Barons Haussmann schwebt". Inspiriert von den Plänen des Seine-Präfekten *Georges-Eugène Haussmann,* welcher Mitte des 19. Jh. für die Stadtplanung des modernen Paris verantwortlich zeichnete, entstand in der Stadt an der Oder, als 1875 der letzte Stein der alten Festungsanlagen geschleift worden war, ein Zentrum mit breiten Boulevards, weiten Plätzen und großzügigen Parks, weshalb Stettin schon bald „die Großstadt im Grünen" genannt wurde.

Noch im Stadtgebiet liegen die Ausflugsorte rund um den weitflächigen **Dąbie-See** (Dammscher See), den die Oder durchfließt, bevor sie sich kurz darauf ins **Stettiner Haff** (Zalew Szcze-

NICHT VERPASSEN!

- **Das Schloss der Herzöge von Pommern,** historisches und kulturelles Zentrum Szczecins | 28
- **Die Neue Altstadt,** wiederaufgebaut zwischen Schloss und Oder | 30
- **Die Chrobry-Wälle,** imposante Visitenkarte der Stadt | 32
- **Schiffspartien:** mit dem Tragflügelboot nach Świnoujście, Hafenrundfahrten, Oder-Kreuzfahrten | 37

Diese Tipps erkennt man an der gelben Hinterlegung.

△ Detail am Uhrenturm des herzöglichen Schlosses

Stettin und Umgebung

ciński) ergießt und so Stettin mit den Weltmeeren verbindet. Um von ihrer grünen Stadt ins Blaue auszufliegen, müssen die Stettiner also nicht allzu weit fahren.

Und vielleicht war es ja das Rauschen der dunklen Wälder ringsum, das dem Stettiner Theaterkapellmeister *Leon Jessel* die Musik zur **Operette „Schwarzwaldmädel"** einflüsterte? Man will es kaum glauben, aber das populäre Schwarzwaldmädel ist in Wahrheit ein pommersches Kind! *Jessel*, der mit vielen Operetten einen Reigen bis heute beliebter Unterhaltungsmusik schuf, verstarb 1942 an den Folgen seiner Inhaftierung durch die Gestapo. **Heinrich George,** der seine großartige Schauspielkunst in den Dienst der Nationalsozialisten stellte und sich in deren wütendsten Propaganda-Filmen verdingte, ist ebenfalls ein Stettiner Kind. Auch der Schriftsteller **Alfred Döblin** erblickte hier 1878 das Licht der Welt, ebenso wie die berühmteste Tochter der Stadt, *Sophie Auguste von Anhalt-Zerbst,* die als **Zarin Katharina die Große** (reg. 1762–1796) in die Geschichte einging.

Stettin (Szczecin)

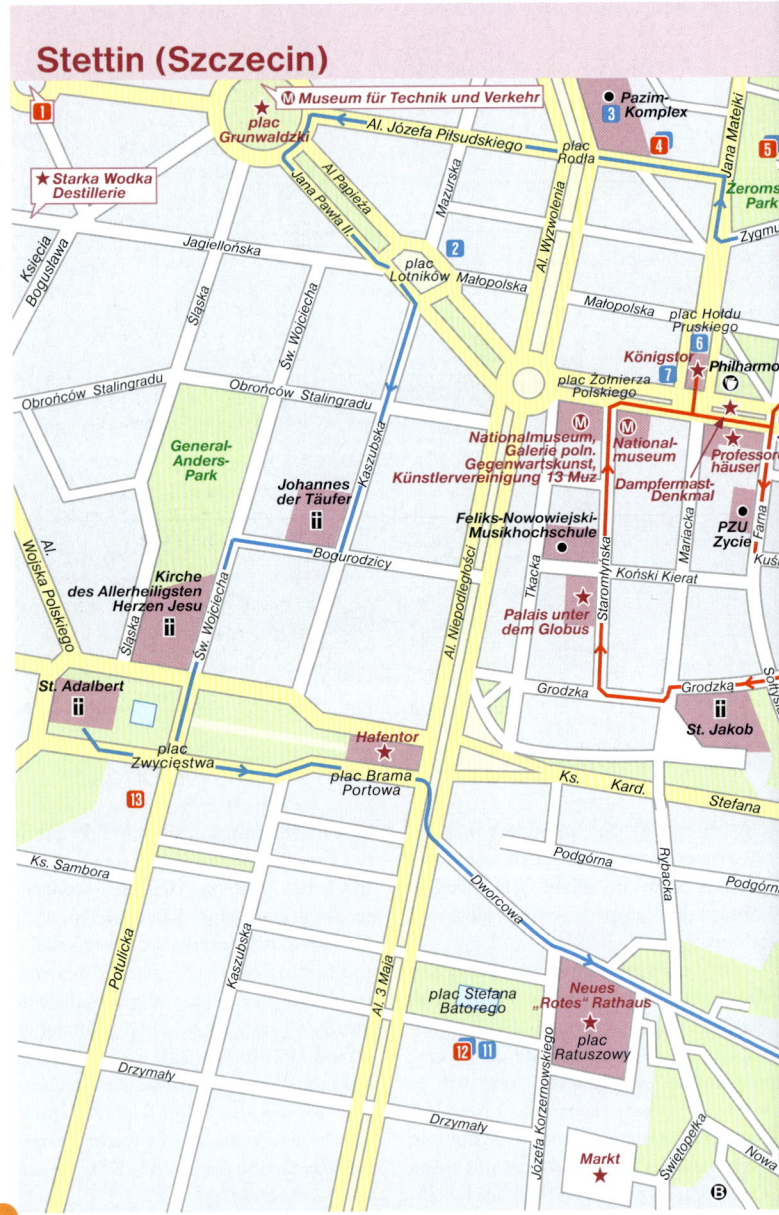

Karten S. 23, Umschlag vorn **Stettin (Szczecin)**

■ **Übernachtung**
1 Jugendherberge Cuma
4 Radisson Blu Hotel Szczecin
5 Park Hotel
8 Hotel Focus
10 PTTK Camping Marina
12 Hotel Victoria
13 Hotel Rycerski

■ **Essen und Trinken**
2 Gasthaus Pod Kogutem
3 Café 22
4 Restaurant Radisson Hotel Szczecin
5 Park Hotel Restaurant
6 Brama Jazz Café
7 Restaurant Chata
9 Restaurant Zamkowa
11 Restaurant Browar Komeda
12 Restaurant Victoria

•• Startpunkte der Rundgänge
→ Rundgang 1
→ Rundgang 2

🅿 bewachter Parkplatz

Geschichte

Bereits für das **8. Jh.** ist auf einer Anhöhe über der Oder eine **slawische Siedlung** nachgewiesen, im 9. Jh. wurde sie mit Pfahlreihen und Erdwällen befestigt. So oder ähnlich beginnen fast alle Geschichten der pommerschen Küstenstädte, und die Geschichte Stettins steht exemplarisch dafür.

Bis 980 nimmt der große Polanen-Fürst **Mieszko I.** (reg. um 960–992) das Siedlungsgebiet der Pomoranen zwischen Oder- und Weichselmündung ein. 1042 werden sie gegenüber der polnischen Krone tributpflichtig. In diese Zeit Mitte des 11. Jh. fällt auch die Erwähnung eines ersten pomoranischen Herrschers aus dem Greifengeschlecht: Ein Mann namens *Siemomysl* wird als „Dux Bomeranorum" (Führer der Pommern) genannt. Nach drei Feldzügen des polnischen Königs *Bolesław III. Krzywousty* („Schiefmund") 1116, 1119 und 1121 unterwirft sich nach der Eroberung Stettins der erste historisch verbürgte Greifenherzog *Wartislaw I.* und nimmt das Christentum an. Drei Jahre später beginnt Bischof *Otto von Bamberg* im Auftrag *Bolesław Schiefmunds* seine erste Missionsreise in das heidnische Pommernland.

1173 erobern **dänische Wikinger** erstmals die Burg Stettin. 1181 begibt sich der Greife *Bogislav I.* von Stettin (reg. 1155–1187) unter den Schutz des römischen Kaisers *Friedrich I. Barbarossa* (reg. 1155–1190), der ihn als „Herzog von Slavien" in den Reichsherzogstand erhebt und ihn mit dem Land Pommern-Stettin belehnt. 1185 kapituliert *Bogislav* nach Jahren des Kampfes gegen die **Dänen.** Bis 1227 bleibt das Land dänisches Lehen, um 1231 schließlich unter die Hoheit der **brandenburgischen Markgrafen** zu gelangen. Immer mehr **deutsche Siedler** strömen ins Land.

Unter der Herrschaft *Barnims I.* (reg. 1226–1278) werden Stettin 1243 die **Stadtrechte** verliehen. 1278 wird es Mitglied der **Hanse,** Handel, Zünfte und Schifffahrt gedeihen. Unter *Barnim IX.* (reg. 1531–1573), Student *Martin Luthers* in Wittenberg, wird die **Reformation** eingeführt. 1534 beschließen die pommerschen Herzöge auf dem Landtag zu Treptow an der Rega verbindlich die neue christliche, protestantische Glaubenslehre.

Bis zum Aussterben des Greifengeschlechts 1637 bleibt Stettin eine Hauptstadt der pommerschen Herzöge. Auch bleibt es lange Zeit vom **Dreißigjährigen Krieg** verschont, der seit 1618 in Europa wütet. Erst 1630 besetzen schwedische Truppen die Stadt, und nach Abschluss des Westfälischen Friedens 1648 verbleibt Stettin weiterhin in schwedischer Hand.

> Renaissance in Zuckerguss-Optik: das Schloss der Herzöge von Pommern

Geschichte

Infolge eines umstrittenen Erbvertrags melden indes die brandenburgischen Kurfürsten ihre Ansprüche an. Es folgen der **Schwedisch-Brandenburgische Krieg** 1676 und 1700 bis 1721 der große **Nordische Krieg** zwischen Polen, Dänemark, Russland und Schweden, den sich Brandenburg, seit 1701 Königreich Preußen, zunutze macht, Stettin 1720 für zwei Millionen Taler von der schwedischen Krone einkauft und zur Hauptstadt der preußischen Provinz Pommern macht. Anschließend wird die Stadt mit zahlreichen Forts und Kasernen zum Bollwerk gegen Schweden aufgebaut.

1740 beginnt mit dem Ausbau der Swine der Aufstieg zum wichtigsten **Hafen** im preußischen Königreich. Nach einem französischen Zwischenspiel – 1807 bis 1813 ist Stettin von napoleonischen Truppen besetzt – entwickelt sich die Hauptstadt der Provinz Pommern zum bedeutenden Verwaltungs- und Wirtschaftszentrum. Der Abbruch der alten Festungswerke 1875 schafft Raum für die Stadterweiterung sowie ihre Neugestaltung mit breiten Boulevards, inspiriert von Plänen des Pariser Stadtpräfekten Baron *Haussmann*.

Im August 1944 wird Stettin Ziel schwerer **Bombenangriffe,** 90 Prozent der Altstadt und über 70 Prozent des übrigen Stadtgebiets liegen in Trümmern. Im April 1945 von der Roten Armee eingenommen, erfolgt im Juli die Übergabe der Verwaltung an polnische Stellen. Die noch verbliebene deutsche Bevölkerung wird in der Folgezeit ausgewiesen. Aus den an die Sowjetunion gefallenen polnischen Ostgebieten werden polnische Neubürger angesiedelt. „Heimkehrer aus der UdSSR" nannte man die aus ihrer alten Heimat jenseits des Bugs vertriebe-

nen Menschen im offiziellen kommunistischen Sprachgebrauch. Im Dezember 1946 leben bereits annähernd 110.000 Neubürger in den Ruinen und bauen die zerstörte Stadt wieder auf.

Szczecin wird **Hauptstadt** der gleichnamigen Woiwodschaft. Bis Mitte der 1950er Jahre sind Hochschulen und Akademien eröffnet, 1955 erfolgt die vollständige Übergabe des Hafens aus sowjetischer Hand an die Volksrepublik. In den 1960er Jahren beginnt der industrielle Ausbau der Stadt. 1970 kommt es zu Protesten der Werftarbeiter gegen die staatliche Wirtschaftspolitik, 1980 wird Stettin nach Danzig zur **Keimzelle der Solidarność-Bewegung**. Nach dem Zusammenbruch des Kommunismus finden hier im Mai 1990 die polenweit ersten demokratischen Kommunalwahlen statt. Seit 1999 ist Stettin die Hauptstadt der neu gebildeten **Großwoiwodschaft Zachodniopomorskie** (Westpommern).

Sehenswertes

Rundgang 1: Im Zentrum rund um das Schloss

Nähert man sich dem historischen Zentrum über die Oderbrücken, empfängt einen Stettin am westlichen Flussufer sogleich mit seinen buchstäblich herausragenden Sehenswürdigkeiten. Linker Hand sticht aus der Stadtsilhouette der mächtige Turm des **Doms St. Jakob** hervor, rechter Hand glitzert der gläserne Wolkenkratzer des **Pazim-Komplexes** im Sonnenlicht, und inmitten erheben sich, grünbehelmt, die Türme des **Schlosses der Herzöge von Pommern** (Zamek Książąt Pomorskich).

Es empfiehlt sich, den Rundgang hier am Herzogsschloss im Herzen der Altstadt zu beginnen. Bewachte **Parkplätze** befinden sich wenige Schritte entfernt unterhalb der Brücke über Oder und Uferstraße sowie unmittelbar an der Nordflanke des Schlosses. Die **Straßenbahn** hält an der Uferstraße, falls man nicht die ganze Stadtbesichtigung zu Fuß absolvieren möchte, und im Schloss selbst hält im Kleinen Hof das **Zentrum für Touristen- und Kulturinformation** Stadtpläne, Prospekte und eine Fülle von Auskünften parat.

◁ Der Uhrenturm des herzöglichen Schlosses

Sehenswertes – Rundgang 1

Mit dem Bau einer Stettiner Residenz auf der Anhöhe über der Oder begannen die Pommernherzöge bereits Anfang des 13. Jh., als der Greife *Wartislaw I.* neben einem dem slawischen Gott Triglaw gewidmeten Tempel eine Holzburg errichten ließ. Fast anderthalb Jahrhunderte später sollte sie unter Herzog *Barnim III.* endlich einem Steinhaus weichen, doch löste der Plan bei den Stettiner Patriziern große Empörung aus, denn der Burgplatz war den Stadtbürgern vorbehalten. 1346 gelangte man schließlich zur Einigung, und es entstand das Steinhaus als Grundstock des heutigen Herzogsschlosses. In den folgenden 200 Jahren wurde es permanent umgebaut und erweitert, bis es 1573 bis 1582, während der Regentschaft Herzog *Johann Friedrichs,* noch einmal eine komplette Umgestaltung im Renaissance-Stil erfuhr. Zugleich wurden das Steinhaus abgerissen, der Ostflügel erhöht sowie Nord- und Westflügel mit Schlosskapelle gebaut. Doch waren die Arbeiten damit längst nicht abgeschlossen, man werkelte auch danach fleißig weiter. 1616 bis 1619 zog man hinter dem Ostflügel den Münzflügel hoch, wodurch der zweite, Kleine Schlosshof entstand. Nach 1840 wurden auf Anordnung König *Friedrich Wilhelms IV.* wiederum Teile des Ostflügels und 1872 der Südflügel abgerissen sowie der Rest neugotisch bis zur Unkenntlichkeit „modernisiert". In den 1920er Jahren besann man sich dann auf die einstige Pracht; vorsichtige Restaurierungsarbeiten begannen, die aber nicht mehr zum Ende gelangten. 1944 wurde das Schloss während der alliierten **Luftangriffe** völlig zerstört. Von 1958 bis 1980 dauerte der **Wiederaufbau** in seiner historischen Renaissance-Gestalt.

Heute beherbergt das Schloss der Herzöge von Pommern neben dem Marschallamt der Woiwodschaft und einem Schlossrestaurant zahlreiche bedeutende **Kultureinrichtungen,** darunter die Schlossoper (Opera na Zamku), ein kleines Kino, Theater und Kabarettbühnen, im Nord- und Südflügel Galerien für Wechselausstellungen und im Bogusław-I.-Saal (ehemals die Schlosskapelle) einen Konzertsaal, wo klassische und alte Musik, Chor- und Kammerkonzerte erklingen. Im Großen Schlosshof finden im Sommer Open-Air-Konzerte statt. Aufmerksamkeit verdient dort der Uhrenturm mit einer Uhr von 1693, während im Kleinen Hof der 59 m hohe Glockenturm mit der Alten Mariaglocke (14. Jh.) eine schöne Aussicht auf die Dächer Stettins verspricht und ein Foucaultsches Pendel außerdem die Erdrotation veranschaulicht.

Bereits 1946 entdeckte man während der Sicherung der kriegszerstörten Ruine eine **Krypta** mit 14 herzoglichen **Sarkophagen.** Sechs dieser reich geschmückten, hochherrschaftlichen Särge, und zwar die von *Bogislaw XIV., Bogislaw XIII., Anna Maria, Philipp II., Franz I.* und *Ulrich,* konnten wiederhergestellt werden. Sie stammen aus dem 17. Jh. und sind heute im Kellergeschoss im **Schlossmuseum** ausgestellt. Darüber hinaus informiert das Museum anhand von Fotos und archäologischen Artefakten über die Entstehungs- und Rekonstruktionsgeschichte der Stettiner Herzogsresidenz. Die benachbarte Gotische Galerie widmet sich zeitgenössischen Kunstausstellungen.

Unterhalb des Schlosses wird seit 1995 vom Oderufer bis zur ul. Mściwoja II. Panieńska das **historische Altstadt-**

bild rekonstruiert – die „jüngste Altstadt Polens", wie sie der Stettiner Kunsthistoriker *Rafał Makała* einmal nannte. Zahlreiche „Altbauten" sind neu entstanden, so auch das Geburtshaus von *Alfred Döblin* (1878–1957), worauf eine Gedenktafel an dem Gebäude hinweist (ul. Mściwoja II. Panieńska 16). Über die Straße gelangt man zum **Stary Rynek**, dem **Alten Markt** mit wiedererrichteten oder historisierenden, poppig bunt gestrichenen Bürgerhäusern, in denen sich Cafés und Pubs befinden und wo sich inmitten das backsteinerne **Alte Rathaus** (Ratusz Staromiejski) erhebt. Ab Mitte des 15. Jh. gotisch erbaut, wurde es 1676 während der brandenburgischen Belagerung zerstört, anschließend barock wiedererrichtet und fiel 1944 den alliierten Bombenangriffen zum Opfer. Im ursprünglichen gotischen Stil rekonstruiert, ist die Südseite daher mit einem Barockgiebel verziert. Teile des Kellergewölbes, in denen sich heute ein Restaurant befindet, sind sogar noch original erhalten. Seit 1975 ist im Alten Rathaus die **Stadtgeschichtliche Abteilung** des **Stettiner Nationalmuseums** untergebracht.

Gegenüber leuchtet der 1547 für die Bankierfamilie *Loitz* erbaute **Loitzenhof** (Kamienica Loitzów), heute Gymnasium, in sattem Orange und bietet ein schönes Beispiel für die alte Stettiner Patrizierarchitektur.

Nahebei thront der gewaltige **Dom St. Jakob** (Bazylika archikatedralna św. Jakuba Apostoła). Schon 1187 wurde zur Zeit Herzog *Bogusławs I.* am hiesigen Ort eine Kirche gestiftet, doch ist von ihr nichts mehr erhalten. Mit dem Bau der heutigen Hauptkathedrale des Erzbistums Stettin/Kamień Pomorski begann man ab Mitte des 13. Jh. Eine dreischiffige Basilika entstand, die bis Ende des 14. Jh. um einen Chor, einen Kapellenkranz sowie zwei Türme erweitert wurde. Nach dem Einsturz des Südturms 1456, wobei auch das Haupt- und die Seitenschiffe zerstört wurden, baute man bis 1503 das Gotteshaus als Hallenkirche wieder auf, mit einem einzigen Turm, wie er heute noch steht. 2007/08 setzte man ihm eine neue hohe Spitze auf. Seither ragt der **Kirchturm** gut 110 m in den Stettiner Himmel hinauf und zählt damit zu den höchsten in Polen. Man kann ihn besteigen und eine schöne Rundumsicht auf die Dächer der Stadt genießen. An der Nordflanke des Doms hängt in einer Holzkonstruktion unter freiem Himmel die 1681 gegossene, 5,7 t schwere, riesige **Jakobsglocke.** Das Innere des Gotteshauses birgt an wertvoller Ausstattung den Hauptaltar im Presbyterium: ein Triptychon, dessen Hauptschrank aus dem 15. Jh. aus der Marienkirche in Chojna stammt. Die berühmte Barockorgel, auf der *Carl Loewe* (1796–1869) als Kantor von St. Jakob von 1820 bis 1866 komponierte und die Gottesdienste begleitete, existiert seit der Zerstörung der Kirche im Zweiten Weltkrieg nicht mehr. Doch das Herz des Komponisten wurde im oberen Teil eines Stützpfeilers nahe dem Instrument, auf dem er über 40 Jahre lang spielte, beigesetzt und soll dort heute noch ruhen. Eine Gedenktafel erinnert daran. Die weitere Einrich-

▷ Die Kirche St. Jakob birgt unter anderem ein wertvolles Altartriptychon

tung in St. Jakob stammt aus der Zeit des Wiederaufbaus nach 1945. Jüngste Errungenschaft ist die 2008 eingeweihte neue **Orgel,** die mit 66 Stimmen und 4743 Pfeifen zu den größten in ganz Polen zählt.

Nordwestlich des Doms lohnt sich hinter dem Platz mit dem barocken Adlerbrunnen (1732) ein Blick auf das 1723–1726 für den Oberpräsidenten von Pommern, *Philipp Otto von Grumbkow,* erbaute **Palais unter dem Globus** (Pałac pod Globusem), in deutscher Zeit „Grumbkowsches Palais" genannt. Das benachbarte, 1787–1789 für den Kaufmann *Georg Velthusen* errichtete Palais Velthusen (Pałac Velthusena) beherbergt heute die **Feliks-Nowowiejski-Musikhochschule.**

Am Platz Żołnierza Polskiego folgen links und rechts der hier einmündenden ul. Staromłyńska die Hauptabteilungen des **Nationalmuseums** (Muzeum Narodowe). Im Gebäude von Anfang des 18. Jahrhunderts unter der Adresse ul. Staromłyńska 1, zugleich Sitz der traditionsreichen Stettiner Künstlervereinigung 13 Muz (13 Musen), ist die **Galerie polnischer Gegenwartskunst** untergebracht, die neben Werken polnischer Maler seit 1980 außerdem das zeitgenössische künstlerische Schaffen Stettins dokumentiert. In der Alten Abteilung im gegenüberliegenden, 1726/27 nach Plänen *Gerhard Cornelius von Wallrawes* als Sitz des preußischen Ständetags errichteten **Barockpalais** (ul. Staromłyńska 27) werden Kunst in Pommern vom 13. zum 17. Jh., Kunst an pommerschen Höfen des 16. und 17. Jh., altes Silber und viele weitere Schätze gezeigt.

Vom Nationalmuseum nach rechts in Richtung Oder eingeschwenkt, hat man mit wenigen Schritten den **plac Hołdu**

Pruskiego (**Platz der Preußischen Huldigung**) erreicht. Dort fällt der Blick auf das freistehende, barocke **Königstor** (Brama Królewska), ein Relikt aus der Zeit Stettins als Festungsstadt. 1725–1727 nach einem Entwurf *Gerhard Cornelius von Wallrawes* errichtet, huldigt es mit seiner lateinischen Inschrift Preußenkönig *Friedrich Wilhelm I*. Es konnte, als 1875 der Stettiner Stadtrat die alten Festungsmauern schleifen ließ, so eben vor dem Abriss bewahrt werden. 1999 wurde an seiner Ostwand eine Tafel enthüllt, die an den polnischen General *Chłapowski* erinnert, den man 1833 in der Stadt gefangen hielt. Innen bietet das altehrwürdige Königstor Raum für eine der angesagtesten Jazz-Kneipen des jungen Stettin.

Ihm gegenüber erhebt sich mit der neuen **Philharmonie** ein spektakulärer Raum für großes Orchester. Genau an dem Platz, wo seit 1884 das Stettiner Konzerthaus stand – im Zweiten Weltkrieg schwer beschädigt und 1962 abgerissen –, hob man 2011 zum ersten Spatenstich für den Neubau der Philharmonie nach Plänen der katalanischen Architekten *Barozzi* und *Veiga* an. Bereits 2014 war das vielgiebelige, hanseatischer Architektur nachempfundene Haus fertiggestellt. Seine Fassade aus Milchglas und wellblechgeformtem Aluminium erstrahlt in der Nacht von innen heraus weithin sichtbar.

Der große **Mast** im Zentrum des weitläufigen plac Hołdu Pruskiego stammt vom Dampfer „Kapitan Konstanty Maciejewicz" von 1929 und wurde 1990 an der Stelle des kriegszerstörten alten Stadttheaters aufgerichtet. An der Nordostflanke des Platzes steht die **Kirche St. Peter und Paul** (Kościół św. Piotra i Pawła). Das aus dem frühen 15.Jh. stammende, kleine gotische Gotteshaus schmückt sich innen mit einem hübschen hölzernen Scheingewölbe von 1702. Den Süden des Platzes flankieren die **Professorenhäuser** (Domki Profesorskie), die im 15. Jh. für die Lehrer des Mariengymnasiums erbaut und 1739 bis 1742 klassizistisch umgestaltet wurden.

Das Schloss der Herzöge von Pommern bereits wieder vor Augen, soll kurz vor Ende des Rundgangs noch auf das **Gebäude der Versicherungsgesellschaft PZU** in der ul. Farna 1 aufmerksam gemacht werden. An der Stelle, wo heute das moderne Bürohaus steht, wurde 1729 *Sophie Auguste von Anhalt-Zerbst*, die spätere Zarin **Katharina die Große,** geboren.

Rundgang 2: Von den Chrobry-Wällen zum Roten Rathaus

Abermals vom Schloss aus startet ein zweiter Spaziergang, der nun einen weiteren Bogen durch das Stadtzentrum schlägt und auf dessen Weg überwiegend gründerzeitliche bis zeitgenössische Sehenswürdigkeiten liegen. Dafür heißt es, zunächst den riesigen Asphalt-Kraken der **Trasa Zamkowa (Schlossstraße)** zu unterqueren. 1987 wurde das damals noch für Polski-Fiats gedachte Brücken-Monstrum über Oder und Uferstraße eingeweiht und 1996 dann um zahlreiche weitere über- und unter-

▷ Das im Neorenaissance-Stil errichtete Westpommersche Woiwodschaftsamt

führende Tentakeln erweitert. Im Schatten dieser vielspurigen Verkehrsführung duckt sich, lärmumtost, die **Jungfernbastei** (Baszta Panieńska), ein letzter verbliebener Turm der mittelalterlichen Stadtmauern aus dem 14. Jh.

Nördlich der historischen pommerschen Herzogsresidenz erheben sich über dem Ufer der Oder die imposanten **Chrobry-Wälle** (Wały Chrobrego), zusammen mit dem Schloss Stettins Visitenkarte schlechthin. Nach dem Zweiten Weltkrieg wurde der 500 m langen Anlage der Name des ersten polnischen Königs, *Bolesław Chrobry* („der Tapfere"), verliehen. Ihr ehemaliger deutscher Name „Hakenterrasse" geht auf den Stettiner Oberbürgermeister *Hermann Haken* zurück, der 1878 bis 1907 der Stadtverwaltung vorstand und ihren Bau initiierte. Nach Plänen des Stadtbaurats *Meyer* entstand die Terrasse 1902 bis 1907 mit repräsentativen Aussichtspavillons und im Mittelpunkt einer breiten, barockisierenden Prunktreppe, die vom Oderniveau 19 m hinauf zur Promenade führt, die wiederum ein 54 m hoher, 1913 fertiggestellter Kuppelbau krönt. Einst befand sich unter seinem Dach das Stadtmuseum, heute birgt es Ausstellungen des **Stettiner Nationalmuseums**, darunter nautische Sammlungen, Ausstellungen zur „Urgeschichte Pommerns" oder zu den „Antiken Wurzeln Europas". Flankiert wird der Museumsbau von zwei 1902 bis 1913 im Neorenaissance-Stil errichteten Gebäudekomplexen: südlich die **Akademia Morska** (Meeres-Universität) und nördlich das **Westpommersche Woiwodschaftsamt,** der ehemalige Sitz der Verwaltungsspitze von Zachodniopomorskie. Von den Wały Chrobrego herab hat man einen schönen Blick auf die Oder und im Hintergrund die zahlreichen Kräne der Werften im Hafen. Am Flussufer laden im Sommerhalbjahr Ausflugsdampfer der Weißen Flotte zu Fluss- und Hafenrundfahrten oder zum Sprint mit dem Tragflächenboot nach Świnoujście ein.

Die Chrobry-Wälle im Rücken und den Schritt westwärts gewandt, durchquert man kurz darauf den **Żeromski-Park,** unschwer am Denkmal des polnischen Nationaldichters *Adam Mickiewicz* auszumachen. Kurz danach hat man auch schon Stettins „Thermosflasche" erreicht, wie die Einwohner den gläsernen Büroturm des 1990 bis 1992 hochgezogenen **Pazim-Komplexes** mit Einkaufszentrum und Radisson-Hotel scherzhaft nennen. 84 m hoch ist der Wolkenkratzer. Rechnet man den Sendemast noch dazu, sind es sogar 118 m, und in 80 m Höhe eröffnet sich vom Ca-

fé 22 in der 22. Etage aus bei klarer Sicht ein bis zu 40 km weit reichender Panoramablick.

So lässt sich am besten auch von der Höhe aus die von Ideen des Seine-Präfekten *Haussmann* inspirierte **Stadtanlage** in Augenschein nehmen. Tatsächlich ähnelt das geräumige Rondell des **plac Grunwaldzki**, von dem sternförmig der grüne Boulevard Papieża Jana Pawła II. und zahlreiche weitere Straßen abgehen, dem Place de l'Étoile in Paris. Doch stammt die Planung nicht von Baron *Haussmann* persönlich, wie manchmal geschrieben steht. Spiritus Rector war der Berliner Stadtbaurat *James Hobrecht* (1825–1902), den Studienreisen unter anderem nach Paris führten und der auch in Stettin wirkte, wo er insbesondere ein modernes Trinkwassernetz und Kanalisationssystem projektierte, die ab 1870 verwirklicht wurden. Und so nimmt es nicht Wunder, dass manches in Stettin – vom Straßenraster bis zur gründerzeitlichen Mietskasernenbebauung – nicht nur an Paris, sondern mehr noch an das wilhelminische Berlin erinnert. Ein Beispiel dafür ist die neugotische **Kirche Johannes der Täufer** (Kościół św. Jana Chrzciciela), 1888 bis 1890 erbaut, südlich vom plac Grunwaldzki an der ul. Bogurodzicy.

Nahebei beschließt den Süden des General-Anders-Parks die **Kirche des Allerheiligsten Herzen Jesu** (Kościół Najświętszego Serca Pana Jezusa), die nach sechsjähriger Bautätigkeit 1919 fertiggestellt wurde. Sie bildet die Nordwestflanke des weiträumigen Zwycięstwa-Platzes, an dessen Westende sich die 1906 bis 1909 erbaute **Kirche St. Adalbert** (Kościół św. Wojciecha) erhebt und an dessen Ostende das barocke, reich verzierte **Hafentor** (Brama Portowa) steht. Früher „Berliner Tor" genannt, wurde es nach dem Verkauf Stettins durch Schweden an Preußen im Auftrag von *Friedrich Wilhelm I.* 1725 bis 1729 nach Plänen des Baumeisters *Gerhard Cornelius von Wallrawe* errichtet. Wie sein Brudertor, das Königstor am plac Hołdu Pruskiego, hatte es niemals eine praktische Aufgabe, sondern diente ausschließlich dekorativen Zwecken und der Huldigung des preußischen Staatswesens, das Stettin mit Vorpommern so günstig eingekauft hatte.

Südöstlich thronen unübersehbar über dem pl. Ratuszowy der 1875 bis 1879 errichtete Backsteinbau des **Neuen „Roten" Rathauses** (Ratusz Nowy Czerwony) und, fast am Ufer der Oder zurück, das ebenfalls rot geklinkerte **Neorenaissance-Postgebäude** von 1872. Auf dem Rückweg zum Schloss lohnt noch ein Blick auf die 1959 über die Oder gebaute **Most Długi** (Lange Brücke) und kurz davor an der Uferstraße auf die **Kirche St. Johannes** (Kościół św. Jana Ewangelisty). Das dreischiffige Gotteshaus mit schönem Sternengewölbe wurde von Bettelmönchen des Franziskanerordens errichtet. 1240 folgten sie dem Ruf Herzogs *Barnim I.* nach Stettin, Anfang des 14. Jh. begannen sie mit dem Kirchenbau, spätestens um 1330 war der Chor fertiggestellt. St. Johannes ist eines der wenigen alten Bauwerke der Stadt, die die Luftangriffe 1944 relativ unbeschadet überstanden. Die Inneneinrichtung stammt aus den 1970er und 1980er Jahren.

[>] Begleitmusik zum Stadtbummel

Praktische Tipps

Information

- **Touristeninformation,** ul. Korsarzy 34 (Kleiner Hof im Schloss), 70-540 Szczecin, Tel. 91 4891630, http://zamek.szczecin.pl, tgl. 10–18 Uhr.
- **Touristeninformation,** ul. Jana z Kolna 7 (im Segelhafen), 71-603 Szczecin, Tel. 91 4340440, www.mosrir.szczecin.pl, Mo–Fr 9–17, Sa/So 10–14 Uhr, Juni bis Aug. Sa 9–16 Uhr.
- **Infopunkt am Hauptbahnhof,** ul. Kolumba 86 (im ehemaligen Straßenbahndepot), 70-035 Szczecin, Mai bis Sept. tgl. 9–18, Okt. bis April Mo–Fr 9–17, Sa/So 9–15 Uhr.
- **Homepage** der Stadt: www.szczecin.eu (auch auf Deutsch).

> **MEIN TIPP: Zentrum für zeitgenössische Kunst TRAFO:** In einer Trafostation von 1912 wird in Stettin aktuelles Kunstschaffen präsentiert. Arbeiten internationaler Künstler und von Artists in Residence füllen die alte Industriehalle, mit der Stettin zu den spannendsten europäischen Kunst-Locations aufschließt.
>
> - **Trafostacja Sztuki,** ul. Św. Ducha 4, 70-205 Szczecin, Tel. 91 4000049, www.trafo.org, Di–So 11–19 Uhr.

Unterkunft

- **Zimmervermittlung** in den Touristeninformationen.
- **Park Hotel**⑤, ul. Plantowa 1, 70-527 Szczecin, Tel. 91 4340050, www.parkhotel.szczecin.pl. Feine, kleine Edeladresse unterm Walmdach im Żeromski-Park. Das vornehme Restaurant bietet leichte europäische Küche und regionale Gerichte von saisonalen Produkten, ausgesuchte Weinkarte.
- **Radisson Blu Hotel Szczecin**⑤, pl. Rodła 10, 70-419 Szczecin, Tel. 91 3595016, www.radisson.com. Luxushotel mit 369 Zimmern und Apartments, Restaurant, Bar, Spielbank, Fitness- und Wellnesseinrichtungen u.v.m. Die oberen Stockwerke eröffnen einen herrlichen Panoramablick auf die Stadt.
- **Hotel Focus**③, ul. Małopolska 23, 70-515 Szczecin, Tel. 91 4330500, www.focushotels.pl. In einem restaurierten Gebäude von 1909 eröffnetes Businesshotel, klassisch-modern ausgestattet, zwischen Schloss und Chrobry-Wällen.
- **Hotel Rycerski**②, ul. Potulicka 1a, 70-230 Szczecin, Tel. 91 8146601, www.hotelewam.pl. Das Ritterhotel im alten Klinkersteinbau bietet gepflegte Mittelklasse und guten Service in zentraler Lage.
- **Hotel Victoria**③, pl. Stefana Batorego 2, 70-207 Szczecin, Tel. 91 4343855, www.hotelvictoria.com.pl. Gründerzeitbau am Platz beim Roten Rat-

451 po kj

Stettiner Touristenkarte

Mit der Stettiner Touristenkarte erhält man **Rabatt** in zahlreichen **Museen, Restaurants** und **touristischen Einrichtungen**. Die Karte gilt darüber hinaus als Freifahrtschein für den **öffentlichen Personennahverkehr**.

Kostenpunkt: 15 Złoty die Tageskarte, 25 Złoty die Drei-Tage-Karte; erhältlich in den Touristeninformationen.

haus, 300 m vom Bahnhof entfernt, komfortabel und gepflegt, mit Gaststätte und Tanzbar.

Camping

- **PTTK-Camping Marina,** ul. Przestrzenna 23, 70-800 Szczecin-Dąbie, Tel. 91 4601165, www.campingmarina.pl. Schöne, großzügige gartenähnliche Anlage am Ufer des Dąbie-Sees, mit Jachthafen, Campinghäuschen und Gaststätte, ganzjährig geöffnet. Anfahrt: von der Straße 10 Richtung Dąbie abfahren (relativ kurzfristig ausgeschildert!), kurz nach der Abfahrt ist der Platz ausgeschildert.

Jugendherberge

- **Jugendherberge Cuma,** ul. Monte Cassino 19a, 70-467 Szczecin, Tel. 91 4224761, www.ptsm.home.pl, ganzjährig.

Gastronomie

- **Gasthaus Pod Kogutem,** pl. Lotników 3, Tel. 91 4346873, www.karczmapodkogutem.pl. Geflügel, Wild, Lamm, traditionell nach alten polnischen Rezepten zubereitet; urige Atmosphäre.
- **Restaurant Chata,** pl. Hołdu Pruskiego 8, Tel. 91 4888881, www.restauracja-chata.com. Leckere polnische Küche, große Auswahl an herzhaften Fleischgerichten, auch Fisch und Salat.
- **Restaurant Zamkowa,** ul. Rycerska 3, Eingang A, Tel. 91 4340448, www.zamkowa.com.pl. Exzellente traditionelle polnische Küche in stilvollem Ambiente im Schloss der Herzöge von Pommern.
- **Mein Tipp: Browar Komenda,** pl. Stefana Batorego 3, Tel. 91 4234445, http://starakomenda.pl. Restaurant, Pub, Brauerei in der 150-jährigen ehemaligen Militärkommandantur. Zu den vor Ort gebrauten Bieren wird Deftiges wie Rippchen gereicht.
- **Brama Jazz Café,** pl. Hołdu Pruskiego 1, www.brama.szczecin.pl. Brunchen, futtern (mediterrane Karte), Jazz hören, clubben im historischen barocken Königstor.
- **Café 22,** pl. Rodla 8, www.cafe22.pl. Im 22. Stock des PZM-Hochhauses von Kaffee und Kuchen bis Abendsnack eine fantastische Aussicht genießen.
- Hotelrestaurants siehe **„Unterkunft".**

Museen und andere Sehenswürdigkeiten

- **Nationalmuseum,** ul. Staromłyńska 1, ul. Staromłyńska 27, Wały Chrobrego 3, Abteilung Stadtgeschichte: ul. Mściwoja 8, alle Abteilungen Di, Mi, Sa 10–18, Do 10–20, So 10–16 Uhr, www.muzeum.szczecin.pl.
- **Schloss der Herzöge von Pommern,** Museum Di–So 10–18 Uhr, Glockenturm Mai bis Okt. tgl. 10–18 Uhr (Juli/Aug. bis 20 Uhr).
- **Museum für Technik und Verkehr,** ul. Niemierzyńska 18a, www.muzeumtechniki.eu, Di 10–15, Mi/Do 10–16, Fr/Sa 10–18, So 10–17 Uhr. Kulttechnik der alten Volksrepublik.

▷ Das Königstor am plac Hołdu Pruskiego

Mein Tipp: Philharmonie, ul. Małopolska 48, Kartentel. 91 4310720, http://filharmonia.szczecin.pl. Ein Konzert in der neuen, großartigen Stettiner Philharmonie sollte man nicht versäumen. Mit Blattgold überzogene Wandvertäfelungen im Großen Saal, für die optimale Akustik unregelmäßig gebrochen, sorgen gleichermaßen für Augen- und Ohrenschmaus.

Kulturelle Veranstaltungen

■ **Ostseetage** – Sail Szczecin: Segelschiffe aus aller Welt, buntes Treiben mit Flottenparade und Feuerwerk, Jahrmarkt und Konzerten, an einem Wochenende im Juni am Oder-Ufer vor den Chrobry-Wällen, Infos unter http://dnimorza.szczecin.eu.
■ **Szczecin Music Fest:** Weltmusik und Jazz, Konzerte, Aufführungen, Veranstaltungen von März bis Juli, Infos unter www.koncerty.com.
■ **Szczeciner Jazz-Fest:** Stelldichein der polnischen Jazz-Szene und Weltstars der Jazzmusik im April/Mai in Stettiner Clubs, Infos: www.saa.pl.

■ **Jakobi-Jahrmarkt:** Großer Markt mit Kunsthandwerk und Lebensmitteln aus vielen Regionen Polens und seinen Nachbarländern, dazu Musik und Tanz auf den Bühnen, am vierten Juli-Wochenende vor St. Jakob. Sonntags ein farbenprächtiger Trachtenumzug. Infos unter www.jarmark.jakubowy.pl.

Aktivitäten

■ **Fluss- und Hafenrundfahrten** vom Kai an der ul. Jana z Kolna (Höhe Chrobry-Wälle), April bis Okt. tgl. zahlreiche Fahrten, www.statek.pl.
■ **Tragflügelboot nach Świnoujście:** 75 Minuten Wasserweg mit dem „Bosman-Express" nach Świnoujście, Mitte Mai bis Mitte Sept. tgl. 9, 12, 15, 18 Uhr ab Anleger an der ul. Jana z Kolna, http://wodolot.szczecin.cal.pl.
■ **Starka Wodka Destillerie,** ul. Jagiellońska 63/64, Tel. 91 4841321, http://www.starka.pl. Geführten Touren mit Verkostung (ab 10 Personen) durch Polens traditionsreiche Wodka-Destillerie. In zwei ausgedehnten Kellerräumen von 1863 lagert der besondere altpolnische Wodka in großen Eichenholzfässern.

Stargard Szczeciński

Übernachtung
1 Camping Nr. 104 Zieleniewo
2 PTTK-Hotel
3 Hotel Mały Młyn

Essen und Trinken
3 Restaurant Mały Młyn

Zahlreiche prächtige gotische Backsteinbauten machen einen Ausflug 20 km östlich von Stettin nach Stargard Szczeciński (**Stargard in Pommern**) lohnenswert. Die 70.000 Einwohner zählende Stadt am Ufer der Ina (Ihna) ist eine der ältesten Siedlungen in Pommern. Bereits 1124 wurde sie im Zusammenhang mit der Missionsreise Bischof *Ottos von Bamberg* erstmals erwähnt. 1243 wurden ihr die Stadtrechte verliehen, 1363 trat sie der Hanse bei, und in das 14. Jh. fällt auch ihre erste große Blütezeit. Nachdem Stettin 1648 an Schweden gefallen war, stieg Stargard sogar zur Hauptstadt des verbliebenen Pommernlands auf.

Ein großer Ring der mittelalterlichen Stadtmauern mit Türmen, Toren und Bastionen umzieht den kreisrunden historischen Ortskern, in dem die **Pfarrkirche St. Marien** (Kościół N.P. Marii) zwar nicht den Mittelpunkt, aber unzweifelhaft den Höhepunkt bildet. 1292 war Grundsteinlegung für die imposante Basilika, deren heutige Gestalt aus dem 14./15. Jh. stammt – eine der kostbarsten Kirchen der norddeutschen Backsteingotik in Westpommern. 84 m hoch erhebt sich der Hauptturm über den Dächern von Stargard, mit der sogenannten „Stargarder Blende" verziert. Zu den schönsten Stücken der Innenausstattung zählen der Altar von 1663, eine Barockkanzel sowie Reste von Wandmalereien aus dem 15. bis 18. Jh.

Gleich nebenan hält am Altstadtmarkt in einem barocken Bürgerhaus aus dem

Stargard Szczeciński (Stargard in Pommern)

17. Jh. die **Touristeninformation** Stadtpläne und Auskünfte parat.

In der barocken Hauptwache nebenan, um 1720 für die Wachmannschaft der Stargarder Garnison erbaut, ist das **Museum für Archäologie und Geschichte** untergebracht. Es zeigt die Geschichte der pommerschen Apotheken und wirft ein besonderes Licht auf Stargards Stadtgeschichte zwischen 1945 und 1989.

Das Ensemble beschließt das spätgotische **Rathaus**, gekrönt von einem Stufengiebel, den ein wunderschönes Netzmaßwerk ziert. Zwei Mal wurde das Rathaus, zu dem man 1250 den ersten Spatenstich unternahm, wiedererrichtet: nach einem Stadtbrand 1635 und abermals nach dem Zweiten Weltkrieg 1957 bis 1961.

Östlich vom Markt ist das spätgotische **Protzenhaus** (Kamienica Mieszczańska) in der ul. Kazimierza Wielkiego ein sehr schönes Beispiel für die Stargarder Blende, mit der sich der Giebel schmückt. In der ersten Hälfte des 15. Jh. wurde es erbaut, ab 1957 dann wiederaufgebaut.

Die übrige Fläche innerhalb der historischen Stadtmauern wurde nicht rekonstruiert, sie ist von Mietshäusern in sozialistischer Plattenbauweise geprägt.

So empfiehlt sich ein Spaziergang an der ab 1295 errichteten, bis zu 8 m hohen mittelalterlichen **Stadtbefestigung** entlang. 1040 von ehemals knapp 2300 Metern sind noch ausgezeichnet erhalten und mit zahlreichen Wehrtürmen, Toren und Basteien bestückt. Nach einem Blick auf das **Zeughaus** (15. Jh.) nordöstlich der Marienkirche am Ufer der Ina – 1974 bis 1977 rekonstruiert und heute **Stadtarchiv** – geht der Weg am **Gefangenenturm** (Baszta Jeńców, 15. Jh.) vorbei südlich zum spitzhaubengekrönten, acht Stockwerke hohen **Weberturm** (Baszta Tkaczy, 15. Jh.) und der benachbarten runden **Bastei** (Basteja). Im 16. Jh. wurde sie gemäß den neuesten Anforderungen des Kriegshandwerks konzipiert, nämlich für den Schusswaffengebrauch, wofür man Schlitze im Mauerwerk einließ und eine Plattform zum Aufstellen von Kanonen konstruierte. Heute beherbergt sie Ausstellungen zur Geschichte der Bastei und zu Stargard Szczeciński vom Mittelalter bis ins 20. Jh.

Weiter an den Mauern entlang, folgt mit schmuckem Stufengiebel und Spitzbogendurchfahrt das **Pyritzer Tor** (Brama Pyrzycka, 13.–15. Jh.), eines der schönsten Einfahrtstore in Pommern und damals sicherlich nicht leicht zu überwinden. Um ins mittelalterliche Stargard zu gelangen, musste man, unter den Argusaugen der Stadtwächter, zunächst das basteiverstärkte Vordertor, dann die Zugbrücke über den Festungsgraben und schließlich das Innentor passieren, das über ein Fallgitter verfügte. Der Verlauf der Fallgitterlinie ist heute noch zu erkennen.

Vor dem Pyritzer Tor steht, ebenfalls mit einem Stufengiebel, das **Kletzinhaus** (Dom Klecanów, 16. Jh.), gegenwärtig Sitz der Kreisbibliothek, und hinter dem Tor erhebt sich außerhalb der Befestigung die neugotische **Heiliggeistkirche** (1874–1877). Westlich schließt sich an

▷ Wunderschönes Maßwerk am Rathaus von Stargard Szczeciński

das Pyritzer Tor kurz darauf der **Wehrturm Rotes Meer** (Baszta Czerwone Morze, 15. Jh.) an. Der Name der 34 m hohen, größten Stadtbastei Polens erinnert an das Blutvergießen im Dreißigjährigen Krieg 1618 bis 1648. In der Nähe des Turms wurden seinerzeit blutige Kämpfe ausgefochten.

Im Hintergrund in der Grünanlage, kurz bevor sie die ul. B. Chrobrego durchschneidet, ragt ein ebenfalls gotisch anmutender Backsteinturm in den Himmel. Es handelt sich um den 1896/97 gebauten **Wasserturm,** den man im neugotischen Geschmack der alten Wehranlage angepasst hat. Nahebei steht dort im Park die **Kirche Peter und Paul** (Kościół św. Piotra i Pawła, 1890/91), seit 1953 griechisch-orthodoxes Gotteshaus. Abermals nur wenige Schritte entfernt türmt sich die **Kirche St. Johannes** (Kościół św. Jana) auf. Mit 99 m Höhe besitzt die spätgotische, im 15. Jh. erbaute und im 19. Jh. umgestaltete Hallenkirche einen der höchsten Türme Westpommerns. In seinem Inneren schwingt eine gut 3500 kg schwere Glocke aus dem Jahr 1464.

Von dort zieht die Stadtmauer nordwärts bis zum zweitürmigen **Mühlentor** (Brama Młyńska), das sich über dem Kanal Młyński erhebt und einst den Stargarder Hafen beschützte. Das aus dem 15. Jh. stammende Tor ist das einzige in Pommern erhaltene Tor mit zwei Türmen. Sein Gemäuer schmückt das Wappen von Stargard Szceciński.

Im Nordosten hat sich der an der Wende vom 13. zum 14. Jh. errichtete **Weißkopfturm** (Baszta Białogłówka) erhalten, der zu den ältesten Bauwerken Stargards zählt. Seinen Namen verdankt er dem weiß verputzten Kegel, der seine Haube krönt. Die Sage erzählt, er stamme von den mutigen Frauen her, die den Turm einst verteidigten. Białogłowa, auf Deutsch „Weißkopf", ist zugleich eine alte, heute nicht mehr gebräuchliche Bezeichnung für „Frau". Der Name des benachbarten **Walltores** (Brama Wałowa) knüpft an die Verteidigungswälle an, die im Mittelalter im weiten Bogen die Stadtmauer umzogen. Seine Entstehung vollzog sich in mehreren Phasen. In der ersten Hälfte des 15. Jh. wurde der untere Teil mit einer Spitzbogendurchfahrt erbaut, die erste Etage im 16. Jh., Renaissancegiebel und Dachreiter schließlich im 17. Jh. 1960 begann der Wiederaufbau der kriegszerstörten Ruine.

7 km westlich von Stargard Szczeciński dehnt sich am Nordufer des **Miedwie-Sees** (Madü-See) mit einem gut 300 m langen, breiten feinen Sandstrand die Stargarder Sommerfrische aus. 35 km² groß ist der Miedwie-See und damit das fünftgrößte polnische Binnengewässer.

▷ Idyll am Miedwie-See

Praktische Tipps

Information

■ **Touristeninformation Stargard,** Rynek Staromiejski 4, 73-110 Stargard Szczeciński, Tel. 91 578 5466, www.cit.stargard.com.pl, Mo 10–16 Uhr, Di–Fr 9–18 Uhr, Sa 9–15 Uhr, im Sommer zusätzlich So 10–14 Uhr.
■ **Homepage** der Stadt: www.stargard.pl.

Unterkunft und Gastronomie

■ **Hotel Mały Młyn**②, ul. Gdańska 5, 73-110 Stargard Szczeciński, Tel. 91 5786555, www.malymlyn.com.pl. Geschmackvolle Unterkunft in einer liebevoll restaurierten alten Getreidemühle am Stadtausgang an der Straße 20. Das Restaurant serviert polnische und internationale Gerichte.
■ **PTTK-Hotel**②, ul. Kuśnierzy 5, 73-110 Stargard Szczeciński, Tel. 91 578 3191, www.hotelpttk.pl. Schmucklose, aber mit allem notwendigen Komfort ausgestattete Logis im Gründerzeitbau im Herzen des historischen Ortszentrums.

Camping

■ **Camping Nr. 104 Zieleniewo,** ul. Szczecińska 32, 73-108 Kobylanka, Tel. 91 5610023, www.osir.stargard.pl, geöffnet Mai bis Mitte Sept. 7 km westlich von Stargard Szczeciński unmittelbar an der Straße 10 gelegen, keine 100 m zum Strandbad am Miedwie-See; leider laut durch die Fernstraße, der Platz wird gerne als Nachtquartier auf der Durchreise genutzt.

Museen und andere Sehenswürdigkeiten

■ **Museum für Archäologie und Geschichte,** Rynek Staromiejski 2–4, www.muzeum-stargard.pl, Mitte Mai bis Mitte Sept. Di–Fr und So 10–17 Uhr, Sa 10–14 Uhr, sonst Di–Fr und So 10–16 Uhr, Sa 10–14 Uhr.

100po kj

Międzyzdroje | 59
Oder-Arm, rechter | 68
Świnoujście | 50
Woliner Nationalpark | 66
Wolin, Stadt | 48

2 Die Insel Wolin

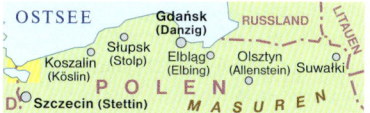

35 km Sandstrand, eine großartige Kliffküste und schilfwogende Haff-Ufer, traditionsreiche Seebäder, stille Dörfer und ein Nationalpark mit herrlichem Buchenwald – die größte polnische Insel versammelt auf engstem Raum alle Schönheit, die die Ostsee zu bieten hat.

◁ Blick auf das Oder-Haff von der Insel Wolin

INSEL WOLIN

Wie zwei Nasen, deren Spitzen sich beinahe berühren, liegen die Ostseeinseln **Usedom** und Wolin **(Wollin)** einander zugewandt. Im Norden drückt die Pommersche Bucht auf ihre Nasenrücken, und die Nasenunterseiten im Süden werden sanft vom Stettiner Haff umspült. Gleichwohl können die beiden Königskinder der traditionsreichen Ostseebäderkette nicht zueinander kommen. Zwar sind die Wasser nicht besonders tief – seit der letzten Eiszeit haben die Oder und das von Norden her einströmende Meer aus eingeschwemmtem Sand ein Haff-Innendelta aufgebaut –, doch der Hauptmündungsarm der Oder, die Świna (Swine), schlängelt sich durch größere und kleinere schilfbestandene Eilande zwischen den beiden Nasenspitzen hindurch und trennt Usedom und Wolin voneinander.

Auf über 900 km² dehnt sich das **Stettiner Haff** (Zalew Szczeciński) aus, und in der Tiefe misst es oft nicht mehr als 4 m. Für den Schiffsverkehr ist es daher nur bedingt geeignet, und stets müssen die Fahrrinnen freigehalten werden. **Drei Mündungsarme der Oder** (Odra) verbinden das Haff mit der Pommerschen Bucht (Zatoka Pomorska): die Peene, die Świna (Swine) und die Dziwna (Dievenow). Letztere schneidet 35 km nordöstlich der Świna die Insel Wolin vom pommerschen Festland ab. Bei dem kleinen Städtchen Wolin, vor dessen Toren einst das sagenhafte Vineta im Wasser versunken sein soll, verlässt dieser östliche Odermündungsarm das Stettiner Haff und erweitert sich im **Camminer Bodden** zu einer schilfwogenden Süßwasserfläche – einem Paradies für Binnensegler und Hobbyfischer. Ebenso flach wie an der westlichen Inselspitze, überwiegen anstelle von Schwemmland nun moorige Senken, Wiesen und saftige Weiden.

Irgendwo hier, zwischen Bodden und Ostsee, soll sich die Geschichte vom **„Fischer un syner Fru"** zugetragen haben; die dramatischen Erlebnisse eines gebeutelten Ehemanns, der immer wieder verzweifelt „Manntje, Manntje, Timpe Te, Buttje, Buttje in der See!" über die tosenden Wasser rief, weil sein habgieriges Weib den Hals nicht voll bekam – bis es schließlich ein böses Ende mit ihr nahm.

Vielleicht hatte der arme Fischer ja vom **Gosań-Berg** (Góra Gosań) herunter seine Seufzer über die See geschickt. Als höchste Erhebung einer kühnen Steilküste, die bei Międzyzdroje beginnt, stürzt das Kliff aus 95 m über dem Meeresspiegel unmittelbar zum Ostseestrand ab. Doch nagt die See an den mit 74 bis 95 m höchsten Ostseekliffs Polens. Im Winter von peitschenden Wellen unterspült, verliert Wolin alljährlich bis zu einem Meter Land an das Meer.

Sollte da nicht der Mensch eingreifen und dem landverschlingenden Walten ein Ende bereiten? Das Gegenteil geschieht: Die Steilküste, die das abrupte Ende einer von Süden nach Norden ansteigenden, kuppigen Endmoräne markiert, ist seit 1960 Teil des **Woliner Nationalparks** (Woliński Park Narodowy), und Eingriffe von Menschenhand finden in Nationalparks nur in sehr begrenztem Maße statt, in besonders ausgewiesenen Schutzzonen gar nicht. Beinahe 5000 ha Wolins sind als Nationalpark eingerichtet, also etwa ein Fünftel der Landfläche.

Insel Wolin

Und noch ein bisschen **Statistik** zur Insel Wolin: Ihre schmalste Stelle misst 8, die breiteste 20 km, und an Fläche bringt es Wolin auf 248 km². Aber was zählt das gegen einen 35 km langen, weiten, weißen Ostseestrand?

Die Namen **Świnoujście** und **Międzyzdroje** mit ihren herrlichen weißen Sandstränden stehen für etwas, das man seit der Erfindung des Fremdenverkehrs in dieser Gegend schon immer tat: urlauben, bummeln und baden. Waren es vormals besonders Berliner, die aus der Großstadt in die Seebäder strömten, sind es heute die Warschauer und Krakauer, die den Sommer hier genießen.

NICHT VERPASSEN!

- **Das Slawen- und Wikingerzentrum** in der Stadt Wolin | 49
- **Seebad** und **Strandpromenade** in Świnoujście | 56, 57
- **Die Seebrücke** in Międzyzdroje | 59
- **Das Wisent-Reservat** im Woliner Nationalpark | 62
- **Castellum Lubinum** in Lubin, am höchsten Punkt über dem Oder-Haff | 67

Diese Tipps erkennt man an der gelben Hinterlegung.

Stadt Wolin

Einst soll vor den Toren Wolins (**Wollins**) die sagenhaft reiche Stadt Vineta im Meer versunken sein. Größer und schöner sei sie gewesen als Konstantinopel, erzählt man sich, und ihre hochmütigen Bewohner seien durch den Handel mit allen Völkern der Erde so unverschämt reich geworden, dass sie die Löcher in ihren Hauswänden mit Semmeln zustopften und sogar ihre Schweine aus goldenen Trögen fraßen. Zu guter Letzt erschien ihnen darum eine Wasserfrau, die mit böser Stimme rief: „Vineta, Vineta, du rieke Stadt, Vineta soll unnergahn, wieldeß se het väl Böses dahn!", woraufhin das Wasser stieg und eine riesige Welle die Stadt verschlang. Seitdem soll Vineta einmal in 100 Jahren am Ostermorgen aus dem Meer wieder auftauchen. Prunkvoll gekleidete Kaufleute breiten dann stumm ihre herrlichen Waren aus, hoffend, dass ein mildtätiger Mensch sie mit einem einzigen Groschen von ihrem Schicksal erlöse.

Tatsächlich befand sich zwischen dem **9. und 12. Jh.** an der Stelle Wolins eine Hafenstadt. Man nannte sie „Jumne am skythischen Sumpfmeer" oder, nach der

Stadt Wolin

Festung, welche die Wikinger 960 hier angelegt hatten, „Jomsburg" oder auch „Jumneta", was sich allmählich zu „Vimneta" und „Vineta" verschliff. „Jumne ist die größte aller europäischen Städte", berichtete 1074 der Chronist *Adam von Bremen*. „Sie ist von Slawen, Griechen und Barbaren bewohnt; auch sächsische Einwanderer dürfen sich niederlassen, solange sie nicht dem christlichen Glauben nachgehen."

Zur **Missionierung** dieser Heiden rief der polnische König *Bolesław Krzywousty* 1124 den Bamberger Bischof *Otto* ins Land; 16 Jahre später wurde bereits das **Bistum Wolin** gegründet. Doch immer noch fielen Wikingerhorden ein, brandschatzten und plünderten die Stadt, weshalb der Bischofssitz schließlich nach **Cammin** verlegt werden musste. Fortan blieb Wolin ein verschlafenes Landstädtchen, das im Zweiten Weltkrieg ein letztes Mal schwer verwüstet wurde.

Sehenswertes

Ein **Regionalmuseum** neben dem Backsteinrathaus am Rande des Marktplatzes berichtet anhand zahlreicher archäologischer Exponate von vergangenen Zeiten. Älteste Funde hier sind ein Schatz aus der Bronzezeit sowie eine Harpune, die von etwa 10.000 v. Chr. stammt.

Wenige Schritte entfernt erstrahlt die rekonstruierte **Kirche St. Nikolai** (Kościół św. Mikołaja, 15.–19. Jh.) wieder im alten Glanz.

Ihr gegenüber hat man auf einer Insel in der Dziwna das alte Jumne/Vineta wiedererstehen lassen. Auf der Grundlage archäologischer Ausgrabungen entstand ab 2003 das **Slawen- und Wikingerzentrum** als historisch getreue Nachbildung des Woliner Hafens im 10. Jh.: eine palisadenbewehrte Siedlung mit reetgedeckten Holzhütten, Tempel und Schiffsanleger, die man besichtigen kann (Pkw-Zufahrt über das Dorf Recław östlich der Dziwna). Einmal im Jahr wird sie auch heute noch von den Wikingern heimgesucht. Und zwar Ende Juli, Anfang August, wenn ihr die Nordmänner und Gäste aus gut zwei Dutzend weiteren Ländern zum **Wikinger-Festival** einen Besuch abstatten und dort, zu Schiff und zu Pferde, in Zelten hausend und mit Helm, Schwert und Schilden bewaffnet, ein spektakuläres Mittelalter-Fest feiern.

Eine halbstündige Wanderung von St. Nikolai aus in südliche Richtung (über ul. Mostowa/ul. Niedamira) führt zum Stadtpark – dort steht auf der Anhöhe zwischen Wiesen und Kiefernmischwald eine zeitgenössische Säule mit dem Konterfei des dreiköpfigen slawischen Hauptgottes Triglaw – und weiter zum Stadtstrand. Kurz vor der Sandbadestelle am Haffufer dehnt sich der **Galgenberg** (Wzgórze Wisielców) mit den grasüberwachsenen **Hügelgräbern** der ältesten Wolinianer (9.–11. Jh.) aus. Ungeschulten Augen erschließt sich die Grabanlage nicht mehr. Doch Schrifttafeln, auch in deutscher Sprache, erläutern, was unter dem Gras verborgen ist.

Die Kirche St. Nikolai in Wolin

Praktische Tipps

Information

- **Info-Punkt,** im Regionalmuseum.
- **Homepage** der Stadt: www.wolin.pl.

Museen und andere Sehenswürdigkeiten

- **Regionalmuseum,** ul. Zamkowa 24, Tel. 91 3261763, www.muzeumwolin.pl, Juni bis Aug. Di–So 9–17 Uhr, sonst Di–So 9–16 Uhr.
- **Slawen- und Wikingerzentrum** (Centrum Słowian i Wikingów) Wolin-Jomsborg-Vineta, Recław 37, www.jomsborg-vineta.com, April bis Juni, Sept./Okt. tgl. 10–16 Uhr, Juli/Aug. tgl. 10–18 Uhr.

Świnoujście

„**Swinemünde** war, als wir im Sommer 1827 dort einzogen, ein unschönes Nest, aber zugleich auch wieder ein Ort von ganz besonderem Reiz, dabei aller Unbelebtheit der Mehrzahl seiner Straßen zum Trotz von jener eigentümlichen Lebendigkeit, die Handel und Schifffahrt geben. Es kam (...) ganz darauf an, an welche Stelle der Stadt man sich stellte." So urteilte der alte **Theodor Fontane** über die Stätte seiner Kindheit. Achtjährig war er mit seiner Familie nach Swinemünde in den östlichsten Zipfel der Insel Usedom (Uznam) übergesiedelt, da der

Vater die Adler-Apotheke am Platz übernommen hatte.

Bereits drei Jahre zuvor, im Jahr 1824, hatte man in dem Vorhafen Stettins an der Ostsee den **Badebetrieb** eröffnet. Es entstanden gerade die Strandpromenade, ein Badehaus, und nach Plänen des großen Gartenbaumeisters *Peter Joseph Lenné* wurde ein Park eingerichtet, der den ersten betuchten Badegästen eine vorzügliche Gelegenheit zum Hutlüpfen und Kopfnicken bot.

Nebenan dröhnte zur Frühjahrs- und Sommerzeit inmitten der Swine ein englischer Dampfbagger, der den **Schiffen,** die in Stettin ihre Anker lichteten, die Fahrrinne freihielt. Größere Seeschiffe stachen dagegen direkt von Swinemünde aus in See, denn es war unmöglich, die Ozeanriesen durch die verästelten Arme der Alten Swine in das Haff hineinzumanövrieren. Dies änderte sich 1880 mit der Fertigstellung der Kaiserfahrt (Kanal Piastowski), und dieser Durchstich machte Swinemünde zu einer **Stadt auf zwei Inseln:** Zentrum und Kurviertel liegen auf dem östlichen Ende der Insel Usedom (Uznam), Fähr- und Fischereihafen, Industriegebiete und der Bahnhof befinden sich auf dem Westrand der Insel Wolin. Der eingemeindete kleine Ort **Karsibór (Caseburg)** fristet seit 1880 ein Insulaner-Dasein zwischen Kanal, Alter Swine und Haff, und zählt man alle Inseln zusammen, über die sich die Gemeinde Świnoujście ausdehnt, kommt man auf 44.

Mit knapp 42.000 Einwohnern ist Świnoujście heute zwar immer noch keine große Stadt, doch verfügt der **Kur- und Badeort** neben zahlreichen Sanatorien und Kureinrichtungen, in denen mittels Moorpackungen, Solequellen und natürlich mithilfe des Ostsee-Reizklimas Bluthochdruck, Schilddrüsenkrankheiten sowie Erkrankungen der Atemwege auskuriert werden, über einen bedeutenden **Hochseefischereihafen,** einen **Jachthafen** und wichtige **Fähranleger.** Autofähren legen nach Kopenhagen, Ystad und Trelleborg ab, außerdem Schiffe nach Rønne auf Bornholm sowie zu Hafenrundfahrten und Butterfahrten zu den deutschen Kaiserbädern auf Usedom.

Kulturell wartet Świnoujście im Hochsommer mit dem traditionsreichen, seit 1966 veranstalteten Künstlerfestival der Studentenjugend „Fama" und den Internationalen Festspielen der Seelieder „Wiatrak" auf. Landschaftlich schmückt es sich mit einem schier endlos erscheinenden, teils bis zu 100 m breiten, herrlichen Sandstrand.

Geschichte

Bis ins 18. Jh. ist Swinemünde ein kleines, unbedeutendes Fischernest. Vormals unter der Herrschaft der Herzöge von Pommern, fällt es 1630 an Schweden, 1720 an Preußen. Unter *Friedrich dem Großen* wird die **Swine schiffbar gemacht** und der Hafen erbaut. 1765 erhält Swinemünde die **Stadtrechte,** 1824 wird der Badebetrieb eröffnet. Nach der Entdeckung von Heilmooren und Solquellen nimmt man gegen Ende des 19. Jh. den **Kurbetrieb** auf. Ein vorneh-

Am Strand von Świnoujście

Świnoujście (Swinemünde)

Świnoujście (Swinemünde)

mes Kurviertel am Ostseestrand entsteht, und Swinemünde wird eines der beliebtesten Ostseebäder. Im **Zweiten Weltkrieg** geht die Stadt im Feuersturm der erbitterten Schlachten um die Odermündung unter, bei denen 23.000 Menschen ihr Leben verlieren. Zu mehr als der Hälfte zerstört, kommt Świnoujście danach als Kriegshafen unter sowjetische Militärverwaltung und wird 1955 von den Sowjets an Polen übergeben.

Anfahrt

Viele Wege führen nach Świnoujście. Von Ahlbeck vom deutschen Teil der Insel Usedoms aus gelangt man über die **Bundesstraße 110** ins Świnoujścier Zentrum zwischen Świna (Swine) und Ostseestrand. Von der deutschen Haffseite führt vom Örtchen Kamminke aus eine Nebenstrecke südlich in die Stadt hinein.

Im öffentlichen Nahverkehr verbindet die **Europa-Buslinie 290/291** die drei deutschen Bäder Bansin, Heringsdorf und Ahlbeck mit Świnoujście (über Kurviertel bis Stadtzentrum/Hafen).

Auf dem Schienenweg transportiert die **Usedomer Bäderbahn** ihre Fahrgäste von Stralsund über Wolgast und die deutschen Inselbäder auf Usedom bis Świnoujście.

Auf Schusters Rappen bietet sich eine etwa anderthalbstündige **Strandwanderung** zwischen der Ahlbecker Seebrücke und dem Świnoujścier Kurviertel an, alternativ ein Spaziergang über Europas längste internationale **Seepromenade**, die hinter Dünen und Badestrand Ahlbeck und Świnoujście miteinander verbindet. Schlagbäume und Grenzkontrollen muss man seit Polens Beitritt zum Schengen-Abkommen nirgends mehr fürchten. Sie sind komplett abgeräumt, und man kann sich auf Usedom ungehindert zwischen Deutschland und Polen hin- und herbewegen.

Von Osten her nähert man sich Świnoujście auf der **Fernstraße 3/E 65** über die Insel Wolin. Und hier heißt es aufgepasst, je nachdem, ob man auf den Woliner oder den Usedomer Teil des Ostseebads möchte. Wo die Fernstraße etwa 10 km, bevor die Świna die beiden Inseln voneinander trennt, in einen großen Kreisel einmündet, geht es rechts zu den Ostseefähren, zum Bahnhof und zur Stadtfähre auf der Insel Wolin. Die kostenlose **Stadtfähre** schifft die Einwohner von Świnoujście samt ihren Motorkutschen rund um die Uhr hinüber zum Zentrum und Kurviertel auf Usedom. Touristen können sie per pedes oder mit dem Fahrrad benutzen, von 22 bis 4 Uhr auch mit dem Wagen.

Um von der Insel Wolin aus als Stadtbesucher auch unter der Woche mit dem **Auto** ins Zentrum auf der Insel Usedom zu gelangen, muss man am großen Kreisel die Straße via **Karsibór** nehmen. An deren Ende wartet eine Autofähre, die die Vehikel kostenlos über die Świna auf die Insel Usedom trägt.

■ **Autofähren „Karsibór",** tgl. 7.30–18.30 Uhr alle 30 Minuten, 4.30–7.30 und 18.30–22 Uhr stündlich.
■ **Stadtfähren,** tgl. 4.40–23.40 Uhr alle 20 Minuten, 0.40–3.40 Uhr alle 40 Minuten.
   Die genauen **Fährpläne** finden sich unter www.zegluga.swi.pl und www.swinoujscie.pl.
■ **Usedomer Bäderbahn,** Auskunft Tel. (038378) 27132, www.ubb-online.de.
■ **Europa-Buslinie,** Auskunft Tel. (038378) 33 630, www.ostseebus.de.

Karte S. 47, Stadtplan S. 52

Sehenswertes

Rundum schwebt eine für Überseehäfen typische Atmosphäre von Fernweh und Weite über den **Hafenanlagen**. Am Kai geht es geschäftig zu, und auf dem stark befahrenen Hauptmündungsarm der Oder herrscht ein reges Kommen und Gehen der Schiffe. Vom kleinen Fischkutter über schicke Jachten bis zum dicken Ozeandampfer weist ihnen allen der 1858 fast auf dem äußersten Woliner Landzipfel erbaute, 68 m hohe **Leuchtturm** den Weg. 25 Meilen weit strahlt sein Leuchtfeuer, und über 300 Stufen führen in seine Spitze hinauf, von wo aus man eine herrliche Aussicht weit über die Pommersche Bucht, das Haff und die Inseln genießt. Gleich nördlich geht der Blick zu den beiden Anfang des 19. Jh. aufgeschichteten Wellenbrechern, die die Świna-Mündung in die Ostsee beschützen. Die westliche, kürzere Mole, die gewissermaßen die letzte Landmarke der Insel Usedom bildet, schmückt seit 1874 die schlanke weiße **Stawa Młyny (Mühlenbake)**. Das in Form einer Windmühle errichtete **Navigationszeichen** ist das **Wahrzeichen** von Świnoujście und in lauschigen Sommernächten zugleich einer der schönsten Plätze zur Bewunderung romantischer Sonnenuntergänge über der Ostsee.

Dem militärischen Schutz der Hafeneinfahrt dienten seit Mitte des 19. Jh. Festungsanlagen zu beiden Ufern der Świna. Zu Füßen des großen Leuchtturms auf der Woliner Seite duckt sich das 1848 bis 1859 erbaute Ost-Fort (Fort Wschodni), auch **„Fort Gerharda"** genannt. Lange Zeit verfiel die Ostbatterie, wurde von Sträuchern und Bäumen überwuchert, bis der neue Pächter und „Festungskommandant" *Piotr Piwowarczyk* 2001 mit ihrer Restaurierung begann. Heute erstrahlt sie in neuem Glanz, die Gebäude und Außenanlagen sind wieder begehbar, Informationstafeln berichten über Funktion und Geschichte des Forts, und als besondere Attraktion werden die Besucher nach dem Erwerb eines Passierscheins im Spaß-Fort von Männern mit Pickelhauben und preußischen Uniformen mit touristischem Kanonendonner durch das Gelände geführt. Im dortigen Museum lassen sich außerdem Hunderte Exponate zur Geschichte der militärischen Küstenbefestigung bewundern. Wirkliche Schüsse wurden vom Fort Gerharda aus dagegen nie abgefeuert.

◸ Das Navigationszeichen Stawa Młyny ist das Wahrzeichen von Świnoujście

Gut 3,5 km östlich davon liegt hinter dem Strand mitten im Küstenwald die ehemalige Batterie Vineta, eine der wichtigsten polnischen Militäranlagen in Zeiten des Kalten Kriegs. Der Bunkerkomplex für schwere Artilleriegeschütze wurde 1936–1939 von der deutschen Kriegsmarine gebaut, in den 1950er Jahren zur geheimen Kommandozentrale der polnischen Volksarmee umgebaut und in den 1960er Jahren abermals erweitert. Eine durch Tunnelsysteme verbundene, unterirdische „Stadt" entstand, die **Untergrundstadt auf der Insel Wolin** (Podziemne Miasto na wyspie Wolin), wie sie heute mit touristischem Namen heißt. Damals streng geheim, denn von hier aus sollte im Fall eines Dritten Weltkriegs der Angriff der Warschauer-Pakt-Staaten auf Skandinavien und die Benelux-Länder gesteuert werden, steht die Bunkeranlage seit 2014 interessierten Besuchern für die Besichtigung offen.

Am westlichen Świna-Ufer liegt, dem Ost-Fort Gerharda gegenüber, auf der Insel Usedom das **West-Fort** (Fort Zachodni). 1856 bis 1861 errichtet, wurde es Ende des Zweiten Weltkriegs von der Roten Armee übernommen, die sich dort bis 1962 einquartierte. Inzwischen dient die Westbatterie als Freilichtmuseum, auf dessen Gelände man die noch vorhandenen Munitionsräume, Kasematten, Kommandobunker und Schützenstellungen besichtigen kann. In geschlossenen Räumen werden die Geschichte des Forts sowie in der Gegend aufgefundene Militaria präsentiert.

Südlich vom Fort Zachodni thront die wuchtige **Engelsburg** (Fort Anioła). 1854 bis 1858 wurde das Fort nach dem Vorbild des römischen Hadrian-Mausoleums erbaut. Auf drei Etagen mit 24 Kanonenschießscharten versehen, fungierte es bis Ende des Zweiten Weltkriegs als Kommando der Luftabwehr. Heute ist es inklusive Café und Kunstgalerie ebenfalls zu besichtigen.

Von dort führt ein knapp 20-minütiger Spaziergang über die ul. Jachtowa, an den Ausläufern des Kurparks und Hafenanlagen vorbei, südwärts ins Stadtzentrum. Unmittelbar am Stadtfähranleger liegt der kleine **plac Rybacka (Fischerplatz)** mit einem Denkmal, das an die Menschen erinnert, „die vom Meer nicht zurückgekehrt sind".

Einen Katzensprung entfernt, wartet in der ul. Armii Krajowej im alten Rathaus das **Museum für Seefischerei** mit Wissenswertem zu Fischfang und Meeresfauna sowie einer Ausstellung zur Regionalgeschichte auf. Ebenfalls nahebei, schmückt die 1788 bis 1792 erbaute **Kirche König Christus** (Kościół Chrystusa Króla) in ihrem Inneren ein hübsches hölzernes Schiffsmodell.

Hinter der Kirche hoffen in der ul. Konstytucji 3 Maya eine Reihe von Taxifahrern auf Kunden, welche die ca. 3 km lange Straße zur Staatsgrenze nach Ahlbeck hinaufkutschiert werden möchten. Den Straßenrand säumt ein kunterbunter **Basar,** wo man sich mit Zigaretten, Weidenkörben, Alkoholika oder auch Kunsthandwerklichem eindecken kann.

Die eigentliche Sehenswürdigkeit von Świnoujście aber ist das Seebad. Vom alten Ort durch den Kurpark getrennt, beherrschen in dem Viertel am Usedomer Ostseestrand **Villen und Pensionen** aus

> An der polnischen Ostseeküste wird am Strand mehr geboten als Sand und Wasser

Świnoujście (Swinemünde)

der Wende vom 19. zum 20. Jh. das Bild. Eine breite **Strandpromenade** mit Budenzauber und zahlreichen gastronomischen Einrichtungen und natürlich der herrliche weiße Sandstrand, laden zum Bummeln und Baden ein.

Alljährlich im August verwandeln sich Strand und Konzertmuschel darüber hinaus in eine riesige Freilichtbühne. Seit über 40 Jahren bereits erobern im Rahmen des **Kunstfestivals der akademischen Jugend FAMA** (Festiwal Artystyczny Młodziezy Akademickiej) Studenten und Künstler mit zahlreichen Konzerten, Kunst-Events, Film-, Theater-, Kabarett- und Tanzaufführungen über zwei Wochen die Stadt.

Świnoujście entwickelt sich prächtig. Zahlreiche Hotelanlagen sind in den vergangenen Jahren entstanden, und der **Bauboom** ebbt längst noch nicht ab. So wird das Seebad bis 2018, umrahmt von einem neuen Vier- und Fünf-Sterne-Hotel-Ensemble, endlich seine lange ersehnte **Seebrücke** erhalten.

Praktische Tipps

Information

■ **Touristeninformation,** pl. Słowiański 6/1, 72-600 Świnoujście, Tel. 91 3224999, www.swinoujscie.pl, Mo–Fr 9–17, Sa 10–14 Uhr, Juni bis Sept. zusätzlich So 10–14 Uhr.
■ **Homepage** der Stadt: www.swinoujscie.pl.

Unterkunft

■ **Zimmervermittlung** in der Touristeninfo.
■ **Pensjonat Pod Kasztanami**④, ul. Paderewskiego 14/1, 72-600 Świnoujście, Tel. 91 321 3947, www.pod-kasztanami.pl. Sorgfältig restauriertes Jugendstilhaus im Kurviertel zwischen Park und Stadtzentrum, die Zimmer stilvoll eingerichtet; mit Restaurant und Wellness-Bereich.
■ **Willa 4 Pory Roku**③, ul. Ujejskiego 8, 72-600 Świnoujście, Tel. 91 3211694, www.4poryroku.com.pl. Schicke Neubauvilla in Nachbarschaft zum Pensjonat Piaskowy, wenige Schritte zum Strand.
■ **Pensjonat Piaskowy**②, ul. Żeromskiego 24, 72-600 Świnoujście, Tel. 91 3214518, http://piaskowy.obitur.pl. Komfortvilla am Waldrand direkt hinter Strand und Seepromenade.
■ **Willa Pod Dębami**②, ul. B. Prusa 9, 72-600 Świnoujście, Tel. 91 3219368, www.pod-debami.pl. Ruhig gelegene, schmucke Villa mit allem Komfort, ebenfalls unmittelbar hinter dem Strand, mit Apartments, Sauna und Fahrradverleih.

Camping

■ **Camping Nr. 44 Relax,** ul. Słowackiego 1, 72-600 Świnoujście, Tel. 91 3213912, www.camping-relax.com.pl. Schlichter Wiesenplatz im Kurviertel, fünf Minuten zum Strand, einfache Sanitärausstattung, mit Campinghäuschen, ganzjährig geöffnet.

Świnoujście (Swinemünde)

Jugendherberge

- **Jugendherberge,** ul. Gdyńska 26, 72-600 Świnoujście, Tel. 91 3270613, www.schronisko.e-swinoujscie.pl, ganzjährig.

Gastronomie

- **Restaurant Pod Kasztanami,** s. „Unterkunft". Leckere polnische Küche, sorgfältig zubereitet, in freundlicher Atmosphäre abseits vom Trubel.
- **Karczma Polska „Pod Kogutem",** ul. Żeromskiego 48, Tel. 91 3274057, http://karczmapodkogutem.eu. Deftige polnische Hausmannskost in urigem Ambiente, an der Strandpromenade.

Museen und andere Sehenswürdigkeiten

- **Museum für Seefischerei,** plac Rybacka 1, www.muzeum-swinoujscie.pl, Juni bis Okt. tgl. 9–17 Uhr, sonst Di–So 9–17 Uhr.
- **Leuchtturm,** ul. Bunkrowa 1, auf der Insel Wolin, März/April und Sept./Okt. tgl. 10–18 Uhr, Juli/Aug. tgl. 10–20 Uhr, sonst tgl. 10–16 Uhr.
- **Fort Gerharda** (Ost-Fort), ul. Bunkrowa 2, auf der Insel Wolin, www.fort-gerharda.pl, Mai bis Sept. tgl. 9.30–19 Uhr, Okt.bis April 10–17 Uhr.
- **MEIN TIPP: Untergrundstadt auf der Insel Wolin,** Tel. 530 790596 und 91 3218626, www.podziemne-miasto.pl, Mai bis Mitte Juni und Sept. tgl. 12.30 und 15 Uhr, Mitte Juni bis Ende Aug. tgl. 10.30, 12.30, 14.30 und 16.30 Uhr, Okt. bis April Sa/So 12.30 und 15 Uhr; 100-minütige Besichtigung nur mit Führung, Anmeldung empfohlen. Anfahrt: Auf der Straße 3/E 65 Richtung Świnoujście-Port ca. 1,5 km nach dem Kreisel bei der kleinen Bahnstation „Świnoujście Przytór" nach Norden abbiegen, nördlich der Gleise noch etwa 400 m über einen Waldweg. Gruselig: Die Bunkerstadt, von wo aus der Warschauer Pakt im Fall eines Dritten Weltkriegs den Angriff auf Skandinavien und die Benelux-Länder durchführen wollte.
- **West-Fort,** ul. Jachtowa, http://westbatterie.prv.pl, April/Okt. 10–17 Uhr, Mai/Sept. 10–18 Uhr, Juni bis Aug. 10–20 Uhr, Nov. bis März 10–16 Uhr.
- **Engelsburg,** ul. Jachtowa dz. 158, www.fortaniola.pl, Mai bis Sept. tgl. ab 10 Uhr bis Einbruch der Dunkelheit, Okt. bis April tgl. 10–15 Uhr.

Kulturelle Veranstaltungen

- **Künstlerfestival der Studentenjugend „FAMA",** Kabarett, Konzerte und Happenings in der zweiten Augusthälfte im Amphitheater, in der Konzertmuschel, auf der Promenade oder am Strand, Infos unter http://fama.org.pl.
- **Sail Świnoujście/Internationale Festspiele der Seemannslieder „Wiatrak",** traditionsreiches Liedfestival, begleitet von einem maritimen Jahrmarkt und zum Höhepunkt einer Seglerparade, an einem Wochenende im August, Infos unter www.sail-swinoujscie.pl.
- **Usedomer Musiksommer,** hochkarätiges Klassikprogramm mit internationalen Stars der Ernsten Musik, von Mitte September bis in die erste Oktoberwoche, vorwiegend in den deutschen Ortschaften Usedoms, aber auch in Świnoujście, Infos unter www.usedomer-musikfestval.de.

Aktivitäten

- **Ausflugsfahrten per Schiff** nach Ahlbeck, Heringsdorf, und Bansin auf Usedom, März Di–Sa, Mai bis Okt. vier Mal tgl., www.adler-schiffe.de.
- **MEIN TIPP: Schiffsrundfahrten,** Mai bis Sept. tgl. 10.30 und 14.30 Uhr ab Stadthafen im Zentrum von Świnoujście, www.swinoujscie-rejsy.pl. Świnoujście auf seinen 44 Inseln lässt sich besonders schön vom Wasser aus entdecken. Die Rundfahrt mit der „Chateaubriand" (auch mit deutschsprachiger Erläuterung) dauert zwei Stunden.

Międzyzdroje

Unbestrittene Königin bei den Sommerurlaubern auf Wolin ist die kleine Stadt Międzyzdroje (**Misdroy**). Wo 1579, als „Mysdroye" das erste Mal erwähnt wurde, gerade einmal 30 Ackerbauern und Fischer ihr karges Dasein fristeten, tummeln sich heute allein in den Monaten Juli/August über 80.000 Gäste am breiten, feinsandigen Ostseestrand. Rundum auf der Strandpromenade, zwischen Kiosken und Souvenirständen, Eis-, Fisch- und Pommesbuden schlendern Familien und tänzeln Bikini-Schönheiten zur Popmusik. Am frühen Abend verlagert sich der Rummel dann rund um den kleinen Kurpark und seine angrenzenden Straßen, spät in der Nacht in die Discos.

1830 entdeckte der Berliner Sanitätsrat *Heinrich Oswald* die wohltuende Wirkung des Ostsee-Reizklimas bei Misdroy, 1835 wurden die ersten Badeeinrichtungen am Strand aufgestellt, und schon gegen Ende des 19. Jh. war Misdroy ein weithin bekannter Badekurort. Nach dem Anschluss ans Eisenbahnnetz 1902 stieg es vollends zur „Badewanne der Berliner" auf, über 20.000 Feriengäste wurden im Rekordjahr 1913 gezählt.

Neben Baden gehörte Lustwandeln zum Urlaubsprogramm, im Park und auf der **Seebrücke.** Bereits 1884 hatte man eine erste bescheidene Konstruktion errichtet, 1906 wurde sie durch einen repräsentativen Neubau mit elegantem Jugendstil-Pavillon ersetzt. Nach dem Zweiten Weltkrieg, als Europa in zwei Blöcke zerfiel und ein Fahrgastverkehr auf der Ostsee hinter dem Eisernen Vorhang kaum noch stattfand, verfiel die

Am Strand von Międzyzdroje

Międzyzdroje (Misdroy)

0 — 200 m

■ Übernachtung
1. Camping Tramp
2. Hotel Amber Baltic
3. Hotel Nautilus
4. PTTK-Gästehaus
5. Willa Dusia
6. Hotel Villa Modiva
7. Camping 24

■ Essen und Trinken
2. Restaurant Amber Baltic

OSTSEE

Kreuzfahrten nach Ahlbeck
Seebrücke

Oceanarium
Internationales Kulturhaus
Planetarium und Wachsfigurenkabinett
Naturkundemuseum des Woliner Nationalparks

Świnoujście
Świnoujście, Stettin

Międzyzdroje (Misdroy)

Seebrücke von Międzyzdroje, wie fast alle Seebrücken auf polnischem und auf DDR-Gebiet. 1954 nahm sie bei stürmischer See schweren Schaden, 1961 brannte der Pavillon ab, und 1985 musste sie wegen Baufälligkeit schließlich gesperrt werden.

Elf Jahre später war die Seebrücke erneut aufgebaut, allerdings mit 120 m Länge zu kurz für den Schiffsverkehr, weshalb man sie 2003/04 auf 395 m verlängerte. Im Jahr 2005 wurde sie feierlich eingeweiht. Seither können dort Ausflugsdampfer bis zu 75 m Länge anlegen.

Wenige Schritte weiter warten in einem schönen Bäderarchitekturpavillon ein **Wachsfigurenkabinett** und ein kleines **Planetarium** auf einen Besuch. Nebenan steht im **Internationalen Kulturhaus** eine bunte Palette von Veranstaltungen auf dem Programm. Nur einen Steinwurf von dort entfernt ist die **Touristeninformation** in einem Pavillon an der Promenada Gwiazd untergebracht. Nahebei präsentiert ein **Oceanarium** heimische und exotische Unterwasserwelten.

Folgt man der **Promenada Gwiazd,** der „Promenade der Stars", in Richtung Fischerhafen und hält seinen Blick auf den Boden gesenkt, lassen sich hier und da in den Asphalt eingelassene bronzene Handabdrücke und Autogramme polnischer Prominenter aus Film, Funk und Fernsehen entdecken.

Im kleinen **Fischerhafen** am nördlichen Ortseingang am Strand unmittelbar vor dem Nationalpark-Eingang wechselt auf einmal die Szenerie. Das Sandband wird schmaler und die Steilküste steigt auf. Es ist weniger Trubel, ruhiger, und zwischen den wenigen noch verbliebenen Fischerbooten laden

Gastwirte in Bretterbuden zum Verweilen bei leckerem Brat-, Grill- und Räucherfisch ein.

Bauhistorisch lohnt in Międzyzdroje neben mancher Villa in klassischer Bäderarchitektur auch ein Blick in die kleine **Kirche St. Peter** (Kościół św. Piotra) nördlich der Durchgangsstraße Niepodległości/Zwystięstwa direkt an der Nationalparkgrenze. Zwar durch Betonbauten „verschönt", lässt sich in dem 1860 bis 1862 errichteten Gotteshaus dennoch die Handschrift des berühmten Berliner Hofarchitekten *Friedrich August Stüler* erkennen, welcher seinerzeit für den Entwurf verantwortlich zeichnete.

Was die Naturwissenschaften angeht, wartet die 5500-Einwohner-Stadt mit dem 1960 gegründeten **Naturkundemuseum des Woliner Nationalparks** auf, das über Fauna, Flora und Geologie des Parks informiert. Seit 1997 präsentiert es sich in einem betonschweren Neubau auf dem Gelände der Parkdirektion. Das Gebäude hat einen vom polnischen Verwaltungsministerium ausgelobten Preis für „originelle Architektur" gewonnen, und man darf rätseln, was das Ministerium wohl darunter verstanden hat.

Nahebei führt von der ul. Leśna aus ein ausgeschilderter Waldspazierweg in den Woliner Nationalpark (Woliński Park Narodowy) hinein. Er geleitet in etwa 20 Minuten zum **Wisent-Reservat** (Rezerwat Żubrów), wo man in einer Umzäumung gut zwei Dutzend seltsame Rindviecher mit Buckeln, langen Mähnen und Bärten beobachten kann – eine Gruppe der letzten europäischen Bisons (Wisente).

Ein weiterer Fußgängerweg zum Reservat startet 2 km nach Międzyzdrojes nordöstlichem Ortsausgang am gebührenpflichtigen Parkplatz an der Straße 102 Richtung Kamień Pomorski. Von dort sind es ebenfalls rund 20 Minuten durch den Wald zum Wisent-Gehege (siehe Exkurs „Wisente").

Praktische Tipps

Information

- **Touristeninformation,** Promenada Gwiazd 2, 72-500 Międzyzdroje, Tel. 91 3282778, www.mdk miedzyzdroje.com, April bis Okt. Mo–Fr 9–18 Uhr, Sa/So 9–17 Uhr, Nov. bis März Mo–Fr 9–17 Uhr im Internationalen Kulturhaus.
- **PTTK-Touristinformation,** ul. Kolejowa 2, 72-500 Międzyzdroje, Tel. 91 3280462, www.pttk-miedzyzdroje.com, im Sommer tgl. 8–19 Uhr, sonst 7–16 Uhr.
- **Homepage** der Stadt: www.miedzyzdroje.pl.

Unterkunft und Gastronomie

- **Hotel Amber Baltic**⑤, Promenada Gwiazd 1, 72-500 Międzyzdroje, Tel. 91 3228760, www.vi-hotels.com. Eines der besten Hotels im Ort, riesig und luxuriös, mit Hallen- und Freibad, Sauna, Solarium, Restaurant, Bar und direktem Zugang zum Strand.
- **Hotel Nautilus**④, Promenada Gwiazd 8, 72-500 Międzyzdroje, Tel. 91 3280999, www.hotelnautilus.pl. Schöne, gepflegte Zimmer und Apartments in einer Villa aus dem Jahr 1913 gegenüber vom Amber Baltic.
- **Villa Modiva**③-④, ul. Bohaterów Warszawy 2, 72-500 Międzyzdroje, Tel. 695 551671, http://villamodiva.com. Kleines, feines Hotel in sorgfältig restaurierter Bäderarchitektur von Anfang des 20. Jh., klassisch elegant, in ruhiger Lage hinter dem Strand, 10 Min. Spazierweg ins Ortszentrum.
- **Willa Dusia**②, ul. Mickiewicza 17, 72-500 Międzyzdroje, Tel. 91 3280020, www.dusia.pl. In Bäderarchitektur erbaute Villa wenige Meter vom Strand. In dem im Garten gelegenen Bungalow werden weitere Doppelzimmer mit Bad vermietet.
- **PTTK-Gästehaus**①, ul. Kolejowa 2, 72-500 Międzyzdroje, Tel. 91 3280462, www.pttk-miedzyzdroje.com. Im PTTK-Haus in der Ortsmitte, einfach, gemütlich, Dusche und WC auf dem Gang.

Camping

- **Camping 24,** ul. Polna 36, 72-500 Międzyzdroje, Tel. 91 3280275, www.camping24.cba.pl. Wiesenplatz am westlichen Ortsrand, ca. 500 m zum Strand, 600 m ins Ortszentrum, mit Shop und Imbiss-Restaurant, Mai bis Sept.
- Der nächstgelegene große Campingplatz liegt 14 km östlich bei Kołczewo (Str. 102 Richtung Kołobrzeg) bzw. 2,5 km westlich von Międzywodzie: **Camping Tramp,** Świętouść 1, 72-514 Kołczewo, Tel. 91 3212662, http://campingtramp.com. Platz im Kiefernwald vor dem Strand, mit Restaurant, Imbiss, Kiosk und Lebensmittelladen, April bis Okt.

Museen und andere Sehenswürdigkeiten

- **Wachsfigurenkabinett** (Gabinet Figur Woskowych), ul. Boh. Warszawy, Juli/Aug. tgl. 10–21 Uhr, sonst tgl. 10–16 Uhr.
- **Naturkundemuseum** des Woliner Nationalparks, ul. Niepodległości 3, www.wolinpn.pl, von Mai bis Sept. Di–So 9–17 Uhr, Okt. bis April Di–Sa 9–15 Uhr.
- **Wisent-Reservat** im Woliner Nationalpark, von Mai bis Sept. Di–So 10–18 Uhr, Okt bis April Di–Sa 8–16 Uhr.

Die Seebrücke von Międzyzdroje

Der Wisent – Wiedergeburt des europäischen Wildrinds

Einst war der Wisent von Spanien über Mitteleuropa bis Sibirien und in die gemäßigten Zonen Asiens hinein verbreitet. Sein Rumpf bis zu zwei Meter hoch über den Hufen, der breite Kopf mit Zottelbart und zwei kleinen Hörnern geschmückt, kann der Bulle **bis zu eine Tonne Gewicht** auf die Waage bringen, die leichtfüßigere Wisent-Dame immer noch weit über 500 kg. So war der dem Amerikanischen Bison *(Bison bison bison)* sehr nah verwandte Wisent oder Europäische Bison *(Bison bison bonasus)* als Fleisch- und Felllieferant stets beliebt und wurde seit Menschengedenken gejagt.

Schon Höhlenzeichnungen stellen die Jagd auf den größten und schwersten europäischen Landsäuger dar. *Plinius der Ältere* beschreibt ihn im 1. Jh. n. Chr. in seiner „Naturalis Historia" als Rind mit Pferdemähne und viel zu kurzen, daher zum Kampf unnützen Hörnern, das vor jeder Gefahr unverzüglich das Weite suche.

Tatsächlich sind die Giganten aus der **Familie der Paarhufer** recht scheu und fliehen sofort, sobald sie die Witterung von Menschen aufnehmen. In solchen Fällen können sie einen erstaunlich schnellen Galopp einlegen, am liebsten aber durchstreifen sie ihr Futterrevier, grüne Laubwälder, im gemütlichen Trott. Auf der **Speisekarte** der Wiederkäuer stehen Blätter, Triebe, Zweige und Jungbäume, die sie mit ihrer Körperkraft einfach umlegen. Auf Lichtungen weiden sie Gräser und Kräuter und im Herbst, um sich ausreichend Winterspeck anzufuttern, ausgiebig Pilze, Beeren und Waldfrüchte.

Erst im Winter schließen sich Wisente zu größeren **Herden** zusammen, in denen sich dann auch einige Bullen aufhalten. Ansonsten leben sie in kleineren Rotten von etwa 20 Kühen und Kälbern zusammen. Im Mai/Juni, wenn die Natur eine reiche Tafel bestellt, kommen die gut 30 kg schweren **Jungen** nach knapp neun Monaten als Einzelkinder zur Welt. Etwa ein Jahr lang werden sie gesäugt, und in dieser Zeit sollte man Wisent-Mamas unbedingt aus dem Weg gehen. Im August/September geraten die Bullen in Wallung. Schnaufen, Brüllen und Hufstampfen zählen während der Brunft zum Imponier-Repertoire, und der Nahkampf entscheidet, welcher der konkurrierenden Nebenbuhler am Ende der ranghöchste ist und sich mit einem Harem von bis zu acht Kühen paaren darf.

So haben die Wildrinder Generationen um Generationen in den Wäldern gelebt. 20 bis 25 Jahre alt wird ein Tier, und nur Wölfe und Bären waren einst seine natürlichen Feinde. Doch der **Mensch** nahm ihm durch die Rodung der Wälder den Lebensraum und bediente sich seiner als Fleischlieferant. Anders als Pfau und Fasan taugte der Wisent auch nie zum Schönheitsideal, man befand vielmehr, „daß er häßlich seye, scheutzlich, vil haare, mit einem dicken langen halshaar als die Pfärdt, item gebartet, summa gantz wild und ungestalt", wie ihn der Gelehrte *Conrad Gesner* im 16. Jh. beschreibt.

▷ Scheue Kolosse

So war sein Schicksal besiegelt. Anfang des 20. Jh. existierte im Kaukasus noch ein minimaler Bestand des kleineren Bergwisents sowie im Białowieża-Urwald an der heutigen polnisch-weißrussischen Grenze einige Rotten des Flachlandwisents. Ihre letzten Vertreter wurden trotz strengem Verbot 1921 in Polen und sechs Jahre später im Kaukasus gewildert. Die Art war damit **praktisch ausgestorben.**

1923 gründete sich in Frankfurt am Main die „Internationale Gesellschaft zur Erhaltung des Wisents". Man begab sich europaweit auf die Suche nach Exemplaren, die möglicherweise irgendwo in Gefangenschaft überlebt hatten. Insgesamt 57 wurden in Zoos und auf einem Privatgelände entdeckt, von denen etwa ein Dutzend für die Vermehrung geeignet erschien. In einem Gehege im Białowieża-Urwald begann anschließend ein beispielloses **Wiederaufzuchtprogramm,** heikel und anfangs von zahlreichen Misserfolgen begleitet. Denn neben Todesfällen durch Unfälle oder Auseinandersetzungen zwischen den Bullen war die Population durch den genetischen Flaschenhals darüber hinaus extrem anfällig für Krankheiten und Parasiten. 1947 umfasste der Bestand schließlich 44 gesunde, zuchtfähige Tiere. 1952 fing die **Auswilderung** an, zunächst der überzähligen Bullen und wenige Jahre später dann auch von Kühen. 1966 zählte man im Białowieża-Wald bereits 157 freilebende Wildrinder.

Mittlerweile sind es stattliche 450, die die Wälder im grenzübergreifenden polnisch-weißrussischen Białowieża-Nationalpark durchstreifen. Und auch andernorts ist ihre Aufzucht erfolgreich. Insgesamt 1600 Tiere zählen die Herden außerhalb des Białowieża-Walds, überwiegend in Polen, Weißrussland und der Ukraine, aber auch in Litauen oder im Müritz-Nationalpark in Deutschland. Dass es sie gibt, ist ganz besonders dem jahrzehntelangen, unermüdlichen Einsatz der Wissenschaftler und Tierpfleger von Białowieża zu verdanken. Denn letztlich stammen alle heute lebenden Wisente von der Białowieża-Zucht ab. Siehe auch Kap. „Buckliges Masuren, Puszcza Borecka".

Kulturelle Veranstaltungen

■ **Internationales Chorfestival,** bereits seit 1966 traditionsreicher Auftritt bedeutender Vokalensembles aus der ganzen Welt, eine Woche im Juni, Infos unter www.mfpch.eu.

■ **Festiwal Gwiazd** (Festival der Stars), an fünf Tagen im Juli großes Stelldichein polnischer Künstler und Prominenter mit Theater, Konzerten, Film, Sport, Ausstellungen. Höhepunkt ist der „Walk of Fame", wenn Künstler ihren Handabdruck auf der Promenada Gwiazd verewigen. Infos unter http://festiwalgwiazd.pl.

Aktivitäten

■ **Golf:** 9-Loch- und 18-Loch-Platz, Driving Range, Chipping, Pitching Area Greens bei Kołczewo (12 km östl. Str. 102 Richtung Kołobrzeg): Amber Baltic Golf Club, ul. Bałtycka 13, 72-514 Kołczewo, Tel. 91 326 5110, www.abgc.pl.

Im Woliner Nationalpark

Eine weitere schöne Möglichkeit, dem Trubel in Międzyzdroje zu entfliehen, ist eine Wanderung zu den Ostsee-Steilufern, die mit dem 61 m hohen **Góra Kawcza** (Kaffeeberg) am nordöstlichen Stadtrand beginnen und bereits Teil des **Woliński Park Narodowy** sind. Am Ende der Promenada Gwiazd geht der Weg den nun plötzlich menschenleeren Strand entlang, mit Blick auf die Wellen und nach oben auf die steilen Klippen von Geschiebemergel und Kreide.

Ein zweiter Weg führt oberhalb durch herrlichen Buchenwald zum Aussichtspunkt **Góra Gosań** (Gosań-Berg). Nur durch eine hölzerne Lattung vor dem Absturz geschützt, aus 95 m Höhe direkt über dem Meer, kann man weit über die Ostsee blicken. Für Eilige gibt es die Möglichkeit, sich diese wundervolle

Im Bunkermuseum von Zalesie

Aussicht mit dem Wagen und einem sich anschließenden fünfminütigen Ausflug durch den Wald zu erschließen. Dazu stelle man sein Auto auf dem Parkplatz an der Straße 102 auf halber Höhe zwischen Międzyzdroje und dem Dorf Wisełka ab und folge einfach dem Schild mit der Aufschrift „Punkt Widokowy (400 m)".

Mit seinem Gründungsdatum 1960 ist der Woliner Nationalpark der **älteste Nationalpark** der Woiwodschaft. Auf 5000 ha steigt er von den weiten Schilfgürteln am Stettiner Haff über sanfte Hügel zum Grzywacz-Berg (115 m) im Zentrum der Insel und zur Steilküste an, vor der ein eine Seemeile breiter Küstenstreifen ebenfalls noch zum Schutzgebiet gehört. In seinen Buchen- und Eichenmischwäldern gedeihen Zahnwurz, Geißblatt und seltene Orchideenarten; das Wappentier des Nationalparks, der Seeadler, und auch die Wisent-Rotte im Rezerwat Żubrów hat hier eine Heimstatt gefunden.

Eine Tageswanderung führt von Międzyzdroje aus auf markiertem Weg südwärts durch den Nationalpark zur schilfwogenden Haffküste mit dem Örtchen **Zalesie (Laatziger Ablage)**. Dort, gegenüber der Segel-Marina liegt in den Steilhang regelrecht eingegraben das **Bunkermuseum** (Bunkier-Muzeum). Es zeichnet die Geschichte der V3-Waffe (Vergeltungswaffe 3) nach, die Nazi-Deutschland ab dem Jahre 1942 entwickelte und die noch bis Februar 1945 auf dem Gelände südlich von Zalesie getestet wurde.

Weiter geht der Weg über die Ortschaft **Wicko** nach **Wapnica (Kalkofen)** zum **Turkusowe-See (Türkissee)**. Das Relikt eines ehemaligen Kreidetagebaus füllte sich allmählich mit Wasser, das dank des Kreidegrunds türkisfarben schimmert, daher der Name. Viele Jahrhunderte lang wurden hier reiche Kreidevorkommen abgebaut, ab Anfang des 19. Jh. im industriellen Großmaßstab. Die Arbeitersiedlung Kalkofen und eine Zementfabrik entstanden. Heute zählt der Turkusowe-See zu den beliebtesten Ausflugszielen auf der Insel Wolin. Ein großer Parkplatz nimmt Autos und Reisebusse auf, eine Freiluft-Selfservice-Gastronomie sorgt für das leibliche Wohl, und so gestärkt begibt man sich zum 40 m entfernten Turkusowe-See, auf den man von einer Holzbalustrade aus einen Blick werfen kann.

Vom See aus führt der markierte Wanderweg südwärts weiter Richtung **Lubin (Lebbin)** auf den Südwestzipfel der Insel Wolin. Als Sand- oder Kreidepfad schlängelt er sich durch grüne Urwaldtunnel und mündet oberhalb des kleinen Ortes auf einem Parkplatz. Von dort nur wenige Meter steil den **Wzgórze Zielonka (Grünen Hügel)** bergan, liegt einem das gesamte nördliche Stettiner Haff mit seinen vielen Inseln zu Füßen. Möchte man über die Straße den Wzgórze Zielonka anfahren, folge man ab Ortsmitte Lublin der Beschilderung.

Nicht weniger eindrucksvoll zeigt sich die Haff-Sicht vom ==Castellum Lubinum== vis à vis der Lubiner Kirche aus. Wo am Steilufer auf dem höchsten Punkt über dem Oderhaff in der ersten Hälfte des 12. Jh. eine Burg stand, finden seit 2008 Grabungskampagnen statt. Sie brachten menschliche Überreste, Keramikscherben, Bootsnieten, Kämme und andere Dinge aus jener fernen Zeit zutage. Von der Burg selbst ist nichts mehr zu sehen, sie wurde vermutlich 1173 von den Dänen zerstört. Dafür wartet das Gelände hoch über dem Haff mit einer kleinen Fotoausstellung und einem Freiluftcafé mit großer Aussichtsterrasse auf. Eine atemberaubende Aussicht eröffnet sich auf den Flickenteppich aus Wasser und Land, am schönsten am späten Nachmittag, wenn die schräg einfallenden Sonnenstrahlen die stillen Wasserflächen zum Glitzern und Funkeln bringen.

Praktische Tipps

Museen und andere Sehenswürdigkeiten

■ **Bunkermuseum**, in Zalesie, Mai bis Sept. tgl. 10–20 Uhr, www.bunkierv3.pl.
■ **Castellum Lubinum**, ul. Glowna, in Lubin, Mai bis Sept. tgl. 10–20 Uhr, www.grodziskolubin.pl.

Am rechten Oder-Arm

Inmitten von Dünen und Kiefernwäldern liegen auf einer Nehrung zwischen Ostsee und Camminer Bodden (Zalew Kamieński) die kleinen Seebäder **Międzywodzie (Heidebrink)** und **Dziwnów (Berg Dievenow)**, die Heilung mit Sole- und Moorbädern anbieten. Westlich von Dziwnów mündet der rechte Oderarm, die Dziwna, ins Meer und trennt, von 350 Wellenbrechern geschützt, die Insel Wolin vom pommerschen Festland.

Zur Sommerzeit geht es diesseits und jenseits der Dziwna zu wie allerorts in den polnischen Ostseebädern: Zwischen Strand, Fischereihafen, Kurpromenade, Rummelplätzen und einer schier endlosen Reihe von Verkaufs- und Imbissbuden, Urlaubs- und Erholungsheimen herrscht großer Trubel. Kurz hinter der 1994 eröffneten Hubbrücke, die die Insel Wolin mit dem Festland verbindet, warten in Dziwnów am Flussufer Piratenschiffe auf Passagiere, um mehrmals täglich entweder Kurs über das Haff nach Kamień Pomorski zu nehmen oder zu Kreuzfahrt-Ausflügen in See zu stechen.

Seit Juli 2012 ist Dziwnów um eine Attraktion reicher: Im **Miniaturleuchtturm-Meerespark** (Nadmorskiego Parku Miniatur Latarni Morskich) sind sämtliche Leuchttürme der polnischen Ostseeküste, von Świnoujście bis Krynica Morska auf der Frischen Nehrung, im Miniaturformat ausgestellt.

Etwas ruhiger geht es selbst im Juli und August zwischen Kiefern und Sandstrand im winzigen Örtchen **Dziwnówek** zu.

▷ Im Miniaturleuchtturm-Meerespark sind alle Leuchttürme der polnischen Ostseeküste ausgestellt – dieses Exemplar steht in natura östlich von Wolin in Niechorze

Am rechten Oder-Arm

Insel Wolin

Praktische Tipps

Unterkunft

■ **Hotel Stary Dziwnów**③, ul. Kościelna 40, 72-420 Dziwnów, Tel. 91 3217600, www.starydziwnow.pl. Dem klassischen Bäderstil nachempfundene große Fachwerkvilla im östlichen Ortsteil auf der Landbrücke, jeweils 200 m zum Ostseestrand und zur Boddenküste, solider Mittelklasse-Komfort, mit Spa- und Wellnessbereich.

Camping

■ **Camping Biały Dom,** ul. Kamieńska 11/12, 72-420 Dziwnówek, Tel. 91 3811171, www.campingbialydom.com. Großzügiger Platz, von Kiefern beschattet, mit Café und Campinghäuschen, nur wenige Schritte vom Strand entfernt. Die Sanitäreinrichtungen sind tipptopp gepflegt. Die Polnische Föderation für Camping und Caravaning zeichnete den Platz mehrmals mit dem höchsten Prädikat „Mister Camping" aus.

Aktivitäten/Museen und andere Sehenswürdigkeiten

■ **Miniaturleuchtturm-Meerespark,** ul. Dziwna, Dziwnów, Tel. 502 284588, www.nadmorskiparkminiatur.pl, Mai/Sept. 10–17 Uhr, Juni bis Aug. 10–19 Uhr, Okt. bis April Sa/So 9–17 Uhr.

Gryfice | 83
Kamień Pomorski | 74
Kamień Pomorski – Trzebiatów | 76
Kołobrzeg | 85
Mrzeżyno und Dźwirzyno | 84
Niechorze | 80
Pobierowo | 77
Pogorzelica | 81
Rewal | 78
Trzęsacz | 77
Trzebiatów | 81

3 Von Kamień Pomorski nach Kołobrzeg

Wie auf einer Perlenkette aufgereiht liegen die Badeorte am Strand. Baden und Strandvergnügen, aber dank reicher Sole-Vorkommen auch Gesundheits- und Wellnessangebote machen den Küstenabschnitt zur beliebten Urlaubsregion.

◁ Als schier endloses Sandband zieht sich der Strand an der Rewaler Küste entlang

VON KAMIEŃ POMORSKI NACH KOŁOBRZEG

„Wardst Du im Vordern freundlich aufgenommen, dröhnt aus dem Hintern Dir ein donnerndes Willkommen." So, erzählen böse Zungen, hätten anno dazumal die Hinterpommern Ihro Majestät, den preußischen König, beim Grenzübertritt von Vorpommern nach Hinterpommern begrüßt. Von den Oderbrücken südlich von Stettin nach Nordosten über Kamień Pomorski zur Ostsee hinauf verläuft die historische vor- und hinterpommersche **Landesgrenze,** die heute, etwas nach Westen gerückt, die deutsch-polnische Nationalgrenze oder auch die Ländergrenze zwischen dem deutschen Vorpommern und dem polnischen Westpommern (Zachodniopomorskie) beschreibt.

Kiefernbewachsene Dünenwälle, die streckenweise in steile Kliffs übergehen, sind charakteristisch für den Küstenabschnitt zwischen dem **Camminer Bodden** (Zalew Kamieński) und dem größten und traditionsreichsten Kurbad in der Regionen, **Kołobrzeg.**

Moore, Heilschlamm und Solequellen haben im Verbund mit der jodhaltigen Ostseeluft bereits im 19. Jh. einen **Kurbetrieb** aufkommen lassen. So wechseln

◁ Ausflugsfahrt mit der „Kołobrzeg"

Von Kamień Pomorski nach Kołobrzeg

in kurzen Abständen Badeorte und Kurbäder einander ab. In zahlreichen Sanatorien werden Krankheiten auskuriert, Wellnesszentren sorgen für Entspannung und körperliche Regeneration, und eine breite Palette von Hotels und Pensionen, Ferienhäusern und Campingplätzen bietet Unterkunft für einen sonnigen Badeurlaub. Dazu kommen ein schier endlos wirkender **Sandstrand**, der sich ohne Unterbrechung vor dem Kliffufer entlangzieht, sowie die **erstklassige Wasserqualität** der Ostsee in diesem Abschnitt – weshalb es nicht Wunder nimmt, dass die Badeorte zu den beliebtesten an der gesamten polnischen Ostseeküste gehören und besonders im Juli und August Zehntausende von Urlaubern anziehen.

NICHT VERPASSEN!

- **Der gotische Dom St. Johannes** in Kamień Pomorski | 74
- Die Ruine einer **gotischen Kirche** in Trzęsacz | 77
- Die historische Schmalspureisenbahn **Ciuchcia-Retro-Ekspres** verbindet im Sommer die Badeorte Trzęsacz, Rewal, Niechorze und Pogorzelica | 78
- **Trzebiatów,** ein pommersches Landstädtchen | 81
- Die **Morast-Redoute** mit Jachthafen und die **Kirche St. Marien** in Kołobrzeg | 90

Diese Tipps erkennt man an der gelben Hinterlegung.

Kamień Pomorski

Auch wenn die Luft an der Ostsee generell schon jodhaltig ist: wissenschaftlich wurde bewiesen, dass der Jodgehalt über Kamień Pomorski (**Cammin**) dank seiner **Solequelle** noch einmal wesentlich höher ist. Erstmals 1882 und nach dem Zweiten Weltkrieg wieder seit 1966 ist die rund 9000 Einwohner zählende Stadt am Camminer Bodden (Zalew Kamieński) darum ein **Kurort,** wo man in Sole- und Moorbädern seine Wehwehchen lindern sowie mit Wasseraerobic seinen überflüssigen Pfunden zu Leibe rücken kann.

1274 wurden dem ehedem slawischen Burgflecken die **Stadtrechte** verliehen. Bereits ein Jahrhundert zuvor, 1175, hatte der Bischof seinen Sitz vom ständig von dänischen Wikingern bedrohten Wolin nach Cammin verlegt und noch im selben Jahr auch den Grundstein zum gotischen **Dom St. Johannes** (Katedra św. Jana) gelegt – heute eines der bedeutendsten Architekturdenkmäler Nordpolens. Auf einer kleinen Anhöhe über dem Bodden entstand der Sakralbau in über 200-jähriger Bautätigkeit auf dem Grundriss eines lateinischen Kreuzes. 1385 war er vollendet und präsentiert sich seitdem in dieser altehrwürdigen Gestalt. Nur der monolithische Backsteinturm mit seinem ausladenden grünen Kupferdach ist jüngeren Datums. Nach zwei Vorgängern, von denen der erste wohl bereits im Dreißigjährigen Krieg zusammenstürzte, wurde dieser Turm in den 1930er Jahren errichtet.

Innen wurde die Kirche von Generationen fürstlicher Gönner beschenkt. Ein wertvolles Triptychon aus dem spä-

ten 15. Jh. und ein gotisches Taufbecken zeugen noch von den Jahren vor der Reformation, die spätere Einrichtung geht überwiegend auf Stiftungen des Fürsten *Ernst Bogislav von Croy* im 17. Jh. zurück. So auch die reich mit Schnitzwerk und Malerei verzierte **Barockorgel**, die der Fürst bei *Michael Birgel*, Schwiegersohn des berühmten Orgelbaumeisters *Friedrich Stellwagen*, in Auftrag gab. 1672 war das Instrument mit 47 Registern und 3300 Stimmen fertiggestellt. Seit 1965 kommt es nicht mehr nur zum Gottesdienst, sondern auch alljährlich im Sommer im Rahmen des Internationalen Festivals der Orgel- und Kammermusik zum Klingen. Seit nun bald 50 Jahren sind dann die weltbesten Organisten in der Katedra św. Jana zu Gast.

An die Nordflanke des Gotteshauses schließt sich ein idyllischer **Klostergarten** rund um den **gotischen Kreuzgang** (1310) mit Epitaphen verschiedener Bischöfe an. Es ist der einzige aus historischen Zeiten, der in Pommern annähernd vollständig erhalten blieb.

Insgesamt wurden mehr als zwei Drittel Kamień Pomorskis im Zweiten Weltkrieg zerstört, nur wenige Bauwerke haben die Schrecken überdauert. So das **ehemalige Bischofspalais** gegenüber vom Dom, vom 14. bis zum 17. Jh. Sitz der Bischofskurie. Heute befindet sich hier das **Historische Museum Kamień** (Muzeum Historii Kamieńskiej), das archäologische Funde und sakrale Kostbarkeiten zeigt.

Vom Dom wenige Schritte nordostwärts die Straße hinauf, hält sich die sonnengelbe **Kirche der allerheiligsten Jungfrau Maria** (Kościół Najświętszej Marii Panny) ein wenig im Hintergrund. Ihre gegenwärtige Gestalt erhielt sie Mitte des 17. Jh.

Kurz darauf ist auch schon der Alte Markt mit dem gotischen **Rathaus** erreicht. Das stufengiebelgeschmückte Backsteinbauwerk entstand ursprünglich an der Wende vom 13. zum 14. Jh. und wurde nach seiner Zerstörung im Zweiten Weltkrieg 1969 originalgetreu wieder aufgebaut.

Unterhalb geht der Blick auf die **Seebrücke** am Boddenufer, wo sich bei ruhigem Wetter die **Angler** aufreihen und auf das Beißen von Plötzen und Brassen warten. Bei kräftiger Brise kann man das Kreuzen der Windsurfer und Segler beobachten. In der Sommersaison trägt das Piratenschiff „Victoria" seine Gäste mehrmals am Tag von Kamień über den Bodden nach Dziwnów am Ostseestrand. In der Nachbarschaft bietet der neue Jachthafen mit Hafenmeisterei und Gastronomie den Wassersportlern angenehmen Aufenthalt.

Überreste der mittelalterlichen **Stadtbefestigung** ziehen sich am Ufer entlang, durch die einmal fünf basteibewehrte Tore Einlass nach Cammin gewährten. Eines von ihnen, das **Wolliner Tor** (Baszta Wolińska) westlich vom Alten Markt, ist noch erhalten. Seine 700-jährigen Backsteinmauern beherbergen das **Museum der Steine** (Muzeum Kamieni), das mit Mineralien, regionalen archäologischen Funden und außerdem einer Dinosaurierausstellung aufwartet. Vom zinnengekrönten Turm hat man einen schönen Blick über den Bodden.

Eigentlich verboten: Camping am Strand

Praktische Tipps

Information

- **Homepage** d. Stadt: www.kamienpomorski.pl.

Unterkunft und Gastronomie

- **Hotel Staromiejski („Nad Zalewem")**②, ul. Rybacka 3, 72-400 Kamień Pomorski, Tel. 91 382 2644, www.hotel-staromiejski.pl. Gediegenes Haus am Alten Markt, Restaurant, Zimmer m. Boddenblick.
- **Hotel Pod Muzami**②, ul. Gryfitów 1, 72-400 Kamień Pomorski, Tel. 91 3822240, www.podmuzami.pl. Kleines Fachwerkhotel mit gutbürgerlichen Zimmern, ebenfalls am Alten Markt. Mit Restaurant.

Museen und andere Sehenswürdigkeiten

- **Museum der Steine,** im Wolliner Tor, ul. Słowacki 1, Juli/Aug. tgl. 10–18 Uhr, sonst Di–Sa 10–18, So 10–16 Uhr, www.sokolowski-muzea.pl.
- **Historisches Museum Kamień,** Plac Katedralny 7, www.mhzk.eu, Mai bis Sept. tgl. 10–17 Uhr, sonst 10–16 Uhr.

Kulturelle Veranstaltungen

MEIN TIPP: **Internationales Festival der Orgel- und Kammermusik,** Ende Juni bis Ende Aug. freitagabends im Dom. Infos beim Biuro Organizacyjne Festiwalu; ul. Wolińska 9; Tel. 91 3820541.

Aktivitäten

- **Segeln und Surfen:** im Wassersportzentrum, ul. Wilków Morskich 4, Tel. 661213391, www.marinakamienpomorski.pl. Kajaks und Segelboote.

Von Kamień Pomorski nach Trzebiatów

Hinter Kamień Pomorski scheiden sich die Wege, die zur Kleinstadt Trzebiatów führen. Wählt man die Straße 103 quer über das Land, lohnt sich ein kurzer Zwischenstopp in **Świerzno (Schwirsen),** um, direkt nach dem westlichen Ortseingang links, einen Blick auf das kleine Fachwerkschloss zu werfen, in dem einst die Gutsherren *von Fleming* residierten. 1718 bis 1730 wurde es erbaut, stand nach dem Zweiten Weltkrieg jahrzehntelang leer und befindet sich, nach mehreren Besitzerwechseln seit dem Fall des Eisernen Vorhangs, in Rekonstruktion. Die hübsche **Fachwerkkirche** gleich am Ortseingang links stammt aus dem Jahr 1681.

Die zumindest zur Sommerzeit beliebtere Strecke ist natürlich die Straße 102 an der **Küste** entlang. Nahezu lückenlos reihen sich in den Kiefern- und Laubmischwäldern von Łukęcin bis Pogorzelica Hotels, Pensionen, Ferienheime, Campingplätze, Biwaks, Schnellrestaurants, Marktbuden und Lunaparks aneinander. Die ehemaligen Fischerdörfer Pobierowo, Trzęsacz, Niechorze und Pogorzelica und in ihrer Mitte die Gemeindestadt Rewal zählen zu den **meistbesuchten Badeorten der Region.** Willkommen also im polnischen Rimini!

Pobierowo

Wenn die fünf Grazien auch gewöhnlich in einem Atemzug genannt werden, präsentieren sie sich doch mit einem jeweils recht unterschiedlichen Charakter. Das westliche Pobierowo (**Poberow**) ist die unangefochtene Party-Königin. Über 4 km verläuft die Amüsiermeile ul. Grunwaldzka parallel zum Meer, beidseitig fast nahtlos mit Biergärten, Bars, Buden und Diskotheken bestückt, in denen die Nacht zum Tag gemacht wird; dahinter liegen, wie auf der Schnur aufgereiht, Pensionen und zahlreiche Ferienheime. In Pobierowo steppt der Bär.

Praktische Tipps

Information
■ **Touristischer Infopunkt,** ul. Jana z Kolna 4, 72-346 Pobierowo, Tel. 91 3864741, tgl. Juli/Aug. 9–19 Uhr.

Unterkunft und Gastronomie
■ **Pension Amber**③, ul. Grunwałdzka 18, 72-346 Pobierowo, Tel. 91 3864429, www.pobierowopensjonat.pl. Freundliches Haus unter hohen Kiefern, an der Partymeile Grunwaldzka, aber im ruhigeren westlichen Abschnitt, wenige Schritte zum Strand.

Jugendherberge
■ **Jugendherberge,** ul. Mickiewicza 19, 72-346 Pobierowo, Tel. 91 3684243, ganzjährig.

Aktivitäten
■ **Reiten:** Gestüt Red Lion Farm im Dorf Redliny (7 km südlich von Pobierowo, Straße Richtung Świerzno). Wohnen kann man dort auch. Die Zimmer sind mit TV und Duschbad ausgestattet; Reiterpension Red Lion Farm③, Redliny 7, 72-405 Świerzno, Tel. 91 3832731, www.redlionfarm.com.

Trzęsacz

5 km östlich schließt sich Trzęsacz (**Hoff**) an, die kleinste und älteste Ortschaft der Gemeinde Rewal. Hoch auf dem Steilufer über dem Strand veranschaulicht die **Ruine einer gotischen Kirche,** um wie viel die Ostsee im Lauf der Jahrhunderte näher rückte. Als der Backsteinbau im 14. Jh. eingeweiht wurde, befand er sich noch mitten im Dorf, 1800 m vom Strand entfernt. 1820 waren es nur noch 13 m, 1874 wurde in der Kirche die letzte Messe gelesen, 1901 brach das ausgespülte Kliff mitsamt einem großen Teil des Gotteshauses weg und stürzte in die Tiefe. Ende des 20. Jh. standen schließlich nur noch die drei ziegelgemauerten Bögen der Rückfront. So gründete sich 1999 der Verein Ratujmy Trzęsacz (Retten wir Trzęsacz), und es gelang ihm tatsächlich, bis 2005 das Steilufer so zu befestigen, dass Wind und Wellen den letzten Mauerresten so schnell nichts mehr anhaben können. Ein **Museum** am Strandzugang vor der Kirchenruine zeichnet ihre Geschichte in einer Multimediashow nach.

Oben auf dem Küstenkliff kann man, mit schöner Sicht über die Ostsee, auf einem Spazierweg ostwärts ins nahe Rewal wandern. An Trzęsacz führt auch der **Fernwanderweg Ostsee – Atlantik** vorbei (für die, die noch weiter wollen), und ein Reiterhof bietet Ausflüge zu Pferde und in der Kutsche an. Nicht zu vergessen: Der Ort liegt exakt auf dem 15. Meridian östlicher Länge, nach dem die mitteleuropäische Zeit eingestellt wird.

Praktische Tipps

Information/Museen und andere Sehenswürdigkeiten
■ **Multimediamuseum auf dem 15. Meridian,** ul. Klifowa 3b in Trzęsacz am zentralen Strandzugang, www.muzeumtrzesacz.pl, Mai bis Sept. tgl. 9–19 Uhr, Okt. bis April Di–So 9–14 Uhr. Mit Café und **touristischem Infopunkt.**

Aktivitäten
■ **Schmalspureisenbahn:** Mai bis Sept. tgl. mehrmals ab den Bahnhöfen Trzęsacz, Rewal, Niechorze und Pogorzelica, Informationen auf www.kolejwaskotorowa.wrewalu.com.

Rewal

Vergleichsweise ruhig und familiär geht es in der Gemeindestadt Rewal (**Rewahl**) zu. 690 ständige Einwohner klein, verfügt es nichtsdestoweniger über eine breite Übernachtungsbasis sowie ein vielfältiges touristisches Angebot. Neben Baden und Sonnenbaden lockt in der Sommerzeit ein bunter Strauß von **Konzerten und Veranstaltungen** die Urlauber an. Im Amphitheater steht Musikalisches auf dem Programm.

Oder man fährt mit der lustigen **Schmalspureisenbahn,** dem über 100-jährigen Ciuchcia-Retro-Ekspres. Von Mai bis September schuckelt die 1896 eröffnete Bahn mit 25 Stundenkilometern durch die schöne Umgebung. Dabei verbindet sie die Badeorte Trzęsacz, Rewal, Niechorze und Pogorzelica mit der Kreisstadt Gryfice knapp 30 km südlich im Hinterland (ab Gryfice nur ein Mal morgens, an Gryfice nur ein Mal abends, den Rest des Tages verkehrt das Bähnlein zwischen den Badeorten).

Der Name Rewal leitet sich von dem alten Wort „Rev" ab, das „Sandbank" bedeutet. Und tatsächlich ist der **Strand,** der sich ohne Unterbrechung über den gesamten 20 km langen Küstenabschnitt der Gemeinde erstreckt, fein wie Puderzucker. Darüber hinaus zählt das Wasser zur ersten Gütekategorie, was insgesamt die Beliebtheit der Badeorte erklärt. Eine Strandwanderung von Rewal östlich in Richtung Niechorze wird jedoch schon bald von einem wild gewürfelten Meer aus Betonblöcken unterbrochen, die den im Winter am Steilufer nagenden Ostseewellen Einhalt gebieten sollen.

⌐ Vergnügliche Landpartie auf schmaler Spur mit dem Ciuchcia-Retro-Ekspres

Praktische Tipps

Information
- **Touristeninformation,** ul. Szkolna 1, 72-344 Rewal (östlicher Ortseingang im Sportzentrum an der Schule), Tel. 91 3862629, itrewal@rewal.pl, Juli/Aug. tgl. 9–21 Uhr, Sept tgl. 9–18 Uhr.
- **Homepage** der Gemeinde: www.rewal.pl.

Unterkunft
- **Zimmervermittlung** in der Touristeninfo.
- **Pensjonat Sedina**③, ul. Mickiewicza 15, 72-344 Rewal (wenige Meter vom Rathaus entfernt), Tel. 91 3862448, www.sedina.com.pl. Reizende Drei-Sterne-Pension, elegant eingerichtet, mit kleinem Garten, Pool und Sauna, 150 m vom Strand. Man spricht Deutsch und Englisch.
- **Hotel Rancho**③, ul. Szkolna 16, 72-344 Rewal, Tel. 91 3862613, www.ranchorewal.tp1.pl. Gepflegtes Haus mit schönem Garten und Bar, sehr freundlicher Service, 150 m vom Strand.
- **Dworek Zielińskich**③, ul. Dworcowa 17c, 72-344 Rewal, Tel. 91 3862726, www.dworekzielinskich.pl. Kleine hübsche Walmdachvilla, im Garten Pool und Ferienbungalows, ruhig, knapp 10 Minuten Fußweg ins Zentrum, 15 Minuten zum Strand.

Camping
- **Camping Nr. 192 Klif,** ul. Kamieńska 2, 72-344 Rewal, Tel. 91 3862618, www.klif.pti.pl. Baumgerahmter Wiesenplatz an der Straße 102 direkt am westlichen Ortseingang, mit Gastronomie, Einkaufsladen und Campinghäuschen, Mai bis Sept.

Aktivitäten
- **Schmalspureisenbahn:** Mai bis Anfang Sept. tgl. mehrmals ab Trzęsacz, Rewal, Niechorze und Pogorzelica, www.kolejwaskotorowa.wrewalu.com.

Niechorze

Eine andere Möglichkeit, das Kliffküstenland zu erkunden, ist die 45 m hohe Plattform des **Leuchtturms** bei Niechorze **(Horst)** zu erklimmen. 1866 erstrahlte erstmals sein Leuchtfeuer, damals im wörtlichen Sinne, denn es handelte sich um eine Öllampe. Heute ist das Licht im Umkreis von 36 km zu sehen. 210 Stufen muss man erklettern, um auf die Aussichtsgalerie zu gelangen und sich mit einem Rundumblick über das Land und die See belohnen zu lassen. Direkt unterhalb liegt an der ul. Ludna ein **Leuchtturm-Miniaturenpark** (Park Miniatur Latarni Morskich), in dem man sämtliche Leuchttürme der polnischen Ostseeküste als detailgetreue Nachbildungen im Maßstab 1:10 bewundern kann.

Das Dorf selbst, schaut man einmal zehn Jahre zurück, ist kaum mehr wiederzuerkennen. Unter Kiefern ist rund um eine Handvoll historischer Fischerkaten ein ganz neuer Ort entstanden, der sich, was **Partyspaß** und fröhliches Remmidemmi betrifft, hinter Pobierowo nicht verstecken muss. Kulturell wartet er mit einem kleinen **Fischermuseum** auf, das Meeresfauna und mit allerlei Handwerkszeug den Alltag der Ostseefischer dokumentiert. Auf dem Freilichtgelände sind Fischkutter ausgestellt.

Praktische Tipps

Information
■ **Touristeninformation,** al. Bursztynowa 28 (im Fischermuseum), 72-350 Niechorze, Tel. 91 386 3250, Juli/Aug. tgl. 10–20 Uhr.

Unterkunft
■ **Pensjonat Dworek Prawdzic**③, ul. Szczecińska, 72-350 Niechorze, Tel. 91 3863563, www.prawdzic.pl. Großes, vornehmes, mit Stilmöbeln und eigenem Pool ausgestattetes Haus vor den Dünen fast am Strand.

MEIN TIPP: Ferienhaus Wiatrak Holenderski①, Lędzin, 72-343 Karnice, Tel. 601 770 396, wiatrak wledzinie. wordpress.com. Apart eingerichtete Gästezimmer in einer liebevoll restaurierten Holländerwindmühle von 1723, umgeben von einem weiten Garten. Die Energie für die romantische Anlage wird auch heute noch aus Windkraft und außerdem mit Photovoltaik gewonnen. Anfahrt: ca. 4 km südlich von Niechorze im Weiler Lędzin an der Landstraße 110 via Gryfice.

◁ In Lędzin bei Niechorze kann man in einer liebevoll restaurierten Mühle übernachten

Camping
■ **Camping Nr. 208 Pomona,** ul. Polna 25, 72-350 Niechorze, Tel. 91 3863445, www.pomona.tp1.pl. Attraktiver Platz am Leuchtturm, im Haus Restaurant und Gästezimmer, Mai bis Mitte Okt.

Museen und andere Sehenswürdigkeiten
■ **Fischermuseum,** al. Bursztynowa 28, Juli/Aug. tgl. 10–20 Uhr, sonst Di–So 10–16 Uhr.
■ **Leuchtturm,** Juli/Aug. tgl. 10–20 Uhr, sonst 10 Uhr bis Einbruch der Dämmerung.
■ **Leuchtturm-Miniaturenpark,** ul. Ludna 16, www.park-miniatur-latarni.pl, tgl. 10–17 Uhr, im Sommer tgl. 10–19 Uhr.

Aktivitäten
■ **Schmalspureisenbahn:** Mai bis Anfang Sept. tgl. mehrmals ab den Bahnhöfen Trzęsacz, Rewal, Niechorze und Pogorzelica, www.kolejwaskotorowa.wrewalu.com.

Pogorzelica

Niechorze und Pogorzelica (**Fischerkaten**) sind mehr oder minder zusammengewachsen. In der östlichsten der fünf Grazien geht es wieder beschaulicher zu. Ferien- und Erholungsheime prägen das Bild in dem besonders bei **Familien** geschätzten, zehn Straßen kleinen Badeort.

Eine Weiterfahrt direkt an der Küste entlang Richtung Kołobrzeg verhindert ein **militärisches Sperrgebiet.**

Praktische Tipps

Aktivitäten
■ **Schmalspureisenbahn:** Mai bis Anfang Sept. tgl. mehrmals ab Trzęsacz, Rewal, Niechorze und Pogorzelica, www.kolejwaskotorowa.wrewalu.com.

Trzebiatów

Wie die meisten Orte in der Region, war auch Trzebiatów (**Treptow an der Rega**) im 12. Jh. ein kleiner Burgflecken, und wie die anderen kleinen Städte trat es im 14. Jh. der Hanse bei und blühte auf. Im Vergleich zu den anderen erlitt es jedoch im Zweiten Weltkrieg weniger Schaden.

Zentrum der verschlafenen Kleinstadt an der Rega ist ein quadratischer **Marktplatz,** um den herum sich restaurierte oder noch in Wiederherstellung begriffene **Bürgerhäuser** in schlichtem Barock und klassizistischem Gewand gruppieren. Die Mitte des Platzes nimmt das 1700 erbaute **Rathaus** ein. In der spätgotischen **Heilig-Geist-Kapelle** um die Ecke ul. Wojska Polskiego/ul. Daszyńskiego wurde 1534 auf dem Landtag zu Treptow die Einführung der Reformation in Pommern beschlossen. Der im Städtchen Wolin geborene Reformator *Johannes Bugenhagen* (1485–1558) arbeitete als Religionslehrer an der Treptower Ratsschule, bevor er – nach anfänglich erbittertem Widerstand gegen die radikale lutherische Lehre und später ihr flammender Anhänger – 1523 nach Wittenberg zog. Nur wenig östlich von der Heilig-Geist-Kapelle ziehen sich am Ufer der Rega die Ruinen der mittelalterlichen Stadtbefestigung mit dem **Grützturm** (Baszta Kaszana) entlang.

Nordwestlich vom Markt ist die **Marienkirche** (Kościól Mariacki) zu sehen, eine 1303 bis 1370 erbaute Hallenkirche mit einem hübschen Sternengewölbe aus dem 15. Jh. Ihr 90 m hoher Kirchturm hütet die 1515 gegossene Maria-Glocke, mit 7,2 t Gewicht eine der schwersten in

Polen, und die Gabriel-Glocke (1399), eine der ältesten Glocken des Landes.

Nordöstlich vom Markt liegt hinter einer Straßenkurve versteckt das 1682 bis 1694 anstelle eines mittelalterlichen Klosters errichtete **Schloss.** 1679 fiel der Nordflügel einer Feuersbrunst zum Opfer. Drei Jahre später erfolgte im Auftrag des brandenburgischen Kurfürsten der Umbau des Renaissancegebäudes in eine Barockresidenz. Im Jahr 1800 erwarb der Treptower Bürgermeister *Brummer* das Schloss bei einer Versteigerung. Die Instandhaltung des großen Gebäudes überstieg aber seine Verhältnisse, weshalb der Südflügel 1813 abgerissen werden musste. So steht das Schloss heute als Zweiflügelanlage da. Es beherbergt städtische Kultureinrichtungen, darunter ein kleines Heimatmuseum.

Den 90 Meter hohen Turm der Marienkirche kann man erklimmen

Praktische Tipps

Information

- **Touristeninformation**, Rynek 1 (im Rathaus), 72-320 Trzebiatów, Tel. 91 3872984, Mo–Fr 10–14 Uhr.
- **Touristeninformation,** ul. Witosa 9 (um die Ecke vom Markt), 72-320 Trzebiatów, Tel. 91 387 2445, Mo–Fr 10–15, Sa 10–12 Uhr.
- **Homepage** der Stadt: www.trzebiatow.pl.

Unterkunft und Gastronomie

- **Zimmervermittlung** in der Touristeninfo.
- **Hotel Dworek nad Rega**③, Nowielice, 72-320 Trzebiatów, Tel. 91 3870687, www.dworek-rega.pl. Schmuckes Anwesen im Landhausstil, in einem 6 ha großen Park an der Rega, mit Schwimmbad und Wellnessbereich, knapp 2 km nördlich von Trzebiatów am Ortseingang von Nowielice. Angeschlossen ist ein empfehlenswertes Restaurant.

Jugendherberge

■ **Jugendherberge,** ul. Długa 11, 72-320 Trzebiatów, Tel. 91 3872771, Juli/Aug.

Aktivitäten

■ **Reiten:** Das Gestüt in Nowielice mit rund 300 Pferden (2 km nördlich von Trzebiatów Richtung Mrzeżyno) besteht bereits seit 1629. Zum Gut gehört ein Gästehaus. Stadnina Koni Nowielice, 72-320 Trzebiatów, Tel. 91 3872553, www.nowielice.pl.

Gryfice

20 km südlich von Trzebiatów liegt die 17.000 Einwohner große Kreisstadt Gryfice (**Greifenberg in Pommern**) am Mittellauf der Rega. 1262 wurde ihr von Pommernherzog *Wartislaw III.* das Stadtrecht verliehen, 1365 trat sie der Hanse bei, und der wirtschaftliche Aufschwung begann. So waren bald ausreichend finanzielle Mittel vorhanden, den Ort rund um einen großen Markt mit einer stattlichen Wehrmauer zu umziehen.

Zwei der drei alten **Stadttore** aus dem 15. Jh., nicht weit vom Marktplatz entfernt, sind erhalten: östlich das Steintor (Brama Kammiena) sowie westlich das Hohe Tor (Brama Wysoka), in dem sich heute das **Stadtmuseum** befindet.

Am Markt erfolgte bereits Ende des 13. Jh. die Grundsteinlegung zur backsteinernen **Marienkirche** (Kościół Mariacki). 1658 fiel der dreischiffige Hallenbau einem Feuer zum Opfer, zehn Jahre später war er wieder hergestellt. Die Barockhaube erhielt der Kirchturm im 18. Jh. Aus der Zeit um 1700 stammen die Barockkanzel und der Hochaltar.

Am 1. Juli 1896 wurde im Städtchen mit großem Bahnhof die **Pommersche Schmalspurbahn** in Betrieb genommen. Anno dazumal ein wichtiges Fernverkehrsmittel, dient die Miniatur-Eisenbahn heute vor allem den Badegästen (siehe „Praktische Tipps"). Ein kleines **Museum** im Bahnhofsgebäude erinnert an die über 100-jährige pommersche Eisenbahngeschichte. Auf dem Freigelände befindet sich eine Ausstellung (Wystawa Nadmorskiej Kolei Wąskotorowej) historischer Dampfloks, Waggons und Triebwagen.

Auf dem Weg von Trzebiatów nach Gryfice lohnt im Dorf **Kłodkowo** ein kurzer Blick in die gotische **Backsteinkirche** aus dem 15. Jh. Auf Findlingsfundamenten aufgebaut und mit einem hölzernen Kirchturm versehen, ist sie gewiss keine kunsthistorisch bedeutende Sehenswürdigkeit. Doch mit ihrer einfachen und zugleich fantasievollen ländlichen Ausstattung erzählt sie vom gläubigen Leben auf dem katholischen Land.

Praktische Tipps

Museen und andere Sehenswürdigkeiten

■ **Stadtmuseum** im Hohen Tor am Marktplatz, Di–So 10–18 Uhr.
■ **Schmalspurbahnausstellung,** ul. Błonie 2, Tel. 91 3841170, tgl. 9–18 Uhr, im Winter 9–16 Uhr.
■ **Schmalspureisenbahn:** Mai bis Anfang Sept. einmal tgl. ab Bahnhof Gryfice nach Trzęsacz, Rewal, Niechorze und Pogorzelica, www.kolejwaskotorowa.wrewalu.com.

Mrzeżyno und Dźwirzyno

Nördlich von Trzebiatów führt die Straße 109 zum Fischereihafen und Urlaubsörtchen **Mrzeżyno (Treptower Deep)**. Zwischen dem Mündungsarm und dem Altarm der Rega nahe dem Resko-Przymorskie-See liegt Mrzeżyno inmitten von Wiesen, Mooren und Heideland an einem dünengeschützten **Ostseestrand**, von dem nicht wenige meinen, er sei der **allerschönste in der ganzen Region**. Einst zog es darum viele Maler in diese herrliche Natur. *Lyonel Feininger* (1871–1956) zum Beispiel weilte immer wieder gerne hier, bevor er dem nationalsozialistischen Deutschland 1937 den Rücken kehrte.

So attraktiv, wie die weißen Sandstrände von Mrzeżyno und auch auf der kiefernbestandenen Nehrung zwischen Ostseewellen und Resko-Przymorskie-See sind, blieben sie vom modernen **Tourismus** natürlich nicht unentdeckt. Zahlreiche Ferien- und Erholungsheime laden heute zum ausgedehnten Sommerurlauben ein.

Achtung: Folgt man bei Mrzeżyno der Straße über die Rega-Brücke, die dann als hübsche Pflastersteinchaussee durch den Wald westwärts in Richtung Niechorze/Rewal verläuft – unterwegs gibt es zahlreiche Strandzugänge nach kurzem Waldspaziergang –, landet man gut 3 km später vor der Kaserne am **militärischen Sperrgebiet**. Von dort ist kein Weiterkommen.

Folgt man von Mrzeżyno aus der Straße ostwärts über die Nehrung Richtung Dźwirzyno, erinnert noch manches Bauwerk daran, dass das Militärgebiet früher sogar um einiges größer war. Auf dem ehemaligen Fluglandeplatz, zu dem sich das Asphaltband an einer Stelle erweitert, kampieren am Waldrand mittlerweile **Wohnmobilisten** (unerlaubterweise, denn wildes Campen ist in Polen verboten), und der Wald vor dem Dünenstrand hat sich, jahrzehntelang unberührt, zu einem prächtigen Urwald entwickelt. Gleich am Anfang der Nehrung, malerisch am Seeufer gelegen, bieten Hotel und Campingplatz Wiktoria Unterkunft in einer ehemaligen Kaserne.

Am östlichen Ende des schmalen Landstrichs, der Salz- und Süßwasser voneinander trennt, liegt **Dźwirzyno (Kolberger Deep)**. Das erste Mal im 12. Jh. in Dokumenten erwähnt, war es stets ein winziges Fischernest, bis man es Ende des 19. Jh. als Sommerfrische ausmachte. Heute besteht an Ferienheimen, Hotels und Pensionen, Buden und Restaurants kein Mangel, und sollte es einmal regnen, wartet das nahe Kołobrzeg mit einem abwechslungsreichen Kulturprogramm. Eine besondere Attraktion ist der herrliche Puderzuckerstrand, ein Teil davon – auf halber Höhe zwischen Dźwirzyno und Grzybowo – lädt zum **textilfreien (Sonnen-)Baden** ein.

Praktische Tipps

Unterkunft/Camping

■ **Erholungsheim Venus**②, ul. Bursztynowa 6, 72-330 Mrzeżyno, Tel. 91 3866230, www.spa-venus.pl. Großzügige Anlage im Kiefernwald, fünf Spazierminuten zum Dorf, 100 m zum Strand; mit Tennisplatz, Schwimmbad, Sauna und vielen weiteren Annehmlichkeiten. Am östlichen Ortseingang nach der Ortstafel und Bushalte in die ul. Nadmorska einbiegen, ab dort ausgeschildert.

■ **Hotel und Camping Wiktoria**①, Rogowo 90, 72-330 Mrzeżyno, Tel. 601 331040, www.wiktoria-rogowo.pl. Am westlichen Eingang zur Nehrung in einem ehemaligen Kasernengebäude, die Ausstattung schlicht, die Lage am Seeufer malerisch.

■ **Camping Nr. 88 Biała Mewa,** ul. Wyzwolenia 48h, 78-131 Dźwirzyno, Tel. 94 3585402, www.camping88.dzwirzyno.pl. Weitläufiger Platz, 300 m vom Strand entfernt, mit Laden, Bar und Campinghäuschen, Mitte Mai bis Mitte Sept.

■ **Camping Portowy**, ul. Trzebiatowska 24, 72-330 Mrzeżyno, Tel. 91 3866239, www.camping.mrzezyno.pl. Baum- und Wiesenplatz am Ufer der Rega beim Sporthafen. Mai bis Mitte Sept.

Kołobrzeg

Die Geschichte von Kołobrzeg (**Kolberg**) lässt sich auf drei Arten erzählen: als die des Salzes, des Krieges und der Kuren. Die Sage berichtet, dass vor langer Zeit ein Herzog von Pommern in den hiesigen Wäldern jagte, wobei ein Hirsch seinen Hund schwer verletzte. Als der Herzog dem Tier daraufhin an einer Quelle die Wunden auswusch, bildete sich auf dessen Fell ein kristalliner Belag, wodurch der Herzog entdeckte, dass das Quellwasser salzhaltig war.

Salzsieden und Salzhandel begründeten den Reichtum der heute rund 47.000 Einwohner großen Stadt, die im Jahr 2000 mit zahlreichen Veranstaltungen die Millenniumsfeier der Bistumsgründung durch Herzog *Bolesław Chrobry* und Kaiser *Otto III.* beging. Seit dem Jahr 1000 ist Kołobrzeg Bischofssitz, 1255 erhielt es die Stadtrechte und war bald darauf auch Mitglied der Hanse. Bis zum Ende des 18. Jh. florierte die Solewirtschaft. Dann aber wurden die mitteldeutschen und schließlich die englischen Konkurrenten so stark (d.h. sie produzierten, die Importkosten mit eingerechnet, um beinahe die Hälfte billiger), dass die preußische Regierung 1858 die weitere Ausbeutung der unrentablen Kolberger Salzgärten nicht länger genehmigte und die traditionelle Salzsiederei eingestellt werden musste.

Zu dieser Zeit war der erste als geheilt bekannte Kolberger **Kurgast** bereits ein uralter Mann. Es war ein Herr namens

◁ Die Marienkirche von Kołobrzeg

Kołobrzeg (Kolberg)

■ **Übernachtung**
1 Hotel Hanseatic
4 Pensjonat Koga
5 Jugendherberge
7 Hotel New Skanpol
8 Hotel Maxymilian
9 Kurhaus Mewa II
10 Hotel Sand
11 Kurhotel Leda SPA
12 Kurhotel Arka Medical SPA
13 Camping Nr. 78 Baltic

Kołobrzeg (Kolberg)

- **Essen und Trinken**
  1 Restaurant Hanseatic
  2 Restaurant Pod Winogronami
  3 Fischräucherei
  10 Restaurant Sand
  14 Restaurant Domek Kata

- **Sonstiges**
  6 Fahrradverleih
  15 Reiterhof Michalski

  Kurviertel

Hans von Held, der in Kolberg 1802/03 eine Haftstrafe verbüßte und den die Stadt auch danach noch derart gefangen nahm, dass er den ersten „Stadtführer über die Seebadeanstalt Kolberg" verfasste. Darin ist es nachzulesen: 300 regelmäßige Bäder im Meer haben Herrn *Helds* Lebenskraft wiederhergestellt. Ein weiterer berühmter Gefangener ist **Turnvater Jahn,** der hier eine fünfjährige Festungshaft absaß. Die berühmtesten Söhne Kolbergs sind **Magnus Hirschfeld** (1868–1935), Nestor der Sexualforschung, sowie **Egon Krenz** (*1937), letzter Staatsratsvorsitzender der DDR.

Schon vor dem Ersten Weltkrieg war Kolberg mit seinen Mineralwassern ein Kurort von europaweitem Ruf. In der Zeit zwischen den Kriegen zählte man fast eine halbe Million Übernachtungen pro Jahr. Heute gehört Kołobrzeg mit 3,9 Millionen Übernachtungen im Jahr zu den **drei größten Urlaubszentren in Polen.** Im Zuge des Wiederaufbaus der 1945 völlig zerstörten Stadt errichtete man viele neue Sanatorien und zusätzlich zahlreiche Betriebssanatorien. Kołobrzeg verfügt über eine ganze Reihe von Genesungsstätten und Naturheilanstalten. Seit den 1970er Jahren wird auch die Heilkraft der umliegenden Moorvorkommen genutzt. Im Verbund mit der jodhaltigen Seeluft und den solehaltigen Quellwassern lindern und heilen sie Kreislauf- und Atemwegserkrankungen, rheumatische Beschwerden, Stoffwechselprobleme und viele andere Zipperlein.

Eine ganz andere, furchtbare Geschichte ist die von **Kolbergs Zerstörungen:** Im Dreißigjährigen Krieg (1618–1648) zum ersten Mal niedergebrannt, begannen die Schweden mit dem Aufbau zur Festungsstadt, unter preußischer Herrschaft wurde er fortgesetzt. Während des Siebenjährigen Kriegs (1756–1763) eroberten russische Truppen das nun stark befestigte Kolberg. Wiederum wurde es fast vollständig zerstört. 1807 stand dann das napoleonische Heer vor den Stadttoren. Während der Verteidigungskämpfe, die General *Gneisenau* und *Joachim Nettelbeck* anführten, verbrannten die Vorstädte, und auch das Zentrum ging abermals in Feuer auf. Die verheerendsten Verwüstungen aber erlitt Kolberg im März 1945. Die seit den Freiheitskriegen in Deutschland legendäre, weil angeblich niemals eroberte „Festung Kolberg" wurde Schauplatz des bis zum „Endsieg" verführten, wahnwitzigen deutschen Durchhaltewillens. Nach entsetzlichen Schlachten wurde Kolberg am 18. März 1945 von polnischen und russischen Truppen eingenommen. Die nationalsozialistische Epoche hatte damit hier ihr Ende gefunden. Doch die Stadt war restlos zerstört.

> **Mein Tipp: In Kołobrzeg tief durchatmen**
> Im Kurort bieten zahlreiche Salzgrotten Entspannung und eine Wohltat für strapazierte Atemwege. In einer mit Jod, Eisen, Magnesium und anderen Elementen ionisierten Luft einfach mal durchzuatmen, rückt gestresste Seelen und Körper wieder ins Gleichgewicht. Salzgrotten finden sich in zahlreichen Kurhotels, beispielsweise hier:
>
> ■ **Kurhaus Mewa II,** ul. Ściegiennego 4, Tel. 94 3523831, http://grota-solna-selen.pl.
> ■ **Arka Medical SPA,** ul. Sułkowskiego 11, Tel. 94 3532186, www.arka-mega.pl.
> ■ **Hotel Leda SPA,** ul. Kasprowicz 23, Tel. 94 3513900, www.hotelleda.pl.

Der „Totale Film"

„Der bedeutendste Ort an der Küste ist Kolberg, eine Stadt von 23.000 Einwohnern, einst eine **berühmte Festung,** die in den Kriegen des 18. Jh. und außerdem in der Napoleonzeit eine große Rolle spielte, berühmt vor allem durch die heldenmütige Verteidigung durch Nettelbeck und Gneisenau." So berichtet 1912 Professor Dr. *Deecke* in seiner „Landeskunde von Pommern" von der alten Stadt Kolberg. Die Wehrvorrichtungen der „berühmten Festung" wurden zwar 1872 schon abgebaut, doch sollten sie im „Totalen Krieg", den Nazi-Deutschland 1939 entfesselte, noch einmal eine bedeutende symbolische Rolle spielen.

Am 1. Juni 1943 erteilte NS-Propagandaminister *Joseph Goebbels* dem UFA-Regisseur *Veit Harlan* (1899–1964) den Auftrag, „einen **Großfilm ‚Kolberg'** herzustellen." Sinn und Zweck sollte sein, „am Beispiel der Stadt, die dem Film den Namen gibt, zu zeigen, dass eine in Heimat und Front gemeinsame Politik jeden Gegner überwindet." Dazu bediente man sich der historischen Ereignisse rund um die erfolgreiche **Verteidigung Kolbergs 1806** unter General *August von Gneisenau* (1760–1831) und Bürgeradjutant *Joachim Nettelbeck* (1730–1824) gegen die napoleonischen Truppen.

Die Hauptrolle im heute verbotenen letzten **Propaganda- und Durchhaltefilm** der NS-Zeit übernahm *Heinrich George* (1893–1946), der als junger Schauspieler im Sommertheater zu Kolberg daselbst seine ersten Sporen verdient hatte. *George* mimt einen heroischen *Nettelbeck*, der, während man im französisch belagerten Kolberg noch auf Verstärkung durch preußische Truppen wartet, eine Bürgerwehr organisiert, welche, zu allem bereit, unter der Führung *Gneisenaus* todesmutig den Erbfeind verjagt.

Von der Drehbuchherstellung bis zum Endschnitt überwachte *Goebbels* sein Lieblingsprojekt. Nichts sollte dem Zufall oder gar künstlerischem Eigensinn überlassen sein. Er befugte *Harlan,* „alle Dienststellen von Wehrmacht, Staat und Partei um ihre Hilfe und Unterstützung zu bitten und sich dabei darauf zu berufen, dass der hiermit von mir angeordnete Film im Dienst unserer geistigen Kriegsführung steht."

Und während schon Bomben auf das „Tausendjährige Reich" niedergingen, Lebensmittelmarken an die Bevölkerung ausgegeben wurden und die Wehrmacht sich überall auf dem Rückzug befand, verschlang „Kolberg", für den man 18.500 Statisten (nein, Sie haben sich nicht verlesen) abkommandierte, die gewaltige Summe von **achteinhalb Millionen Reichsmark.**

Am **30. Januar 1945** wurde das neben „Jud Süß" berüchtigtste filmische Machwerk der Nationalsozialisten in La Rochelle **uraufgeführt,** der letzten deutsch besetzten Festung in Frankreich. *Goebbels* kabelte dem dortigen Festungskommandanten: „Möge der Film Ihnen und Ihren Soldaten als ein Dokument der unerschütterlichen Standhaftigkeit eines Volkes erscheinen, das in diesen Tagen eines weltumspannenden Ringens, eins geworden mit der kämpfenden Front, gewillt ist, es den großen Vorbildern seiner ruhmvollen Geschichte gleichzutun."

Sieben Wochen später nahmen die polnische und die sowjetische Armee in einer der furchtbarsten Schlachten auf pommerschem Boden das wirkliche Kolberg ein. Unbeschreiblich waren die **Zerstörungen und die Verluste,** da die Wehrmacht in ihrem Wahn jede Straße und jede Gasse bis zum Untergang verteidigte. Kolberg war in ein Meer von Blut und Feuer getaucht. Unzählige Menschen verloren ihr Leben.

Am **18. März 1945**, Kołobrzegs „Tag der symbolischen Vermählung mit der Ostsee", war die Stadt nach erbitterten Kämpfen vom Nationalsozialismus befreit. Doch es gab sie nicht mehr.

Sehenswertes

An der Strandpromenade erinnert zwischen Hafenmole und der 220 m langen **Seebrücke** ein nicht sehr hübsches, aber recht hohes, 1963 enthülltes **Denkmal** an den siegreichen 18. März 1945, den „Tag der symbolischen Vermählung Polens mit der Ostsee". Rechter Hand zieht sich parallel zum feinen breiten Sandstrand die Promenade al. Nadmorska entlang und bietet den Spaziergängern Gastronomie und kunterbunte Budenkultur. Der grüne Kurpark trennt sie von der Kurpromenade ul. Marii Rodziewiczówny mit weiteren zahllosen Freiluft-Imbiss- und Einkaufsgelegenheiten. Daran schließt sich das Kurviertel mit einer langen Reihe von Hotels, Pensionen und Sanatorien an.

Links vom Vermählungs-Denkmal weist an der Mündung der Parsęta (Persante) ein **Leuchtturm** den Schiffen den Weg in den Hafen. 1948 wurde er auf den Überresten der alten Kolberger Festung aus dem 18. Jh. aufgebaut, als Nachfolger der letzten zwei Türme von 1899 und 1909. In den Kellerräumen befindet sich ein kleines **Naturstein-Museum,** ein Zwischengeschoss dient als Raum für Wechselausstellungen, und oben angelangt genießt man einen schönen Blick über die Stadt, das Meer und den Hafen.

Ab Mitte des 19. Jh. wurde der kleine Umladehafen zum **Handelshafen** ausgebaut. An seinen Kais liegen heute die Katamarane der Weißen Flotte, die im Sommer auf die dänische Insel Bornholm übersetzen, Ausflugs-Piratenschiffe, zahlreiche Fischkutter und auch Marineschiffe vor Anker. Davor ist vor der Jahrtausendwende ein neues, historisierendes Viertel entstanden, an dessen Südseite man sich in Straßencafés, begleitet von köstlichem Fisch- und Meerwasserduft, die Sonne auf den Pelz brennen lassen kann.

Nicht weit davon entfernt dümpeln bei der **Morast-Redoute** (Reduta Bagienna) auf der Wyspa Solna (Salzinsel) zwischen Kanal und Parsęta die Segelschiffe im Jachthafen. 1770 bis 1774 wurde die Redoute als Teil der Kolberger Befestigungsanlage errichtet. Heute kann man dort gemütlich im Hof an Biertischen sitzen und dabei zusehen, wie sich fangfrische Fische im offenen Rauch allmählich in Räucherfische verwandeln. Der Jachthafen in der Nachbarschaft wurde bis 2012 umfassend modernisiert. Nebenan wartet auf dem Gelände des Fischereihafens das **Maritime Freilichtmuseum** mit zwei polnischen Kriegsschiffen des 20. Jh. und dem Mast des 1929 vom Stapel gelaufenen Zerstörers „Bursa" auf Besucher.

Vom Hafen führt ein etwa 20-minütiger Spaziergang südostwärts ins Kołobrzeger **Stadtzentrum.** Schon von Weitem kündigt es der massige breite Turm der **Kollegiatskirche St. Marien** (Kolegiata NP Marii) an, mit deren Errichtung man um das Jahr 1300 herum begann. Im 15. Jh. hatte das fünfschiffige, riesige Gotteshaus seine gegenwärtige Gestalt angenommen, im März 1945 brannte es während der Kämpfe um Kolberg bis auf die Grundmauern nieder. Zehn Jahre lang (1972–1982) baute man es in seiner ursprünglichen Form wieder auf. Selbst die Stützpfeiler, die das Kreuzgewölbe des hohen Mittelschiffs tragen, stehen

▷ Der Leuchtturm von Kołobrzeg

wieder originalgetreu aus dem Lot. Vereinzelt sind Fragmente gotischer Malereien an den Wänden erhalten. Ein bronzenes Taufbecken aus dem Jahr 1355 und die berühmte Schlieffenkrone, ein 1523 von *Michael von Augsburg* geschaffener Leuchter, zählen zu den wertvollen Schätzen. Pastor *Paul Hinz,* 1930 bis 1945 Domprediger in Kolberg, rettete sie, indem er sie vor dem nahenden Kriegsinferno in die Umgebung verbrachte. Den mächtigen Kirchturm kann man besteigen und genießt von seiner Aussichtsterrasse aus einen herrlichen Blick über Stadt, Land und Meer.

An die Kirche schließt sich die **Fußgängerzone** der ehemaligen **Altstadt** an. Auf historischem Grundriss erheben sich entlang der gepflasterten Gassen drei- bis viergeschossige Wohnhäuser im historisierenden Stil, die mit Boutiquen, Restaurants und Straßencafés zum überschaubaren Bummel einladen.

Das Herzstück des modernen Altstadtquartiers bildet das 1829 bis 1832 nach Plänen *Karl Friedrich Schinkels* erbaute und nach dem Krieg rekonstruierte neugotische **Backsteinrathaus,** das neben der Stadtverwaltung und einer **Touristeninformation** eine Kunstgalerie mit wechselnden Ausstellungen birgt. Ein 2005 in der Nachbarschaft eröffnetes Shopping-Center komplettiert den wiedererstandenen Stadtkern.

So präsentiert sich auf engstem Raum ein halbes Jahrhundert divergierender städtebaulicher Weltanschauungen: Rekonstruiertes Historisches paart sich mit historisierenden Konstruktionen, jüngst bereichert um einen zeitgenössischen Konsumtempel, umkränzt von realsozialistischen Plattenwohnbauten.

An der ul. Ratuszowa/Ecke ul. Dubois steht der **Pulverturm** (Baszta Prochowa). Im 15. Jh. errichtet, ist das backsteinrote Bauwerk der einzige erhaltene

Turm der Kolberger Stadtbefestigung aus dem 14./15. Jh. Von dort in leichtem Bogen nach Westen gewandt, vermittelt die **ul. Dubois** mit ihrem original wiedererrichteten Straßenzug historischer Handwerkerhäuser einen Eindruck vom verflossenen Stadtbild.

Nahebei zeigt im **Braunschweigschen Haus** (Dom Braunschweigów), erbaut Anfang des 19. Jh., das **Stadtmuseum** die Geschichte Kołobrzegs auf und präsentiert außerdem eine reiche Sammlung von alten Maßen und Gewichten.

Südwestlich vom Rathausmarkt ragen in der ul. Gierczak Hubschrauber, Panzerrohre und Raketen in den Kołobrzeger Himmel hinauf. Das kleine Freilichtterrain ist Teil des **Museums der polnischen Waffe** (Muzeum Oręża Polskiego). Neben einer Uniformsammlung und Militaria aus verschiedenen Epochen ist der letzte Teil der Ausstellung der erbitterten Schlacht um die Stadt im März 1945 gewidmet. Das benachbarte, aus dem 15. Jh. stammende **Kamienica Kupiecka** (Handelshaus) ist das einzige verbliebene Beispiel spätgotischer Profanarchitektur in Kołobrzeg. Es wird für Wechselausstellungen genutzt.

Praktische Tipps

Information

- **Touristeninformation,** ul. Dworcowa 1 (vor dem Bahnhof im Kiosk), 78-100 Kołobrzeg, Tel. 94 3527939, www.cotkolobrzeg.pl, Juli/Aug. Mo–Fr 9–18, Sa/So 10–18 Uhr, sonst Mo–Fr 8–16 Uhr.
- **Info-Punkt im Hafen,** ul. Morska 1, Juli/Aug. tgl. 10–18 Uhr, sonst Mo–Fr 8–16 Uhr.
- **Zentrum für Promotion und Touristeninformation,** pl. Ratuszowy 2/1, 78-100 Kołobrzeg, Tel. 94 3551320, www.kolobrzeg.turystyka.pl, Mo–Fr 8–18, Sa 10–17, So 10–16, sonst Mo–Fr 9–16 Uhr.
- **Homepage** d. Stadt: http://miasto.kolobrzeg.eu.

Unterkunft

- **Hotel Sand**⑤, ul. Zdrojowa 3, 78-100 Kołobrzeg. Tel. 91 4040400, www.sandhotel.pl. Großer schicker Neubau im Kurviertel, wenige Meter zum Strand. Großzügig bemessene Zimmer im modernen Edeldesign, mit Fitness, Spa, Pool, das Restaurant serviert gehobene internationale Küche.
- **Hotel Maxymilian**④, ul. Borzymowskiego 3/4, 78-100 Kołobrzeg, Tel. 94 3540012, www.maxymilian-hotel.pl. Elegante große Villa im Bäderstil, im Kurviertel, 100 m zum Strand, 800 m ins Ortszentrum; hervorragender Service, distinguierte Ausstattung, mit Schwimmbad, Sauna und Spa.
- **Hotel Hanseatic**④, ul. Morska 4, 78-100 Kołobrzeg, Tel. 94 3544467, www.hotel-hanseatic.pl. Eleganter Neubau in prominenter Lage am Hafen, 50 m vom Leuchtturm entfernt, moderne Komfortausstattung, das Restaurant bereitet junge, leichte polnische Küche und Fischspezialitäten zu.
- **Hotel New Skanpol**③-④, ul. Dworcowa 10, 78-100 Kołobrzeg, Tel. 94 3528211, www.newskanpol.pl. Gepflegtes Mittelklasse-Hotel mit 170 Zimmern und Apartments im Zentrum, ca. 800 m zum Strand. Mit Wellness, Sauna und Kurabteilung.
- **Pensjonat Koga**①-②, ul. Spokojna 23, 78-100 Kołobrzeg, Tel. 94 3528499, www.pensjonatkoga.pl. Großer, gepflegter Neubau südwestlich vom Zentrum, die Zimmer recht klein, die Apartments etwas größer, 1 km zum Strand, 4 km zur Altstadt.

Camping

- **Camping Nr. 78 Baltic,** ul. IV Dywizji Wojska Polskiego 1, 78-100 Kołobrzeg, Tel. 94 3524569, www.camping.kolobrzeg.pl. Weitläufiger Wiesenplatz vor dem Küstenpark, 400 m zum Strand, etwa

15 Minuten Fußweg ins Zentrum, 30 Minuten zum Hafen, mit Campinghäuschen und Fahrradverleih, geöffnet Mitte April bis Mitte Okt.

Jugendherberge

- **Jugendherberge,** ul. Śliwińskiego 1, 78-100 Kołobrzeg, Tel. 94 3522769, Juli/Aug.

Gastronomie

- **Restaurant Pod Winogronami** (Zur Weintraube), ul. Towarowa 16, Tel. 94 3547336, www.winogrona.pl. Angesagt, detailverliebt-kurios eingerichtet, polnische und internationale Gerichte von frischen Produkten.
- **Mein Tipp: Domek Kata,** ul. Ratuszowa 1, Tel. 94 3546635, www.winogrona.pl. Im ehemaligen Henkerhaus in der Altstadt werden im vornehmen Ambiente von skurril neubarock bis holzgetäfelt gediegen leckere Fisch- und Grillgerichte serviert.
- **Fischräucherei** an der Morast-Redoute, geöffnet Juni bis Sept., ab morgens wird geräuchert, um 15 Uhr öffnet der Grill.
- **Weitere Restaurants** siehe „Unterkunft".

Museen und andere Sehenswürdigkeiten

- **Museum der Polnischen Waffe,** ul. E. Gierczak 5, www.muzeum.kolobrzeg.pl, Mai/Juni So–Fr 9–17, Sa 9–14 Uhr, Juli/Aug. Mo 9–14, Di–So 9–18 Uhr, Sept. bis April Di–So 10–16 Uhr.
- **Maritimes Freilichtmuseum,** ul. Baltic 31, www.muzeum.kolobrzeg.pl, Mai/Juni und Sept./Okt. tgl. 9–17 Uhr, Juli/Aug. tgl. 9–18 Uhr.
- **Stadtmuseum,** ul. Armii Krajowej 13, www.muzeum.kolobrzeg.pl, Mai/Juni So–Fr 9–17, Sa 9–14 Uhr, Juli/Aug. Mo 9–14, Di–So 9–18 Uhr, Sept. bis April Di–So 10–16 Uhr.

- **Kirche St. Marien,** ul. Mariacka, tgl. außerh. der Messen, Turm Mo–Sa 10.30–16, So 14–15.30 Uhr.
- **Leuchtturm,** www.latarnia.kolobrzeg.pl, Juli/Aug. tgl. 10 Uhr bis Sonnenuntergang, Nov. bis März Fr–So 11–16, die übrigen Monate tgl. 10–17 Uhr.
- **Oceanarium:** Fische aus allen Weltmeeren, al. I Armii Wojska Polskiego 6c, Tel. 509190298, www.oceanarium.com.pl, tgl. 9–18, im Winter bis 17 Uhr.

Kulturelle Veranstaltungen

- **Internationales Musikfestival in der Kathedrale (Muzyka w Katedrze),** klassische Musik, von internationalen Orchestern und Solisten aufgeführt, Ende Juni bis Ende August jeden Do 20.30 Uhr in der Marienkirche.
- **Festival „Interfolk",** Folk- und Volksmusikanten aus der ganzen Welt zu Gast in Kołobrzeg, fünf Tage im August im Amphitheater. Info beim Regionalen Kulturzentrum (Regionalne Centrum Kultury w Kołobrzegu), www.rck.kolobrzeg.eu.
- **Sunrise Festival,** drei Tage Party, Clubbing und Elektro, Techno, House, Trance, Film, Theater, Modeshows, in der zweiten Julihälfte; Info: www.sunrisefestival.pl und www.sunrise-kolberg.de.

Aktivitäten

- **Schiffsausflüge nach Bornholm:** mit dem Katamaran, April bis Okt.; Info und Kartenverkauf im Büro der Kolberger Passagierflotte (Kołobrzeska Żegluga Pasażerska), ul. Morska 7, Tel. 94 3524301, www.kzp.man.pl.
- **Fahrradverleih:** im Fahrradladen „K2", ul. Wojska Polskiego 28h, Tel. 94 3547874, www.k2rowery.pl, geöffnet zu den üblichen Geschäftszeiten.
- **Reiten und Kutschfahrten:** im Reiterhof Michalski (Ośrodek Jazdy Konnej Michalski) in Budzistowo, 3 km südlich von Kołobrzeg; ul. Kołobrzeska 6n, 78-100 Kołobrzeg-Budzistowo, Tel. 94 3543754, www.stadninamichalski.pl.

Darłowo | 111
Darłowo, Umgebung | 117
Dobrzyca | 103
Gąski | 102
Jamno und Łabusz | 105
Koszalin | 106
Mielno/Unieście | 104
Sarbinowo | 103
Ustronie Morskie –
  Mielno/Unieście | 98
Ustronie Morskie | 98

4 Von Kołobrzeg nach Darłowo

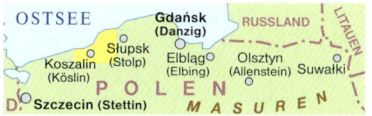

Kleine Badeorte, malerisch auf schmalen Nehrungen zwischen Ostseewellen und Strandseen gelegen, sind das Markenzeichen der Region. Die polenweit meisten Sonnenstunden im Jahr und die saubere Luft locken viele Feriengäste an.

◁ Strandleben bei Kołobrzeg: Kaum ein Wölkchen trübt den Himmel

VON KOŁOBRZEG NACH DARŁOWO

Die hohen **Abbruchkliffs,** die weiter westlich so typisch sind, erheben sich in ungleich sanfterer Ausführung noch einmal auf einem Abschnitt zwischen Kołobrzeg und dem Seebad Mielno/Unieście, um danach in weiche **Dünenwälle** überzugehen.

Stürmische Wetterlagen spülen **Bernstein** an die Ostseestrände, die aus feinstem hellen Quarzsand bestehen. Bei unruhiger See stehen professionelle Bernsteinfischer in hüfthohen Gummistiefeln mit ihren Netzen in der schäumenden Brandung und fischen das gelbe und braune „Ostseegold" ab. Sobald die Sonne wieder scheint, versuchen auch die

Urlauber ihr Glück und halten auf ihrem Lieblingsstrand eifrig Ausschau nach Bernstein.

Von Juni bis September dauert die Badesaison. Die Region verzeichnet die **meisten Sonnenstunden** pro Jahr in Polen und darf sich auch rühmen, mit über die landesweit sauberste Luft zu verfügen. Mit Ausnahme der Großstadt Kos-

NICHT VERPASSEN!

- Der **Leuchtturm** von Gąski | 102
- Die **Kirche St. Marien,** das **Marienheiligtum** und der **Aussichtsturm auf der Góra Chełmska** (Gollenberg) in Koszalin | 107, 109
- Das **Schloss der Herzöge von Pommern** in Darłowo | 111

Diese Tipps erkennt man an der gelben Hinterlegung.

Von Kołobrzeg nach Darłowo

zalin leben die Menschen hauptsächlich von der Fischerei, der Land- und Forstwirtschaft sowie natürlich vom Kurbetrieb und dem Fremdenverkehr.

Wegen der vielen einmündenden Flüsse ist die Ostsee zwischen Kołobrzeg und Darłowo mit weniger als sieben Prozent nur geringfügig salzhaltig, weshalb in den seichten Gewässern unweit der Meeresufer auch Süßwasserfische vorkommen. In der Ostsee und den flachen, aber weitflächigen Strandseen Jamno, Bukowo und Kopań hinter der Küste angelt man Dorsche und Flundern, Plötzen, Barsche, Aale und Zander.

Durch massive Sandanschwemmungen zwischen kleineren und größeren Kliffs sind die **Seen** gegen Ende der letz-

Von Ustronie Morskie nach Mielno/Unieście

ten Eiszeit entstanden. Mit üppigem Schilfrohr umwachsen, schließen sie sich hinter Sandstrand und kiefernbestandenem Dünenland an die schmalen Nehrungen an und sind beliebt bei Seglern und Paddlern.

Kulturelle Höhepunkte im flunderflachen Land sind die Metropole **Koszalin,** die nach Stettin zweitgrößte Stadt der Woiwodschaft Zachodniopomorskie, und weiter nördlich **Darłowo,** das mit einem Schloss der pommerschen Herzöge über eine ganz besondere historische Sehenswürdigkeit verfügt.

Doch **Baden,** ob in der Sonne oder der Ostsee, ist selbstverständlich auch hier die beliebteste Sommerbeschäftigung. Eine Kette von Seebädern zieht an der Küste entlang. Von Ustronie Morskie über Mielno/Unieście und Darłowo bis Jarosławiec kurz vor der Grenze zur Woiwodschaft Pomorskie wird man an den Stränden und in den Ortschaften allerlei schöne Möglichkeiten zum Entspannen und Relaxen ebenso wie ein vielfältiges Angebot für Spiel, Spaß und Freizeitvergnügen vorfinden.

Was den Küstenabschnitt östlich von Kołobrzeg bis Mielno/Unieście neben Moränenkliffs, sanften Dünenwällen, Kiefernwäldern und Sandstränden auszeichnet, sind die hölzernen Pfahlreihen, die **Buhnen,** die man überall senkrecht zum Meeressaum in die Ufer gerammt hat. Es ist die längste Strecke von Rammpfählen an der polnischen Ostseeküste, und manche von ihnen sind schon bald 100 Jahre alt. Ihre Aufgabe ist es, die festen Stoffe aufzuhalten, die sonst mit der Strömung und der Wellenbewegung in die tiefe See fortgeschwemmt würden. Noch bis in die 1920er Jahre hinein verlor die Küste hier jedes Jahr meterweise Land an das Meer, und auch heute noch ist sie, insbesondere in der stürmischen Winterzeit, von der Wucht der anbrandenden Wellen bedroht.

Ustronie Morskie

Den Reigen von Seebädern eröffnet das kleine, rund 1800 Einwohner zählende Ustronie Morskie **(Henkenhagen),** dessen größte Attraktion ein 10 km langer, buhnengeschützter weißer Sandstrand ist. In der Gemeindestadt, zu der sechs weitere winzige Flecken gehören, lebt man vom **Fischfang** und der Fischverarbeitung. 120 verschiedene Fischprodukte stellt die Firma „Superfish" im Weiler **Kukinia** her. Und man lebt natürlich

▷ Fischerboot am Strand von Ustronie Morskie

vom Fremdenverkehr, der in Henkenhagen bereits Mitte des 19. Jh. begann. Schnell stieg das Fischernest zum viel besuchten **Badeort** auf, nicht zuletzt dank eines **Wunderdoktors,** dessen Ruf so weit über die pommerschen Grenzen drang, dass Henkenhagen in manchen Jahren mehr Sommerfrischler beherbergte als das große Kurbad Kolberg. Schicke Hotels und Pensionen entstanden; wer auf sich hielt, fuhr zum Sol- und Warmbaden ins mondäne Henkenhagen.

Heute knüpft man an diese Tradition wieder an. Budenzauber, Hotels und Pensionen prägen das Bild in Ustronie Morskie, das sich im vergangenen Jahrzehnt hübsch herausgeputzt hat. Zwei kleine Seebrücken und eine **Strandpromenade** sowie der Ortskern mit Restaurants, Cafés und Buden laden zum gemütlichen Bummel ein.

Alljährlich an einem Tag im August strahlt der Himmel über dem Ostseebad in allen Farben des Regenbogens. Vom Flugplatz Bagicz steigen dann zu den polnische **Meisterschaften im Drachenfliegen** die Wettbewerber um den Ostseepokal in ihren Leichtfluggeräten auf.

Auf dem Gemeindegebiet kann man im Kolberger Wald auf einem blau markierten **Wanderweg** einige uralte Eichen entdecken, darunter die beiden knorrigen Stammesbrüder „Bolesław" und „Warcisław", die die ältesten Eichen Polens sein sollen.

Praktische Tipps

Information

■ **Touristeninformation,** ul. Osiedlowa 2b (westlich im Ortszentrum), 78-111 Ustronie Morskie, Tel. 94 3514189, www.it.ustronie-morskie.pl, Juni/Sept. tgl.10–13.30 und 15–18 Uhr, Juli/Aug. tgl. 9.30–18 Uhr; Okt. bis Mai befindet sich die Touristeninformation im Gemeindeamt (ul. Rolna 2), Mo–Fr 8–15.30 Uhr.

Bernstein – das Ostseegold

Seit alters her versuchten die Menschen, das Geheimnis um die **Herkunft des Bernsteins** zu lüften. Der antike römische Dichter *Ovid* berichtete, dass nach dem Tod des Sonnengottes Phaeton die Tränen, die seine Mutter und Schwester darüber vergossen, vom Fluss zum Meer getragen wurden und sich dort in Bernstein verwandelten. Weniger poetisch und den heutigen Erkenntnissen näher war *Plinius* mit seiner Vermutung, Bernstein sei aus dem Harz der nordischen Nadelbäume geronnen, während *Servius* annahm, dass er vom Walfischambra herrühre (woher das englische Wort *amber* für Bernstein stammt).

Die **deutsche Bezeichnung** entwickelte sich aus dem mittelniederdeutschen Wort „börnen" (brennen), in dem die Brennbarkeit des Bernsteins mitschwingt. Die alten Lateiner gaben ihm den Namen „electrum", das sie dem griechischen *élektron* entlehnten, was einerseits „hellgold" und andererseits „Bernstein" bedeutet und worin die statische Elektrizität beim Reiben von Bernstein anklingt. Diese war bereits den vorklassischen griechischen Naturphilosophen ein Begriff.

Die **Alchemisten** des Mittelalters bestimmten den gelb bis braun, manchmal auch grünlich schimmernden Stein als eine Mischung von Steinkohle, Bitumen, Ölen und Meeresschaum. In der Moderne wurde der Bernstein zum Namensgeber sowohl des Elektrons als auch der Elektrizität. Und die **zeitgenössische Wissenschaft** definiert das Naturprodukt als **fossiles Harz**, das unter dem Einfluss von Mikroorganismen und durch Oxydation, Polymerisation und Hydration/Dehydration seine Gestalt annahm. Angenäherte Summenformel: $C_{10}H_{16}O+(H_2S)$.

Etwa 40 bis 50 Mio. Jahre ist der baltische Bernstein alt. Seine Ursprünge liegen im **Alttertiär,** als die Ostseeregion subtropische Wälder schmückten und die Bernstein-Kiefer als Harzlieferant massenweise gedieh. Infolge von Klimaveränderungen versanken die Wälder später in den ansteigenden Meeresfluten, das Harz wurde herausgespült und lagerte sich insbesondere an der südlichen und südöstlichen Ostseeküste ab. Von Sand und tonnenschweren Gesteinsschichten bedeckt, entwässerte es unter dem Wasserdruck und dem Luftabschluss und oxidierte zu Kohlenstoffmolekülen, aus denen schließlich der Bernstein entstand.

Ihm verdankten in der Antike die „Barbarenvölker" des Nordens ihre **Handelsbeziehungen** mit den fortgeschrittenen Zivilisationen rund um das Mittelmeer. Über die Bernsteinstraße an Weichsel und Donau gelangte das vielbegehrte Ostseegold über das Schwarze Meer bis nach Kleinasien und sogar Ägypten. Umschlagplätze stiegen zu reichen Städten auf, so etwa das sagenhafte „Jumne am skythischen Sumpfmeer" (Wolin) oder die legendäre prußische Handelssiedlung Truso südöstlich von Elbląg am Frischen Haff.

▷ Bernsteinschmuck wird überall an der polnischen Ostseeküste angeboten

Seit Menschengedenken wird das Ostseegold an den Stränden gefischt, zunächst mit viel Glück, später dann systematisch. Schließlich wurde es auch in Tagebauten erschlossen; die größte Grube befand sich bis 2002 bei **Jantarny (Palmnicken)** an der Bernsteinküste in der russischen Enklave Kaliningrad (Königsberg). Seit ihrer Schließung steigen die Preise, auch wenn Polen als wichtiger Bernsteinlieferant noch über Vorräte von geschätzten 12.000 t verfügt und insofern kein Mangel besteht.

Äußerst rar geworden sind jedoch die **Inklusien,** im Harz eingeschlossene und so konservierte tierische oder pflanzliche Relikte aus den vorsintflutlichen Zeiten. Dagegen lassen sich mit etwas Geduld immer noch kleine Stückchen mit „Bernsteindreck" am Ostseestrand finden, ein unter die je nach Lichtdurchlässigkeit klaren, trüben oder auch milchigen Steine gemischtes Gewirr von Muschelschalen, Pflanzenresten und Holzstückchen.

Aber wie unterscheidet man echten Bernstein von **Fälschungen?** Da er leicht brennbar ist, wäre das Einfachste, ein Feuerzeug unter den Stein zu halten. Aber auch der Test mit einer **Glas- oder Steinplatte** eignet sich gut. Lässt man echtes Ostseegold darauf fallen, klingt der Aufschlag dumpfer als beispielsweise bei einer ähnlich gefärbten und von den Meereswellen rundgeschliffenen Glasscherbe. Auch kann man Bernstein mühelos auf **Salzwasser** schwimmen lassen oder mit der Nadel einritzen – weshalb er von alters her ein so dankbarer Stein für die Schmuckherstellung ist. Damals wie heute ist er eines der schönsten Mitbringsel für die Lieben daheim aus dem polnischen Norden.

Von Ustronie Morskie nach Mielno/Unieście

■ **Homepage** der Gemeinde Ustronie Morskie: www.ustronie-morskie.pl.

Unterkunft und Gastronomie

■ **Zimmervermittlung** in den Touristeninfo.

■ **Hotel Villa Lambert**④, ul. B. Chrobrega 53a, 78-111 Ustronie Morskie, Tel. 94 3515431, www.lambert-hotel.pl. Gepflegte Villa der 1920er Jahre unter freundlicher Leitung an der Hauptbummelmeile B. Chrobrego östlich der Seebrücke, 50 m zum Strand; die Zimmer in behaglichem Mittelklassekomfort. Dahinter schließt sich zur Ostsee hin der luxuriöse Vier-Sterne-Neubau des **Lambert Medical & Spa**⑤ an, mit Pool, Wellness, Spa und Kuranwendungen; das Restaurant offeriert moderne, leichte, polnisch und mediterran inspirierte Küche.

MEIN TIPP: Alte Farm②, Rusowo 57, 78-111 Ustronie Morskie, Tel. 94 3515792, www.alte-farm.pl. Malerisch gelegenes kleines Anwesen ca. 8 km südlich von Ustronie, mit viel Liebe zum schönen Detail angelegt, das sich bescheiden hinter dem Label „Agrotourismus" verbirgt. Neben restaurierter Scheune, Wintergarten, Pool und sieben Apartments für zwei bis fünf Personen bezaubert vor allem der weite Blick über das Land. Der Alten Farm ist eine Driving Range angeschlossen. Die Inhaber, ein deutsch-polnisches Ehepaar, sind selbst Golfsportler und unterrichten auch. Anfahrt (Rusowo ist so klein, dass es in vielen Karten nicht eingezeichnet ist): Von der Landstraße 11 auf Höhe Ustronie Morskie bei Sianożęty nach Süden einbiegen (ausgeschildert via Dygowo), im Dorf Kukinia östlich weiter nach Rusowo, dort kurz nach dem westlichen Ortseingang an der Bushaltestelle einbiegen (ab dort mit „Alte Farm" ausgeschildert), ca. noch 1 km.

Camping

■ **Camping Nr. 206 Ognik,** ul. Polna 4, 78-111 Ustronie Morskie, Tel. 94 3515756, www.ognik.maxmedia.pl. Großer Wiesenplatz südlich im Ort, 300 m vom Strand, die Ausstattung erinnert noch an sozialistische Zeiten, mit Campinghäuschen, ganzjährig geöffnet.

Aktivitäten

■ **Golf:** Alte Farm, siehe „Unterkunft".

■ **Reiten und Tennis:** im Gut Malechowo/Hotel Erania, Malechowo 4, 78-111 Ustronie Morskie, Tel. 94 3519977, www.erania.pl. Nobelanlage mit Vier-Sterne-Hotel Erania⑤ und angeschlossenem Gestüt, das auch für Nichthotelgäste Tennisspielen, Reitunterricht und Geländeritte anbietet. Anfahrt: Von der Landstraße 11 auf Höhe Ustronie Morskie bei Sianożęty nach Süden via Dygowo einbiegen, dann noch etwa 3 km.

Gąski

Folgt man dem rot gekennzeichneten Internationalen Fernwanderweg E9 in östliche Richtung, ist 8 km darauf der Flecken Gąski (**Funkenhagen**) erreicht. Bereits aus der Ferne lässt sich der Leuchtturm ausmachen, mit dessen Bau man im Jahr 1876 begann. Zwei Jahre später erstrahlte aus 51 m Höhe zum ersten Mal sein 36 km weit reichendes Leuchtfeuer über die Ostsee. Den Turm kann man besichtigen, und wer die 234 Treppenstufen zur Aussichtsplattform nicht scheut, wird oben mit einer steifen Brise und einer herrlichen Aussicht belohnt.

Der winzige Ort hat sich zur **Camping- und Ferienhüttenhochburg** entwickelt. Vor allem im Osten der Siedlung liegen viele Saisonwiesenplätze, und selbst mancher Kleingarten bietet im Sommer noch einen Flecken zum Zelten.

Praktische Tipps

Museen und andere Sehenswürdigkeiten

■ **Leuchtturm,** Juli/Aug. tgl. 10–13.30 und 15 Uhr bis Sonnenuntergang, Juni/Sept. tgl. 10–18 Uhr, Mai/Okt. tgl. 10–17 Uhr.

Sarbinowo

Vor dem Nachbardorf Sarbinowo (**Sorenbohm**), das einst 1½ km vom Wasser entfernt lag, errichtete man 1910 eine breite, hohe, 1200 m lange Mauer aus Stein und Beton, die seine drohende Vernichtung durch das Meer abwenden sollte. Heutzutage dient dieser Wellenbrecher als Sarbinowos kleine Strandpromenade, so nah ist die Ostsee mittlerweile herangerückt. Doch nicht nur die See, auch der wandernde Sand machte den Menschen zu schaffen. Immer wieder wurden die Felder von **Wanderdünen** verschüttet, weshalb man sich mehr auf die Fischerei konzentrierte. Vor noch nicht allzu langer Zeit existierte am Strand eine für die polnische Ostseeküste so typische **Fischerstelle:** Die großen bunten Holzboote, die als romantisches Motiv viele Postkarten zieren, dümpeln nicht an der Reede, sondern werden mithilfe einer Drahtseilwinde aus dem Wasser gezogen und „ankern" dann einfach im Sand. Seit Polens EU-Beitritt 2004 werden es jedoch zusehends weniger.

Noch ein stattliches Dutzend Fischkutter lässt sich am Strand im Nachbardorf **Chłopy (Bauerhufen)** bewundern. Morgens, wenn die Fischer von ihrer Ausfahrt zurückkehren, kann man den Fisch direkt vom Boot kaufen.

Dobrzyca

Wer möglicherweise von Meeresluft, Fischduft und Strandspaziergängen einmal die Nase voll haben sollte, den laden in Dobrzyca (**Kordeshagen**) die **Hortulus-Themengärten** mit Rosen- und Kräutergarten, Englischem, Französischem und Japanischem Garten, Felsen- und Wassergarten und anderen Gärten mehr zum Blütenschnuppern und Lustwandeln ein.

Praktische Tipps

Museen und andere Sehenswürdigkeiten
■ **Hortulus-Themengärten,** südlich der Straße 11 (ausgeschildert), ca. 13 km südöstlich von Ustronie Morskie bzw. ca. 20 km südwestlich von Mielno, www.hortulus.com.pl, April bis Sept. Mo–Sa 9–19 Uhr, So 10–18 Uhr, Okt. Mo–Sa 9–18 Uhr, So 10–18 Uhr, Nov./Dez. und März Mo–Sa 9–16 Uhr, März außerdem So 10–16 Uhr, Jan./Feb. Mo–Fr 10–15 Uhr.

▷ Die Hortulus-Themengärten zeigen Pflanzen aus aller Welt

Mielno/Unieście

Gąski, Sarbinowo und Chłopy gehören zur Gemeinde Mielno/Unieście (**Großmöllen/Nest**). Mielno und Unieście, einst zwei vereinzelte Fischerdörfer, sind längst zusammengewachsen und werden deshalb meistens in einem Atemzug genannt. Der 2000-Einwohner-Ort dehnt sich in traumhaft schöner Lage am Rande der schmalen Nehrung zwischen Ostsee und dem **Jamno-See (Jamund-See)** aus. Nur ein fünfminütiger Spaziergang liegt zwischen dem salzigen und dem süßen Seewasser, zwischen trockenem Strandhafer und wogendem Röhricht.

Und so zieht die schöne Umgebung alljährlich in der Sommerzeit um die **50.000 Feriengäste** an. Das heißt, wer Stille und Einsamkeit sucht, ist in Mielno/Unieście nicht richtig. Neben Pobierowo und Niechorze weiter westlich wetteifert es darum, in der Hochsaison *die* **Partymeile** am westpommerschen Ostseestrand zu sein.

Auf der Hauptverkehrsader ul. Chrobrego/ul. 6-go Maja herrscht im Juli und August nicht nur Autostau, sondern im Menschengedrängel sogar für Fußgänger Stop and Go. Mehrere Rummelplätze und eine schier endlos erscheinende **Budenparade** lassen keine Langeweile aufkommen, und zahlreiche Schnellrestaurants sorgen für das leibliche Wohl. Zeitweilig herrscht sogar im Winter reger Betrieb. Immer im Februar verwandelt sich der kleine Ort in eine Hochburg der **Eisbader.** 2014 wagten über 1800 „Walrösser", wie sich die Unerschrockenen nennen, mit Cowboy-Hüten, Wikinger-Helmen und lustigen Perücken den Sprung in die eisigen Fluten, was Mielno zur Welthauptstadt aller Eisbader macht.

Zurzeit strebt das Seebad, das reich an Heilmoorgebieten ist, den Status eines **Kurortes** an. Wie das inmitten von bis zum Morgengrauen wummernden Bassdrums Wirklichkeit werden könnte, entzieht sich bei allem Urlaubsvergnügen aber der Vorstellung.

Keine 4 km weiter östlich wechselt auf der Nehrung plötzlich das Bild: Kein Mensch weit und breit auf Höhe des **Jamno-Kanals,** dem durch den Sand mäandernden Durchstich zwischen Ostsee und Jamno-See. Zauberhaft schön, mit Puderzuckerstrand links und rechts, nahezu unberührten Sanddünenwällen und davor lichtem Kiefernwald. Ein **Jachthafen** soll hier entstehen, und man kann nur hoffen, dass dieses Projekt noch viele Jahre die Planungsphase nicht überschreiten wird.

Dank der relativen Abgeschiedenheit steht ein etwa 1 km langer Strandabschnitt nahe dem Jamno-Kanal für **FKK** zur Verfügung.

Praktische Tipps

Information

- **Touristeninformation,** ul. Lechitów 23, 76-032 Mielno (am Ortseingang Richtung Koszalin), Tel. 94 3189955, Juli/Aug. Mo–Fr 8–20, Sa/So 9–17 Uhr, außerhalb der Saison Mo–Fr 8–16 Uhr.
- **Homepage** der Gemeinde: www.mielno.pl.

Unterkunft und Gastronomie

- **Zimmervermittlung** in der Touristeninfo.
- **Willa Alexander**④, ul. Bojowników o Wolność i Demokrację 7, 76-032 Mielno, Tel. 94 3166169, www.willa-alexander.pl. Schmucke weiße Neubauvilla im Kiefernhain zwischen Ostseestrand und Haffküste, mit Spa, Sauna und Restaurant.

■ **Dworek Osiecki**③, ul. Parkowa 42, 76-003 Osiecki, Tel. 94 3185829, www.dworekosiecki.pl. Sorgfältig renoviertes historisches Fachwerkgutshaus mit großem Park, beim Weiler Osieki am Ostufer des Jamno-Sees, ca. 10 km östlich von Unieście. Gediegene elegante Ausstattung, sehr guter Service, das Restaurant serviert polnische und internationale Spezialitäten.

■ **Pensjonat Czarny Staw**②, ul. B. Chrobrego 11, 76-032 Mielno, Tel. 94 3189835, www.czarnystaw.mielno.pl. Eine blumengeschmückte Fachwerkvilla mit geschmackvoll eingerichteten Zimmern und großzügigem Garten mit Kinderspielplatz, auf einer Düne hinter der Straße gelegen, zum Strand sind es 150 m.

■ **Biały Dworek Kubów**②, ul. B. Chrobrego 39, 76-032 Mielno, Tel. 505 520500, http://kubow.obitur.pl. Freundlich ausgestattete kleine Villa mit schönem Garten, 150 m zum Strand und zum Jamno-See.

Camping

■ **Camping Nr. 107 Mielenko,** ul. Plażowa 9, 76-032 Mielno-Mielenko, Tel. 94 3189157, http://campingmielenko.obitur.pl. 2 km westlich von Mielno, abseits vom Trubel, am östlichen Ortseingang vom Flecken Mielenko. Schöner großer Wiesengrund, durch Busch- und Baumreihen voneinander getrennte Stellreihen, 200 m zum Strand, mit Drinkbar, Schnellrestaurant und Campinghäuschen, Anfang Mai bis Mitte Sept.

■ **Camping Nr. 105 Rodzinny,** ul. B. Chrobrego 51, 76-032 Mielno (kurz vor dem Ortsübergang nach Unieście auf die Werbung an der Straße achten!), Tel. 94 3189385, www.campingrodzinny.prv.pl. Gepflegter, aufgeräumter kleiner Platz mitten im Trubel, Anfang Mai bis Mitte Nov., für Juli/Aug. muss vorher reserviert werden.

■ **Camping Nr. 144 Sard,** ul. Orła Białego 1–15, 76-032 Mielno, Tel. 94 3189240, http://camp144.obitur.pl. Großer Familienplatz unter Kiefern, noch mit Ostcharme, Campinghäuschen, Mitte Juni bis Ende Aug.

Aktivitäten

MEIN TIPP: Treffen der Eisbader, große Gaudi mit Zähneklappern, wenn sich Mitte Februar zur Verteidigung des Eisbader-Weltrekords Tausende Wagemutige in die eisige Ostsee stürzen; mit buntem Begleitprogramm, darunter eine Umzugsparade, Schnitzeljagd, Nordic-Walking-Rallye und als Höhepunkt der abendliche Walross-Ball in der Sporthalle. Infos unter www.zlotmorsow.mielno.pl.

Jamno und Łabusz

Landeinwärts, am Südufer des Jamno-Sees, finden sich in den kleinen Dörfern Jamno (**Jamund**) und Łabusz (**Labus**) noch einige spärliche Beispiele für die volkstümliche Bauweise der heute so genannten **Jamno-Kultur**. Bis ins 20. Jh. hinein hatten sich die Bewohner des abgeschiedenen Gebiets rund um den See ihre alten Sitten und Bräuche bewahrt. Die „rike Bure"(reichen Bauern) lebten zumeist in fachwerkgeschmückten geschlossenen Vierseithöfen, der Innenhof von allen Seiten mit Wohn- und Wirtschaftsgebäuden umgeben, mit großer Torfahrt und Fußgängerpforte. Sie trugen eine prächtige altertümliche Tracht, und ihre mit farbenfroher Malerei und Kerbschnitzerei verzierten Möbel zählten zu den schönsten in Pommern.

Im kleinen Badeörtchen **Łazy (Laase),** gelegen am Ostrand der Jamno-Nehrung zwischen Jamno- und Bukowo-See, geht es am Strand und in den Ferienheimen vergleichsweise ruhig und beschaulich zu.

Koszalin

Keine 10 km Luftlinie von der Küste entfernt, erhebt sich plötzlich mitten im flachen Land ein bewaldeter Moränenwall, der mit dem **Góra Chełmska (Gollenberg)** bis auf 136 m ansteigt. Von der Anhöhe, wo sich einst eine slawische Kultstätte und später eine Kapelle von Zisterziensermönchen befand, geht die Sicht über den Jamno-See auf die Ostsee und, einem direkt zu Füßen, auf die Dächer der Metropole in der Region. Mit 109.000 Einwohnern ist Koszalin (**Köslin**) nach Stettin die **zweitgrößte Stadt** in Westpommern und die einzige weitere Großstadt überhaupt in der gesamten Woiwodschaft. Seit 1972 ist sie Sitz der Diözese Kołobrzeg/Koszalin, war von 1950 bis zur Verwaltungsreform 1998 Hauptstadt der ehemaligen Woiwodschaft Koszalin und ist bis heute das katholische Herzstück, ein Verkehrsknotenpunkt, Universitätsstadt und pulsierendes Wirtschaftszentrum der ansonsten ländlichen Koszalin-Region.

Geschichte

In einer Urkunde wird Koszalin als Koszalice bzw. Cossalitz 1214 das erste Mal schriftlich erwähnt. 1248 kommt das Dorf an das Bistum Cammin und erhält bereits 1266 die **Stadtrechte,** wenig später wird es Mitglied der Hanse. Nach der Einführung der Reformation 1534 in Pommern steigt Köslin 1556 zur **fürstbischöflichen Residenzstadt** auf.

Mit dem Westfälischen Frieden, der 1648 den Dreißigjährigen Krieg beendet, fällt sie zusammen mit Hinterpommern an das Kurfürstentum **Brandenburg** (Schweden erhält Vorpommern mit Stettin). Eine Feuersbrunst 1718 vernichtet die mittelalterliche Stadtanlage. Nach Plänen von König *Friedrich Wilhelm I.* ersteht Köslin neu als **Beamten- und Verwaltungsstadt** – und das bleibt sie auch bis zum Ende des Zweiten Weltkriegs.

In einem zwar kurzen, aber heftigen Kampf wird die Stadt im **März 1945** von der **Roten Armee** eingenommen. 40 Prozent des alten Köslin sind zerstört, vor allem das historische Stadtzentrum.

Abermals wird Koszalin **neu aufgebaut,** nun im modernen Geschmack der Nachkriegszeit. Baumaschinenwerke und Elektroindustrie werden angesiedelt, neue Siedlungen wachsen in den Außenbezirken. 1966 eröffnet die Technische Universität, 1994 folgt die Ostsee-Universität für Geisteswissenschaften. 1950 wird Koszalin **Hauptstadt** der gleichnamigen Woiwodschaft, die im Zuge der Verwaltungsreform 1999 in der Großwoiwodschaft Zachodniepomorskie aufgeht.

▷ Die Kirche St. Marien fungiert als Kathedrale des Bistums Kołobrzeg/Koszalin

Sehenswertes

Nein, schön ist Koszalin wirklich nicht. Aus allen vier Himmelsrichtungen fallen vier- bis sechsspurige Straßen ins Zentrum ein. Gesäumt sind sie von wenig anmutigen Plattenbauten und etwas netteren Wohnsiedlungen jüngeren Datums. Hauptverkehrsadern sind die ul. Zwycięstwa (E 28/Straße 6), welche die ehemalige Altstadt von Westen nach Osten durchschneidet, und die ul. Młyńska (Straße 11), die von Norden nach Süden verläuft. Wo die beiden Straßen sich kreuzen, befindet sich am Marktplatz mit dem 1960 bis 1962 erbauten Rathaus das Zentrum dieser quirligen, geschäftigen, mit zahlreichen Banken, Kantors und Shoppingmalls ausstaffierten Stadt.

Doch die **Kirche St. Marien** (Kościół NP Marii) macht einen Ausflug nach Koszalin lohnenswert. Seit 1972 fungiert die 1300 bis 1333 errichtete, fast noch im Originalzustand erhaltene dreischiffige Basilika als **Kathedrale des Bistums Kołobrzeg/Koszalin.** Mit einem gewaltigen Satteldach überspannt, entfaltet sich in ihrem Inneren ein hübsches Sterngewölbe. Das Kalkstein-Taufbecken in der

Vorhalle stammt aus dem 13. Jh., das Kruzifix, das man aus der früheren Kapelle vom Chełmska-Berg hierher brachte, ist auf das 14. Jh. datiert. Außerdem blieben 16 in Eichenholz geschnitzte Heiligenfiguren des ehemaligen Hochaltars von 1512 bewahrt. Sie sind gegenwärtig an einem den Chor umziehenden, modernen Kunstschmiedegestell angebracht, was den altehrwürdigen Mauern eine recht beschwingte Note verleiht. Konzerte finden in der Marienkirche alljährlich im Juli/August im Rahmen des Festivals der Orgel- und Vokalmusik statt.

Im neubarocken **Müllerpalast,** erbaut 1890 bis 1897, ist seit 1991 das Koszaliner **Stadtmuseum** untergebracht. Auf dem angeschlossenen kleinen Freilichtgelände sind die reetgedeckten alten Fachwerkkaten der sogenannten **Jamno-Kultur** sehenswert (siehe hierzu auch Kapitel „Von Ustronie Morskie nach Mielno/Unieście" und Exkurs „Slowinzen und Kaschuben"). Die Ausstellung in einer Fischerkate aus dem Jahr 1869 be-

Essen und Trinken
2 Gospoda Jamneńska
3 Restaurant
 Hotel Gromada Arka Lux
5 Restaurant
 Bursztynowy Pałac
6 Restaurant
 Podewils Krąg

richtet von Kultur und Brauchtum, den Lebens-, Wohn- und Arbeitsverhältnissen der einstigen Bewohner des Gebiets rund um den Jamno-See. Neben allerlei historischem landwirtschaftlichem und handwerklichem Gerät werden auch Mobiliar sowie die Tracht der alten Jamunder Fischer- und Bauernkultur gezeigt.

Nahebei ziehen sich Überreste der mittelalterlichen **Stadtmauer** an der Grenze zum weitläufigen Stadtpark entlang. Koszalin rühmt sich, eine grüne Großstadt zu sein, und hen rund 40 Prozent de Grünanlagen und Wäl davon nimmt nordöstl der **Góra Chełmska** (Gollenberg) mit schönem Buchenwald ein. Abrupt steigt er aus dem flachen Land auf 136 m Höhe auf, gekrönt von einem 33 m hohen, 1888 errichteten **Aussichtsturm** (Mai bis Sept. bei gutem Wetter tgl. 10–19 Uhr), der einen herrlichen Blick weit über das Land bis zur Ostsee bietet. Der Berg ist ein Pilgerziel nicht nur für Ferngucker, sondern auch für zahllose Gläubige, die dem **Marienheiligtum** in der Kapelle nahe dem Turm einen Besuch abstatten.

Als **Papst Johannes Paul II.** (1920–2005) im Juni 1991 von Koszalin aus seine Pilgerfahrt durch Polen begann, so berichten die Stadtväter mit Stolz, habe er mit seiner Anwesenheit auch die überkommene Bedeutung des christlichen Gottesdienstes auf dem Chełmska-Berg mit neuem Leben erfüllt. Die kleine Kapelle, die im Mittelalter dort stand, existierte da schon lange nicht mehr, ebensowenig ihr ab 1431 errichteter Nachfolger, dessen gotisches Kreuz man heute in der Kathedrale von Koszalin aufbewahrt. Der Grundstein zum gegenwärtigen kleinen Gotteshaus, welches das heilige Bildnis der dreimal wunderbaren Muttergottes birgt, wurde im Januar 1991 gelegt und konnte sechs Monate später zum Besuch vom Heiligen Vater daselbst eingeweiht werden. Vom Parkplatz an der ul. Słupska führen drei Prozessionswege bergan durch den Wald, nach einem maximal zehnminütigen Spaziergang sind die Kapelle und der Aussichtsturm in der Nachbarschaft erreicht.

...aktische Tipps

Information

■ **Touristeninformation,** ul. Dworcowa 11–15, 75-201 Koszalin, Tel. 94 3462440, www.it-pomorze.pl, Mitte Juni bis Mitte Sept. Mo–Fr 8–18 Uhr, Sa 8–15 Uhr, sonst Mo–Fr 8–17 Uhr.
■ **Homepage** der Stadt: www.koszalin.pl.

Unterkunft

■ **Zimmervermittlung** in der Touristeninfo.
■ **Hotel Gromada Arka Lux**③, ul. Zwycięstwa 20–24, 75-035 Koszalin, Tel. 94 3427911, www.gromada.pl/hotelkoszalin. Großes, elegantes Komforthotel in Bahnhofsnähe, mit Bankett- und Konferenzsälen, Bar und Restaurant.
■ **Hotel Club 2 CV**③, ul. Piastowska 1, 75-400 Koszalin, Tel. 94 3480981, www.klub2cv.koszalin.pl. Kurios – die perfekte Bleibe für „Entenfans". Ganz unverkennbar im Haus eines Citroën-Vertragshändlers, dabei mit Geschmack und dem üblichen Komfort.

In der Umgebung

MEIN TIPP: **Hotel Bursztynowy Pałac**④, Strzekęcino 12, 76-024 Świeszyno, Tel. 94 3161227, www.bursztynowypalac.pl. Gut 10 km südlich von Koszalin kann man inmitten eines weitläufigen Parks im Hotel Bursztynowy Pałac fürstlich wie die alten pommerschen Landjunker übernachten. 73 piekfeine Zimmer und vier Suiten stehen im Ende des 19. Jh. erbauten, kostbar im Jugendstil ausgestatteten „Bernsteinpalast" (wie der Hotelname übersetzt lautet) zur Verfügung. Außerdem bietet die exklusive Hotelanlage weitere ebenso stilvolle wie behagliche Zimmer im benachbarten Weißen Palast und im Jägerhäuschen; mit vorzüglichem Restaurant, Hallenbad, Freibad, Sauna, Solarium und Wellnessbereich. Anfahrt: Straße 167 südlich Richtung Świeszyno/Tychowo, Świeszyno noch passieren, dann kurz vor dem nächsten Dorf Strzekęcino (ausgeschildert).
■ **Hotel Podewils Krąg**④, Krąg 16, 76-010 Krąg/Polanów, Tel. 94 3470516, www.podewils.pl. Großes Renaissanceschloss 30 km östlich von Koszalin bzw. 30 km südlich vom Ostseestrand, in herrlicher Alleinlage am See, die Zimmer mit Mittelklassekomfort, das Restaurant serviert elegante leichte Küche von saisonalen Produkten, aber auch typisch polnisch Deftiges. Mit Reitmöglichkeit.

Jugendherberge

■ **Jugendherberge,** ul. Gnieźnieńska 8, 75-735 Koszalin, Tel. 94 3426068, ganzjährig.

Gastronomie

■ **Gospoda Jamneńska,** ul. Młyńska 37, Tel. 94 3450982, www.gospodajamnenska.pl. Köstliche traditionelle altpolnische Küche im gediegenen Ambiente auf dem Freigelände des Stadtmuseums.
■ **Weitere Restaurants** siehe „Unterkunft".

Museen und andere Sehenswürdigkeiten

■ **Stadtmuseum,** ul. Młyńska 37, Mitte Mai bis Mitte Sept. tgl. 10–17 Uhr, sonst Di–So 10–16 Uhr, www.muzeum.koszalin.pl.
■ **Oldtimer-Museum,** ul. Koszalińska 1, 76-031 Mścice/Koszalin, Tel. 94 3170800, www.verde.pl. Das Museum zeigt eine stattliche Sammlung von Oldtimern aus den Jahren 1914 bis 1960, angeschlossen ist es an das Hotel Verde; ca. 6 km nordwestlich von Koszalin Richtung Mielno, Mo–Fr 8–23 Uhr, Sa/So 11–22 Uhr.

Kulturelle Veranstaltungen

■ **Festival der Orgel- und Vokalmusik,** Kirche St. Marien, Juli/August. Programminfo unter www.filharmoniakoszalinska.pl und in der Touristeninformation.

Darłowo

Die 14.000 Einwohner kleine Stadt Darłowo **(Rügenwalde)** am kleinen Fluss Wieprza blickt auf eine große Vergangenheit zurück, sowohl in historischer als auch in kulinarischer Hinsicht. Berühmt ist die Rügenwalder Teewurst, und gar internationalen Küchenruhm erlangte die „Pommersche Spickbrust", die – gepfeffert, gepökelt und anschließend sieben Tage in kaltem Buchen-, Eichen- und Wacholderrauch geräuchert – mit einem knusprigen Brotknust zum trockenen Weißwein auf den Tisch gebracht wurde.

Ungewöhnlich ist das rundum erhaltene **historische Stadtbild.** Mit seinen schmalen Straßen, dem großem Tor und dem weiten quadratischen Rathausplatz ist Darłowo typisch für die pommerschen Kleinstädte; es blieb im Unterschied zu vielen anderen Orten an der polnischen Ostseeküste jedoch von den Zerstörungen des Zweiten Weltkriegs weitgehend verschont.

Die **Altstadt** am rechten Ufer der Wieprza (Wipper) wird nördlich vom **Hohen Tor** (Brama Wysoka), auch **Steintor** (Brama Kamienna) genannt, aus dem 14. Jh. sowie von Resten der alten Stadtmauer begrenzt. Kleine barocke **Bürgerhäuser** säumen die Fußgängerzone und auch den weiträumigen plac Kościuszki, wo sich hinter dem **Fischerbrunnen** (Fontana Rybacka) das **Barockrathaus** von 1725 erhebt. Der gotische Vorgänger brannte im Jahr 1722 ab, das erhaltene Portal fügte man in den barocken Neubau ein.

Das Rathaus wird von dem 60 m hohen Turm der **Pfarrkirche St. Marien** (Kościół Farni NP Marii) überragt. Das dreischiffige Gotteshaus aus der zweiten Hälfte des 14. Jh. gilt als schönes Beispiel für die pommersche Backsteingotik. Ihr Inneres ist mit einem Sternengewölbe und einer barocken Kanzel geschmückt. In der Fürstengruft befinden sich der Zinnsarkophag von *Elisabeth von Schleswig-Holstein* (1580–1653), der Gemahlin des letzten Greifenherzogs *Bogislav XIV.* (1580–1637), sowie der Sandsteinsarkophag von **Erik VII.** (1382–1459), welcher als der „letzte Wikinger der Ostsee" in die Annalen einging.

Mit dem abenteuerlichen Schicksal dieses „letzten Wikingers" ist die Geschichte des **Schlosses der Herzöge von Pommern** auf das Engste verknüpft. Zwar wurde der Grundstein zur Residenz, die heute zu den wertvollsten Baudenkmälern im westpommerschen Küstenland zählt, schon unter der Herrschaft von Herzog *Bogislav V.* (1318–1374) gelegt. Doch ist es den Raubzügen des Piratenkönigs *Erik VII.* zu verdanken, dass seinerzeit mit dem prächtigen Ausbau des Schlosses begonnen werden konnte.

1382 erblickte *Erik* wahrscheinlich auf dem Rügenwalder Schloss das Licht der Welt; im Alter von sechs Jahren wurde er an den dänischen Hof zu seiner königlichen Großtante *Margarethe* verschickt. Soeben im Stimmbruch angelangt, setzte

Darłowo (Rügenwalde)

man ihm dort 1397 die Krone von Dänemark aufs Haupt und – dank der Kalmarischen Union – gleich auch noch die von Schweden und Norwegen. So wurde der Greife *Erik* also ein **König,** was vor und nach ihm keinem seiner pommerisch-herzöglichen Verwandten jemals gelang. Gemeinsam mit der Tante regierte er das skandinavische Tripelreich, bis *Margarethe* 1412 verstarb und *Erik* Alleinherrscher wurde. Doch die nordischen Untertanen mochten ihren slawischen König nicht. 1437 jagten sie ihn davon, woraufhin der nun arbeitslose Regent nach Wisborg auf Gotland floh und ein gefürchteter **Seeräuber** wurde. Für die nächsten zwölf Jahre enterte er reich beladene Hansekoggen und besonders gerne natürlich die Schiffe seiner ehemaligen Untergebenen. Die zusammengeplünderten **Schätze** des „Piratenkönigs", wie der Volksmund *Erik VII.* bald nannte, sollen unermesslich gewesen sein. Neben lebensgroßen, diamantbesetzten goldenen und silbernen Heiligenfiguren, Monstranzen, Kleinodien und Bergen von Barem ist in einer Chronik sogar von einem Horn des sagenhaften Einhorns die Rede. Und ob das nun alles so stimmt oder auch nicht – zweifelsfrei waren die Raubzüge des „letzten Wikingers der Ostsee" mehr als bedarfsdeckend, sodass er sich die letzten zehn Jahre seines Lebens nach Darłowo auf

sein Altenteil zurückziehen und mit dem **Ausbau des Schlosses** beginnen konnte.

Die Tradition der Um-, Aus- und Erweiterungsbauten wurde bis ins Jahr 1637 fortgesetzt, als mit *Bogislav XIV.* der letzte männliche Greife verstarb und das pommersche Herrschergeschlecht nach über 500 Jahren erlosch.

Im 19. Jh. diente das befestigte Schloss am Ufer der Wieprza als Gefängnis, heute ist es ein **Schlossmuseum.** Die Innenräume, wie sie zur Zeit des letzten Greifen bestanden, Ballsaal und Rittersaal, die Schlosskapelle mit einer wertvollen Kanzel, der Kleine Esssaal, der Grüne Saal und vieles mehr verdienen Beachtung. Im Schlosskeller ist in Form von Foltergeräten, Strafklötzen und einer finsteren Gefängniszelle auch die dunkle Seite dieser Geschichte ausgestellt.

Natürlich hat Darłowo nicht nur Kulturhistorisches zu bieten, sondern wie allerorts an der polnischen Ostseeküste auch **Badevergnügen.** Im 3 km entfernten Vorort **Darłówko (Rügenwaldermünde)** tummeln sich links und rechts der Wieprza-Mündung hinter dem feinsandigen Strand Ferienheime, Hotels, Pensionen und Campingplätze.

Fährt man das Seebad mit dem **Auto** an, muss man sich bereits in Darłowo entweder für Darłówko Wschodnie (Ost-Darłówko) oder Darłówko Zachodnie (West-Darłówko) entscheiden. Die **Brücke,** die die beiden Ortsteile von Darłówko miteinander verbindet, ist **nur für Fußgänger.**

Ein kleiner Fischereihafen und Anlegestellen für **Tagesausflüge** auf die dänische Insel Bornholm (West-Darłówko) sowie für 40-minütige Meereskreuzfahrten mit Wikingerdrachenbooten (Ost-Darłówko) sind neben den notori-

◁ Im Herzogsschloss wohnte einst Erik VII., der als „letzter Wikinger der Ostsee" in die Geschichtsbücher einging

Rummelbuden die Attraktionen hinter dem von Buhnen und Wellenbrechern geschützten Strand. 30 km weit auf die See hinaus reicht das Licht des 1885 erbauten **Leuchtturms** (Ost-Darłówko), auf den man hinaufsteigen und von oben die Aussicht genießen kann. Davor schützt eine lang in die Ostsee auslaufende Mole den Hafen, an der sich bei starkem Wind aufsehenerregend die schäumenden Wellen brechen.

Praktische Tipps

Information

■ **Touristeninformation,** ul. Powstańców Warszawskich 51, 76-150 Darłowo, Tel. 519 303032, www.darlot.pl, Mitte Juli bis Mitte Sept. Mo–Fr 10–20, Sa/So 10–16 Uhr, sonst Mo–Fr 9–17 Uhr.
■ **Homepage** der Gemeinde: www.darlowo.pl.

Unterkunft und Gastronomie

■ **Hotel Schlossgasthof Zamkowy**③, ul. Marii Skłodowskiej-Curie 23, 76-150 Darłowo, Tel. 94 314 1679, www.zamkowy.pl. Denkmalgeschützes Gutshaus aus dem 18. Jh., schön restauriert, in Nachbarschaft zum Herzogsschloss im Park direkt an der Wieprza; die Zimmer gediegen. Nach vorne zur Straße hat sich das Verkehrsaufkommen in den letzten Jahren leider vervielfacht, weshalb es sich empfiehlt, ein Zimmer zum Park hin zu nehmen. Das Restaurant bietet leichte, moderne Küche von regionalen Produkten.

Der Rathausplatz von Darłowo mit der Kirche St. Marien

Der Fischerbrunnen am plac Kościuszki, dahinter das Rathaus

Darłowo (Rügenwalde)

■ **Hotel Gościniec Darłowo**③, ul. Krótka 1, 76-150 Darłowo, Tel. 94 3144350, www.hoteldarlowo.pl. Solides gepflegtes Haus, im altpolnischen Schick ausgestattet, im Ortszentrum an der Wieprza gegenüber vom Schloss; mit Wellness und Spa-Angeboten.

■ **Pensjonacik Ewa**③, ul. Mickiewicza 40, 76-150 Darłowo, Tel. 94 3141766, www.pensjonacikewa.afr.pl. Knapp 2 km südwestlich vom Ort im Grünen gelegene, hübsche Pension im Landhausstil, mit großem Garten und kleinem Pool, ca. 2 km ins Ortszentrum, 3 km zum Strand.

■ **Pensjonat Wiktoria**①, ul. Kaszubska 14, 76-153 West-Darłówko, Tel. 94 3142088, www.wiktoria.afr.pl. Einfache Pension mit freundlichen Gastgebern, auf der Westseite der Wieprza ruhig in einer Seitenstraße gelegen, keine 200 m zum Strand.

Camping

■ **Camping Bionika Przystań**, ul. Morska 61, 76-150 Darłowo, Tel. 94 3142345, http://przystan.bionika.pl. Kiefernumrahmter, gepflegter kleiner Wiesenplatz am Wieprza-Ufer, noch im Ortsbereich auf der ul. Morska Richtung Darłówko Wschodnie (Ost-Darłówko, relativ kurzfristig ausgeschildert); mit Campinghäuschen, Kanu- und Fahrradverleih, Mitte Juni bis Mitte Sept.

■ **Camping Róża Wiatrów**, ul. J. Muchy 2 (Rezeption), 76-153 Darłówko Zachodnie), Tel. 94 3142 127, www.rozawiatrow.pl. Großer Wiesenplatz am südlichen Ortseingang von West-Darłówko, dem gegenüberliegenden Ferienheim Róża Wiatrów („Windrose") angeschlossen, 150 m zum Strand.

Museen und andere Sehenswürdigkeiten

■ **Schloss der Herzöge von Pommern**, ul. Zamkowa (südlich im Zentrum), Tel. 94 3142351, www.muzeumdarlowo.pl. Neben den Räumlichkeiten werden die Schlossgeschichte sowie Exponate pommerscher Kirchen- und Volkskunst gezeigt. Mai bis Sept. tgl. 10–18 Uhr, sonst Mi–So 10–16 Uhr.

■ **Leuchtturm,** hinter der Mole in Darłówko Wschodnie (Ost-Darłówko), Juni bis Aug. tgl. 10 Uhr bis Sonnenuntergang, Mai/Sept. tgl. 10–14 Uhr, 15–18 Uhr und 19–21 Uhr.

Aktivitäten

■ **Schiffstagesausflüge nach Bornholm:** an mehreren Tagen im Juli/Aug. 7 Uhr ab Passagieranleger in Darłówko Zachodnie (West-Darłówko), Infos unter www.kzp.kolobrzeg.pl.

■ **Ostseekreuzfahrten:** 40-minütige Partien in modernen Drachenbooten ab Darłówko Wschodnie (Ost-Darłówko), Juli/Aug. stdl. 10–20 Uhr.

Tolle Knolle – die Kartoffel

Vor über 250 Jahren wurde auf Befehl des preußischen Königs *Friedrich II.* (1712–1786) in Pommern die Kartoffel eingeführt. Auf den unfruchtbaren pommerschen Sandmergelböden wollten weder Weizen noch Zuckerrüben gedeihen. Ausnahmen bildeten nur der Pyritzer Weizacker und das Rügenwalder Amt, wo auf ertragreicher Krume gutes Korn angebaut werden konnte. Ansonsten gerieten allerhöchstens noch Roggen und Hafer – und eben die anspruchslose braune Knolle aus der Familie der Nachtschattengewächse. Dank ihres hohen Kohlehydrat- und Vitamin-C-Gehaltes sollte sie unzählige Menschen vor dem Hungertod retten und stieg darüber hinaus rasch zum wichtigsten **Grundnahrungsmittel** auf.

Mitte des 18. Jh. rollte in Kolberg (Kołobrzeg) das erste Fuhrwerk voller Kartoffeln an, und nach einer Reihe missglückter Anbauversuche klaubte man etwa 40 Jahre darauf die ersten Knollen vom Acker. Noch einmal gut 100 Jahre später begann Rittmeister **Kartz von Kameke** (1866–1942) in Streckenthin (Strzekęcin), etwa 10 km südlich von Köslin (Koszalin), mit der **systematischen Kartoffelsaatzucht.** Viele seiner Sorten sollten Weltruf erlangen, darunter die robuste Parnassia, die selbst den kälteklirrenden „Steckrübenwinter" 1916/17 heil überstand und in viele Länder ausgeführt wurde.

Viele weitere Zuchtbetriebe siedelten sich an. So die Saatzucht von **Carl Raddatz,** der Mitte der 1920er Jahre mit den Sorten Sandkrone, Altgold und anderen mehr auf den Markt kam und dessen Sorte Voran 1933 den **ersten Preis der Kartoffelbaugesellschaft** als „Massenkartoffel mit höchsten Stärke- und Knollenerträgen" gewann. Da war Streckenthin schon längst zum Mekka der Kartoffelwelt avanciert. Vor dem Zweiten Weltkrieg wurde fast das gesamte Deutsche Reich mit Pflanzkartoffeln aus Hinterpommern beliefert.

An diese Tradition knüpfte die Volksrepublik Polen nach Ende des Zweiten Weltkrigs erfolgreich an, und bis heute verlassen alljährlich zehntausende Zentner Setzlinge der unterschiedlichsten Sorten die Saatzuchtbetriebe in der Koszalin-Region. Zahlreiche Kartoffellagerhäuser, zwei Beurteilungsstellen und auch ein **Forschungsinstitut für Kartoffelanbau** sind entstanden.

Was also könnte das richtige Denkmal in dieser Landschaft sein? Ein **Kartoffeldenkmal,** natürlich. Ein guter Einfall, der im Ort Biesiekierz südwestlich von Koszalin, bronziert auf drei Stahlträgern, seine Erfüllung fand. Hübsch ist es nicht, dieses Denkmal. Aber ist die Kartoffel vielleicht eine Schönheit? „Sei es für das einstige Pommern, sei's für Pomorze", schreibt **Christian Graf von Krockow** (1927–2002) dazu in seinem wundervollen Buch über Pommern, „etwas Sinnvolleres lässt sich schwerlich erdenken in dem Land, dem diese Frucht die Fruchtbarkeit brachte. Möge darum dem Kartoffeldenkmal Dauer beschieden sein, möge es uns erinnern, mahnen an das Unscheinbare, das wir zum Leben und Überleben brauchen."

Umgebung von Darłowo

Zu Darłowo gehört auch der leider recht unansehnliche Kurort **Dąbki (Neuwasser)** am Rande der Nehrung zwischen dem Meer und dem Bukowo-See (Buckow-See). Dank seiner dennoch wundervollen Lage und der außerordentlich sauberen Luft werden in Dąbkis zahlreichen Ferienanlagen, Sanatorien und Erholungsheimen Krankheiten des Kreislaufs und der Atemwege behandelt. Ungewöhnlich ist der gröbere Steinstrand, der sich zwischen Darłowo und dem Bukowo-See erstreckt. Am südlichen Ufer des Nehrungssees lohnt in **Bukowo Morskie (See Buckow)** die denkmalgeschützte gotische Herz-Jesu-Kirche aus dem 13./14. Jh. einen Blick.

Schöne Natur inmitten ländlicher Stille findet man an den **Nehrungsseen Kopań (Vitter See)** und **Wicko (Vietzer See)**, zwischen denen hoch auf der Steilküste der 300 Einwohner kleine, im Sommer gut 7000 Feriengäste zählende Badeort **Jarosławiec (Jershöft)** liegt.

Weithin sichtbar weist sein 1838 erbauter **Leuchtturm** den Schiffen ihren Weg in die nahen Häfen von Darłowo und Ustka. Man kann ihn besteigen und von oben die schöne Aussicht über das Meer genießen.

Wer mit dem Wagen auf dem in manchen Karten eingezeichneten Küstensträßchen von Jarosławiec nach Ustka gelangen möchte, wird schon bald seines Weges gehindert. Hinter Jarosławiec haben sich auf der Nehrung die **Militärs** eingenistet, die Durchfahrt ist verboten.

Praktische Tipps

Information

■ **Touristeninformation,** ul. Nadmorska 28, 76-107 Jarosławiec, Tel. 59 8109440, Juli/ Aug., tgl. 9–21 Uhr.

Museen und andere Sehenswürdigkeiten

■ **Leuchtturm Jarosławiec,** Juli/Aug. tgl. 10–20 Uhr, Mai/Juni/Sept. 10–18 Uhr, im Winterhalbjahr bis Anbruch der Dunkelheit.

Czołpino | 137
Dolina Charlotty | 133
Kluki | 138
Łeba | 139
Łeba, östlich von | 141
Von Łeba aus in den
  Slowinzischen Nationalpark | 140
Rowy | 136
Slowinzischen Nationalpark,
  rund um den | 136
Słupsk | 127
Smołdzino | 137
Swołowo | 133
Ustka | 122

5 Das Slowinzische Küstenland

Ganz ohne Zweifel: Die Dünengebirge der Slowinzischen Küste zählen zu den eindrucksvollsten Naturattraktionen an der polnischen Ostseeküste. Mit dem Slowinzischen Freilichtmuseum in Kluki und dem Schloss der Pommerschen Herzöge in Słupsk lassen sich außerdem zahlreiche kulturelle Highlights entdecken.

◁ Sand ohne Ende – der Slowinzische Nationalpark wird deshalb auch die „Polnische Sahara" genannt

SLOWINZISCHES KÜSTENLAND

Östlich von Darłowo beginnt die **Woiwodschaft Pomorze**. Gerade einmal 2 Mio. Menschen leben auf ihren 18.300 km², und hiervon fast die Hälfte im Großraum Danzig. Die einzige weitere Großstadt ist **Słupsk**. Umso einsamer zeigt sich über weite Strecken das Land.

Dieses teilt sich westlich in das Slowinzische und östlich das Kaschubische Küstenland auf. Höhepunkt im **Slowinzischen Küstenland** (Pobrzeże Słowińskie) sind die gewaltigen **Wanderdünen**, die sich über Ostseewellen und Strandseen im Słowiński-Nationalpark auftürmen. Beim Örtchen **Kluki** hat das **Slowinzische Freilichtmuseum** die Kultur und Lebensart der Slowinzen bewahrt.

NICHT VERPASSEN!

- Das **Schloss der Herzöge von Pommern** und **Mittelpommersches Museum** in Słupsk | 131
- Das **Slowinzische Freilichtmuseum** in Kluki | 138
- **Łeba**, quirliger Badeort und Ausgangspunkt zur imposanten Kuppe **Łącka Góra** (Lonske-Düne) im Slowinzischen Nationalpark | 139, 140
- **Leuchttürme** in idyllischer Lage in Czołpino und Osetnik | 137, 141

Diese Tipps erkennt man an der gelben Hinterlegung.

Seit 1966 sind die Dünengebirge auf der Nehrung zwischen den Badeorten **Rowy** und **Łeba** im **Slowinzischen Nationalpark** (Słowiński Park Narodowy) geschützt. Die Sandmassen, die hinter dem Strand unmittelbar auf 50 m über dem Meeresspiegel anwachsen, wandern pro Jahr zwischen 5 und 10 m. Früher bemühte man sich, diese Wandergesellen mithilfe von **Strandhaferplantagen** sesshaft zu machen, aber von dem dann lebhaft einsetzenden Ostsee-Badeverkehr wurden die Anstrengungen wieder niedergetrampelt. Wo es dennoch gelang, durch Pflanzungen den Dünensand zum Stillstand zu bringen, bildete sich mancherorts ein unbeweglicher, fester, unfruchtbarer **Sandstein**, der den Namen „Ortstein" oder „Fuchssand"

Slowinzisches Küstenland

trägt. Wenn Sie also im Slowinzischen Nationalpark inmitten der wüsten Sandkegel auf einmal pechartige, feste Kleckse entdecken, handelt es sich nicht um Umweltverschmutzung, sondern um eine natürliche Verfestigung des Dünensands.

Im Frühjahr und Herbst rasten **Zugvögel** auf ihren großen Reisen nach Norden und Süden an den **Seen Gardno** und **Łebsko,** deren nördliche Ufer das Sandgebirge des Nationalparks beschließen. Wildgänse, Wildenten, Säger und Schreischwäne lassen sich hier nieder. Haubentaucher und Seetaucher nisten im Schilf der beiden Nehrungsseen. Kraniche, Kiebitze und Rohrdommeln leben in den weiten Sumpfgebieten um sie herum, und auch Mäusebussarde, Habichte und die seltenen Seeadler haben hier ihre Nistplätze gefunden. Elf Jahre nach seiner Gründung wurde der Slowinzische Nationalpark, auch „Polnische Sahara" genannt, von der UNESCO zum **Welt-Biosphärenreservat** erklärt.

Zu den kulturellen Sehenswürdigkeiten der Region zählen das **Schloss der Herzöge von Pommern** mit dem Mittelpommerschen Museum in **Słupsk,** in die es die Feriengäste vorzugsweise bei weniger strahlend blauem Himmel zieht. Denn natürlich stehen auch entlang des sich mit weißen Stränden schmückenden Küstenabschnitts zwischen **Ustka** an der Mündung der Słupia ins Meer, den unberührten Stränden des Slowinzischen Nationalparks und dem quirligen Ort **Łeba** Badefreuden an erster Stelle.

Ustka

Nach ihrer 120 km langen Reise durch Pommern mündet die Słupia im Kurort und Seebad Ustka (**Stolpmünde**) in die Ostsee. Als letzter zur Ein- und Ausfuhr geeigneter Platz vor der Danziger Bucht existierte an dieser Stelle bereits seit Mitte des 14. Jh. ein kleiner **Hafen**. Ab dem 17. Jh. entwickelte sich das Fischerdorf zum Hafen für die Stadt Stolp, der 1899 bis 1903 mit mächtig ins Meer hinausgreifenden Molen ausgebaut wurde.

In jenen Jahren hatten die Badegäste das gesundheitsfördernde Stolpmünder **Reizklima** schon längst entdeckt. 1877 eröffnete eine erste Warmwasserbadeanstalt, und zur Erhöhung ihrer heilsamen Wirkung wurde empfohlen, außerdem zwei Mal am Tag ein Meerbad zu nehmen, sich anschließend mit Sand abzureiben und dazu jeweils drei bis vier Gläser Wein zu genießen. So mag sein, dass neben der guten Luft, einem herrlichen Sandstrand und dem Eisenbahnanschluss im Jahr 1878 auch die Indikation dieses besonderen alkoholischen Nasses zum raschen Aufschwung des kleinen Seebades beitrug. 1912 wurde die erste Badeanstalt durch einen größeren Komplex mit Moor-, Kohlensäure- und Sauerstoffbädern ersetzt, und 1987 wurde Ustka endlich auch der offizielle **Kurort-Status** verliehen.

Dank des milden Seeklimas und ihrer Heilmoore ist die rund 16.000 Einwohner zählende Gemeinde heute das größte polnische Ostseebad zwischen Kołobrzeg und Sopot, wo in Kurkliniken und Sanatorien vor allem Atemwegserkrankungen, Rheuma sowie Schilddrüsenerkrankungen, Störungen des Bewegungsapparats und Herz-Kreislauf-Beschwerden behandelt werden. Außerdem verfügt Ustka über einen wichtigen Fischereihafen und, natürlich, eine gut ausgebaute touristische Infrastruktur rund ums Badevergnügen.

Jüngste Attraktion im Badeort ist die im August 2010 auf der Hafenmole enthüllte, metallene Statue der **Meerjungfrau Syrenka**. Die vom Künstler *Michał Rosa* geschaffene Figur, die auch das Ustkaer Wappen ziert, verdankt ihr Dasein einem Fundraising der besonderen Art. Um die Finanzierung von umgerechnet 30.000 € auf den Weg zu bringen, waren nicht nur Geldspenden willkommen, sondern ebenso gerne nahm man Altmetall, Schrott, alte ungültige Münzen und dergleichen mehr an „Bausubstanz" an. Die schmucke Nixe dankt es den Menschen, indem sie deren Wünsche erfüllt. Dazu muss man nur an ihrer linken Brust reiben. Weshalb selbige, versteht sich, seit ihrer Enthüllung immer hübsch aufpoliert ist.

Zu beiden Seiten der Hafenmole, zwischen denen sich die Słupia (Stolpe) in die Ostsee ergießt, dehnen sich herrliche breite Sandstrände aus. Seit Ende 2013 sind sie durch eine futuristisch anmutende **Drehbrücke** miteinander verbunden. Einmal pro Stunde schwenkt die

[>] Dass die Meerjungfrau Syrenka aus Altmetallspenden besteht, sieht man der schmucken Maid wirklich nicht an

80 t schwere Stahlkonstruktion über das Wasser und ermöglicht Fußgängern, trockenen Fußes vom einen Ufer zum anderen zu gelangen (im Sommer von 9 bis 0 Uhr, im Winter von 10 bis 18 Uhr).

Hinter der Mole und einem im Jahr 1892 erbauten, 21,50 m hohen **Backsteinleuchtturm,** den man besteigen kann, dümpeln Fischkutter und eine Galeone im Hafen, die im Sommer zu Kreuzfahrten auf der Ostsee einlädt.

Auf der **Fußgängerpromenade** zwischen Sandstrand und Städtchen ist in der Sommerzeit mächtig was los. Cafés, Restaurants und Imbissbuden, Konzertbühnen, Straßenkünstler und Fliegende Händler lassen keine Langeweile aufkommen.

Außer Hafen, Mole, Leuchtturm und Strandpromenade wartet Ustka an Sehenswürdigkeiten mit einer **Kunstgalerie** in einem backsteinernen Hafenspeicher auf und im alten Fischerdorfkern mit liebevoll restaurierten historischen **Fachwerkkaten.** Besonders die schmucken Häuschen in der ul. Czerwonych Kosynierów und im Kapitänswinkel (Zaułek Kapitański) dort, wo die ul. Marynarki Polskiej zum Hafen einbiegt, lohnen den Blick. Das **Heimat- und Regionalmuseum** (Muzeum Ziemi Ustekkiej) erzählt in Bildern und anhand von historischen Gerätschaften die Geschichte der Stadt und Region und zeigt mit Schiffsmodellen und vielerlei mehr Interessantes rund um den Schiffsbau. Im privat betriebenen kleinen **Brotmuseum** (Muzeum Chleba) kann man eine historische Bäckereieinrichtung bestaunen, zu deren beeindruckendsten Apparaturen ein Teigrührgerät aus dem 17. Jh., Waffelbleche und ein Bonbon-Automat aus dem frühen 20. Jh. gehören.

An einem Wochenende im August wird Ustka zum Austragungsort der polnischen **Meisterschaften im Bernsteinsuchen,** an der jeder, der will, teilnehmen kann. Damit unerfahrene Schatzsucher gegenüber den Bernsteinprofis keinen Nachteil erleiden, sucht man das Ostseegold mit dem Sieb, nicht mit dem Köcher, wie ihn die Profis benutzen.

Lange Sandstrände, kleine Kiefern- und vereinzelt auch Mischwälder und zwischen Mooren, Koppeln und Weiden liegende winzige Dörfer mit selten mehr als 300 Einwohnern laden zu **Wanderungen** durch die Gemeinde Ustka ein. Hier und dort lohnt ein ehemaliges Herrschaftshaus oder ein Kirchlein einen Blick. Westlich der Słupia zum Bei-

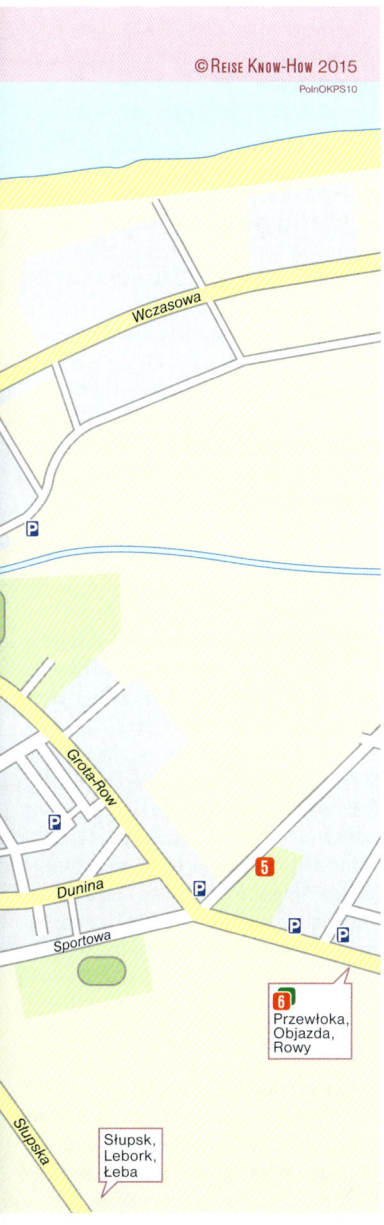

spiel das kleine Gotteshaus des Örtchens **Duninowo**, wo in den nahe gelegenen, naturgeschützten Sümpfen rund um den **Modła-See** Kreuzottern, Fischotter und sogar Nerze hausen; oder das **Gutshaus von Zaleskie** – ein Bild wie aus der Unox-Reklame. Mancherorts wird man im einstigen Landkreis Stolp noch über solche Landsitze stolpern. Bis 1945 verwalteten hier zahlreiche adlige Großgrundbesitzer wie die *Puttkamers, Zitzewitz', Kleists* oder *Krockows* von ihren herrschaftlichen Häusern aus ihre weitläufigen Güter. Die meisten der einst prächtigen Gutshäuser existieren heute allerdings nur noch als Häuflein moosbewachsener Steine. Andere wiederum wurden in landwirtschaftliche Produktionsgenossenschaften einbezogen und sind in einem entsprechenden Zustand. Doch hier und da hat man auch ein Exemplar schön wieder hergerichtet und in ihm ein vornehmes Hotel oder eine öffentliche Einrichtung untergebracht.

Östlich der Słupia bietet das **Reitersportzentrum Anka in Przewłoka** (3 km östlich von Ustka) Pferde zum Spazierenreiten an. Für die Freunde von Schusters Rappen wurde von Ustka bis Rowy am Rand des Slowinzischen Nationalparks ein rot markierter, 16 km langer Wanderweg durch wundervolles Dünenland angelegt. Er ist Teil des roten Küstenwanderwegs, der über 86 km von östlich Łeba durch den Slowinzischen Nationalpark über Rowy und Ustka bis westlich nach Jarosławiec führt.

Wer mit dem Fahrzeug einen Ausflug nach **Rowy** (Rowe) unternimmt, sollte unterwegs ruhig kurz anhalten, um einen Blick auf die fachwerkgeschmückte, im Jahre 1606 erbaute Kirche des Dörfchens **Objazda** (Wobesde) zu werfen.

Ustka (Stolpmünde)

Praktische Tipps

Information

■ **Touristeninformation,** ul. Marynarki Polskiej 71, 76-270 Ustka, Tel. 59 8147170, www.lot.ustka.pl, Mitte April bis Aug. tgl. 8–18 Uhr, Sept./Okt. Mo–Fr 8–16 Uhr, Nov. bis Mitte April Mo–Fr 10–16 Uhr.
■ **Homepage** der Stadt: www.ustka.pl.

Unterkunft

■ **Zimmervermittlung** in der Touristeninfo.
■ **Hotel Grand Lubicz**⑤, ul. Grunwaldzka 14, 76-270 Ustka, Tel. 59 8143103, www.hotel-lubicz.pl. Ustkas erstes Fünf-Sterne-Hotel, 2014 eröffnet, mehr als 300 luxuriös ausgestattete Zimmer und Apartments, mit Wellness, Spa und Kuranwendungen, einem Aquapark mit 25-Meter-Sportbecken, Sole-, Hallen- und Freibad, Salzgrotte, Saunen, Tennis- und Squash-Plätze und mehreren Restaurants.
■ **Villa Red**④, ul. Żeromskiego 1, 76-270 Ustka, Tel. 59 8148000, www.villa-red.pl. Keine 30 m vom Strand und nur wenige Schritte von der Promenade entfernt in der 1886 erbauten, denkmalgeschützten Sommerresidenz *Otto von Bismarcks* in eleganten Stilmöbeln logieren.
■ **Fisherman's House**④, ul. Marynarki Polskiej 10, 76-270 Ustka, Tel. 59 8146262, www.fishermanshouse.pl. Hübsches kleines Fachwerkfischerhaus von 1780 fast am Hafen, originalgetreu restauriert und 2005 als schönstes Haus Ustkas prämiert, innen stilvoll und mit allem Komfort.
■ **Barbara L.**②, ul. Kopernika 4, 76-270 Ustka, Tel. 59 8144181, www.barbaral.tp1.pl. Hübscher Neubau mit acht Gästezimmern, 250 m zum Strand.

Camping

■ **Camping Nr. 101 Morski,** ul. Armii Krajowej 4, 76-270 Ustka, Tel. 59 8144426, www.campingmorski.afr.pl. Wiesengrundstück am südöstlichen Ortseingang mit Pension, Laden, Tennisplatz und Campinghäuschen, 20 Fußminuten ins Ortszentrum, 30 Minuten zum Strand, 1. Mai bis Mitte Okt.

Museen und andere Sehenswürdigkeiten

■ **Leuchtturm,** Mai/Juni/Sept. tgl. 10–19 Uhr, Juli/Aug. tgl. 10–21 Uhr.
■ **Heimat- und Regionalmuseum,** ul. Marynarki Polskiego 62a, Juni bis Sept. Di–So 11–18 Uhr.
■ **Brotmuseum,** ul. Marynarki Polskiej 49, www.muzeumchleba.pl, Mo–Sa 11–18 Uhr.
■ **Baltische Kunstgalerie** (Bałtycka Galeria Sztuki), ul. Zaruskiego 1a, www.hotel-baltic-gallery.art.pl, tgl. 10–18 Uhr.

Kulturelle Veranstaltungen

Mein Tipp: **Meisterschaften im Bernsteinsuchen „Ostseegold"** (Mistrzostwa w Wypłukiwaniu Bursztynu „Z łoto Bałtyku"). Ein Riesenspaß für Jung und Alt an einem Wochenende im August. Ausgerüstet mit Plastiksieb geht es zum Bernsteinfischen am Strand entlang. Da üblicherweise Winterstürme das Ostseegold an die Küste spülen, legt man für die Sommer-Meisterschaft etwas nach: Gut 40 kg Bernstein werden zur Freude der Wettstreiter im Sand verstreut. In der „offenen Kategorie" kann jeder mitmachen und fündig werden! Den genauen Termin bitte in der Touristeninformation erfragen.

Aktivitäten

■ **Reiten:** Pensjonat i Stajnia Anka, Przewłoka 3, Tel. 59 8148110, www.stajnia-anka.pl. Im Ortsteil Przewłoka, 3 km östlich von Ustka Richtung Rowy.
■ **Kreuzfahrten:** Juli/Aug. ab Hafen: mehrmals tgl. 40 Minuten mit der Touristengaleone.

Słupsk

Wer noch bis Mitte der 1990er Jahre das Abenteuer eingehen musste, von Polen nach Deutschland zu telefonieren oder umgekehrt, oder auch nur von einem Stadtteil beispielsweise von Słupsk (**Stolp**) in den nächsten, der durfte sich wie der Grieche Sisyphos fühlen. Zwar wurden im Słupsker Hauptpostamt keine schweren Steine in die Telefonzellen gerollt, aber in gewisser Weise erinnerte das stundenlange geduldige Schlangestehen vor den wenigen Wählscheiben daran. War man irgendwann an der Reihe und lauschte nach langwierigem Anwählen seiner Verbindung auf einmal einem Ehestreit auf Kasachisch oder Usbekisch, hieß es auflegen und sich von vorne hinten in der Schlange anstellen. Schließlich wollten es die anderen auch einmal mit dem Telefonieren probieren.

Nun, dass sich das polnische Fernmeldewesen in sozialistischen Zeiten in einem desolaten Zustand befand, ist bekannt. Aber wer weiß schon, dass in Stolp die **Wiege des modernen Postwesens** und der Telekommunikation stand? 1831 wurde hier *Heinrich von Stephan* geboren. Er gründete 1874 den **Weltpostverein**, der seit 1948 eine Sonderorganisation der Vereinten Nationen ist und unter dessen Dach nahezu alle Länder der Erde mit dem Ziel eines geregelten internationalen Postverkehrs zusammengeschlossen sind. Außerdem führte *von Stephan* 1877 den **Fernsprecher** ein, ist also sozusagen der geistige Urgroßpapa auch der Słupsker Telefonzellen. Und er ist zudem der **Erfinder der Postkarte**, was angesichts der traumhaft schönen Landschaften der hiesigen Küstenregion überhaupt nicht verwunderlich ist.

Um die Sehenswürdigkeiten der früher „Klein-Paris von Pommern" genannten, 94.000 Einwohner großen Stadt zu besichtigen, zieht es die Urlauber darum meistens auch nur an Regentagen von der Ostsee nach Słupsk. Die Metropole in der Region bietet Arbeitsplätze in der Möbel- und Haushaltswaren-, Schuh-, Kosmetik- und Landmaschinenherstellung und verfügt außerdem über zahlreiche höhere Bildungseinrichtungen, allen voran die Pommersche Universität (Akademia Pomorska).

> In Słupsk stand die Wiege des modernen Postwesens

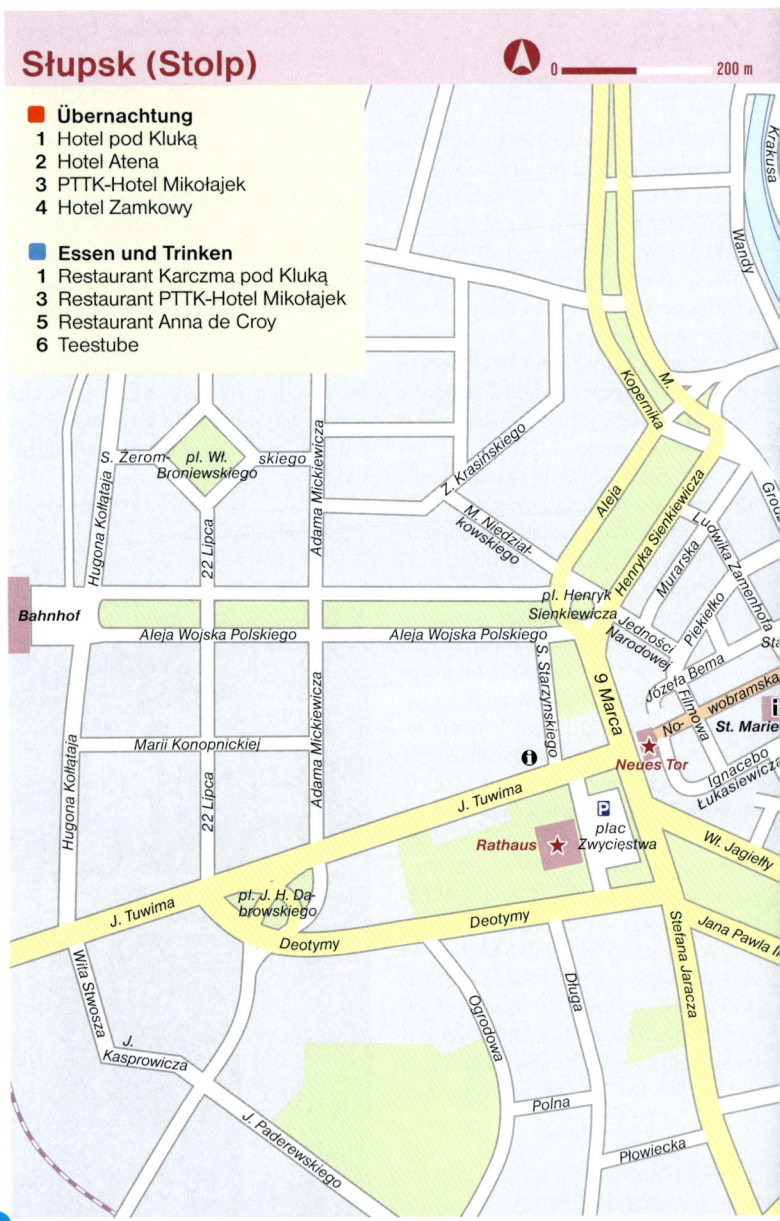

Słupsk (Stolp)

Geschichte

Im Jahr 1013 wird Słuspk als „Slup" erstmals urkundlich erwähnt. Im 13. Jh. wechseln sich die östlichen pommerellischen und die westlichen pommerschen Herzöge mehrmals als Herrscher über Burg und Marktflecken am Flüsschen Słupia (Stolpe) ab. 1309 gehen die Länder Stolp und Schlawe an die brandenburgischen Markgrafen über, 1310 erhält Stolp das **Stadtrecht,** das – so die jüngste Geschichtsforschung – ein erstes Mal wahrscheinlich schon 1265 durch den Pommerellen-Herzog *Swantopolk II.* verliehen worden war. 1316 wird die Stadt von den Brandenburgern an den pommerschen Herzog *Wartislav IV.* abgetreten und steigt zur Residenz der Herzöge von Pommern-Stolp auf, einer Nebenlinie des pommerschen Greifen-Geschlechts.

1381 tritt Stolp mit seinem späteren Ostseehafen Stolpmünde (Ustka) der **Hanse** bei. Im Dreißigjährigen Krieg erobern 1630 Schweden die Stadt, 1637 *Wallensteins* Truppen. Mit dem Westfälischen Frieden 1648 fällt Stolp mit ganz Hinterpommern an die Kurfürsten von Brandenburg, die ab 1701 als Könige in Preußen regieren.

Im März 1945 wird es von der Roten Armee kampflos besetzt und niedergebrannt. Von 1975 bis 1998 ist Słupsk Hauptstadt einer gleichnamigen Woiwodschaft, die im Zuge der Verwaltungsreform 1999 in der neuen Großwoiwodschaft Pomorskie aufgeht. 2010 feierte Słupsk zusammen seinen 700-jährigen und 745-jährigen Geburtstag.

Das Schloss der Herzöge von Pommern mit der Schlossmühle

Sehenswertes

Einen schönen Überblick über die Stadt kann man sich vom Turm des 1901 neugotisch erbauten **Rathauses** am Zwycięstwa-Platz aus verschaffen. 180 Stufen führen auf die 56 m hohe Aussichtsplattform hinauf, den Aufstieg begleiten eine Ausstellung mit historischer Stadtfotografie und eine Porträtgalerie Słupsker Bürgermeister.

Dem Rathaus gegenüber weist der Weg durch das **Neue Tor** (Nowa Brama), 1385 als drittes Stadttor errichtet, in die kleine Altstadt hinein. Dort ragt schon wenige Schritte später der trutzige Turm der **Pfarrkirche St. Marien** (Kościół N.P. Marii) aus dem späten 14. Jh. auf. Ende des Zweiten Weltkriegs großteils zerstört und 1948 wieder aufgebaut, sind von ihrer Einrichtung eine gotische Skulpturengruppe und der Altar von 1658 original erhalten geblieben.

Am großen Marktplatz weist auf dem Grünstreifen ul. Piekiełko, Ecke ul. Grodzka, eine Bildtafel auf das nicht mehr vorhandene Geburtshaus *Heinrich von Stephans* hin. An dem Betonklotz eines ehemaligen Kinos vorbei (in dem heute ein Lebensmittel-Discounter eine Filiale betreibt), führt die ul. Mostnika zum bedeutendsten Gebäude-Ensemble von Słupsk: dem Herzogsschloss mit der Kirche St. Johannis, der Schlossmühle und dem gotischen Mühlentor. 1507 erfolgte der erste Spatenstich zum Bau des **Schlosses der Pommerschen Herzöge**, das unter Fürst *Boguslav X.* 1580 bis 1587 erweitert und mit einer eleganten Renaissance-Hülle versehen wurde. Die komplette Innenausstattung wurde 1731 auf Befehl von König *Friedrich Wilhelms I.* nach Berlin fortgeschafft, wonach das Schloss, ganz im Sinne der preußischen Lebensart, erst als Kaserne und später als Lagerhaus diente. Gegen Ende der 1960er Jahre begann man mit seiner Rekonstruktion, und seitdem birgt es das **Mittelpommersche Museum** (Muzeum Pomorza Środkowego). Neben zahlreichen Exponaten der pommerschen Geschichte, darunter die Sarkophage der letzten Vertreter des Greifen-Geschlechts und pommersche Kunst vom 14. bis zum 18. Jh., zeigt das Museum die Geschichte von Słupsk sowie herausragend die polenweit größte Gemäldesammlung *Stanisław Ignacy Witkiewicz*, **Witkacy** genannt (1885–1939), der zu den bedeutendsten Künstlern der polnischen Moderne zählt.

Die benachbarte gotische **Kirche St. Johannis** (Kościół św. Jacka) diente vom 13. Jh. bis zu ihrer Verwüstung im Zuge der Reformation als Gotteshaus des **Dominikanerordens**. Anfang des 17. Jh. wurde sie von Grund auf neu aufgebaut und anschließend noch mehrmals umgebaut. Die Kanzel und der ebenfalls aus der Spätrenaissance stammende Hochaltar sowie die reich ornamentierten Grabmale der Herzogin *Anna von Croy* und des Herzogs *Ernst Boguslav* zählen zu den wertvollen Ausstattungsstücken.

Die **Schlossmühle** (14. Jh.) gegenüber am Ufer der Słupia beherbergt als Dependance des Mittelpommerschen Museums zwei kleine **Volkskundeausstellungen** zur vergangenen und gegenwärtigen Kultur in Pommern. In der Nachbarschaft hat im **Mühlentor** (Brama Młyńska) aus dem 14. Jh. die Denkmalpflege des Mittelpommerschen Museums ihren Sitz, und nebenan lädt im fachwerkgeschmückten, schön restaurierten **Richter-Speicher** (Spichlerz

Richtera) aus der zweiten Hälfte des 16. Jh. eine gemütliche **Teestube** zum Aufenthalt ein. Davor findet sonntags von Ende Juni bis Mitte September mit zahlreichen Folklore-Veranstaltungen der **Jahrmarkt der Greifen** statt.

Auf dem Rundgang durch das Zentrum von Słupsk lohnt außerdem noch ein Blick auf die **Hexenbastei** (Baszta Czarownic) nahebei an der Słupia. 1414/15 errichtet, gehört sie zu den ältesten Baudenkmälern der Stadt. Im 17. Jh. wurden in der Bastei mutmaßliche Hexen gefangengesetzt, daher der Name. 18 Frauen richtete man hin, das letzte Opfer im Jahr 1714. 1945 niedergebrannt und 1975 wiedererrichtet, ist in dem Rest der alten Stadtbefestigung heute eine **Kunstgalerie** untergebracht.

Der markante rote Backsteinbau der ehemaligen **Prämonstratenserinnen-Klosterkirche** (14. Jh.) in der ul. Grodzka fungiert seit seinem Wiederaufbau als öffentliche Stadtbibliothek.

Praktische Tipps

Information

■ **Touristeninformation,** ul. Starzyńskiego 8, 76-200 Słupsk, Tel. 59 8424326, it@um.slupsk.pl, Anfang Juni bis Mitte Sept. Mo–Fr 8–18 Uhr, Sa 9–15 Uhr, im August zusätzlich So 10–14 Uhr, außerhalb der Saison Mo–Fr 8.30–16 Uhr.
■ **Homepage** der Stadt: www.slupsk.pl.

Unterkunft

■ **Hotel pod Kluką**③, ul. Kaszubska 22, 76-200 Słupsk, Tel. 59 8445499, www.hotelpodkluka.pl. Hotelneubau mit Fachwerkanmutung, die Zimmer im gehobenen Standard, das Hotelrestaurant wurde mehrfach prämiert (siehe „Gastronomie").
■ **Hotel Atena**③, ul. Kilińskiego 7, 76-200 Słupsk, Tel. 59 8428814, www.hotelatena.slupsk.pl. Nördlich im Stadtzentrum, gediegene Mittelklasse.
■ **Hotel Zamkowy**②, ul. Dominikańska 9, 76-200 Słupsk, Tel. 59 8425294, www.hotel-slupsk.pl. Unmittelbar beim Schloss, einfach und gepflegt.
■ **PTTK-Hotel Mikołajek**②, ul. Szarych Szeregów 1, 76-200 Słupsk, Tel. 59 8422902, www.pttkslupsk.tp1.pl. Etwas teurer als andere PTTK-Herbergen, dafür aber mit Restaurant und Café.

Gastronomie

■ **Restaurant Karczma pod Kluką,** ul. Kaszubska 22 (Straße Richtung Łeba), Tel. 59 8445499. Im reetgedeckten Fachwerkhaus serviert man altpolnische und regionale Spezialitäten. Das Restaurant wurde mehrfach ausgezeichnet.
■ **Restaurant Anna de Croy,** ul. Dominikańska 5, Tel. 59 8481650, www.annadecroy.pl. Im Kellergewölbe des Herzogsschlosses kommt verfeinerte altpolnische Küche auf den Tisch.

Museen und andere Sehenswürdigkeiten

■ **Herzogsschloss mit Mittelpommerschem Museum,** Juli/Aug. Di–Fr 10–17, Sa/So 10–18 Uhr, sonst Mi–So 10–16 Uhr, www.muzeum.slupsk.pl.

Kulturelle Veranstaltungen

■ **Jahrmarkt der Greifen,** immer sonntags von Anfang Juli bis Anfang Sept. Das genaue Programm hält die Touristeninformation parat.
■ **Komeda Jazz Festival,** eine Woche im November konzertieren in Słupsk internationale Größen des Jazz; Infos unter www.komedajazz.com.

Dolina Charlotty

Auf halbem Weg zwischen Słupsk und Ustka dehnt sich nahe dem Weiler Strzelinko die **Ferienstadt** Dolina Charlotty (**Charlottental**) aus. Wie eine Trutzburg erhebt sich das Haupthaus als kastellartiger Klinkerbau über dem kleinen See. Die Zimmer dort, in den Holzlodges, die sich über das weite Gelände verteilen, oder im stilvollen Fischerhaus sind geschmackvoll im eleganten Landhausstil eingerichtet. Auch ein Campingplatz steht zur Verfügung. Mehrere Restaurants und Gaststätten von rustikal bis vornehm sorgen für das leibliche Wohl. Neben Pool und Spa stehen an Freizeitaktivitäten u.a. Angeln, Baden, Paddeln, Radeln, Wandern, Reiten und ein Kletterwald auf dem Programm. Ein Fokarium und ein hauseigener Zoo mit Tieren aus allen fünf Kontinenten sorgen für Abwechslung. Das 10.000 Zuschauer fassende Amphitheater hat schon zahlreiche Rocklegenden gesehen.

■ **Dolina Charlotty,** Strzelinko 14, 76-200 Słupsk, Tel. 59 8474300, www.dolinacharlotty.pl, die Preise variieren stark nach Unterkunftsart, Jahreszeit und Arrangement.

Ausflug nach Swołowo

14 km nordwestlich von Słupsk liegt das kleine Dorf Swołowo (**Schwolow**), ein typisches pommersches **Angerdorf** und **lebendiges Freilichtmuseum.** Seine erste Erwähnung geht auf das Jahr 1230 zurück, sein heutiges Erscheinungsbild stammt überwiegend aus der Zeit ab Mitte des 19. Jh. Stattliche Vierseitenhöfe erheben sich hinter der Pflasterstraße, die als Oval den Dorfanger mit Kirchlein und Teich umzieht. Nahezu ausnahmslos haben sich die Fachwerkbauten erhalten und werden nach und nach restauriert. 40 mehrsprachige Texttafeln erzählen auf einem Rundgang durch das Dorf die Geschichte der Gebäude.

Quasi als historische Reminiszenz wird **Fachwerk** auf Polnisch „Haus mit preußischen Mauern" *(dom z muru pruskiego)* oder auch „Riegelbau" genannt. Die historischen Stolper und Lauenburger Lande erhielten dank ihrer charakteristischen Höfe und Katen aus dunklem Holzgeflecht und weißem Gefache den touristischen Namen „Kariertes Land".

Ein besonders schönes Beispiel eines Vierseitenhofs stellt der Bauernhof Nr. 8 dar, der „Albrechtshof". Der **Museumshof** unter der Ägide des Mittelpommerschen Museums in Słupsk vermittelt in Bauernhaus, Stall und Scheune einen vitalen Eindruck davon, wie wohlhabende pommersche Bauernfamilien Ende des 19. Jh. gelebt und gearbeitet haben.

MEIN TIPP: Museum der pommerschen Volkskultur in Swołowo (Muzeum Kultury Ludowej Pomorza w Swołowie), Swołowo 8, 76-206 Słupsk, Tel. 59 8324897, www.muzeum.swolowo.pl, Mitte Mai bis Mitte Sept. Mo 15–18, Mi–So 10–18 Uhr, sonst Mi–So 10–16 Uhr.

Henryk Sienkiewicz – ein Dichter der Nation

Es wird gewiss wenige Menschen geben, die den beinahe drei Stunden langen Hollywood-Schinken von 1951, **„Quo Vadis"**, nicht kennen. Nur – wer weiß, dass die literarische Vorlage für den Film, der von der tragischen Liebe des römischen Offiziers Marcus Vicinius zur Christin Lygia zur Zeit der Christenverfolgungen unter dem wahnsinnigen Kaiser Nero handelt, dass dieser 1896 verfasste, spannende Historienroman aus der Feder des polnischen Schriftstellers *Henry Sienkiewicz* (1846–1917) stammt? 1905 wurde dem in Wola Okrzejska im damals russischen Teil Polens geborenen Schriftsteller für sein literarisches Werk der **Nobelpreis** verliehen. Damit war *Sienkiewicz* der erste Nobelpreisträger für Literatur in der Geschichte seines Landes.

Im Zentrum von Słupsk trägt heute eine breite Allee seinen Namen, die einen Grünstreifen einrahmt, den ein kleines Sienkiewicz-Denkmal schmückt. So wie fast in jeder polnischen Stadt. Es gibt kaum eine Ortschaft in Polen, in der nicht mindestens eine Straße oder ein Platz den Namen des Nobelpreisträgers trägt, kaum eine größere Stadt, in der nicht irgendwo in einer Grünanlage, wie klein sie auch sein mag, wenigstens eine Büste des wortgewaltigen Schriftstellers steht. Denn wie nur wenige andere trugen *Sienkiewicz'* Romane in den letzten Jahrzehnten der Teilungszeit zur Entstehung einer **patriotischen polnischen Geschichtskultur** bei.

Nach seinem Studium in Warschau und ausgedehnten Reisen, die *Sienkiewicz* durch Europa, Amerika und den Orient führten, folgte ab 1872 die Veröffentlichung von satirischen Texten, Feuilletons und gesellschaftskritischen Erzählungen. Sie entstanden im Geist des **Polnischen Positivismus,** einer besonderen Spielart des literarischen Realismus, dessen Intention unter anderem darin bestand, das polnische Nationalbewusstsein in den Teilungsgebieten durch Bildung zu stärken. Bedenke man doch, unter der Fremdherrschaft bestand keine Möglichkeit, sich Kenntnisse über die eigene Vergangenheit aus Schulbüchern oder Werken einer nationalen Geschichtsschreibung anzueignen, sondern allein auf dem Weg über die Kunst und die Literatur.

Spätestens mit seiner Arbeit an der opulenten, 1883–1888 erschienenen **Romantrilogie** „Mit Feuer und Schwert", „Die Sturmflut" (auch unter dem Titel „Die Sintflut" erschienen) und „Herr Wołoyjowski" löste sich *Sienkiewicz* jedoch vom strengen Positivismus. Unter einer sehr freimütigen Verwendung der historischen Fakten entstand, angesiedelt in der wechselvollen Geschichte Polens im 17. Jh., eine schillernde, mitreißende Saga über den Kampf der polnischen Fürsten gegen die aufständischen ukrainischen Kosaken („Mit Feuer und Schwert"), über den großen Krieg Polens gegen die schwedischen Eindringlinge („Die Sturmflut"), der in der wundersamen Errettung des Klosters Częstochowa (Tschenstochau) durch die heilige Muttergottes gipfelt, und über den heldenmütigen Grenzkampf der polnischen Nation gegen die anbrandenden heidnischen Türken („Herr Wołoyjowski"). Packende **Heldengeschichten** voller Liebe, Dramatik und Leidenschaft, die der „Kräftigung der Herzen" im nicht existierenden Polen dienten. Von Seiten der Literaturkritik trugen sie

▷ Nationalheld: Henryk Sienkiewicz

Sienkiewicz den Vorwurf ein, er würde den Positivismus verraten, und gleichzeitig begründeten sie seinen **weltweiten Schriftsteller-Ruhm.** Seine Romane wurden von Hunderttausenden Lesern verschlungen.

Sienkiewicz' letztes großes Werk **„Die Kreuzritter",** im Jahr 1900 erschienen, löste dann nicht mehr nur beim Publikum, sondern auch bei der Kritik Begeisterungsstürme aus. Vor einer Kulisse mächtiger Burgen und erblühender Städte leben die Ereignisse rund um die geschichtsträchtige Schlacht des polnisch-litauischen Heeres gegen die Deutschordensritter 1410 bei Grunwald/Tannenberg auf. Eine **Liebesgeschichte** zwischen dem jungen Helden Zbyszko und dem Mädchen Danusia zur Zeit der Herrschaft des boshaften Deutschordens, der seine Macht durch perfide Intrigen, Raub, Mord und Totschlag aufrechterhält und gegen den die Gerechtigkeit auf dem Schlachtfeld bei Grundwald schließlich und endlich den Sieg erringt. Und freilich sind auch die „Die Kreuzritter", so wie die meisten Romane des großen Schriftstellers, die insgesamt stattliche 60 Bände füllen, nicht als historiografisches Traktat und umso besser als fesselndes Abenteuer zu lesen. Ungemein spannende Schmöker eben, die den Leser in glorreiche Heldenzeiten entführen.

Ab 1914 arbeitete Sienkiewicz in der **Schweiz** als Organisator des Hilfskomitees für polnische Flüchtlinge und starb dort zwei Jahre später. Die Wiedergeburt seiner Nation 1918 erlebte er nicht mehr. Doch wurde die **Überführung seines Leichnams** 1924 in die Warschauer Johanniskathedrale zur bis dahin beispiellosen **nationalen Manifestation.**

Rund um den Slowinzischen Nationalpark

Rowy

Zwischen Dünen und Schilfgürteln liegt das einstige Fischerdorf Rowy (**Rowe**) am Ausfluss der Łupawa aus dem Gardno-See (Garder See) in die Ostsee. Malerische Bilder zeichnen sich in diese Landschaft von scharfer Lichtfülle und Klarheit, und die „Brücke"-Maler **Max Pechstein** (1881–1955) und **Karl Schmidt-Rottluff** (1884–1976) schufen hier einige ihrer schönsten Gemälde. Von den reetgedeckten Fischerkaten, welche die exklusive Künstlerkolonie von Rowe vor dem Zweiten Weltkrieg bewohnte, sind allerdings keine mehr übrig geblieben. Dafür gibt es heute umso mehr Ferienunterkünfte. Im kleinen Neubauortskern mit Fußgängergasse und auch am Strand geht es zwischen Souvenirshops, Eisdielen, Imbissbuden und Grillbars in der sommerlichen Hochsaison hoch her. Rowy ist ganz besonders bei **Familien** beliebt, deren Nachwuchs seiner Zerstreuung neben Strand- und Badevergnügen mithilfe von Leih-Gokarts, Karussells und in allen Tonlagen klingelnden und tutenden elektronischen Spieleangeboten nachgeht.

Rowy liegt am westlichen Rand des Slowinzischen Nationalparks (**Słowiński Park Narodowy**), doch gibt es von hier aus **keine bequeme Beförderung** in den Park hinein, wie es etwa bei Łeba im Osten des Nationalparks der Fall ist, sondern nur die eigenen Füße. Vom bevölkerten örtlichen Strand aus lässt sich deshalb in einem nur zehn- bis fünfzehnminütigen Spaziergang, in östliche Richtung am Strand entlang in den Nationalpark hinein, sogleich Stille und Einsamkeit finden. Jenseits des Strandes bedeutet dies aber auch, dass man wegen des strengen Naturschutzes die **vorgezeichneten Wege** natürlich auf keinen Fall verlassen darf. Nur noch versprengte Grüppchen von Wanderern trifft man an und steht ansonsten mutterseelenallein inmitten von Sonnentau, Männertreu, krummen Kiefern und Haargras. Und dazwischen eine gewaltige Sanddünenwüste – eine herrliche Alternative zum Urlaubstrubel in Rowy.

Ein 18 km langer **Rundwanderweg** führt von Rowy aus durch den Nationalpark über die 31 m hohe **Düne Błotna Góra,** von wo aus man einen weiten Blick über das weiße Sandgebirge auf den Gardno-See hat, weiter am Ufer des Dołgie-Wielkie-Sees entlang und dann am Strand zurück in den Badeort.

Praktische Tipps

Information
■ **Touristeninformation,** ul. Nadmorska 17, 76-212 Rowy, Tel. 59 8141818; Juni bis Sept. tgl. 10–18 Uhr.

Unterkunft
■ **Hotel Ibiza Rowy**③, ul. Pensjonatowa 14, 76-212 Rowy, Tel. 59 8141951, www.ibiza-rowy.pl. Großer Neubau in schöner Lage direkt hinter dem Strand auf der rechten Seite der Hafenmole am Nationalparkrand (Flussbrücke im Ortszentrum queren), gutbürgerlich ausgestattet.

Camping
■ **Camping Nr. 156 Przymorze,** ul. Bałtycka 6, 76-212 Rowy, Tel. 59 8141940, www.camping 156.pl. Großer Platz mit Laden, Café-Bar und Campinghäuschen, „Mister Camping" 2004, ca. 1 km zum Ortszentrum und Strand, Juni bis Ende Aug.

Museen und andere Sehenswürdigkeiten
■ **Slowinzischer Nationalpark,** Parkeingänge bei Rowy, Czołpino und Łeba (Rąbka), Mai bis Sept. 8–21 Uhr, Okt. bis April 8–16 Uhr.

Smołdzino und Czołpino

Eine weitere großartige Aussicht eröffnet sich vom sagenumwobenen **Berg Rowokół** zwischen Gardno- und Łebsko-See (Garder- und Leba-See). Seit vielen Jahrhunderten ist der 115 m hohe, plötzlich aus dem flachen Land emporragende Berg eine **Kultstätte;** einst war er ein Zeremonienort der slowinzischen Heiden, später dann ein Gebetsort gläubiger Christen, und heute ist er ein beliebter Ausflugsort für die Touristen. Oben auf dem Berg befindet sich ein **Aussichtsturm,** am westlichen Ortseingang von Smołdzino (Straße via Gardna Wielka) beginnt gegenüber von einem kleinen Parkplatz der Aufstieg.

Zu Füßen des Rowokół liegt **Smołdzino (Schmolsin)** mit dem Sitz der **Nationalpark-Verwaltung** und dem **Nationalpark-Museum,** das über Fauna und Flora des Parks informiert. Von dort aus führt ein letztes Stück Weg durch eine stille Landschaft zum Slowinzischen Freilichtmuseum nach Kluki, wo sich infolge der abgeschiedenen Lage zwischen Ostsee, riesigen Sanddünen, Łebsko-See, Torfmooren und Sümpfen die slowinzische Kultur einst am längsten erhielt.

Unterwegs lohnt sich an der Weggabelung beim Weiler **Smołdziński Las** ein Abstecher über die schmale Straße nach Norden zum **Leuchtturm** von **Czołpino,** der bereits im Slowinizischen Nationalpark liegt. Zwischen den Seen Gardno und Łebsko wurde er 1872 bis 1875 auf einer 55 m hohen Düne erbaut. Von dem 25 m hohen Turm genießt man einen herrlichen Blick auf die Ostsee, die Nehrungsseen, die Sanddünengebirge und dahinter das stille Land. Ein Parkplatz liegt unmittelbar am Nationalpark-Eingang, von dort spaziert man zum Leuchtturm noch etwa 1 km zu Fuß.

Praktische Tipps

Unterkunft
MEIN TIPP: Gościniec u Bernackich②, ul. Boh. Warszawy 26, 76-214 Smołdzino, Tel. 505 113131, www.ubernackich.pl. Charmante Unterkunft im Fachwerkbauernhaus zu Füßen des Rowokół. Zum Hotel gehören außerdem ein ansprechender Neubau sowie das restaurierte alte Dorfschulgebäude.

Museen und andere Sehenswürdigkeiten
■ **Aussichtsturm auf dem Rowokół,** Mai bis Sept. tgl. 10–19 Uhr.
■ **Leuchtturm von Czołpino,** Mai tgl. 10–17 Uhr, Juni bis Sept. tgl. 10–19 Uhr, Sept. tgl. 10–16 Uhr.
■ **Slowinzischer Nationalpark,** Parkeingänge bei Rowy, Czołpino und Łeba (Rąbka), geöffnet Mai bis Sept. 8–21 Uhr, Okt. bis April 8–16 Uhr.
■ **Museum des Slowinzischen Nationalparks in Smołdzino,** ul. Mostnika 1, Mai bis Sept. tgl. 9–17 Uhr, Okt. bis April Mo–Fr 7.30–15.30 Uhr; **Parkverwaltung:** ul. Bohaterów Warszawy 1, 76-214 Smołdzino, Tel. 59 8117204, www.slowinskipn.pl.

Kluki

Weiter auf dem Weg Richtung Kluki (**Klucken**) liegt linker Hand kurz vor dem Weiler in einem kleinen Hain ein denkmalgeschützter **Friedhof,** den Grabsteine und schmiedeeiserne Kreuze mit slowinzischen Inschriften (18. Jh.) schmücken. Die Grabstätten der ausgestorbenen Familie *Klick* oder *Kirk, Kötsch* oder *Ruch* sind bereits Teil des Slowinzischen Freilichtmuseums in Kluki (Skansen Słowiński at Kluki). Eine Reihe historischer **Bauernhöfe** der Region, die von Abriss oder Verfall bedroht waren, wurden seit 1963 mitsamt ihren Ställen, Scheunen und Gehegen, Brunnen und Backöfen minutiös abgetragen und auf dem etwa 10 ha großen Gelände original wieder aufgebaut. Die reetgedeckten kleinen Fachwerkhäuschen um einige kärgliche **Fischerkaten** und **Bootslager** mit allerlei Fischfanggerätschaft ergänzt, fühlt man sich bei einem Spaziergang durch das sehenswerte Freilichtmuseum an die Ostsee des 18. und 19. Jh. zurückversetzt (siehe auch Exkurs „Slowinzen und Kaschuben").

Neben Fischfang und Ackerbau widmeten sich die Einwohner von Kluki in jener Zeit auch der **Torfgewinnung.** Die dicken Torflagen in der Umgebung waren ergiebig, und alljährlich Anfang Mai zog man für zwei Wochen zum Torfstechen aus, zur **„Schwarzen Hochzeit",** wie man die Arbeit im Torf nannte. Als bunte Folkloreveranstaltung ist die „Schwarze Hochzeit" nun wiedererstanden, mit einem großen Fest, Musik, traditionellen Tänzen und allerlei kulinarischen Köstlichkeiten zum Abschluss der Torfernte, immer am ersten Wochenende im Mai im Freilichtmuseum in Kluki.

⌵ Im Slowinzischen Freilichtmuseum in Kluki

Praktische Tipps

Museum
■ **Slowinzisches Freilichtmuseum,** Mai bis Aug. Di–So 9–18 Uhr (Mo 11–15 Uhr ist nur ein Gehöft geöffnet), Sept. bis April Di–So 9–16 Uhr.

Kulturelle Veranstaltungen
MEIN TIPP: Schwarze Hochzeit, 1. bis 3. Mai im Slowinzischen Freilichtmuseum (siehe Text links).

Łeba

Zwischen Kiefernwald, Heide und Torfmooren am Ostrand des Slowinzischen Nationalparks gelegen, ist der Badeort und Fischereihafen Łeba **(Leba)** an der Mündung des gleichnamigen Flüsschens ins Meer gleich von drei Seiten vom Wasser umgeben. Im Norden brausen die Ostseewellen, im Westen und Osten wiegen sich die weiten Schilfgürtel des Łebsko- und Sarbsko-Sees (Leba- und Sarbsker-See) im Wind, und dahinter türmen sich die riesigen Dünen des Nationalparks auf. Wen wundert es da, dass Łeba der **beliebteste Urlaubsort** im östlichen Pommern ist?

1921 entdeckte der „Brücke"-Maler **Max Pechstein** (1881–1955) Leba für sich, zog sich noch in den letzten Kriegsjahren immer wieder in diese herrliche Landschaft zurück und machte sie zum Gegenstand zahlreicher seiner farbgewaltigen Bilder.

Eine erste Erwähnung fand das kaschubische Fischerdorf **1282** zu Zeiten der Pommerellen-Herzöge. Im Jahr **1357** wurden ihm während der Herrschaft des Deutschen Ordens über das Land dann die Stadtrechte verliehen. Doch mit dem Aufblühen des Ortes wollte es bis zum Bahnanschluss Ende des 19. Jh. nichts Rechtes werden. Allzu sehr setzten die **Naturgewalten** den Einwohnern zu. Mal war die Łeba-Mündung in die Ostsee versandet, dann wieder bedrängten Flutwellen und Sandstürme die Ansiedlung, und auch die gewaltigen Wanderdünen rückten in immer bedrohlichere Nähe. 1570 waren die kaschubischen **Fischer** schließlich gezwungen, an das östliche Flussufer umzuziehen. Von ihrer alten Kirche sind nur noch wenige Mauerreste im Dünenwald westlich des Flüsschens erhalten. Doch die Turmglocke, die während der Überführung ins neue Gotteshaus einst in die Łeba plumpste, kann man, wenn man aufmerksam lauscht, auch heute noch jeden Sonntagnachmittag läuten hören. So erzählt es jedenfalls die Sage.

Wahr ist dagegen, dass die neue **Fischerkirche Mariä Himmelfahrt** (Kościół Rybackie pod Wezwaniem NMP) in der ul. Powstaców Warszawy auf das Jahr 1683 datiert und als wertvollsten Schatz ein Gemälde von **Max Pechstein** birgt, „Madonna als Fürbitterin". Das Bild ist über 2 m hoch und 1 m breit. Es stellt Maria dar, die auf der Weltkugel steht, mitten in den Meereswellen.

Wahr ist außerdem, dass 1998 Łebas neuer **Jachthafen** eröffnet wurde und der Ort seit jenem Datum sogar den Titel „Fürstentum Łeba" (Łeba Księstwo) trägt. Sehr zur Freude der Urlauber, denn die alljährliche Parade des Fürstentums quer durch den Ort (in der Regel Anfang Juli) ist ein amüsantes Spektakel. Nicht weniger großer Beliebtheit erfreuen sich Western City und Lunapark, die Segelregatten und polnischen Windsurf-

Meisterschaften sowie die mannigfaltigen **Film-, Musik-, Theater- und Partyveranstaltungen,** die über die gesamte Sommersaison hinweg stattfinden, nicht zu vergessen solche Höhepunkte wie die Wahl zur Miss Bikini Ende Juli, das Internationale Bikertreffen oder die Techno-Parade Anfang August.

Łebas touristische Infrastruktur ist ausgezeichnet entwickelt. Zahllose Hotels, Pensionen, Privatquartiere, Ferienheime, Camping- und Zeltplätze bieten Unterkunft für rund 60.000 Menschen. Für ein großzügiges **Freizeitangebot** ist ebenfalls gesorgt. Angeln, Rudern, Segeln, Wasserski und Windsurfen sind angesagt. Fahrradverleihe und das Gestüt in **Nowęcin** (2,5 km südöstlich) ermöglichen Ausflüge mit dem Drahtesel oder zu Pferde, und eine putzige kleine **Elektrobahn** verbindet den Ortskern mit den ein wenig außerhalb liegenden Campingplätzen und dem Nationalparkeingang bei Rąbka am Łebsko-See. So verwandelt sich der Ort mit seinem romantischen Fischkutterhafen an der Mündung der Łeba in der schönen Jahreszeit in eine der angesagten Urlauberhochburgen an der gesamten polnischen Ostseeküste. Und erst, wenn der Sommer vorüber ist, kehrt wieder Ruhe in das gerade einmal 3800 Einwohner zählende Dorf ein.

▷ Schweißtreibende Wanderung in der „Polnischen Sahara"

Von Łeba aus in den Slowinzischen Nationalpark

Ein besonderes Erlebnis ist ein Ausflug von Łeba aus in den Slowinzischen Nationalpark (**Słowiński Park Narodowy**). 1967 gegründet und 1977 zum Weltbiosphärenreservat erklärt, umfasst er auf über 18.000 ha eines der größten europäischen **Sanddünengebiete.** Jährlich wandern die durchschnittlich 35 m hohen Sandberge zwischen 5 und 10 m, unter ihnen die mit 42 m höchste und imposanteste Kuppe **Łącka Góra** (**Lonske-Düne**), die Groß und Klein zum Gipfelsturm mit anschließendem atemberaubenden Rundblick über die „Polnische Sahara" einlädt.

Vom Ortszentrum aus führt die Straße zum nördlichen Ufer des Łebsko-Sees und dort zum obligatorischen Parkplatz von **Rąbka** am Nationalparkeingang. Dort befindet sich neben der Kasse und einem **Fahrradverleih** auch ein kleines **Naturkundemuseum,** das über die Fauna und Flora des Parks informiert.

Rąbka ist außerdem **Endhaltestelle der Łebaer Elektrobahn,** und so heißt es umsteigen, wahlweise aufs Rad, in eine Pferdekutsche oder in eine weitere Elektrowägelchen-Linie, die einen die verbliebenen 5½ km fast bis zur Riesendüne Łącka Góra transportiert – am schönsten ist allerdings der Spaziergang zu Fuß. Zunächst durch Kiefern- und Mischwald hindurch, bietet sich allmählich ein seltsames Schauspiel: Näher und näher tritt der Sand an den Wald heran. Hier werden lebendige Bäume unter den Sandmassen begraben, dort treten trostlose Baumstümpfe wieder ans Tageslicht, und schließlich zeigt sich fast alles **vom Sand verschüttet.** Am Fuß der Łącka Góra angelangt, heißt es dann Schuhe und Strümpfe ausziehen und hinein in die Wüste! Wahrlich ein schweißtreibendes Vergnügen ist es, die gewaltige Lonske-Düne hinaufzustapfen, die in den 1930er Jahren eine beliebte Segelflugstätte war und einen, oben angelangt, mit einem herrlichen Panorama belohnt. „Über Wellen flüssigen Sandes schweift der Blick zum Meer hinab", beschreibt ein heute lange vergessener Schriftsteller die fantastische Aussicht von der Düne.

Militärhistorisch Interessierte werden unterwegs von Rąbka zur Łącka Góra vielleicht einen Zwischenstopp bei der **Nazi-Raketenversuchsstation** nahe Wyrzutnia machen. Im Zweiten Weltkrieg war das Gelände zwischen Leba und Lonske-Düne militärisches Sperrgebiet, 1943 gingen die erste funkferngesteuerte Flugabwehrrakete, „Rheintochter" genannt, und Richtung Bornholm die erste Fernzielrakete „Rheinbote" im Dünensand an den Start. Im Dezember 1944 wurden die Versuche wegen „drohender Luftgefahr" in die südliche Tucheler Heide verlegt. Heute kann, wer mag, Folgendes besichtigen: die alte Abschussrampe, einen verbliebenen Bunker und allerlei Militaria.

Vom Schiffsanleger am Parkplatz von Rąbka tragen einen im Juli und August **Ausflugsboote** über den Łebsko-See näher ans Museum Raketenstartrampe heran und außerdem zum schönen Slowinzischen Freilichtmuseum in Kluki am westlichen Seeufer (siehe dort).

Östlich von Łeba

Etwa 15 km östlich von Łeba wartet auf der höchsten Düne beim Weiler Osetnik der <mark>Leuchtturm</mark> von Stilo auf einen Besuch. **Osetnik (Stilo-Katen)** besteht aus wenigen Häusern, einem Zelt-, einem Campingplatz und ein paar Grillbars, von wo aus der Weg 800 m durch moos- und flechtenbewachsenen Kiefernwald aufwärts zum rot-weißen Leuchtturm

165po kj

Slowinzen und Kaschuben

Im frühen Mittelalter ließ sich im hinteren Pommern und in Pommerellen, zwischen den Flüssen Słupia (Stolpe) und Wisła (Weichsel), ein kleiner **Pomoranen-Stamm** nieder, dem man möglicherweise wegen der zipfeligen Pelzröcke, welche die Männer im Winter über ihre Beinkleider warfen, den Spitznamen *kaszuba* gab. Im Deutsch-Polnischen Wörterbuch des Gelehrten *Mrongovius* von 1835 ist zu lesen: „Sie nennen sich „Kaszeba" von *kożuch,* der Pelz, oder von dem Wort *koża,* das Fell, die Haut; denn an der kalten Ostsee wohnend, tragen sie lange Schafpelze"; während der kaschubische Volksdichter *Hieronim Derdowksi* (1852–1902) zur **Herkunft des Namens** Folgendes angibt: „Die Wiege der Kaschuben waren die Ufer der unteren Oder, wo es viele Sümpfe und Moorbrüche gibt. Ähnliche Sümpfe sind auch auf dem südlichen Ufer des Leba-Sees. Diese Sümpfe oder vielmehr eine Grasart „Wiklina", die darauf wächst, nennt das dort wohnhafte slawische Volk „Koszebe". Davon soll der Name Kaschube entstanden sein."

Die **Tracht** der kaschubischen Frauen bestand aus einem Samthäubchen mit Schleier und einem bunt bestickten langen Faltenrock, über den sie beim Verlust eines geliebten Menschen einen schneeweißen Trauermantel zogen. „In Kassuben", berichten 1820 die „Pommerschen Provinzialblätter" über eine weitere **Sitte,** „muss jeder Anverwandte dem Toten etwas von dem Seinigen mit in den Sarg geben, einige Haare vom Kopfe, ein Läppchen von seinem Rocke oder dergleichen. Den gewesenen Säufern wird auch ein Fläschchen mit Branntwein in den Sarg gelegt. Die Kassuben halten sehr geheim mit diesem Brauche, da er noch aus der Heidenzeit her bei ihnen stammt."

Selbstverständlich sind auch die Kaschuben seit der Ostmissionierung im 12. Jh. Teil der gläubigen Christenheit. Doch anders als ihre pomoranischen Stammes-Verwandten, die Slowinzen, die einst im Küstenland zwischen den Seen Wicko im Westen und Łebsko im Osten siedelten, gingen sie nicht in der mit der Ostkolonisie-

rung zugewanderten Neubevölkerung auf. Die slowinzische Mundart, ein Dialekt des Kaschubischen, ist heute nur noch im slowinzischen Vaterunser und einem 1630 vom Stolper Pastor *Martin Mostnik* übersetzten lutherischen Katechismus erhalten. Dagegen bewahrte sich das zähe und bodenständige kaschubische Torfbauern- und Fischervölkchen zwischen Słupsk im Westen, der Tucheler Heide im Süden und östlich der Danziger Bucht durch sämtliche politischen Wechselfälle vieler Jahrhunderte hindurch bis heute seine **eigene Sprache** und kulturelle Besonderheiten.

Im kaschubischen Kerngebiet, den Regionen **Kaschubisches Küstenland** und **Kaschubische Seenplatte** (Pobrzeże und Pojezierze Kaszubskie), beriefen sich 1910 etwa 100.000 Menschen auf ihre kaschubischen Wurzeln. Heute sind es immer noch über 50.000 polnische Staatsbürger, die sich zur kaschubischen **Minderheit** rechnen, und noch bis vor einigen Jahren mussten sie um ihre politischen Rechte als Minderheit kämpfen. Egal ob sie im Verlauf ihrer wechselvollen Geschichte gerade den polnischen oder den deutschen Pass besaßen, stets waren sie Spielball der jeweiligen nationalen Interessen. „Die Kaschuben. Stamm der Pomoranen in Westpreußen, werden zunehmend polonisiert", behauptet beispielsweise ein deutsches Lexikon von 1927. „Kaschubisch. Dialekt des Polnischen, zunehmend zwangsgermanisiert, 1920 zurück an Polen", erläutert ein polnisches Lexikon aus der Zeit der Volksrepublik.

Die Großmutter des literarischen Helden Oskar Matzerath in **Günter Grass' „Blechtrommel"** hält dem entgegen: „So isses nun mal mit de Kaschuben, Oskarchen ... die missen immer dableiben und Koppchen hinhalten, damit de anderen drauftäppern können, weil unserains nich richtich polnisch is und nich richtich deitsch jenug, und wenn man Kaschub is, das raicht weder de Deitschen noch de F[...] der Feder von Professor *Józef Bor[...]* sident des Kaschubischen Institu[...] stammt schließlich folgendes Bonmot: „[...] ser schönen Landschaft hat die anderen im[...] nur gestört, dass sie von uns Kaschuben bewohnt ist."

Nur wenige **Schriftsteller,** wie etwa *Hieronim Derdowski* (1852–1902), *Aleksander Majkowski* (1876–1938) oder *Franciszek Sędzicki* (1882–1957), verfassten ihre **Werke in Kaschubisch,** weshalb es fast einem Wunder gleichkommt, dass diese dem Polnischen sehr nahe verwandte westslawische Sprache über Jahrhunderte der Unterdrückung und Verbote hinweg bis heute erhalten blieb.

In vielen neu gegründeten Vereinen und Verbänden nehmen die Kaschuben seit dem Untergang der Volksrepublik ihre Sache wieder verstärkt in die Hand. Einen ersten **politischen Erfolg** konnten sie gleich 1990 erringen, als nach massiven Protesten der Bau des ersten (und seitdem letzten) polnischen Atomkraftwerks, Typ Tschernobyl, bei Żarnowiec eingestellt werden musste. Ein weiteres Engagement gilt der kaschubischen Sprache, die seit 2004 in den Schulen wieder unterrichtet werden darf.

Am 18. Dezember 2004 ging **Radio Kaszëbë** mit einem 24-Stunden-Programm in Kaschubisch und Polnisch auf Sendung. Gottesdienste werden schon seit Längerem wieder auf Kaschubisch abgehalten, und auch die Bibel ist inzwischen ins Kaschubische übersetzt. Man widmet sich dem traditionellen Kunsthandwerk und pflegt das überlieferte Brauchtum. Kaschubische Broschüren und Zeitungen florieren, Bürgermeister schwärmen von zweisprachigen Ortsschildern, und vielerorts prangt neben dem weiß-roten polnischen Adler auch wieder der **schwarze Greif,** das **Wappentier** der Kaschuben. Getreu der kaschubischen Hymne: Nigdé do zgùbë nie przínda Kaszëbë – Kaschuben werden niemals untergehen.

◁ Im Slowinzischen Freilichtmuseum in Kluki

beim Auf- Stahlplat- gen. 1906 Lichtanla- eine 1000- die heuti- n ersetzt von 75 m (33 m hoch der Turm, 42 m die Düne) strahlt das Leuchtfeuer auf 24 Seemeilen bzw. 44 km über die Ostsee hinweg.

Praktische Tipps

Information

- **Touristeninformation,** ul. Kościuszki 121 (Kreisel am südlichen Stadteingang), 84-360 Łeba, Tel. 504 247615, www.leba.eu, Juli/Aug. Mo–Sa 8–18, So 10–14 Uhr, sonst Mo–Fr 8–16 Uhr.
- **Touristeninformation,** ul. 11-go Listopada 5a, 84-360 Łeba, Tel. 59 8662565, www.lotleba.pl, Juli/Aug. Mo–Sa 8–18 Uhr, So 10–14 Uhr, sonst Mo–Fr 8–16 Uhr.
- **Homepages** der Stadt: www.leba.pl, www.leba.eu.
- **Homepage** des „Fürstentums": www.lebaksiestwo.pl.

Ein Strandtag wie Robinson Crusoe: Nirgends zeigt sich die Ostseeküstenarchitektur atemberaubender als rund um die Wanderdünennatur im Slowinzischen Nationalpark. Sie zählt zu den größten Attraktionen Nordpolens, die deshalb viele Menschen anzieht. Doch packt man seinen Picknickkorb und wandert von Rowy oder von Łeba aus gut 6 km bzw. 1½ Std. am Strand entlang in den Nationalpark hinein, ist man mit einem Mal mutterseelenallein und kann einen herrlichen geruhsamen, einsamen Strandbadetag genießen.

Unterkunft und Gastronomie

- **Zimmervermittlung** in der Touristeninfo.
- **MEIN TIPP:** **Hotel Neptun**⑤, ul. Sosnowa 1, 84-360 Łeba, Tel. 59 8661432, www.neptunhotel.pl. Schöne alte Gründerzeitvilla mit Holzbalkonen und Türmchen zwischen hohen Bäumen, unmittelbar hinter dem Strand gelegen. Es herrscht eine vornehme, gediegene Atmosphäre, das elegante **Restaurant** verwöhnt Feinschmecker mit traditioneller polnischer und mediterran inspirierter Küche von frischen saisonalen Produkten.
- **Hotel Soplica/Zamek w Nowęcinie** (Schloss von Nowęcin)③, ul. Jeziorna 2, 84-360 Łeba, Tel. 500 231962, www.zameknowecin.pl. Wohnen im ehemaligen Herrenhaus der Familie *von Weiher*, restauriert und gemütlich eingerichtet, im Örtchen Nowęcin (Neuhof), 1,5 km südöstlich von Łeba.
- **Pensjonat Angela**③, plac Dworcowy 2a, 84-360 Łeba, Tel. 59 8662647, www.angela.leba.pl. Großes Haus mit Garten, gut ausgestatteten Zimmern und Restaurant mit kaschubischer Küche, nicht so schön am kleinen Bahnhof gelegen, dafür aber ruhiger als im trubeligen Ortszentrum.

Camping

- **Camping Rafael,** ul. Turystyczna 10, 84-360 Łeba, Tel. 59 8661972, www.campingrafael.pl. Hübsche, nicht allzu große Anlage am Flüsschen Łeba gleich nach der Brücke, 10 Minuten Fußweg zum Ortszentrum und zum Strand, mit Campinghäuschen, Mai bis Sept.
- **Camping Nr. 21 Morski,** ul. Turystyczna 3, 84-360 Łeba, Tel. 59 8661380, www.camping21.pl. Großer Platz im Kiefernwald hinter dem Strand, kurz nach dem Abzweig der Straße nach Rąbka, 15 bis 20 Minuten Fußweg in den Ort, mit Laden und Schellrestaurant, Mai bis Sept.
- **Camping Stilo,** ul. Laterników 20, 84-210 Stilo, Tel. 58 5724186, www.campingstilo.pl. Schöner Wiesenplatz mit Kiefern und Weiden, am Waldrand

nahe Leuchtturm Stilo; bis auf einen winzigen Laden keine Versorgungsmöglichkeit, 1,5 km durch den Wald zum Meer, Mitte Juni bis Mitte Sept.

Jugendherberge

■ **Jugendherberge,** ul. Leśna 4, 84-360 Łeba, Tel. 59 8661323, Juli/Aug.

Museen und andere Sehenswürdigkeiten

■ **Slowinzischer Nationalpark,** Parkeingang bei Rąbka (3 km westlich), geöffnet Mai bis Sept. 8–21 Uhr, Okt. bis April 9–16 Uhr.
■ **Nationalpark-Museum,** am Parkeingang bei Rąbka, Mai bis Sept. tgl. 9–17 Uhr, Okt. bis April Di–So 9–15.30 Uhr.
■ **Museum Raketenstartrampe,** Wyrzutnia (3 km östlich von Rąbka im Nationalpark), Mai bis Sept. tgl. 10–18 Uhr, Okt. bis April Di–So 9–16 Uhr.

■ **Leuchtturm Stilo,** Mai/Juni/Sept. tgl. 10–13 und 14–17 Uhr, Juli/Aug. 10–14 und 15–19 Uhr.

Aktivitäten

■ **Fahrrad- und Wassersportgeräteverleih:** Es gibt zahlreiche Anbieter vor Ort, ein aktuelles Verzeichnis hält die Touristeninformation bereit.
■ **Kutschfahrten/Reiten:** Gestüt in Nowęcin (1,5 km südöstlich von Łeba), Stadnina Koni Maciukiewicz, ul. św. Huberta 4, Nowęcin, Tel. 59 866 1075, www.nowecin.com.pl.

Kahnpartie mit Seerosendekor

Chałupy | 155
Hel, Halbinsel | 154
Hel | 159
Jastarnia | 156
Jurata | 159
Karwia – Halbinsel Hel | 152
Krokowa, Gemeinde | 150
Krokowa, Ort | 151
Kuźnica | 155
Puck | 161
Wejherowo | 165
Władysławowo | 153
Żarnowiec | 150

6 Das Kaschubische Küstenland

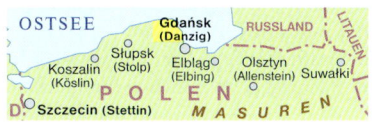

Die Kaschuben haben dem malerischen Landstrich ihren Namen geschenkt. Von jeher bewohnt das kleine westslawische Völkchen das Küstenland zwischen Łeba und der weit in die Danziger Bucht greifenden Halbinsel Hel. Am Uferkliff von Jastrzębia Góra ist der nördlichste Punkt Polens erreicht.

◁ Am Hafen von Kuźnica

KASCHUBISCHES KÜSTENLAND

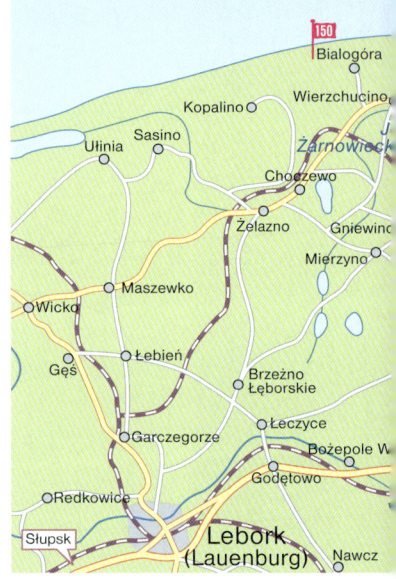

Nirgends schiebt sich der Baltische Höhenrücken näher an die Ostsee heran als im Kaschubischen Küstenland (Pobrzeże Kaszubski). Hinter hier mal sanfteren und dort wieder schrofferen, kiefern- und buchenbestandenen Kliffs, die über einem herrlichen weißen Sandstrand aufragen, schließen sich Torfmoore und salzige Seewiesen an. Der größte Teil dieser schönen Natur ist im **Küstenlandschaftspark** (Nadmorski Park Krajobazowy) geschützt.

Bei Jastrzębia Góra kurz vor der Danziger Bucht ist der nördlichste Punkt der Region Pomorze Wschodnie (Ostpommern bzw. Pommerellen) und zugleich **nördlichste Punkt in ganz Polen** erreicht. Und finden sich bis dahin, im Bereich der Gemeinde Krokowa, nur wenige kleine **Badeorte** am Ostseestrand, reihen sie sich von Jastrzębia Góra bis nach Władisławowo vor der Halbinsel Hel dann beinahe schon übergangslos aneinander.

35 km lang und an ihrer schmalsten Stelle keine 200 m breit erstreckt sich die **Halbinsel Hel** (Mierzeja Helska) und unterteilt die Danziger Bucht in ein großes und ein „Kleines Meer", wie man die **Putziger Bucht** (Zatoka Pucka) zwi-

◁ Ein ideales Revier für Windsurfer

Kaschubisches Küstenland

schen Festland und Halbinsel auch nennt. Das Wasser ist zur Sommerzeit von zahllosen bunten Segeln bedeckt, denn die Halbinsel Hel zählt zu den besten **Surfspots** der südlichen Ostsee. An ihrer Außenküste haben die Wellen einen wunderbar feinsandigen Strand angespült, der im Süden beim **Ort Hel** weit über 50 m Breite annimmt und die Halbinsel zur viel besuchten Sommerfrische im Kaschubischen Küstenland macht.

Namensgeber der Putziger Bucht ist das Landstädtchen **Puck,** das sich trotz Segelhafen und Surfschule selbst in der Hochsaison seinen stillen Charakter bewahrt. 11.500 Einwohner klein, wird es an Größe nur von **Wejherowo** übertroffen, gewissermaßen der „Metropole" der Region, mit einem – für Nordpolen ungewöhnlich – barocken Stadtkern.

NICHT VERPASSEN!

- **Schloss Krockow** in Krokowa | 151
- **Der Leuchtturm** am Kap Rozewie | 152
- **Die Halbinsel Hel** mit den Orten Jastarnia, Jurata und Hel | 154
- **Die Kirche St. Peter und Paul** in Puck | 163
- **Die Kreuzwegstationen der Kalwaria Wejherowska** in Wejherowo | 166

Diese Tipps erkennt man an der gelben Hinterlegung.

Gemeinde Krokowa

Auf knapp 19 km dehnt sich der Küstenabschnitt der Gemeinde Krokowa (**Krockow**) aus, den sich mit schönen Stränden die Badeorte **Białogóra** im Westen und Dębki im Osten teilen. Größte Attraktion des einstigen Fischerdorfs Białogóra ist die mit stattlichen 32 m höchste Sanddüne in der Region.

Der ehemalige Fischerort **Dębki** ist wegen seines schneeweißen Strandes rund um die Mündung der Piaśnica beliebt. In den vergangenen Jahren sind eine große Zahl Ferienwohnungen und Apartmenthäuser entstanden.

Am Żarnowiec-See

Bevor sich das Flüsschen Piaśnica in die Ostsee ergießt, passiert es zunächst den Żarnowiec-See. Ausgerechnet hier, inmitten der schönen Natur, begann man 1982 mit der Errichtung eines Atomkraftwerks mit sowjetischer Reaktortechnik. Nach heftigen Protesten gegen das „Żarnobyl vor der Haustür" wurde der Bau 1990, vier Jahre nach der Nuklearkatastrophe von Tschernobyl, wieder eingestellt. Doch aufgeschoben heißt nicht aufgehoben. Erneut ist der Standort Żarnowiec-See für – Polens erstes – Atomkraftwerk projektiert. Mit Baubeginn in der näheren Zukunft, soll es 2024 ans Netz gehen.

Am westlichen Seeufer lohnt im Örtchen **Nadole** das kleine **Freilichtmuseum Zagroda Gburska i Rybacka** einen Besuch. Auf dem Gelände vermittelt ein traditionelles Gehöft aus dem 19. Jh. mit Bauernhaus, Bootshaus, Ställen, Scheunen, Taubenschlag, Eiskeller und Landwirtschaftsgeräten Einblicke in das Leben der kaschubischen Bauern- und Fischerfamilien in vergangener Zeit.

Am südlichen Seeende, wo bei Kartoszyno die Ruine des 1980er-Jahre-AKW steht, widmet man sich auch ohne Kernspaltung seit vielen Jahren der Energiegewinnung. Das **Pumpspeicherkraftwerk Żarnowiec,** gegenüber von

Der Hochaltar der Klosterkirche Żarnowiec

Kartoszyno bei Czymanowo, ging 1983 in Betrieb und ist seitdem das größte Pumpspeicherkraftwerk Polens. Dabei dient ihm der Żarnowiec-See als Unterbecken, in den von oberhalb aus einem künstlichen Wasserreservoir gewaltige Wassermassen durch Druckrohrleitungen bergab prasseln und unten im Kraftwerk die Turbinen antreiben.

Von Czymanowo führt eine Straße bergauf zum künstlichen Wasserbecken und ihm zur Seite dem **Kaszubskie Oko** („Kaschubisches Auge"), einem Freizeitpark mit Minigolf, Dinosaurierpark und einem 44 m hohen Aussichtsturm, der rundum einen weiten Blick auf die Umgebung verspricht.

Nur wenig vom Nordostufer des Żarnowiec-Sees entfernt liegt das gleichnamige Dorf Żarnowiec (**Zarnowitz**) mit seinem **Benediktinerinnen-Kloster.** Im 12. Jh. wurde es von Zisterzienserinnen gegründet und ist seit dem 16. Jh. von Benediktiner-Nonnen bewohnt. Für den Besuch des gotischen Gotteshauses und des Klosterkomplexes aus dem 13./14. Jh. ist gelegentlich nicht das Hauptportal, sondern nur das straßenabgewandte Kirchportal geöffnet, wofür zunächst der kleine Friedhof innerhalb der Klostermauern durchschritten werden muss. Ein mehrfarbiges Basrelief der Muttergottes mit Kind gehört zur wertvollen Innenausstattung des sonst eher karg eingerichteten Backsteingemäuers. Während des Besuchs bitten die Benediktiner-Schwestern um Schweigen oder wenigstens Flüsterton. Zur Besichtigung des angeschlossenen kleinen **Museums,** das über eine Sammlung liturgischer Gewänder aus dem 17. bis 19. Jh. verfügt, bitten die Schwestern ihre Gäste zu klingeln.

Krokowa

Folgt man von Żarnowiec der Straße 213 weiter Richtung Puck an der Danziger Bucht, gelangt man schon kurze Zeit später nach Krokowa. Im dortigen, ursprünglich aus dem 14. Jh. stammenden, mehrfach umgebauten und 1993 aufwendig restaurierten **Schloss Krockow** (Zamek Krokowa) der kaschubischen Adelsfamilie *Krockow* ist heute die Begegnungsstätte „Stiftung Europäische Begegnung – Kaschubisches Kulturzentrum Krokowa" untergebracht, die in Zusammenarbeit mit verschiedenen Universitäten **polnisch-deutschen Kulturaustausch** sowie Kooperationen auf Gebieten wie Forschung und Ökologie, Jugendaustausch u.v.a. betreibt. Solange im Schloss nicht gerade eine Tagung stattfindet, sind die Zimmer auch für Hotelgäste bereitgestellt. Im zweiten Raum rechts von der Rezeption ist eine Ausstellung zur Geschichte der Familie *Krockow* untergebracht, das „Archivum Crocovianum". Links von der Rezeption wird im Schlossrestaurant ganz exzellente polnische und kaschubische Küche serviert.

In unmittelbarer Nachbarschaft zur Schlossparkauffahrt eröffnete 1999 in einem der Häuschen hinter der Katharinenkirche (1847–1850) als Außenstelle des Westpreußischen Landesmuseums in Münster das deutsch-polnische **Regionalmuseum** von Krokowa. In seinen Räumlichkeiten lässt es anhand von Ausstellungsstücken und Texttafeln die Geschichte des ehemaligen Ritterguts Krockow im 19. Jh. noch einmal auferstehen.

Praktische Tipps

Information
- **Homepage** der Gemeinde Krokowa: www.krokowa.pl.

Unterkunft
- **Hotel im Kaschubischen Kulturzentrum/Schloss Krokowa**③, ul. Zamkowa 1, 84-110 Krokowa, Tel. 58 7742111, www.zamekkrokowa.pl. Logieren in vornehmer Schloss-Atmosphäre inmitten von ausgesuchten Stilmöbeln. Die Zimmer im Vorwerk präsentieren sich modern und elegant.

Camping
- **Camping Kaszub,** ul. Lakowa, 84-112 Dębki, mobil 606 746002, www.camping-kaszub.com.pl. Ein großer Platz im Kiefernwald, mit Café-Bar und einem Laden, 200 m zum Strand, Mitte Juni bis Ende Aug.

Gastronomie
- **Restaurant Schloss Krokowa,** siehe „Unterkunft". Altpolnische und kaschubische Küche, nach traditonellen Rezepten von Produkten aus der Region leicht und modern zubereitet; die besondere Empfehlung: Wildspezialitäten.
- **Kaszubski Młyn,** ul. Młynska 11, 84-113 Wierzchucino, Tel. 58 5008070, www.kaszubski-mlyn.pl. Im Weiler Wierzchucino, wenige Kilometer westlich vom Żarnowiec-See; kaschubische und altpolnische Küche des Landes und des Meeres, begleitet von einer kleinen, feinen Weinkarte. Wer das nicht mag, für den gibt es Piroggen und Pizza.

Museum
- **Freilichtmuseum in Nadole,** Nadole 16, 84-250 Gniewino, http://muzeumpuck.pl, Juli/Aug. Mo–Fr 9–18, Sa/So 9–17 Uhr, sonst Di–Fr 8–15, Sa/So 10–15 Uhr.
- **Regionalmuseum Krokowa,** ul. Zamkowa 1, Juli/Aug. tgl. 10–18 Uhr, Mai/Juni Di–So 10–17 Uhr, Sept. Di–Fr 11–16, Sa/So 11–17 Uhr.

Von Karwia zur Halbinsel Hel

Nach einigen Strandabschnitten in idyllischer Abgeschiedenheit trifft man im Ostseebad **Karwia** (Karwen) wieder auf das typische Bild eines polnischen **Sommerferienorts** mit all seinen Camping- und Zeltplätzen, Rummelbuden, Urlaubs- und Erholungsheimen und der friedlichen Völkerwanderung, die es morgens zum Strand und abends über die Straßen der Ortschaft zieht. Ende August wird mancher Naturfreund gewiss auch einen Ausflug in den Süden von Karwia unternehmen, wo im Naturschutzgebiet Bielawskiego Błota die **Erikablüte** das Land mit einem weiten purpurnen Teppich bedeckt.

Über 30 m hoch bricht die Steilküste abrupt zur Ostsee hin ab, weshalb die Badeorte der Gemeinde Władysławowo im Durchschnitt auch 200 Treppenstufen oberhalb ihrer Strände liegen. In **Jastrzębia Góra (Habichtsberg),** das über eine Kapazität von 30.000 Urlauberbetten verfügt, ist bei 54°50'11 der **nördlichste Punkt Polens** erreicht. Damit niemand diese Wegmarke im Ortszentrum über dem Steilufer verfehlen kann, markiert ihn der **„Stern des Nordens"** (Gwiazda Północy), ein Denkmal mit einem Podest aus Findlingsstein, das man 2001 aufgestellt hat.

Von dort steigt das Kliffufer ostwärts noch einmal 12 m zum **Kap Rozewie (Rixhöft)** an, das obenauf der 1821 erbaute Leuchtturm von Rozewie krönt. Mit 33 m vom Sockel zur Spitze ist er einer der höchsten in Polen. Bereits Ende des 17. Jh. verzeichneten schwedische Karten hier erstmals ein Leuchtfeuer. Heute strahlt es dank einer Drehvorrichtung mit zwei Tafeln zu je 20 Halogenleuchten weit über das Meer. Treppauf zur schönen Aussicht ist im Turm eine **Ausstellung** zur Geschichte der Leuchttürme an der polnischen Ostseeküste untergebracht.

Praktische Tipps

Information

■ **Homepage** von Jastrzębia Góra: www.jastrzebia-gora.com.pl.

Unterkunft

■ **Pensjonat Victor**④, ul. Bałtycka 33, 84-104 Jastrzebia Góra, Tel. 58 6749574, www.pensjonatvictor.pl (ab dem westlichen Ortseingang ausgeschildert). Eine elegante Villa aus der Wende zum 20. Jh., direkt über dem Steilufer, die Zimmer stilvoll designed. Das Restaurant mit schöner Freiluftterrasse bietet neben dem Blick auf herrliche Sonnenuntergänge über dem Meer ambitionierte europäische Küche.

■ **Dom Seniora w Pałacu**②, ul. Kuracyjna 4, 84-104 Jastrzebia Góra, Tel. 58 6743521, www.domseniorawpalacu.pl. Gepflegte Villa im Bäderstil, mit großem Garten, zehn Minuten vom Ortszentrum, 450 m zum Meer.

Camping

■ **Camping Nr. 60 Na Skarpie**, ul. Rozewska 9, 84-104 Jastrzebia Góra, Tel. 58 6749095, www.naskarpie.wpt.pl. Überschaubarer Wiesenplatz kurz vor dem östlichen Ortseingang rechts der Straße 215 zum Meer hin, nicht so ganz leise wegen der Straße, kleiner Laden und Campinghäuschen, Mai bis Anfang Sept.

Museen und andere Sehenswürdigkeiten

■ **Leuchtturm Rozewie**, Mai bis Juni und Sept. tgl. 10–14 Uhr und 15–18 Uhr, Juli/Aug. tgl. 9.30–14 und 15–19 Uhr.

Władysławowo

Karwia, Jastrzębia Góra, Rozewie und anschließend **Chłapowo** gehören zur 15.000 Einwohner zählenden Gemeinde-Stadt Władysławowo (**Großendorf**) vor der Halbinsel Hel. 1284 erstmals als „Vela Ves" erwähnt und später „Wielka Wieś" (Großes Dorf) genannt, taufte man den Ort in den 1920er Jahren nach General *Józef Haller*, der hier eine erste Badestelle einrichtete, in „Wielka Wieś-Hallerowo" um und 1954 schließlich in „Władysławowo" – nach einem Fischereihafen auf Hel, den König *Władysław IV.* im 17. Jh. zum Stützpunkt seiner Kriegsflotte ausbauen ließ.

Władysławowo selbst verfügt über keine außergewöhnlichen Attraktionen. Dass die kleine, nicht sonderlich schöne Stadt dennoch sehr viele Urlauber beherbergt (weit über 70.000 Besucher können gleichzeitig untergebracht werden), liegt an der **zauberhaften Lage** direkt vor der Halbinsel Hel, welcher die Kaschuben einst den poetisch klingenden Namen „Krowi Ogon" gaben, was auf Deutsch allerdings nichts weiter bedeutet als „Kuhschwanz".

Praktische Tipps

Information
■ **Touristeninformation,** ul. Towarowa (im Bahnhof), 84-120 Władisławowo, Tel. 58 6743472, Mai bis Sept. tgl. 9–17 Uhr.
■ **Homepage** der Gemeinde Władysławowo: www.wladyslawowo.com.pl.

Halbinsel Hel

Vor fast 10.000 Jahren tauchte während einer Landhebung am Rand der Danziger Bucht eine **Sandbank** aus der Ostsee auf. Schwedische Kartografen vermerkten sie auf ihren Landkarten Mitte des 18. Jh. als an sechs Stellen vom Meer zerteilt. Durch Sandanschwemmungen wurden diese Inseln allmählich zu einem labil zusammenhängenden Landstrich gefügt, welcher aber selbst heute noch droht, an seiner schmalsten Stelle, die zwischen den Dörfern Chałupy und Kuznica kaum 200 m misst, wieder **ins Meer fortgerissen** zu werden. Bei einem Sturm im Jahr 1992, als gewaltige Wellen die Eisenbahnschienen und die einzige Verbindungsstraße überschwemmten, ist das Unglück ein letztes Mal fast geschehen.

Die kaschubischen Fischer, die hier einst ein hartes und abgeschiedenes Dasein führten, widmen sich heute neben dem Fischfang dem florierenden **Fremdenverkehr.** Während der Sommersaison ist die schmale Halbinsel, die die **Pucker Bucht** (Zatoka Pucka) von der Ostsee trennt, manchmal so frequentiert, dass Überlegungen angestellt werden, sie zum Schutz ihrer schönen Dünen- und Kiefernheidenatur für den Autoverkehr zu sperren. Aber wen kann es wundern, dass sich angesichts dieses traumhaften Fleckchens Erde so viele Gäste einfinden?

Überdies zählt Hel dank seiner exzellenten Windverhältnisse zu den **beliebtesten Surfspots** an der südlichen Ostsee. Die sonnengewärmten Flachwasser der Pucker Bucht bieten die besten Voraussetzungen für Anfänger, und zahlreiche Surfschulen säumen die Ufer. Die offene Ostseeseite wiederum ist ein Dorado für Könner. Besonders **Kite-Surfer** kommen an den Stränden der Halbinsel voll auf ihre Kosten.

Kräftiger Wind bläst an der Außenküste den Sand zu einer atemberaubenden **Dünenlandschaft** auf. Krüppelkiefern, Heidekraut und Stranddisteln halten den flüchtigen Sand, der sich zwischen den Orten Jurata und Hel in stattlichen Höhen aufschichtet.

Die Urlaubsorte verteilen sich auf einer Länge von 35 km über die Halbinsel.

▷ Puderzuckerstrand an der Außenküste der Halbinsel Hel

Chałupy

Gleich am Fuß der Halbinsel lädt der 330 Einwohner kleine Ort Chałupy (**Ceynowa**) mit feinem Außenküstenstrand zum Badevergnügen ein. An dem der Bucht zugewandten Ufer folgt ein Campingplatz auf den anderen, die besonders gerne Windsurfer bevölkern.

Praktische Tipps

Camping

Vom Anfang der Halbinsel bis nach Chałupy reiht sich im Surfer-Dorado an der Buchtseite ein Campingplatz an den anderen. Sie bieten neben Imbiss-Bar und schmalem Sandstrand natürlich einen Surfbrett-Verleih und meistens auch eine Windsurf-Schule; darunter gleich am Halbinseleingang.

■ **Camping Nr. 72 Małe Morze,** 84-120 Władisławowo-Chałupy, Tel. 58 6741231, www.malemorze.pl. Mit Gästezimmern (funktional ausgestattet, 320 Zł.), Segel- und Windsurfzentrum, Brettverleih, ganzjährig.

■ **Kaper Kemping,** 84-131 Władisławowo-Chałupy, Tel. 58 6741486, www.kaperkemping.pl. Folgt nach dem Camping Małe Morze, mit Segel- und Surfschule, Brettverleih, Anfang Mai bis Ende Sept.

Kuźnica

Kuźnica (**Kußfeld**), das zur Gemeinde Jastarnia gehört, wartet mit herrlichem Sandstrand sowie an der Bucht mit einer kleinen Marina und einem Fischereihafen auf. Jedes Jahr am 29. Juni zu St. Peter und Paul strömen dort, von Auftritten kaschubischer Folkloregruppen umrahmt, die Fischer der Region zur **Fischerwallfahrt** zusammen. Mit vielen geschmückten Kuttern und Booten geht es von Kuźnica und außerdem von Jas-

tarnia und Władysławowo aus über die Bucht nach Puck, um dort den Schutzheiligen Peter und Paul für volle Netze und eine stets glückliche Heimkehr zu danken (siehe auch Puck).

Praktische Tipps

Information
■ **Touristeninformation,** ul. Halera 1a (am Hafen ca. 500 m vor dem östlichen Ortseingang), 84-130 Kuźnica, Tel. 58 6753698, Juni bis Anfang Sept. tgl. 9–18 Uhr, sonst Mo–Fr 8–15.30 Uhr, neben dem Infopunkt im Sommer außerdem eine kleine Fischbraterei und eine Surfschule mit Brettverleih.
■ **Homepage** des Ortes: www.kuznica.pl.

Kulturelle Veranstaltungen
Mein Tipp: Fischerwallfahrt nach Puck, zu St. Peter und Paul am 29. Juni. Die farbenfrohe Schiffsprozession der Fischer aus Puck von der Halbinsel Hel aus über die Putziger Bucht zählt zu den Höhepunkten im jährlichen Festtagskalender.

Jastarnia

Das beschauliche Kuźnica ist bereits ein Stadtteil von Jastarnia (**Putziger Heisternest),** dem **touristischen Zentrum** der Halbinsel Hel. Malerisch auf der schmalen Landzunge zwischen Ostsee und Danziger Bucht gelegen, wird Jastarnia von vielen als **schönster Ort der Region** angesehen.

Etwa 2 km vor dem westlichen Ortseingang liegen im Kiefernwald, in den Dünen und am Außenstrand vier **Betonbunker** verteilt, die 1939 als Verteidigungslinie für den Fall eines deutschen Angriffs gebaut wurden und die man heute als **Freilichtmuseum Befestigung von Jastarnia** (Skansen fortyfikacji w Jastarnia) in Augenschein nehmen kann.

In Jastarnia selbst zeigen gleich zwei kleine Fischermuseen Wissenswertes zu Vergangenheit und Gegenwart der kaschubischen Fischerkunst. Westlich im Ort sind in der **Fischerhütte** (Chata Rybacka), einer typischen Kate von 1881, Fischereigeräte der letzten fünf Jahrhunderte zu sehen. Wenige Schritte von Fischerhafen und Jachthafen entfernt, kann man im **Fischermuseum unter dem Strohdach** (Muzeum Rybackie Pod Strzechą) nahe dem östlichen Ortseingang eine historische Bootsbauerwerkstatt besichtigen. Stein gewordener Höhepunkt ist Jastarnias Leuchtturm, der Besuchern jedoch leider verschlossen bleibt.

Praktische Tipps

Information
■ **Touristeninformation,** ul. Ks. Stefańskiego 5 (unterhalb vom Bahnhof am zentralen Dorfplatz), 84-140 Jastarnia, Tel. 58 6752097, promocja@jastarnia.pl, Juni bis Anfang Sept. Mo–Fr 7.30–18 Uhr, Sa/So 8.30–18 Uhr, außerhalb der Saison Mo–Fr 7.30–15.30 Uhr.
■ **Homepage** der Gemeinde: www.jastarnia.pl.

Unterkunft
■ **Zimmervermittlung** in der Touristeninfo.
■ **Pensjonat Admiral**③, ul. W. Kossak-Główczewskiego 21, 81-140 Jastarnia, Tel. 58 6752904, www.admiral-jastarnia.pl. Schicke Neubauvilla direkt gegenüber dem Jachthafen, die Zimmer mit Stilmöbeln ausgestattet.
■ **Pensjonat Dworek Bursztyn**③, ul. Rybacka 19, 81-140 Jastarnia, Tel. 58 6753052, www.dworekbursztyn.jastarnia.com. Freundliches Mittelklassehaus in Nachbarschaft zur Pension Admiral.

■ **Pensjonat 6 x 9**②, ul. Wydmowa 21, 81-140 Jastarnia, Tel. 58 6752522, http://willa6x9.wpt.pl. Freundliche Pension im nordöstlichsten Winkel von Jastarnia, fast in den Dünen kurz vor dem Strand.

Camping

■ **Camping Nr. 188 Pod Cyprysami,** ul. Mieckiewicza 164, 84-140 Jastarnia, Tel. 602 705192, www.podcyprysami.pl. Wiesenplatz am westl. Ortseingang, 300 m zum Strand, 1 km ins Ortszentrum, mit Campinghäuschen, Anf. Mai bis Ende Sept.

 Im Fischerhafen von Jastarnia

Museen und andere Sehenswürdigkeiten

■ **Museum Fischerhütte,** ul. Rynkowa 10, Juni bis Sept. Di–So 14–18 Uhr.

■ **Fischermuseum unter dem Strohdach,** ul. Mickiewicza 115, Sommerhalbjahr tgl. 10–18 Uhr.

Aktivitäten

■ **Surfen:** Draga, ul. Polna 5, 84-140 Jastarnia, Tel. 58 6753377, www.jastarnia.com.pl. An der Pucker Bucht südwestlich vom Ortszentrum, Mekka der Kite- und Windsurfer, mit Übernachtungsmöglichkeit in angeschlossener Pension (etwa 160 Zł.) und in Campinghäuschen, beides auf das Surfer-Publikum ausgerichtet, Imbiss-Bar und Wassersportgeräteverleih, ganzjährig geöffnet.

■ **Wassersportgeräteverleih:** auf nahezu allen buchtseitigen Campingplätzen.

Jurata, die Königin der Ostsee

Ein polnisches Märchen erzählt, dass einmal vor langer, langer Zeit tief auf dem Meeresgrund die Ostseekönigin Jurata friedlich in ihrem **Schloss** lebte, das vom Fundament bis zum Dach aus reinem **Bernstein** bestand. Eines Tages aber wurde ihr Frieden gestört, denn ein **Fischer namens Castitis** fing ihre Untertanen mit großen Netzen, worüber Jurata sehr zornig war. Und so sandte die Königin ihre Hecht-Botschafter aus, um die vornehmsten Nixen aus allen Wassern um sich zu sammeln. Sie sagte: „Ein gemeiner Sterblicher tritt das Recht mit Füßen, während ich mich nicht getraue, ein einziges Fischlein für meinen eigenen Tisch zu fangen. Nicht einmal eine kleine Flunder, meine Lieblingsspeise. Die Vermessenheit des Fischers darf nicht ungestraft bleiben."

Also schickte sie hundert Bernsteinboote zum Fischer Castitis. Jedes von ihnen trug eine bildschöne Nixe, und Jurata, die schönste von allen, fuhr an der Spitze. Als der gerade mit seinen Netzen Beschäftigte ins Blickfeld gelangte, stimmten die Meerjungfrauen glockenhell einen **Sirenen-Gesang** an, von dem seit *Homers* Zeiten bekannt ist, dass damit Männer geangelt werden. Sie sangen:

„Komm, du schöner junger Fischer,
lass die Arbeit, komm ins Boot!
Bei uns hast du Lust und Freude,
aber niemals Müh' und Not.
Komm und lass dich von uns lieben,
aller Erdensorgen fern,
und wir machen dich zum König,
zu des Meeres mächtigem Herrn."

Und was geschah? Castitis und Jurata verliebten sich ineinander. Ein Jahr lang trafen sie sich heimlich, bis die uralten Götter von der unmöglichen Liaison Wind bekamen. **Perkunos,** der oberste Donnergott, schleuderte daraufhin wutentbrannt seine **Blitze** mit solcher Kraft herab, dass sie Juratas Palast auf dem Meeresgrund trafen und dieser in **Abermilliarden kleine Stücke** zerbarst. Unter seinen Trümmern wurde Jurata begraben. Den Fischer Castitis schmiedeten die Götter an einen Felsen und legten ihm Juratas Leichnam zu Füßen, damit er ihn allezeit quälend vor Augen habe.

Noch heute soll man bei Sturm das Jammern des armen Castitis hören. Und die kleinen **Bernsteinstücke,** die überall von den Ostseewellen an den Strand gespült werden, sind Trümmer von Juratas Palast.

> Trümmer von Juratas Palast?

Jurata

Wie westlich Kuźnica, gehört auch östlich Jurata (**Danziger Heisternest**) zur Gemeinde Jastarnia. An der Stelle eines winzigen Fischernests wurde das Seebad 1928 von der Aktiengesellschaft „Jurata" – nach der sagenhaften Ostseekönigin benannt – für die Schönen und Reichen aus Politik und Gesellschaft erbaut. Schon kurze Zeit später war es als das **„polnische Palm Beach"** bekannt – und das ist es bis heute. Schauspieler und andere Prominente haben in dem schicken Ort ihre Urlaubsdomizile erbaut, und in der Kaczyński-Ära strahlte Juratas Ruf als Sommerresidenz des polnischen Staatspräsidenten weit über die polnischen Staatsgrenzen hinaus. Ein Spaziergang lohnt über die **Fußgängerflaniermeile Międzymorze**, die Juratas Badestrand mit der Pucker Bucht verbindet, wo sie nahtlos in eine 320 m lange **Seebrücke** übergeht.

Praktische Tipps

Information
■ **Homepage** des Ortes: www.jurata.net.pl.

Unterkunft
■ **Hotel Bryza**⑤, ul. Międzymorze 2, 84-141 Jurata, Tel. 58 6755100, www.bryza.pl. Die Luxushotelerie vor Ort; dreigeschossiger, nicht sonderlich hübscher Komplex mit zwei Dependancen, In- und Outdoorpools, Sauna, Wellness und Tennisplätzen in traumhafter Lage im Kiefernwald am Strand.

Hel

Östlich von Jurata erweitert sich die Halbinsel allmählich und erreicht bei dem Garnisonsstädtchen Hel (**Hela**) auf dem äußersten Landzipfel schließlich eine Breite von 3 km. Noch Mitte der 1990er Jahre musste man, um nach Hel zu gelangen, zunächst ein militärisches Sperrgebiet passieren. Für den Transit erhielten Touristen am Kontrollpunkt gegen Vorlage des Reisepasses einen Passierschein, auf dem Datum und Uhrzeit der „Einreise" vermerkt waren. 15 Minuten Durchreisezeit wurde ausländischen Pkw zugestanden (anhalten verboten), 20 Minuten allen weniger PS-starken Vehikeln.

Dank ihrer exponierten Lage, wie ein Riegel vor der Danziger Bucht, wimmelt es auf der ganzen Halbinsel von im Sand eingegrabenen Bunkern, Batterien, Gefechtsstellungen und anderen **militärischen Anlagen** aus der Zeit von 1918 bis 1977. Einen Teil davon, nämlich die deutsche Batterie „Schleswig-Holstein", kann man heute mit großem Betonbunker (innen Foto- und Militaria-Ausstellung), Gebäuderuinen, Panzer und allem möglichen anderen Kriegsgerät auf dem Gelände des **Museums der Küstenverteidigung** (Muzeum Obrony Wybrzeża) besichtigen.

Hinter Kiefernwäldchen und Dünengürteln erstreckt sich bei Hel an der Außenküste ein fantastischer, bis zu 100 m breiter **Puderzuckerstrand**. Die kleine Hauptstraße und **Bummelmeile ul. Wiejska** in dem der Bucht zugewandten Ortszentrum zeigt sich mit schmucken Häuschen, alten backsteinernen Fischerkaten und vielen Lokalen, Kaffeestuben und „Fiszerias" (Fischbratereien) in einem adretten Gewand. Eine **Sage** erzählt, dass in Vorzeiten der gesamte Ort Hel in der Ostsee versank, da seine unerhört reichen Bewohner Gott lästerten und frevelhaft geworden waren. Tatsächlich war es aber das **Meer,** das dem 1351 erstmals genannten Fischerort zusetzte. Seine denkmalgeschützte **gotische Kirche** lag zum Zeitpunkt ihrer ersten Erwähnung 1417 noch 200 m von der Pucker Bucht entfernt; knapp 250 Jahre später stürzte ihr vorderer Teil mitsamt dem Turm in die Fluten. Wiederaufgebaut, dient die Kirche heute als Dependance des Polnischen Schifffahrtsmuseums in Danzig. Ein sehenswertes **Fischereimuseum** (Muzeum Rybołówstwa) ist in ihr untergebracht, das Schiffsmodelle ausstellt und über Fischfangtechniken sowie die Entstehung der Halbinsel von der Eiszeit bis heute informiert.

Keine 200 m westlich der Kirche wartet das **Seehundbecken** des Ozeanografischen Instituts der Danziger Universität auf Besucher. Im Wasser und auf den Steinbecken des Fokariums tummelt sich eine Reihe kleinerer und größerer Exemplare der an der Ostsee nahezu ausgestorbenen putzigen Flossenfüßer. Ziel der Robbenaufzuchtstation ist es, die Jungtiere **auszuwildern,** und mittlerweile werden jährlich ein bis zwei Handvoll in die Ostsee entlassen.

Möglicherweise kann man ihre Wege vom **Leuchtturm** aus mitverfolgen? 1942 anstelle eines Vorgängers von Anfang des 19. Jh. errichtet, ist der 41,50 m hohe Klinkersteinbau im Sommerhalbjahr öffentlich zu begehen. Fahrgastschiffe der Weißen Flotte Danzig sowie die Linienschiffe der Wassertram (Tramwaje Wodne) legen an der Mole des Pas-

Puck (Putzig)

sagierhafens zu Überfahrten nach Gdynia, Sopot und Danzig ab.

Praktische Tipps

Information
■ **Touristeninformation**, ul. Kuracyjna 26 (am südlichen Ortseingang), 84-150 Hel, Tel. 660 172 103, im Sommer tgl. 10–18 Uhr.
■ **Homepage** der Stadt: www.gohel.pl.

Unterkunft
■ **Pensjonat Helios**②, ul. Lipowa 2, 84-150 Hel, Tel. 58 6750113, www.helios.freehost.pl. Reizende kleine Pension mit herzlichen Gastgebern, wenige Schritte zu Mole und Hafen.

Museen und andere Sehenswürdigkeiten
■ **Fischereimuseum Hel**, Bulwar Nadmorska, www.nmm.pl, Juli/Aug. tgl. 10–18 Uhr, außerhalb der Saison Di–So 10–16 Uhr.
MEIN TIPP: **Seehundstation der Universität Danzig**, ul. Morska 2, Tel. 58 6750836, www.fokarium.pl, Juli/Aug. 9.30 Uhr bis Sonnenuntergang, sonst tgl. 9–16 Uhr. Den süßen Seehunden ganz aus der Nähe zuzuschauen ist ein Erlebnis, Fütterungen Juli/Aug. 11, 14 und 17 Uhr, sonst 11 und 14 Uhr.
■ **Leuchtturm Hel**, ul. Bałtycka 3, Mai bis Sept. tgl. 10–14 und 15–19 Uhr.
■ **Museum der Küstenverteidigung**, Parkplatz ca. 1 km vor dem Ort Hel, von dort etwa 400 m durch Kiefernwald, www.helmuzeum.pl, April/Okt. tgl. 10–16 Uhr, Mai/Sept. tgl. 10–17 Uhr, Juni tgl. 10–18 Uhr, Juli/Aug. tgl. 10–19 Uhr.

Aktivitäten
■ **Schifffahrten:** ab Hafen Hel über die Pucker Bucht nach Danzig, Gdynia und Sopot mit den Linienschiffen der Tramwaje wodne (Wassertram), Mai bis Sept. tgl. drei Mal Linie F1 nach Danzig, tgl. zwei Mal Linie F2 nach Sopot sowie drei Mal tgl. mit der TLŻ-Linie nach Gdynia, Infos: www.zegluga.pl.

Puck

Am seichten Wasser der von den Kaschuben auch „Kleines Meer" genannten Pucker Bucht (Zatoka Pucka) liegt das verschlafene Landstädtchen Puck (**Putzig**). Mit seinen schmucken Bürgerhäuschen rund um den Markt, einem kleinen Strand und den zwei Häfen wirkt der 12.000 Einwohner zählende Ort wie ein Synonym für seinen ehemaligen deutschen Namen. Putzig ist wahrhaftig eine niedliche Stadt.

Lässt man vom Werder aus seinen Blick über das stille Wasser schweifen, ist nur schwer vorstellbar, dass sie eine **bewegte Vergangenheit** hat: Auf Befehl König *Zygmunts II. August* (1548–1572) wurde nämlich seinerzeit der Danziger Kaperhafen hierher verlegt, womit Puck zum einzigen **Kriegshafen** des Polnischen Königreichs aufstieg. Zwar zählte die Pucker königliche Kaperflotte, deren Aufgabe es war, feindliche russische Transportschiffe aufzuhalten, nur zwischen 20 und 30 Seelenverkäufer, doch verstanden die Seeleute ihr Handwerk vorzüglich. Ihren größten Erfolg konnten sie verbuchen, als sie einen Gesandten von Zar *Iwan dem Schrecklichen* gefangensetzten.

◁ Das Fischereimuseum in Hel

Puck (Putzig)

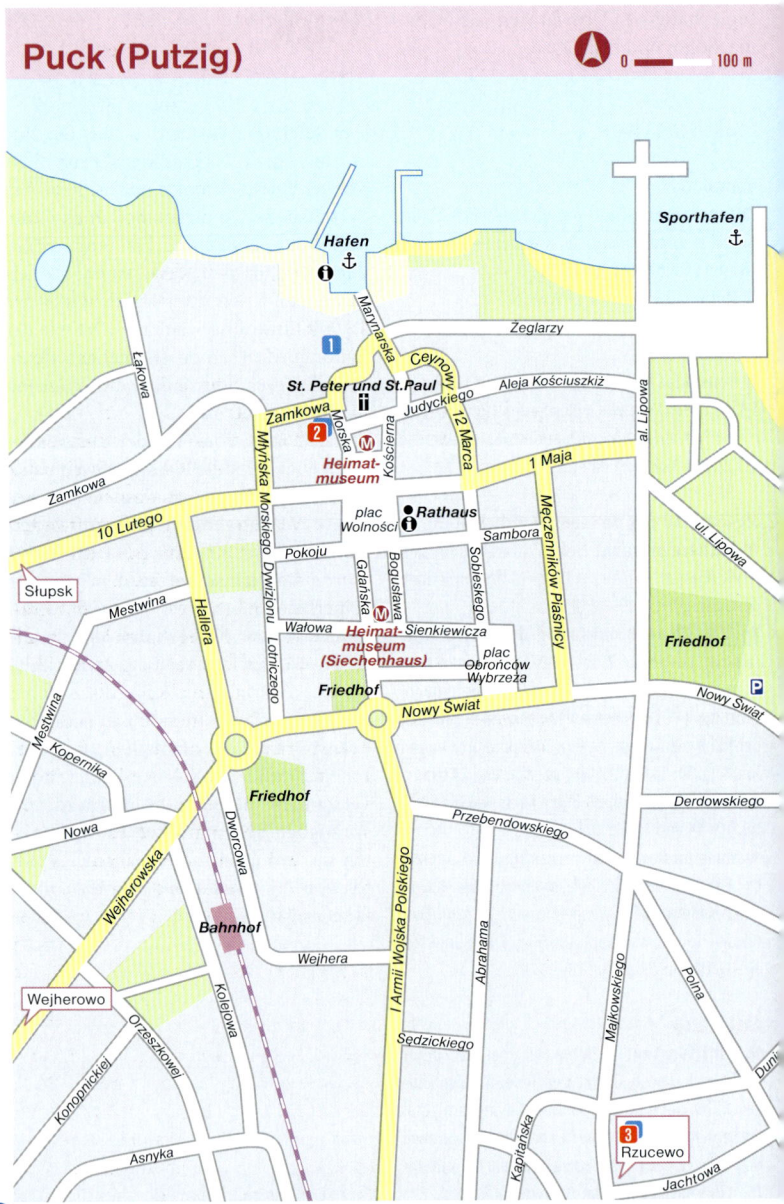

Puck (Putzig)

Kaschubisches Küstenland

Mit der Gründung der **Republik Polen** am Ende des Ersten Weltkriegs erlangte der Pucker Hafen zum zweiten Mal eine wichtige Bedeutung. Im Februar 1920 warf General *Józef Haller* vor Ort zur **symbolischen Vermählung Polens mit der Ostsee** einen Platinring in die Bucht, und Puck war fortan bis zur Fertigstellung der Anlagen von Gdynia der einzige Hafen, der von polnischer Seite her reibungslos betrieben werden konnte.

Seit 1988 besitzt das Städtchen neben dem Fischereihafen außerdem einen **Segel- und Jachthafen.** In- und ausländische Spitzenwassersportler nutzen die sicheren Gewässer für ihr Training, und im Sommerhalbjahr werden in der Bucht nationale Segelregatten in allen Klassen wie auch Europa- und Weltmeisterschaften ausgetragen.

Ein besonderes Fest ist die **Fischerwallfahrt** am Tag der Apostel Peter und Paul (29.6.), wenn die Bucht von fähnchen- und devotionaliengeschmückten Fischkuttern wimmelt. Noch auf dem Wasser werden die von der Halbinsel Hel übersetzenden Fischer-Pilger in ihren Booten vom Priester und ihren Pucker Kollegen begrüßt. Man betet zunächst und stimmt dann gemeinsam geistliche Lieder an, bevor die Prozession feierlich in den Pucker Hafen einläuft. Ein Gottesdienst in der Pfarrkirche St. Peter und Paul beschließt die festliche Zeremonie.

Die **Kirche St. Peter und Paul** (Kościół św. Piotra i Pawła), die wuchtig über dem Hafen thront, wurde gegen Ende des 14. Jh. als dreischiffiges Gotteshaus errichtet. Ihr Schmuckstück ist ein Barockaltar in der Weiher-Kapelle, der eine von *Hermann Hahn* gemalte Kreuzigungsszene zeigt. Dem gekreuzigten Heiland stehen neben der Muttergottes auch Angehörige der alten **Familie Weiher** zur Seite. Wie die Krockows spielten auch die Weihers ab dem 14. Jh. eine bedeutende Rolle in der Geschichte der Region. Doch im Gegensatz zu den *Krockows*, die mit der Reformation das protestantische Glaubensbekenntnis annahmen, blieben die *Weihers* der katholischen Kirche treu und stifteten u.a. den sehenswerten Kalvarienberg in der von ihnen gegründeten Stadt Wejherowo.

Praktische Tipps

Information

■ **Touristeninformation,** plac Wolności 2, 84-100 Puck, Tel. 58 6732403, http://kaszebe.info/centrum-informacji-turystycznej-pucku. Mai Mo–Fr 9–17, Sa 10–13, Juni bis Aug. Mo–Fr 10–18, Sa 10–13 und 15–18, So 15–18 Uhr; außerhalb der Saison Mo–Fr 9–16 Uhr.
■ **Homepage** der Stadt: www.miasto.puck.pl.

Unterkunft

■ **Zimmervermittlung** in der Touristeninfo.
Mein Tipp: Hotel Zamek Jan III Sobieski③, Rzucewo 6, 6 km südwestlich von Puck im Weiler Rzucewo (ausgeschildert), 84-100 Puck, Tel. 58 6738 805, www.zameksobieski.pl. In den Räumen des alten kaschubischen Landadels logieren im 1840 erbauten, neugotischen Backsteinschloss; in einem schönen Park direkt an der Bucht gelegen, die alte Lindenallee soll schon König *Jan Sobieski* angelegt haben; mit vorzüglichem Restaurant, Wellnessbereich, Tennisplätzen und eigenem Reitstall.
■ **Hotel Admiral Inn**②, ul. Morska 5, 84-100 Puck, Tel. 506 507553, www.admiralinn.jimdo.com.

Gemütlich im englischen Stil eingerichtetes kleines Haus um die Ecke vom Markt, sehr freundlicher Service, mit Pub und Biergarten.

Gastronomie

■ **Schlossrestaurant** im Hotel Zamek Jan III Sobieski, siehe „Unterkunft". Die holzgetäfelten Speiseräume und der zugehörige backsteinerne Weinkeller bieten verfeinerte kaschubische und altpolnische Spezialitäten sowie leichte europäische Küche.
■ **Budziszowa Maszoperia,** ul. Morska 13, Tel. 58 6732972. Urige kaschubische Freiluftfischbraterei (der Garteneingang liegt direkt am Fischereihafen), im Sommerhalbjahr tgl. 10.30–18 Uhr.

Museum

■ **Heimatmuseum Puck:** www.muzeumpuck.pl, Juli/Aug. Di–Fr 9–17, Sa/So 10–14 Uhr, sonst Di–Fr 8–15, Sa 10–14 Uhr. Standort plac Wolności 28 (Marktplatz): Sammlungen zur Geschichte der Stadt, archäologische Funde, historische Wohnungseinrichtungen. Standort ul. Wałowa 11 (im historischen **Siechenhaus**): historische Gewerkesammlungen wie Schmiede, Weberei sowie Ausstellung zur Geschichte der Medizin in der Region.

Kulturelle Veranstaltungen

■ **Fischerwallfahrt:** Peter und Paul, 29. Juni.

Aktivitäten

■ **Wassersportgeräte- und Segelbootverleih, Surfschule:** im Sporthafen von Puck.

▷ Das Heimatmuseum von Puck

Wejherowo

Anders als die meisten Städte in der Region, die mittelalterlichen Ursprungs sind, ist Wejherowo (**Neustadt**) eine Gründung von Mitte des 17. Jh. Auf Veranlassung des Marienburger Woiwoden **Jakob Weiher** wurde sie **1643** angelegt mit dem Ansinnen, einen Ort zu schaffen, in dem sich „alle redlichen und frommen Leute" niederlassen und in Freiheit ihre Religion ausüben könnten, „seiend von Nationen, wie sie wollen." Noch im selben Jahr wurde der Grundstein für die Kirche zur Heiligen Dreifaltigkeit gelegt. Es folgte die Stiftung des berühmten **Kalvarienbergs** durch die Familie *Weiher*, die **Kalwaria Wejherowska** im Süden der Stadt, und schnell entwickelte sich Wejherowo zum geistigen Zentrum im katholischen Kaschubenland. Heute ist es mit **50.000 Einwohnern** die größte Stadt im nördlichen Kaschubien, und über die Hälfte der Bevölkerung beruft sich mit Stolz auf seine kaschubischen Wurzeln.

Zwischen den zahlreichen Plattenbauten Wejherowos sind der **barocke Ortskern** und der Kalvarienberg nicht ganz einfach zu finden. Man sollte deshalb aufmerksam auf die Ausschilderung via „Centrum" achten, die einen zum **plac Wejhera** mit hübschen barocken Bürgerhäusern, dem barocken Rathaus von 1650 (1908 umgebaut) mit Touristeninformation, einem Denkmal zu Ehren des Stadtgründers *Weiher* und der ab 1643 errichtetem, bis 1927 mehrfach veränderten **Dreifaltigkeits-Kirche** (Kościół św. Trójcy) führt. Das zweite wichtige Gotteshaus am Ort, die 1648–1651 erbaute **Franziskanerklosterkirche St.**

Anna (Kościół Klasztorny Franciszkanów św. Anny), erhebt sich nur wenige Schritte vom Platz entfernt. Ihre Innenausstattung stammt aus dem 18. Jh., darunter als größter Schatz das von Papst *Johannes Paul II.* gekrönte, wundertätige Bildnis der Gottesmutter von Wejherowo, das Heilung von physischen und seelischen Krankheiten verspricht. Die Krypta im Klosterkeller dient als letzte Ruhestätte des Stadtgründers *Weiher*.

Nur etwa fünf Minuten Spaziergang vom Platz entfernt, wartet am Stadtpark im neugotischen Przebendowski-/Keyserling-Schloss das **Kaschubisch-Pommersche Museum für Schrifttum und Musik** (Muzeum Piśmiennictwa i Muzyki Kaszubsko-Pomorskiej) auf einen Besuch. Es zeigt Ausstellungen zu Leben und Werk des kaschubischen Schriftstellers *Aleksander Majkowski* (1876–1938) und des Historikers *Gerard Labuda* (1916–2010) sowie eine Sammlung kaschubischer Musikinstrumente.

Noch einmal wenige Minuten von dort in östliche Richtung beginnen im Park die Kreuzwegstationen des „**kaschubischen Jerusalem**", wie man die **Kalwaria Wejherowska** auch nennt. Anders als die üblichen Kalvarienberge stellt die Wejherowo-Wallfahrt auf einem ausgedehnten Gelände die Stationen des **Leidenswegs Jesu** nicht mit 14, sondern mit 26 in Stein gehauenen oder

holzgeschnitzten **Bildnissen** dar. 19 von ihnen entstanden bereits zwischen 1649 und 1651, die restlichen folgten bis 1665. Manche der kleinen Kapellen, welche die Darstellungen der Passion Christi bergen, erstrahlen noch immer im barocken Gewand. Andere wurden im 19. Jh. fachwerkartig umgebaut oder im Geschmack der Zeit neuromanisch oder neugotisch modernisiert, sodass von der ehemals einheitlichen Architektur, die ein unbekannter Baumeister schuf, keine Rede mehr sein kann.

Die **26 Kreuzweg-Kapellen** verteilen sich auf insgesamt 4,6 Wegkilometer und sind täglich von 7.30 bis 19 Uhr zu besichtigen. Gruppen können sich von den Franziskanermönchen des Klosters St. Anna führen lassen, die die heilige Stätte betreuen. Wer auf den Blick in das Innere der Kreuzwegstationen verzichten möchte und sich mit ihrer Außenansicht zufrieden gibt, dem steht das Gelände rund um die Uhr offen.

Praktische Tipps

Information

- **Touristeninformation,** plac Jakuba Wejhera 8 (im Rathaus), 84-200 Wejherowo, Tel. 58 6777058, Mo–Fr 8–16.30 Uhr, Juli/Aug. tgl. 10–14 Uhr.
- **Homepage** der Stadt: www.wejherowo.pl.

Unterkunft

- **Hotel Marmułowski**③, ul. 12 Marca 207, 84-200 Wejherowo, Tel. 58 6721300, www.marmulowski.com. Gepflegtes, vornehmes Altstadthotel im Zentrum am Ende der Fußgängerzone.

Museen und andere Sehenswürdigkeiten

- **Kalwaria Wejherowska,** im Stadtpark (Aleksander-Majkowski-Park), die erste Kreuzwegstation befindet sich mit Parkplatz und Imbiss nahe ul. Zamkowa nicht weit vom Kaschubisch-Pommerschen Museum entfernt. Gruppen ab 15 Personen können sich durch die Anlage führen lassen. Kontakt: Franziskanerkloster (Klasztor Franziskanów), ul Reformatów 19, 84-200 Wejherowo, Tel. 58 6721755, http://sanktuarium.wejherowo.pl.
- **Museum der kaschubisch-pommerschen Schrift und Musik,** ul. Zamkowa 2a, www.muzeum.wejherowo.pl, Mai bis Sept. Mo–Fr 9–18, Sa/So 11–17 Uhr, sonst Mo–Fr 9–15, Sa/So 11–17 Uhr.

Das Denkmal zu Ehren des Stadtgründers Weiher am plac Wejhera

Będomin | 183
Bytów | 181
Chmielno | 176
Chmielno – Ostrzyce | 176
Kartuzy | 172
Kaschubischer Landschaftspark | 174
Kaschubisches Freilichtmuseum | 185
Kościerzyna | 179
Mirachowo | 174
Sianowo | 174
Szymbark | 178
Wieżyca | 177
Żukowo | 172

7
Kaschubische Schweiz

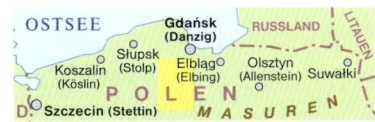

Überlieferte Bräuche und Traditionen werden in Kaschubien von Jung und Alt gleichermaßen gepflegt. Das stille, von zahlreichen Seen durchzogene Hügelland ist vom Tourismus noch nahezu unentdeckt.

◁ Fahrt ins Grüne mit dem Pferdewagen

KASCHUBISCHE SCHWEIZ

Vom Ostseestrand bis zu den Sanderflächen der Tucheler Heide (Bory Tucholskie) erstreckt sich Kaschubien, und zwischen hier Dünen und Sandstrand und da sandigen Böden mit Kiefernheide hat die letzte Eiszeit ein großartiges Werk geschaffen. Um die 1000 Seen zählt die **Kaschubische Seenplatte** (Pojezierze Kaszubski), der östliche Teil der Pommerschen Seenplatte. Längsgestreckt und oft sehr tief, winden sich die durch glaziales Schmelzwasser entstandenen Rinnenseen durchs Land. Sie gehen Hand in Hand mit einer bewegten **Grundmoränenlandschaft,** so wie sie die eiszeitlichen Gletscher auf ihrem Rückzug vor 12.000 Jahren hinterlassen haben: Hügel um Hügel um Hügel. Etwa 40 km südwestlich von Danzig erreichen sie im **Kaschubischen Landschaftspark** (Kaszubski Park Krajobrazowy) mit fast 330 m über dem Meeresspiegel ihren höchsten Punkt, nicht nur in Kaschubien, sondern im gesamten mitteleuropäischen Tiefland. Daher nennt man das kaschubische Herz zwischen Ostsee und Tucheler Heide auch **„Kaschubische Schweiz".**

In dem dünn besiedelten Landstrich wird man mancherorts noch auf ein **Checz** treffen, ein typisches kaschubisches Holzhäuschen mit kunstvoll verziertem Dachgiebel. Überall werden **Brauchtum und Volkskunst** gepflegt, Stickerei, Bildhauerei und auch die Töpferkunst, dessen Zentrum das Dörfchen **Chmielno** im Kaschubischen Landschaftspark ist.

Kultureller Mittelpunkt der Region sind **Kartuzy** mit der Kartäuserkirche und dem Kaschubischem Museum und weiter südlich **Kościerzyna**, dessen Marienheiligtümer bei Gläubigen große Bedeutung haben und dessen Eisenbahn-Freilichtmuseum außerdem viele Freunde von historischen Dampflokomotiven anlockt.

Ausflüge führen ins westkaschubische **Bytów** im Zentrum der Bytower Seenplatte sowie nach Süden ins Sanderflachland des **Wdzydzki-Landschaftsparks**, wo sich im Weiler Wdzydze Kiszewskie am Gołun-See das **Kaschubische Freilichtmuseum** ausdehnt.

NICHT VERPASSEN!

- Die **Karthäuser-Klosterkirche** und das **Kaschubische Museum** in Kartuzy | 172
- Das **Keramikmuseum** in Chmielno | 176
- Der **höchste Berg des mitteleuropäischen Tieflands** bei Wieżyca | 178
- Das **Eisenbahn-Freilichtmuseum** in Kościerzyna | 180
- Die **Ordensritterburg** in Bytów | 181
- Das **Kaschubische Freilichtmuseum** in Wdzydze Kiszewskie | 185

Diese Tipps erkennt man an der gelben Hinterlegung.

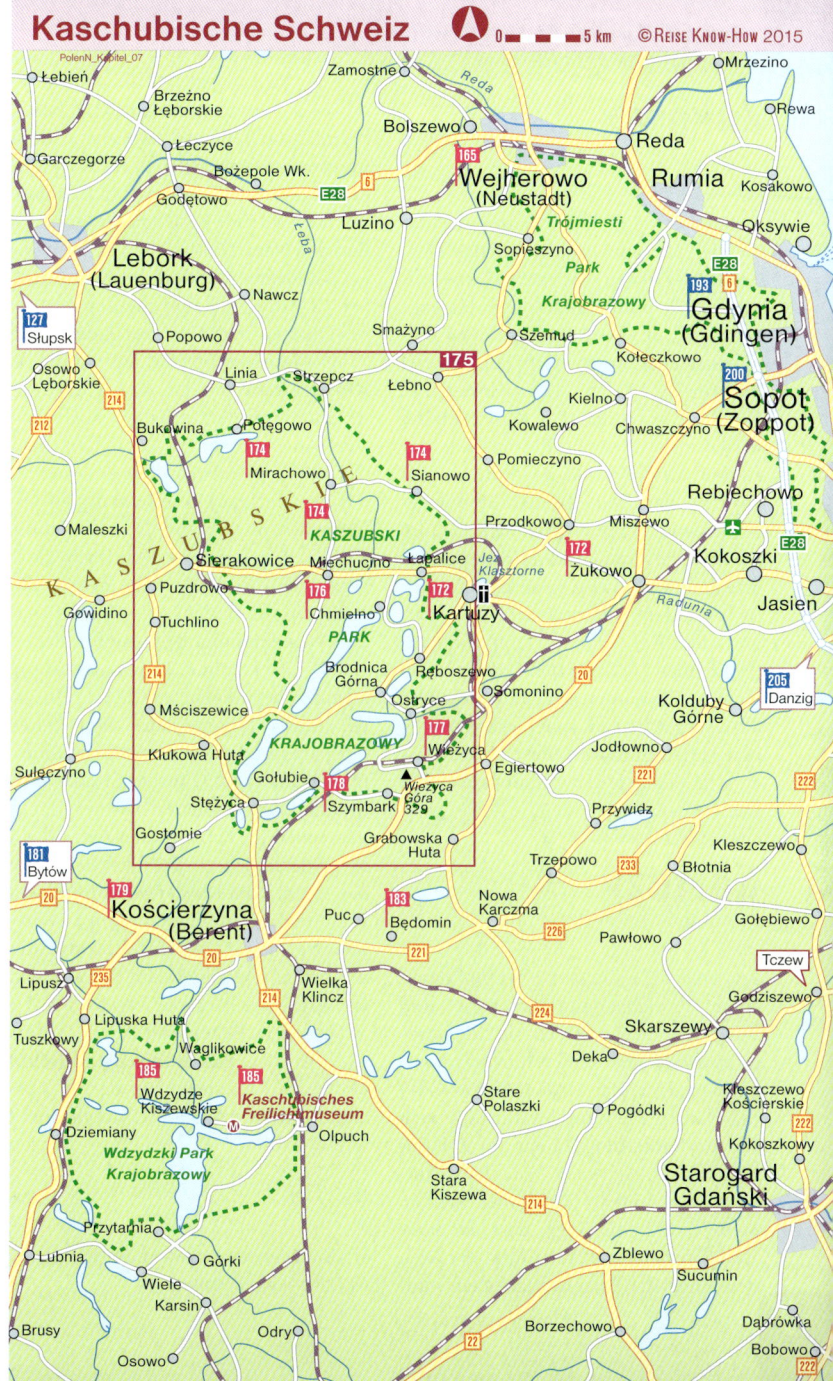

Żukowo

Gut 20 km westlich von Danzig liegt im Tal der Radunia (Radaune) das Dorf Żukowo (**Zuckau**). Es geht auf eine Stiftung des pommerellischen Herzogs *Mestwin I.* im Jahr 1209 zurück, der Prämonstratenserinnen nach Żukowo rief und für sie 1212 bis 1214 Kloster und Kirche erbauen ließ. Die **Klosterkirche** besitzt eine wertvolle Einrichtung, darunter Altargemälde, Skulpturen und bestickte Paramente (in der Liturgie gebräuchliche Textilien) aus dem 15. und 16. Jh. – die Nonnen waren berühmt für ihre feine **Stickerei** –, sowie einen prächtig verzierten Hochaltar mit einem spätgotischen Antwerpener Triptychon aus dem frühen 16. Jh. In der Klausur ist ein kleines **Pfarrmuseum** untergebracht, das liturgische Gewänder, religiöse Gerätschaften und kaschubische Stickereien zeigt (keine festen Öffnungszeiten).

Kartuzy

Seit Polens EU-Beitritt 2004 und damit einer Vervielfachung des Fern- und Transportverkehrs schiebt sich Stoßstange an Stoßstange mitten durch Żukowo am Kreuzweg der Straße 20 von Gdynia/Danzig Richtung Stettin und nach Kartuzy (**Karthaus**), dem Tor zur Kaschubischen Schweiz. Von der Gründung der 15.000 Einwohner kleinen Stadt erzählt die **Sage**, dass der liebe Herrgott bei der Erschaffung der Welt dem Engel der Barmherzigkeit ein wundervolles Fleckchen Erde geschenkt habe, mit grünen Bergen, lieblichen Tälern und sonnenfunkelnden Seen, der Engel diesen Flecken in seine Hände nahm, ihn ins Zentrum Kaschubiens warf und ihm den Namen „Marienparadies" gab.

1380 ließen sich dort am Klasztorne-See (Kloster-See) Mönche des Kartäuser-Ordens nieder und gründeten die Abtei Marienparadies. 1383 wurde die **Klosterkirche** geweiht, die bis heute nahezu unverändert erhalten blieb. Mit zwei Ausnahmen: Im 16. Jh. zog man das schöne Sternengewölbe ein, welches das einschiffige Gotteshaus innen abschließt. Und 1731 bis 1733 erhielt die Kirche ein neues markantes Dach, das – dem Wahlspruch der Kartäuser „Memento mori! Gedenke des Todes!" getreu – einem monumentalen Sargdeckel gleicht. Die **kostbare Innenausstattung** stammt überwiegend aus dem 17. Jh., so der Mariä Himmelfahrt darstellende Hochaltar und das aufwendig geschnitzte Gestühl nebst Chorbalustrade. Aufmerksamkeit verdienen darüber hinaus die Gemälde Danziger Meister und ein vergoldeter Schreinaltar aus der Mitte des 15. Jh. Vom Kloster selbst haben ein Eremitenhaus (15. Jh.), einige Wirtschaftsgebäude und das **Refektorium** die Zeiten überdauert. Im Refektorium ist heute eine Galerie untergebracht.

Die zweite Sehenswürdigkeit in Kartuzy ist das **Kaschubische Museum** (Muzeum Kaszubskie) in der ul. Kościerska 1. Es präsentiert Mobiliar und

> Birgt eine kostbare Innenausstattung: die Klosterkirche von Kartuzy

Gerätschaften aus dem früheren kaschubischen Alltagsleben, historische Arbeitsgeräte der Fischer, Handwerker und Ackerbauern, außerdem Spielzeug und Musikinstrumente sowie kaschubisches Kunsthandwerk, das man, wie auch CDs mit kaschubischer Volksmusik, käuflich erwerben kann.

Ansonsten erinnert in Kartuzy nicht mehr sehr viel an die alte Sage vom Marienparadies. Am zentralen **Marktplatz (Rynek),** von Gründerzeithäusern gesäumt, lohnen die schönen **Glasfenster** der Kirche von 1887 einen Blick.

Praktische Tipps

Information

■ **Touristeninformation,** ul. Klasztorna 1, 83-300 Kartuzy, Tel. 58 6840201, Juli/Aug. Mo–Fr 9–17, Sa 9–15, So 10–14 Uhr, sonst 7.30–16.30, Di–Do 8–16, Fr 8–15 Uhr.
■ **Homepage** der Stadt: www.kartuzy.pl.

Unterkunft und Gastronomie

■ **Hotel Pod Orlem**③, ul. 3 Maja 10, 83-300 Kartuzy, Tel. 58 7366601, www.hotel-podorlem.com. Das Hotel „Zum Adler" ist eine der ersten Adressen am Platz, wenige Schritte vom Markt entfernt; stilvolles, gediegenes Interieur, das Restaurant serviert polnische und europäische Küche.

Museen und andere Sehenswürdigkeiten

■ **Klosterkirche und Galerie,** westlich vom Ortszentrum an der Straße 211 Richtung Sieraskowice/Lębork am Stadtfriedhof, die Kirche ohne feste Öffnungszeiten, die Galerie im Refektorium Di–Fr 10–16, Sa/So 10–15 Uhr.
■ **Kaschubisches Museum,** ul. Kościerska 1, nahe östlichem Ortseingang, etwas zurückgesetzt an der T-Kreuzung der ul. Gdańska (Straße 211 Richtung Żukowo/Gdańsk) mit der ul. Kościerska (Straße 224 Richtung Kościerzyna), Di–Fr 8–16, Sa 8–15 Uhr, Mai bis Sept. zusätzlich So 10–14 Uhr, www.muzeum-kaszubskie.pl.

Im Kaschubischen Landschaftspark

Mit dem Gründungsjahr 1983 hat der Kaschubische Landschaftspark (**Kaszubski Park Krajobrazowy**) nun schon gut drei Jahrzehnte auf seinen Buckeln. Hügel hinauf und Hügel hinab umfasst er auf über 33.000 ha die zauberhaftesten Gefilde der Kaschubischen Schweiz. Rund ein Drittel seiner Fläche ist von Wäldern bedeckt, in denen die für die Region charakteristische Buche dominiert. Zehn Prozent Gewässerfläche oder in natura 34 Seen, von den kleinen Flüssen Radunia, Słupia und Łeba durchzogen, bereichern das grüne Land um viel schönes Blau, weshalb man die Kaschubische Schweiz auch **„Blaues Ländchen"** nennt. In zwölf streng geschützten **Naturreservaten** gedeihen zahlreiche vom Aussterben bedrohte Pflanzen. Die Luft ist erfüllt vom Flötenruf – „tluuii-titit" – der Waldwasserläufer und dem Schnalzruf – „zjuck" – der Raufußkäuze, und auch die Wasseramsel, die sonst Mittel- und Hochgebirge bevorzugt, sowie der sehr seltene, buntgefiederte Eisvogel haben hier eine Heimat. Die übrige Fläche des Landschaftsparks verteilt sich auf einige wenige kleine Dörfer und umso mehr Weiden, Wiesen und Felder.

Zwei schöne Straßen führen von Kartuzy aus in den Park hinein. Die eine geht nordwestlich zum Weiler Mirachowo, die zweite, von Kartuzy in westliche Richtung, ist die **Kaschubische Straße** (Droga Kaszubska). Ab dem Dorf Garcz schlängelt sie sich über 20 km südwärts und verbindet dabei die Dörfer von Chmielno über Ostrzyce bis nach Wieżyca, wo man den höchsten „Gipfel" Kaschubiens erreicht. Bergauf und bergab, kurvig, malerisch, führt sie durchs Land. In den Dörfern laden Gästezimmer und dann und wann an den Seen (meist unbewirtschaftete) Zeltplätze zum Aufenthalt ein.

Mirachowo

Der kleine Ort Mirachowo (**Mirchau**) ist unter seinem alten deutschen Namen aus *Günter Grass'* „Blechtrommel" bekannt. Noch bis 1818 war das verschlafene Dorf Kreisstadt, danach wurde die Verwaltung ins größere Karthaus verlegt. Eine kleine **Kapelle** und ein **kaschubisches Bauernhaus** haben allen Zeiten getrotzt und sind die Attraktionen am Ort.

Sianowo

Auf halber Höhe zwischen Mirachowo und Kartuzy liegt an der schmalen, sehr kurvigen Straße mit schöner Aussicht der Flecken Sianowo (**Schwanau**). Seine hübsche **Fachwerkkirche** beherbergt drei Altäre aus dem 18. Jh. und eine legendäre **Muttergottes** mit Kind. Der Legende nach wurde die Figur einst von Kindern im dichten Farn entdeckt. Dreimal brannte die Kirche ab, und dreimal blieb die Madonna von den Flammen verschont. 1966 wurde sie zur **„Königin von Kaschubien"** gekrönt. Sie ist heute im Pfarrhaus unter Verschluss und wird nur bei besonderen Anlässen gezeigt, so zur Kirchweih und zu den Freiluftmessen im Sommer. Denn die Scharen von

Im Kaschubischen Landschaftspark

Gläubigen, die die **Wallfahrtsstätte** anzieht, könnte das kleine Gotteshaus gar nicht aufnehmen. Hinter der Kirche befindet sich ein neu angelegter **Kalvarienberg.**

Chmielno

Das „touristische Zentrum" an der Kaschubischen Straße bildet mit seiner kleinen Informationsstelle die von drei Seen umgebene 1500-Seelen-Gemeinde Chmielno (**Ludwigsdorf**) im Herzen des Landschaftsparks. Die Kirche von 1845 lohnt einen Blick, aber mehr noch das Keramikmuseum. Seit zehn Generationen stellt die Familie *Necel* die typisch kaschubische, mit Lilien- und Tulpenmotiven verzierte Töpferware her. 1993 gründete sie das kleine Museum in ihrer Werkstatt, sodass man dort nicht nur Töpferkunst sehen, sondern auch den Handwerkern bei ihrer Arbeit über die Schulter schauen kann.

Praktische Tipps

Information
■ **Touristeninformation,** ul. Gryfa Pomorskiego 28a, 83-333 Chmielno, Tel. 58 6843091, Di–Fr 10–18, Sa 10–15, im Sommer auch So 10–16 Uhr.
■ **Homepage** der Gemeinde Chmielno: www.chmielno.pl.

Unterkunft
■ **Zimmervermittlung** in der Touristeninfo.

Camping
■ **Camping Tamowa,** Zawory, 83-333 Chmielno, Tel. 58 6842535, www.tamowa.pl. Gepflegter Platz am Westufer des Kłodno-Sees, terrassiert am Hang mit schönem Blick über den See, mit Pension und kleiner Speisegaststätte, Ferienhäuschen, Wassersportgeräte- und Fahrradverleih sowie Badewiese am See, 2 km von Chmielno; für Caravan ist die Anfahrt von Chmielno aus ratsam (ausgeschildert), von wo aus nur ein kurzes Stück Sandpiste absolviert werden muss (über Zawory vorwiegend Sandpiste). Man spricht Deutsch, ganzjährig geöffnet.

Museen und andere Sehenswürdigkeiten
■ **Keramikmuseum Necel,** ul. Gryfa Pomorskiego 65, www.necel.pl, Mo–Sa 9–18 Uhr.

Zwischen Chmielno und Ostrzyce

Über die Flecken **Zawory** und **Ręboszewo** führt die Kaschubische Straße weiter zur Kreuzung am 213 m hohen **Złota Góra** (Goldener Berg) mit Raststätte, einem Denkmal für die 1939 gegen Nazi-Deutschland gegründete kaschubische Partisanengruppe Gryf Pomorski und ferner herrlichem Blick zum Großen Brodno-See in der Talsenke. Links geht die Straße steil hinab nach **Brodnica Dolna** und anschließend **Ostrzyce (Ostritz),** malerisch am gleichnamigen See gelegen. Im Ortszentrum gibt es eine kleine Touristeninformation und gleich nebenan einen Badestrand sowie Steg für Segelboote und Tretbootverleih.

▷ An der Kaschubischen Straße

Praktische Tipps

Information
■ **Touristeninformation,** ul. Droga Kaszubska 27 (in Ostrzyce kurz nach dem nördlichen Ortseingang), 83-311 Ostrzyce, Tel. 58 6841612, Juli/Aug. Di–Fr 9–17, Sa 12–16, So 12–15 Uhr, Mai/ Juni und Sept. Mo–Fr 9–16, Sa 10–13 Uhr.

Unterkunft und Gastronomie
■ **Centrum Wypoczynkowo-Szkoleniowego**②, ul. Droga Kaszubska 56, 83-314 Ostrzyce, Tel. 58 6841789, www.cwsostrzyce.com. Freundliches Haus gegenüber der Touristeninfo, das Restaurant bereitet schmackhafte kaschubische Küche und Fischspezialitäten zu; unterhalb am See Badestelle und Bootsanleger, Vermietung von Ferienhäuschen.
■ **Centrum Rekreacji U Stołema**②, ul. Droga Kaszubska 8a, 83-314 Ostrzyce, Tel. 58 8641877, www.ustolema.pl. Oben am Hang gelegene Herberge, vom angeschlossenen Camping mit Badestelle am See durch einen Minigolfplatz und die Straße getrennt. Es werden auch Apartments und Ferienhäuschen vermietet; am südlichen Ortseingang.

Camping
■ **Camping Stolëmek,** Anschrift siehe Pensjonat U Stołema, in Ostrzyce am südlichen Ortseingang unmittelbar am See. Wiesenplatz mit Badestelle und Grillbar, Rad- und Bootsverleih, schlichte Sanitärausstattung, Mai bis Sept.

Wieżyca

Bald darauf ist Wieżyca zu Füßen des gleichnamigen Bergs erreicht, eine kleine Ansammlung von Häusern am See mit Fischbratereien, Bootsanlegern mit Verleih und nahebei, an der Straße 20 im Wald (ca. 200 m nördlich vom Abzweig nach Szymbark), dem Sitz der **Kaschubischen Volkshochschule** (Kaszubski Uniwersytet Ludowy). Neben ihrem En-

gagement in lokalen zivilgesellschaftlichen Projekten, in Ökologie und der Förderung der regionalen Kultur widmet sich die Einrichtung auch dem praktischen Unterricht in kaschubischer Volkskunst und präsentiert dazu eine Ausstellung.

Zwischen See und Landstraße ragt der mit genau 328,60 m **höchste Berg Kaschubiens** und zugleich höchste Punkt im mitteleuropäischen Tiefland auf. Gekrönt wird der **Wieżyca Góra** (Turmberg) – auch „Kaschubischer Olymp" genannt – von einem noch einmal weitere 35 m hoch reichenden **Aussichtsturm**. Nach etwa 500 m Waldspaziergang ist man dort angelangt; 190 Stufen führen zu seiner Aussichtsplattform hinauf, und oben genießt man einen herrlichen weiten Blick über das Land.

Praktische Tipps

Museen und andere Sehenswürdigkeiten

■ **Kaschubische Volkshochschule,** Wieżyca 1, 83-315 Szymbark, Tel. 58 6843814, www.kfhs.com.pl. Ausstellung kaschubischer Volkskunst, Mo–Fr 8–15.30 Uhr.

■ **Aussichtsturm Wieżyca,** 500 m Wanderweg vom Parkplatz kurz hinter dem Abzweig von der Straße 20 Richtung Szymbark/Gołubie; 200 m Wanderweg vom Parkplatz an der Straße nach Wieżyca/Ostrzyce, 1,5 km Wanderweg vom Bahnhof Wieżyca aus, Juli/Aug. 8–21 Uhr, sonst tgl. 9 Uhr bis Sonnenuntergang.

Szymbark

Nahebei wartet das ansonsten schmucklose Örtchen Szymbark (**Schönberg**) mit einer kuriosen Sehenswürdigkeit auf. Auf Initiative des Eigentümers des Sägewerks Danmar wurde auf dessen Privatgelände 2003 das Zentrum für Bildung und Promotion der Region ins Leben gerufen, mit einem an die Produktionsstätte angeschlossenen **Freilichtmuseum Sägewerk** (Skansen budownictwa drewnianego). Das ins Guinnessbuch der Rekorde eingetragene **längste Brett der Welt** (36,83 m) kann dort bewundert werden. Begleitet wird es von einer Ausstellung zum Zimmerhandwerk, die in ein folkloristisches Volkshaus mit Schmiede übergeht, das an ein Blockhaus eines nach Sibirien Deportierten grenzt. Diesem folgen eine sowjetische Häftlingsbaracke, im Anschluss eine Freilichtgedenkstätte für die Opfer der sowjetischen Deportation und des Massakers von Katyń, ein Bunker der Partisanengruppe Gryf Pomorski, eine moderne Kapelle im Zentrum der Anlage, eine kaschubische Kate, ein „Danmar"-Haus auf dem Kopf, das auf die verkehrte Politik in der Welt hinweisen will, eine Verkaufsstelle für kaschubische Volkskunst und dazwischengestreut Musterhäuser aus der firmeneigenen Blockhüttenproduktion.

Kurzum, ein **schräges Sammelsurium,** das aber durchaus einen Ausflug wert ist, und sei es auch nur, um sich ein Bild über das Weltbild des Sägewerkeigentümers zu machen.

Praktische Tipps

Museen und andere Sehenswürdigkeiten

■ **Freilichtmuseum Sägewerk,** ul. Szymbarskich Zakładników 12, 83-315 Szymbark, www.cepr.pl, ca. 1 km südlich von Szymbark (ausgeschildert), Mai bis Sept. Mo–Sa 9–19, So 10–19 Uhr; Okt. bis April Mo–Sa 9–17, So 10–17 Uhr.

◁ Der Aussichtsturm auf dem Wieżyca Góra

Kościerzyna

Mit rund 24.000 Einwohnern ist Kościerzyna **(Berent)** die größte Stadt der Kaschubischen Schweiz. Ihre erste urkundliche Erwähnung geht auf das Jahr 1284 zurück, Anfang des 14. Jh. bringt der Deutsche Orden den Landstrich in seinen Besitz, um 1350 werden der kaschubischen Ansiedlung von den Deutschrittern die Stadtrechte verliehen. Kościerzynas historische Daten stehen exemplarisch für die gesamte Region: Vom Zweiten Thorner Frieden 1466 bis zur Ersten Teilung Polens 1772 polnisch, anschließend preußisch, dann Kleinstadt im Deutschen Reich, ab 1920 wieder polnisch, im Zweiten Weltkrieg von der deutschen Wehrmacht besetzt, seit 1945 Kleinstadt in der Volksrepublik bzw. Republik Polen. Hinzugefügt werden muss noch, dass Kościerzyna bis 1975 Kreisstadt war und es seit 1999 wieder ist.

Ältestes Bauwerk der Stadt ist das **Rathaus** von 1845 am Marktplatz (Rynek), wo sich auch die **Touristeninformation** befindet. Klassizistische und gründerzeitliche Bürgerhäuser umrahmen den Platz, eine kleine Fußgängermeile darf nicht fehlen, und im Rathaus selbst ist ein **Heimatmuseum** (Muzeum Ziemi Kościerskiej) untergebracht.

Einige Schritte entfernt steht der 1914 bis 1917 errichtete neubarocke Klinkersteinbau der **Kirche St. Trinitatis** (Kościół św. Trójcy) mit einem prachtvoll verzierten, vergoldeten Barockaltar und schöner Barockkanzel. Und auch dies ist nicht außergewöhnlich für die Sakralbauten in der Region – wäre im Gotteshaus nicht Kościerzynas kostbarster Schatz zu sehen: das **Gnadenbildnis der heiligen Muttergottes** mit Kind, zu dem viele Gläubige pilgern. Seit 1660 wird es in der Stadt aufbewahrt, hat seither zahlreiche Wunder bewirkt und wurde 1998 von Papst *Johannes Paul II.* gekrönt.

Rückwärtig wurde auf dem Gelände der Pfarrei ein Standbild des ehemaligen Heiligen Vaters *Karol Wojtyła* errichtet und ein Kalvarienberg angelegt.

Nicht weit entfernt erhebt sich südöstlich in der ul. 8 Marca das zweite bedeutende Heiligtum. Die 1892 bis 1894 im neuromanischen Stil erbaute **Kirche der schmerzenreichen Muttergottes** (Kaplica Matki Bożej Bolesnej) birgt die „Heilige Mutter der Tränen", eine spätgotische Pietà von 1430.

Fans alter Dampfloks und Eisenbahnwagen kommen im **Eisenbahn-Freilichtmuseum** (Skansen PKP Parowozownia) auf ihre Kosten. Im ehemaligen Bahnbetriebswerk gegenüber von Bahnhof und Gleisanlagen ist auf dem Freilichtgelände und in den Hallen eine wahrlich enorme Parade an historischen Dampf- und Diesellokomotiven, Triebwagen, Draisinen und Eisenbahnwaggons ausgestellt. Ein Dampfross folgt auf das andere, zahlreiche von ihnen sorgfältig restauriert und andere wiederum honorige Rostlauben.

Die Nebenräume in der Werkshalle beherbergen von alten Trillerpfeifen über Schilder, Lampen und Signale bis hin zu Heizkesseln, Kolben und altertümlichen Generatoren zahllose Utensilien, die früher für den Bahnbetrieb notwendig waren.

> Mit mächtigen Mauern thront die Bytower Ordensburg über der Stadt

Praktische Tipps

Information

- **Touristeninformation,** Rynek 21 (am Marktplatz), 83-400 Kościerzyna, Tel. 58 6862880, www.ckis-koscierzyna.pl, Juni bis Aug. Mo–Fr 9–17 Uhr, Sa/So 10–14 Uhr, sonst Mo–Fr 8–16 Uhr.
- **Homepage** der Stadt: http://miastokoscierzyna.pl.

Unterkunft und Gastronomie

- **Zimmervermittlung** in der Touristeninfo.
- **Hotel Stary Browar**③, ul. Słodowa 3, 83-400 Kościerzyna, Tel. 58 6800771, www.starybrowarkoscierzyna.pl. Schicke Unterkunft in der restaurierten „Alten Brauerei" von 1856, mit eigener Bierbrauerei, Pub und elegantem Restaurant, das polnische und kaschubische Spezialitäten von regionalen ökologischen Produkten serviert.
- **Hotel-ik**①, ul Długa 26, 83-400 Kościerzyna, Tel. 58 6866298, www.hotelik-koscierzyna.pl. Rot gestrichene, freundliche kleine Herberge in der Fußgängerzone wenige Schritte vom Marktplatz, im Erdgeschoss Pub, in der ersten Etage die einfachen Zimmer.

Museen und andere Sehenswürdigkeiten

- **Heimatmuseum,** Rynek 9 (Rathaus), http://muzeumziemikoscierskiej.com.pl, Mai bis Okt. Mo 10–16, Di–Sa 10–18, So 12–18 Uhr, sonst Mo–Fr 8–16 Uhr.
- **Eisenbahn-Freilichtmuseum,** ul. Towarowa 7, http://muzeumkolejnictwa.com.pl, im ehemaligen Bahnbetriebswerk gegenüber von Bahnhof und Gleisanlagen, von der Straße Richtung Będomin einbiegen (ausgeschildert), tgl. 10–18 Uhr (Mo nur bis 16 Uhr).

Ausflug nach Bytów

In Westkaschubien liegt im Zentrum der Bytower Seenplatte (Pojezierze Bytowskie) die knapp 17.000 Einwohner zählende Stadt Bytów **(Bütow)**. „Ewiges Grenzland" wurde das Bütower Land wegen seiner im Verlauf der Geschichte oft wechselnden Zugehörigkeiten genannt, nicht nur zwischen Deutschland und Polen, sondern auch konfessionell, zwischen Katholiken und Protestanten, wobei die Glaubensgrenze nicht selten sogar mitten durch die Dörfer verlief.

1329 kaufte der Deutsche Orden den Landstrich und ließ an der Wende vom 14. zum 15. Jh. die backsteinerne **Ordensburg** errichten, fast genau so, wie sie heute noch steht. 1398 bis 1405 auf rechteckigem Grundriss mit drei Rundtürmen und wuchtigem Bergfried erbaut und 1560 bis 1570 unter den Greifen-Herzögen im Geschmack der Renaissance grundlegend modernisiert, diente sie diesen bis ins 17. Jh. als Sommerresidenz. In preußischer und reichsdeutscher Zeit Verwaltungssitz, war in den alten Mauern ab 1930 eine Jugendherberge untergebracht. Ende der 1960er Jahre begann man dann mit der umfassenden Restaurierung der prächtigen Burganlage. Heute bietet sie Raum u.a. für die Bytower Touristeninformation, im ehemaligen Herzogshaus ein Hotel/Restaurant und im Nordflügel das **Westkaschubische Museum** (Muzeum Zachodnio-Kaszubskie), das kaschubische Volkskunst und ethnografische Sammlungen ausstellt.

Unterhalb der Burg ragt im Ortszentrum der verbliebene backsteinerne Turm der **Kirche St. Katharinen** auf. Als Solitär steht er da. Der restliche Baukörper des ursprünglich gotischen und spä-

228po kj

Ausflug nach Bytów (Bütow)

Bytów (Bütow)

Übernachtung
1 Hotel Zamek

Essen und Trinken
1 Restaurant Zamek

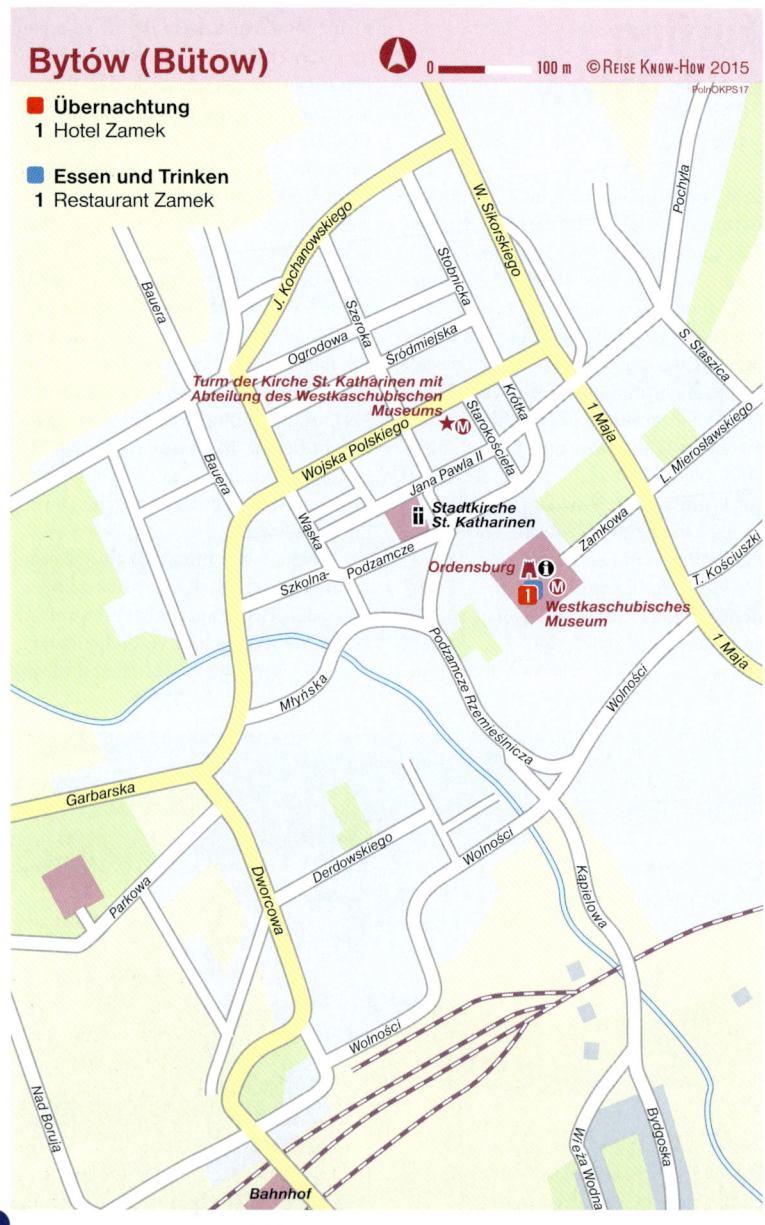

ter vielmals umgestalteten Gotteshauses wurde 1945 zerstört. Dem Turm zu Füßen legte man ab 2001 die mittelalterlichen Kirchfundamente frei und gestaltete die Ausgrabungsstätte als kleine Anlage. Im Turm selbst ist eine **Abteilung des Westkaschubischen Museums** untergebracht, die anhand von zahlreichen Funden und Exponaten die Geschichte der Region von der Bronzezeit bis ins 19. Jh. zeigt sowie den sakralen Kostbarkeiten von St. Katharinen, die überdauert haben, ein neues Zuhause gibt.

Die **neue Stadtkirche St. Katharinen** (Kościół p.w. św. Katarzyny), 1847 bis 1854 errichtet, liegt nur wenige Schritte entfernt.

Praktische Tipps

Information, Museum, Unterkunft und Gastronomie

■ **Westkaschubisches Museum,** in der Ordensburg und im Katharinen-Kirchturm, ul. Zamkowa 2, 77-100 Bytów, Tel. 59 8222623, www.muzeumby tow.pl, Mai bis Aug. Mo 10–16, Di–So 10–18 Uhr, Sept. bis April tgl. 10–16 Uhr. In der Burg befinden sich eine kleine **Touristeninformation** und das **Hotel Zamek**③, Tel. 59 8222094, http://www.hotelwzamku.pl, mit angeschlossenem **Restaurant** (polnische, kaschubische und internationale Gerichte).

> Im verbliebenen Turm der alten Kirche St. Katharinen in Bytów hat eine Abteilung des Westkaschubischen Museums ihren Sitz

Ausflug nach Będomin

Etwa 15 km östlich von Kościerzyna wurde im Gutshaus von Będomin **Józef Wybicki** (1747–1822) geboren, der Dichter der polnischen Nationalhymne. 1797 verfasste der Schriftsteller, Politiker, Dramatiker, Komponist und Freiheitskämpfer die Verse der **Mazurek Dąbrowskiego,** die, von einem unbekannten Komponisten vertont (möglicherweise aber auch von *Wybicki* selbst), seit 1926 offizielle Staatshymne ist.

1977 eröffnete in seinem Geburtshaus das **Nationalhymne-Museum** (Muzeum Hymnu Narodowego). Das schöne alte

Józef Wybicki – Dichter der polnischen Nationalhymne

Am 29. September des Jahres 1747 erblickte *Józef Wybicki* als eines von neun Kinder der vornehmen Familie Wybicki im Gutshaus zu Będomin das Licht der Welt. Er studierte die Juristerei und schlug zunächst eine **politische Karriere** ein, wurde Sejm-Angeordneter und widmete sich als Anhänger des Reformlagers um König *Stanisław II. Poniatowski* in den 1770er Jahren der Erneuerung des Bildungs- und Rechtswesens.

Nach der Zweiten Teilung Polens beteiligte sich *Wybicki* 1794 am Kościuszko-Aufstand und **emigrierte** nach der Dritten Teilung, die Polen 1795 von der Landkarte fegte, wie viele andere polnische Künstler und Intellektuelle **nach Frankreich.** In den folgenden zwei Jahren arbeitete er zusammen mit General *Jan Dąbrowski* an der Aufstellung der **Polnischen Legion,** die, so war die polnische Hoffnung, mit Unterstützung des französischen Kaisers eine Armee zur Befreiung der Heimat sein würde. *Napoleon* setzte die polnischen Soldaten zunächst gegen die Teilungsmacht Österreich in Norditalien ein, und in diesem Zusammenhang floss 1797 aus der Feder *Wybickis* der Text der Mazurek Dąbrowskiego, der polnischen Nationalhymne.

„Noch ist Polen nicht verloren,
Solange wir leben.
Das, was fremde Übermacht uns raubte,
Werden wir mit dem Schwert wiedergewinnen.
Marsch, marsch, Dąbrowski,
Vom italienischen ins polnische Land!
Unter deiner Führung
Vereinigen wir uns mit der Nation."

Noch während des napoleonischen Siegeszuges wurde 1807 das **Herzogtum Warschau** geschaffen, auf dessen Konstituierung *Wybicki* als Mitglied der Provisorischen Regierungskommission entscheidenden Einfluss nahm. Die Hoffnung auf ein wiederauferstandenes Polen erfüllte sich dagegen nicht. Nach der Niederlage *Napoleons* steckten die Siegermächte Preußen, Österreich und Russland auf dem **Wiener Kongress** 1815 die europäische Landkarte neu ab. Unter ihrer Kontrolle erstand das nach seiner Urheberschaft auch „Kongresspolen" genannte Restherzogtum Warschau neu als „Königreich Polen", mit dem russischen Zaren als Warschauer König. Von 1817 bis 1820 arbeitete *Wybicki* dort als Vorsitzender am Verfassungsgericht. Am 10. März 1822 verstarb er in Manieczki bei Srem.

Ausflug zum Kaschubischen Freilichtmuseum

Gutshaus, 1739 von der vornehmen Familie *Wybicki* erworben, präsentiert Wohnräume mit Mobiliar des 18. und 19. Jh. sowie eine umfangreiche Ausstellung zur Geschichte der Nationalhymne und des polnischen Freiheitskampfs von den Teilungen Polens über die Gründung der Zweiten Republik und den Widerstand gegen das Nazi-Regime bis hin zur Solidarność-Bewegung. Leider jedoch nur auf Polnisch, was für ausländische Besucher, die der Sprache nicht mächtig sind, besonders schade ist, da die zahlreichen Dokumente, Gemälde und Fotografien nicht nur schriftlich, sondern auch mündlich und musikalisch erläutert werden.

Von der Straße 221 aus führt ein etwa 1½ km langes, schmales Asphaltband zum Gutshaus, das letzte Stück als hübsche Kastanienallee (ausgeschildert).

Praktische Tipps

Museum

■ **Museum der polnischen Nationalhymne,** Będomin 16, www.mng.gda.pl; Straße 221 etwa 15 km östlich von Kościerzyna (ausgeschildert), Di–Fr 9–17, Sa/So 10–17 Uhr (im Winterhalbjahr nur bis 16 Uhr).

◁ Das Museum der polnischen Nationalhymne in Będomin

Südlich von Kościerzyna dehnt sich auf gut 25.000 ha mit grünen Kiefernwäldern, blauen Seen und ein paar winzigen Dörfern der **Wdzydzki-Landschaftspark** (Wdzydzki Park Krajobrazowy) aus. Kurz vor dem Weiler Wdzydze Kiszewskie liegt dort der **Ethnografische Park von Kaschubien** (Kaszubski Park Etnograficzny), das mit seinem Geburtsdatum 1906 älteste Freilichtmuseum in Polen. Es geht auf das Engagement von *Theodora* und *Isidor Gulgowski* zurück, die sich der Pflege des kaschubischen Brauchtums widmeten und in unermüdlicher Arbeit vergessen geglaubte Quellen der kaschubischen Volkskunst, des Handwerks und der traditionellen Lebensweise zusammentrugen. So entstand in Wdzydze Kiszewskie im Jahr 1906 in einer hölzernen Bauernhütte aus dem 18. Jh. der Grundstock für das heutige, auf 22 ha **gut 50 Objekte umfassende Museum.** Bauernhöfe, Fischerkaten, Windmühlen, ein Sägewerk, eine Schmiede, eine Kirche, eine Schule und zahlreiche Originalbauten mehr aus der Zeit vom 18. bis Mitte des 20. Jh. Ställe und Scheunen, Töpferwerkstatt, Brunnen und Brotofen versetzen die Besucher in vergangene Zeiten zurück und vermitteln dabei zugleich einen lebendigen Eindruck von der überkommenen Kultur im Kaschubenland.

Wdzydze Kiszewskie (Sanddorf) selbst besteht aus einer Ansammlung

von einigen Häusern, Pensionen, Campings und Bootsanlegern, die sich malerisch auf die Ufer zwischen vier Seen verteilen und den Ort zum beliebten Ausflugsziel machen.

Praktische Tipps

Camping

■ **Camping Nr. 158, PTTK-Wasserstation,** Wdzydze Kiszewskie, 83-400 Wąglikowice, Tel. 58 6861215, www.wdzydze-stanica.pl. Grüne Wiese mit Badestelle direkt am See, mit Taverne und Grill-Bar, Finnhütten, Segelboot-, Kajak- und Radverleih (an der S-Kurve der Dorfstraße), Mitte Mai bis Mitte Sept.

Museen und andere Sehenswürdigkeiten

■ **Kaschubisches Freilichtmuseum,** Wdzydze Kiszewskie, www.muzeum-wdzydze.gda.pl, Mai/Juni Di–Fr 9–16, Sa/So 10–18 Uhr, Juli/Aug. Di–So 10–18 Uhr, April/Sept. Di–So 9–16 Uhr, Okt. Di–So 10–15 Uhr, Nov. bis März Mo–Fr 10–15 Uhr.

◩ Kaschubische Volkskunst

▷ Das Kaschubische Freilichtmuseum versetzt Besucher in vergangene Zeiten

Danzig | 205
Gdynia | 193
Oliwa | 227
Sopot | 200
Westerplatte | 227

8 Trójmiasto (Dreistadt)

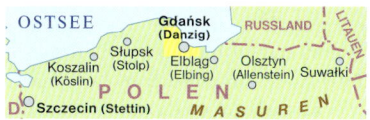

Die drei Städte Gdynia, Sopot und Danzig gehen nahtlos ineinander über und werden deshalb in einem Atemzug „Dreistadt" genannt. Gdynia, die „Moderne", Sopot, die „Mondäne", und schließlich Danzig, „Königin der Ostsee", bilden einen Höhepunkt jeder Reise ins nördliche Polen.

◁ Das Mottlau-Ufer mit Danzigs berühmtem Krantor

TRÓJMIASTO (DREISTADT)

Auf 35 km Länge ballen sich zwischen den bewaldeten Anhöhen des **Dreistädter Landschaftsparks** (Trójmiejski Park Krajobrazowy) und der Westküste der **Danziger Bucht** (Zatoka Gdańska) die drei Städte **Gdynia (Gdingen), Sopot (Zoppot)** und **Gdańsk (Danzig)**. Über eine sechsspurige Schnellstraße und auf dem Schienenweg durch die Stadtschnellbahn (Szybka Kolej Miejska) miteinander verbunden, kann man in dem ausgedehnten Häusermeer, hier und dort von kleinen Grünanlagen unterbrochen, oft nur schwer ausmachen, wo die eine Stadt endet und die nächste beginnt. Gdynia, Sopot und Danzig sind so gut wie zusammengewachsen. Darüber hinaus bilden sie das **bedeutendste Wirtschafts- und Handelszentrum** im südöstlichen Ostseeraum – weshalb das insgesamt gut 800.000 Einwohner zählende Konglomerat allgemein „**Trójmiasto**" (Dreistadt) genannt wird.

Dabei könnten die drei Schwestern nicht unterschiedlicher sein: Danzig, 1000-jährige Perle der Ostsee und altehrwürdige, traditionsreiche Hansestadt; Zopot, seit Ende des 19. Jh. mondänes Seebad und heute quirlige Partyhochburg; und Gdynia, moderne Hafenstadt und mit dem Geburtsjahr 1926 die Jüngste im Bunde.

Mit großem Ostseefährhafen und ihrer Fülle an herausragenden Sehenswürdigkeiten ist Trójmiasto die **am meisten besuchte Stadt** in Nordpolen. Und wie überall, wo viele Touristen sind, versucht leider auch mancher **Langfinger** auf seine Kosten zu kommen. Lassen Sie also keine Wertsachen im Wagen liegen, was

Trójmiasto (Dreistadt)

sich von selbst versteht, führen Sie Ihre Brieftasche nicht offensichtlich spazieren, und stellen Sie das Auto auf einem bewachten Parkplatz ab.

Neben der Stadtschnellbahn, die Gdynia, Zopot und Danzig miteinander verbindet, verfügen alle drei Städte außerdem mit Straßenbahnen, Omnibussen und Trolleybussen über ein gut ausgebautes **öffentliches Nahverkehrssystem.**

◁ Mit diesen kleinen Gefährten lässt sich die Besichtigungstour in Danzig ohne Fußschmerzen bewältigen

NICHT VERPASSEN!

- Die **Mole** mit ihren **Museumsschiffen** in Gdynia | 196, 197
- Das **Gdynia Aquarium** in Gdynia | 197
- Das **Grand Hotel** in Sopot | 201
- Die **Seebrücke** in Sopot | 201
- Die **Rechtstadt** von Danzig mit ihren zahlreichen Sehenswürdigkeiten | 211
- Die Danziger **Altstadt** mit weiteren Sehenswürdigkeiten | 220
- Der **Dom** von Oliwa | 227
- Die Halbinsel **Westerplatte** | 227

Diese Tipps erkennt man an der gelben Hinterlegung.

Öffentlicher Personennahverkehr

Von Nord nach Süd sind Danzig, Sopot und Gdynia über eine sechsspurige Schnellstraße und auf dem Schienenweg durch die **Schnellbahn SKM** (Szybka Kolej Miejska) miteinander verbunden. Um dem alltäglichen Verkehrskollaps mit nervenaufreibenden Autostaus zu entgehen, empfiehlt es sich für Besucher, den Wagen auf einem bewachten Parkplatz abzustellen und auf den öffentlichen Nahverkehr umzusteigen. Neben der SKM, die in den Hauptverkehrszeiten im Sieben-Minuten-Takt fährt, verfügen alle drei Städte mit Straßenbahnen, Omnibussen und Trolleybussen über ein gut ausgebautes öffentliches Nahverkehrssystem.

Um nicht jeweils an der Stadtgrenze ein neues Ticket lösen zu müssen, kann man im **Tarifverbund von Trójmiasto** für 24 bzw. 72 Stunden ein **Bilet Metropolitany** erwerben. Es gilt im gesamten Bereich des **Metropol-Verkehrsverbands Danziger Bucht** (Metropolitalny Związek Komunikacyjny Zatoki Gdańskiej, MZKZG), also in allen öffentlichen Verkehrsmitteln wie Bussen, Trolleybussen und Straßenbahnen der Dreistadt Danzig/Sopot/Gdynia sowie in der Schnellbahn SKM. **Achtung:** Vor Antritt der ersten Fahrt muss das Bilet Metropolitany im Stempelkasten entwertet werden.

Einzelfahrscheine der SKM werden am Schalter der S-Bahn-Stationen, in größeren Stationen auch am Automaten gelöst und müssen vor Fahrtantritt in den Stempelkästen auf dem Bahnsteig entwertet werden. Sie gelten nicht für die jeweiligen Städtischen Verkehrsgesellschaften.

Neben Einzelfahrscheinen für Tram und Bus, die man überall in Dreistadt in Kiosken oder auch direkt beim Fahrer kaufen kann, bietet Danzig darüber hinaus Zeitfahrkarten (60 Minuten) und eine **24-Stunden-Fahrkarte** (*bilet 24-godzinnego,* nur in Kiosken), mit der man für 12 Złoty einen Tag lang den Danziger ÖPNV nutzen kann. Fahrscheine für den ÖPNV in Gdynia und Sopot kauft man ebenfalls entweder am Kiosk oder direkt beim Fahrer.

Für alle Tickets zahlen **Kinder** bis 16 sowie **Studenten** bis 26 Jahre bei Vorlage eines internationalen Studentenausweises einen reduzierten Preis.

Für Besucher bietet sich am besten die unkomplizierte **Touristenkarte „Danzig-Zoppot-Gdingen-Plus"** an. Als „Maxpaket" (Touristenkarte plus Besichtigungsticket plus Verkehrsticket) gilt sie als Freifahrtschein für den öffentlichen Nahverkehr in der gesamten Dreistadt, gewährt darüber hinaus freien Eintritt in den wichtigsten Museen und Preisnachlässe in rund 250 Hotels, Restaurants, Freizeiteinrichtungen, Geschäften sowie bei Konzerten, Veranstaltungen u.v.m. Man erwirbt sie in den Touristeninformationen mit einer Gültigkeitsdauer von 24 Stunden oder 72 Stunden für umgerechnet etwa 14 € bzw. 21 €.

Info

- **www.ztm.gda.pl:** Danziger Verkehrsbetriebe (Zarząd Transportu Miejskiego w Gdańsku).
- **www.zkmgdynia.pl:** Städtischer Verkehrsverband Gdynia (Zarząd Komunikacji Miejskiej w Gdyni).
- **www.skm.pkp.pl:** Städtische Schnellbahn (Szybka Kolej Miejska).
- **www.mzkzg.org:** Metropol-Verkehrsverband Danziger Bucht (Metropolitalny Związek Komunikacyjny Zatoki Gdańskiej)

Gdynia

Die jüngste Stadt der Trójmiasto ist Gdynia (**Gdingen**). Von 1253 an, als „Gdina" erstmals erwähnt wurde, bis ins 20. Jh. hinein war der Ort nie mehr als ein kleines kaschubisches Fischernest. Gleichwohl entwickelte er sich innerhalb nur eines Jahrzehnts zu der seinerzeit neben Chicago am schnellsten wachsenden Stadt der Welt (1920 um die 1300 Einwohner, 1930 bereits über 100.000).

Diesen rasanten Aufstieg vom Flecken zur Großstadt verdankt Gdynia der **Errichtung des Hafens** oder, um ein paar Ecken betrachtet, dem Versailler Vertrag. Der während der Friedenskonferenz 1919 in Versailles ausgehandelte alliierte Grenzentwurf garantierte der neu gegründeten Republik Polen einen **Zugang zur Ostsee** über den Hafen der Freien Stadt Danzig. Vorgesehen war, ihn einer gemeinsamen Verwaltung Polens und Danzigs unter Aufsicht des Völkerbunds zu unterstellen. Doch so passabel der Gedanke auf dem Papier auch ausgesehen haben mag, in der Realität entpuppte er sich als wenig praktikabel. Der neu etablierte Danziger Freistaat war zu 95 Prozent mit Deutschen bevölkert, die sich mit den neuen politischen Verhältnissen mehrheitlich nicht einverstanden erklärten. An den wichtigen Stellen und Schalthebeln boykottierten sie die Versailler Vereinbarungen, wo es ihnen nur eben möglich war. Infolgedessen fand ein reibungsloser Umschlag von polnischen Gütern über den Danziger Hafen natürlich nicht statt. Schon vier Jahre nach Kriegsende beschloss der Sejm im September 1922 deshalb, einen eigenen, unbehindert zur polnischen Verfügung stehenden **Hafen in Gdynia** zu errichten. 1924 wurde der Bau in Angriff genommen und 1926, als Gdynia die Stadtrechte erhielt, fertiggestellt. 1939 von den Nazis okkupiert und in den Namen „Gotenhafen" umgetauft, wurde die junge Stadt gegen Ende des Zweiten Weltkriegs stark zerstört.

Sehenswertes

Heute zählt das mittlerweile 250.000 Einwohner große Gdynia zu den wohlhabendsten Städten Polens. Im Fährhafen legen die Autofähren nach Helsinki, Karlskrona und Rostock ab, allerorts in den von modernen Hochhäusern und Plattenbauten umrahmten Straßenschluchten geht es geschäftig und verkehrsreich zu.

Pulsierende Adern der Innenstadt sind die lebhafte **Shoppingmeile ul. Świętojańska** in Nord-Süd-Richtung sowie die sie kreuzende ul. 10 Lutego, die den Hauptbahnhof, den weitläufigen Skwer Kościuszki und dahinter die große Mole miteinander verbindet.

Folgt man der Świętojańska, so lassen sich nicht nur zahlreiche Läden und Boutiquen entdecken, sondern auch einige schöne Beispiele für die **Architektur der Moderne.** So unter der Hausnummer 68 das sandsteinverblendete Gebäude der Familie *Orłowski* von 1936, gegenüber das drei Jahre später errichtete Gebäude der Familie *Krenski* (Nr. 55) sowie nebenan das Gebäude mit der Hausnummer 53, 1931 nach Plänen von *Włodzimierz Prochaska* und *Tadeusz Jędrzejewski* erbaut. Die **Marienkirche** Ecke Świętojańska und ul. Armii Krajo-

Gdynia (Gdingen)

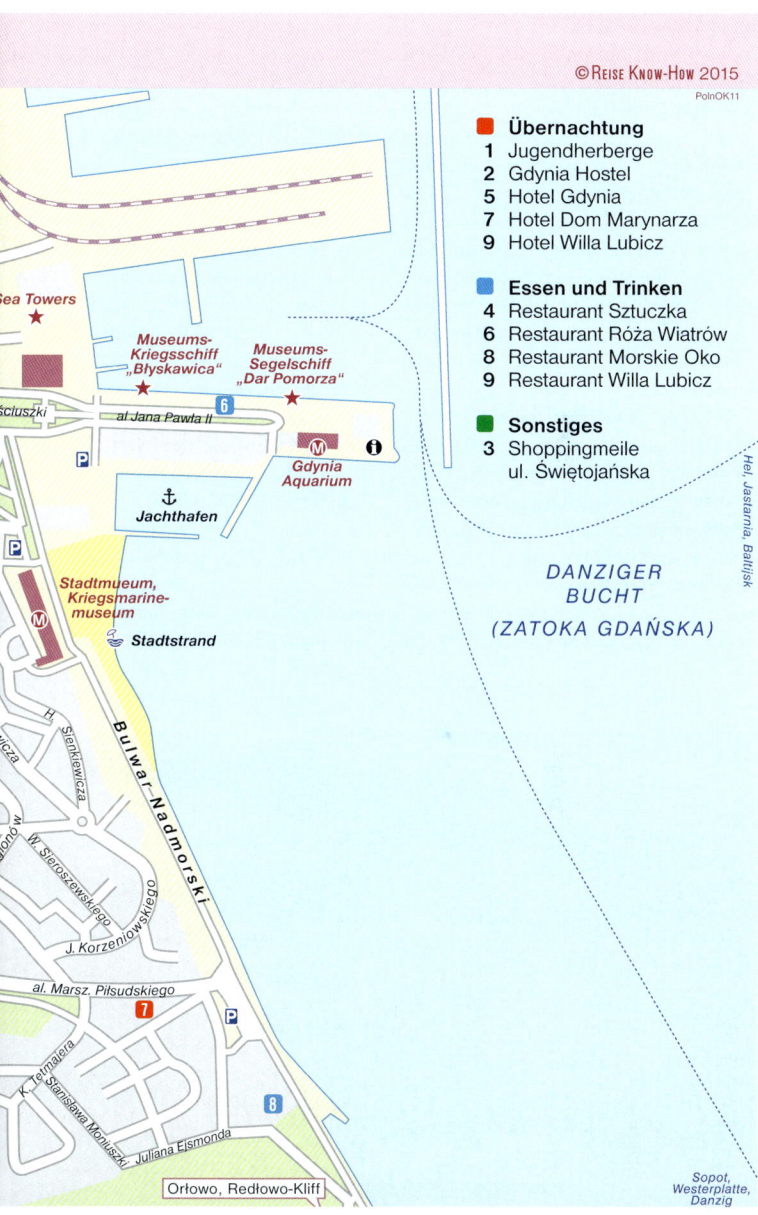

wej entstand 1922 bis 1924 nach einem Entwurf von *Marian Baranowski* und *Roman Wojkiewicz*.

Von dort empfiehlt es sich, durch den kleinen Stadtpark hinauf die mit einem großen Kreuz geschmückte **Kamienna Góra** (Steinberg) zu erklimmen. Mit 52 m über dem Meeresspiegel ist der höchste Punkt Gdynias erreicht und bietet eine fantastische Aussicht auf die Stadt, den Hafen und die Danziger Bucht. Rundum erstreckt sich das exklusivste Viertel von Gdynia mit luxuriösen Neubauvillen.

Direkt am **Skwer Kościuszki** befindet sich neben dem Hochhaus des Hotels Gdynia ein großer bewachter Parkplatz, wo man seinen Wagen gegen eine kleine Gebühr abstellen kann. Keine zehn Spazierminuten von dort entfernt steht das kleine **Abrahamhaus** (Domek Abrahama), 1904 erbaut und eines der wenigen Häuser, die sich aus den Zeiten Gdynias als Fischerdorf bis heute erhalten haben. Namensgeber war der Kaschube *Antoni Abraham* (1869–1923), der zeitlebens für die Zugehörigkeit Kaschubiens zu Polen stritt und hier seine letzten Jahre verbrachte.

Die bedeutendsten Sehenswürdigkeiten Gdynias aber haben allesamt mit dem Meer, mit der friedlichen wie auch der kriegerischen Seefahrt zu tun und gruppieren sich folglich rund um die weitläufige breite **Mole Jana Pawła II.**

Eine Schifflegende ist der **Dreimaster „Dar Pomorza",** der als Museumsschiff an der Mole vor Anker liegt. 1909 wurde das Segelschiff auf der Werft Blohm & Voss in Hamburg gebaut, geriet als deutsche Reparationszahlung nach dem Ersten Weltkrieg in französischen Besitz und wurde 1929 von Polen erworben. Finanzielle Mittel, ein Schiff zu bauen oder zu kaufen, hatte der junge polnische Staat damals nicht, die Gelder wur-

211po kj

den von der pommerellischen Bevölkerung gespendet. Daher auch der Name „Dar Pomorza", auf Deutsch „Geschenk der Pommern". Als **Schulschiff der polnischen Marine** wurden auf der „Dar Pomorza" bis heute über 14.000 Kadetten ausgebildet. Außerdem gewann sie zahlreiche internationale Segel-Cups.

Noch vor der „Dar Pomorza" liegt als zweites schwimmendes Museum das 1935/36 erbaute Kriegsschiff „Błyskawica" an der Mole vor Anker, das im Zweiten Weltkrieg an vielen Seeschlachten teilgenommen hat.

Schräg gegenüber kann man einen Blick in das Gdynia Aquarium werfen, das Fauna und Flora der Ostsee und auch der tropischen Meere präsentiert.

Am Ende der Mole, von wo aus man einen schönen Blick über das Meer bis zu den Kränen der Danziger Werft am Horizont genießt, befindet sich eine in der Sommerzeit geöffnete **Touristeninformation.**

In der nördlichen Nachbarschaft ragen seit 2009 unübersehbar die **Sea Towers** in den baltischen Himmel hinauf, der eine der beiden Türme mit 141,60 m das höchste Wohngebäude in Polen. Ihnen zu Füßen werden sich die alte Fischereimole (Molo Rybackie) und daran anschließend ein Werftgelände in den nächsten Jahren in eine **riesige Baustelle** verwandeln. Ein komplett neues Stadtzentrum mit Wohnungen, Hotels, Handels- und Dienstleistungseinrichtungen, eine neue Marina, ein Museum der Emigration, eine Filmhochschule sowie ein neues Kulturzentrum nahe Skwer Kościuszki werden entstehen. Die Bauarbeiten mitverfolgen kann man seit 2013 mithilfe einer aus Containern errichteten **Infobox** an der ul. Świętojańska/Ecke ul. 10 Lutego. Ihre Aussichtsplattform in 22 m Höhe bietet neben Plänen und Modellen, die Einblick in das Kommende geben, Ausblick auf die real stattfindenden Bautätigkeiten (www.gdynia infobox.pl).

Südlich folgen auf die Mole Jana Pawła II der Jachthafen und der **Stadtstrand** mit Café-Pavillons. Dahinter erheben sich der Neubau des **Stadtmuseums** und des **Kriegsmarinemuseums.** Ersteres zeigt neben der Stadtgeschichte Wechselausstellungen von moderner Kunst und Design, Letzteres wartet mit Wissenswertem zum Seewaffenkampf vom 18. Jh. bis heute auf. An den Stadtstrand schließt sich die Fußgängerpromenade **Bulwar Nadmorski** an. Über 2 km führt die Promenade am Meeressaum entlang bis zum **Naturschutzgebiet Kępa Redłwoska,** das Gdynias Zentrum vom südlichen grünen Stadtteil Orłowo trennt.

Von 90 m Höhe bricht vor **Orłowo (Adlerhorst)** das **Redłowo-Kliff** nahezu senkrecht zum Strand hin ab. Unterhalb ducken sich in der lauschigen Bucht rund um die Seebrücke eine Reihe Ausflugslokale, die den Ort zum beliebten Wochenendziel für die Großstädter machen. Anziehungspunkt für Freunde der modernen polnischen Literatur ist das kleine **Żeromski-Haus** wenige Schritte oberhalb der Seebrücke. Im Sommer 1920 schrieb *Stefan Żeromski* (1864–1925) dort an seinem Werk, heute wird das Haus für literarische Veranstaltungen genutzt.

Blick auf Gdynia mit Stadtstrand und Mole

Praktische Tipps

Information

- **Touristeninformation**, ul. 10 Lutego 24, 81-354 Gdynia, Tel. 58 6223766, www.gdyniaturystyczna.pl, Mai bis Sept. Mo–Fr 9–18, Sa/So 9–16 Uhr, sonst Mo–Fr 9–17, Sa 9–15 Uhr.
- **Info-Punkt**, al. Jana Pawła II (am Ende der Mole), Mai bis Sept. Mo–Fr 9–18, Sa/So 9–16 Uhr, sonst Mo–Fr 9–17, Sa 9–15 Uhr.
- **Homepage** der Stadt: www.gdynia.pl.

Unterkunft

- **Zimmervermittlung** in der Touristeninfo.
- **Hotel Willa Lubicz**⑤, ul. Orłowska 43, 81-522 Gdynia-Orłowo, Tel. 58 6684740, www.willalubicz.pl. Sehr vornehm, im Stadtteil Orłowo nahe der Seebrücke. Das **Restaurant** im Stil der 1930er Jahre serviert gehobene europäische Küche von frischen saisonalen Produkten; erlesene Weinkarte.
- **Hotel Gdynia**③, ul. Armii Krajowej 22, 81-372 Gdynia, Tel. 58 6663040, www.accorhotels.com. Hochhauskomplex mit knapp 300 Zimmern, im Zentrum nahe der Mole. Mit Pool, Sauna, Solarium und vielen Annehmlichkeiten mehr.
- **Hotel Dom Marynarza**③, ul. Marszałka Piłsudskiego 1, 81-406 Gdynia, Tel. 58 6220025, www.dommarynarza.pl. Mittelklassehotel mit 66 Zimmern im schön erhaltenen sozialistischen 1970er-/80er-Jahre-Stil, gutes Preis-Leistungs-Verhältnis, attraktive Lage, wenige Schritte von Bulwar Nadmorski und Ostsee entfernt.

Zur Freude der Hobby-Seebären ist der Dreimaster „Dar Pomorza" ein Museumsschiff und kann besichtigt werden

- **Gdynia Hostel**①, ul. Wójta Radtkego 42, 81-351 Gdynia, Tel. 58 7357706. Gepflegtes Haus, sieben Zimmer mit 38 Betten, wenige Schritte vom Bahnhof, ab 50 Zł./Person, Frühstück kostet extra.

Jugendherberge

- **Jugendherberge,** ul. Energetików 13a (nahe Container-Terminal), 81-184 Gdynia, Tel. 58 7812 777, www.ssm-gdynia.pl, ganzjährig.

Gastronomie

- **Restaurant Willa Lubicz,** siehe „Unterkunft".
- **Restaurant Morskie Oko** (im Hotel Nadmorski), ul. Juliana Ejsmonda 2, www.nadmorski.pl. Anspruchsvolle polnische und europäische Küche in zeitgenössisch elegantem Design, große internationale Weinkarte.
- **Restaurant Róża Wiatrów,** al. Jana Pawła II 2, Tel. 58 620 3253, www.rozawiatrow.com.pl. Direkt auf der Mole, gegenüber vom Segelschiff „Dar Pomorza", genießt man im Restaurant „Windrose" Fisch-, Wild- und Fleischspezialitäten, zubereitet nach traditioneller polnischer Art.
- **Mein Tipp:** Restaurant Sztuczka, ul. Antoniego Abrahama 40, Tel. 58 6222494, www.sztuczka.com. Mit seiner leichten kreativen europäischen Küche von hochwertigen Produkten und einer feinen Weinkarte zählt das stylische Restaurant zu den Top-Gourmet-Tempeln an der polnischen Ostseeküste. Nicht ganz einfach zu finden: Zugang über ul. Władysława IV.

Museen und andere Sehenswürdigkeiten

- **Museums-Segelschiff „Dar Pomorza",** al. Jana Pawła II (nördlich an der Mole), Juli/Aug. tgl. 10–18 Uhr, sonst Di–So 10–16 Uhr, Nov. bis Jan. geschlossen, www.cmm.pl.

- **Museums-Kriegsschiff „Błyskawica",** al. Jana Pawła II (nördlich an der Mole), Mai bis Okt. tgl. 10–13 und 14–17 Uhr, www.muzeummw.pl.
- **Gdynia Aquarium Ozeanografisches Museum mit Meeresaquarium,** al. Jana Pawła II (südlich an der Mole), April/Mai/Sept. tgl. 9–19 Uhr, Juni bis Aug. tgl. 9–20 Uhr, sonst Di–So 10–17 Uhr, www.akwarium.gdynia.pl.
- **Kriegsmarinemuseum,** ul. Zawiszy Czarnego 1a, Di–So 10–17 Uhr, www.muzeummw.pl.
- **Stadtmuseum,** ul. Zawiszy Czarnego 1, Di–So 10–17 Uhr; www.muzeumgdynia.pl.
- **Infobox,** ul. Świętojańska 30, http://gdyniainfobox.pl, Mo–Fr 10–19, Sa 11–18, So 11–16 Uhr.

Kulturelle Veranstaltungen

- **Open'er Festval,** riesiges Open-Air-Festival auf dem Flugplatz in Gdynia-Kosakowo mit großem Staraufgebot der international Rock-, Pop- und Elektro-Szene, vier Tage Anfang Juli. Infos unter www.opener.pl.

Aktivitäten

- **Hafenrundfahrten**: ab Passagieranlegestelle an der Mole, Anfang April bis Mitte Okt. fünf Mal tgl., Juli/Aug. sieben Mal tgl., www.zegluga.pl.
- **Schifffahrten:** ab Passagieranlegestelle an der Mole mit den Linienschiffen der Tramwaje wodne (Wassertrams) nach Hel auf die gleichnamige Halbinsel, Mai bis Sept. drei Mal tgl., www.zegluga.pl.

> Das Grand Hotel von Sopot

Sopot

Als der Danziger Herzog Mściwój im Jahr **1283** dem Zisterzienserkloster von Oliwa einige seiner Dörflein schenkte, wurde Sopot **(Zoppot)** zum ersten Mal urkundlich erwähnt. 300 Jahre später begannen sich die Danziger Patrizier für den kleinen Ort vor den Toren ihrer Stadt zu interessieren. Zwischen breitem Sandstrand und grünen Hügeln ließen die reichen Kaufleute in dieser schönen Gegend ab dem 16. Jh. ihre Sommerhäuser errichten. Man könnte fast sagen, dass Zoppot bereits zu Renaissance-Zeiten ein Art „Sommerfrische" darstellte. Noch einmal 300 Jahre später wurde Zoppot offiziell **Seebad**. Ein ehemaliger Militärarzt in der napoleonischen Armee, Dr. *Johann Georg Haffner* (1777–1829), erbaute hier 1823 eine erste Badeanstalt. Und schnell stieg Zoppot, noch vor Heringsdorf, Ahlbeck und Misdroy, zum mondänsten aller Ostsee-Seebäder auf. 1902 wurden der feinen Adresse die **Stadtrechte** zuteil. Ab 1920 gehörte sie zum Territorium der Freien Stadt Danzig, doch anders als die große Hansestadt in der Nachbarschaft überstand Sopot den Zweiten Weltkrieg zum Glück relativ unbeschadet.

Sehenswertes

Die Bebauung der **Fußgängerzone ul. Bohaterów Monte Cassino,** wo Läden, Boutiquen und Straßencafés zum Bummeln einladen, stammt größtenteils aus der zweiten Hälfte des 19. Jh. – mit einer Ausnahme: dem **Krummen Haus**

(Krzywy Domek). 2003 nach Plänen des Künstlers und Architekten *Paul Dahlberg* erbaut, sind Mauerwerk, Dach, Fenster und Türen der Shopping-Galerie noch schiefer, als der Name schon sagt.

Monciak wird die quirlige Flaniermeile Bohaterów Monte Cassino von den Sopotern genannt, über die man hinab zum Skwer Kuracyjny mit vielen Pubs, Restaurants und Straßencafés und daran anschließend zur berühmten **Seebrücke** gelangt. Mit 511,50 m ist die gebührenpflichtige hölzerne Sopoter Seebrücke eine der längsten Europas. Und wenn man nicht gerade ein Stückchen Kuchen in dem darauf eingerichteten Café genießt (geöffnet in der Sommersaison), lässt man sich den Wind um die Nase wehen oder besteigt vielleicht eines der Ausflugsschiffe nach Danzig oder Hel, die hier ablegen. Zumal sich auch das beliebteste Sopoter Fotomotiv, das **Grand Hotel** unmittelbar am Strand nebenan, in seinen stattlichen Ausmaßen am besten vom Wasser aus in die Linse bannen lässt. 1924 bis 1927 wurde der neubarocke Hotelpalast mit Spielkasino für die Reichen und Schönen erbaut. Heute zählt er, umfassend saniert, zu den vornehmsten Hotels in ganz Polen.

Seit 2008 ist Sopot um eine weitere Attraktion reicher. Binnen Dreijahresfrist entstand am Platz vor der Seebrücke der Neubaukomplex des **Centrums Haffnera,** das sich mit einem vielgeschossigen Luxushotel, Konferenz- und Handelszentrum, Spa- und Gesundheitszentrum, neuem Kurhaus, Wohn- und Bürogebäuden als gewaltiger Riegel zwischen die Seebrücke und den Bummelboulevard Monciak schiebt. Im Mittelpunkt, quasi als Fluchtpunkt zur Seebrücke, prangt das historisierende **neue Kurhaus,** dessen postmodern-neubarock-chinoise Architektur man dem 1910 eröffneten, kriegszerstörten Vorgängerbau nachempfunden hat. Dort im zweiten Stock befindet sich die Sopoter **Touristeninformation,** und im Café eine Etage höher genießt man zum Kaffee oder Sopoter Kurwässerchen einen hübschen Blick auf Mole und Meer.

213po kj

Nördlich davon schließen sich an das traditionsreiche Grand Hotel der **Nordpark,** Tennisplätze und das **Nordbad** an. Von der 1967 bis 1972 nach Plänen von *Janusz Kowalski* errichteten Badeanstalt ist nur noch der Name erhalten, ebenso wie vom ersten Nordbad an dieser Stelle. Jenes eröffnete im Jahr 1903 und stammte aus der Feder des Architekten *Paul Puchmüller.* Stattdessen erwartet einen heute am selben Ort direkt hinter dem Strand der holzverkleidete Neubau des Kunst- und Kulturzentrums **Zatoka Sztuki.** Neben einem guten Restaurant, Club und Kunstgalerie zählen die Jazz-, Elektro- und Singer/Songwriter-Konzerte, im Sommer umsonst und draußen, zu den Veranstaltungshöhepunkten.

Gegenüber am Waldhang liegt auf einem Hügel an der ul. Haffnera das Archäologische **Freilichtmuseum Vorzeitburg** (Grodzisko). In der rekonstruierten hölzernen slawischen Burg aus dem frühen Mittelalter werden im Sommer historische Spiele veranstaltet. Im Pavillon-Neubau zu ihren Füßen sind archäologische Fundstücke zu sehen.

Südlich der Seebrücke fällt die 1903/04 erbaute **Balneologische Anstalt** von *Paul Puchmüller* nicht zuletzt wegen ihres hohen Turms ins Auge. Er dient als Leuchtturm und Aussichtspunkt, den man im Sommer besteigen kann. Es folgt das chinoise **Südbad** aus dem Jahr 1907, heute Hotel, dessen Entwurf ebenfalls von *Puchmüller* stammt. Ein weiteres verbliebenes Zeugnis des Architekten, der von 1901 bis 1922 Stadtbaumeister in Zoppot war, ist das **Rathaus** von 1910/11 nicht weit vom Bahnhof.

Zwischen Südbad und dem noch weiter südlich liegenden kultigen Fischer-Pub Przystań reiht sich eine Handvoll netter kleiner gastronomische Holzpavillons an der Strandpromenade, und nirgends wird man auf Budenkultur stoßen. Unterwegs lohnt das **Stadtmuseum** einen Besuch. In der Claaßen-Villa von 1903 zeigt es neben Wechselausstellungen eine großbürgerliche Zoppoter Wohneinrichtung aus dem frühen 20. Jh.

In den städtischen Kuranstalten und **Sanatorien** werden mit Mineralbädern und Soletrinkkuren Rheuma sowie Krankheiten des Atem- und Bewegungsapparats behandelt. Segel-, Windsurf- und Jacht-Club, eine Pferderennbahn und im Winter Skisport am Hügel Łysa Polana sorgen für die aktive Freizeitgestaltung. Und auch das **kulturelle Angebot** kann sich sehen lassen. Während nebenan die große Schwester Danzig spätestens gegen 23 Uhr ihre Bürgersteige hochklappt, wird im 40.000 Einwohner kleinen Sopot in Discos, Bars, Clubs und Kneipen und mit zahlreichen Veranstaltungen die Nacht zum Tag gemacht. Von den vielen Events über das Jahr seien hier nur die bedeutendsten erwähnt: das legendäre Sopoter **Jazz-Fest** im Oktober sowie im August das **Sopot Festiwal,** das, 1961 gegründet, alljährlich die Größten der internationalen Schlager-, Rock- und Popmusikszene in der **Waldoper** (Opera Leśna) open air mitten im Wald, hoch über der Stadt präsentiert.

Praktische Tipps

Information

■ **Touristeninformation,** pl. Zdrojowy 2, 81-720 Sopot, Tel. 790 280884, www.sts.sopot.pl, tgl. 10–18 Uhr.
■ **Homepage** der Stadt: www.sopot.pl.

Unterkunft

- **Zimmervermittlung** in den Touristeninformationen.
- **Grand Hotel**⑤, ul. Powstańców Warszawy 12/14, 81-718 Sopot, Tel. 58 5206000, www.sofitel.com/Grand_Sopot. Wohnen im Wahrzeichen von Sopot: geschichtsträchtig, mondän, luxuriös, neben der Seebrücke direkt am Strand.
- **Willa Marea**④, ul. Chrobrego 38, 81-725 Sopot, Tel. 58 5558480, www.marea.sopot.pl. Gepflegtes kleines Komforthotel in einer restaurierten modernisierten Villa in Bäderarchitektur, mit gutem Frühstücksbuffet, nahe Stand und Mole.
- **Gästezimmer U Rybaka**③, Plac Rybaków 16, 81-731 Sopot, Tel. 58 5512302, www.urybaka.republika.pl. Reizende kleine Fachwerkunterkunft, lauschig, mit Gärtchen und Zimmern im Landhausstil, 15 Minuten Fußweg zur Seebrücke, keine zwei Minuten zum Strand.
- **Hotel Maryla**②, ul. Sępia 22, 81-713 Sopot, Tel. 58 5510034, www.hotel.sopot.pl. Freundliche 1930er-Jahre-Villa im nördlichen Sopot ruhig vor dem Küstenwald, 5 Minuten zum Strand, 15 bis 20 Minuten zur Seebrücke.

Camping

- **Camping Nr. 19 Metropolis Sopot,** ul. Zamkowa Góra 25, 81-713 Sopot, Tel. 58 5500445, www.domkisopot.pl. Wiesenplatz gleich am nördlichen Ortseingang in Nachbarschaft zum „Aquapark" (die Einfahrt zum Platz verbirgt sich links hinter der Tankstelle), mit Café-Bar und Campinghäuschen, fünf Minuten zum Strand, 30 Minuten ins Zentrum, Mitte Mai bis Ende Sept.

Gastronomie

- **Restaurant Villa Sedan,** ul. Pułaskiego 18–20, Tel. 58 5550980, www.sedan.pl. Das Restaurant des Hotels Villa Sedan bietet besten Service, dazu wird Küchenkunst in Form leichter polnischer und internationaler Küche, superb verfeinert, serviert.
- **Karczma Irena,** ul. Chopina 36, Tel. 58 551 2073, www.pensjonat-irena.com. Das Restaurant im Hotel Irena serviert altpolnische und regionale, exzellent zubereitete Küche.
- **Bar Przystań,** al. Wojska Polskiego 11, Tel. 58 5500241, www.barprzystan.pl. Die ehemalige Hafenbar und Fischbraterei hat längst Kultstatus. Heute beliebtes Schnell-Restaurant, gibt es immer noch täglich Fisch direkt vom Kutter am Strand vor der Tür frisch auf den Tisch.
- **Restaurant Piaskownica,** ul. Powstańców Warszawy 88, Tel. 58 511351639, www.piaskownicasopot.pl. Schönes, gemütliches Holzhaus in den Dünen vor dem Strand, abseits vom Trubel, lecker zubereitete traditionelle polnische Küche, mit großer Außenterrasse, herrlich zum Draußensitzen.

Museen und andere Sehenswürdigkeiten

- **Stadtmuseum,** ul. Poniatowskiego 8, www.muzeumsopotu.pl, Di/ Mi/Fr 10–17 Uhr, Do 10–18 Uhr, Sa/So 12–18 Uhr.
- **Freilichtmuseum Grodzisko,** ul. Haffnera 63, www.archeologia.pl, Mai bis Okt. Di–So 10–18 Uhr, Nov.bis April Di–So 10–17 Uhr.

Kulturelle Veranstaltungen

- **Sopot od Kuchni,** Slow-Food-Festival Ende Juni auf der Seebrücke, Hunderte Köstlichkeiten des pommerschen Landes und Meeres zum Probieren, von hervorragenden Köchen zubereitet, auf einer 200 m langen Tafel angerichtet; Info unter www.sopotodkuchni.pl.
- **Festival der Sakralmusik,** Anfang Juli bis Anfang Sept. immer sonntags um 19 Uhr in der Kirche Gwiazda Morza, ul. Kościuszki 19.

Danzig (Gdańsk)

Von der Herkunft des **Namens** „Danzig" oder „Gdańsk" gehen allerlei Sagen. Manche behaupten, er komme von dem Wort „Tanz", was in alter Schreibweise manchmal mit dem Buchstaben „D" angeführt wurde. Andere erzählen, er sei von einem dänischen Seeräuber hergeleitet, der in grauen Vorzeiten in dem Dorf Wiek nahe der Ostsee seine Schätze versteckte, weshalb man dem Ort den Namen „Danske-Wiek" verlieh.

Erstmals schriftlich erwähnt wurde die „Königin der Ostsee" im Jahr **997** während der Missionsfahrt des Bischofs *Adalbert* zu den heidnischen Prußen, und zwar in der Schreibweise „Gyddanszyc". 1997 feierte die stolze Hansestadt ihr 1000-jähriges Jubiläum.

Und welche **Persönlichkeiten und Ereignisse** verbinden sich mit diesem 1000-jährigen Namen! Glorreich: Fürst *Mieszko I.* (reg. um 960–992). Unbeliebt: der Deutsche Orden. Erfolgreich: König *Kazimierz IV. Jagiellończyk* (reg. 1447–1492). Stinkreich: die Hanse. Humanistisch: *Jan Dantyszek* (1485–1548). Barockschwer: *Martin Opitz* (1597–1639). Sterneschauend: *Johannes Hevelius* (1611–1687). Verzweifelt: *Arthur Schopenhauer* (1788–1860). Vernichtend: *Adolf Hitler* (1889–1945). Erzählend: *Günter Grass* (*1927). Und die sozialistische Volksrepublik in den Grundfesten erschütternd: *Lech Wałęsa* (*1943) und die Gewerkschaft Solidarność.

Die Astronomische Uhr in der Danziger Marienkirche

■ **Sopot Festiwal,** internationales Songfestival, seit dem Geburtsjahr 1961 waren sie alle da, die Großen der Rock- und Popmusik: *B.B. King, Whitney Houston, Tina Turner* u.v.a., im August in der Waldbühne (Opera Leśna), http://operalesna.sopot.pl.
■ **Jazzfestival,** im Oktober, www.sopotjazz.pl.
MEIN TIPP: Jazz-, Elektro- und Singer/Songwriter-Konzerte, im Sommer am Strand auf der Konzertbühne des Kunst- und Kulturzentrum **Zatoka Sztuki,** al. Mamuszki 14.

Aktivitäten

■ **Ausflugsschifffahrten:** ab Seebrücke Mai bis Aug. mit den Linienschiffen der Tramwaje wodne (Wassertrams) ab Seebrücke zwei Mal tgl. Linie F2 nach Hel, www.zegluga.org.
■ **Fahrradverleih:** acht Stationen in Sopot, an denen man per Handy ein Leihrad freischalten kann, nötig ist die vorherige Anmeldung auf der Website von Nextbike, www.nextbike.pl.
■ **Wassersportgeräteverleih:** Katamarane und Surfbretter beim Sopoter Segelclub, ul. Hestii 3.

Danzig (Gdańsk)

Übernachtung
1. Jugendherberge, ul. Grundwaldzka
2. Jugendherberge, ul. Wałowa
3. World Hostel Gdańsk
6. Jugendherberge, ul. Kartuska
7. Hostel Universus
8. Grand Hostel Gdańsk
16. Hotel Kamienica Gotyk
18. Hotel Hanza
20. Hotel Królewski
23. Hotel Grand Cru
24. Hotel Dom Muzyka
25. Camping Nr. 218 Stogi

Essen und Trinken
9. Restaurant Gdańska
17. Restaurant Pod Łososiem
18. Restaurant Hotel Hanza
19. Restaurant Mestwin
21. Restaurant Targ Rybny
22. Restaurant Kubicki

Sonstiges
4. Fahrradverleih
5. Markthalle

★ 10. Rechtstädtisches Rathaus
★ 11. Neptunbrunnen
★Ⓜ 12. Artushof
★ 13. Neues Schöffenhaus
★ 14. Goldenes Haus
★ 15. Englisches Haus

🅿 Bewachter Parkplatz

Heute zählt die größte Stadt der Trójmiasto und **Hauptstadt der Woiwodschaft Pommern** (Pomorskie) fast eine halbe Million Einwohner. Sie ist Zentrum der polnischen **Werftindustrie** und mit ihrem See-, Binnen-, Fährschiff- und Flughafen zugleich der wichtigste **Verkehrsknotenpunkt** an der südöstlichen Ostsee. In zahlreichen wissenschaftlichen Einrichtungen und gleich sechs **Hochschulen** wird der akademische Nachwuchs ausgebildet. Neben Galerien und Theatern der verschiedensten Art runden die Baltische Oper, die Baltische Philharmonie und viele bedeutende Museen das **Kulturangebot** ab.

In der nach 1945 wieder aufgebauten **historischen Innenstadt,** deren Viertel bis ins späte Mittelalter hinein eigenständige Städte waren, konzentrieren sich die berühmtesten Sehenswürdigkeiten Danzigs, besonders in der aus der ältesten Danziger Marktsiedlung hervorgegangen **Altstadt (Stare Miasto)** am Radaune-Kanal und herausragend in der **Rechtstadt (Główne Miasto)** am Mottlau-Ufer.

Geschichte

Schon im 11. Jh. befinden sich an der Mottlau eine befestigte Siedlung und eine Burg, die wahrscheinlich auf den ersten verbürgten polnischen Herrscher **Mieszko I.** zurückgeht. Dank der vorteilhaften Lage am Knotenpunkt wichtiger Handelswege wächst der Ort rasch. Als unter dem Pommerellen-Herzog **Swantopolk** (1220–1266) die deutsche Einwanderung beginnt, zählt er fast 10.000 Einwohner, und bis zum Tod *Swantopolks* 1266 erlebt Danzig eine erste Blütezeit. Nach dem Ableben des weisen Herrschers entbrennt ein folgenschwerer Familienstreit um die Nachfolge. In der kriegerischen Auseinandersetzung mit zwei Onkeln und seinem eigenen Bruder ruft *Swantopolks* Sohn **Mestwin II.** den Markgrafen von Brandenburg zu Hilfe und unterstellt diesem den von ihm regierten Landesteil als Lehen. Das Resultat: Die **Brandenburger** rücken **1271** nach Danzig ein, okkupieren das Land, bleiben als Besatzer und leiten seitdem Ansprüche auf Danzig und Pommerellen ab. Der übervorteilte *Mestwin* verbündet sich daraufhin mit Herzog **Przemysław II. von Großpolen,** welcher nur wenig später, im Jahr 1295, zum polnischen König gekrönt werden wird. Gemeinsam gelingt es ihnen, Danzig zurückzuerobern, und Mestwin überträgt das gesamte Herzogtum der polnischen Krone.

Nachdem die przemyslidische Dynastie im Jahr 1306 erloschen ist, erklärt sich Herzog **Władysław Łokietek** („Ellenlang") zum rechtmäßigen Erben Danzigs und Pommerellens. **1307** besetzen seine Truppen die Stadt, und abermals rufen die Danziger den **Markgrafen von Brandenburg** zu Hilfe. **1308** marschieren zum zweiten Mal brandenburgische Soldaten nach Danzig ein. Doch die polnisch gehaltene Burg leistet erbitterten Widerstand. Im Einvernehmen mit Herzog *Władysław Łokietek* beauftragt der Hauptmann der Danziger Burg den Deutschen Orden, gegen Bezahlung Danzig und Pommerellen für Polen zurückzuerobern. Ein verhängnisvoller Fehler, wie sich bald darauf herausstellen wird.

Die **Ordensritter** kommen, siegen und annektieren das Land. Die Geldsumme, die sie für ihre kriegerische Dienstleistung erheben, beläuft sich auf einen so unverschämt hohen Betrag, dass sie von Polen auf keinen Fall bezahlt werden kann. Vor einem päpstlichen Gericht klagt *Władysław Łokietek* (ab 1320 König von Polen) die Herausgabe Danzigs und Pommerellens zunächst zwar erfolgreich ein, doch wird der Schiedsspruch 1323 vom Papst wieder aufgehoben. Es bleibt dabei: Fortan unterstehen Danzig und Pommerellen der Herrschaft des Deutschen Ordens, und es kristallisiert sich die fatale Situation heraus, die im 20. Jh. schließlich als „Korridorproblem" in die Geschichte eingehen wird: das Streben Polens nach einem **Zugang zur Ostsee** gegen das Streben der deutschen Mächte nach einer **Landverbindung mit Ostpreußen.**

Vom Deutschen Orden werden der Danziger Rechtstadt (heute das historische Zentrum am Ufer der Mottlau) **1343** die **Stadtrechte** verliehen. Der Danziger Altstadt am Radaune-Kanal, mit vorwiegend slawischer Bevölkerung, werden diese Rechte erst **1375** zuteil. Auch nur die Rechtstadt, wo die wohlhabenden deutschen Kaufleute sitzen, wird 1361 Mitglied der **Hanse.** Das Regiment der Ordensritter sichert ihnen äußeren Frieden und innere Stabilität, sodass sie sich ganz der Mehrung ihrer Vermögen widmen können. Gewerbe und Handel blühen auf, und Zünfte entstehen.

Aufgrund des erstarkenden Selbstbewusstseins der Danziger Bürger kommt es nun allerdings zunehmend zu Spannungen mit dem streng absolutistisch organisierten Orden; und nach der verheerenden **Niederlage des Ordens** im Sommer **1410** bei Grunwald (Tannenberg) gegen das vereinte polnisch-li-

tauische Heer ist es auch mit dem Ruf von seiner Unbesiegbarkeit vorbei. Die Danziger Patrizier schwören König **Kazimierz IV. von Polen** Gefolgschaft, denn er gewährt ihnen die eingeforderten Freiheiten und Privilegien.

1440 schließt sich Danzig mit 18 weiteren Städten und den preußischen Ständen zum **Preußischen Bund** zusammen mit dem Ziel, die Ordensherrschaft abzuschütteln. Bereits im zweiten Jahr des **Dreizehnjährigen Kriegs** 1453–1466, den der Bund gegen den Deutschorden führt, zieht König *Kazimierz IV.* unter Jubel in der Hansestadt ein. Ab Mai 1457 ist Danzig eine unabhängige **Stadtrepublik im Polnischen Reich,** und sie wird es bis zur Zweiten Teilung Polens 1793 über 300 Jahre lang bleiben.

Im April **1793** rücken **preußische Truppen** nach Danzig ein. Prominente Bürger, unter ihnen die Familie *Schopenhauer,* verlassen die Stadt, da sie nicht unter preußischer Herrschaft leben wollen. Von **1815** an gehört Danzig zum **Königreich Preußen,** ab **1871** zum **Deutschen Reich.**

Mit Inkrafttreten des Versailler Vertrags nach Ende des Ersten Weltkriegs wird Danzig am **28. Juli 1919** zum unabhängigen Stadtstaat unter Aufsicht des Völkerbunds – zur **Freien Stadt Danzig.** Ihr Territorium umfasst ein Gebiet von Zoppot zum Frischen Haff über die Weichselniederung bis südlich von Dirschau (Tczew). Pommerellen wird der neu gegründeten Republik Polen zugesprochen, der Danziger Hafen untersteht der gemeinsamen Verwaltung durch Danzig und Polen. Dem polnischen Staat wird das Recht eingeräumt, eigene

Danzigs berühmte Häuserzeile mit dem Krantor

Post-, Telefon- und Telegrafenanlagen zum Hafen auf dem Danziger Gebiet zu betreiben. Weiterhin wird die Eisenbahnverwaltung der Republik Polen unterstellt. Spannungen und **Auseinandersetzungen zwischen Deutschen und Polen** nehmen zu. Wird hier der Umschlag polnischer Güter über den Danziger Hafen behindert, werden dort selbst die Personenzüge aus Deutschland für die Durchfahrt durch den „Korridor" Richtung Ostpreußen verplombt.

Im Mai 1920 gewinnt die Deutschnationale Volkspartei die Wahlen in Danzig, **1933** erhält die **NSDAP** in der „Freien Stadt" die absolute Mehrheit.

Mit den Schüssen des deutschen Schlachtkreuzers „Schleswig-Holstein" auf die Danziger Westerplatte beginnt am **1. September 1939** der **Zweite Weltkrieg.** Noch sieben Tage lang verteidigen sich die auf der Westerplatte stationierten polnischen Soldaten verzweifelt, danach müssen sie, wie vorher schon die Angestellten der Polnischen Post am Heveliusplatz, kapitulieren. Die Gefangenen werden größtenteils hingerichtet. Danzig wird in das **Dritte Reich** eingegliedert. Nur wenige Tage später beginnt man mit dem Bau des **Konzentrationslagers Stutthof** 30 km östlich von Danzig, wo bis zur Befreiung 1945 Tausende Menschen ihr Leben verlieren.

Am **30. April 1945** marschieren Verbände der Polnischen und der Roten Armee in die Stadt ein. Bis zum letzten Moment, das heißt bis zur totalen **Zerstörung,** wird sie von den Deutschen verteidigt. Danzig, die einst so prachtvolle Stadt, liegt in Trümmern.

Nach Kriegsende wird Gdańsk, wie es nun wieder heißt, von der polnischen Bevölkerung Steinchen für Steinchen mühevoll **wieder aufgebaut,** bis die Stadt im historischen Gewand des 16./17. Jh. wiederauferstanden ist. Unzählige Handwerker und Restauratoren vollbringen über viele Jahre ein Wunder. Auch zahlreiche neue Wohnungen werden errichtet und Betriebe gegründet. Die Trójmiasto Gdynia-Sopot-Gdańsk entwickelt sich zum bedeutenden Wirtschaftszentrum.

Dennoch bestimmen **Misswirtschaft** und Fehlplanungen das Bild der sozialistischen Republik. Als die Polnische Vereinigte Arbeiterpartei im Dezember **1970** eine Preiserhöhung verordnet, kommt es in Gdańsk zum offenen **Aufstand,** in dessen Folge zahlreiche Tote und Verletzte zu beklagen sind. **1976** er-

◁ Das Danziger Werftarbeiter-Denkmal

schüttern abermals Streiks und Demonstrationen die Stadt. Am **14. August 1980** treten die **Arbeiter der Lenin-Werft** in den Ausstand und besetzen ihren Betrieb. Und dies ist ein **Streik,** der die gesamte polnische Gesellschaft nachhaltig verändern wird: Nur wenig mehr als zwei Wochen später, am 31. August 1980, unterzeichnen der Elektriker **Lech Wałęsa** und der damalige stellvertretende Ministerpräsident *Jagielski* die **„Danziger Vereinbarung"** über grundlegende ökonomische und gesellschaftliche Reformen. Es ist die Geburtsstunde der **Gewerkschaft Solidarność** – der ersten freien Gewerkschaft in den Staaten des Ostblocks (siehe auch Exkurs „Solidarność – Chronik einer Revolution").

1997 feierte Danzig sein **1000-jähriges Jubiläum.** 2009 beging die Stadt mit vielen Feiern und Veranstaltungen den 20. Jahrestag der friedlichen Revolution.

Sehenswertes zwischen Kohlenmarkt und Mottlau-Ufer (Tour 1)

Den Spaziergang durch die ==Rechtstadt== (**Główne Miasto**) beginnt man am besten am **Targ Węglowy (Kohlenmarkt).** Der Hauptbahnhof, Straßenbahnhaltestellen und bewachte Parkplätze liegen ganz in der Nähe. Ein kurzer Bummel führt zunächst nach Norden. Hinter dem Theater, das den Kohlenmarkt im Norden begrenzt, gucken als Teile der alten Rechtstadt-Befestigung vier **Türme** hervor, von denen der letzte den lustigen Namen **„Kiek in de Kök"** (Baszta Jacek) trägt. Von seinen Schießscharten aus soll man den Rittern in die Küche gesehen haben können.

Gegenüber dem alten Befestigungsturm kann man sich in der **Markthalle**

mit Bekleidung und Lebensmitteln eindecken. Wo seit 1894 der überdachte Markt abgehalten wird, befand sich einst der Klosterkomplex des Dominikaner-Ordens. Während der Napoleonischen Kriege Anfang des 19. Jh. wurde er ein Opfer der Flammen. Die Ordenskirche **St. Nikolai** (Kościół św. Mikołaja), deren Bau von der zweiten Hälfte des 14. bis Ende des 15. Jh. dauerte, hat die Zeiten dagegen nahezu unversehrt überstanden. Sie ist zugleich das einzige Danziger Gotteshaus, das im Zweiten Weltkrieg nicht zerstört worden ist. Zu ihren

◸ Blick auf das Goldene Tor

▷ Die ulica Długa mit dem Rechtstädtischen Rathaus zählt zu den schönsten Straßen Europas

schönsten Kostbarkeiten gehört eine Pietà von 1430 und ein Kruzifix, das um 1520 entstand.

Zurück am Kohlenmarkt, fällt gleich vor Kopf neben dem **Strohturm** (Brama Słoma) aus dem 15. Jh. die Rückfront des **Großen Zeughauses** (Wielka Zbrojownia) ins Auge. Eine Fußgänger- und Einkaufspassage führt vom Kohlenmarkt durch das Zeughaus in die ul. Piwna (Jopen-Gasse) hindurch, von wo der Renaissance-Bau seine ganze Pracht offenbart. Mit seiner reich verzierten Fassade, den anmutig ausgestalteten Giebeln und den vielen Skulpturen ist das ehemalige Waffenarsenal **eines der schönsten Renaissance-Gebäude** in Danzig. 1601 bis 1609 wurde es, wie viele andere Danziger Bauwerke, von dem begnadeten Architekten *Anthony von Obbergen* geschaffen.

Den Hauptzugang an der einstigen Westumwallung der Rechtstadt bildet das **Hohe Tor** (Brama Wyżynna) südlich vom Kohlenmarkt. 1574 bis 1576 als schlichtes Backsteintor der Stadtbefestigung errichtet, wurde es 1588 von *Wilhelm van den Blocke* umgestaltet und mit dem Wappen Danzigs, Polens und Königlich Preußens geschmückt. Heute beherbergt das Hohe Tor die zentrale pommersche **Touristeninformation.** Früher eröffnete es glanzvoll den sogenannten „Königsweg", auf dem – erst durch das Hohe Tor und danach das Goldene Tor – die polnischen Könige nach Danzig einzogen.

Nebenan fristeten währenddessen im Vortor mit **Peinkammer** (Katownia) und **Stockturm** (Wieża Więzienna) die gefangengesetzten Danziger Bösewichte ihr Dasein. Die alten Gemäuer kann man bei einem Besuch des **Bernstein-**

museums (Muzeum Bursztynu) besichtigen, das in dem mächtigen Backsteinensemble untergebracht ist. Auf mehreren Etagen erzählt das Museum die Geschichte des Ostseegolds und präsentiert historische und zeitgenössische Bernsteinkunstwerke, Schmuck und unbearbeitete Bernsteinfunde.

Das **Goldene Tor** (Złota Brama), manchmal auch „Langgasser Tor" genannt, wurde 1612 bis 1614 von Baumeister *Willems* Sohn *Abraham van den Blocke* erbaut. Als Spätrenaissancebau einem antiken Triumphbogen nachempfunden, bildet es einen würdigen Eingang zur ul. Długa, der prachtvollsten Danziger Gasse. Die das Tor krönenden allegorischen Figuren, die 1647/48 *Peter Ringering* schuf, stellen Frieden und Freiheit, Reichtum, Ruhm, Gerechtigkeit, Frömmigkeit, Weisheit und Eintracht dar. Die Inschrift über dem Torbogen lautet: „Es müsse wohlgehen denen, die Dich lieben. Es müsse Frieden sein inwendig in Deinen Mauern und Glück in Deinen Palästen."

Nach einem Blick auf die benachbarte spätgotische **St.-Georgshalle** (Dwór Bractwa św. Jezergo), 1494 für die Danziger St.-Georgs-Gilde errichtet, öffnet sich östlich des Goldenen Tors die Rechtstadt in all ihrer Pracht. Seit dem 14. Jh. bilden die berühmte **ul. Długa (Langgasse)** und der **Długi Targ (Lange Markt)** das Herz Danzigs. In der Langgasse und rund um den Langen Markt ließen die wohlhabendsten und reputiertesten Danziger Bürger – Kaufleute, Reeder, Bankiers, Bürgermeister – ihre prunkvollen **Giebelhäuser** errichten,

von deren stattlicher Anzahl hier nur die schönsten erwähnt werden können.

Das **Uphagen-Haus** (Kamienica Uphagena) in der ul. Długa 12, 1776 bis 1779 nach Plänen von *Johann Benjamin Dreyer* erbaut, ist ein spätbarockes, typisches Danziger Patrizierhaus jener Epoche. Dem letzten Willen seines Bauherrn, Ratsherr *Johannes Uphagen*, entsprechend, beließen es seine Erben über alle Zeiten unverändert. Die Kontore im Erdgeschoss und die aristokratisch ausgestatteten Wohnräume vermitteln eine eindrucksvolle Vorstellung von großbürgerlicher Lebensart im Danzig des ausgehenden 18. Jh.

Das 1560 im Stil der niederländischen Renaissance errichtete **Fersbersche Haus** (Dom Ferberów), ul. Długa 28, diente als Wohnhaus der über Jahrhunderte reichsten und wichtigsten Danziger Familie. Durch Holzhandel zu Vermögen gelangt, stellten die *Ferbers* zahlreiche Bankiers und Bürgermeister.

Wenige Schritte weiter schmückt sich mit der Hausnummer 35 das **Löwenschloss** (Lwi Zamek) aus dem Jahr 1569. Lange Zeit war es Treffpunkt der Danziger Gelehrten und Künstler, und 1636 weilte daselbst König *Władysław IV. Wasa* in seinen Mauern. Im **Schumannhaus** (Dom Szumannów), ul. Długa 45, 1560 im Renaissancestil für die Bürgermeisterfamilie *Schumann* gebaut, ist in der Diele die **PTTK-Touristeninformation** untergebracht.

Wo die Langgasse in den Langen Markt übergeht, erhebt sich als Mittelpunkt auf dem Königsweg das **Rechtstädtische Rathaus** (Ratusz Głównego Miasta). Der imponierende Backsteinbau entstand im Verlauf von beinahe 200 Jahren. Um 1380 wurden das Erdgeschoss und ein erstes Stockwerk errichtet, etwa 100 Jahre später folgten ein weiteres Stockwerk sowie der Turm. Nach einem Brand 1556 erhielt der Baukörper seine heutige Renaissance-Gestalt und der Turm bekam eine prächtig verzierte Haube. Als krönenden Abschluss des nun 82 m hohen Rathausturms setzte man ihm 1561 die vergoldete Statue von König *Zygmunt II. August* (1548–1572) auf. Gut 100 Stufen führen zur Aussichtsgalerie unter der Haube hinauf, oben eröffnet sich ein schöner Rundumblick auf die Altstadt. Das barocke Eingangsportal mit zwei Löwen und dem Danziger Stadtwappen wurde 1766 bis 1768 von *Daniel Eggert* angefügt.

◁ Das Portal des Uphagen-Hauses

☐ Stadtplan S. 206, Plan Tour 1 S. 211

Die durchgängig fürstlichen Innenräume, mit deren Gestaltung man gegen 1600 begann, sind heute Teil des **Historischen Stadtmuseums.** Unter ihnen bildet der **Rote Saal,** in dem die Ratsherren tagten, das großartigste Beispiel für den Danziger Manierismus. Einmal mehr war der Flame *Anthony von Obbergen* der Meister, dem im 17. Jh. dieser Wurf gelang. In sein aufwendig geschnitztes, stuckiertes und vergoldetes Deckenrelief sind Gemälde der niederländischen Meister *Hans Vredemann de Vries* und *Isaac van den Blocke* eingelassen. Sie stellen eine Allegorie des Danziger Handels dar. Der Kachelofen von 1593 stammt aus der Hand des Bildhauers *Willem van der Meer.*

Als seltene Ausnahme hat der Rote Saal den Zweiten Weltkrieg ohne allzu große Schäden überdauert. Denn während Hitler-Deutschland noch den „Endsieg" beschwor, machte sich der Danziger Konservator *Erich Volmar* bereits 1943 daran, die ganze Pracht abzumontieren und in der Nähe von Danzig sicher einzulagern. Bilder von der Zerstörung der Stadt 1945 zeigt im Rathaus eine kleine **Foto-Ausstellung.** Vom Rathausturm erklingt immer zur vollen Stunde ein aus 37 Glocken bestehendes **Glockenspiel,** und von seiner Aussichtsplattform genießt man einen schönen Blick über die Dächer von Danzig.

Auf Höhe des Rechtstädtischen Rathauses eröffnet sich der **Długi Targ (Langer Markt),** von dem viele sagen, er sei einer der schönsten Plätze Europas. Mit strahlend weißer Fassade erhebt sich dort der **Artushof** (Dwór Artusa), der seit seiner Errichtung Mitte des 14. Jh. als Sitz der Danziger Kaufmannsbruderschaften diente. Nach dem sagenhaften König Artus und seiner Tafelrunde hatte man dem Gebäude seinen Namen gegeben. Und tatsächlich entwickelte sich in der großen Halle eine Art trinkfröhliche Bruderschaft, über die brave Bürger folgende und ähnliche Klagen führten: „Täglich sieht und hört man im Artushof das wilde, brutale und üble Benehmen mancher Personen. Einige Brüder verbringen dort nicht nur ihre Tage, sondern auch ihre Nächte auf Banketten. Dies erfüllt die anständigen, frommen Bürger und die Fremden, die sich in der Stadt aufhalten, in solchem Maße mit Ärger und Angst, dass sie lieber einen

△ Im prächtigen Artushof ging es einst oft hoch her. Davor plätschert der Neptunbrunnen

8

weiten Bogen um den Hof machen." 1476/77 durch Brände zerstört, wurde der Artushof im spätgotischen Stil wiedererrichtet und im Jahr 1481 neu eingeweiht. Seine aktuelle, manieristische Fassade erhielt der Hallenbau schließlich 1616/17 von *Abraham van den Blocke*. Heute fungiert er als Zweigstelle des Historischen Stadtmuseums und zeigt Gemälde, Rüstungen, Schiffsmodelle und einen 10 m hohen Kachelofen von 1545.

Davor plätschert seit 1633 der **Neptunbrunnen** (Fontanna Neptuna), ein weiteres der so zahlreichen Danziger Wahrzeichen. Er entstand auf Initiative des Bürgermeisters *Speymann*, mit Entwurf und Ausarbeitung wurde *Abraham van den Blocke* beauftragt. Der Künstler verstarb jedoch noch vor Vollendung des Brunnens, und sein Schüler *Wilhelm Richter* stellte ihn fertig. Eine **Sage** erzählt, der Meeresgott Neptun habe an dieser Stelle persönlich zur Erfindung des berühmten Danziger Kräuterlikörs „Goldwasser" beigetragen. Aufgebracht darüber, dass die Leute dauernd Münzen in seinen bildschönen Brunnen warfen, drosch er mit dem Dreizack so kräftig aufs Wasser ein, dass die Münzen in unzählige feine Goldplättchen zerbarsten. Der goldene Schimmer, den sie auf der Wasseroberfläche hinterließen, brachte die Danziger auf die Idee, damit ihr „Goldwasser" zu veredeln.

Ostwärts schließt sich an den Artushof das **Neue Schöffenhaus** (Dom Ławników) an. 1712 bis 1806 diente es als Sitz des Stadtgerichts, weshalb den Giebel eine Allegorie der Gerechtigkeit ziert. Darunter öffnet sich von Mai bis September täglich um 13, 15 und 17 Uhr das goldblattverzierte runde Fenster, und **„Fräulein Hedwig"** schaut auf den Platz hinaus. Sie ist die Protagonistin des

bekanntesten Romans von *Jadwiga Łuszczewska* (1843–1908), „Das Mädchen am Fenster", der von der armen Jungfrau Hedwig erzählt, die ihr Onkel im Haus am Langen Markt 43 eingesperrt hielt.

Zwei Gebäude weiter reiht sich, mit vielen allegorischen Figuren und Skulpturen historischer Persönlichkeiten geschmückt, das stuckverzierte **Goldene Haus** (Złota Kamienica) in das Defilee steinerner Danziger Schönheiten ein. Das 1609–1617 von *Abraham van den Blocke* für den Patrizier *Speymann* errichtete, einst goldfarbene Gebäude wird auch „Steffensches Haus" genannt, da es später in preußischer Zeit die Familie *Steffens* bewohnte.

Zur Mottlau hin wird der Lange Markt vom **Grünen Tor** (Zielona Brama) begrenzt. An dem 1564 bis 1568 nach Plänen der Baumeister *Regnier* aus Amsterdam und *Kramer* aus Dresden errichteten Renaissance-Gebäude endet der Königsweg. Ursprünglich trug es einen grünen Anstrich, daher der Name, doch entschied man sich beim Wiederaufbau gegen diese Farbe. Heute dient es für Wechselausstellungen des Danziger Nationalmuseums.

Das Grüne Tor durchschreitend, gelangt man zum Uferkai an der Mottlau (Motława). Die Speicherinsel vor Augen, eröffnet sich von hier aus die wohl **berühmteste Danziger Vedute:** das Panorama mit zunächst dem Brotbänketor, dann dem Frauentor, dem Heilig-Geist-Tor und schließlich dem Krantor.

Sehenswertes zwischen Brotbänkegasse und Altstädtischem Graben (Tour 2)

Um die Sehenswürdigkeiten der Rechtstadt auch nur annähernd zu entdecken, empfiehlt es sich, in Serpentinen zu wandern. Man sollte deshalb durch das auf 1454 datierende, älteste Wassertor Danzigs, das **Brotbänketor** (Brama Chlebnicka), gleich wieder in die Rechtstadt zurückgehen. In der ul. Chlebnicka (Brotbänkegasse), die in die ul. Piwna (Jopengasse) übergeht und westlich von dem bereits erwähnten Großen Zeughaus abgeschlossen wird, boten seit dem 14. Jh. die Bäcker auf Bänken ihre Teigwaren feil. Wegen seines prächtigen Reliefschmucks verdient hier unter der Adresse ul. Chlebnicka 16 das **Englische Haus** (Dom Angielski) Aufmerksamkeit. Mit acht Stockwerken war es zur Zeit seiner Errichtung, 1570, das höchste Haus Danzigs.

Zwischen Großem Zeughaus und Brotbänketor thront majestätisch im Zentrum der Rechtstadt die gotische **Kirche St. Marien** (Kościół św. Mariacki), eine der größten Kirchen der Welt. Nach drei Bauphasen 1343 bis 1361, 1379 bis 1465 und schließlich ab 1484 konnte sie 1502 eingeweiht werden. 105 m lang, 66 m breit und im Gewölbe 29 m hoch, fasst sie zum Gottesdienst Tausende Gläubige. Ihr Innenraum birgt unter einem schönen Sternengewölbe zahlreiche wertvolle Schätze. Eine Kreuzigungsgruppe, 1517 von Meister *Paul* geschaffen, wird von dem Querbalken hoch in der Öffnung des Presbyteriums getragen. Der fünfflügelige spätgotische

Der Altar der Kirche St. Marien

Hochaltar (1510–1517) stammt von Hand des Meisters *Michael von Augsburg,* und auch die barocke Kanzel von 1617 verdient Aufmerksamkeit. Das bedeutendste Kunstwerk ist jedoch *Hans Memlings* Triptychon „**Das Jüngste Gericht**". Vom Papst in Auftrag gegeben, wurde es 1473 während seiner Verschiffung von Brügge nach Italien vom Piraten *Paul Benecke* für Danzig erbeutet. Bei dem Gemälde in der St.-Reinhold-Kapelle handelt es sich allerdings um eine **Reproduktion.** Das Original befindet sich im Danziger Nationalmuseum. In der St.-Annen-Kapelle fällt der Blick auf ein um 1420 in Danzig geschaffenes, lebensgroßes Bildnis einer „Schönen Madonna". In der Heilig-Kreuz-Kapelle besticht der Adrians-Altar mit seinem vergoldeten Schnitzaufsatz aus einer Antwerpener Werkstatt (um 1515).

Ein Unikum ist die **Astronomische Uhr** im Nordschiff der Marienkirche. 1464 bis 1470 wurde sie vom Thorner *Hans Düringer* gebaut. Sie zeigt neben Stunden, Tagen und Monaten auch Kalenderheilige, Mondphasen, Tierkreiszeichen und jeweils um 12 Uhr die Verkündigung Marias und die Anbetung der Heiligen Drei Könige an. Vom 80 m hohen **Kirchturm,** zu dem fast 400 Stufen hinaufführen, eröffnet sich eine herrliche Sicht über die Rechtstadt bis hin zum Danziger Hafen.

An der Nordflanke der Backsteinkirche duckt sich die von König *Jan III. Sobieski* für die seinerzeit kleine katholische Gemeinde gestiftete **Königskapelle.** Barock und kuppelgeschmückt, fällt ihr in der alten Hansestadt ungewöhnliches Erscheinungsbild sofort ins Auge.

⌂ Die Beischläge in der Frauengasse beherbergen heute Geschäfte und Galerien

Danzig (Gdańsk) – Tour 2

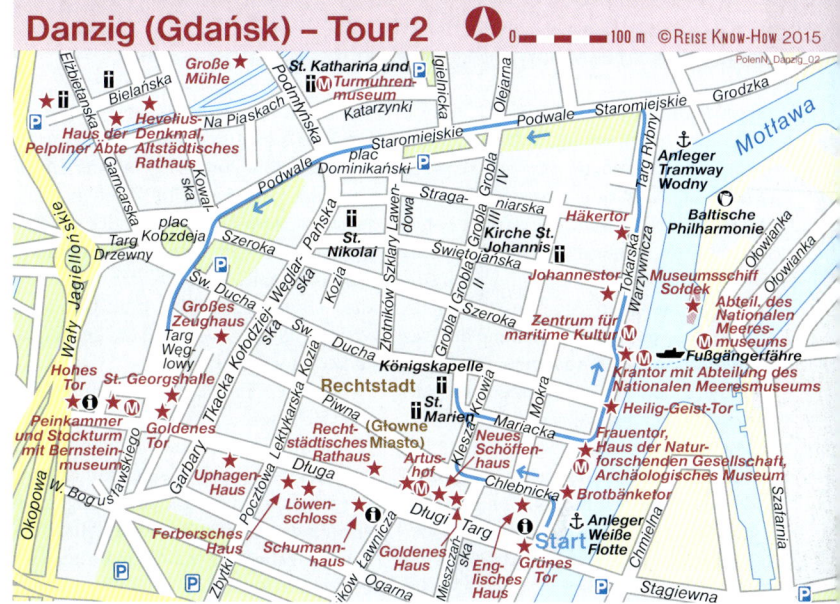

Östlich des Gotteshauses schließt sich zur Mottlau die **ul. Mariacka (Frauengasse)** an, das schönste Beispiel einer ganz besonderen Danziger Eigenart: die sogenannten „**Beischläge**". Seit Ende des 16. Jh. baute man zum Schutz vor Überschwemmungen die Hauseingänge mindestens einen Meter über das Straßenniveau, versah sie mit einer terrassenartigen Erhöhung und breiter Treppe. Auf diesen **Terrassen**, die „einem aufgeschlagenen Haus nebenbei geschlagen" wurden, verbrachte man während der Sommerzeit einen großen Teil seines bürgerlichen Privatlebens, plauderte, aß und trank und nickte den gesellschaftlich wichtigsten Vorbeigehenden zu. Denn, prunkvoll stuckiert und ausgeschmückt, dienten die Beischläge zugleich auch als erstes Aushängeschild des Hauseigentümers. Unterhalb der Beischläge befanden sich im Souterrain Werkstätten und kleine Läden. Sie sind heute einer Reihe Shops und Galerien gewichen, wo man Kunsthandwerkliches und vor allem **Bernstein** in Hülle und Fülle und in allen nur denkbaren Formen erstehen kann.

Zum Uferkai schließen das spätgotische **Frauentor** (Brama Mariacka) und das **Haus der Naturforschenden Gesellschaft** (Dom Przyrodników) die Frauengasse ab. In Letzterem, 1599 von *Anthony van Obbergen erbaut,* ist das **Archäologische Museum** untergebracht, das größte seiner Art in Nordpolen, das u.a. eine Fülle an Exponaten aus der Prähistorie Pommerellens präsentiert.

Nur einen Steinwurf entfernt, folgen an der Mottlau das **Heilig-Geist-Tor** (Brama św. Ducha), durch welches man in die gleichnamige Straße mit den Geburtshäusern von *Johanna* (1766–1838) und *Arthur Schopenhauer* (1788–1860) gelangt (Hausnummer 81 und 114), und schließlich das **berühmteste Wahrzei-**

chen Danzigs – das **Krantor** (Żuraw). Mitte des 15. Jh. erbaut, hob der seinerzeit größte Lastenzug der Welt schwere Schiffsladungen oder setzte Schiffsmasten ein. Im Inneren seiner bis zu 4 m dicken Rundmauern kann man die imposante hölzere Hebemaschinerie in Augenschein nehmen. Eine Ausstellung im Krantor, das heute als Abteilung des **Nationalen Meeresmuseums** fungiert, widmet sich der historischen Rolle dieses mächtigen Hafenkrans.

In unmittelbarer Nachbarschaft hat 2012 das **Zentrum für maritime Kultur** (Ośrodek Kultury Morskiej) seine Tore geöffnet. Der lichtdurchflutete Backsteinneubau ist die jüngste Abteilung des Nationalen Meeresmuseums. Gezeigt werden die interaktive Ausstellung „Menschen – Schiffe – Häfen" mit einem riesigen Wasserbecken voller ferngesteuerter Schiffsmodelle, traditionelle Boote aus aller Welt und vieles mehr. Draußen am Uferkai setzt eine Fußgänger-Pendelfähre über die Mottlau auf die Insel Ołowianka zu den **Drei Speichern** über. Diese beherbergen die **Hauptabteilungen des Nationalen Meeresmuseums,** das mit umfangreichen Sammlungen zu Schifffahrtstechnik und Meereskultur das größte seiner Art in Polen ist. Davor liegt das **Museumsschiff „Sołdek"** vor Anker, das erste Überseeschiff, das nach dem Zweiten Weltkrieg in Polen gebaut wurde.

Nördlich vom Krantor beschließen das **Johannestor** (Brama Świętojańska) und zuletzt das von zwei Türmchen geschmückte, 1483/83 entstandene **Häkertor** *(Brama Straganiarska)* die historische Rechtstadt. Ein Blick lohnt noch in die **Kirche St. Johannis** (Kościół św. Jana), die als dreischiffige Halle in mehreren Bauabschnitten 1360 bis 1465 entstand. Als letztes großes Gotteshaus in der Rechtstadt konnte der Wiederaufbau nach der Zerstörung im Zweiten Weltkrieg im Herbst 2010 vollendet werden. Schmuckstück im Inneren des heute als Internationales Kulturzentrum dienenden Sakralbaus ist der 1599 von 1612 von *Abraham van den Blocke* geschaffene marmorne Hochaltar.

Über den **Targ Rybny (Fischmarkt)**, der sich während des traditionellen „Dominikanermarkts" in den ersten drei Augustwochen in einen kunterbunten Jahrmarkt verwandelt, gelangt man zum **Podwale Staromiejskie (Altstädtischer Graben).** Parallel zu Resten der gotischen Rechtstadt-Befestigung verläuft er als Grenze zur Altstadt.

Sehenswertes in der Altstadt (Tour 3)

Ein Muss für deutsche Besucher ist die **Polnische Post** am pl. Obrońców Poczty Polskiej (Heveliusplatz) in der Altstadt **(Stare Miasto).** Zu Beginn des Zweiten Weltkriegs kapitulierten hier nach 14 Stunden verzweifelter Gegenwehr die polnischen Angestellten vor der deutschen Wehrmacht. Alle, die nicht bereits während der Kämpfe umgekommen waren, wurden kurze Zeit später hingerichtet, und die Polnische Post wurde zu einem Symbol des polnischen Widerstands gegen das Nazi-Regime. Im Gebäude ist heute ein **Museum** untergebracht. Es erinnert an die Ereignisse Anfang September 1939, die auch *Günter Grass* in der „Blechtrommel" eindrücklich beschreibt. Das Denkmal am Platz für die Verteidiger der Polnischen Post wurde 1979 errichtet.

Von dort nur einen Steinwurf über den Radaune-Kanal nach Norden entfernt, wachsen zurzeit die Mauern des **Museums des Zweiten Weltkriegs** empor. Auf rund 7000 m² Fläche wird es künftig den furchtbaren Weltenbrand 1939–1945 mit Schwerpunkt auf Polen und Europa beleuchten.

Westlich am Radaune-Kanal erhebt sich der barockhaubengeschmückte Turm der **Kirche St. Katharina** (Kościół św. Katarzyny). Im frühen 13. Jh. erbaut, ist die dreischiffige Hallenkirche das älteste Gotteshaus der Stadt. In ihren altehrwürdigen, von einem Netzgewölbe abgeschlossenen Mauern befindet sich die Grabstätte des bedeutenden Astronomen und Danziger Bürgermeisters *Johannes Hevelius* (1611–1687). Ferner sind Fragmente einer aus dem 15. Jh. stammenden Ausmalung zu sehen. Ein spätgotischer Schnitzflügelaltar sowie Gemälde von *Anton Möller* (17. Jh.) zählten zur kostbaren Ausstattung. Doch 2006 ging St. Katharina in Flammen auf. Die wertvollsten Kunstwerke konnten zum Glück gerettet werden, aber ein anderer Teil der alten Innenausstattung ist wohl für immer verloren.

Auch die 49 Glocken im Kirchturm verstummten – zum dritten Mal in der Geschichte des **Carillons** von St. Katharinen. Das erste Glockenspiel, 1741 geschaffen, fiel 1905 einer Feuersbrunst zum Opfer und war 1910 mit 37 Glocken rekonstruiert. Im Zweiten Welt-

Solidarność – Chronik einer Revolution

Nach **Ende des Zweiten Weltkriegs** entwickelte sich Trójmiasto zum bedeutenden **Wirtschaftszentrum** der Volksrepublik Polen. Dem Sechsjahresplan von 1952 sei Dank konnten der Aufbau einer **Schwerindustrie** in Angriff genommen werden sowie 200.000 neue Wohnungen und 150.000 neue Arbeitsplätze geschaffen werden. So ist es in der 1966 veröffentlichten **Erfolgsstory** über die „Nord- und Westgebiete Polens" von *Tadeusz Derlatka* und *Józef Libojański* nachzulesen, in der die Autoren weiter schlussfolgern, dass die „vielen Industriezweige der Nord- und Westgebiete fast gänzlich den Bedarf der polnischen Volkswirtschaft decken."

Tatsächlich aber prägte eine chronische **Mangelwirtschaft** das Bild der Volksrepublik, und auch die Produktivität ging kontinuierlich zurück. Bereits **1956** wurden die Werktätigen deshalb, durch Beschluss der Führung der Polnischen Vereinigten Arbeiterpartei, zum ersten Mal mit einer „Erhöhung der Arbeitsnorm" konfrontiert. Faktisch bedeutete das eine **Lohnsenkung.** In den Zispo-Werken in Poznań kam es zum **Streik,** dem sich kurz danach auch die Danziger Arbeiter anschlossen. Man legte die Arbeit nieder und demonstrierte öffentlich auf den Straßen, bis Soldaten der Volksarmee die Demonstrationen blutig niederschlugen.

An der **ökonomischen Dauerkrise** änderte sich nichts. 1956 bis 1960 musste die Volksrepublik bereits 8 Mio. Tonnen Getreide einführen, während die Produktivität weiter zurückging und die Geburtenrate gleichzeitig alle Rekorde brach.

1970 gab die Bevölkerung etwa die Hälfte ihres Monatseinkommens für Grundnahrungsmittel aus. Nach einer **Lebensmittelverknappung** und damit einhergehender **Preiserhöhung** kam es am **14. Dezember 1970** in Danzig erneut zu **Streiks.** 1165 Menschen wurden während der Unruhen verletzt, 48 getötet. Doch dies ist nur die damals offizielle Version. Heute spricht man von **70 Ermordeten.** Parteichef *Gomułka* musste gehen und wurde von *Edward Gierek* abgelöst.

1976 kam es abermals zu Arbeiterausständen, in deren Folge zahllose bis zu zehnjährige **Haftstrafen** wegen „Rowdytum" verhängt wurden. Zur politischen, juristischen und finanziellen Unterstützung der Inhaftierten schloss sich eine Gruppe unter den Bürgerrechtlern *Adam Michnik* und *Jacek Kuroń* zum **Komitee für gesellschaftliche Selbstverteidigung (KOR)** zusammen. Unter seinem Dach sammelten sich die verschiedensten Untergrundaktivisten, und mit vielen streitbaren Veröffentlichungen wurde das KOR zum intellektuellen Wegbereiter der Solidarność-Bewegung.

1980 unternahm die Regierung erneut den Versuch, die Lebensmittel-Subventionen herunterzufahren. Und wieder kam es zu Streiks. Anlässlich der Entlassung der Arbeiterin *Anna Walentynowicz,* einem Mitglied des Gründungskomitees freier Gewerkschaften von 1976, traten am **14. August 1980** die Beschäftigten der **Danziger Lenin-Werft** in den Ausstand. Doch anders als in den Jahren davor gingen sie diesmal nicht auf die Straße, wo sie bewaffneter Polizei und Armee gegenübergestanden hätten, sondern **verschanzten sich** in ihrem Betrieb. Patriotische und religiöse Lieder wurden gesungen, Messen gelesen und Streikkomitees gegründet. Vor dem Tor der besetzten Lenin-Werft strömten die Menschen zusammen, bald schon aus allen Teilen des Landes, schmückten es mit Blumen und zündeten Kerzen an. Bilder aus Danzig, die um die Welt gingen.

An die Spitze der Streikenden stellte sich der in einer Kleinbauernfamilie in Popowo geborene Elektriker **Lech Wałęsa.** Ebenfalls Mitglied des Gründungskomitees freier Gewerkschaften und bereits mehrfach verhaftet, gelang es dem begnadeten Redner, die allgemeine Empörung in zielgerichtete Bahnen zu lenken. In Windeseile **weiteten sich die Streiks auf ganz Polen aus.** Die Stimmung war explosiv, die Lage dramatisch. Das ganze Land wartete angespannt auf eine Entscheidung der politischen Führung.

Sie wurde zwei Wochen später gefällt. Am **31. August 1980** unterzeichneten Streikführer *Wałęsa* und der stellvertretende Ministerpräsident *Mieczyslaw Jagielski* die **„Danziger Vereinbarung"**, die u.a. die Zulassung unabhängiger Gewerkschaften gewährte – bis dahin ohne Beispiel in den Ländern des Ostblocks.

Am 24. Oktober 1980 wurde die **erste freie Gewerkschaft** hinter dem Eisernen Vorhang von den Behörden unter dem Namen **„Solidarność"** registriert. Wenige Wochen später zählte sie schon über 10 Mio. Mitglieder. Die besorgten Warschauer-Pakt-Staaten beraumten kurzfristig ein Sondertreffen ein, in dessen Anschluss die sowjetische Nachrichtenagentur TASS Anfang Dezember eine „sozialistische Lösung" für Polen empfahl. Im Gegenzug warnte die NATO den sowjetischen Staatschef *Leonid Breschnew* vor einem Einmarsch der Warschauer-Pakt-Truppen in ihren Bruderstaat. Die Situation spitzte sich zu, nun auch international.

Davon unberührt, erfolgte in Danzig vor den Toren der Werft am **16. Dezember 1980** die Enthüllung des **Werftarbeiter-Denkmals.** Drei 40 m hohe, jeweils mit einem Anker bestückte Stahlkreuze erinnern an die Aufstände 1956, 1970 und 1976. Im unteren Drittel des Monuments sind Szenen aus dem Arbeiterleben eingelassen und ein Gedicht von *Czesław Miłosz* (1911–2004), der 1980 den Literatur-Nobelpreis erhielt:

„Der du dem einfachen Menschen Unrecht getan
Und schallend gelacht hast über sein Leiden.
Fühl dich nicht sicher! Der Dichter bewahrt's im Gedächtnis.
Du kannst ihn ermorden – es wird ein neuer geboren.
Aufgezeichnet werden Taten und Worte als Vermächtnis."

Am **13. Dezember 1981,** fast auf den Tag genau ein Jahr nach der Enthüllung des Denkmal, verhängte General *Jaruzelski* das **Kriegsrecht.** Mit dem **Verbot der Solidarność** und Tausenden Verhaftungen dauerte es bis Juli 1983, die Solidarność selbst wurde nach knapp sechs Jahren Untergrundarbeit erst im April 1989 wieder zugelassen. Bei den sich im Juni 1989 anschließenden **Parlamentswahlen** gewann die Gewerkschaft, die längst eine Volksbewegung war, sämtliche Sitze, die die Regierung den Unabhängigen überhaupt einräumen musste. Im November wurde der Solidarność-Führer *Lech Wałęsa* zum Präsidenten der Republik Polen ernannt – dem **ersten frei gewählten Staatspräsidenten** in der Geschichte des Landes.

▷ Am plac Solidarność

krieg wurden diese von den Nazis für Rüstungszwecke großteils eingeschmolzen, und dass das Carillon 1989 wieder erklang – nun mit 49 Glocken auf der Skala C^1 bis C^5 –, war zahlreichen Spenden, auch vieler Deutscher, zu verdanken. Nach sechsjähriger Unterbrechung durch den Brand 2006 kann man seit 2012 nunmehr 50 Glocken von Neuem lauschen: stündlich einer automatischen Melodie und an jeden Freitag um 11 Uhr außerdem einem etwa 30-minütigen Carillon-Konzert, von Danziger Künstlern gespielt. Im Turm der Kirche befindet sich außerdem ein sehenswertes **Turmuhrenmuseum** (Muzeum Zegarów Wieżowych).

Zum Symbol des polnischen Widerstands gegen das kommunistische Regime wurde die benachbarte **Kirche St. Brigitte** (Kościól św. Brygidy). Eine erste Kapelle am Ort geht auf das Jahr 1374 zurück, Baubeginn für das heutige Gotteshaus war 1396, und in den folgenden drei Jahrhunderten wurde es mehrfach umgebaut und erweitert. Nachdem mit Eintritt des Kriegsrechts die Gewerkschaft **Solidarność** Ende 1981 zur illegalen Opposition geworden war, hielt man in św. Brygidy die größten und wichtigsten **„Messen für das Vaterland"** ab. Eine Kapelle hinten im rechten Schiff der Solidarność-Kirche ist dem 1984 vom polnischen Sicherheitsdienst ermordeten Pater *Jerzy Popiełuszko* gewidmet, außerdem allen Opfern des Massakers von Katyń 1940, bei dem mehrere tausend polnische Offiziere und Zivilisten vom sowjetischen NKWD getötet wurden. Das kleinste Denkmal von św. Brygidy, eine nur 30 cm große **Nachbildung des Danziger Werftarbeiter-Denkmals** am Pfeiler nebenan, erinnert an die Opfer des Arbeiteraufstands von 1970. Zurzeit erhält das Gotteshaus eine neue, kostbare Attraktion. Ausschließlich aus Spenden finanziert, entsteht ein 11 m hoher und 6 m breiter **Bernsteinaltar** mit einem Bildnis der Muttergottes von Częstochowa im Mittelpunkt.

Nahebei liegt auf der Radaune-Insel die sechs Stockwerke hohe, von einem eindrucksvollen Satteldach überwölbte **Große Mühle** (Wielki Młyn). Von Mitte des 14. Jh. bis 1945 wurden hier mit 18 riesigen Mühlrädern täglich bis zu 200 t Mehl gemahlen. Heute beherbergen die 120 cm dicken Mauern eine Einkaufspassage.

Von der Großen Mühle geht der Blick auf das kleine **Altstädtische Rathaus** (Ratusz Staromiejski), eine besondere Sehenswürdigkeit, denn es ist eines der wenigen in der **Renaissance** in Polen errichteten Rathäuser. In den Jahren 1587 bis 1595 wurde es von *Anthony van Obbergen* geschaffen. Das **Denkmal** vor dem Altstädtischen Rathaus ist dem Danziger Bürgermeister und Astronomen *Johannes Hevelius* gewidmet.

Kapelle und Presbyterium der nur wenige Schritte entfernten **Kirche St. Joseph** (Kościól św. Józefa) stammen von 1467 bis 1494. Aus Finanznot konnten die Karmeliter-Mönche das Gotteshaus erst 1623 mit einem Anbau an das Presbyterium vollenden. Bis auf das Gestühl und einen Barockaltar ist die Einrichtung heute modern.

Der Spaziergang durch die Altstadt endet in der ul. Elżbietańska, wo sich die kleine, um 1400 einschiffig errichtete

▷ Detail des Werftarbeiter-Denkmals

Kirche St. Elisabeth (Kościół św. Elżbiety) und das an sie angrenzende barocke **Hospital der heiligen Elisabeth** (Szpital św. Elżbiety) von 1753 befinden. Bevor man nun über die Radaune in die Rechtstadt zurückgelangt, lohnt am Ufer noch der Blick auf das **Haus der Pelpliner Äbte** (Dom Opatów Pelplińskich) von 1612. Ein Danziger Woiwode machte es 1648 den Pelpliner Zisterzienser-Mönchen zum Geschenk.

Über den **Targ Drzewny (Holzmarkt)** mit einem Reiterstandbild des Türkenbezwingers vor Wien, König *Jan III. Sobieski* (reg. 1674–1696), führt der Weg zum Kohlenmarkt zurück.

Sehenswertes außerhalb des historischen Zentrums

Wenige Minuten zu Fuß nördlich der Altstadt wurde auf dem Gelände der **Danziger Werft** (ehemals Lenin-Werft) Geschichte geschrieben. Im August 1980 traten die Werftarbeiter in den Streik, zwei Monate später wurde die erste freie Gewerkschaft des Ostblocks zugelassen und brachte das kommunistische Regime ins Wanken. Im Dezember 1980 folgte die Einweihung des **Werftarbeiter-Denkmals** am pl. Solidarności Robotniczej (Platz der Arbeitersolidarität) vor dem berühmten Haupttor der Danziger Werft, wo die friedliche Revolution 1980 ihren Anfang nahm. Die drei 40 m hoch aufragenden, mit Ankern versehenen Kreuze gedenken der Opfer der Streiks und Demonstrationen von 1956, 1970 und 1976.

Im Hintergrund erhebt sich das von 2005 bis 2014 errichtete **Europäische Solidarność-Zentrum** (ECS, Europejski Centrum Solidarności). Der spektakuläre Neubau nach Plänen des Danziger Architektenbüros Fort Architekci zeichnet mit viel rostfarbenem Stahl die Form eines Schiffsrumpfs nach. Im Mittelpunkt des neuen Dokumentations-, Bildungs- und Tagungszentrums steht die Ausstellung zur Geschichte der Solidarność-Be-

wegung, die mit etwa 1800 Exponaten in sechs Stationen die dramatischen Jahre des gesellschaftlichen Umbruchs zwischen 1980 und 1989 in Polen erzählt.

Zum Ensemble aus Werftarbeiter-Denkmal, Haupttor der Danziger Werft und ECS gehören außerdem das ehemalige Arbeitsschutzgebäude der Werft (Sala BHP), in dem 1980 die Werftarbeiter und die kommunistische Regierung die Danziger Vereinbarung unterzeichneten, sowie der „Weg zur Freiheit" (Droga do Wolności), auf dem man nach seiner Fertigstellung 2018 bis zum Ufer der Toten Weichsel spazieren kann.

Ein zweiter Spaziergang führt vom Kohlenmarkt über den autolärmenden Podwale Przedmiejskie (Vorstädtischen Graben) südlich von der Rechtstadt in die **Alte Vorstadt (Stare Przedmieście)** zum ehemaligen **Franziskanerkloster** mit der **Kirche St. Trinitatis** (Klasztor Franciszkanów und Kościół św. Trójcy). Drei Jahre, nachdem die franziskanischen Bettelmönche nach Danzig gekommen waren, begannen sie 1422 mit dem Bau ihres kleinen, einschiffigen Gotteshauses. Ende des 15. Jh. wurde die heute glanzvoll ausgestattete Kirche St. Trinitatis zu einer dreischiffigen Halle erweitert und ein bildschönes Sternengewölbe eingezogen. Auch die Bauarbeiten am Kloster wurden fortgesetzt, das, 1555 säkularisiert und anschließend Gymnasium, seit 1972 das **Nationalmuseum** beherbergt. Zu seinen umfangreichen Sammlungen zählen Silber- und Goldschmiedearbeiten aus dem 15. bis 19. Jh., liturgische Gewänder, historisches Mobiliar, Werke der Danziger und der flämischen Malerei ab dem 16. Jh. sowie eine Galerie polnischer Malerei aus dem 19. und dem frühen 20. Jh. Wertvollstes Gemälde ist das Triptychon „Das Jüngste Gericht" von *Hans Memling* (1433–1494), das 1473 für Danzig gekapert wurde.

◰ Der Dom von Oliwa

Sehenswertes in der Umgebung

5 km nordwestlich vom historischen Zentrum schmiegt sich der grüne Stadtteil **Oliwa (Oliva)** an die Hänge des Trójmiasto-Landschaftsparks. Bereits 1186 gründeten Zisterziensermönche hier eine Abtei, eine Kirche wurde errichtet und brannte 1350 vollständig nieder. Anschließend begann man mit dem Bau der gotischen Kathedrale von Oliwa, so wie sie mit nur geringfügigen Veränderungen bis heute noch steht. 1660 wurde in den Klostermauern der Schwedisch-Polnische Krieg mit dem Vertrag von Oliwa beendet. Seit 1926 ist die mit 107 m längste Kirche Polens **Sitz des Bischofs von Danzig.** Ihr Inneres birgt eine Fülle an wertvollen Kunstschätzen überwiegend aus dem Barock: darunter der einstige Hauptaltar (frühes 17. Jh.), das Chorgestühl (spätes 16. Jh.) und der neue Hauptaltar (17. Jh.), um nur einiges zu nennen. Die herausragende Sehenswürdigkeit im Gotteshaus ist die 1763 bis 1788 von *Friedrich Dalitz* und *Johann Wulf* geschaffene **Barockorgel**, auf der während des jährlich im Juli und August stattfindenden Internationalen Festivals der Orgelmusik Konzerte gegeben werden. Dem Zusammenspiel ihrer 7876 Pfeifen und 110 Register können die Besucher der Kathedrale außerdem mehrmals täglich zur vollen Stunde während der Orgelvorführungen lauschen.

Im Klosterkomplex hinter dem Dom sind heute ein Priesterseminar sowie das **Museum der Erzdiözese** (Muzeum Archidiecezjalne) untergebracht. Es birgt als wertvollste Exponate ein Reliquiarkreuz von 1405 und eine kostbare Handschriftensammlung. Hinter dem Kloster schließt sich im Adam-Mickiewicz-Park, im 18. Jh. mit Palmgarten, Alpinarium und botanischem Garten angelegt, der **Palast der Äbte** (Pałacz Opatów) an. Das dreiflügelige Rokoko-Schloss beherbergt die **Abteilung Moderne Kunst** des Danziger Nationalmuseums. Im benachbarten bischöflichen **Kornspeicher** von 1743 befindet sich die **Volkskunst-Abteilung** des Nationalmuseums, die sich der historischen Volkskultur Pommerellens widmet.

Auf der Halbinsel Westerplatte an der Mündung der Toten Weichsel (Martwa Wisła) in die Danziger Bucht erinnern heute Betonbunker, Kasernenruinen und vor allem das die gesamte Anlage überragende, monumentale **Mahnmal für die Verteidiger der Küste** (Pomnik Obrońców Wybrzeża) an den Beschuss der Westerplatte 1939. Gemäß der Versailler Verträge wurde auf dem bis dahin als Badestrand genutzten Gelände 1920 ein Munitionsdepot eingerichtet und eine Einheit der polnischen Armee stationiert. Mit dem Angriff auf die Westerplatte durch den deutschen Schlachtkreuzer „Schleswig-Holstein" begann am 1. September 1939 der **Zweite Weltkrieg.** Eine kleine Ausstellung dazu ist im Wachhaus Nr. 1 am Anfang des weitläufigen Areals untergebracht.

Die **Festung Weichselmünde** (Twierdza Wisłoujście) bewacht seit Mitte des 16. Jh. die Einfahrt in den Danziger Hafen. Ein erster Leuchtturm wurde bereits 1482 errichtet, um den herum später das Fort mit starken Bastionen Gestalt annahm. Mit der Verlagerung der Verteidigungslinie in preußischer Zeit auf die nördlich gelegene Westerplatte verlor die Festung ihre militärische Bedeutung.

Praktische Tipps

Information

■ **Gdańsk Touristeninformation,** Długi Targ 28/29, 80-830 Gdańsk, Tel. 58 3014355 und 58 683 5485, www.gdansk4u.pl, Juni bis Aug. tgl. 9–19 Uhr, Sept. bis Mai Mo–Sa 9–17, So 9–16 Uhr.
■ **Pommersches Touristeninformationszentrum,** ul. Wały Jagiellońskie 2a (im Hohen Tor), 80-887 Gdańsk, Tel. 58 7327041, www.pomorskie.travel, Mo–Fr 9–20, Sa/So 9–18 Uhr.
■ **PTTK-Touristeninformation,** ul. Długi 45 (gegenüber vom Rechtstädtischen Rathaus), 80-827 Gdańsk, Tel. 58 3019151, www.pttk-gdansk.pl, Juli/Aug. tgl. 10–20 Uhr, sonst tgl. 10–18 Uhr.
■ **Homepage** der Stadt: www.gdansk.pl.
■ **Homepage** von Trójmiasto: www.trojmiasto.pl.

Öffentliche Verkehrsmittel

■ Straßenbahnen, Buslinien, Wasser-Trams und Pendelfähren werden in Danzig von der **Verkehrsgesellschaft ZTM Gdańsk** organisiert. **Tickets** für Busse und Bahnen kauft man im Kiosk oder direkt beim Fahrer. Erhältlich sind Einzelfahrscheine und die **24-Stunden-Fahrkarte** (bilet 24-godzinnego), mit der man für 12 Zł. einen Tag lang den Danziger ÖPNV nutzen kann (Verkauf nur in Kiosken).

Die **Touristenkarte „Danzig-Zoppot-Gdingen-Plus"** (Maxpaket) mit einer Gültigkeitsdauer von 24 bzw. 72 Stunden bietet freie Fahrt für den öffentlichen Nahverkehr in der gesamten Dreistadt sowie freien Eintritt in den wichtigsten Museen und Rabatt in zahlreichen Restaurants und Geschäften. Man kauft sie in den Touristeninformationen für umgerechnet etwa 14 € bzw. 21 €. Infos und Fahrpläne unter www.ztm.gda.pl.

Weitere Infos im Kasten „Öffentlicher Personennahverkehr" zu Beginn des Kapitels Trójmiasto.

Unterkunft

■ **Zimmervermittlung** in den Touristeninformationen.
■ **Hotel Hanza**⑤, ul. Tokarska 6, 80-888 Gdańsk, Tel. 58 3053427, www.hotelhanza.pl. Am Ufer der Mottlau in Toplage nahe Krantor, todschickes Interieur, Spitzenservice, mit Kasino, Bar und empfehlenswertem Restaurant.
■ **Hotel Królewski**④, ul. Ołowianka 1, 80-751 Gdańsk, Tel. 58 3261111, www.hotelkrolewski.pl. Gegenüber der Rechtstadt auf der Ołowianka-Insel in einem restaurierten historischen Speicher gelegene, exklusive Unterkunftsmöglichkeit.
■ **Dom Muzyka**④, ul. Łąkowa 1/2, 80-743 Gdańsk, Tel. 58 3260600, www.dommuzyka.pl. In einem schön renovierten ehemaligen Gebäude der Danzi-

◁ Denkmal vor der Polnischen Post

Handschriftliche Notizen: Podewils old Town Gdansk, Szafarnia 2, 80-755 Danzig

ger Musikakademie, wenige Schritte östlich der Speicherinsel, keine zehn Minuten Fußweg von der Rechtstadt entfernt, die Zimmer komfortabel und elegant.

- **Kamienica Gotyk**④, ul. Mariacka 1, 80-833 Gdańsk, Tel. 58 3018567, www.gotykhouse.eu. Reizende kleine Herberge in einem Mitte des 15. Jh. erbauten Patrizierhaus nahe der Marienkirche im Herzen der Rechtstadt.
- **Hotel Grand Cru**③, ul. Rycerska 11-12, 80-882 Gdańsk, Tel. 58 7727300, www.hotelgrandcru.pl. Das topschicke Boutiquehotel am nördlichen Altstadtrand kombiniert rohen Ziegelstein und elegantes Design.
- **World Hostel Gdańsk**①-③, ul. Brygidki 14, 80-856 Gdańsk, Tel. 58 5334903, www.de.worldhostel.pl. Gepflegtes Haus in der Altstadt nahe Brigittenkirche, wahlweise Zwei-, Vier- und Sechs-Bett-Zimmer.
- **Grand Hostel Gdańsk**②, ul. Kołodziejska 2, 80-836 Gdańsk, Tel.666 061350, www.grandhostel.pl. Freundlich, jung, modern, im Herzen der Rechtstadt am Großen Zeughaus.
- **Hostel Universus**①, ul. Podgarbary 10, 80-827 Gdańsk, Tel. 58 3018114, www.hostel.universus.pl. Historisches Backsteingebäude in toller Lage fast neben dem Goldenen Tor, Bettwäsche inbegriffen, Handtücher müssen extra bezahlt werden.

Camping

- **Camping Nr. 218 Stogi**, ul. Wydmy 9, 80-656 Gdańsk (im Ortsteil Stogi etwa 6 km östlich vom Stadtzentrum), Tel. 58 3073915, www.camping-gdansk.pl. Großer Platz im Kiefernwald, ca. 200 m vom Strand, mit Café-Bar und Campinghäuschen, an der Strandpromenade Buden und Restaurants; Ende April bis Anfang Okt. Eine Straßenbahn in die Innenstadt stoppt direkt vor dem Campingplatz, die erste Bahn fährt morgens kurz nach 5 Uhr, die letzte gegen 23 Uhr, in den Hauptverkehrszeiten alle zehn Minuten.

Jugendherberge

- **Jugendherberge**, ul. Wałowa 21, 80-858 Gdańsk, Tel. 58 3012313, www.ssm.gda.pl, ganzjährig.
- **Jugendherberge**, ul. Grundwaldzka 244, 80-314 Gdańsk, Tel. 58 3414108, www.ssm.gda.pl, ganzjährig.
- **Jugendherberge**, ul. Kartuska 245b, 80-125 Gdańsk, Tel. 58 3026044, www.ssm.gda.pl, ganzjährig.

Gastronomie

MEIN TIPP: Restaurant Kubicki, ul. Wartka 5, Tel. 58 3010 050, http://restauracjakubicki.pl. Im historischen Ziegelsteinambiente, elegant designed, kombiniert der Küchenchef Leichtigkeit und Raffinesse mit der Bodenständigkeit der polnischen Küche. Ausgezeichneter Service, von der Sonnenterrasse aus kann man dem bunten Treiben am Mottlau-Kai zuschauen.

- **Restaurant Pod Łososiem** („Zum Lachs"), ul. Szeroka 54, Tel. 58 3017652, www.podlososiem.pl. 1598 gegründetes Restaurant, das wohl traditionsreichste Danzigs. In der Destillerie im Keller wurde das berühmte „Danziger Goldwasser" hergestellt. Spezialität: alte Danziger Küche. Tisch vorbestellen!
- **Restaurant Gdańska**, ul. Świętego Ducha 16, Tel. 58 3057671, www.gdanska.pl. Köstliche traditionelle Danziger Küche in gediegenem Alt-Danziger Ambiente.
- **Restaurant Mestwin**, ul. Straganiarska 20/ 23, Tel. 58 3017882. Im nach dem letzten Pommerellen-Herzog *Mestwin* benannten Restaurant speist man nicht nur kaschubisch, etwa Hering mit Pellkartoffeln, Bratkartoffeln mit Buttermilch, Sauerkrautsuppe oder deftige Braten, sondern man hört und spricht auch Kaschubisch; das Mestwin ist ein beliebter Treffpunkt der Kaschuben in Danzig.
- **Restaurant Targ Rybny** („Fischmarkt"), Targ Rybny 6c, 80-838 Gdańsk, Tel. 58 3209011, www.

targrybny.pl. Sehr gutes Fischrestaurant am adäquaten Platz; es werden auch einige Fleischgerichte serviert.

Museen und andere Sehenswürdigkeiten

■ Abteilungen des **Historischen Stadtmuseums**, www.mhmg.pl:

Rechtstädtisches Rathaus, ul. Długa 47, Mitte Juni bis Mitte Sept. Mo 9–13, Di–Do 9–16, Fr/Sa 10–18, So 10–16 Uhr, sonst Di 10–13, Mi–Sa 10–16 (Do bis 18), So 11–16 Uhr; Turm Mitte Juni bis Sept. zu den angegebenen Öffnungszeiten.

Bernsteinmuseum, ul. Targ Węglowy 26 (im Stockturm), Öffnungszeiten siehe oben.

Uphagen-Haus, ul. Długa 12, Öffnungszeiten siehe oben.

Artushof, Długi Targ, Öffnungszeiten s. oben.

Museum Polnische Post, pl. Obrońców Poczty Polskiej 1/2, Öffnungszeiten siehe oben.

Die Fähre zum Meeresmuseum, dahinter das Museumsschiff „Sołdek"

MEIN TIPP: Turmuhrenmuseum, ul. Wielkie Młyny 10 (in der Katharinenkirche), Mitte Juni bis Mitte Sept. tgl. 11–19, sonst tgl. 10–15 Uhr. Die Sammlung von Turmuhren vom 14. Jh. bis nach dem Zweiten Weltkrieg ist weltweit einzigartig. Ganz oben im Kirchturm von St. Katharinen kann man ein Carillon mit 50 Glocken bewundern.

Museum Westerplatte, Haus 1 Westerplatte (am Parkplatz gegenüber der Kasse), Mai/Sept. tgl. 9–16, Juni bis Aug. tgl. 9–18 Uhr.

Festung Weichselmünde, ul. Stara Twierdza 1, Mai/Sept. tgl. 9–16, Juni bis Aug. tgl. 9–18 Uhr.

■ Abteilungen des **Nationalmuseums Danzig**, http://mng.gda.pl:

Nationalmuseum, ul. Toruńska 1 (ehem. Franziskanerkloster), Mai bis Sept. Di–So 10–17 Uhr (Juni bis Aug. Do 12–19 Uhr), Okt. bis April Di–Fr 9–16 Uhr, Sa/So 10–17 Uhr.

Museum für Gegenwartskunst, ul. Cystersów 18, Gdańsk-Oliwa (im Äbte-Palast), Öffnungszeiten siehe oben.

Volkskunstmuseum, ul. Cystersów 19 (im alten Kornspeicher), Gdańsk-Oliwa, Öffnungszeiten siehe oben.

Grünes Tor, Długi Targ 24, Di–So 10–17 Uhr.

☐ Karte S. 191, Stadtplan S. 206

■ Abteilungen des **Nationalen Meeresmuseums**, www.nmm.pl:

Krantor, ul. Szeroka 67/68, Juli/Aug. Di–So 10–18 Uhr, Feb. bis Juni und Sept. bis Nov. Di–So 10–16 Uhr, Dez./Jan Di–So 10–15 Uhr.

Meeres- und Schifffahrtsmuseum, ul. Ołowianka (in den Drei Speichern auf der Ołowianka-Insel), Öffnungszeiten siehe oben.

Museumsschiff „Sołdek", am Kai vor den Drei Speichern, Juli/Aug. Di–So 10–18 Uhr, März bis Juni und Sept./Okt. Di–So 10–16 Uhr.

Zentrum für maritime Kultur, ul. Tokarska 21–25, Juli/Aug. tgl. 10–19 Uhr, Feb. bis Juni und Sept. bis Nov. Di–Fr 10–16, Sa/So 10–18 Uhr, Dez./Jan. Di–So 10–16 Uhr.

■ **Archäologisches Museum,** ul. Mariacka 25/26, www.archeologia.pl, Juli/Aug. Di–Fr 9–17, Sa/So 10–17 Uhr, sonst Di/Do/Fr 8–16 Uhr, Mi 9–17 Uhr, Sa/So 10–16 Uhr.

■ **Kirche St. Marien,** Podkramarska 5, www.bazylikamariacka.pl, Kirche März bis Mai Mo–Fr 9–17.30, So 13–17.30, Juni bis Sept. Mo–Sa 9–18.30, So 13–18.30 Uhr, Okt./Nov. Mo–Sa 9–17, So 13–17 Uhr; Turm April bis Okt. Mo–Sa 9–17, So 13–17 Uhr.

MEIN TIPP: Europäisches Solidarność-Zentrum, plac Solidarności 1, www.ecs.gda.pl, Mai bis Sept. tgl. 10–20, Okt. bis April tgl. 10–18 Uhr. Der spektakuläre Neubau in Nachbarschaft zum historischen Haupttor der Danziger Werft beherbergt eine umfassende Ausstellung über die dramatischen Ereignisse des polnischen Freiheitskampfs 1980 bis 1989.

■ **Museum der Erzdiözese** im Klosterkomplex des Doms von Oliwa, Juli bis Mitte Sept. Mo–Fr 10–17 Uhr, Sa 10–15 Uhr.

Kulturelle Veranstaltungen

■ **Internationales Festival der Orgelmusik,** Juli/Aug., Dom zu Oliwa, www.filharmonia.gda.pl.
■ **Dominikanermarkt,** Jahrmarkt mit großem Gedrängel auf den Straßen und Plätzen der Danziger Altstadt, jedes Jahr in den ersten drei Augustwochen, www.mtgsa.pl.
■ **Internationales Straßentheaterfestival „FETA",** im Juli, www.feta.pl.
■ **Baltic Sail,** internationale Segelregatta mit buntem Beiprogramm wie Drachenbootrennen, Seglerparade u.v.m., im Juli, www.balticsail.pl.

> **MEIN TIPP: Künstlerclub Żak:** In den 1950er-Jahren in Danzig von Studenten gegründet, in Zeiten der Volksrepublik bunte Insel im sozialistischen Alltag und bis heute auf Zack mit Programmkino, Theater, Kabarett, Konzerten, Galerie, Partys, Lesungen und, und, und für Leute jeden Alters in cooler Atmosphäre. Das moderne Danzig ist ohne das Żak gar nicht zu denken!
> ■ **Żak Club Galerie,** al. Grunwaldzka 195/197, 80-266 Gdańsk, Tel. 58 3440573, www.klubzak.com.pl.

Aktivitäten

■ **Hafenrundfahrten** und **Fahrten zur Westerplatte:** mit den Schiffen der Weißen Flotte Danzig, ab Długie Pobrzeże (Lange Brücke, Tor); April bis Nov. mehrmals tgl., www
■ **Ausflugsschifffahrten**
Wodny (Wasser-Tram) ab Mo
Rybny, Mai bis Sept. Linie F1
luga.pl.
MEIN TIPP: Stadtrundfahr
Wodny (Wasser-Tram), Mai
mit der Linie F5 ab Żabi Kru
cke) am Stadtzentrum und a
bei bis Westerplatte; mit der
Rybny über die Martwa Wisł zum Segelzentrum an der Mündung der Śmiała Wisła (Kühnen Weichsel) ins Meer, www.ztm.gda.pl.

■ **Fahrradverleih,** ul. Młyńska 14 (in der Altstadt nahe Große Mühle), 80-846 Gdańsk, Tel. 503 714 073, www.niedotyczyrowerow.pl.

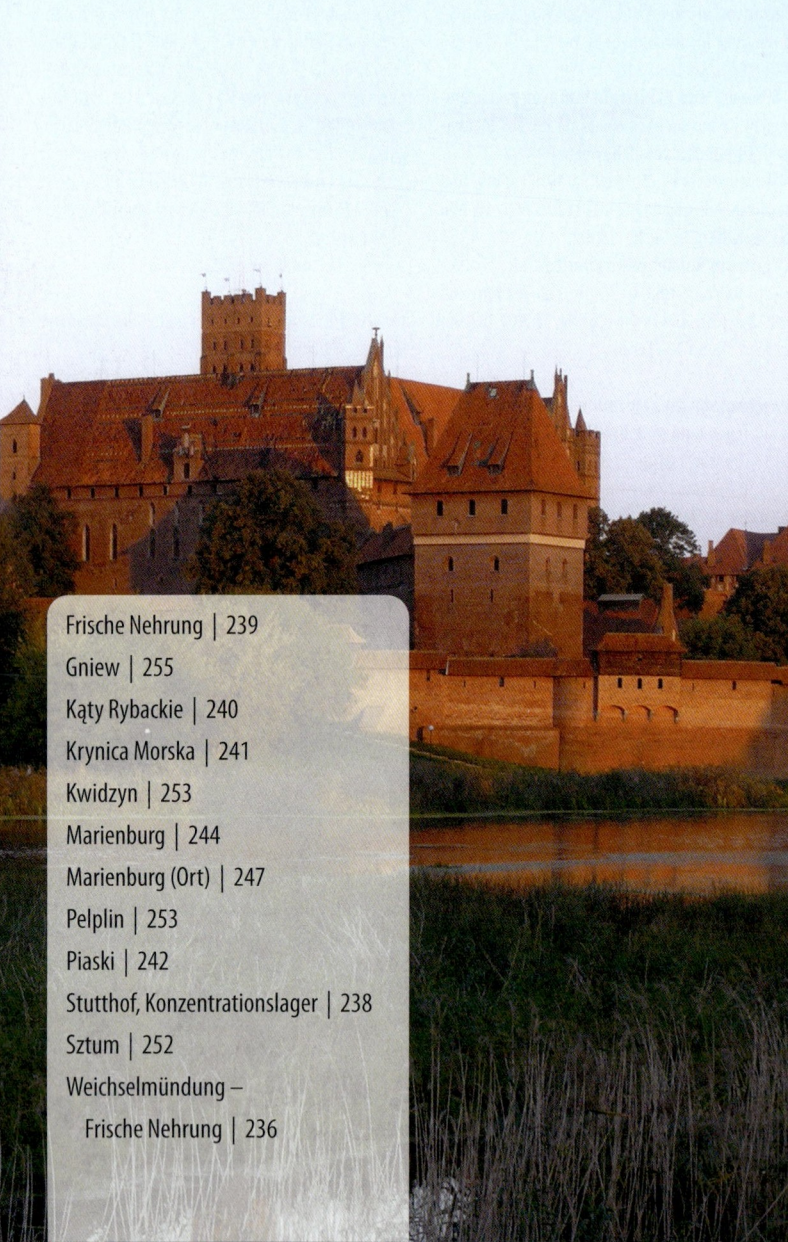

- Frische Nehrung | 239
- Gniew | 255
- Kąty Rybackie | 240
- Krynica Morska | 241
- Kwidzyn | 253
- Marienburg | 244
- Marienburg (Ort) | 247
- Pelplin | 253
- Piaski | 242
- Stutthof, Konzentrationslager | 238
- Sztum | 252
- Weichselmündung – Frische Nehrung | 236

9 Frische Nehrung und Weichselniederung

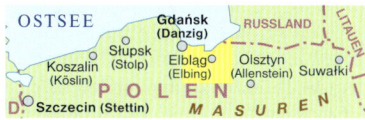

Kleine Badeorte, feine Sandstrände, Dünenwälle und würzig duftende Kiefernwäldchen schmücken die Frischen Nehrung. Im Landesinneren prägen viele kleine Kanäle die fruchtbare Weichselniederung. Prachtvoll erheben sich dort die Backsteinbauwerke der Deutschordensritter, darunter die Marienburg, die größte Backsteinburg Europas.

◁ UNESCO-Weltkulturerbe: die Marienburg in Malbork

FRISCHE NEHRUNG UND WEICHSEL- NIEDERUNG

Östlich von Gdańsk mündet bei Mikoszewo der Hauptarm der Weichsel (**Wiśla**) in die Ostsee. Nach einer 1047 km langen Reise ist der längste Fluss Polens am Ziel. Saftige Weiden und fette Böden, auf denen üppig Getreide und Gemüse gedeihen, prägen die Weichselniederung (**Żuławy Wiślane**). Ab dem 16. Jh. entwässerten mennonitische Glaubensflüchtlinge aus Holland das sumpfige Weichseldelta, weshalb man heute gelegentlich noch auf eine – meist leider verfallene – **Windmühle** stößt. Ebenfalls charakteristisch für das von zahllosen kleinen Kanälen durchzogene Niederungsland sind die fachwerkgeschmückten **Vorlaubenhäuser,** einst von reichen Weichselbauern errichtet.

Weiter im Süden ragen die monumentalen **Backsteinbauwerke** der Deutschordensritter auf, allen voran die **Marienburg bei Malbork** an der Nogat, die größte Backsteinburg Europas und Weltkulturerbe der Menschheit. Und auch die Ordensburgen in Gniew und Kwidzyn sowie das ehemalige **Zisterzienser-Kloster Pelplin** lohnen einen Besuch.

Östlich der **Nogat** verläuft die Grenze zur Woiwodschaft Wamińsko-Mazurskie (Ermland-Masuren). Von 1920 bis

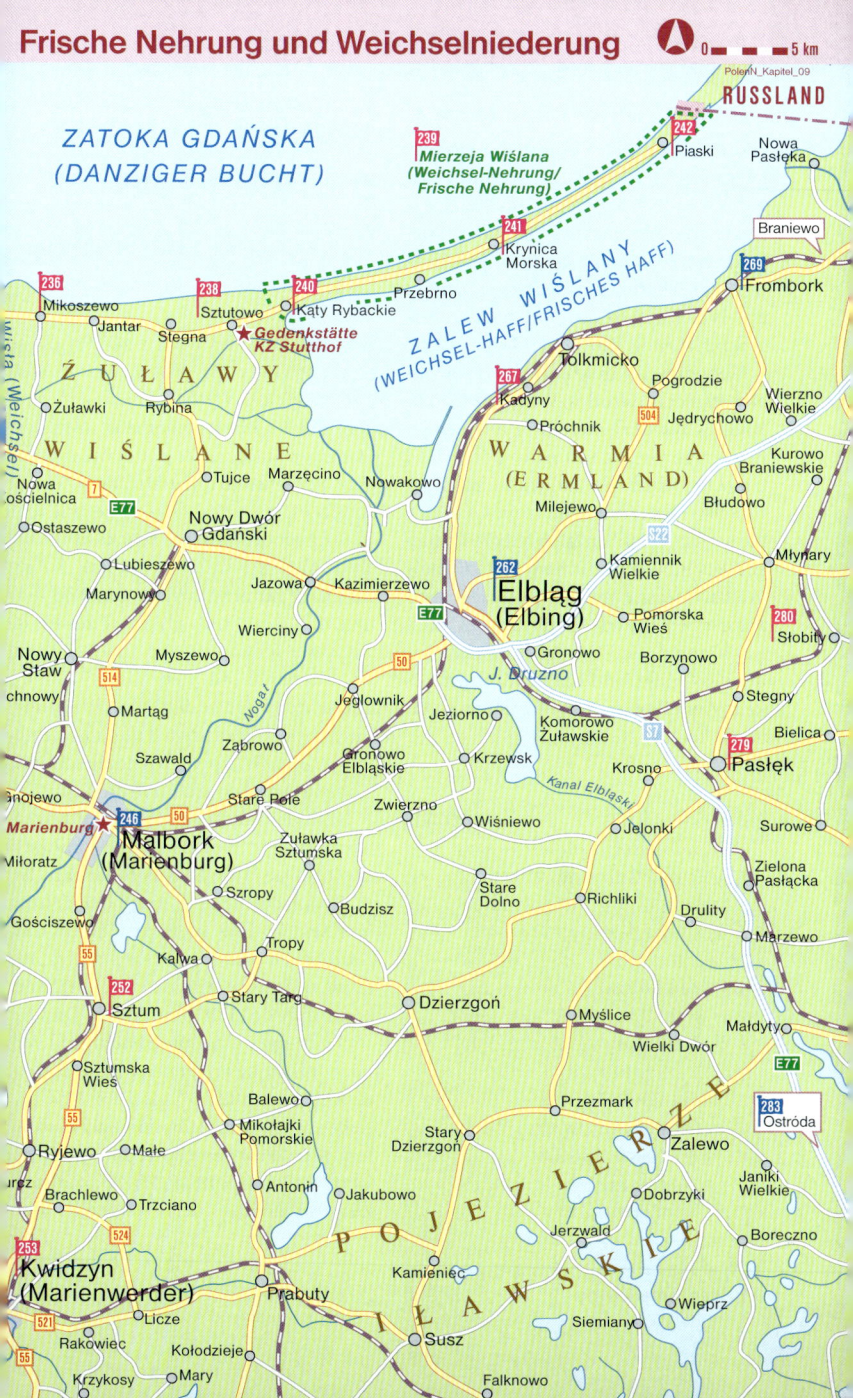

Von der Weichselmündung zur Frischen Nehrung

zum Ausbruch des Zweiten Weltkriegs verlief dort die Grenze zwischen Deutschland und der Freien Stadt Danzig und südlich der Nogat, am Weichselstrom, die Grenze zwischen Deutschland und Polen. Eine der traurigen Hinterlassenschaften aus deutscher Zeit ist das **KZ Stutthof** am Anfang der Frischen Nehrung, heute eine Gedenkstätte.

Geografisch wird das Tiefland von der Nogat in ein **Großes Werder** und ein **Kleines Werder** unterteilt. Und noch eine weitere Grenze soll nicht unerwähnt bleiben: Durch den östlichen Zipfel der **Frischen Nehrung** (Mierzeja Wiślana), die als schmaler Sandstreifen die Danziger Bucht vom **Frischen Haff** (Zalew Wiślany) trennt, verläuft die Grenze zum **russischen Bezirk Königsberg** (Oblast Kaliningrad). Im Badeörtchen Piaski endet die Straße, und kurz danach gibt es kein Weiterkommen mehr auf den russischen Teil der Nehrung.

Auf dem Weg von Danzig zur Frischen Nehrung (Mierzeja Wiślana) muss zwei Mal die Weichsel (Wisła) überquert werden. Bereits wenige Kilometer nach der Danziger Stadtgrenze endet beim Örtchen **Sobieszewo (Neufähr)** die Küstenstraße 501 an einer wirklich bedenklich ausschauenden Ponton-Brücke über die Tote Weichsel (Martwa Wisła). Sollte dort noch immer das Verkehrsschild stehen, das darauf hinweist, dass der Fluss via dieser schwankenden Angelegenheit von Karossen mit mehr als 1,5 t nicht überfahren werden darf (Oberklassenlimousinen wiegen etwa 2 t) – nur keine Angst: Ein Witzbold hat lediglich ein Komma zwischen die 1 und die 5 gemalt.

Nach der Wackelpartie von Sobieszewo folgt hinter **Świbno (Schievenhorst)** die nächste Weichselüberquerung. In majestätischer Breite zieht der Strom hier seinem Ende entgegen. Doch was heute als Hauptarm der Weichsel gilt, ist tatsächlich eine künstlich geschaffene Einmündung. 1895 wurde der Durchstich fertiggestellt. Zum jenseitigen Ufer nach **Mikoszewo** pendelt eine Auto- und Personenfähre (tgl. 5.15–22 Uhr, siehe auch www.promswibno.pl), die ablegt, sobald sie ausgelastet ist – und das ist sie eigentlich immer. Ein Spaziergang zur Abkürzung der Wartezeit, der

---

NICHT VERPASSEN!

- Der **Jantar-Ekspres** | 237
- **Gedenkstätte Konzentrationslager Stutthof** in Sztutowo | 238
- Die **Frische Nehrung** mit ihren Badeorten | 239
- Der **Leuchtturm** in Krynica Morska | 241
- Die **Marienburg** in Malbork, größte mittelalterliche Backsteinburg Europas | 243
- Die **Ordensburg** in Kwydzin | 253
- Die **gotische Kathedrale** von Pelplin | 253
- Die **Ordensburg** in Gniew | 255

Diese Tipps erkennt man an der **gelben Hinterlegung**.

> Fahrt mit dem Jantar-Ekspres

Weichselmündung entgegen, verliert sich nach wenigen Schritten in einem undurchdringlichen Dickicht, denn die Schwemmkegel zu beiden Seiten der Mündung in die Danziger Bucht sind den Nistplätzen von Seeschwalben, Kormoranen und Lachmöwen vorbehalten. Auch Zugvögel pausieren auf ihren Kontinente überspannenden Flügen zweimal im Jahr im Reservat Mewia Łacha.

Die Küste bis zur Frischen Nehrung trägt dank der vielen Anspülungen des dunkelgelben Ostseegolds den Namen „**Bernsteinküste**" (Bursztynowe Wybrzeże). Zwischen kiefernbestandenen Dünenwällen liegen die **Badeorte** Jantar und Stegna gleich hinter dem Strand und Küstenwald. In **Jantar (Pasewark)** findet alljährlich an einem Hochsommer-Wochenende – begleitet von einem bunten Rahmenprogramm – die Weltmeisterschaft im Bernsteinfischen statt. Im 1681 erbauten Fachwerkkirchlein in **Stegna (Steegen)** kommt im Rahmen des Internationalen Festivals der Orgelmusik Elbląg/Frombork/Stegna im Juli und August die reich verzierte Barockorgel zum Klingen. Nahe der Touristeninformation an der Hauptstraße wartet zudem das **Bernsteinmuseum** (Muzeum Bursztynu) auf einen Besuch.

Da und dort kann man noch schöne Beispiele der für die Weichselniederung typischen **Vorlaubenhäuser** entdecken. Die Eigenart dieser in Fachwerkbauweise errichteten historischen Bauernhäuser ist ein über dem Erdgeschoss von Stützpfeilern getragener, weit ausladender Vorbau. Hoch gefüllte Erntewagen fuhren unter ihm ein, sodass das Korn direkt durch eine Luke hindurch in den Speichervorbau geschaufelt werden konnten. Eine überaus praktische Einrichtung, die sich die Bauern im Weichsel-Land da zunutze machten.

Eine Attraktion auf schmalem Gleis ist der **Jantar-Ekspres.** Von Mikoszewo über Jantar und Stegna bis Sztutowo schuckelt die putzige Schmalspurbahn von Ende Juni bis Ende August und verbindet die Badeorte am Scheitel der Danziger Bucht miteinander.

Konzentrationslager Stutthof

Am Eingang zur Frischen Nehrung liegt der Badeort **Sztutowo** (Stutthof), und er ist zu trauriger Berühmtheit gelangt. Unmittelbar nach dem Überfall Nazi-Deutschlands auf Polen am 1. September 1939 begannen die Arbeiten zur Errichtung des Konzentrationslagers Stutthof. 110.000 Menschen wurden während der Nazityrannei in dem Lager interniert, etwa 65.000 Häftlinge wurden hingerichtet oder kamen infolge der menschenverachtenden Bedingungen ums Leben.

Auf dem Gelände der **Gedenkstätte Sztutowo,** das heute nur einen Teil der einstigen Todes-Anlage umfasst (und der ist erschreckend groß genug), sind die SS-Lagerbereiche, die Häftlingsbaracken, die Gaskammer und das Krematorium zu besichtigen. Es ist ein Ort voller furchtbarer Geister, die dunkle deutsche Vergangenheit wird in Stutthof auf einmal wieder lebendig. Umso mehr wundert die Freundlichkeit, mit der der Pförtner auf dem gebührenpflichtigen Parkplatz auch die deutschen Besucher begrüßt. Der Eintritt ist frei, doch bittet man um Spenden für den Erhalt der Gedenkstätte.

> Strandleben in Stegna

Praktische Tipps

Information

■ **Touristeninformation,** ul. Gdańska 60, 82-103 Stegna, Tel. 55 2478692, www.lotstegna.pl, Juli/Aug. Mo–Sa 8–20, So 10–20 Uhr, Sept bis Juni Mo–Fr 10–15 Uhr.
■ **Homepage** von Stegna: http://stegna.pl.

Unterkunft

■ **Gästezimmer Ludwika Maszk**①, ul. Ogrodowa 8, 82-103 Stegna, Tel. 55 2477113, www.maszk.mierzeja.pl. Hübsche kleine Anlage vor Wiesen und Weiden im ruhigen Teil von Stegna südlich der Landstraße (Straße westlich vom Kreisel, bis zum Ende durchfahren), die Zimmer freundlich und solide, ca. 3 km zum Strand.

Camping

■ **Camping Nr. 180,** ul. Morska 15, 82-103 Stegna, Tel. 55 2478294, www.camp180.mierzeja.pl. Schöner, großzügiger Platz unter Kiefern direkt hinter dem Strand, mit Café-Bar, kleinem Laden, Campinghäuschen und Kinderbad. Anfahrt: an Stegnas östlichem Ortseingang ab Kreisverkehr der Ausschilderung zum Camping 159 folgen, an diesem vorbei weiter bis zum Strand (ca. 3 km vom Ortskern). Anfang Mai bis Ende Sept.

Museen und andere Sehenswürdigkeiten

■ **Museum Konzentrationslager Stutthof,** ul. Muzealna 6, 82-110 Sztutowo, Tel. 55 2478353, www.stutthof.org, Mai bis Sept. tgl. 8–18 Uhr, Okt. bis April tgl. 8–15 Uhr, Mo finden keine Führungen statt.

■ **Bernsteinmuseum** in Stegna, ul. Gdańska 64, www.bursztynowakomnata.com, Juni bis Aug. tgl. 10–19 Uhr, Mai und Sept. tgl. 11–17 Uhr.

Kulturelle Veranstaltungen

■ **Internationales Festival der Orgelmusik,** Juli/Aug. immer samstags 16 Uhr in der Kirche in Stegna, www.parafiastegna.pl.
■ **Weltmeisterschaft im Bernsteinfischen,** am Strand von Jantar, an einem Sommerwochenende (meist Anfang bis Mitte Juli), Infos unter www.polawianiebursztynu.pl.

Aktivitäten

■ **Schmalspurbahn Jantar-Ekspres,** Ende Juni bis Ende Aug. mehrmals tgl. ab den Bahnhöfen Mikoszewo, Jantar, Stegna und Sztutowo.

Frische Nehrung

Der schmale Landstreifen der **Weichsel-Nehrung (Mierzeja Wiślana)**, die wenig östlich hinter Sztutowo beginnt, wird wegen der gebogenen Form gelegentlich auch „Sichel" genannt. Der auf Deutsch gebräuchliche Name ist Frische Nehrung; und von diesem berichtet 1684 der preußische Gelehrte *Christoph Hartknoch* (1644–1687), dass er von einem Ankerplatz namens „Frischingshafen" herstamme, der hier einmal gewesen sein soll, bis heute aber nie nachgewiesen worden ist.

Mit Inbesitznahme der Region 1308 durch den **Deutschen Orden** wurde auch die Frische Nehrung Ordensrittergebiet. Im Verlauf der nächsten beiden

Fischerboote am Strand von Kąty Rybackie

Jahrhunderte entwickelte sie sich zum wichtigen Handelsweg, über den man Waren bis ins Baltikum hinauf transportierte. Zahlreiche Wirtshäuser säumten die Straße. Der alte deutsche Name der Ortschaft Piaski, „Neukrug", erinnert noch daran.

Bereits Mitte des 19. Jh. wurden die feinen Sandstrände, breiten Dünenwälle und würzig duftenden Kiefernwäldchen zwischen Ostseewellen und Frischem Haff als **Sommerfrische** entdeckt. Seit 1985 ist die zwischen 500 und 2000 m schmale, sich über insgesamt 70 km erstreckende Frische Nehrung auf ihrem 50 km langen polnischen Teil Landschaftspark.

Kąty Rybackie

Gleich am Anfang der Nehrung liegt Kąty Rybackie (**Bodenwinkel**), ein 1643 erstmals erwähntes Fischerdorf und dank seines herrlichen Sandstrandes heute beliebter Urlaubsort mit vielen Fremdenzimmern und Privatquartieren. Am kleinen Fischerhafen wartet das **Museum des Frischen Haffs** (Muzeum Zalewu Wiślanego) mit einer Schiffbauerwerkstatt und einer 10 m langen Barkasse, die noch Mitte des letzten Jahrhunderts zum Fischfang genutzt wurde, auf einen Besuch.

Praktische Tipps

Information
■ **Homepage des Verbands „Frisches Haff":** www.mierzeja.pl.

Camping
- **Camping Nr. 17 Gniazdo Kormorana,** ul. Morska 7 (von der Hauptstraße aus dem Schild „plaża" (Strand) folgen), 82-104 Kąty Rybackie, www.wypoczynek-morze.pl. Sanft hügelig, zum Meer hin abschüssiges Gelände unter Kiefern, 100 m zum Strand, mit Gaststätte und Campinghäuschen, Anfang Juni bis Anfang Sept.

Museum
- **Museum des Frischen Haffs,** ul. Rybacka 64, 82-104 Kąty Rybackie, Juli/Aug. tgl. 10–17 Uhr, April bis Juni und Sept./Okt. Mo–Fr 10–16 Uhr, Nov. bis März Mo–Fr 10–15 Uhr, www.nmm.pl.

Krynica Morska

Östlich von Kąty Rybackie liegt mit 1300 ständigen Einwohnern, zahlreichen Pensionen und noch mehr Ferienzimmern, Freiluftlokalen und Freizeitvergnügen Krynica Morska **(Kahlberg-Liep),** der Hauptbadestrand und Fähranleger der Nehrung. Ausflugsdampfer kreuzen vom Haffufer aus über das Frische Haff nach Elbląg (Elbing) und Frombork (Frauenburg). Vom ursprünglich 1894 erbauten, 1951 rekonstruierten, 26,50 m hohen Leuchtturm bietet sich eine fantastische Sicht über die Danziger Bucht und das Frische Haff bis nach Russland.

Praktische Tipps

Information
- **Touristeninformation,** ul. Żeromskiego 6, 82-120 Krynica Morska, Tel. 55 2476444, www.mierzeja.pl/cit, Juli/Aug. tgl. 9–18 Uhr, sonst Mo–Fr 10–17, Sa 10–15 Uhr.
- **Homepage des Verbands „Frisches Haff":** www.mierzeja.pl.
- **Homepage der Gemeinde Krynica Morska:** http://krynicamorska.tv.

Unterkunft und Gastronomie
- **Zimmervermittlung** in der Touristeninfo.
- **Hotel Kahlberg**④, ul. Bosmańska 1, 82-120 Krynica Morska, Tel. 55 2476017, www.kahlberg.mierzeja.pl. Sorgfältig restauriertes und um einen schmucken Neubau erweitertes Traditionshotel an der Haffseite am kleinen Fischerhafen. Moderner Mittelklassekomfort, mit Pool, Bar und Restaurant.
- **Sloneczny Dwór**③, ul. Gdańska 36, 82-120 Krynica Morska, Tel. 55 2476125, www.slonecznydwor.pl. Neue gepflegte Hotelanlage am westlichen Ortseingang, ca. 15 Minuten zu Fuß ins Zentrum, 10 Minuten zum Strand, die Zimmer teils mit Balkon, das Restaurant mit Fischspezialitäten und traditioneller polnischer Küche.
- **Willa Victoria**②, ul. Gdańska 77, 82-120 Krynica Morska, Tel. 55 2476848, www.victoria.mierzeja.com. Großes gutbürgerliches Haus im Ortszentrum nahe Fischerhafen, ca. 15 Spazierminuten zum Strand.

Camping
- **Camping Nr. 71 Gallus,** ul. Marynarzy 2, 82-120 Krynica Morska, Tel. 55 2476126, www.gallus.mierzeja.pl. Weitläufiger, zum Strand abfallender Platz im Kiefernwald, mit Laden, Café, Campinghäuschen; dem Platz ist ein Hotel angeschlossen (Zimmer und Apartments ab 100 Zł.), ganzjährig.

Museen und andere Sehenswürdigkeiten
- **Leuchtturm,** ul. Żołnierzy 1b, Juli/Aug. tgl. 9–14 und 15–19 Uhr, Mai/Juni/Sept. tgl. 10–14 und 15–18 Uhr.

Aktivitäten
- **Ausflugsschiffe** über das Frische Haff nach Frombork, Mai bis Anfang Sept. drei Mal tgl., außerdem ein Mal am Tag Haff-Kreuzfahrten, ab der Mole im Jachthafen, www.zegluga.pl.

Piaski

Ein schmales Asphaltband führt durch Kiefernwald zum Weiler Piaski (**Neukrug, Nowa Karczma**) kurz vor der 1945 gezogenen Grenze zum russischen Teil der Nehrung. Seine Anfänge gehen auf ein **Wirtshaus** zurück, das, an dem stark frequentierten Handelsweg Richtung Livland gelegen, im Jahr 1429 das Schankrecht erhielt.

Piaskis Sandstrände sind, so kurz vor der Enklave Kaliningrad, nicht ganz so stark besucht. **Achtung:** Unerlaubte Übertritte über die grüne Grenze ziehen auf russischer Seite sehr hohe Geldbußen oder sogar Gefängnisstrafen nach sich. Von Piaski aus in den **russischen Teil** der Mierzeja Wiślana weiterzureisen, ist nicht möglich. Kleinen Grenzverkehr von hüben nach drüben unternehmen nur **Wildschweinfamilien,** die in Piaski am Straßenrand Urlaubsgäste um Leckereien anbetteln.

Praktische Tipps

Information

■ **Homepage des Verbands „Frisches Haff":** www.mierzeja.pl.

Camping

■ **Camping Nr. 182 Piaski,** ul. Słoneczna 4a, in Piaski unmittelbar am Haff, 82-120 Krynica Morska, Tel. 55 2476113, www.campingpiaski.eu. Schöner, ebener Wiesenplatz mit Blick über das Haff bis nach Frombork, einfach ausgestattet, 800 m zum Ostseestrand, mit Campinghäuschen und Tretbootverleih, Anfang Juni bis Ende Aug.

▷ Das Mittelschloss der Marienburg

Tczew

20 km südlich von Gdańsk liegt Tczew (**Dirschau**) am Westufer der Weichsel. Wahrzeichen der 60.000 Einwohner großen Stadt ist die 1851 bis 1857 errichtete **Weichselbrücke.** Ursprünglich eine Eisenbahnbrücke, überspannt sie den breiten Strom auf gut 1 km Länge. Von ihren historischen, wie Raubritterburgtürme aussehenden Pfeilern sind nach den Zerstörungen im Zweiten Weltkrieg noch vier Pfeilertürme original erhalten. Als Fußgängerbrücke dient sie heute dem lokalen Spazierverkehr (Kraftwagen nutzen die Brücke 5 km südlich). Die benachbarte Eisenbahnbrücke von 1959 ersetzt einen 1891 eingeweihten, im Krieg teilzerstörten und anschließend abgerissenen Vorgängerbau.

Im vollständig erhaltenen **historischen Innenstadtkern** lohnt ein Blick auf die **Giebelhäuschen** rund um den kopfsteingepflasterten **Marktplatz** (plac Gen. Hallera). Dass die Farbe von den Häusern abblättert und sie braunkohlerußfarben eingetrübt sind, weist darauf hin, dass Tczew auf Touristenströme nicht eingestellt ist.

Ältestes Baudenkmal und zugleich einer der schönsten Sakralbauten in der Region ist die 1275 errichtete und 1746 ein letztes Mal umgestaltete **Pfarrkirche der Erhebung des heiligen Kreuzes** (Kościół Farny pw. Podwyższenia Kryża Świętego). Den Innenraum des mit einem prunkvollen Barockaltar ausgestatteten Gotteshauses beschließt ein filigran gearbeitetes Sternengewölbe, an den Wänden wurden wertvolle Fresken aus dem 15. Jh. wiederentdeckt.

Ein fünfminütiger **Spaziergang** führt von der Kirche zum **Weichselufer** hinab, von wo aus man einen schönen Blick auf die alte Eisenbahnbrücke hat.

Die Marienburg in Malbork

Wer den nach dem Prager Hradschin und dem Moskauer Kreml **drittgrößten Burgkomplex in Europa** bewundern möchte, wer das größte Backsteinbauwerk Europas besichtigen möchte, muss nach Malbork (**Marienburg**) in die Weichselniederung fahren. Dort steht am Nogat-Ufer die im 13./14. Jh. vom Deutschen Orden (siehe Exkurs) erbaute Marienburg. Um die 1997 zum **Weltkulturerbe** erklärte, imposante Burganlage in ihrem gesamten Ausmaß ins Auge zu fassen, empfiehlt es sich, zunächst einen Blick vom Westufer der Nogat aus auf sie zu werfen. Über dem Fluss erheben sich von Norden nach Süden auf 600 m Länge Türme, Tore und Ringmauern, in deren Zentrum das Hochschloss und das Mittelschloss mit dem Hochmeister-Palast thronen. Am Nogat-Westufer befinden sich außerdem große bewachte Bezahlparkplätze, und über einen Fußgängersteg gelangt man rasch über den östlichen Mündungsarm der Weichsel hinweg zum Kassen- und Eingangsbereich der Marienburg.

Weitere kleinere Parkmöglichkeiten stehen im überschaubaren Ortszentrum Malborks rund um die Hauptstraße ul. Kościuszki (dort liegt auch die Touristeninformation) zur Verfügung. Sie sind ebenfalls gebührenpflichtig; im näheren Umkreis der Marienburg wird man keine kostenlosen Parkplätze finden.

Für die Besichtigung der Burganlage sollte man einen ganzen Tag einplanen und sich überdies darauf einstellen, nicht allein durch die altehrwürdigen Hallen zu wandeln. Die Marienburg ist eines der herausragenden historischen Bauwerke Polens und zugleich eine Art Nationalheiligtum. Es ist obligatorisch, sich einer **Führung** anzuschließen, und ohnehin wäre eine geführte Besichtigung unbedingt anzuraten. Zum einen, um sich in dem gut 20 ha großen Backsteinkomplex nicht zu verlaufen, und zum anderen, weil die sachkundigen Fremdenführer nicht nur alles architektonisch, kunst- und kulturhistorisch Wissenswerte anschaulich darlegen,

sondern weil sie zudem ihre Erzählungen mit amüsanten Histörchen ausschmücken und die Ritterzeit so wieder aufleben lassen.

Die Marienburg

Die mittelalterliche Burganlage gliedert sich in drei große Komplexe: das Vorschloss, das Mittelschloss sowie als ältester Teil und Kern der Anlage das **Hochschloss**. Der erste Spatenstich zu dessen Bau erfolgte um das Jahr 1270. Anfänglich nur als Sitz des Ordenskomturs geplant, wuchs das Backsteingebäude im Verlauf von drei Jahrzehnten in Form eines Würfels mit mehreren Stockwerken hoch in den Himmel hinauf. Eine Art Klosterhochhaus, das man unter den Dachkronen mit einem Wehrgang versah und mit den für Ordensburgen typischen kleinen Ecktürmchen sowie einem mächtigen Wachturm befestigte. Noch während der Bauarbeiten zogen die Deutschordensritter um 1280 in das auf quadratischem Grundriss errichtete Konventhaus ein. Und da sie sich mittlerweile wohl an das ständige Hämmern und Klopfen gewöhnt hatten, nahm man gleich nach der Fertigstellung auch noch seinen Ausbau in Angriff.

Im Innenhof wurden die vier Gebäudeflügel über zwei Etagen hinweg mit einer eindrucksvollen Galerie umzogen – dem **Kreuzgang** des Ordenshochschlosses. Der Nordflügel mit einer kleinen Kapelle wurde 1331 bis 1344 in östliche

Richtung zur großen **Schlosskirche St. Marien** erweitert. Ein prächtig verziertes Spitzbogenportal, die „Goldene Pforte", führt in den stark beschädigten Kirchenraum hinein. St. Marien gehört zu den wenigen Gebäudeteilen, die nach der Zerstörung der Marienburg im Zweiten Weltkrieg und dem anschließenden Wiederaufbau ab 1961 noch nicht vollständig rekonstruiert wurden.

In der ersten Etage im Nordflügel befindet sich außerdem der große **Kapitelsaal**, die oberste politische Versammlungsstätte des Ordensstaats. An den Westflügel mit Gemächern und Schatzkammer schließt sich ein 64 m langer Gang zur Nogat hin an. Er führt zum **Dansker**, einem gewaltigen Wehr- und Wachturm, der den Ordensrittern zugleich als Austritt diente. Süd- und Ostflügel bergen die Dormitorien (Schlafsäle). Im zweiten Stockwerk liegen Lagerräume, die Konventsstube und der **Konventsremter**, der Versammlungs- und Speisesaal der Ordensritter, der heute eine **Ausstellung** über die Marienburg präsentiert. Im Erdgeschoss waren Wirtschaftsräume untergebracht.

Nördlich des Hauptschlosses breitete sich mit Ringmauern und Wirtschaftsgebäuden allmählich eine erste Vorburg aus. 1309, als der Hochmeistersitz von Venedig an die Nogat verlegt wurde, musste sie dem Neubau des majestätischen **Mittelschlosses** weichen. Um 1330 fertiggestellt und von Festungsgräben und trutzigen Wehrmauern umgeben, sicherte man den Eingangsbereich durch Zugbrücke, Torturm und einen mit dicken Mauern und Fallgattern ausgestatteten Zwinger. Berühmtester Saal im Mittelschloss ist der **Große Remter**.

🔼 Giebel und Turm der Marienburg

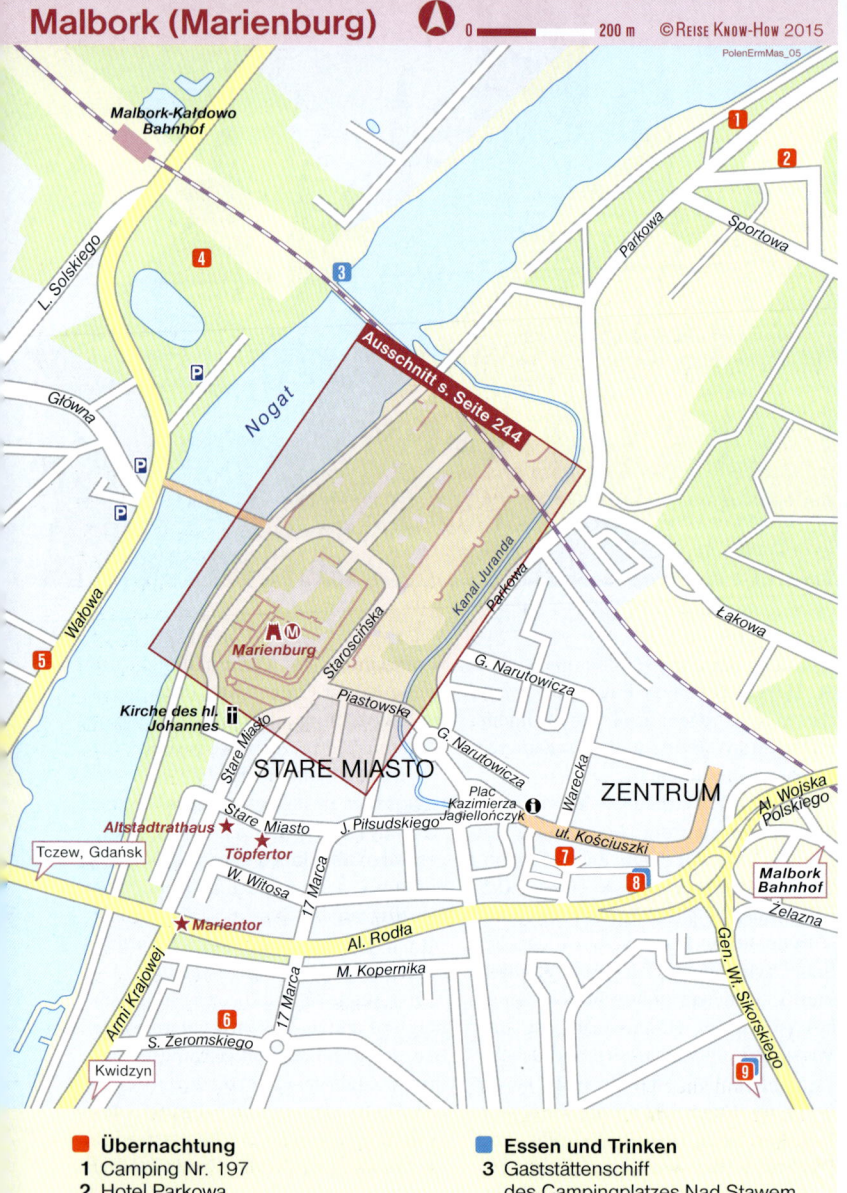

Malbork (Marienburg)

■ Übernachtung
1. Camping Nr. 197
2. Hotel Parkowa
4. Camping Nad Stawem
5. Hotel Edmar
6. Jugendherberge
7. Hotel Centrum Malbork
8. Grot Hotel
9. Hotel Dedal

■ Essen und Trinken
3. Gaststättenschiff des Campingplatzes Nad Stawem
8. Restaurant Grot
9. Restaurant Dedal

Mit 30 m Länge und 15 m Breite ist er der größte Repräsentationssaal in der Marienburg. Glanzvolle Bankette mit bis zu 400 Gästen, wie sie unter dem kunstvoll aufgefächerten Sternengewölbe veranstaltet wurden, ließen weltliche Herrscher vor Neid erblassen.

In den letzten beiden Jahrzehnten des 14. Jh. entstand schließlich das prunkvollste Bauwerk der Marienburg: der **Hochmeisterpalast.** Achtung gebietend schiebt er sich aus einer Flucht des Mittelschlosses der Nogat entgegen. Im Gebäude befinden sich die mit schönen floralen Ornamenten verzierten Gemächer des Ordenshochmeisters sowie zwei weitere Kleinode der Marienburg: der Sommer- und der Winterremter. Im **Sommerremter** pflegte der Hochmeister zur warmen Jahreszeit mit seinem Gefolge fürstlich zu speisen. Darüber hinaus wurden in dem quadratischen Repräsentationsraum, dessen einziger, zierlicher Granitpfeiler ein kunstvolles Rippengewölbe stützt, die offiziellen Würdenträger empfangen. Zur kühleren Jahreszeit zog man in den kleineren **Winterremter** nach nebenan, der sich mit einem ausgeklügelten Heizsystem aufwärmen ließ.

An den Hochmeisterpalast und das Mittelschloss schließt sich mit der Kapelle St. Lorenz, Wirtschaftsgebäuden, Schanzen, Basteien und Bollwerken im Norden das **Vorschloss** an. An seiner Flanke finden sich die Eintrittskartenverkauf und die Sammelstelle für die Führungen durch die riesige Anlage.

Einmal jährlich am dritten Wochenende im Juli fühlt man sich ins Mittelalter zurückversetzt. Geharnischte Rittersleut zu Fuß und zu Pferde schärfen während der **Belagerung der Marienburg** ihre Klingen und warten auf die Erstürmung. Reiterturniere, Armbrust- und Bogenschießen sowie ein bunter mittelalterlicher Markt kürzen die Wartezeit ab, bis in der Abenddämmerung der Sturmruf ertönt und die Schlacht um die Burg beginnt. Den Abschluss der großartigen Show, die zu den größten Open-Air-Veranstaltungen in Polen gehört, bildet um Mitternacht ein Feuerwerk.

Der Ort

Malbork selbst verfügt kaum noch über historische Sehenswürdigkeiten. 80 Prozent der alten Bausubstanz fielen den Kämpfen kurz vor Ende des Zweiten Weltkriegs zum Opfer. Einen Blick lohnen das um 1380 mit spätgotischem Giebel errichtete, mehrfach umgebaute **Altstadtrathaus,** das im 15. Jh. aus den Befestigungsanlagen emporgewachsene **Töpfertor** (Brama Garncarska) sowie die **Kirche des hl. Johannes** (Kościoł św. Jana Chrzciciela) aus dem späten 13. Jh., die mit einem Umbau 1468 ihre gegenwärtige Gestalt annahm. Alle drei Bauwerke liegen im südlichen Schatten der Marienburg. Zusammen mit der Ruine der Lateinschule am Flussufer und dem **Marientor** (Brama Mariacka) aus der zweiten Hälfte des 14. Jh. bilden sie die verbliebenen Reste der Altstadt.

2009 wurde die kleine Hauptstraße (ul. Kościuszki) zur verkehrsberuhigten Spaziermeile umgestaltet. Am Stadtplatz vor der Touristeninformation erhebt sich seit 2010 ein dreieinhalb Meter hohes, bronzenes Reiterdenkmal, das den Jagiellonen-König *Kazimierz IV.* darstellt. Es war *Kazimierz Jagiellończyk,* der 1457 die Festung der Deutschordensritter für die polnische Krone einnahm.

Der Deutsche Orden

Auf eine mehr als **800-jährige Geschichte** blickt der Deutsche Orden zurück. Fernab vom kühlen Baltischen Meer beginnt sie im Nahen Osten in der Stadt **Akko** im heutigen Israel. In den Jahren des **dritten Kreuzzugs** (1189–1192) der Christenheit gegen die muslimische Welt, an dem so hohe mittelalterliche Persönlichkeiten wie Kaiser *Friedrich I. Barbarossa* und *Richard Löwenherz* teilnahmen, diente Akko bis zur Eroberung 1291 als letztes Bollwerk der abendländischen Kreuzfahrer. Ordensbruderschaften waren für die **Pflege verletzter und kranker Ritter** zuständig, so im Feldlazarett des „Ordens der Brüder vom Deutschen Haus St. Marien in Jerusalem", der während der Belagerung von Akko ab 1190 alle Hände voll zu tun bekam. 1198 wurde die Krankenpfleger-Bruderschaft, kurz „Deutscher Orden" genannt, in einen **geistlichen Ritterorden** umgewandelt. In den folgenden 200 Jahren entwickelte er sich zu einer der bedeutendsten Militärmächte Mitteleuropas.

In den Orden eintreten und nach sechsmonatiger Novizenschaft das Gelübde ablegen durften ausschließlich Männer von blauem Geblüt. **Ritter-Brüder,** also kämpfende Mönche, und **Priester-Brüder** waren im Rang zwar gleichberechtigt, doch faktisch bekleideten die Kämpfer schnell alle wichtigen Positionen. An der Spitze der Hierarchie stand der **Ordenshochmeister** und ihm zur Seite fünf Großgebieter, namentlich der Komtur, der den Hochmeister in Abwesenheit vertrat, der Marschall, dem das Heer unterstand, der Spittler, der für die Gesundheit zuständig war, der Trappier für die Kleiderkammer und der Tressler für die Finanzen. Die alltägliche Wirtschaft verrichteten Laien-Brüder, auch „Halbbrüder" genannt, aus niederen Ständen.

Die **Ordenstracht** – ein weißer Mantel mit schwarzem Kreuz und Reichsadler, den Kaiser *Friedrich II.* (reg. 1212–1250) den Rittern verlieh – ging später in das Wappen von Preußen ein.

Doch zurück zu den Anfängen: Mit der Eroberung Akkos 1291 war der Deutsche Orden seiner Aufgaben im Heiligen Land verlustig gegangen. Willkommen war da der Ruf des Königs von Ungarn, *Andreas II.*, der 1211 die Ritter ins Burzenland (Siebenbürgen) bestellte, um seine östliche Reichsgrenze zu sichern. Schon hier zeigte sich, dass der Orden nicht nur eine Art mittelalterliche Weltpolizei war, sondern mehr noch eine **aufstrebende Landmacht,** die lediglich noch keinen Flecken Erde besaß. Und den wollten die Deutschritter haben. Sie **gründeten Kronstadt** und etablierten dort eine Herrschaft, woraufhin sie der erboste König von Ungarn 1225 aus dem Land jagte.

Viel weiter nördlich, in den polnischen Teilherzogtümern Kujawien und Masowien, litt die Bevölkerung währenddessen zunehmend unter den Einfällen der heidnischen **Prußen.** Herzog *Konrad von Masowien*, alleine nicht stark genug für einen militärischen Sieg, ersuchte **Beistand** beim Deutschen Orden. Dessen Hochmeister *Hermann von Salza* hatte allerdings aus dem ungarischen Debakel gelernt und ließ sich, bevor seine christlichen Ritter zum ersten Schwertstreich gegen die Prußen ausholten, diese Kriegsdienstleistung mit dem Kulmer Land belohnen und außerdem „allem Land, das er mit Gottes Zutun in Preußen erobern kann" – vertraglich abgesichert von höchster Stelle: 1226 in der **Goldenen Bulle von Rimini** durch Kaiser *Friedrich II.*, und 1234 in der **Goldenen Bulle von Rieti** durch Papst *Gregor IX.*

1230 zog ein erster Ordens-Konvent an die untere Weichsel. Unter dem Landesmeister von Preußen, *Hermann von Balk*, begann die **Eroberung der Region.** 1231 wurde Thorn gegründet, 1232 Kulm, 1237 Elbing und 1255 die Burg Königsberg. 1283 war die Eroberung des alten Prußenlands abgeschlossen. Der **Ordensstaat** dehnte sich von der Weichsel bis nördlich zur

Memel und östlich bis zu den Großen Masurischen Seen aus. Man rief deutsche Siedler ins Land, die sich im Schutz der Ordensburgen niederließen, die Erde urbar machten und den Zehnten entrichteten. Der schlagkräftige Ordensstaat stieg zur **Finanzmacht** auf.

1308 **annektierte er Danzig und Pommerellen.** Die von brandenburgischen Truppen belagerte polnische Danziger Burg hatte zur Hilfe gerufen, und nach erfolgreichem Waffengang blieben die Deutschritter gleich selbst in der Stadt. Für ihren militärischen „Service" forderten sie von der polnischen Krone eine so hohe Summe, dass auf der Hand lag, dass sie nicht bezahlt werden konnte. Die diesbezügliche **Klage,** die *Władysław Łoktietek,* ab 1320 König von Polen, vor der römischen Kurie vortrug, verhallte ungehört. Danzig und Pommerellen blieben Ordensland. Fortan standen sich Deutschritter und polnische Krone feindlich gegenüber.

1309, wurde der **Hochmeistersitz** von Venedig in die **Marienburg** an der Nogat verlegt, deren großartiger Ausbau damit begann. Es folgte die Zeit der **größten Blüte** des Ordens. Etwa 3000 Ritter gehörten ihm an – die höchste Zahl, über die er jemals verfügte. Unter *Konrad von Jungingen,* 1393 zum Hochmeister gewählt, wurden Gotland erobert, 1402 die Neumark und 1404 Schamaiten (das spätere nördliche Ostpreußen, heute die russische Enklave Kaliningrad) erworben. Das Ordensgebiet erstreckte sich schließlich von Thorn im Süden bis nördlich zum Rigaer Meerbusen und im Osten bis östlich der Großen Masurischen Seen.

Zwischenzeitlich war durch die Heirat *Jagiellos von Litauen* mit *Jadwiga von Polen* das riesige **polnisch-litauische Doppelreich** entstanden. Erstmals stand dem Deutschen Orden eine Großmacht gegenüber. 1409 kam es zum Krieg, der am 15. Juli 1410 in der legendären **Schlacht bei Tannenberg** gipfelte (in Polen nach dem Nachbarort „Schlacht bei Grunwald" genannt). Zwischen 12.000 und 15.000 Ordensritter und Söldner stießen auf ein 20.000 Mann starkes polnisch-litauisches Heer zur größten Schlacht des Mittelalters auf mitteleuropäischem Boden. Der Orden erlitt eine verheerende Niederlage. Großmeister *Ulrich von Jungingen,* sämtliche Großgebieter und zahlreiche Ritter fielen.

Der **Erste Thorner Frieden 1411** trug dem Orden neben kleineren Gebietsverlusten eine gewaltige Summe an Reparationszahlungen ein. Man stand vor dem finanziellen Ruin. 1440 schlossen sich darüber hinaus Danzig, 18 weitere Städte und die preußischen Stände gegen die Ordensherrschaft zum **Preußischen Bund** zusammen. 1453 unterstellte sich das Bündnis dem Schutz Polens, und noch im selben Jahr brach der **Dreizehnjährige Krieg** gegen den Orden aus. Er trieb ihn vollends in den Bankrott. Insgesamt 21 Burgen mussten die Deutschritter an ihre Söldner verpfänden, darunter auch die Marienburg, die die Söldner sogleich an die polnische Krone verkauften. Das Geld dafür stellte der Preußische Bund zur Verfügung.

Mit dem **Zweiten Thorner Frieden 1466** gingen Pommerellen, das Kulmer Land sowie die Regionen Elbing und Marienburg an Polen, und der Ordenshochmeister musste dem polnischen König den Treueid und Heeresgefolgschaft schwören. 1525 folgte die Umwandlung des verbliebenen Ordenslands in das protestantische **Herzogtum Preußen.**

Seitdem hat man nichts Weltbewegendes mehr vom Deutschen Orden gehört. Doch es gibt ihn noch. Mit der Zentrale im bayerischen Weyarn betreibt er in Deutschland und Ländern Ostmitteleuropas eine Reihe von Senioren- und Pflegeheimen, ist in der Jugendhilfe und im Antidrogenkampf tätig. 2000 geriet er zuletzt in die Schlagzeilen, als er einmal mehr pleite war und seinen über 5000 Angestellten und etwa 1000 Ordensmitgliedern das Gehalt schuldig blieb. Der Sitz des Ordenshochmeisters ist Wien, wo Abt Dr. *Bruno Plattner* als 65. Hochmeister in der Geschichte des Deutschen Ordens amtiert.

Praktische Tipps

Information

■ **Touristeninformation,** ul. Kościuszki 54, 82-200 Malbork, Tel. 55 6474747, www.visitmalbork.pl, Juli bis Sept. Mo 8–16, Di–Fr 8–18, Sa/So 10–15 Uhr, Okt. bis Juni Mo–Fr 8–16 Uhr.
■ **Homepage** der Gemeinde Malbork: www.malbork.pl.
■ **Die Marienburg virtuell:** www.zamek.malbork.pl.

Unterkunft und Gastronomie

■ **Hotel Centrum Malbork**④, al. Rodła 7, 82-200 Malbork, Tel. 605 405555, www.hotelmalbork.pl. 2012 eröffneter Neubau mit Hotel und kleiner Shoppingmall im Ortszentrum; komfortable Zimmer, modernes Design.
■ **Grot Hotel**③, ul. Kościuski 22d, 82-200 Malbork, Tel. 55 6469660, www.grothotel.pl. Gepflegtes Haus, guter Service, im Ortszentrum zwischen der kleinen Einkaufsstraße Kościuszki und der stark befahren Hauptverkehrsader Rodła, die Zimmer trotzdem ruhig.
■ **Hotel Edmar**③, ul. Wałowa 19, Tel. 55 2720 854, www.edmar.pl. Apartes kleines Mittelklassehotel am westlichen Nogatufer gegenüber der Marienburg.
■ **Hotel Dedal**②, ul. Gen. de Gaulle 5, 82-000 Malbork, Tel. 55 6479080, www.hotelewam.pl. Dreigeschossiger Flachbau aus sozialistischer Zeit. Ostcharme-Interieur mit zeitgemäßen Annehmlichkeiten, im Südosten der Stadt an der Straße Richtung Iława.

Camping

■ **Camping Nr. 197 mit Hotel Parkowa,** ul. Parkowa 3, 82-200 Malbork, Tel. 55 2722413, www.osir.malbork.pl. Großer Wiesenplatz etwa 1,5 km nördlich der Burg fast an der Nogat, mit Tennisplätzen, Imbissstube, Campinghäuschen und schlichtem Hotel② (ca. 200 Zł.), ganzjährig geöffnet.
■ **Camping Nad Stawem,** ul. Solskiego 10, Tel. 55 2721015, www.malbork-kemping.eu. Einfacher Wiesenplatz in unübertroffener Lage am Ufer der Nogat direkt gegenüber der Marienburg, neues funktionales Sanitär, mit rustikalem Gaststättenschiff, Mai bis Sept.

Jugendherberge

■ **Jugendherberge,** ul. Żeromskiego 45, 82-200 Malbork, Tel. 55 2722408, www.schroniskomalbork.com, ganzjährig.

Museen und andere Sehenswürdigkeiten

■ **Schloss und Museum Marienburg,** Info-Tel. 801 080182, www.zamek.malbork.pl, Mai bis Sept. Di–So 9–19 Uhr (Außengelände bis 20 Uhr), sonst Di–So 10–15 Uhr (Außengelände bis 16 Uhr). Montags besteht ebenfalls Zugang, aber es können dann nur die Außenanlagen und Höfe besichtigt werden. Führungen auf Deutsch starten am Sammelpunkt beim Kassenhaus.

Kulturelle Veranstaltungen

MEIN TIPP: **Belagerung der Marienburg,** großes Kino mit Schlachtgetümmel am dritten Wochenende im Juli, Infos unter http://oblezenie.zamek.malbork.pl.

▷ Das Hochschloss der Marienburg

Die Ordensburg von Kwidzyn

Sztum

Nur 15 km südlich von Marienburg liegt an der Straße der gotischen Burgen der Ort Sztum (Stuhm) auf einer Landenge zwischen zwei Seen. Seine 1326 bis 1331 erbaute **Ordensburg** hinter dem plac Wolności nahe dem südlichen Ortseingang zählt zwar nicht unbedingt zum touristischen Pflichtprogramm, doch lohnt sich ein kurzer Stopp auf dem Weg Richtung Kwidzyn.

Die als Brückenkopf für die Marienburg geplante Burg diente bis zum Zweiten Thorner Frieden 1466 als **Sommerresidenz** für den **Ordenshochmeister.** Anschließend wurde sie Sitz des polnischen Starosten, in mehreren Kriegen und Stadtbränden beschädigt, diente ab 1772 unter preußischer Herrschaft zunächst als Finanzamt, später als Gericht und veränderte durch zahlreiche **Umbauten** zunehmend ihre Gestalt. Heute sind in ihren kaum noch als Burg erkennbaren Mauern ein städtisches Kulturzentrum, mehrere Firmen sowie der Sztumer Ritterverein untergebracht.

Kwidzyn

Rund 40 km südlich von Malbork liegt an der Straße der gotischen Burgen das Landstädtchen Kwidzyn (**Marienwerder**). 1234 vom Deutschen Orden gegründet, entstanden in den folgenden Jahrzehnten die ersten Bauten der backsteinernen Ordensburg. 1254 wurde sie Sitz des Bischofs von Pomesanien und ab 1322 mit Kapitelschloss und angeschlossener **Kathedrale** mit massigem Wehrkirchturm weitläufig ausgebaut. Zur wertvollen Kircheneinrichtung zählen Wandmalereien und Mosaiken in den Seitenschiffen, die sich aus dem 14. Jh. erhalten haben.

Den Südflügel der ursprünglich vierflügeligen Burganlage ließ man in preußischer Zeit 1798 abbrechen, bis 1935 dienten die Gemäuer als Gericht, woran noch Schemen von Wandbeschriftungen wie „Schöffenzimmer" und „Das Rauchen im Gerichtsgebäude ist verboten" erinnern.

Im Schlosskeller zeigt eine Ausstellung die Geschichte der alten Stadt Marienwerder, die drei Monate nach Einmarsch der Sowjetarmee 1945 niedergebrannt wurde, sowie Fotos der Ausgrabung ihrer Fundamente 1994 bis 2001. Außerdem sind in den Räumlichkeiten des **Schlossmuseums** Gemälde, historisches Mobiliar und Kachelöfen sowie im Dansker Bauern-, Fischer- und Handwerkergeräte aus vergangenen Zeiten zu sehen, ferner im oberen Stockwerk eine Ausstellung zu Fauna und Flora der Weichselniederung.

Achtung! Die **Weichselfähren** (max. 5 t Ladegewicht), die nördlich und südlich von Kwidzyn in den Landkarten eingezeichnet sind, sind meistens außer Betrieb. Die nächsten Möglichkeiten, ans westliche Ufer zu gelangen, sind in diesem Fall 35 km südlich die Autobrücke bei Grudiądz oder, nach Malbork zurück, die Brücke in Richtung Tczew.

Praktische Tipps

Museen und andere Sehenswürdigkeiten

■ **Ordensburg und Museum,** ul. Katedralna 1, Tel. 55 6463780, http://zamek.kwidzyn.pl, Di–So 9–17 Uhr, im Winter bis 15 Uhr.

Pelplin

1276 gründeten Zisterziensermönche 60 km südlich von Danzig das **Kloster** Pelplin. Vier Jahre später erfolgte der erste Spatenstich zu der dreischiffigen Basilika auf kreuzförmigem Grundriss, die mit beeindruckenden 80 m Länge und fast 30 m Höhe erst ein halbes Jahrhundert später, 1320, vollendet wurde. Sie zählt zu den bedeutendsten Bauten der **Backsteingotik** im ehemaligen Ordensland. Der goldblendende Innenraum der Kathedrale ist mit kostbaren Werken überwiegend des 17. Jh. ausgestattet. Unter den zahlreichen Schätzen – so die reich geschnitzte vergoldete Kanzel von 1682, die Orgel von 1677 bis 1680 und insgesamt 23 Altäre – sticht der 1623 bis 1625 geschaffene und mit einem Gemälde von *Hermann Hahn* versehene, überbordend vergoldete barocke

Hochaltar hervor. Mit fast 26 m Höhe ist er nicht nur der **höchste in Polen,** sondern sogar einer der höchsten Europas. Der dort eingelassene **Reliquienschrein** birgt die Inschriften der Heiligen Paul, Mauritius, Barbara und Blasius sowie von Märtyrern und außerdem zahlreichen Gefährten der heiligen Ursula, was ihn einmal im Jahr zu Allerheiligen, wenn er geöffnet wird, zum Anziehungspunkt von zahllosen gläubigen Katholiken macht.

1824 verlegte man nach der Auflassung des Zisterzienserklosters den **Bischofssitz** nach Pelplin.

299 Priester der Diözese wurden in den Jahren 1939 bis 1945 wegen ihres **Widerstands** gegen das **Nazi-Regime** ermordet. Eine an der Klosterkirche angebrachte Tafel erinnert daran.

In den Gebäuden des Klosterkomplexes befindet sich ein Priesterseminar. Das **Diözesanmusem**, etwa zehn Minuten zu Fuß entfernt, zeigt liturgische Gewänder, Gefäße und Reliquien, eine umfangreiche Sammlung mittelalterlicher sakraler Skulpturen, wertvolle Handschriften, die ältesten aus dem 12. und 13. Jh., sowie eine Gutenbergbibel.

Praktische Tipps

Information

■ **Touristeninformation,** plac Tumski 1 (neben der Kathedrale im Hotel Nad Wierzyca), 83-130 Pelplin, Tel. 58 5361949, www.informacja.pelplin.com, tgl. 9–18 Uhr.

◁ Das Kloster Pelplin gehört zu den bedeutendsten Bauten der Backsteingotik

Unterkunft

■ **Hotel Nad Wierzycą**②, plac Tumski 1, 83-130 Pelplin, Tel. 58 5361949, www.hotel.pelplin.com. In der restaurierten Wassermühle der ehemaligen Zisterzienserabtei neben der Kathedrale.

Museen und andere Sehenswürdigkeiten

■ **Kathedrale,** plac Tumski 1, tgl. 9–17 Uhr, keine Besichtigung während der Gottesdienste, http://muzeum.pelplin.diecezja.org.
■ **Diözesanmuseum,** ul. Bpa Dominika 11, Di–Fr 10–16, Sa 10–17 Uhr, http://muzeum.pelplin.diecezja.org.

Gniew

15 km südöstlich von Pelplin thront weithin sichtbar auf einer Anhöhe über der Weichsel die Ordensburg von Gniew **(Mewe).** Bereits im 11. Jh. existierte hier eine kleine Ansiedlung, Ende des 13. Jh. begann die Errichtung der Backsteinfestung durch den Deutschritterorden. In einer ersten Etappe entstanden 1283 bis 1297 das quadratische Kastell mit zierlichen Ecktürmen und einem wuchtigem Hauptturm in typischer Ordensburgen-Architektur. In einer zweiten Phase ab Mitte des 14. Jh. wurden Speicher und Mühle erbaut, die Mauern der Vorburg mit Basteien befestigt und das kleine Städtchen in ihrem Schutz mit Wehrmauern umgeben.

Bis zum Zweiten Thorner Frieden 1466 diente die Burg als Sitz des Ordenskomturs. Unter polnischer Herrschaft von 1466 bis zur ersten Teilung Polens 1772 war sie **Residenz der königlichen Starosten** (Landesverwalter) und von 1667 bis 1699 in Besitz der Familie *Sobieski*. Im Auftrag von König *Jan III. Sobieski* (reg. 1674–1696) wurde in jenen Jahren in der Vorburg das **Marienschlösschen** errichtet, welches heute als Hotel genutzt wird.

In preußischer Zeit zunächst zum Kornspeicher und dann zum Gefängnis umfunktioniert, verfiel die Burg zusehends, und der Hauptturm wurde abgerissen. Eine Feuersbrunst 1921 und schließlich der Zweite Weltkrieg fügten ihr weitere schwere Schäden zu.

Im Jahr 1969 begann man mit dem Wiederaufbau der Anlage, verzichtete dabei aber auf eine detailgenaue Rekonstruktion der Innenräume. Diese dienen heute als Veranstaltungsort für Seminare, Konferenzen und Kongresse, und auch die **Stiftung Schloss in Gniew** (Fundacja Zamek w Gniewie) hat hier ihren Sitz. Mit zahlreichen Veranstaltungen, Ritterturnieren und anderen mittelalterlichen Spektakeln widmet sie sich der lebendigen Geschichtspflege. Jährliche Höhepunkte bilden das **Ritterturnier** um das Schwert *Jans III. Sobieski* am letzten Juniwochenende und der nachgespielte Angriff der schwedischen Armee *Gustav Adolfs* Mitte August. Im **Schlosswirtshaus** (Karczma Zamkowa) im Burgkeller schmaust man deftig, im einstigen **Dormitorium** können Grup-

pen zwischen vier und acht Personen übernachten.

Ebenfalls schon im 14. Jh. entstand, wenige Schritte vom Burgtor entfernt, der quadratische kleine **Marktplatz** von Gniew. Im Ursprung gotische, später barock oder klassizistisch umgestaltete **Bürgerhäuser**, teils saniert und an der Westflanke mit Laubengängen versehen, umrahmen den kopfsteingepflasterten Markt, in dessen Zentrum ein **Backstein-Rathaus** aus dem 19. Jh. steht.

Südwestlich grenzt an den Markt die **Kirche St. Nikolaus** (Kościół św. Mikołaja) an. Die Backsteinkirche aus der zweiten Hälfte des 14. Jh. birgt eine Kanzel von 1348, Renaissance-Gestühl und einen schönen Barockaltar.

aus der zweiten Hälfte des 17. Jh., im benachbarten eleganten Neubau des **Ritterhotels**④; in der **Ordensburg** zwei stilmöblierte Apartments③ sowie Dormitorien① (Vier-, Sechs- und Achtbettzimmer à 55 Zł./Person mit Frühstück), Fahrradverleih. Deftige, bodenständige polnische Gerichte bietet das **Wirtshaus** im Schloss (Karczma Zamkowa). Im eleganten **Restaurant Kolumnowa** genießt man moderne europäische Küche.

Museen und andere Sehenswürdigkeiten

■ **Museum Burg Gniew,** ul. Zamkowa 3, Burgführungen durch Folterkammer, Waffenkammer, Burgkapelle, Kreuzgänge und mehrere Ausstellungen Di–So 10, 11, 12.30, 14 und 15 Uhr.

Praktische Tipps

Information

■ **Homepage** der Stadt: www.gniew.pl.

Unterkunft und Gastronomie

■ **Hotel Zamek Gniew,** ul. Zamkowa 3, 83-140 Gniew, Tel. 58 5353880, www.zamek-gniew.pl. Zimmer im restaurierten **Marienschlösschen**③

Kulturelle Veranstaltungen

■ **Ritterturnier um das Schwert Jans III. Sobieski,** an einem Wochenende Ende Juni/Anfang Juli in der Arena vor der Burg.

■ **Freilichtveranstaltung Angriff der schwedischen Armee Gustav Adolfs,** Mitte August rund um die Burg.

Infos zu diesen und zahlreichen weiteren Veranstaltungen bei: Stiftung Schloss in Gniew (Fundacja Zamek w Gniewie), ul. Zamkowa 3, 83-140 Gniew, Tel. 58 5352537, www.zamek-gniew.pl.

My castle is my home

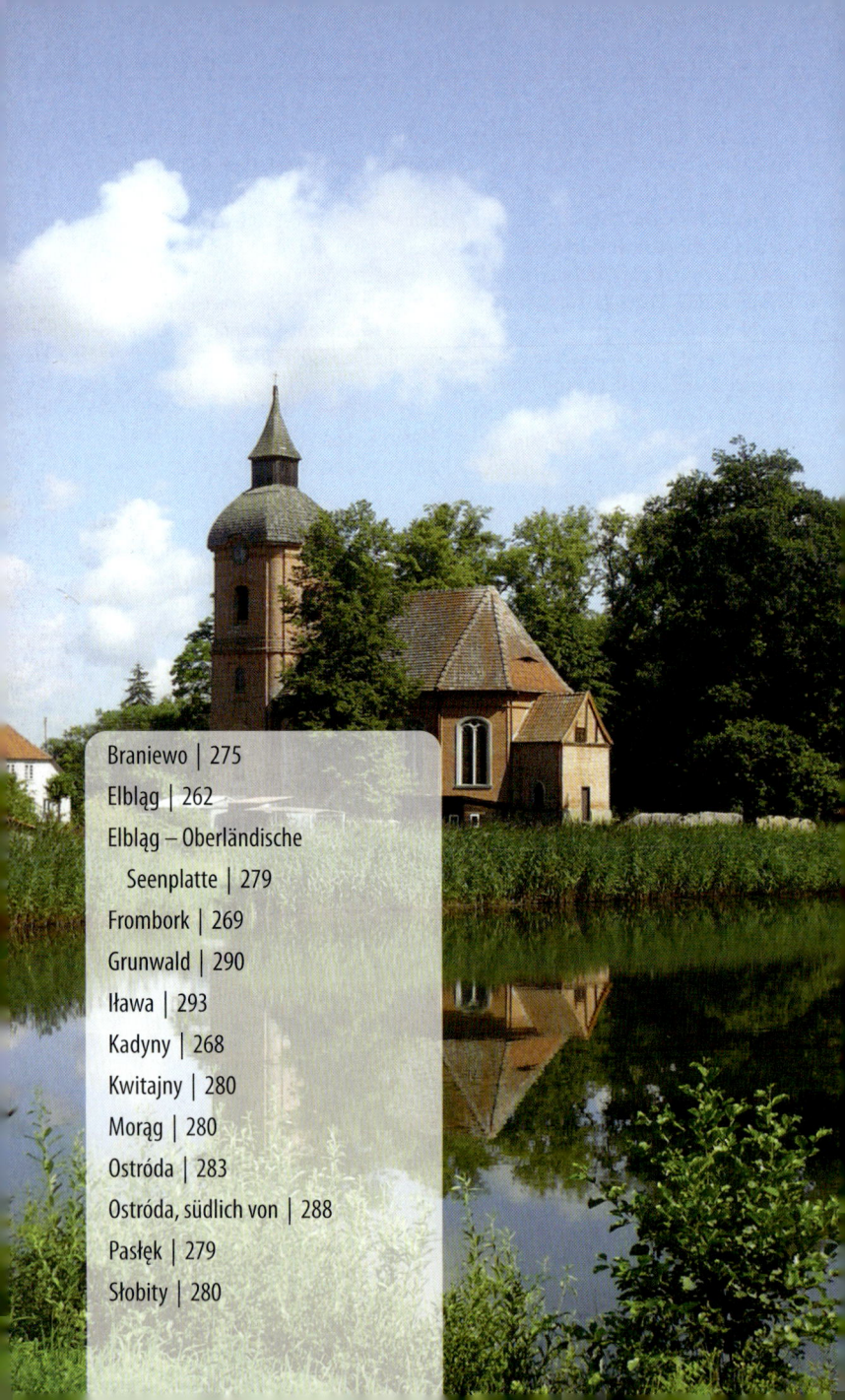

- Braniewo | 275
- Elbląg | 262
- Elbląg – Oberländische Seenplatte | 279
- Frombork | 269
- Grunwald | 290
- Iława | 293
- Kadyny | 268
- Kwitajny | 280
- Morąg | 280
- Ostróda | 283
- Ostróda, südlich von | 288
- Pasłęk | 279
- Słobity | 280

10 Frisches Haff und Oberländische Seenplatte

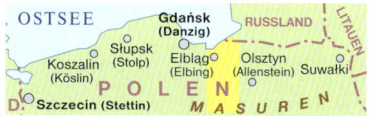

Historische Gutshäuser, Schlösser und Ordensritterburgen, kleine Dorfkirchen und himmelwärts stürmende Kathedralen machen den kulturhistorischen Reichtum im Westen Ermland-Masurens aus. Herrliche Wälder und zahllose Seen laden zum Wandern, Segeln und Paddeln ein.

◁ Die Kirche von Kwitajny

FRISCHES HAFF UND OBERLÄNDISCHE SEENPLATTE

Östlich der Nogat beginnt die **Woiwodschaft Ermland-Masuren** (Warmia-Mazury). Mit zahllosen Seen dehnt sich der Landesteil Masuren gegen Nordosten aus. Das Herz der Woiwodschaft bildet das Ermland, im Westen liegt das historische Oberland.

Vom Frischen Haff (Zalew Wiślany) und der alten Hansestadt Elbląg bis südlich zur Oberländischen Seenplatte (Pojezierze Iławskie) erstreckt sich das sanfte Hügelland, das den historischen Namen **„Oberland"** trägt. Wie ein Dreieck dehnt es sich von der Haffküste südwärts aus. Seine Schenkel erweitern sich dabei zwischen Zalewo im Westen und Morąg im Osten bis Iława und Ostróda, die das Oberland im Süden begrenzen.

Der alte **deutsche Name** geht möglicherweise bereits auf den Priesterbruder des Deutschen Ordens *Peter von Dusburg* zurück. In seinem 1326 verfassten Werk „Chronicon Terrae Prussiae" unterschied er das von den Prußen bewohnte Land in „partes inferiores" und „partes superiores" (untere und obere Teile). Vor der Eroberung durch die Deutschordensritter war das Oberland vom prußischen Stamm der Pogesanier besiedelt, nach dem es den Namen „Pogesanien" erhielt, und noch bis ins 19. Jh. hinein war außerdem die Bezeichnung „Hockerland" üblich. Geologisch gehört die reizvolle eiszeitliche Moränenlandschaft zum Baltischen Höhenrücken, der das nordöstliche Polen mit Erhebungen von bis zu 300 m Höhe durchzieht.

Im Norden am Frischen Haff bilden **Frombork** und **Braniewo** kurz vor der Grenze zur russischen Enklave Kaliningrad (Königsberg) den nordwestlichsten Zipfel des **Ermlands** (Warmia), welches mit seinem Namen an den prußischen Stamm der Warmier erinnert. Berühmtester Sohn Fromborks ist der Astronom *Nikolaus Kopernikus,* der Anfang des 16. Jh. vom Frauenburger Kathedralhügel aus der Menschen Sicht auf die Himmelskörper revolutionierte. Als bedeutender oberländischer Abkomme wird

NICHT VERPASSEN!

- Die Altstadt von **Elbląg** | 265
- Der **Kathedralkomplex** in Frombork | 269
- Eine Fahrt zu Wasser und zu Lande auf dem **Oberländischen Kanal** | 270
- Das **Dohna-Schlösschen** mit Dependance des **Museums Ermland und Masuren** in Morąg | 282
- **Ostróda,** das Wassersportzentrum der Region | 283
- Das **Freilichtgelände** und **Museum der Schlacht von Grunwald** | 290, 291

Diese Tipps erkennt man an der gelben Hinterlegung.

Frisches Haff und Oberländische Seenplatte

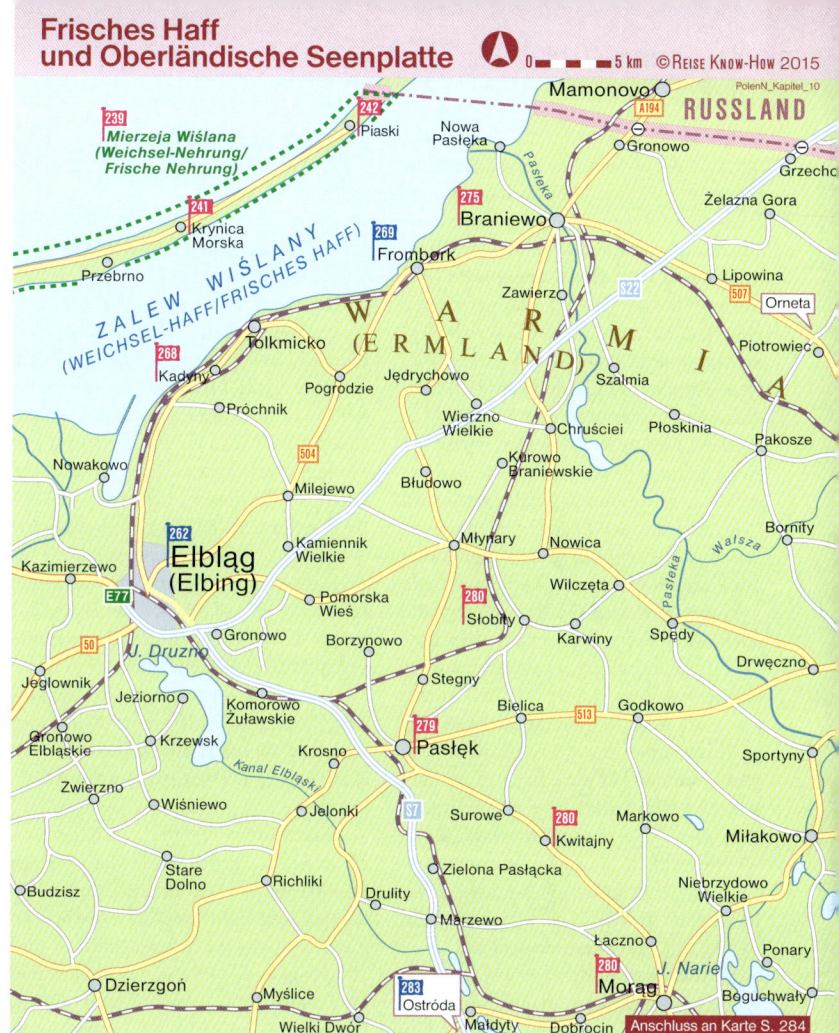

der 1744 in **Morąg** gebürtige Dichter, Weltbürger und Humanist *Johann Gottfried Herder* gefeiert, dessen Lebenswerk das dortige Herder-Museum würdigt.

Im Osten beschreibt in etwa der Fluss Pasłęka (Passarge) die Grenze des Oberlands, dieser stillen Hügel-Landschaft, die sich mit sonnendurchfluteten Buchenwäldern und südlich einem Mosaik zahlloser Seen schmückt. Seit dem letzten Drittel des 19. Jh. sind die Gewässer durch den **Oberländischen Kanal** (Elbląg-Ostróda-Kanal) verbunden, einer einzigartigen technischen Kuriosität, denn die Schiffspartien auf dem Kanal führen sowohl über Wasser als auch auf „Geneigten Ebenen" über das Land.

Den südlichen Teil des historischen Oberlands umfasst das Gebiet der **Oberländischen bzw. Iława-Seenplatte** (Pojezierze Iławskie). Mit dem längsten See Polens, dem Jeziorak-See (Geserich-See) im Mittelpunkt, sind die Gewässer durch viele Kanäle und kleine Flüsschen miteinander verbunden: ein Paradies für Paddler, Kanuten und Segler. Zwischen ausgedehnten Wiesen und Feldern erstrecken sich über das Hügelland und rund um die Seeufer schöne Buchenmischwälder, die im Osten allmählich dunkleren Kiefern und Tannen weichen.

Touristisch wird die Iława-Seenplatte auch als „Westmasurische Seenplatte" und die Landschaft als „Westmasuren" bezeichnet, was richtig ist und wieder nicht, da eine Region Masuren weder politisch noch geografisch klar umgrenzt werden kann. So hat sich im Lauf der Zeit die Auffassung eingebürgert, dass die 312 m hohe Dylewska Góra, 20 km südlich von der Wassersporthochburg **Ostróda**, als höchste Erhebung des Ostpreußischen Landrückens der Anfang von **Masuren** sein soll.

Historischen Boden betritt man beim Ort **Grunwald**, wo 1410 das vereinigte polnisch-litauische Heer den Deutschen Orden bezwang, in der deutschen Geschichtsschreibung nach dem Nachbarort „Schlacht bei Tannenberg" genannt.

[>] Nach historischem Vorbild rekonstruierte Altstadtzeile in Elbląg

Elbląg

Am Flüsschen Elbląg, an den Westhängen des Naturparks Elbinger Höhen (Wzniesienie Elbląskie) kurz vor dem Frischen Haff (Zalew Wiślany), liegt die 122.000 Einwohner große Stadt Elbląg. Ihr alter Name **Elbing** drang seinerzeit weit über die Grenzen Deutschlands hinaus. Ausdrücklich war der Klang mit Tabak, Schiff- und Lokomotivbau verbunden. *Ferdinand Schichau* (1814–1896) gründete 1837 in Elbing die Schichau-Werft, die schon bald über Ableger in Danzig und Königsberg verfügte. 1889 kam ein Lokomotivbaubetrieb dazu, aus dessen Hallen bis 1912 rund 2000 Dampfloks stampften. Auch die in jenen Tagen bedeutendste deutsche Tabakfabrik, Loeser & Wolff, hatte hier ihren Sitz, und Elbing entwickelte sich nach Königsberg zur **zweitgrößten Stadt Ostpreußens.**

Wegen ihrer strategisch wichtigen Lage wurde sie gegen Ende des Zweiten Weltkriegs 19 Tage lang grimmig umkämpft und dabei **restlos zerstört.** In Zahlen ausgedrückt: zwischen 98 und 100 Prozent der historischen Bausubstanz fielen den Kämpfen zum Opfer. Noch Jahre danach lag die einst prächtige Hansestadt in Trümmern, zumal ihre Ziegel zum Wiederaufbau Warschaus verwendet wurden. Mit der Rekonstruktion begann man erst Anfang der 1980er Jahre, und sie dauert bis heute an.

Auch mit der Bedeutung als traditionelle **Hafen- und Seehandelsstadt** war es nach 1945 für die folgenden vier Jahrzehnte vorbei, da Elbląg durch die mit dem Lineal gezogene neue Grenze zur

Sowjetunion plötzlich von seinem natürlichen Zugang zur Ostsee abgeschnitten war. Zwar garantierten die Herren im Kreml nach der rabiaten Teilung von Haff und Nehrung dem Bruderstaat Polen die freie Durchfahrt, aber – wie es mit Verträgen oft leider ist – war auch dieser nicht das Papier wert, auf dem er niedergeschrieben worden war. Im Gegenteil wurde die Passage vom sowjetischen Flottenstützpunkt beim ehemaligen Pillau aus militärisch abgeriegelt. Im Zuge von Perestroika und Glasnost und nach den gesellschaftlichen Umwälzungen in Polen kreuzte im Sommer 1990 dann ein mutiger Sejm-Abgeordneter mit seiner Jacht einfach über die Demarkationslinie hinweg, winkte den verblüfften Soldaten der sowjetischen Kriegsmarine zu und segelte in die Danziger Bucht hinaus. Wenig später durfte erstmals auch ein polnisch geflaggter Frachter passieren. Seitdem ist Elbląg bemüht, wieder Anschluss an den internationalen Seehandel zu finden.

Geschichte

Im **9. Jh.** ist Elbląg zwar noch nicht erwähnt, aber dafür der sagenhafte prußische Handelsplatz **Truso,** das „Troja des Nordens". Lange Zeit glaubte man, dass es sich bei der angeblich blühenden Stadt Truso um nichts weiter als ein Wikingermärchen handele, bis man sie nach fast 400-jähriger Sucharbeit 1982 südöstlich von Elbląg, bei dem Flecken Janowo am Druzno-See (Drausen-See), aus der Erde grub.

In der günstigen Lage vor der Mündung des Flüsschens Elbing und damals auch der Weichsel ins Frische Haff gründet der Deutsche Orden **1237** eine **Burg.** Schnell lassen sich in ihrem Schutz Ackerbauern und Handwerker nieder. Bereits **1246** erhält die Ansiedlung **Stadtrechte,** und als **Hansemitglied** steigt sie zum bedeutendsten Seehafen des Ordenslands auf.

Doch **1370** ändert die wankelmütige **Weichsel** plötzlich ihren Lauf und sucht

Elbląg (Elbing)

sich ihre neue Mündung bei Danzig, womit die „Königin der Ostsee" Elbing den Rang abläuft. Des ungeachtet sind die Elbinger Handelsleute ebenso aufmüpfig wie die Danziger. Nach der Niederlage der deutschen Ordensritter gegen das polnisch-litauische Heer **1410** bei Grunwald schließen auch sie sich der **polnischen Krone** an. 1440 wird in Elbing der Preußische Bund gegen den Deutschen Orden gegründet. 1453 zerstören die Elbinger ihre Deutschordensburg und huldigen ein Jahr später König *Kazimierz IV. von Polen* (reg. 1447–1492). Ab **1454** ist Elbing eine **eigenständige Stadtrepublik** unter dem Schutz der polnischen Krone und bleibt dies bis 1772, als es im Zuge der Ersten Teilung Polens an das Königreich Preußen fällt.

Im **Zweiten Weltkrieg** vollkommen zerstört, befindet sich das historische Zentrum von Elbląg bis heute im Wiederaufbau. Von 1975 bis 1998 war die Stadt Hauptstadt der Woiwodschaft Elbląg, die im Zuge der Verwaltungsreform 1999 schließlich in der Großwoiwodschaft Warmia-Mazury aufging.

Sehenswertes

Von dem historischen „Schmuckkästchen", wie man die Stadt einmal nannte, ist nur wenig im Original erhalten geblieben. Manch einen werden jedoch gewiss die Rekonstruktionsarbeiten in Bann ziehen, die mittlerweile stark vorangeschritten sind. Die Altstadt am Ostufer des Flüsschens Elbląg ist so gut wie wiedererstanden. Rund um die gotische Kirche St. Nikolai wurden auf den freigelegten Originalfundamenten ganze Straßenzüge nach historischen Plänen wiedererrichtet. Links und rechts des Kopfsteinpflasters erheben sich fachwerk- und backsteingeschmückte Giebelhäuser neben Gebäuden im postmodernen historisierenden Stil. Kaum noch erblickt man irgendwo größere Brachen und Baugruben, die über ein Vierteljahrhundert lang die Elbląger Altstadt prägten. Kleine Cafés, Pubs, Restaurants und Boutiquen laden zum Bummeln ein, und auch die wiedererbaute **Kirche St. Nikolai** (Kościół św. Mikołaja) lohnt einen Blick. Ihre Anfänge reichen bis in die zweite Hälfte des 13. Jh. zurück. Zur Inneneinrichtung zählen an wertvollen Stücken ein bronzenes Taufbecken von 1387 und der reich geschnitzte Hauptaltar von 1510, der die Anbetung der heiligen drei Könige darstellt. Seit 1992 fungiert das Gotteshaus als Kathedrale des im selben Jahr gegründeten Bistums Elbląg.

Nördlich der 95 m hohen Kirchturmspitze ragt das ursprünglich 1319 errichtete **Markttor** (Brama Targowa) empor. Als letzter verbliebener Rest der alten Stadtmauern wurde es bereits 1950 rekonstruiert, seit 2006 steht es nach einer umfassenden Renovierung für Besucher offen. Am Turmfuß steht ebenfalls seit 2006 das von *Waldemar Grabowiecki* geschaffene, bronzene **Bäcker-Denkmal**. Es erinnert an das beherzte Eingreifen eines jungen Bäckergesellen, von dem die Sage erzählt, er habe die Stadt am 8. März 1521 vor dem Einmarsch der Deutschordensritter bewahrt. Die Bronzenase des Bäckerjungen zu reiben soll Glück bringen, weshalb sie stets schön poliert im Sonnenlicht glänzt.

Wenige Schritte entfernt dient die kleine ehemalige Dominikanerkirche St. Marien den Musen. In ihren Backsteinmauern aus dem 13. Jh. ist die renommierte **Galerie El** untergebracht, die zeitgenössische Kunst präsentiert.

Das auf den Grundmauern der geschleiften Ordensburg fußende ehemalige Gymnasium nahebei beherbergt seit 1954 das **Archäologische und Historische Museum Elbląg** (Muzeum Archeologiczno-Historyczne w Elblągu). Neben Ausstellungen zur Stadtgeschichte vom Mittelalter bis heute, Sakralkunst und Elbinger Handwerk aus dem 17. und 18. Jh. zeigt es zahlreiche Artefakte, die die Ausgrabungen von Truso zu Tage gebracht haben. Eine gotische Säule im Hof ist das einzige Überbleibsel der bereits Mitte des 15. Jh. von aufgebrachten Elbinger Bürgern zerstörten Ordensburg.

Elbląg ist außerdem Ausgangspunkt für die vergnüglichen **Dampferpartien über die „Geneigten Ebenen"** des Elbląg-Ostróda-Kanals (Oberländischer Kanal) – eine Schifffahrt zu Wasser und auch zu Land! Siehe hierzu „Praktische Tipps, Aktivitäten" und Exkurs „Eine Schiffs- und Landpartie auf dem Elbląg-Ostróda-Kanal".

Praktische Tipps

Information

■ **Touristeninformation,** ul. Stary Rynek 25, 82-300 Elbląg, Tel. 55 2393377, www.elblag.eu, Mo–Fr 10–16 Uhr, zusätzlich Mai bis Sept. tgl. 10–18 Uhr im **Markttor** am Marktplatz.
■ **Homepage** der Stadt: www.eblag.eu.

Unterkunft und Gastronomie

■ **Hotel Pod Lwem**④, ul. Kowalska 10, Tel. 55 6413100, http://hotelpodlwem.pl. In der Altstadt in einem wiederaufgebauten gotischen Bürgerhaus, bester Service, sehr elegant.
■ **Hotel Elbląg**④, ul. Stary Rynek 54–59, Tel. 55 6116600, www.hotelelblag.eu; Vier-Sterne-Haus in einem rekonstruierten historischen Patrizierhaus,

Blick auf die Kirche St. Nikolai

innen top-elegant, mit Sauna und Schwimmbad, das Restaurant serviert moderne, leichte polnische und internationale Küche.

■ **Hotel MF**③, ul. Św. Ducha 26, 82-300 Elbląg, Tel. 55 6412610, www.pensjonatmf.pl. 2005 in der Altstadt eröffnetes kleines Hotel, wenige Schritte vom Flussufer entfernt, freundlich und geschmackvoll, mit Pub und Sommergärtchen sowie elegantem Restaurant, das verfeinerte polnische Küche, aber auch leckere Pizza und Pasta serviert.

■ **Hotel Arbiter**②, pl. Słowiański 2, 82-300 Elbląg, Tel. 55 2306191, www.arbiterhotel.pl. In sozialistischen Zeiten erstes Haus am Platz, mittlerweile etwas in die Jahre gekommen, dafür preisgünstige, geräumige Zimmer; das angeschlossene **Restaurant** wartet mit regionaler und europäischer Küche auf.

■ **Restaurant Pod Kogutem,** ul. Wigilijna 8–9, Tel. 55 6412882, www.podkogutem.elblag.pl. Im rustikalen Restaurant „Zum Hahn" in der Altstadt speist man traditionelle polnische Küche, köstlich zubereitet.

■ **Restaurant Admiral,** Bulwar Zygmunta Augusta, Tel. 501 759422. Im beliebten Restaurant-Schiff kommen, mit Blick auf die Altstadt, open air auf dem Oberdeck Kotelett, Schnitzel, Pommes und gebratener Fisch auf den Tisch; dazu spielt dann und wann live eine Kapelle auf (bei kühlem Wetter auch unter Deck).

Camping

■ **Camping Nr. 61 Elbląg,** ul. Panieńska 14, 82-300 Elbląg, Tel. 55 6418666, www.camping61.com.pl. Gepflegter kleiner Rasenplatz südlich der Altstadt direkt am Flussufer, mit Fahrradverleih und Campinghütten, 2011 und 2013 mit dem Prädikat „Mister Camping" ausgezeichnet. Mai bis Sept.

Hier kann man einmal ganz entspannt auf die schiefe Bahn geraten

Museen und andere Sehenswürdigkeiten

■ **Archäologisches und Historisches Museum,** Bulwar Zygmunta Augusta 11, www.muzeum.eblag.pl, Mai bis Sept. Di–So 9–17 Uhr, Okt. bis April Di–So 8–16 Uhr.

■ **Galerie El,** ul. Kuśnierska 6 (in der Marienkirche), www.galeria-el.pl, Di–Sa 10–18, So 10–17 Uhr. Veranstaltungsort und Kunstgalerie mit wechselnden Ausstellungen.

Aktivitäten

MEIN TIPP: Schifffahrten auf dem Elbląg-Ostróda-Kanal, Info, Reservierung und Tickets im Büro der Elbląg-Ostróda-Reederei, ul. Wodna 1b, 82-300 Elbląg, Tel. 55 2324307, www.zegluga.com.pl. Nach Sanierung des Kanals 2011 bis 2014 wird er pünktlich zum Saisonstart 2015 wiedereröffnen. Die genauen Abfahrtszeiten der Ausflugsschiffe standen zum Zeitpunkt der Drucklegung dieses Reiseführers noch nicht fest.

Kadyny

Von Elbląg Richtung Braniewo kurz vor der Grenze zum Oblast (Verwaltungsbezirk) Kaliningrad bieten sich mehrere Wege an. Die allerschönsten sind die teils noch kopfsteingepflasterten, von uralten Bäumen überwölbten Sträßlein durch den Naturpark **Elbinger Höhen** (Wzniesienie Elbląskie), die den Besucher bis auf knapp 200 m über dem Meeresspiegel hinaufführen, und die Küstenstraße am Haff. Doch ob man nun quer durch den Naturpark hindurch fährt oder mit wundervollen Aussichten auf die Frische Nehrung am Haffufer entlang – allemal gelangt man zunächst nach **Kadyny (Cadinen),** dem Gut, das einst Kaiser *Wilhelm II.* erstand und wo Prinz *Louis Ferdinand* wohnte, bis man ihn 1945 vor die Tür setzte. Im Gut Kadyny ist heute ein Luxushotel untergebracht. Zum Gut gehört ein staatliches **Gestüt,** das sich seit 1951 der in der Region traditionsreichen Pferdezucht widmet. 200 edle Pferde der Großpolnischen Rasse (eine Mischung aus Trakehner, Hannoveraner und arabischem Vollblut) tummeln sich auf den sattgrünen Koppeln. Das Gestüt selbst bietet Kutschfahrten und Ausritte an. Ein schöner Strand rechts vom kleinen **Fischerhafen** lädt zum Baden ein.

Das Gut Kadyny gehört zum beschaulichen Örtchen **Tolkmicko** (Tolkemit). Von seiner Hafenmole aus genießt man einen wunderbaren Blick über das Haff.

Praktische Tipps

Unterkunft und Gastronomie

■ **Kadyny Folwark Hotel**⑤, 82-340 Tolkmicko (Kadyny), Tel. 55 2316120, www.kadyny.com.pl. „Noblesse oblige" lautet das Motto des erlesenen Luxushotels in den Räumlichkeiten der Sommerresidenz Kaiser *Wilhelms. II.* Mit Tennis, Sauna, Pool, Kutschfahrten und Reitmöglichkeit, Bar und gutem Restaurant mit kleiner, feiner Karte in den Räumlichkeiten der ehemaligen kaiserlichen Schnapsbrennerei.

⌂ Das Gut Kadyny

Frombork

Frombork (**Frauenburg**) am Frischen Haff ist ein reizvolles Örtchen. Eine Mole, die zum schilfwogenden Wasser hinausgeht, ein kleiner Passagierhafen, wo Boote nach Krynica Morska auf der Frischen Nehrung ablegen, eine nur wenige Schritte lange Puppenstuben-Fußgängerzone mit Cafés und Imbissbuden in historisch nachempfundenen Gebäuden, ein paar wenige Dachgiebel, unter denen die 2500 Einwohner leben, sowie zwei kleine Kirchlein. Und darüber thront auf einer Anhöhe über dem Haff, von mächtigen Mauern umzogen und mit Festungstürmen bewehrt, der Fromborker **Kathedralkomplex.** Im 16. Jh. wirkte hier als Domherr *Nikolaus Kopernikus* (1473–1543), der mit seiner Betrachtung über die Himmelskörper die Welt aus den Angeln hob.

Nachdem bei dem großen Prußenaufstand 1260 bis 1272 der erste Sitz des Ermländischen Domkapitels im nahen Braunsberg (Braniewo) zerstört worden war, wurde er 1278 nach Frauenburg verlegt. Wenige Jahre später war ein erstes hölzernes Gotteshaus fertiggestellt, 1310 wurden der kleinen Siedlung „Unser Vrowen Burk" die Stadtrechte verliehen. Im Jahr 1329 folgte der erste Spatenstich zur Errichtung der **Kathedrale,** wie sie heute noch steht – einer der schönsten Sakralbauten im ehemaligen Ostpreußen. 1388 waren die Bauarbeiten mit der Vollendung der reich mit Blendarkaden verzierten Westfassade abgeschlossen, und die Kirche wurde „Unserer allerheiligsten Jungfrau Maria Himmelfahrt und Apostel Andreas" geweiht.

Die hohen Gewölbe des fast 100 m langen, dreischiffigen gotischen Hallenbaus sind durchflutet von Licht, welches die wertvolle Innenausstattung in eine feierliche Atmosphäre taucht. Eindrucksvoll präsentiert sich der barocke Orgelprospekt mit der 1683/84 vom Danziger *Daniel Nitrowski* geschaffenen **Orgel.** Nach der Zerstörung Frauenburgs im Zweiten Weltkrieg und dem Wiederaufbau von Ort und Domhügel ab Ende der 1960er Jahre wurde abschließend auch die Orgel wieder zum Klingen gebracht. Jedes Jahr im Juli und August konzertieren seither die weltweit

Kathedralhügel Frombork (Frauenburg)

■ **Übernachtung**
1 Jugendherberge
2 Hotel Kopernik
3 Dom Familijny Rheticus, Camping Nr. 12 Copernicus

■ **Essen und Trinken**
2 Restaurant Kopernik

Eine Schiffs- und Landpartie auf dem Elbląg-Ostróda-Kanal

Morgens um halb acht herrscht an der Elbląg (Elbing) noch tiefe Stille. Friedlich reihen sich Angler an ihren Ufern, und nur von der Anlegestelle am Bulwar Zygmunta Augusta dringen Laute hierher. Dort reden und gestikulieren auf dem schmalen Oberdeck eines Ausflugsschiffs alle aufgeregt durcheinander. Ein jeder möchte den besten Sitz- und Aussichtsplatz finden, denn der erste Höhepunkt der Schiffs- und Landpartie auf dem Elbląg-Ostróda-Kanal, früher Oberländischer Kanal, ist der **Druzno- oder Drausen-See,** auch „das dicke Ende der Elbing" genannt, gleich im Süden der Stadt.

Als Relikt einer vor ungefähr 9000 Jahren verlandeten Ostseebucht sind seine nur 2 m tiefen, stehenden Wasser von weißen und gelben Teichrosen betupft und mit dichten Schilfgürteln umgeben. Von verlandenden Flächen und schlingpflanzengewebten kleinen Inseln aus beobachten Fischreiher das an ihnen vorübergleitende Boot. Mehr als 180 Vogelarten sind im Naturschutzgebiet Druzno-See bisher gezählt worden. Und mit einem Mal redet an Deck niemand mehr. Zu übermächtig ist das Schweigen ringsum.

Erst nachdem das Boot am Ende des Druzno-Sees in den Elbląg-Ostróda-Kanal eingefahren ist, regt man sich wieder. Zwischen den dicht bewachsenen Ufern ist vom Wasser nicht viel zu erkennen, denn mit einer oberen Breite von etwa 3 m erreicht das Schiff fast die Ausmaße des Kanals. Im Oktober 1844, als der erste Spatenstich zu der künstlichen Wasserstraße erfolgte, dachte man eben noch in bescheideneren Dimensionen.

Der Gedanke zum **Kanalbau** ging damals dahin, den Transportweg von Holz aus den oberländischen Wäldern an die Ostseehäfen um das Fünffache abzukürzen, indem man Elbing (Elbląg) über einen Wasserweg mit Osterode (Ostróda) verband. Die Überlegung stammte schon aus dem 18. Jh., aber man nahm davon zunächst wieder Abstand. Hätte man doch sieben Seen auf einer Länge von 80 km um insge-

> Kein Wasser unterm Kiel

samt 104 m absenken müssen, um eine schiffbare Verbindung zwischen den Städten herstellen zu können. Oder man hätte Schleusensysteme mit insgesamt 32 Kammern einbauen müssen, was viel zu kostspielig war.

So kam der Königsberger Ingenieur *Georg Steenke* auf die Idee, die Boote auf Rutschen über Land rollern zu lassen. Ökologisch, dynamisch und klimaschützend. Denn die Energie, mit der die Schiffe auf den **Geneigten Ebenen** zu trockener Erde die Höhenunterschiede überwinden, entspringt natürlicher Wasserkraft. Dabei ist das Prinzip der Geneigten Ebenen ebenso einfach wie genial. Auf ein Signal fließt Kanalwasser über eine Rohrleitung in einen speziellen Tank und setzt damit ein Schaufelrad in Bewegung, das wiederum eine achträdrige Lore an einem Stahlseil antreibt. Während diese Lore nun, huckepack mit einem Schiff obenauf, über Schienen den trockenen Berg hinunterkarriolt, zieht sie mit ihrer Kraft gleichzeitig einen anderen Plattformwagen die Anhöhe hinauf.

Nach einer Fahrt von etwa 20 km drosselt das ohnehin gemächlich dahintuckernde Schiff noch einmal sein Tempo. Am Horizont hebt sich das Land, und ein grüner Teppich von Algen und Entenflott kündigt an, dass man sich der ersten Schiffsrutsche nähert. 13 m Fallhöhe müssen auf

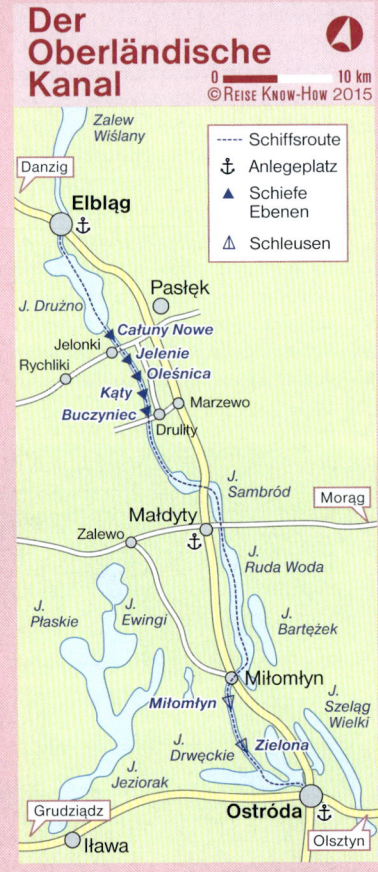

der 450 m langen **Rutsche Caluny Nowe** überwunden werden. Am Stoß von Kanalbett und Geneigter Ebene manövriert der Kapitän sein Boot vorsichtig in die unter Wasser liegende Transportlore hinein. Als Orientierung dienen ihm dabei die Seitengestänge des abenteuerlich anmutenden Vehikels, die einen knappen Meter aus dem Wasser hervorlugen. Der Motor wird abgestellt und der Schiffsjunge schlägt den Gong, der Signal gibt, dass die Landpartie losgehen kann. Das Schaufelrad setzt sich knirschend in Gang. Ein kleiner Ruck – schon wird der Karren mit dem Boot aus dem Wasser gezogen und steigt die Erhebung hinauf.

Auf der Bergkuppe taucht die zweite Lore auf. Sie ist mit einem Segelboot, einem Schlauchboot und zwei Kanus beladen, die Richtung Elbląg landabwärts wollen. Auf halbem Weg beegnet man sich. „Dzień dobry/Hallöchen!" – „Jak się masz/Wie geht's?" – „Do widzenia und tschüss!" – weiter geht's. Denn auf den folgenden 9 km und vier Rutschen müssen noch 85 m Höhenunterschied überwunden werden.

An der letzten Geneigten Ebene bei **Buczyniec (Buchwald)** ist für die meisten Gäste gegen 13 Uhr der Ausflug zu Ende. Schnell noch einen Blick in das kleine Kanalmuseum geworfen und auch den Gedenkstein gewürdigt, der sich bescheiden hinter ein paar Büschen versteckt. Auf ihm steht geschrieben: „Dem Erbauer des oberländischen Canals und der geneigten Ebenen, dem königlichen Baurath Steenke am fünfzigjährigen Dienstjubiläum, dem 15. Juli 1872, zu dauernder Anerkennung – die dankbaren Landwirthe." Dann geht es mit dem Bus der Reederei nach Elbląg zurück.

Nebenan thront auf dem Parkplatz ein luxuriöser Reisebus. Denn selbstverständlich lassen sich die Schiffspartien über die geneigten Ebenen auch vom Land aus beobachten. Sämtliche Rutschen kann man mit dem Auto anfahren.

Information, Tickets und Reservierung:
- **in Elbląg:** Büro der Elbląg-Ostróda-Reederei, ul. Wodna 1b, 82-300 Elbląg, Tel. 55 2324307, www.zegluga.com.pl.
- **in Ostróda:** Büro der Elbląg-Ostróda-Reederei, ul. Mickiewicza 9a, 14-100 Ostróda, Tel. 89 6463871, www.zegluga.com.pl.

Nach **Sanierung des Kanals** 2011 bis 2014 wird er pünktlich zum Saisonstart 2015 wiedereröffnen. Die genauen Abfahrtszeiten der Ausflugsschiffe standen zum Zeitpunkt der Drucklegung dieses Reiseführers noch nicht fest.

besten Organisten während des Internationalen Fromborker Festivals der Orgelmusik auf dem Instrument, dessen Klang Weltruhm genießt.

Kaum weniger prachtvoll erscheint der Hauptaltar aus der ersten Hälfte des 18. Jh., hinter dem das kostbarste Einrichtungsstück beinahe ins Hintertreffen gerät: der kleine **spätgotische Flügelaltar** im Nordschiff des Langhauses, den 1504 Bischof *Lukas Watzenrode* dem Gotteshaus stiftete.

Zahlreiche Grabmale zieren die Pfeiler und Mauern, darunter auf dem ersten Pfeiler des Hauptschiffs das 1735 gefertigte **Epitaph für Nikolaus Kopernikus.** Von 1510 bis zu seinem Tod 1543 arbeitete der Weltenbeweger als Domherr in Frauenburg an seinem bahnbrechenden Werk „De revolutionibus orbium coelestium", mit dem er bewies, dass die Erde nicht im Zentrum des Universums steht, sondern sich wie die anderen Planeten unseres Sonnensystems um die Sonne dreht. Irgendwo im Dom sollte sich auch die Grabstätte des berühmten Astronomen befinden. 200 Jahre lang suchte man vergeblich danach und stieß 2005 bei Ausgrabungen auf die Gebeine von 13 Verstorbenen, unter ihnen der Schädel eines 70-jährigen Mannes. Nach umfassenden wissenschaftlichen Untersuchungen steht seit 2008 fest: Es handelt sich um den Schädel des *Kopernikus.* Das Grab des berühmten Domherrn zu Frauenburg war gefunden. Seine sterblichen Überreste wurden am 22. Mai 2010 – dieses Mal mit einer Grabtafel – in der Kathedrale feierlich beigesetzt (siehe auch Exkurs „Nikolaus Kopernikus").

Lange Zeit nahm man auch an, dass *Kopernikus* seinen Wohnsitz in dem nach ihm benannten, ältesten Wehrturm (14. Jh.) des Kathedralkomplexes hatte. Vielleicht, weil man vom **Kopernikusturm** aus so schön in die Sterne über dem Haff schauen kann. Der Forscher wohnte jedoch in einem der **Domherrenhäuser** zu Füßen der Burgmauern. Im Turm selbst ist heute im Erdgeschoss ein Gelehrten-Arbeitszimmer der Renaissancezeit ausgestellt, das veranschaulicht, wie *Kopernikus'* Wirkungsstätte ausgesehen haben mag. Den weitreichendsten Ausblick hätte der Sterngucker ohnehin vom ehemaligen **Glockenturm** aus gehabt. In 70 m Höhe über dem Meeresspiegel verläuft rund um den Turmhelm eine Aussichtsterrasse, und von dieser Höhe reicht bis zum Plafond ein Foucaultsches Pendel herab. Die Erfindung des französischen Physikers *Jean Foucault* (1819–1868) weist mit ihrer Pendelbewegung die Rotation der Erdkugel um ihre eigene Achse nach. Ein **Planetarium** im Erdgeschoss, das Sonne, Planeten, Kometen und über 6000 Sterne unter der Kuppel präsentiert, rundet die astronomische Vorstellung im Glockenturm ab.

Gegenüber werden den Besuchern im ehemaligen **Bischofspalast** Leben und Wirken von *Kopernikus* näher gebracht. 1530 erbaut, 1727 barock umgestaltet und nach der Zerstörung im Zweiten Weltkrieg 1965 bis 1970 rekonstruiert, beherbergt das Gebäude die Hauptausstellungen des **Nikolaus-Kopernikus-Museums.** Neben den Errungenschaften des berühmten Domherren widmen sich weitere Ausstellungen Fernrohren sowie Fromborker Kulturdenkmälern und Glasmalereien.

Keine fünf Spazierminuten vom Kathedralhügel entfernt ist im **Heilig-Geist-Spital** (17. Jh.) in der ul. Stara eine

Dependance des Nikolaus-Kopernikus-Museums untergebracht. Hier lassen sich sakrale Schnitzereien (17./18. Jh.), ermländische Malereien sowie medizinische Schriften, Rezepte und Apothekengefäße aus dem 16. bis 18. Jh. betrachten. In der Sankt-Annen-Kapelle ist eine Wandmalerei (15. Jh.) mit der Darstellung des Jüngsten Gerichts sehenswert.

Einen nicht weniger schönen Blick in den Himmel bietet die Aussichtsterrasse des **Wasserturms** (16. Jh.) zwischen Domhügel und Haffküste. 1571 wurde in seinen Mauern ein Schöpfwerk installiert, das noch bis ins 18. Jh. hinein Wasser auf den Hügel leitete. Im Turm sind außerdem ein kleiner touristischer Informationspunkt mit Souvenirshop und ein Café untergebracht.

Der Fromborker Kathedralhügel

Praktische Tipps

Information

■ **Touristeninformation,** ul. Młynarska 5a (im Gemeindeamt), 14-530 Frombork, Tel. 55 2440677, Juli/Aug. Mo 7–15, Di–Fr 9–17, Sa 10–16 Uhr, sonst Mo/Di/Do/Fr 7–15 Uhr, Mi 9–17 Uhr.
■ **Touristeninformation,** ul. Elbląska 2 (im Wasserturm), 14-530 Frombork, Tel. 55 2437500, www.wiezawodna.pl, Juni bis Sept. tgl. 10–19 Uhr, sonst Mo–Fr 10–16, Sa 10–15 Uhr, mit Café und Galerie.
■ **Homepage** der Stadt: www.frombork.pl.

Unterkunft und Gastronomie

■ **Hotel Kopernik**③, ul. Kościelna 2, 14-530 Frombork, Tel. 55 2437285, www.hotelkopernik.com.pl. Zu Füßen der Kathedrale liegt das vor einigen Jahren umfangreich renovierte Mittelklassehotel, freundlicher Service, mit gutem Restaurant.

■ **Dom Familijny Rheticus**②, ul. Kopernika 10, 14-530 Frombork, Tel. 55 2437800, www.domfamilijny.pl. Wenige Schritte östlich vom Kathedralhügel gleich an der Hauptstraße, familienfreundliche Unterkunft, die neben DZ auch Apartments mit Drei- und Vierbettzimmern anbietet, neben Duschbad alle mit abgetrennter Kochmöglichkeit.

Camping

■ **Camping Nr. 12 Copernicus,** ul. Braniewska 14, 14-530 Frombork, Tel. 506 803151, www.campingfrombork.pl. Wiesenplatz mit kleiner Gaststätte am nördlichen Ortseingang Richtung Braniewo, auch ein paar Campinghütten finden sich auf dem Gelände. Geöffnet Mai bis Okt.

Jugendherberge

■ **Jugendherberge,** ul. Krasickiego 6, 14-530 Frombork, Tel. 55 2437135, ganzjährig.

Museen und andere Sehenswürdigkeiten

■ **Kathedrale,** Mai bis Aug. Mo–Sa 9.30–18 Uhr, sonst Mo–Sa 9–16 Uhr.
■ **Nikolaus-Kopernikus-Museum,** im Bischofspalast, www.frombork.art.pl, Mai bis Aug. Di–So 9–17 Uhr, sonst Di–So 9–16 Uhr. Dependance im Heilig-Geist-Spital, siehe unten.
■ **Glockenturm,** www.frombork.art.pl, Mai bis Aug. tgl. 9.30–17 Uhr, sonst tgl. 9–16 Uhr.
■ **Heilig-Geist-Spital,** www.frombork.art.pl, Mai bis Aug. Di–Sa 9.30–17 Uhr, sonst Di–Sa 9–16 Uhr.

Kulturelle Veranstaltungen

MEIN TIPP: Internationales Festival der Orgelmusik, Ende Juni bis Ende Aug. immer So 14 Uhr in der Kathedrale; Informationen unter www.frombork-festiwal.pl.

Aktivitäten

■ **Ausflugsschiffe** über das Frische Haff nach Krynica Morska, tgl. Mai bis Sept, www.zegluga.pl.

Braniewo

17.000 Einwohner groß ist Braniewo (**Braunsberg**). Es verweist stolz auf den kleinsten Zoo Polens (geöffnet Mai bis Sept. tgl. 10–18 Uhr), das ehemals evangelische Gotteshaus **St. Anton** (Kościół św. Antoniego), das 1830 bis 1837 nach Plänen von *Karl Friedrich Schinkel* entstand, sowie die zentrale **Pfarrkirche St. Katharinen** (Kościół św. Katarzyny), die zwischen 1342 und 1442 Gestalt annahm.

Bereits um 1240 hatte der Deutsche Orden am Ufer der Passarge (Pasłęka) eine hölzerne Festung gebaut, in deren Schatten sich eine Marktsiedlung entwickelte. 1250 wurde das ermländische Domkapitel eingerichtet, 1254 erhielt „Brusebergue" die Stadtrechte. Seine Zerstörung im Zuge der Prußenaufstände 1260 bis 1272 veranlasste Bischof *Heinrich I.*, das Domkapitel 1278 nach Frauenburg zu verlegen. Dank Ostseehafen und seit Mitte des 14. Jh. der Hanse-Mitgliedschaft blühte die Stadt dennoch auf. Das 1565 gegründete Collegium

Nikolaus Kopernikus

„Doch unter allen Entdeckungen und Überzeugungen möchte nichts eine größere Wirkung auf den menschlichen Geist hervorgebracht haben, als die Lehre des Copernicus." So rühmte *Johann Wolfgang Goethe* den großen Astronomen und Domherren zu Frauenburg, der mit seinem Werk „De revolutionibus orbium coelestium" die Welt aus den Angeln hob – *Nikolaus Kopernikus*. Oder heißt er vielleicht *Mikołaj Kopernik*? Generationen polnischer und deutscher Historiker zankten um die Nationalitätenzugehörigkeit dieser herausragenden Persönlichkeit am Ausklang des Mittelalters zur Neuzeit, dessen Name bereits zu seinen Lebzeiten auf 36 (!) verschiedene Art geschrieben wurde. *Kopernikus* selbst unterzeichnete u.a. mit Copernik, Copperning und schließlich mit der latinisierten Form Copernicus, wie es bei Angehörigen der europäischen Bildungselite seinerzeit üblich war.

Geboren wurde er am 19. Februar 1473 in Thorn. Als *Kopernikus* zehn Jahre alt war, verstarb der Vater, und Onkel *Lukas Watzenrode*, Domherr zu Frauenburg, übernahm seine Erziehung. *Watzenrode*, der 1489 zum Fürstbischof von Ermland gewählt wurde, ermöglichte seinem Neffen die denkbar beste Ausbildung: ab 1491 das **Studium** der Astronomie, Mathematik, aristotelischen Philosophie und lateinischen Literatur in Krakau, ab 1496 Studium des geistlichen und weltlichen Rechts in Bologna, ab 1501 Studium der Medizin in Padua. 1503 erwarb *Kopernikus* in Ferrara den **Doktortitel** im kanonischen Recht. Zwischenzeitlich kehrte er immer wieder ins Ermland zurück, denn dort hatte man ihn schon 1495 zum **Domherren** gewählt.

Doch seine Leidenschaft galt der **Astronomie.** Schon in Padua wurde er auf einen Text des Griechen *Hicetas* aufmerksam, der behauptete, dass sich außer der Erde im Universum kein Weltkörper bewege. Grundlage des christlichen Abendlands aber war ab dem 11. Jh. die Philosophie des *Aristoteles.* Arabische Gelehrte hatten dessen Schriften im 8. Jh. wiederentdeckt und ins Arabische übersetzt. Aus dem Arabischen wurden sie wiederum ins Lateinische übertragen und in dieser mehrfach „überarbeiteten" Form zur verbindlichen europäischen Auffassung. Um die Originaltexte lesen zu können, erlernte *Kopernikus* Griechisch.

Nach **Aristoteles** war das Weltall eine abgeschlossene Kugel, in deren Zentrum sich die Erde befand. Sie war von den sphärischen Hüllen Wasser, Luft und Feuer umgeben. Um die Feuersphäre schlossen sich kristallene Sphären, in denen jeweils ein Planet die Erde umlief. Das waren mit zunehmendem Abstand zur Erde Mond, Merkur, Venus, Sonne, Mars, Jupiter und Saturn. Mehr Planeten kannte man nicht. Der Mond beschrieb die Trennlinie zwischen irdischer und himmlischer Sphäre, die Fixsternsphäre war die Grenze der Weltallkugel. In der Kugel hatte jede Erscheinung seinen natürlichen Platz, und jedes Ding vollzog in Bezug auf seinen Platz eine regelmäßige, gleichförmige Kreisbewegung.

Das **Kugelsystem** und die mathematische Naturwissenschaft waren auch für *Claudius Ptolemäus* (ca. 85–160 n.Chr.) maßgeblich. Seine Zusammenfassung und seine Berechnungen der Planetenbahnen, die wir heute „Ptolemäisches Weltbild" nennen, besaßen weit über ein Jahrtausend, eben bis zu *Kopernikus*, Gültigkeit.

Dieser trat 1504 zunächst eine Tätigkeit als Leibarzt seines Onkels an der bischöflichen Residenz in Heilsberg (Lidzbark Warmiński) an. Inzwischen hatte man längst beobachtet, dass die Gestirne gar nicht so regelmäßig verliefen, ja ganz im Gegenteil von ihrer normalen, ostwärts gerichteten Bahn zeitweilig nach Westen „ausschlugen". Ebenso wenig konnte man sich erklären, warum Merkur und Venus immer brav bei der Sonne blieben, während Mars, Jupiter und

Saturn regelrechte Abenteuerreisen unternahmen. Immer kompliziertere Berechnungen waren die Folge, um die Planeten mathematisch wieder ins Lot zu bringen. Auch *Kopernikus* hatten es die Unregelmäßigkeiten angetan. Er konstatierte die „Unsicherheit der mathematischen Überlieferung" in diesem „vom besten und gesetzmäßigsten aller Meister gebauten Weltall." Seine Beobachtungen führten ihn dazu, „eine Bewegung der Erde und eine andere Ableitungsart anzunehmen, bei welcher die Gleichmäßigkeit und die Grundlage der Wissenschaft und die Ursache der Unregelmäßigkeit in der Erscheinung zuverlässiger gestaltet wird."

1510 siedelte er nach Frauenburg über. Man nimmt an, dass in dieser Zeit die erste Niederschrift seiner Überlegungen zu einem **heliozentrischen Weltbild,** der „Commentariolus", erfolgte. In dieser Frühfassung seiner Lehre war im Grunde genommen bereits alles enthalten:

- Für alle Himmelskörper oder Sphären gibt es nicht nur einen Mittelpunkt.
- Der Erdmittelpunkt ist nicht der Mittelpunkt der Welt.
- Alle Bahnkreise umgeben die Sonne.
- Das Verhältnis der Entfernung Sonne – Erde zur Höhe des Fixsternhimmels ist kleiner als das vom Erdhalbmesser zur Sonnenentfernung.
- Alles, was am Fixsternhimmel sichtbar wird, ist nicht von sich aus so, sondern von der Erde aus gesehen.
- Die Erde dreht sich in ihrer täglichen Bewegung einmal um ihre unveränderlichen Pole.

War das nun die Revolution? Würde *Kopernikus* wegen dieser Schrift, wie später *Giordano Bruno*, auf dem Scheiterhaufen verbrennen? Oder wie *Galileo Galilei* unter dem Druck des Vatikans widerrufen? Das Gegenteil war der Fall. *Kopernikus*' „Vorabveröffentlichung" wurde viel beachtet und diskutiert. Schließlich handelte es sich um eine „Hypothese", wobei „Hypothese", wie der Begriff damals aufgefasst wurde, eher unserem heutigen Wort „Fiktion" entspricht. *Kopernikus*' Sorge galt vielmehr dem Umstand, in der wissenschaftlichen Welt verlacht zu werden, weshalb er fortan seine mathematische Beweisführung zu perfektionieren versuchte. 1516, so nimmt man an, begann er mit der Arbeit zu seinem **Hauptwerk** „De revolutionibus orbium coelistium – Über die Kreisbewegung der Himmelskörper". Im selben Jahr wurde er Kapiteladministrator in Allenstein (Olsztyn), wo er mit Unterbrechungen bis 1521 weilte. Anschließend kehrte er für immer nach Frauenburg zurück und widmete sich der Beobachtung der Planeten. Im Herbst 1537 zweifelte er endgültig an der Zuverlässigkeit der antiken Messwerte.

1540 machte sein Schüler *Joachim Rhetikus* unter dem Titel „Narratio prima" in einer Zusammenfassung die neue Lehre einer breiteren Öffentlichkeit bekannt. Zwei Jahre später folgte die Drucklegung der „Revolutiones". *Kopernikus* hatte sie mit einem Vorwort an Papst *Paul III.* versehen. Es lautete: „Heiliger Vater, ich kann mir zur Genüge denken, dass gewisse Leute (...) sogleich erklären möchten, ich sei mit solcher Meinung zu verwerfen. Ich bin mit meiner Arbeit nicht in dem Maße zufrieden, dass ich nicht wohl erwägen sollte, wie andere über sie urteilen werden. (...) So war ich lange unschlüssig, ob ich meine Kommentare (...) herausgeben sollte."

Der Druck wurde vom protestantischen Geistlichen *Andreas Osiander* überwacht. Ohne Autorisierung stellte er *Kopernikus*' Werk eine anonyme Rede voran, die das **heliozentrische Weltbild als „Hypothese"** bezeichnete. Außerdem änderte er den Titel von „Kreisbewegung der Weltkörper", der immerhin die wissenschaftliche Trennung der Sphären Himmel und Erde ankündigte, in „Kreisbewegung der Himmelskörper" um. *Kopernikus* konnte dagegen nichts einwenden. Nach einem Schlaganfall verstarb er in Frauenburg am 24. Mai 1543 mit einem ersten gedruckten Exemplar seines Werks in der Hand.

Hosianum machte sie als Ausbildungsstätte für katholische Geistliche und darüber hinaus als Hort der Gegenreformation bekannt. Die bedeutende Bibliothek des Jesuitenkollegs raubten schwedische Truppen im Dreißigjährigen Krieg. Sie befindet sich bis heute in der Universitätsbibliothek Uppsala.

Nach wochenlangen schweren Kämpfen lag Braunsberg am Ende des Zweiten Weltkriegs zu mehr als drei Vierteln in Trümmern. Der Wiederaufbau der Ortschaft und der mächtigen backsteingotischen Katharinenkirche begannen. Wegen ihres weithin sichtbaren Glockenturms von der abrückenden Deutschen Wehrmacht in den letzten Kriegstagen gesprengt, konnte St. Katharinen 1983 neu eingeweiht werden und zeigt sich seitdem wieder mit einem schönen Sternengewölbe.

Trotzdem verirren sich nur wenige Besucher in die verschlafene Kleinstadt. Allzu nah ist die Grenze nach Russland. Der 6 km nördlich von Braniewo an der Straße 54 liegende **Grenzübergang Gronowo – Mamonowo** ist zwar bereits seit 1997 geöffnet, aber ein Blick auf die Landkarte zeigt, dass fast alle anderen Straßen kurz vor dem roten, wie mit dem Lineal gezogenen Strich, der den Nordosten Polens beschließt, im Nirgendwo enden.

Für 2007 war wenige Kilometer östlich an der Schnellstraße 22 von Elbląg nach Kaliningrad die Eröffnung des neuen Kontrollpunkts **Grzechotki – Mamonowo-II** anvisiert. Der Ausbau der in Jahrzehnten mit Gras und Gestrüpp überwucherten alten Reichsautobahn Berlin – Königsberg – der „Berlinka", wie die Einwohner der Enklave Kaliningrad das vierspurige Asphaltband nennen – zur modernen Transitstrecke war zu diesem Zeitpunkt längst fertiggestellt. Doch sollte es noch vier weitere Jahre dauern, bis 2011 der größte und modernste Hightech-Grenzübergang an der polnisch-russischen Grenze eingeweiht werden konnte. Seit Sommer 2012 brauchen die Bewohner des Kaliningrader Gebiets sowie der polnischen Anrainerregionen von Danzig bis Masuren im kleinen Grenzverkehr kein Visum mehr. Für alle anderen herrscht weiterhin Visumpflicht (Visa müssen rechtzeitig vor Reiseantritt beantragt werden).

Praktische Tipps

Information

■ **Touristeninformation,** ul. Katedralna 7 (am Platz vor der Katharinenkirche), 14-500 Braniewo, Tel. 55 6443303, www.it.braniewo.pl, Mo/Di und Do/Fr 9–17, Mi 9–15, Sa 8–14 Uhr.
■ **Homepage** der Stadt: www.braniewo.pl.

Unterkunft

■ **Hotel Warmia**②-③, ul. Gdańska 18, 14-500 Braniewo, Tel. 55 2439353, www.hotelwarmia.pl. An der Hauptstraße nicht weit vom Kirchplatz, angenehmer Mittelklassekomfort; in der ul. Kościuszki 100 liegt die Dependance **Hotel Warmia II**.

▷ Dörfchen auf dem Weg zur Oberländischen Seenplatte

Von Elbląg zur Oberländischen Seenplatte

Pasłęk

Über die Straße 7 respektive E 77 gelangt man von Elbląg auf schnellem Weg in den Süden nach Ostróda, dem End- oder auch Ausgangspunkt der lustigen Schiffspartien auf dem Elbląg-Ostróda-Kanal. Unterwegs lohnt sich ein Abstecher in das von holländischen Siedlern gegründete Städtchen Pasłęk (**Preußisch Holland**). Ende des 13. Jh. waren die Nordseeanrainer ins Land gekommen, um für den Deutschen Orden das Weichseldelta einzudämmen und die sumpfigen Böden zu entwässern. Ein Teil von ihnen ließ sich bei der eroberten Prußenburg Passlock nieder; 1297 wurde dem neuen Flecken bereits das Stadtrecht zuteil. Der Bau der backsteinernen **Ordensritterburg** 1319 bis 1340 und der starken, die Stadt fest umgürtenden Wehrmauern schlossen sich an. Teile der alten Befestigungsanlage sind noch erhalten, darunter das 1330 errichtete gotische **Steintor** (Brama Kamienna), das von der Hauptverkehrsstraße aus Einlass in die Altstadt gewährt, sowie am Schlossplatz das kleinere, aus derselben Zeit stammende **Mühlentor** (Brama Młynska).

Pasłęks historisches Zentrum ist schnell durchschritten, nur wenige hundert Meter trennen die Reste der alten Stadtumwallung vom gotischen **Rathaus**, im 14. Jh. erbaut, und der **Pfarrkirche St. Bartholomäus** (Kościól św. Bartłomieja), die ebenfalls aus dem 14. Jh. stammt. Das Kircheninnere birgt neben einem schönen Taufbecken und einer Kanzel aus dem späten 16. Jh. als wertvollsten Schmuck einen 1687 vom Königsberger Bildhauer *Isaak Riga* ge-

schaffenen vergoldeten Hauptaltar. Die dreiflügelige Ordensburg in der Nachbarschaft bietet Raum für die Stadtverwaltung, die Stadtbücherei und ein Kulturzentrum.

Jüngeren Datums ist der 2009 bei Pasłek eröffnete **18-Loch-Golfplatz** „Sand Valley Golf & Country Club". Zur 82 ha großen Anlage gehören außerdem eine Golf-Akademie, eine Driving Range und ein Putting Green (www.sandvalley.pl).

Kwitajny

Knapp 10 km südöstlich von Pasłek liegt an der Straße 527 der Weiler Kwitajny (**Quittainen**). Das malerische Ensemble aus Schloss, Park, Teichen, Kirche und Gutsdorf befand sich bis zum Ende des Zweiten Weltkriegs in Besitz der Grafen *von Dönhoff*. Als Letzte ihrer Familie verwaltete die Publizistin und „Zeit"-Herausgeberin *Marion Gräfin Dönhoff* (1909–2002) das Gut. Ihre Flucht zu Pferde aus Quittainen in den Westen im Winter 1945 verarbeitete sie literarisch in ihren Erinnerungen an Ostpreußen „Namen, die keiner mehr nennt". Das 1699 nach einem Entwurf von *Jean de Bodt* erbaute **Schloss** diente in sozialistischer Zeit als Schule, Wohnung und Verwaltungssitz und ist heute wieder in privater Hand. In der 1714 bis 1719 errichteten, hübsch renovierten Gutskirche finden wieder Gottesdienste statt.

Słobity

10 km nordöstlich von Pasłek steht bei Słobity (**Schlobitten**) die **Ruine von Schloss Schlobitten**. Von 1525 bis 1945 war hier der Stammsitz der bedeutenden preußischen Adelsfamilie *Dohna*. In den Räumen des 1621 bis 1624 erbauten, 1696 bis 1736 zur prächtigen Barockanlage erweiterten Schlosses wandelten so unterschiedliche Persönlichkeiten wie der Philosoph *Friedrich Schleiermacher* (1786–1834), der in jungen Jahren als Hauslehrer der *Dohnas* seine Brötchen verdiente, oder auch Kaiser *Wilhelm II*. Vom kriegszerstörten Schloss ist nur noch die Ruine des Hauptflügels vorhanden, von den einst zahlreichen Wirtschaftsgebäuden existiert noch das Anfang des 18. Jh. gebaute Branntweinhaus.

Morąg

Wie die meisten Orte im ehemaligen Ostpreußen ist auch das 14.000 Einwohner kleine, verschlafene Landstädtchen Morąg (**Mohrungen**) eine Gründung des Deutschen Ordens. Um 1280 erbauten die Ordensritter an der Stelle einer prußischen Siedlung eine Burg. Anfang des 14. Jh. folgte die gotische Pfarrkirche St. Peter und Paul, 1327 wurden der Ortschaft, die Burg und Kirche umgab, die Stadtrechte verliehen. 1444 war schließlich das kleine gotische Rathaus am Markt fertiggestellt. Eine Feuersbrunst Ende des 17. Jh. richtete schwere Schäden an. Auch das Geburtshaus des berühmtesten Sohnes der Stadt fiel ihr zum Opfer: **Johann Gottfried Herder,** der 1744 als Spross des Kantors und Dorfschullehrers hier zur Welt kam.

▷ Das Dohna-Schlösschen in Morąg

„Sollte jede Torheit, die im angenommenen Glauben der Nationen herrscht, auch durchgängig geübt werden", schrieb der große Dichter, Weltbürger und Humanist in seinen „Ideen zur Geschichte der Philosophie der Menschheit", „welch ein Unglück!" Und in der Tat, wie viel Leid und wie viele Gräuel wären den Menschen erspart geblieben, hätten sie diesen Satz *Herders* zu ihrer Maxime gemacht und wären nicht dem nationalsozialistischen Wahn erlegen. Im letzten Winter des Zweiten Weltkriegs wurde Mohrungen Anfang 1945 völlig zerstört.

Am Haus in der ul. Herdera, das man 1961 an der Stelle von *Herders* Geburtshaus errichtete, prangt eine Gedenktafel, die an den Dichter und Denker erinnert.

Wenige Schritte entfernt erhebt sich die 1305–1312 erbaute **Kirche St. Peter und Paul** (Kościół św. Apostołów Piotra i Pawła). Ihr Inneres schmücken ein großes Kruzifix aus dem späten 14. Jh., im Chor Wandfresken aus dem 15. Jh., ein barocker Hauptaltar von 1690 und eine reich verzierte Barockorgel von 1705.

Unterhalb, zum Ufer des kleinen Morąskie-Sees hin, liegen die Reste der Mohrunger **Ordensritterburg.** Im 15. Jh. diente sie kurzzeitig als Sitz des Großmeisters *Heinrich von Plauen,* im 19. Jh. wurde der verbliebene Gebäudeteil bis zur Unkenntlichkeit umgebaut. In sozialistischer Zeit waren in der Restburg Kino und Disco untergebracht, bis sie schließlich vollends verfiel. Nach der Jahrtausendwende begannen die Sicherungsarbeiten.

Inzwischen lassen sich die historischen Gemäuer wieder besichtigen (tgl. 9 Uhr bis Einbruch der Dunkelheit), darunter der „Hexenturm", in den Frauen geworfen wurden, die man der Zauberei bezichtigte. Im Jahr 1749 – der Aufklärer *Herder* war zu diesem Zeitpunkt gerade fünf Jahre alt – fand in Mohrungen die letzte öffentliche „Hexen"-Hinrichtung statt.

In der Nachbarschaft wartet das **Dohna-Schlösschen** (Pałac Dohnów) auf einen Besuch. 1562 bis 1571 ließ die preußische Adelsfamilie *Dohna* unterhalb des Ortskerns ihr „stattliches Haus" errichten, Anfang 1945 ging es in Flammen auf und brannte bis auf die Grundmauern aus. Der letzte in die Weltgeschichte eingegangene Vertreter der Familie *Dohna*, Graf *Heinrich zu Dohna-Schlobitten* (1882–1944), war am Attentat auf *Adolf Hitler* beteiligt und wurde nach dem 20. Juli 1944 in Berlin-Plötzensee hingerichtet.

1976 bis 1985 wurde das Dohna-Barockschlösschen wieder aufgebaut. Heute ist dort eine **Dependance des Museums Ermland und Masuren** von Olsztyn untergebracht, das seine Ausstellungen dem Leben und Wirken *Johann Gottfried Herders* widmet und außerdem holländische Malerei des 16. und 17. Jh., preußische Kunst des 16. bis 19. Jh., historische Räumlichkeiten verschiedener Epochen sowie die Geschichte und Kultur der Region zeigt.

Mit vielen kleinen Buchten und 19 Inseln schmückt sich der **Narie-See** wenige Kilometer östlich von Morąg. Sein 44 m tiefes, glasklares Wasser gehört zu den saubersten Polens. Es ist reich an Plötzen, Hechten, Aalen und Maränen, lädt somit zum Angeln und Tauchen ein. Traumhaft schön liegt das Dorf **Kretowiny** auf einer Halbinsel südlich im Narie-See. Im hohen Kiefernwald hinter dem Seeufer verstecken sich Ferienhaussiedlungen, gefolgt von Bootsanlegern und einem Badestrand. Für Speis' und Trank sorgt in der Sommerzeit eine Budenzeile mit Schnellrestaurants, alternativ bieten Spaziergänge durch den Wald Stille und Einsamkeit.

Praktische Tipps

Information
- **Touristeninformation,** pl. Jana Pawła II. (im Rathaus), 14-300 Morąg, Tel. 89 7573826, www.lot.mazury.pl, im Sommer Mo–Fr 8–18, Sa 9–16 Uhr, sonst Mo–Fr 8–16 Uhr.
- **Homepage** von Morąg: www.morag.pl.

Unterkunft und Gastronomie
- **Hotel Irena**②, ul. Wróblewskiego 4, 14-300 Morąg, Tel. 89 7575430, www.hotelirena.pl. Ein freundlicher Mittelklassebau, ca. 1 km südöstlich vom Ortskern (Straße 527 Richtung Olsztyn) gleich hinter dem Kreisverkehr, dennoch ruhig gelegen.
- **Pensjonat Vertigo Narie**③, Kretowiny 29, 14-300 Morąg, Tel. 89 7582440, www.narie.pl. Schöne Anlage auf einer Halbinsel bei Kretowiny am Ufer des Narie-Sees, mit Tauchschule. Im Restaurant polnische und internationale Gerichte.

Museen und andere Sehenswürdigkeiten
- **Museum Ermland und Masuren,** im Pałac Dohnów, ul. Dąbrowskiego 54, http://morag.muzeum.olsztyn.pl, Juni bis Sept. Di–So 9–17 Uhr, sonst Di–So 10–16 Uhr.

Aktivitäten
- **Baden,** Sandstrand bei Kretowiny am Narie-See.
- **Tauchen,** siehe „Unterkunft", Pensjonat Vertigo Narie.

▷ Landschaft nahe Ostróda

Ostróda

Zwölf Seen umgeben die Kreisstadt Ostróda **(Osterode),** mit 34.000 Einwohnern die viertgrößte Stadt der Woiwodschaft Ermland-Masuren und zugleich das touristische Zentrum in der Region. Allein fünf Seen liegen im Stadtgebiet, und über die Kanäle Ostróda – Elbląg, Ostróda – Stare Jablonski und Ostróda – Iława ist der Wassersportverkehrsknotenpunkt an der Nahtstelle zwischen Oberland und Masuren nach Norden mit dem Frischen Haff und westlich mit der Iława-Seenplatte verbunden. Schiffspartien und Paddeltouren gehören zum Freizeitprogramm.

Eine bei Wassersportlern beliebte **Paddelroute** ist die 48 km lange Ostróda-Miłomłyn-Iława-Tour. Ab Miłomłyn führt sie über den Ostróda-Iława-Kanal und die wundervolle Natur des Jeziorak-Sees (Geserich-See), des längsten Sees in Polen, nach Iława. Kanuten mit Ausdauer haben zudem Gelegenheit, von Ostróda aus über das Flüsschen Drwęca (Drewenz) in 10 bis 12 Tagen 214 Paddel-Kilometer nach Toruń zurückzulegen.

Die Stadt ist Anlegestelle der Weißen Flotte Elbląg – Ostróda, deren Schiffe über den Drwęckie-See und den **Elbląg-Ostróda-Kanal** (Oberländischer Kanal) entweder zur **Schleuse Miłomłyn (Liebemühl)** und nach Iława führen oder noch weiter, über die kuriosen **Geneigten Ebenen,** auf denen das Schiff trockenen Kiels über das Land rollt, bis nach Elbląg. Um diese Bootspartie über Wasser und Land zu unternehmen, empfiehlt sich als Startpunkt jedoch besser Elbląg, da von Ostróda aus die Entfernung zu den Geneigten Ebenen und

zum Endpunkt der Ausflugsfahrt, eben Elbląg, 80 km beträgt und man ihn erst in den Abendstunden erreicht (zu Ausflugspartien über die Geneigten Ebenen siehe Exkurs „Eine Schiffs- und Landpartie auf dem Elbląg-Ostróda-Kanal").

Ausgangspunkt für die Schifffahrten ebenso wie Mittelpunkt des quirligen kleinstädtischen Lebens sind der **Seesteg** und die **Uferpromenade** am Drwęckie-See im Herzen Ostródas. Eine Reihe Lokale säumen die Bummelmeile, von der aus sich die Sportler an der **Wasserskilift-Anlage** und auf der Kajak-Strecke gut beobachten lassen.

Architekturhistorische Sehenswürdigkeiten wird man in Ostróda dagegen nur wenige finden. Die Mitte des 14. Jh. errichtete, nach der Zerstörung im Zweiten Weltkrieg ab 1974 rekonstruierte **Deutschordensburg** beherbergt in ihren Backsteinmauern heute eine Kunstgalerie sowie das **Regionalmuseum,** welches die Geschichte von Stadt und Land aufzeigt. Bereits gegen 1270 hatten die Deutschordensritter an der Mündung der Drewenz in den gleichnamigen See eine erste hölzerne Burg gebaut. 1329 wurden der Siedlung, die sich mittlerweile gebildet hatte, vom Christburger Komtur *Luther* die Stadtrechte verliehen. 1340 bis 1370 folgte der Bau der Backsteinburg. Berühmtester Gast in ihren Mauern war 1807 Kaiser *Napoleon,* der während des Vierten Koalitionskriegs für fünf Wochen dort sein Quartier aufschlug.

Nahebei steht an der Ostflanke des weitläufigen 1000-lecia-Platzes die **Kirche des heiligen Dominik Flavio** (Kościół św. Dominika Savio). Ursprünglich im 14. Jh. errichtet und nach ihrem Wiederaufbau 1980 neu eingeweiht, ist von

Oberländische Seenplatte

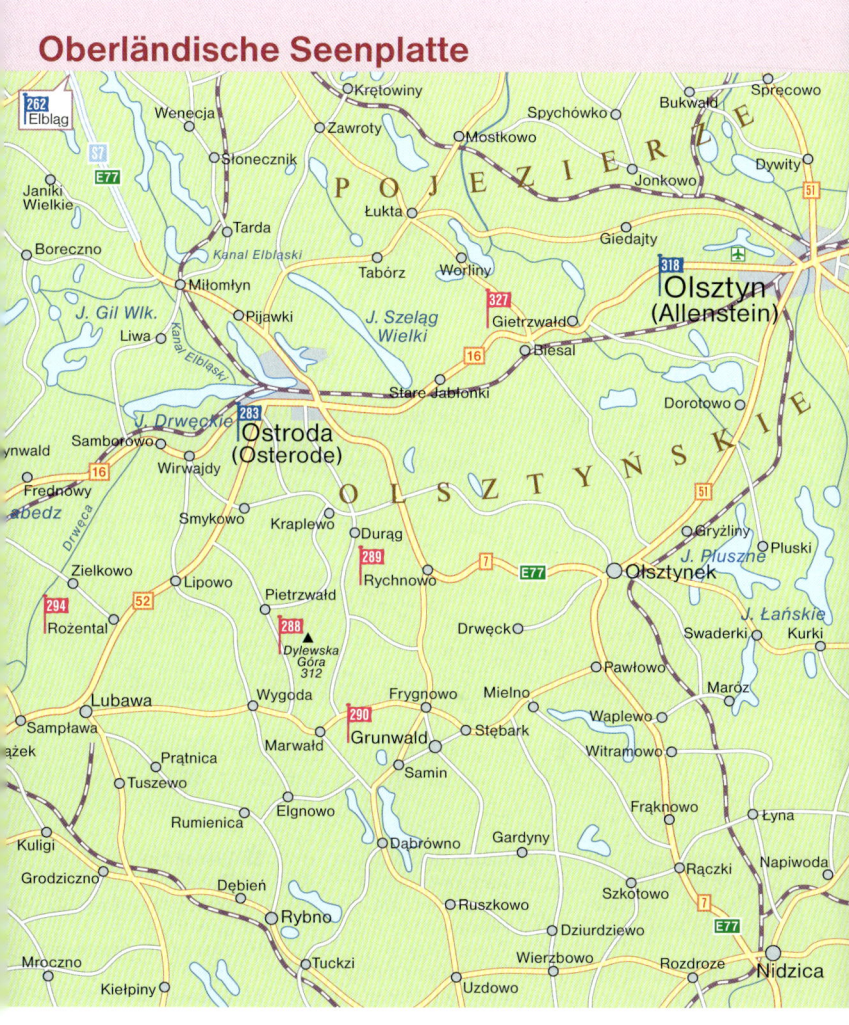

Ostróda (Osterode)

■ **Übernachtung**
1. Schloss Hotel Karnity
2. Camping Nr. 13 Piławki
3. Hotel Willa Port
6. Camping Stare Jabłonki
7. Pensjonat Wiking
8. Hotel Promenada
13. Hotel SPA Dr. Irena Eris Wzgórze Dylewskie

■ **Essen und Trinken**
1. Restaurant Karnity
5. Restaurant Lalo
13. Restaurant Romantyczna
14. Restaurant Oberża Młyn pod Mariaszkiem

■ **Wassersport**
4. Wasserski
5. Wasserski-Anlage
9. Segelclub
10. Wassersportzentrum LOK
11. Wassersportklub Sokół
12. Aquapark

ihrer mittelalterlichen Einrichtung noch ein steinernes Taufbecken erhalten.

Einen schönen Blick auf Stadt und See genießt man vom Turm der **Evangelischen Kirche** (Kościół Ewangelicko-Metodystyczne). 1907 bis 1909 entstand sie im neugotischen Stil, 105 Stufen führen zur schönen Aussicht hinauf, und unterwegs lassen sich das Uhrwerk und die drei Glocken im Kirchturm in Augenschein nehmen.

Wenige Schritte entfernt erhebt sich die **Kirche der unbefleckten Empfängnis** (Kościół Niepokalanego Poczęcia Naświętszej NMP) von 1856/57. Das 1910 noch um einen Kirchturm bereicherte Gotteshaus birgt eine Pietà aus dem 14. Jh.

Praktische Tipps

Information

■ **Touristeninformation,** pl. 1000-lecia 1a (im Pavillon), 14-100 Ostróda, Tel. 89 642 3000, www.mazury-zachodnie.pl, Mai/Sept. Mo–Fr 9–17 Uhr, Juni bis Aug. Mo–Fr 9–18, Sa 10–16, So 10–14 Uhr, außerhalb der Saison Mo–Fr 8–16 Uhr.
■ **Homepage** der Stadt: www.ostroda2012.pl.

Unterkunft

■ **Hotel Willa Port**④-⑤, ul. Mickiewicza 17, Tel. 89 6424600, www.willaport.pl. Schicker Neubaukomplex im Stadtzentrum direkt am See, alle Zimmer mit Balkon bzw. Terrasse, Pool und Spa, das Restaurant kredenzt italienische und internationale Küche.
■ **Schloss Hotel Karnity**③, 14-140 Miłomłyn, Tel. 89 6473465, www.karnity.pl. Nobel wohnen im 1855 von Familie *Albedyhll* errichteten neugotischen Backsteinschloss, 10 km nordwestlich von Ostróda beim Weiler Karnity (anzufahren über Miłomłyn) in herrlicher Alleinlage am See. 1995 wurde das denkmalgeschützte Gebäude sorgfältig restauriert und modernisiert. Neben behaglich ausgestatteten Zimmern stehen im Park Sommerhäuser und Stellplätze für Caravans zur Verfügung; das Restaurant bereitet polnische und internationale Gerichte zu; mit Badestrand und Bootsverleih.
■ **Hotel Promenada**②, ul. Mickiewicza 3, 14-100 Ostróda, Tel. 89 6428100, www.hotelpromenada.pl. Komforthotel zwischen Hauptstraße und Promenade, die nach hinten liegenden Zimmer haben Seeblick.
■ **Reiterhof und Pensjonat Wiking**①, ul. Szklarnia 1, Kątno, 14-133 Stare Jabłonki (8 km östlich von Ostróda Richtung Olsztyn), Tel. 504 089658, www.wiking.mazury.pl. Mitten im Wald unweit vom Ostufer des Szeląg-Wielki-Sees (Schilling-See); die Pension ist in einer Türmchenvilla untergebracht, im angeschlossenen Gestüt warten 30 Trakehner auf Pferdefreunde. Der Reiterhof ist außerdem Sitz der „Masurischen Wikinger", denen man in der Holzwerkstatt beim Drachenbootbauen zuschauen kann.

Camping

■ **Camping Nr. 13 Piławki,** Piławki, 14-140 Miłomłyn, Tel. 89 6473007, www.pilawki.pl. Kleiner Wiesenplatz, 8 km nordwestlich von Ostróda am Nordufer des Drwęckie-Sees, unmittelbar an der Schnellstraße 7, deshalb leider nicht leise, mit Restaurant. Juli/Aug.
■ **Camping Stare Jabłonki,** ul. Turystyczna 5, 14-133 Stare Jabłonki, Tel. 89 6411422, www.stanica.mazury.pl. Traumhaft schön auf dem Gelände der PTTK-Wasserstation in Stare Jabłonki am Mały-Szeląg-See, 7 km östlich von Ostróda (Straße Richtung Olsztyn), mit Bar-Restaurant, Ferienhütten, Bootsverleih und Badestrand. Geöffnet von Juni bis Sept.

Gastronomie

■ **Restaurant Lalo,** ul. Mickiewicza 17c, Tel. 89 7229500 (im Web auch bei Facebook). 2014 eröffneter, erstklassig designter Speisetempel, mit viel Holz, Glas und umlaufenden Außenterrassen quasi am Seeufer schwebend; serviert wird eine exzellente, kreative Fusion aus regionaler, polnischer und internationaler Küche.

■ **Oberża Młyn pod Mariaszkiem,** Idzbark 2 (7 km südlich von Ostróda an der Straße 7), Tel. 89 6460355, www.mariaszek.pl. Das rustikale Wirtshaus in einer Mühle aus dem 19. Jh. serviert drinnen und draußen am Flüsschen Drwęca traditionelle Gerichte der Region aus Bioprodukten.

■ **Weitere Restaurants** siehe weiter oben unter „Unterkunft".

Museum

■ **Regionalmuseum,** in der Ordensburg, www.muzeumwostrodzie.pl, Juli/Aug. Di–Fr 9–17, Sa/So 10–16 Uhr, sonst Di–Fr 9–16, Sa 10–16 Uhr.

Kulturelle Veranstaltungen

■ **Ostróda Reggae Festival,** größtes Reggae-Festival Polens, drei Tage im August, Info unter www.ostrodareggae.com.

Aktivitäten

■ **Schiffsfahrten** mit den Ausflugsdampfern der Weißen Flotte April bis Sept. von Ostróda nach Stare Jabłonski und Kreuzfahrten über den Drwęckie-See.

Tagesausflug von Ostróda über die Seen und den Elbląg-Ostróda-Kanal mit den Geneigten Ebenen nach Elbląg. Info und Kartenverkauf an der Uferpromenade, ul. Mickiewicza 9a, Tel. 89 6463871, www.zegluga.com.pl. Siehe auch Exkurs „Eine Schiffs- und Landpartie auf dem Elbląg-Ostróda-Kanal".

Nach Sanierung des Kanals 2011 bis 2014 wird er pünktlich zum Saisonstart 2015 wiedereröffnen. Die genauen Abfahrtszeiten der Ausflugsschiffe standen zum Zeitpunkt der Drucklegung dieses Reiseführers noch nicht fest.

■ **Wassersportgeräte-Verleih** im Wassersportzentrum LOK (Przystań Ośrodka Sportów Wodnych LOK), ul. Słowackiego 38a, im Wassersportklub Sokół in der ul. Słowackiego 40 und beim Segelclub (Klub Żeglarskie Ostróda), ul. Sowińskiego 12, www.zagle.ostroda.pl, alle westlich vom Bahnhof am See.

■ **Baden,** in Ostróda: Strandbad am nördlichen Drwęckie-Seeufer (15 Minuten Spazierweg vom Ortszentrum über die Seepromenade), Stadtstrand am Nordufer des Sajmino-Sees an der südlichen Stadtgrenze; Badestrand in Karnity am Schlosshotel (10 km nordwestlich von Ostróda, anzufahren über Miłomłyn).

■ **Wasserski,** an der Uferpromenade am Drwęckie-See im Stadtzentrum von Ostróda.

■ **Reiten, Kutschfahrten** im Reiterhof Wiking (siehe „Unterkunft").

■ **Aquapark,** ul. Jana Pawła II 9, www.aquapark ostroda.pl. Großes neues Spaß- und Wellnessbad.

Südlich von Ostróda

Irgendwo südlich von Ostróda beginnt Masuren. Weil das Land ohne Eile, wie man es früher nannte, niemals politische Grenzen hatte, weil deshalb niemand je sagen konnte, wo Masuren nun eigentlich anfängt, einigte man sich irgendwann auf die **Dylewska Góra (Kernsdorfer Höhe)** im Süden Ostródas. Oder

sollte es besser heißen, man hat sie sich ausgeguckt? Mit 312 m über dem Meeresspiegel war die Kernsdorfer Höhe der höchste Gipfel ganz Ostpreußens.

Seit 1994 sind diese letzten Ausläufer des Baltischen Höhenrückens als **Landschaftspark** unter Naturschutz gestellt. Wanderwege und im Winter Loipen für Skilangläufer führen durch Wald und Wiesen, und am Czubatka-Hügel besteht dank Schlepplift sogar die Möglichkeit, sich einmal im alpinen Skisport zu versuchen. Den Dylewska-Berg selbst zieren Sendemasten und auf dem höchsten Punkt ein Feuerwachturm mit einem hübsch angelegten Picknickplatz wenige Schritte unterhalb auf einer Lichtung.

An der Schnellstraße 7 wartet auf halber Strecke zwischen Ostróda und Olsztynek der Weiler **Rychnowo (Reichenau)** mit einer besonderen Sehenswürdigkeit auf. Nahe dem südlichen Ortseingang verbirgt sich auf dem Gelände eines Nonnenklosters hinter einer kleinen Baumgruppe eine der **letzten masurischen Holzkirchen.** Das achteckige hölzerne Gotteshaus von 1713 schmücken im Innenraum Wandmalereien aus jener Zeit sowie ein Deckengemälde mit der Darstellung des Sündenfalls, das 1714 wahrscheinlich von Händen des Königsbergers *Georg Hintz* entstand; der spätgotische Flügelaltar stammt aus dem Jahr 1518. Die kleine Kirche diente als Vorbild für das traditionelle, typisch masurische Gotteshaus vergangener Zeiten, so wie man es im Masurischen Freilichtmuseum im nahen Olsztynek aufbaute und besichtigen kann (siehe „Ermland und südliches Masuren, Südlich von Olsztyn – in Masuren").

In Rychnowo steht eine der letzten masurischen Holzkirchen

Praktische Tipps

Unterkunft und Gastronomie

■ **Hotel SPA Dr. Irena Eris Wzgórze Dylewskie** ⑤, Wysoka Wieś 22, 14-100 Ostróda, Tel. 89 6471 111, www.hotelspa.pl. Große Luxusanlage der polnischen Kosmetik-Königin *Irena Eris* am Góra Dylewska und erstes Fünf-Sterne-Haus in Masuren, mit zwei Pools, mehreren Saunen, Kosmetik- und Spa-Bereich, Reiten und Tennis. Das angeschlossene, von Slow Food Polska empfohlene **Restaurant Romantyczna** bietet leichte, elegante Küche der Region, polnische Spezialitäten und europäische Gerichte.

■ **Dwór Kraplewo** (Gutshaus Kraplau)②, Kraplewo (7 km südlich von Ostróda), 14-100 Ostróda, Tel. 89 6476860, www.dworkraplewo.pl. Restauriertes kleines Gutshaus mit großem Garten, das Interieur von gediegener Eleganz.

Grunwald

Grunwald ist ein winziges Dorf etwa 20 km südlich von Ostróda, und zugleich ist es ein polnisches Nationalheiligtum – ein Mythos, eine Legende, für alle Zeiten mit dem Jahr 1410 verknüpft, in welchem am 15. Juli das vereinigte polnisch-litauische Heer unter König *Władysław II. Jagiełło* auf einem Feld bei Grunwald (**Grünfelde**) den Deutschen Orden besiegte. Diesem Waffengang, einem der größten des Mittelalters auf mitteleuropäischem Boden, widmet sich am Ort des Geschehens das **Museum der Schlacht von Grunwald** (Muzeum Pole Bitwy Grunwaldem).

In der deutschen Geschichtsschreibung wird das Ereignis nach dem Nachbardorf Stębark (Tannenberg) **Schlacht bei Tannenberg** genannt. Und auch die Kriegshandlung 1914, mit der Generalfeldmarschall *Paul von Hindenburg* (1847–1934) die russische Armee aus Ostpreußen verjagte, ging als „Schlacht bei Tannenberg" in die deutsche Geschichte ein – ein Mythos, eine Legende vor allem für Ewiggestrige.

Tatsächlich fand die Schlacht 1914 unter der Leitung der feindlichen Generäle *Hindenburg* und *Samsanow*, bei der viele Tausende Soldaten ihr Leben verloren, nicht bei Tannenberg statt, sondern in dem Gebiet, das die Orte Olsztynek (Hohenstein), Nidzica (Neidenburg) und Pasym (Passenheim) als Endpunkte eines Dreiecks beschreiben. Man nannte die blutige Auseinandersetzung **der Propaganda halber** „Schlacht bei Tannenberg", um die Scharte von 1410 wieder auszuwetzen. So schreibt es Generalstabschef *Erich Ludendorff* in seinen „Kriegserinnerungen": „Die Schlacht wurde auf meinen Vorschlag die Schlacht von Tannenberg genannt, als Erinnerung an jenen Kampf, in dem der Deutsche Ritterorden den vereinigten polnischen und litauischen Heeren unterlag." Ebenso wenig führte dieser Waffengang zum Sieg über die russische Armee, wie manche deutschen Geschichtsbücher weismachen wollen. Der letzte Kampf in Masuren, der zur Befreiung Ostpreußens von russischen Truppen führte, fand im Februar 1915 statt.

Aber was zählen historische Fakten gegen Symbole? Ein Volk braucht Helden, und so setzten die Deutschen ihrem greisen Krieger und Reichspräsidenten *Hindenburg* 1927 im Gedenken an die „entscheidende Schlacht bei Tannenberg" in der Nähe von Hohenstein

(Olsztynek, siehe „Ermland und südliches Masuren, Südlich von Olsztyn – in Masuren") das monumentale Tannenberg-Denkmal. Ein Jahr nach *Hitlers* Machtergreifung fand dort 1934 die Beisetzung *Hindenburgs* statt, und das von acht Türmen bewehrte Oktogon wurde in „Reichsehrenmal Tannenberg" umbenannt. Elf Jahre später grub man den Mann, der *Hitler* zum Kanzler gemacht hatte, wieder aus. Anstatt die Bevölkerung zu evakuieren, war es den Nazis gegen Kriegsende wichtiger, die Gebeine *Hindenburgs* vor der Roten Armee in Sicherheit zu bringen. Der gewaltige Denkmalkomplex wurde im Januar 1945 von deutschen Truppen auf ihrem Rückzug teilgesprengt und 1952/53 von polnischen Soldaten vollends abgetragen. Was bis heute übrig blieb sind ein paar grasüberwachsene Trümmer, die auch nicht bei Grunwald, sondern am Ortsrand von Olsztynek in der Wiese liegen.

Wer sich als polnischer Staatsbürger auf eine nationale Wallfahrt nach Grunwald begibt, mag sich womöglich ebenfalls verwundert die Augen reiben. Denn auf dem **Museums-Freilichtgelände** gibt es nicht viel zu sehen. Nur einige breit in das weite Ackerland betonierte Marschwege, Treppen und gepflasterte Inseln und im Zentrum ein hoher, dreistämmiger Fahnenmast mit einer im realsozialistischen Geschmack gestalteten Steinsäule in der Nachbarschaft. Dennoch erschließt sich die Anlage bei genauerem Hinsehen: 1960 zum 550. Jahrestag der siegreichen Schlacht gegen die Deutschordensritter als „Zeugnis ewigen Kults der nationalen Vergangenheit" feierlich eingeweiht, zeichnet sie die Kampfanordnung von 1410 nach. Der 30 m hohe Dreimast symbolisiert die Banner des siegreichen polnisch-litauischen Heeres; das in Granit gehauene, kleinere Denkmal nebenan zeigt übereinandergestülpt die geharnischten Köpfe zweier zu allem entschlossener Recken. Unmittelbar hinter der Denkmalgruppe lässt eine Terrasse tiefer das **Museumsgebäude** in Schrift und Bild die Schlacht bei Grunwald noch einmal aufleben.

Persönlich mitverfolgen kann man das Kampfgetümmel immer zum Jahrestag des legendären Gefechts. Am Wochenende um den 15. Juli spielen zur Freude der Zuschauerscharen rund 1000 gerüstete Recken von Rittervereinen aus ganz Europa den mittelalterlichen Schlachtengang nach – begleitet von tüchtig Dschingderassabumm, Konzerten und Volksfesten.

Praktische Tipps

Museen und andere Sehenswürdigkeiten

■ **Museum der Schlacht von Grunwald,** Stębark 1, Grunwald, www.grunwald.warmia.mazury.pl. Das Freilichtgelände ist das ganze Jahr über zugänglich, das Museum Mitte April bis Ende Okt. tgl. 9.30–18.30 Uhr.

Kulturelle Veranstaltungen

Mein Tipp: Tage von Grunwald, großes Spektakel am Wochenende um den 15. Juli, mit Ritterfeldlagern und Ritterturnieren und zum Höhepunkt der Inszenierung der Schlacht von 1410 des polnisch-litauischen Heeres gegen den Deutschen Orden, Infos unter www.grunwald1410.pl.

Iława (Deutsch Eylau)

- **Übernachtung**
  1 Seglerhotel Pod Omegą
  2 Camping Nr. 14 Leśna
  3 Grand Hotel Tiffi
  4 Hotel Port 110
  5 Jugendherberge
  6 Hotel Stary Tartak

- **Essen und Trinken**
  4 Restaurant Port 110
  6 Restaurant Stary Tartak

- **Sonstiges**
  7 Einkaufszentrum

Iława

Seit 1862 ist Iława **(Deutsch Eylau)** an den Elbląg-Ostróda-Kanal angeschlossen. Schon seit den 1920er Jahren verkehren Ausflugsdampfer auf dem malerischen Geserich-See (Jeziorak-See), und Deutsch Eylau, „die Perle des Oberlands", wurde mit ihren Wäldern ringsum zur beliebten Sommerfrische. Doch dann „wurde diese sechs Kilometer von der früheren polnischen Grenze gelegene Stadt zwei Mal hintereinander, in kurzen Zeitabschnitten, von totalitären Systemen heimgesucht. Zunächst das Hitler-Abenteuer und als Folge dessen der Aufbau einer riesigen Armee-Infrastruktur. Kasernen, Eisenbahn etc. Später die bolschewistische Hölle", schrieb 1994 der damalige Bürgermeister Iławas, *Adam Żyliński*, über seine Stadt, und weiter: „Iława soll eine moderne, europäische Stadt werden, in der man modern denkt."

Und das ist sie heute tatsächlich. Europäisch, modern und ein bedeutendes **Wassersportzentrum** an der westmasurischen Seenplatte. Historische Bausubstanz ist in der 33.000 Einwohner zählenden Stadt kaum erhalten. Im Zweiten Weltkrieg wurde sie zu großen Teilen zerstört und teilte damit das Schicksal von so vielen Städten in der Region.

Wie die meisten anderen, ist auch Iława eine Gründung des Deutschen Ordens, der 1305 am Ufer des Geserich-Sees ein festes Haus errichtete. 1317 wird es erstmals als „Ylavia" in einer Urkunde erwähnt.

Als einziges Relikt jener Epoche überdauerte die backsteingotische **Verklärungskirche** (Kościół Przemienienia Pańskiego). Ursprünglich im 14. Jh. errichtet und mehrmals umgestaltet, erhebt sie sich zwischen Nachkriegsbauten über dem Nordufer des Jeziorak Jeziorak (Kleiner Geserich-See). Nur einen Steinwurf entfernt finden sich zwischen der Hauptstraße ul. Niepodległości und der Uferpromenade das Anfang des 20. Jh. erbaute **Rathaus** mit der Touristeninformation, ein **Amphitheater** und ein kleines **Einkaufszentrum.** Die Wassersporteinrichtungen liegen am Südufer des Jeziorak Wielki Jeziorak (Großer Geserich-See), den eine brückenüberspannte Landenge von seinem kleinen Bruder, dem Mały-Jeziorak-See, trennt.

Und wenn Iława auch über keine besonderen Sehenswürdigkeiten verfügt, glänzt es doch durch seine schöne Umgebung. Der Jeziorak-See, mit 27 km der längste See Polens, lädt zum Segeln und Paddeln ein. Zahlreiche **Wanderwege** führen in die grüne Natur. So man denn möchte, kann man auf markierten Pfaden bis nach Toruń spazieren. Ein anderer Wanderweg führt bis nach Kwidzyn (Marienwerder) in der Weichselniederung, und ein dritter lässt sich tatsächlich hin und zurück mit einem Tagesausflug bewerkstelligen. Er führt von Iława aus 10 km nordwestlich am Silm-See und dem Dorf Kamionka vorbei zum Weiler **Szymbark** (Schönberg), wo die imposante **Ruine der Burg Schönberg** steht. Auf einer Anhöhe über dem Haus-See (Szymbarskie-See) hatten die Domherren von Marienwerder im 14. Jh. ein Domizil für den pomesanischen Dompropst errichten lassen. 1699 ging der Besitz nach mehreren Verkäufen seit der Reformation in die Hände der vorneh-

men Familie *Finck von Finckenstein* über. Diese ließ die Gemäuer zu einem weitläufigen vierflügeligen Backsteinschloss ausbauen. 1945 zerstört, blieben dennoch eine ganze Reihe von Mauern, Türmen und Bastionen erhalten, deren Anblick immer noch einen ausgezeichneten Eindruck von der einst größten Burg der Region vermitteln.

Gut 15 km östlich von Iława verdient in **Rożental (Rosenthal)** die im 18. Jh. erbaute barocke **Holzkirche** Aufmerksamkeit.

Praktische Tipps

Information

● **Touristeninformation** im Rathaus, ul. Niepodległości 13, 14-200 Iława, Tel. 89 6485800, Juni bis Sept. Mo–Fr 9–17, Sa/So 10–14 Uhr, sonst Mo–Fr 8–16 Uhr.
● **Website** der Gemeinde Iława: www.ilawa.pl.

Unterkunft und Gastronomie

● **Zimmervermittlung** in der Touristeninfo.
● **Grand Hotel Tiffi**⑤, Dabrowskiego 9, 14-200 Iława, Tel. 89 6519797, www.grandhotel.tiffi.com. 2013 am Ufer des Jeziorak-Sees eröffnetes, großes Fünf-Sterne-Haus, edel designt, mit Pools, Spa und Fitness; im Restaurant moderne, kreative polnische Küche, Chefkoch *Grzegorz Labuda* hat bereits die Gaumen europäischer Präsidenten verwöhnt.
● **Hotel Stary Tartak**④, ul. Biskupska 4, 14-200 Iława, Tel. 89 6401313, www.starytartak.com.pl. Komforthotel am Westufer des Mały-Jeziorak-Sees, außen im rustikalen Fachwerkstil gehalten, innen herrscht stilvolle Eleganz. Im Restaurant speist man köstliche altpolnische Küche, Fischgerichte und Zubereitungen nach italienischer Art.
● **Hotel Port 110**③, ul. Konstytucji 3 Maja 7, 14-200 Iława, Tel. 89 6482050, www.port110.pl. Schicker Neubau im Businessstil unmittelbar am See, mit Marina, das Restaurant bereitet traditionelle polnische und internationale Gerichte zu.

↑ Kleiner Segelhafen in Iława   ▷ Ruine der Burg Schönberg

Iława (Deutsch Eylau)

■ **Seglerhotel Pod Omegą**①, ul. Sienkiewicza 24, 14-200 Iława, Tel. 89 6484093, www.podomega.pl. Beliebter Seglerstützpunkt mit urigem kleinen Hotel, Gaststätte, Grill-Bar, Bootsanleger, Kajak- und Segelbootverleih, natürlich direkt am Ufer des Großen Jeziorak-Sees, geöffnet Anfang Juni bis Ende Aug.

Camping

■ **Camping Nr. 14 Leśna,** ul. Sienkiewicza 9, 14-200 Iława, Tel. 89 6488188, www.lesna-ilawa.pl. Platz unter Bäumen in leichter Hanglage, vom Großen Jeziorak-See durch die Straße getrennt, mit angeschlossener Gaststätte und einer einfachen Herberge. Anfang Mai bis Mitte Sept.

Jugendherberge

■ **Jugendherberge,** ul. Mirosławskiego 10a, 14-200 Iława, Tel. 89 6486464, ganzjährig.

Kulturelle Veranstaltungen

■ **Jazz Festival „Złota Tarka"** (Goldenes Waschbrett), viel Dixie und *good old Jazz* während des internationalen Jazz-Fests im Amphitheater jährlich im August; Info unter www.zlotatarka.pl.

Aktivitäten

■ **Schiffspartien** über den Jeziorak-See nach Siemiany, Anlegestelle und Kartenverkauf neben der Żeromski-Grünanlage nahe Strandbad, www.zegluga.com.pl, Mai bis Sept. stdl.
■ **Wassersportgeräteverleih** auf dem Campingplatz und im Wassersportzentrum „Pod Omegą", ul. Sienkiewicza 24.
■ **Baden,** Stadtstrand beim Hotel Kormoran.
■ **Touristisches Erholungszentrum** (Centrum Turystyczno-Rekreacijne), ul. Biskupska 2, www.basen-ilawa.pl. Großer Neubaukomplex mit mehreren Becken drinnen und draußen, Massage, Fitness, Bowling u.v.m.

222po kj

- Biszyntek | 309
- Dobre Miasto | 304
- Ermland, nördliches | 302
- Gietrzwałd | 327
- Lidzbark Warmiński | 305
- Olsztyn | 318
- Olsztyn, südlich von | 328
- Olsztynek | 329
- Orneta | 303
- Pieniężno | 302
- Reszel | 311
- Stoczek (Kloster) | 308
- Święta Lipka | 313

11 Ermland und südliches Masuren

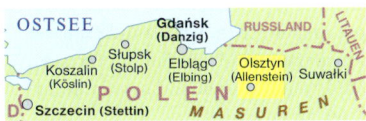

Prunkvolle Gotteshäuser, mächtige Bischofsburgen, Marienwallfahrten und weitere bedeutende kirchenhistorische Sehenswürdigkeiten zieren das Ermland. Südlich der Landeshauptstadt Olsztyn beginnen die von zahllosen Gewässern durchzogenen masurischen Wälder.

◁ Die Kirche Święta Lipka (Heilige Linde)

ERMLAND UND SÜDLICHES MASUREN

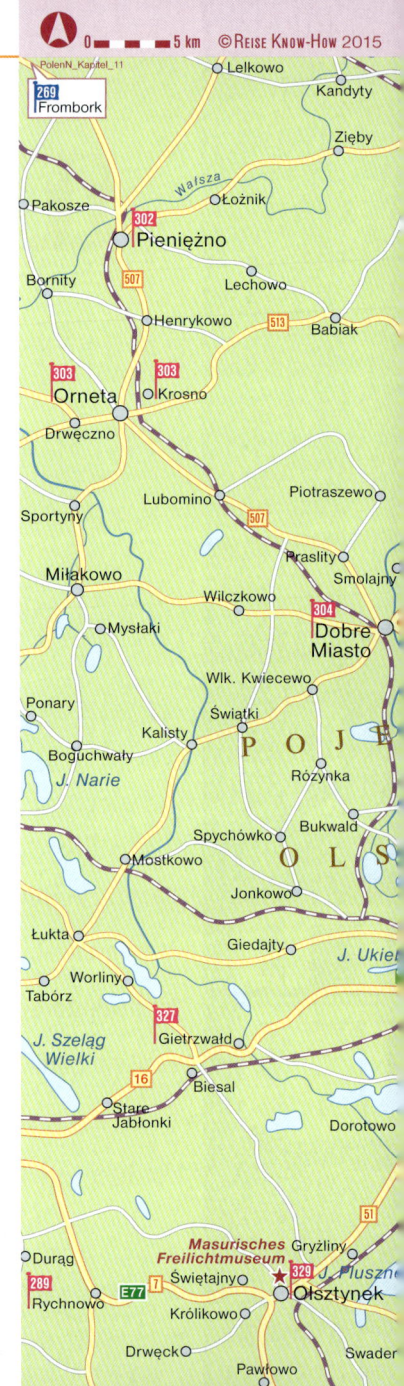

Ermland – so lautet der alte deutsche Name für die Landschaft **Warmia,** die sich, westlich vom Fluss Pasłęka begrenzt, in sanft gewellten Wiesen und Feldern von Frombork und Braniewo am Frischen Haff nach Osten bis Reszel und im Süden bis zur Woiwodschaftshauptstadt Olsztyn erstreckt. Bis zur Eroberung durch die Ritter des Deutschen Ordens lebten prußische Stämme im Land: im südlichen Teil Galinder, in der Mitte Barten und nördlich **Warmier,** nach denen das Ermland seinen polnischen Namen erhielt.

1243 teilte der päpstliche Legat *Wilhelm von Modena* das unterworfene Prußenland in die Bistümer Kulm, Pomesanien, Samland und Ermland ein. Dabei war das Ermland die größte der vier Diözesen, reichte vom Pregel im Norden bis hinunter zum Omulew-Fluss, vom Frischen Haff bis zur Grenze nach Litauen, und war direkt dem Stuhl Petri in Rom unterstellt. 1260 gründete der erste Bischof *Anselm* das Domkapitel, das seinen Sitz zunächst in Braniewo und ab dem Jahre 1278 in Frombork nahm. Erster Bischofssitz wurde bis 1350 Wormditt (Orneta), anschließend residierten die mächtigen Ermländischen **Fürstbischöfe** im Schloss von Heilsberg (Lidzbark Warmiński).

Ermland und südliches Masuren

Ermland und südliches Masuren

In der Goldenen Bulle 1356 hatte Kaiser *Karl IV.* (reg. 1355–1378) die souveräne Stellung der Fürstbischöfe anerkannt, die demzufolge nicht nur als geistliche Oberhirten agierten, sondern das Ermland auch politisch regierten. Anders als es in den Bistümern Kulm, Pomesanien und Samland üblich war, wurden die Bischöfe und die Mitglieder des Domkapitels auch nicht aus dem Personal des Deutschen Ordens rekrutiert. Das Ermland ging vielmehr einen Sonderweg. **Bischofsburgen** entstanden, die den Deutschordensburgen zwar zum Verwechseln ähnlich sehen, aber in ihrer Funktion auf eine andere Geschichte zurückblicken. Die Burgschlösser von **Lidzbark Warmiński, Reszel** und **Olsztyn** gehören heute zu Warmias herausragenden Sehenswürdigkeiten.

Zahlreiche **Bauerndörfer** wurden gegründet und mit deutschsprachigen, vorwiegend aus Schlesien stammenden Kolonisten sowie polnischsprachigen Einwanderern hauptsächlich aus dem südlichen Masowien besiedelt. Fruchtbare Krume gegen die Waffendienste vornehmer Ritter zu tauschen – diese Notwendigkeit bestand für die Fürstbischöfe dagegen nicht; weshalb sich Großgrundbesitz im Ermland vergleichsweise spät entwickelte.

Im Dreizehnjährigen Krieg, den die preußischen Städte unter der Führung von Danzig 1454 bis 1466 gegen den Deutschen Orden führten, schloss sich das ermländische Domkapitel dem Preußischen Bund an. Im Zweiten Thorner Frieden 1466, der den Niedergang des Deutschen Ordens besiegelte, kam das Ermland unter die Lehnshoheit der **polnischen Krone** und blieb deshalb – während der Ordensstaat in der Reformationszeit 1525 aufhörte zu existieren und zum protestantischen Fürstentum wurde – weiterhin katholisches Land. Mehr noch, es entwickelte sich zu einer Bastion der Gegenreformation.

Der **Marienkult** wurde Programm. Marienwunder ereigneten sich an den Grenzen zum protestantischen Land: in **Święta Lipka (Heilige Linde)** bei Reszel, woraufhin dort eine der schönsten Barockkirchen des Ermlands entstand, und im „polnischen Lourdes" **Gietrzwałd** nahe Olsztyn. Beide Orte gehören heute zu den bedeutendsten Wallfahrtsstätten im nördlichen Polen.

Zahlreiche weitere Marienheiligtümer, darunter bei Orneta die „kleinen Schwester" der Heiligen Linde in **Kros-**

NICHT VERPASSEN!

- Der **Bischofspalast** in Lidzbark Warmiński | 306
- Das **Kloster Stoczek** | 308
- **Schloss** und **Gutshof** Galiny | 310
- Die **Ordensburg** von Reszel | 311
- **Święta Lipka,** prachtvolle barocke Kirche und bedeutende Marienwallfahrt | 313
- Der historische **Ortskern** und das **Schloss des ermländischen Domkapitels** mit **Museum von Ermland und Masuren** in Olsztyn | 322, 324
- **Gietrzwałd,** wichtige Marienwallfahrt mit Kirche der Heiligen Jungfrau Maria und Kalvarienberg | 327
- Das **Masurische Freilichtmuseum** in Olsztynek | 330

Diese Tipps erkennt man an der gelben Hinterlegung.

no, sind Zeugen des bis heute ungebrochenen Gottesglauben im Land. Eine herausragende politische Bedeutung kommt darüber hinaus **Kloster Stoczek** bei Lidzbark Warmiński zu, wo das kommunistische Regime 1953/54 den damaligen Primas von Polen, Kardinal **Stefan Wyszyński,** interniert hatte.

Als das Ermland 1772 mit der Ersten Teilung Polens vom protestantischen Königreich Preußen einverleibt wurde, hielten die Menschen weiter am katholischen Glauben fest. So blieb es die einzige Region im ehemaligen Ostpreußen, die über alle Zeiten hinweg der römischen Kirche verbunden war.

Bis heute spiegelt sich diese Geschichte im Land: Wo in Mazury zuvorderst die schöne Natur ins Auge fällt, überwiegen in Warmia die **kirchenhistorischen Sehenswürdigkeiten.** Es herrscht vorwiegend Ausflugstourismus, weshalb die touristische Infrastruktur nicht in dem Maß entwickelt ist wie beispielsweise rund um die Großen Masurischen Seen.

An der Nahtstelle von Warmia und südlich Mazury laufen die touristischen Wege aus allen vier Himmelsrichtungen in der historischen Hauptstadt des Ermlands und heutigen **Woiwodschaftshauptstadt Olsztyn** zusammen. Eingebettet in eine herrliche Seenlandschaft, schmückt sich die Metropole von Warmia-Mazury mit einer hübschen kleinen Altstadt und einer sehenswerten Bischofsburg.

Auf den ausgedehnten Sandergebieten südlich von Olsztyn beginnen, von Niedermooren und Sümpfen durchsetzt und von zahllosen Gewässern durchzogen, die **masurischen Wälder.** „Land der dunklen Wälder und kristall'nen Seen" wird Masuren genannt, das sich zwischen den beiden historischen Grenzmarken Dylewska Góra (Kernsdorfer Höhe) südlich von Ostróda bis zur Szeska Góra (Seesker Höhe) bei Gołdap im nordöstlichsten Winkel Polens erstreckt. Neben der schönen Natur wartet dort als besondere Attraktion das Städtchen **Olsztynek** mit dem **Masurischen Freilichtmuseum** auf.

 Bei Gietrzwałd an der heiligen Quelle

Im nördlichen Ermland

Pieniężno

Gut 30 km südöstlich von Braniewo liegt der 3000 Einwohner zählende Ort Pieniężno **(Mehlsack)** mitten im weiten Ackerland. Seinen kuriosen deutschen Namen verdankt er der prußischen Burg Malcekuke, die hier zur Zeit der Eroberung durch den Deutschen Ritterorden stand. Kolonisten, die sich rund um die Burg niederließen, verballhornten „Malcekuke" zu „Melzak", woraus schließlich „Mehlsack" entstand. Der polnische Name Pieniężno erinnert an den Journalisten und Herausgeber der „Gazeta Olsztyńska", *Seweryn Pieniężny* (1890–1940), der im Konzentrationslager Hohenbruch ermordet wurde.

1284 als Ort erstmals urkundlich erwähnt, begannen in der ersten Hälfte des 14. Jh. die Bauarbeiten zum Rathaus und zum Schloss für das ermländische Domkapitel. Beide Bauwerke wurden in zahlreichen Kriegen niedergebrannt, wieder aufgebaut und abermals zerstört, zuletzt im Zweiten Weltkrieg. Im Zuge der städtischen Rekonstruktionsarbeiten seit den 1980er Jahren konnten die Rathausruine sowie die beiden verbliebenen Flügel des einstigen Kapitelschlosses gesichert werden. Das Rathaus befindet sich derzeit im Wiederaufbau. Einen Blick lohnt die ebenfalls im 14. Jh. errichtete **Kirche Peter und Paul** (Kościół św. Piotra i Pawła). Kostbarster Schatz unter dem Sternengewölbe ist der Hauptaltar mit den beiden Schnitzfiguren des hl. Petrus und des hl. Paulus, 1688 vom Königsberger Bildhauer *Isaak Riga* geschaffen, sowie eine Silbermonstranz, die auf das Jahr 1643 datiert.

Einen Anziehungspunkt bildet außerdem das etwa 2 km südwestlich von Pieniężno gelegene **Priesterseminar und Missionshaus St. Adalbert.** Seit 1920 gehört es den Steyler Missionaren, einer 1875 gegründeten Missionsgesellschaft, die in rund 60 Ländern der Erde tätig ist. Von dort brachten die Priester zahlreiche Erinnerungsstücke mit in die Heimat zurück. Über 6000 Artefakte aus Papua-Neuguinea, China und anderen Ländern mehr sind heute im Religionsethnografischen Museum im Missionshaus St. Adalbert ausgestellt.

Praktische Tipps

Information
- **Touristeninformation,** ul. Generalska 8 (im Stadtamt), 14-520 Pieniężno, Tel. 55 2374600, www.pieniezno.pl, Mo–Fr 9–15, Sa 10–14 Uhr.
- **Homepage** der Stadt: www.pieniezno.pl.

Unterkunft/Museum
- **Missionshaus St. Adalbert**①, Kolonia 19, 14-520 Pieniężno, Tel. 55 2429100, www.seminarium.org.pl. Das Religionsethnografische Museum hat geöffnet Mitte April bis Mitte Okt. Mo–Sa 8–17, So 11–17 Uhr, sonst Mo–Sa 9–15, So 12–15 Uhr.
- **Hotelik Hermes**①, ul. Dworcowa 25, 14-520 Pieniężno, Tel. 55 230 47 55, http://noclegi-hermes.pl. Gepflegter sanierter Gründerzeitbau mit moderner Innenausstattung, im Ortszentrum.

> Die Wallfahrtskirche von Krosno

Orneta

Das Landstädtchen Orneta (**Wormditt**) hatte Glück. Die Feuerwalze, unter der die Region gegen Ende des Zweiten Weltkriegs in Schutt und Asche versank, verlief wenige Kilometer nördlich. So blieb viel historische Bausubstanz erhalten und konnte sich, wenn auch überwiegend unsaniert, über die Zeit retten.

Bereits 1308 wurde die Siedlung zu Füßen der vom Deutschen Orden eroberten Prußenfeste Orneta erstmals schriftlich erwähnt. Von der um 1320 erbauten Backsteinburg – von 1341 bis 1350 Bischofsresidenz, bevor diese nach Heilsberg verlegt wurde – sind allerdings nur die Fundamente übrig geblieben. 1806 riss man die Burg zusammen mit der Stadtmauer und den Stadttoren ab, und auf den Überresten steht seither eine Schule.

Den **Markt** im Ortszentrum zieren giebelständige, teils mit Laubengängen versehene Bürgerhäuser aus dem 18. und 19. Jh. Mitten auf dem Platz erhebt sich das gotische, 1373 vollendete und später mehrmals umgestaltete **Rathaus** mit einem Info-Punkt für die Besucher des Städtchens.

Herausragendes Bauwerk am Ort ist die Kirche des hl. Johannes des Täufers und Johannes des Evangelisten (Kościół św. Jana Chrzciciela i św. Jana Ewangelista), kurz **Johanniskirche,** nach dem Dom in Frombork das älteste ermländische Gotteshaus. Im Jahr 1379 wurde die chorlose dreischiffige Backsteinbasilika eingeweiht, die durch ihre kostbare Innenausstattung besticht: den 1738 bis 1744 geschaffenen barocken Hauptaltar, die Orgel von 1738, die Kanzel von 1744 und die zahlreichen Altäre an den Pfeilern und in den Seitenkapellen. Unter ihnen ist der Rosenkranzaltar mit einer Marienkrönung und Schnitzfiguren des Tiroler Bildhauers *Christoph Perwanger* (1700–1767) ein besonderer Schatz. Aufmerksamkeit verdienen auch die Fresken, die zum Teil noch aus der Entstehungszeit der Kirche herrühren.

Knapp 3 km nordöstlich von Orneta steht einsam auf weiter Flur die 1715 bis 1720 errichtete **Wallfahrtskirche** von **Krosno (Krossen).** Mit ihrer doppeltürmigen barocken Westfassade, dem hervorspringenden Chor und dem Kreuzgang, der den eindrucksvollen Sakralbau umzieht, erscheint die der heiligen Muttergottes geweihte Kirche wie die kleine Schwester der berühmten, weiter östlich bei Reszel gelegenen Święta Lipka (Heilige Linde). Eine kleine wundertätige Marienstatue löste im 17. Jh. die Marienwallfahrt nach Krossen aus. Seit 1991 bemüht sich die Deutsch-Polnische Stiftung um die Restaurierung der bildschönen Anlage.

Praktische Tipps

Information
■ **Touristeninformation** im Rathaus, plac Wolności 26, 11-130 Orneta, Tel. 55 2210209, Juni bis Sept. Mo–Fr 8–18 Uhr, sonst Mo–Fr 8–15.30 Uhr.

Dobre Miasto

Auf einer Anhöhe über der Łyna (Alle) liegt das 10.000 Einwohner große, fast 700-jährige Dobre Miasto **(Guttstadt)**. 1329 verlieh der ermländische Bischof dem Flecken das Stadtrecht, und von 1347 bis 1811 bildete das Guttstädter Kollegiatstift den Mittelpunkt des geistlichen Lebens in der Region. 1960 rief es Kardinal *Stefan Wyszyński* wieder ins Leben. Die höchsten Ehren aber wurden Dobre Miasto zuteil, als Papst *Johannes Paul II.* 1989 der **Erlöser- und Allerheiligenkirche** (Kościół św. Najświętszego Zbawiciela i Wszystkich Świętych) den Rang einer Basilika Minor verlieh.

Die nach dem Fromborker Dom **zweitgrößte Kirche Warmias** wurde 1357 bis 1389 als dreischiffige Hallenkirche errichtet und birgt im Inneren noch wertvolle Teile ihrer historischen Einrichtung; darunter den barocken Hochaltar aus dem 18. Jh., eine reich verzierte Kanzel, die 1693 Meister *Johann Christoph Döbel* aus Königsberg schnitzte, sowie den auf 1430 geschätzten Rosenkranzaltar im rechten Seitenschiff, der älteste Altar der Kirche. Im angeschlossenen, über seine drei Flügel von einem Kreuzgang umzogenen Stiftsgebäude ist ein **Priesterseminar** untergebracht.

Gleich am Stadteingang über die Łyna-Brücke begrüßt einen rechter Hand der trutzige **Storchenturm (Baszta Bocianią)**, ein Rest der alten Befestigung. Unter seinem spitzen Dach mit einem Storchennest obenauf hat ein Museum für Stadtgeschichte mit Kunstgalerie ein Zuhause gefunden.

4 km südwestlich von Dobre Miasto zieht das Dorf **Głotowo (Glottau)** seit

Jahrhunderten Pilger an. Vor der Eroberung durch den Deutschen Orden befand sich an diesem Ort wahrscheinlich ein prußisches Heiligtum, und die **Legende** erzählt, dass ein Glottauer Priester 1290 zum Schutz vor den Überfällen der heidnischen Prußen die geweihten Hostien auf einem Feld vergrub. Eine andere Sage berichtet, dass Kirchenräuber diese kostbaren Weihegaben verscharrten. Wie dem auch sei – lange Zeit hielt man sie für verloren, bis eines Tages auf dem Feld weidende Ochsen niederknieten und die im Gras leuchtenden, wiedergefundenen Hostien priesen. Von da an pilgerten immer mehr Menschen nach Glottau, um das Heiligtum zu verehren. 1722 bis 1726 entstand für die zahlreichen Gläubigen anstelle eines älteren Baus ein größeres Gotteshaus. Im 19. Jh. noch mehrmals umgebaut und 1854 mit einer neubarocken Turmhaube versehen, zeigt sich die **Wallfahrtskirche des heiligsten Erlösers** (Kościół Najświętszego Zbawiciela) seitdem so, wie wir sie heute sehen. Nebenan wurde 1878 bis 1894 ein Kalvarienberg angelegt, der sich bei den Gläubigen seitdem großer Verehrung erfreut.

5 km nordöstlich von Dobre Miasto befindet sich bei dem Örtchen **Smolajny (Schmolainen)** ein **Barockschlösschen der Bischöfe von Ermland**, das ein beliebter Aufenthaltsort *Ignacy Krasickis* (1735–1801) war, Bischof von Ermland und in die Literaturgeschichte eingegangener Begründer des polnischen Romans, Poet der Aufklärung und gar nicht so gottesfürchtiger Satiriker, wie man folgenden Versen entnehmen kann:

„Holder Sinn! Mach mich zufrieden!
Wärst du immer bei mir, treuer!
Sei's im Kriege, sei's im Frieden,
ob sie voll, ob leer die Scheuer,
Mir ist jede Plage klein,
Wenn ich dein bin und du mein!"

Die Räumlichkeiten beherbergen seit den 1970er Jahren eine Landwirtschaftsschule mit Internat.

Praktische Tipps

Unterkunft und Gastronomie
■ **Hotel Kopczyński**②, ul. Orła Białego 18, 11-040 Dobre Miasto, Tel. 89 5133313, www.hotelkopczynski.pl. Großes Drei-Sterne-Haus im Zentrum an der Łyna, gediegen ausgestattet, das elegante Restaurant serviert regionale und polnische Küche.

Lidzbark Warmiński

Auch die 16.000 Einwohner große Kreisstadt Lidzbark Warmiński (**Heilsberg**) ist eine Gründung des Deutschen Ordens. 1240 eroberten die Ordensritter die am Zusammenfluss von Łyna (Alle) und Symsarna (Simser) gelegene prußische Burg Lecbarg. 1308 erhielt Heilsberg das Stadtprivileg, 1350 wurde es Residenz der ermländischen Bischöfe und Sitz der zentralen Verwaltung der Diözese.

Um 1350 begann auch der Achtung gebietende Ausbau des Bischofsdomizils. Auf quadratischem Grundriss entstand im nächsten halben Jahrhundert der

Die Basilika von Dobre Miasto

Lidzbark Warmiński (Heilsberg)

■ **Übernachtung**
1 Hotel Krasicki
2 Hotel Kopernik
3 Jugendherberge

■ **Essen und Trinken**
1 Restaurant Krasicki

Palast der Bischöfe von Ermland – ein mächtiges, wehrhaftes Backsteinkastell mit massigem Bergfried und drei weiteren, zierlichen Ecktürmchen sowie Vorschloss, Verteidigungsmauern und Wassergräben. Den Innenhof des vierflügeligen Bischofspalasts säumen über zwei Stockwerke führende Laubengänge. Über diese wandelte *Nikolaus Kopernikus*, als er 1504 bis 1510 im Palast seines bischöflichen Onkels *Lukas Watzenrode* astronomische Studien betrieb. Von der einst prachtvollen repräsentativen Ausmalung konnten sich wesentliche Teile erhalten, so in der Schlosskapelle, im Großen Remter, im Kleinen Remter und im Audienzsaal. Bis zur Ersten Teilung Polens 1772 und damit einhergehend der Eingliederung des Ermlands ins Königreich Preußen war Heilsberg die Machtzentrale der Fürstbischöfe. Als letzter bischöflicher Bewohner im

▷ Der Bischofspalast von Lidzbark Warmiński

Schloss ging der bedeutende Humanist und Literat *Ignacy Krasicki* (1735–1801) in die Geschichte ein. Nach seiner Ernennung zum Erzbischof von Gnesen 1795 verwaiste die Anlage.

Heute dienen die ehrwürdigen Backsteingemäuer dem **Museum von Ermland und Masuren** (Muzeum Warmii i Mazur). Wieder freigelegte Ausmalungen verdienen im Sommerremter und in der Burgkapelle einen Augenblick des Verweilens. In der prächtigen Rokoko-Kapelle bestechen das schöne Sternengewölbe und die goldverbrämten Altäre von Anfang bis Mitte des 18. Jh. In weiteren Räumen sind Sammlungen weltlicher und geistlicher Kunst des Ermlands, Samlands und Masurens aus dem 14. bis 16. Jh. ausgestellt, darunter Ikonen aus dem Altgläubigenkloster in Wojnowo. Weiter wird der, der sich für die Kirchengeschichte Warmias interessiert, sehr gut informiert. Es gibt Werke der polnischen Malerei aus dem späten 19. Jh. und dem 20. Jh. zu sehen, und für Freunde historischer Militaria steht in den Kellergewölben eine Sammlung von gusseisernen Kanonen parat.

Nur durch das Flüsschen Łyna getrennt, erhebt sich nahebei die gotische **Pfarrkirche St. Peter und Paul** (Kościół św. Piotra i Pawła). Nach einem Stadtbrand 1497 wurde sie anstelle eines zerstörten Vorgängerbaus als dreischiffige Halle mit Sternengewölbe errichtet. Eine um 1420 geschaffene Skulpturengruppe, die die Geschehnisse um Christus am Ölberg darstellt, ist das wertvollste Ausstattungsstück im Gotteshaus.

Einen kurzen Blick lohnt auch die kleine **Orangerie** nahebei am jenseitigen Łyna-Ufer. 1770 im Auftrag des Bischofs *Potocki* erbaut, dient sie heute als städtische Bibliothek.

Von den einstmals drei Stadttoren von Mitte des 14. Jh. blieb das wuchtige **Hohe Tor** (Wysoka Brama) erhalten. Im Erdgeschoss befindet sich eine Touristeninformation. Die vor dem Tor liegende ehemals evangelische Kirche, 1821 bis 1823 nach dem Schinkelschen Generalentwurf erbaut, dient heute der russisch-orthodoxen Gemeinde.

Praktische Tipps

Information

- **Touristeninformation,** ul. Wysokiej Bramy 2, 11-100 Lidzbark Warmiński, Tel. 89 7674148, Juli/Aug. Mo–Fr 9–17 Uhr, Sa 10–16 Uhr, So 11–15 Uhr, Juni/Sept. Mo–Fr 8–16 Uhr, Sa 10–14 Uhr.
- **Touristeninformation** im Rathaus, ul. Krasickiego 1, ganzjährig Mo–Fr 10–15 Uhr.
- **Homepage** der Stadt: www.lidzbarkwarminski.pl.

Unterkunft und Gastronomie

- **Hotel Krasicki**④-⑤, pl. Zamkowy 1/7, 11-100 Lidzbark Warmiński, Tel. 89 5371700, www.hotelkrasicki.pl. 2011 eröffnete, exklusive Vier-Sterne-Anlage in der Vorburg der Ordensburg, das Restaurant bietet saisonale Feinschmeckerküche von regionalen Produkten.
- **Hotel Kopernik**②, ul. Zielona 1, 11-100 Lidzbark Warmiński, Tel. 89 7675010, www.kopernikhotel.pl. Gepflegtes freundliches Mittelklassehaus im Ortszentrum gegenüber vom Bischofschloss.

Jugendherberge

- **Jugendherberge,** in 11-107 Kłebowo, 7 km südlich, Tel. 89 7662360, ganzjährig.

Museen und andere Sehenswürdigkeiten

- **Museum im Palast der Bischöfe von Ermland** (Muzeum Warmii i Mazur), plac Zamkowy 1, www.lidzbark.muzeum.olsztyn.pl, Juni bis Aug. Di/Mi 10–18, Do–So 9–17 Uhr, außerhalb der touristischen Saison Di–So 9–16 Uhr.

Kloster Stoczek

11 km östlich von Lidzbark Warmiński gründete Bischof *Hermann von Prag* 1349 das Örtchen **Springborn (Stoczek)**. Wunderbare Erscheinungen einer kleinen Marienstatue aus Elfenbein machten es bald bekannt, seit dem 17. Jh. ist die Verehrung der Springborner Muttergottes im Kloster Stoczek in Dokumenten belegt. In den Wirren des Dreißigjährigen Kriegs, in dem das katholische Ermland unter den Verheerungen des protestantischen Schweden litt, rief Bischof *Nikolaus Szyszkowski* die Gläubigen auf, für die Erlangung des Friedens eine Kirche zu bauen. 1639 bis 1641 entstanden Kloster und Gotteshaus als „Friedenstempel der allerseligsten Jungfrau Maria zu Springborn" zunächst aus Holz, ab 1666 dann aus Ziegelstein. Der Kreuzgang mit seinen Eckkapellen sowie die Erweiterung der Kirche zu ihrer heutigen Gestalt schlossen sich 1708 bis 1717 an.

1952 wurde die Anlage von der polnischen Regierung beschlagnahmt und diente während der inoffiziellen Herrschaft des von Moskau eingesetzten Verteidigungsministers und Armeechefs in Polen, *Konstantin Rokossowski*, von 1953

Bisztynek

bis 1954 als Gefängnis für den polnischen Primas *Stefan Wyszyński* (1901–1981). 1956 erhielt die Diözese das Kloster zurück, und im Jahr darauf wurde der Marianer-Orden mit der Pflege des Klosters und der bedeutenden **Marienwallfahrt** von Stoczek betraut. 1983 krönte *Johannes Paul II.* das Gnadenbild in der Kirche und erhob sie vier Jahre später in den Rang einer Basilika Minor.

Das Kloster der Marianer-Mönche steht mit Kirche, Kreuzgang, der Zelle von Kardinal *Wyszyński* sowie dem rekonstruierten Barockgarten Pilgern und Touristen zur Besichtigung offen. Ein einfaches Pilgerheim bietet Übernachtungsmöglichkeit.

■ **Kloster Stoczek,** Księża Marianie, Stoczek Klasztorny 30, 11-106 Kiwity, Tel. 89 7660911, www.stoczek.pl.

Anders als die anderen Orte in der Region ging das 2500 Einwohner kleine Bisztynek **(Bischofstein)** aus einer burglosen dörflichen Siedlung hervor. 1385 erhielt es das Stadtprivileg, bereits 15 Jahre später wurde die **Kirche St. Mathias** (Kościół św. Macieja i Przenajświętszej Krwi Chrystusa) mit dem Sanktuarium des teuersten Bluts des Herrn Jesu geweiht. Denn auch in Bischofstein – das seinen Ortsnamen einem imposanten Findling verdankt, den, wie es heißt, der Teufel aus Afrika hierher gewuchtet haben soll – ereigneten sich Wunder: Eine blutende Hostie initiierte die Wallfahrt nach Bischofstein. Infolge des stets anwachsenden Pilgerstroms zum heiligen Blut begannen im 18. Jh. die Erweiterungsarbeiten am Kirchenraum. Bis 1739 war das nördliche, bis 1781 das südliche Seitenschiff fertiggestellt. Dem markanten Glockenturm von 1509 setzte man 1791 eine barocke Haube auf. Die barocke In-

◨ Das Kloster Stoczek

neneinrichtung blieb zu großen Teilen erhalten, darunter der Hochaltar von 1780 und der Marienaltar mit der Muttergottes im Silberkleid von 1726.

10 km nördlich bilden Schloss, Gut und Dorf **Galiny (Gallingen)** ein schönes Beispiel für die heute nur noch selten als komplette Ensembles erhaltenen historischen ostpreußischen Landgüter. Ab 1589 ließen die Grafen *zu Eulenburg* ihr prachtvolles Herrenhaus errichten und von einem Wassergraben umziehen. Seitengebäude, Orangerie, Einfahrttor mit Uhrturm, Wagenremise, Meierhof und Pferdeställe entstanden im Lauf der Zeit. Im 19. Jh. wurde der Graben zugeschüttet und ein Landschaftspark angelegt. Im 20. Jh. kamen das Schloss, der Gutshof mit Vorwerk, das Dorf und die bereits 1350 erbaute Kirche relativ unbeschadet durch den Zweiten Weltkrieg. In sozialistischer Zeit Staatsbetrieb, verfiel die Anlage dann zusehends, gelangte 1995 in Privatbesitz und wurde anschließend restauriert. Das Schloss sowie der Meierhof beherbergen heute ein Drei-Sterne-Hotel. Der Anlage angeschlossen ist ein Gestüt, das neben Reitunterricht auch Ausflüge und Kutschfahrten anbietet.

Praktische Tipps

Unterkunft und Gastronomie

MEIN TIPP: Galiny Palast Pensjon Gallingen④, Galiny 110, 11-200 Bartoszyce, Tel. 89 7612167, www.palac-galiny.pl. Logieren im Schloss oder im restaurierten historischen Meierhof von Gut Galiny, die Zimmer im eleganten Landhausstil, das Restaurant serviert polnische Spezialitäten.

Aktivitäten

■ **Reiten, Kutschfahrten:** Stadnina Koni Galiny (Pferdegestüt Galiny), Galiny 110, 11-200 Bartoszyce, Tel. 89 7612174, www.palac-galiny.pl.

Reszel

Ein hübsches, verschlafenes Landstädtchen mit knapp 4800 Einwohnern ist Reszel (**Rößel**), eine Idylle, an der der Zweite Weltkrieg vorübergezogen ist. So stehen die adretten Bürgerhäuschen am großen Marktplatz noch immer wie vor 100, 200 oder manchmal sogar 300 Jahren da, heute bereichert um kleine Läden und Speiselokale. Der Name Reszel geht auf die Prußensiedlung Resel zurück, die, bevor 1241 der Deutsche Orden ins Land kam, nahebei lag.

Um 1350 bis 1371 entstand Rößels **Ordensburg.** Behäbig hebt sich das quadratische Backstein-Bauwerk mit einem gemütlichen Bergfried über die Dächer der Kleinstadt und wirkt alles in allem wie die Miniaturausgabe des großen Bruders in Lidzbark Warmiński. Die Restaurierungsarbeiten, mit denen der Bildhauer und Burgherr *Bolesław Marschall* bereits in den 1980er Jahren begann, sind nach einer letzten großzügigen Modernisierung seit 2001 abgeschlossen. Seitdem beherbergen die mittelalterlichen Gemäuer ein schönes Hotel, ein Restaurant und eine renommierte Kunstgalerie unter der Schirmherrschaft des Ermländisch-Masurischen Museums in Olsztyn, in der namhafte zeitgenössische polnische und internationale Künstler ihr Werk präsentieren.

Als zweites dominantes Gebäude fällt die 1360 bis 1381 errichtete **Pfarrkirche St. Peter und Paul** (Kościół św. Piotra i Pawła) ins Auge. Nach ihrer Zerstörung bei einem Stadtbrand 1806 wurde sie bis 1817 wieder aufgebaut. Die Innenausstattung stammt aus jener Epoche. Den Hochaltar und das Taufbecken schuf *Wilhelm Biereichel*. Aus der Zeit vor der Feuersbrunst stammen ein Tabernakel von 1767 sowie in der Vorhalle ein mittelalterliches Weihwasserbecken.

Für den Brand, der 1806 das Städtchen heimsuchte, wurde die Magd *Barbara Zdunk* (1769–1811) verantwortlich gemacht, der man Hexenkräfte nachsagte. Sie starb, nachdem man ihr den Prozess gemacht hatte, 1811 auf dem Scheiterhaufen. Formaljuristisch war „Hexerei" im Königreich Preußen zwar kein Straftatbestand, und man klagte *Barbara Zdunk* wegen Brandstiftung an. Doch tatsächlich handelte es sich bei ihrer Hinrichtung um die letzte „Hexen"-Verbrennung Europas.

Praktische Tipps

Information

■ **Homepage** der Stadt: www.reszel.pl.

Unterkunft und Gastronomie

■ **Hotel Zamek**③, ul. Podzamcze 3, 11-440 Reszel, Tel. 89 7550109, www.zamek-reszel.com. Logieren wie die Rittersleut' im stilvollen Hotel in der ehemaligen Bischofsburg. Das Restaurant serviert köstliche regionale und polnische Spezialitäten.

Museen/Sehenswürdigkeiten

■ **Kunstgalerie** in der Ordensburg, Mitte Mai bis Sept. tgl. 10–17 Uhr, sonst tgl. 10–16 Uhr.

Die Ordensburg von Reszel

Grundriss Wallfahrtskirche Święta Lipka

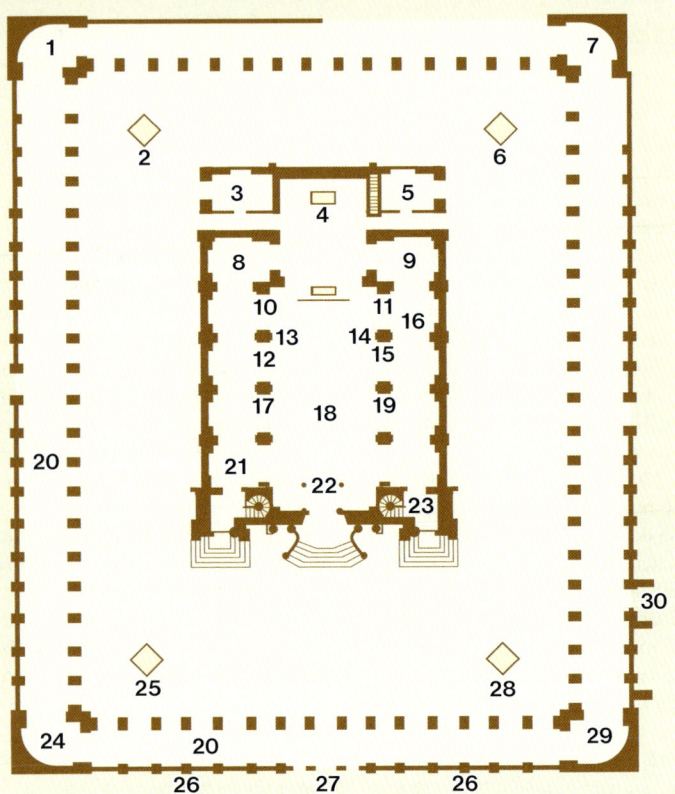

1. Kapelle der hl. Drei Könige
2. Skulptur der hl. Anna
3. Alte Sakristei
4. Presbyterium, Hochaltar
5. Neue Sakristei
6. Skulptur Josephs mit Jesuskind
7. Andreas-Kapelle
8. Ignatius-Kapelle
9. Franziskus-Xaverius-Kapelle
10. Altar der Schmerzensmutter
11. Altar Heiliges Kreuz
12. Josephs-Altar
13. Gottesmutterfigur Heilige Linde
14. Kanzel
15. Anna-Altar
16. Südschiff
17. Altar Stanisław Kostka
18. Hauptschiff
19. Altar des Erzengels Michael
20. Kreuzgang
21. Nordschiff
22. Orgel
23. Eingang Kirchentor und Emporen
24. Kapelle der hl. Dreifaltigkeit
25. Kreuzigungsskulptur
26. Figurengalerie Christusgenealogie
27. Hoftor
28. Statue der Unbefleckten Empfängnis
29. Kapelle St. Adalbert
30. Kloster

Święta Lipka

Unmittelbar jenseits der historischen Grenze des Ermlands erhebt sich 4 km südöstlich von Reszel eine der herausragenden Marienwallfahrten in der Woiwodschaft Warmia-Mazury, zugleich ein polenweit bedeutender Ort der **Marienverehrung**. Kaum ein Sakralbau im nördlichen Polen ist schöner, prächtiger und prunkvoller als die barocke **Wallfahrtskirche** Święta Lipka **(Heilige Linde)**. Die mit ganzem Namen eigentlich Marienheimsuchungs-Basilika heißende Kirche ist die bedeutendste Pilgerstätte in der Woiwodschaft Warmia-Mazury und eine der wichtigsten Orte der Marienverehrung in Polen.

Unter einer Linde mit einer Muttergottes-Figur sollen sich seit dem Jahr 1300 so viele wundersame Dinge zugetragen haben, dass die Pilgerscharen bald strömten: Blinde erhielten ihre Sehkraft zurück, Taube ihr Gehör, Siechende wurden geheilt. Alle Wunder, die sich bis 1659 zutrugen, sind im Buch des Jesuiten-Superiors *Thomas Clagius* festgehalten, die späteren Wunder kann man auf den Malereien an den Wänden, Pfeilern und Bögen des Sanktuariums nachlesen.

Erstmals erwähnt wurde die Wunderstätte 1473, als der Domherr von Płock, ohne davon allzu begeistert zu sein, feststellen musste, dass das Bildnis der „Madonna in Lipki" von überall her Pilgerfahrer anzog, obwohl dieser Ort keine Ablassrechte besaß.

Eine erste Kapelle stand hier wohl schon im späten 15. Jh. Doch dann überzog die Reformation die Region, das Deutschordensland wurde in ein protestantisches Fürstentum umgewandelt, und anstelle der Kapelle richtete man zur Abschreckung gegen die romgetreuen Papisten von Heilige Linde einen Galgen auf. Der Wunderglaube erfuhr dadurch eine weitere Stärkung. Im Jahr 1619 konnten die Katholiken eine zweite Kapelle einweihen und sie 1631 der Obhut des Jesuitenordens anempfehlen.

Ein halbes Jahrhundert später veranlassten die Jesuiten den Neubau der Wallfahrtskirche. 1687 begannen die Arbeiten zur Errichtung der dreischiffigen Emporenbasilika, 1690 wurde in ihren Mauern die erste Messe gefeiert, 1694 war der Bau fertiggestellt. Fast sah das Gotteshaus schon wie heute aus, nur allerlei Erweiterungsbauten sowie auch die Arbeiten an der glanzvollen Innenausschmückung dauerten noch bis weit ins 18. Jh. an.

Da der Pilgerstrom immer größer wurde, umgab man die Kirche zusätzlich mit Kreuzgängen und Kapellen an ihren Eckpunkten (1694–1708), wodurch Święta Lipka noch einmal mehr Gläubige aufnehmen konnte.

All die Pracht und die Herrlichkeit der Marienheimsuchungs-Basilika ist mit wenigen Worten nur schwer zu beschreiben. Unter den wundervollen Freskomalereien verdient das Deckengemälde, das die Verherrlichung Marias darstellt, besondere Aufmerksamkeit. Der vom Königsberger *Christoph Peucker* 1712 bis 1714 geschaffene Hochaltar, der die gesamte Höhe und Breite des Presbyteriums einnimmt, zeigt im Zentrum das Bildnis der Muttergottes von Heilige Linde. Am ersten Pfeiler im Nordschiff links steht das allerheiligste Heiligtum, die berühmte Linde mit der

Von der prußischen Eiche zur Marienverehrung von Heilige Linde

Vor der Eroberung durch den Deutschen Orden im 13. Jh. lebten die **Prußen** im Land. Schriftlich wurden sie erstmals in der zweiten Hälfte des 9. Jh. vom „Bayerischen Geographen" als „Bruzi" erwähnt. Sie unterteilten sich in verschiedene **Stämme,** die die nach ihnen benannten Landschaften Pomesanien, Pogesanien, Warmien, Sassen, Barten, Natangen, Nadraunen, Samland, Schalauen, Galinden und Sudauen bewohnten, und bezeichneten sich selbst mit dem Oberbegriff „Prusai". Die prußische Sprache existierte noch bis in die Anfänge des 17. Jh., ist in zahlreichen polnischen Städtenamen der Regionen erhalten geblieben, und auch in einigen ehemaligen deutschen Namen meist kleinerer Ortschaften wie Golbitten, Pollwitten, Paulehen, Trakehnen oder Nikolaiken klingt sie noch an.

Der Himmel der Prußen war von zahlreichen **Gottheiten** bevölkert. Gleich dem Wechsel der vier Jahreszeiten bestimmte sich ihr Pantheon durch die Naturereignisse. Sie folgten einer magischen Religion, das heißt einem Glauben, der das Unbegreifliche in Bildnisse kleidete, es personifizierte und in viele Zuständigkeitsbereiche unterteilte – was zwar nicht unbedingt rational, aber für die menschliche Seele sehr praktisch war, weil man gleich wusste, bei wem für welche Misere Beschwerde einzureichen war.

An der Spitze des Dienstwegs standen die drei allgewaltigen Chefgötter Perkunos, Patrimpe und Pekollos – jeder ein Aspekt auch des anderen. Perkunos war der Gott des Regens und der Sonne, des Blitzes, des Donners und des Feuers, kurz der Naturgewalten. Er wohnte am heiligen Ort Romowe und wurde in Eichengestalt verehrt. Und da die prußischen Urwälder voller Eichen waren, war Romowe überall. Dorfnamen wie „Perkuiken", die es gleich viermal in Ostpreußen gab, erinnerten an diese alte prußische Gottheit. Patrimpe war der gefürchtete, kinderfressende Kriegsgott, der aber andererseits den Feldern Fruchtbarkeit schenkte, und Perkollos fungierte als der finstere Aspekt der dreifaltigen Gottheit, welcher Tod und Verderben verkörperte.

Eine Stufe darunter stand der nette Gott Kurche, der die Teller mit Fisch und Fleisch füllte, die Krüge mit Met, und für volle Honig- und Mehltöpfe sorgte. Neben und unter ihm tummelten sich so viele weitere Gottheiten, dass die Prußen sie wahrscheinlich selbst alle erst einmal auswendig lernen mussten. Der Geschlechtergerechtigkeit halber seien hier noch zwei weibliche Gottheiten erwähnt: die dem friedliebenden Waldgott Puskaitis zur Seite gestellte Jawinne, die Fruchttragende, und Melletele, die segensreiche Göttin der Gärten und Auen.

Was nach dem ersten Auftritt des **Deutschen Ordens** 1226 im Prußenland geschah, ist bekannt. Mit Feuer und Schwert brachten die Ordensritter den Prußen das **Christentum** bei. Wer sich nicht taufen ließ, wurde niedergemetzelt. Die Prußen antworteten ihrerseits mit blutigen Aufständen, und ihre Gefangenen opferten sie der göttlichen Dreifaltigkeit Perkunos-Patrimpe-Perkollos.

Etwa um 1300, während das furchtbare Gemetzel noch mitten im Gang war, ereignete es sich – dieses Datum ist zumindest auf einer Tafel

▷ Das Marienbildnis von Heilige Linde

an der Vorderseite links vom Haupteingang von Heilige Linde (Święta Lipka) vermerkt –, dass im Kerker des Rastenburger Schlosses ein zum Tode Verurteilter die heilige Muttergottes um Gnade anflehte. Diese gab ihm ein Stückchen Holz und einen Speitel zur Hand, trug ihm auf, ein Abbild von ihr zu schnitzen und es an der ersten Linde aufzustellen, die er zwischen Rastenburg (Kętrzyn) und Rößel (Reszel) erblickte. Der Verurteilte machte sich also ans Werk, wurde am nächsten Tag freigesprochen, ging hin und erfüllte sein Versprechen – woraufhin sich an dem Standbild unter der Linde sofort Wunder und unerklärliche Heilungen ereigneten. Selbst eine in der Nähe weidende Schafherde fiel vor dem Bild in der Linde auf die Knie, weshalb Święta Lipka recht bald ein Wallfahrtsort wurde.

Nun muss die Frage erlaubt sein, wieso der Mann vier Tage umherirrte, wie die Sage berichtet, und dabei von Rastenburg aus fast 20 km marschierte, bevor er auf eine **Linde** stieß? War eine Linde damals so schwierig zu finden? Und wenn ja, weshalb durfte er dann nicht eine Tanne, Eibe, Birke oder auch Eiche nehmen? Auf einmal schweigt sich die Sage aus, und andere Dinge müssen zu Rate gezogen werden:

Von Nordwesteuropa bis nach Nordosteuropa wurden zu Heidenzeiten, wie es auch bei den Prußen der Fall war, gewaltige Gottheiten in Gestalt von Bäumen verehrt. Selbst nach dem Siegeszug des Christentums ging der alte Glaube nicht gänzlich verloren. In Überlieferungen, Volkssagen, Sitten und Bräuchen lebte er weiter. Manches hat sich sogar bis heute bewahrt, wenn Ursprung, Erzählung und festliches Begängnis in keinem offenkundigen Zusammenhang mehr stehen. Als Beispiel dafür sei nur die Tanne genannt, die man zum Fest der Geburt Jesu Christi feierlich schmückt. Die Heiden verehrten sie als den Baum der Geburt ihres göttli-

231 po kj

chen Kindes. Die Birke war der Baum der erwachenden Triebe – der Frühlingsbaum, und noch immer wird sie, mit bunten Bändern geschmückt, als Maibaum aufgestellt; während die Eibe, die für die nordeuropäischen vorchristlichen Völker der „Todesbaum" war, heute hauptsächlich auf Friedhöfen zu finden ist.

Den Inbegriff von Freiheit und Manneskraft stellte in heidnischen Zeiten die mächtige **Eiche** dar. „Unter den stampfenden Füßen der schnellen Eiche dröhnten Himmel und Erde; mannhafter Wächter der Pforte heißt ihr Name in allen Sprachen", wird im keltischen Gedicht vom „Kampf der Bäume" berichtet. Und so nimmt es nicht Wunder, dass die Eiche auch der heilige Baum der gewaltigen dreifaltigen prußischen Gottheit Perkunos-Patrimpe-Perkollos war.

Ganz anders dagegen die zartgrüne Linde: Sie beschützte die Menschen von alters her gegen jedwede Anfälle von Leidenschaft, war Trostspenderin und nahm überdies die verschiedenartigsten Krankheiten an, die man ihr auflud – ein vollkommenes Gegenbild zur athletischen Eiche. Hier Emporwallen, Wille und Leidenschaft, da Demut, Beschränkung, Bescheidenheit; hier Zorn und Verletzung, da Trost und Heilung. So liegt auf der Hand, dass eine Eiche im eroberten Prußenland für ein Marienheiligtum ganz und gar nicht in Frage kam. Der Machtwechsel von den heidnischen Prußen zur Herrschaft der christlichen Deutschordensritter wird – wie mit dem Aufrichten neuer Pilgerstätten buchstäblich untermauert – durch einen **Wechsel von der heiligen Eiche zur heiligen Linde** zugleich symbolhaft legitimiert.

Tatsächlich zeigt ein Blick in die Geschichte, dass es in der Zeit großer Umbrüche, insbesondere an überlieferten Glaubensgrenzen, stets zu eklatanten Anhäufungen von Wundern kam. Und wenn man den zahlreichen Zeugnissen Glauben schenkt, haben sich auch bei der Heiligen Linde bei Rößel/Reszel jede Menge wunderbarer Ereignisse zugetragen. Die in Święta Lipka überall an den Pfeilern und Rundbögen der Seitenschiffe zu sehenden Votivmalereien benennen die vielen Personen, denen Wunder geschahen, ihre Herkunft, die Art ihrer Krankheit sowie das Datum der Heilung: „Balthasar Limen aus Heilsberg, der erblindet war, erlangte 1700 den vollen Gebrauch der Augen wieder. – Die Herrin Johanna Grikowski gesundete nach einer schweren Geburt 1655. – Die an einer Seuche erkrankten Pferde des Edelmanns Krakowski aus Polen wurden durch ein Gelübde sofort geheilt 1668. – Gregorius Scurbowski wurde gesund von Schwellungen an den Füßen und am Unterleib und von Asthma 1654."

Von der Reformation im Jahr 1525 an bis zur Auflösung Preußens 1945 lag die katholische Marienwallfahrt Heilige Linde (Święta Lipka) exakt wenige Hundert Meter hinter der Konfessionsgrenze bereits in protestantischen Landen. Und was immer die Anhänger *Luthers* auch unternahmen, es gelang ihnen nicht, den Strom der Gläubigen fernzuhalten. Selbst der Abriss der ersten Kapelle der Anbetung, an deren Stelle man einen scheußlichen Galgen aufrichtete, konnte die katholischen Pilgerscharen nicht einschüchtern.

So ist Święta Lipka von der ersten wunderbaren Begebenheit an stets eine herausragende Marienwallfahrt geblieben. Und hierfür hat auch die Sage wieder eine Erklärung: „Die Kunde verbreitete sich in der ganzen Umgegend. Die Bewohner der Nachbarstädte Rößel und Rastenburg beschlossen darauf, einen so wertvollen Schatz in ihre Stadt zu holen. Die Rastenburger siegten, begaben sich in feierlicher Prozession zur Linde und trugen das Gnadenbild freudig heim in ihre Pfarrkirche. Am nächsten Tag stellten sie aber mit Erstaunen fest, dass das Heiligtum von dort verschwunden war – und fanden es schließlich am alten Platz unter dem Lindenbaum wieder."

von schmiedeeisernem Blattwerk umrankten Madonna mit Kind. Sie soll sich an dem Platz befinden, an dem einst die große Linde mit dem wundertätigen Marienbild stand.

Eine Augenweide und das wertvollste Stück der gesamten Kircheneinrichtung ist die **Orgel** von Heilige Linde. Ein einzigartiges Schauspiel ist es, wenn ihre 4965 Pfeifen erklingen und sich, sobald das Gebläse in Gang gesetzt ist, die Engelstatuetten auf dem Orgelprospekt je nach gezogenen Registern in Bewegung setzen. Das Meisterwerk im Dienst der Sakralmusik stammt aus der Werkstatt *Johann Josua Mosengels* aus Königsberg, es wurde 1719 bis 1721 erbaut. Wer ihrem gewaltigen Klang lauschen möchte, hat dazu während der Orgelpräsentationen Gelegenheit (s. „Praktische Tipps").

Alljährlich pilgern Hunderttausende Gläubige nach Święta Lipka, um in dem 1983 von Papst *Johannes Paul II.* in den Rang einer Basilika Minor erhobenen Gotteshaus um Ablass zu bitten. Maria Heimsuchung am letzten Sonntag im Mai ist der Hauptablass. Weitere Höhepunkte sind das Fest der Heiligen Linde am 11. August und vier Tage später Maria Himmelfahrt.

Ohren- und Augenweide: die Orgel von Heilige Linde

Olsztyn (Allenstein)

Praktische Tipps

Information

■ Eine **Touristeninformation** ohne feste Öffnungszeiten befindet sich vor der Kirche.
■ **Homepage** von Heiligelinde: www.swlipka.org.pl.

Unterkunft

■ **Hotel Taurus**②, św. Lipka 16, 11-440 Reszel, Tel. 89 7553737, www.hoteltaurus.pl. 2004 eröffneter Neubau im Fachwerkstil, gepflegte Mittelklasse, in der Nachbarschaft zum Sanktuarium.
■ **Pilgerhaus (Dom Pielgrzyma)**① des Jesuitenordens (neben der Kirche gelegen), Parafia Rzym. Kat. p.w. Nawiedzenia NMP, św. Lipka 29, 11-440 Reszel, Tel. 512 730375, www.swlipka.org.pl.

Besichtigung und Orgelvorführung

■ Die Basilika steht außerhalb der Gottesdienste tgl. 8–18 Uhr zur **Besichtigung** offen.
■ **Heilige Messen und Andachten:** Mai bis Sept. Mo–Sa 7, 9.50, 12, 18, So 7, 9, 11, 14, 17 Uhr, sonst Mo–Sa 7 und 17, So 7, 9, 11, 14, 17 Uhr.
Mein Tipp: Orgelvorführungen: Mai bis Sept. Mo–Sa stdl. 9.30–11.30 und 13.30–17.30 Uhr (wenn samstags eine Hochzeit stattfindet, fällt die Vorführung aus), So 10, 12.30, 13.30, 15.30, 16.30 Uhr; April und Okt. Mo und Mi–Sa 10, 12 und 14 Uhr, So 10, 12.30, 13.30 und 15.30 Uhr. Im Winter finden die Präsentationen auf Wunsch nach einer Opfergabe von mindestens 100 Złoty statt.

> Blick auf das Hohe Tor in Olsztyn

Olsztyn

Mit knapp 175.000 Einwohnern ist die historische Hauptstadt des Ermlands und Woiwodschaftshauptstadt von Warmia-Mazury nach Białystok die größte Stadt im Nordosten Polens. Zugleich bildet Olsztyn (**Allenstein**) das kulturelle, wirtschaftliche und touristische Zentrum der Region. Gegen Ende des Zweiten Weltkriegs etwa zur Hälfte zerstört, wurde der überschaubare historische Stadtkern später wieder aufgebaut. Anschließend nahm die Einwohnerzahl Olsztyns, das vorher nie mehr als eine kleine Provinzhauptstadt war, so rasant zu – sie vervierfachte sich beinahe –, dass heute Bettenburgen im Plattenbaustil den Gesamteindruck prägen. Während der modernisierungsfreudigen 1960er und 1970er Jahre riss man weitere alte Bausubstanz ab und umzog die kleine Altstadt mit einem breiten Straßenring. Eine Reifenfabrik sowie Unternehmen der Möbelindustrie und Lebensmittelverarbeitung zählen heute zu den größten Arbeitgebern in der Stadt an der Łyna (Alle). Sie ist Sitz der Ermländisch-Masurischen Universität, die rund 30.000 Studenten besuchen, und bildet mit verschiedenen Akademien, Theater, Philharmonie und zahlreichen Galerien den geistigen und kulturellen Mittelpunkt der Woiwodschaft. Landschaftlich sehr schön gelegen – allein elf Seen befinden sich im Stadtgebiet, das etwa zur Hälfte aus Wald und Grünanlagen besteht –, gehören die rekonstruierten Altstadtgassen, die Kirche St. Jakob und vor allem das Burgschloss an der Łyna zu Olsztyns besonderen Sehenswürdigkeiten.

Geschichte

Die allererste urkundliche Erwähnung stammt aus dem Jahr **1348**, als der ermländische Bischofsvogt *Heinrich von Luther* an einer Schleife der Alle (Łyna) eine hölzerne Wehrburg errichten lässt. In ihrem Schutz lassen sich Siedler nieder, wahrscheinlich schon 1346 beginnen im Auftrag des Ermländischen Domkapitels die Bauarbeiten zum backsteinernen Burgschloss. 1353, als der erste Schlossflügel fertiggestellt ist, werden Allenstein die **Stadtrechte** verliehen. Im Frieden von Thorn 1466, der den Dreizehnjährigen Krieg der preußischen Städte gegen den Deutschen Orden beendet, gelangt der Ort an der Alle mit dem Ermland an die polnische Krone. Im **Reiterkrieg** von 1519 bis 1521, den der Hochmeister des Deutschen Ordens, *Albrecht von Brandenburg-Hohenzollern* (1490–1568) gegen seinen Onkel, König *Zygmunt I. Stary von Polen* (1467–1548), führt, verteidigt der damals amtierende Verwalter des Domkapitels in Allenstein, *Nikolaus Kopernikus,* erfolgreich die Burg und die Stadt gegen die Deutschordensritter.

Im Zuge der Ersten Polnischen Teilung 1772 ins Königreich Preußen inkorporiert und 1807 während der Napoleonischen Kriege abgebrannt, zählt Allenstein noch Mitte des 19. Jh. nicht mehr als 4000 Einwohner. Erst mit dem **Eisenbahnanschluss** 1873 zieht der Fortschritt ins Land. Anfang des 20. Jh. ist die Stadt auf 25.000 Menschen angewachsen, 1905 wird sie Hauptstadt des neu eingerichteten, dritten ostpreußischen Regierungsbezirks. Gleichzeitig entwickelt sie sich zu einem Brennpunkt der polnischen Bewegung im südlichen Ostpreußen. Des ungeachtet votieren fast 98 Prozent der Allensteiner bei der Volksabstimmung über ihren nationalen Verbleib 1920 für Deutschland.

Im Januar **1945** besetzten sowjetische Truppen die Stadt, die kurz danach in Flammen aufgeht. Dabei wird fast die Hälfte der alten Bausubstanz **zerstört.** Anschließend beginnt in Olsztyn der Wiederaufbau. Die **Stadt wächst rasant,**

In der Altstadt von Olsztyn

Plattenbauten werden hochgezogen, Industrien angesiedelt. 1992 wird Olsztyn Sitz des Erzbistums Warmia, 1999 wird es **Hauptstadt** der aus Teilen der alte Bezirke Elbląg, Olsztyn und Suwałki gebildeten neuen **Woiwodschaft Warmia-Mazury**. Ebenfalls 1999 eröffnet in Olsztyn die Universität von Ermland-Masuren. 2003 feiert die Stadt mit vielen Veranstaltungen ihren 650. Geburtstag.

Sehenswertes

In die rekonstruierte kleine Altstadt gelangt man am schönsten durch das backsteingotische **Hohe Tor** (Wysocka Brama). In der zweiten Hälfte des 14. Jh. gebaut, ist es das letzte von einstmals drei Torhäusern in den Befestigungsmauern, die Einlass in die Stadt gewährten. Seine dicken Mauern dienten in preußischer Zeit unter anderem als Gefängnis. 1863 saß *Wojciech Ketrzyński* (ursprünglich *Adalbert von Winkler*), Nestor der polnischen Masurenfoschung und Kämpfer für die Verbindung Ermlands und Masurens mit Polen, wegen Waffenschmuggels im Hohen Tor ein.

Mit wenigen Schritten ist man von dort zum Targ Rybny (Fischmarkt) gelangt, auf dem das wiederaufgebaute **Haus der „Gazeta Olsztyńska"** steht. Die polnische Geschichtsschreibung würdigt Olsztyn als ein Zentrum des „Widerstands gegen die Germanisierung", die seit 1772 von Seiten Preußens bzw. später des Deutschen Reichs aus betrieben wurde. Die „Gazeta Olsztyńska", 1886 in Allenstein erstmals erschienen, war als einzige polnischsprachige Publikation jener Zeit zugleich das Sprachrohr der großen nichtdeutschen Bevölkerungsgruppe. Sie wurde trotz zunehmender Schikanen bis 1939 veröffentlicht, danach wurden die Redakteure verhaftet und in Konzentrationslager verschleppt. Zu Ehren des Journalisten und Herausgebers der „Gazeta Olsztyńska", Seweryn Pieniężny (1890–1940), den 1940 Nazi-Schergen im Konzentrationslager Hohenbruch ermordeten, erhielt das Städtchen Mehlsack im nördlichen Ermland 1945 den Namen Pieniężno.

Das Gebäude dient heute als Ausstellungsraum zur Geschichte der „Gazeta Olsztyńska", die seit Ende des Zweiten Weltkriegs nun als allgemeine Olsztyner Tageszeitung erscheint. Die Boshaftigkeit und die polizeiliche Willkür, der die Zeitungsmacher damals von deutscher Seite ausgesetzt waren, lassen einen einigermaßen erschüttert zurück. Und umso befremdlicher mutet es deshalb an, dass die legendäre „Gazeta" 1998 ausgerechnet von einer deutschen Verlagsgruppe aufgekauft wurde, der man eine gewisse Nähe zu den deutschen Vertriebenenverbänden nachsagt. Tatsächlich löste diese Transaktion seinerzeit großen Unmut aus und wurde von der polnischen Presse als „instinktlos" gewertet.

In Nachbarschaft zum Targ Rybny schließt sich südlich vom Hohen Tor die schönste Bummelmeile der Altstadt an, die **ul. Staromiejska**. In der schmucken Fußgängerzone und auf dem in sie einmündenden großen Markt herrscht buntes Treiben. In den Häusern, die hübsche Giebel und Laubengänge zieren, haben sich Pubs, Cafés und Restaurants eingerichtet. Jedoch sind die Gebäude nicht hundertprozentig originalgetreu rekonstruiert. Nach dem Zweiten Weltkrieg wurden sie zumeist um ein Stockwerk höher wiederaufgebaut und teils mit Sgraffito-Medaillons verziert, die berühmte Persönlichkeiten der polnischen Geschichte abbilden – natürlich *Kopernikus* und den ermländischen Bischof und Literaten *Ignacy Krasicki*, den Dichter *Michał Kajka*, den Komponisten *Feliks Nowowiejski* und viele andere. An einen weiteren berühmten Sohn der Stadt, den bedeutenden Architekten der Moderne *Erich Mendelsohn* (1887–1953), erinnert eine Gedenktafel an seinem Elternhaus ul. Św. Barbary/Ecke ul. Staromiejska.

Den Mittelpunkt des großen Markts ziert das **Alte Rathaus**. In der zweiten Hälfte des 14. Jh. erbaut und 1946 bis 1949 rekonstruiert, beherbergt es heute die Woiwodschaftsbücherei.

Nahebei erhebt sich die **Kirche St. Jakob** (Kościół św. Jakuba), um 1370 bis 1380 als dreischiffige Hallenkirche mit Netz- und Sterngewölben errichtet. 1866 bis 1868 modernisiert, stammt ihr neugotischer Hochaltar aus der zweiten Hälfte des 19. Jh. Von 1898 bis 1900 bekleidete der in Wartenburg (Barczewo) gebürtige Komponist *Feliks Nowowiejski* (1877–1946) in St. Jakob das Organistenamt. Sein Oratorium „Quo Vadis" aus dem Jahr 1909 erlangte Weltruhm, und die **„Rota"** (Eid) – *Nowowiejskis* 1910 zum 500. Jahrestag der siegreichen Schlacht des polnisch-litauischen Heeres bei Grunwald/Tannenberg uraufgeführte Vertonung der Verse der bedeutenden Lyrikerin *Maria Konopnicka* (1842–1910) – stieg zur Widerstandshymne im seinerzeit nicht existierenden Polen und zur heimlichen Nationalhymne auf.

1973 wurde die Kirche St. Jakob zum Diözesansitz erkoren, welchem von 1979 bis 1981 der spätere Primas der katholischen Kirche in Polen, Kardinal *Józef Glemp* (1929–2013), vorstand. Seit 1992 ist Olsztyn Sitz des Erzbistums Warmia, und St. Jakob fungiert als Konkathedrale des Ermländischen Domkapitels. 2003 ehrte sie der Papst mit dem Titel „Basilika Minor".

Die zweite, kleinere Altstadtkirche wurde 1876/77 erbaut und dient der evangelischen Gemeinde in Olsztyn als Gotteshaus. Wenige Schritte trennen die **Evangelische Kirche** von der überragenden Sehenswürdigkeit in der Woiwodschaftshauptstadt: dem **Schloss des ermländischen Domkapitels**. Im Jahr 1346 war Baubeginn, 1353, als Allenstein die Stadtrechte erhielt, war der erste Flügel fertiggestellt, im 15. Jh. folgte im Südwesten der letzte Flügel der quadratischen Backsteinanlage. Im frühen 16. Jh. stockte man den Westturm auf 40 m Höhe auf und zog die mächtigen Wehrmauern bis zu 12 m hoch – dem Ansturm der Deutschritter 1521 unter ihrem letzten Ordenshochmeister vor der Säkularisierung, *Albrecht von Hohenzollern-Brandenburg,* hielten sie stand. Den Zweiten Weltkrieg überdauerte die gotische Anlage ebenfalls beinahe unversehrt, die Veränderungen an ihrem ursprünglichen Zustand rühren von den Renovierungsarbeiten 1909 bis 1911 her.

Seit 1921 wird das Schloss nun als Museum genutzt, bereits seit 1945 ist in seinen Mauern das **Museum von Ermland und Masuren** (Muzeum Warmii i Mazury) untergebracht. Neben spannenden Wechselausstellungen zeigt es außerdem eine Kopernikus-Ausstellung. Einmal mehr kann man nämlich auch in Olsztyn auf den Spuren von *Nikolaus Kopernikus* wandeln. In den Jahren 1516 bis 1519 und 1521/22 war der große Astronom hier als Verwalter der Güter und Liegenschaften des Domkapitels tätig. Seine ehemaligen Wohnräume im ersten Stock im Südwestflügel des Schlosses sind zu besichtigen. An einer Wand im Kreuzgang ist die Astronomische Tafel des *Kopernikus* angebracht, eines der wertvollsten Zeugnisse seines Aufenthalts auf dem Burgschloss.

Westlich der Altstadt duckt sich dort, wo die ul. Władysława Jagiełły im spitzen Winkel auf die ul. Grunwaldzka trifft, die spätgotische **Jerusalemkapelle** (Kaplica Jerozolimska). Das 1565 erstmal erwähnte kleine Backsteingebäude birgt eine spätgotische Kreuzigungsgruppe.

Nur wenige Schritte entfernt dehnte sich einst der Jüdische Friedhof aus. Nach dem Zweiten Weltkrieg wurde er eingeebnet, nur die **Jüdische Begräbniskapelle** blieb verschont. Sie ist das Erstlingswerk von *Erich Mendelsohn* und wurde vermutlich 1913 geweiht. Nach aufwendiger Sanierung eröffnete die **Stiftung Borussia,** die sich für Toleranz und interkulturellen Dialog einsetzt, in den Räumlichkeiten im Jahr 2013 ein Kultur- und Begegnungszentrum. Der Saal und die zwei kleineren Räume können besichtigt werden. Im benachbarten Gärtnerhaus, ebenfalls aus der Feder von *Mendelsohn,* befindet sich der Sitz der Stiftung.

Im modernen Olsztyn wartet im Südosten der Altstadt das **Kopernikus-Planetarium** auf einen Besuch. 1973 wurde es zum 500. Geburtstag des berühmten Astronomen gebaut. Seit 2012 präsentiert es sich mit einer der modernsten Großkuppel-Projektionsanlagen Polens.

▷ Das Schloss des ermländischen Domkapitels beherbergt heute ein Museum

Praktische Tipps

Information

■ **Touristeninformation,** pl. Jana Pawła II (im Neuen Rathaus, Eingang ul. 1 Maja), 10-001 Olsztyn, Tel. 89 5210398, Mo–Fr 10–18, Sa und So 10–16 Uhr.
■ **Homepage** der Stadt: www.olsztyn.eu.

Unterkunft

■ **Zimmervermittlung** in der Touristeninfo.
■ **Hotel Warmiński**③, ul. Kołobrzega 1, 10-442 Olsztyn, Tel. 89 5221400, www.hotel-warminski.com.pl. Elegantes Businesshotel der oberen Kategorie, großzügig bemessene Komfortzimmer, mit Fitnessstudio, im schicken, empfehlenswerten Restaurant wird moderne, leichte polnische und internationale Küche serviert.
■ **Hotel pod Zamkiem**②-③, ul. Nowowiejskiego 10, 10-162 Olsztyn, Tel. 89 5351287, www.hotel-olsztyn.com.pl. Jugendstilvilla in unmittelbarer Nähe zum Schloss, die Lobby mit alter Holztäfelung, die Zimmer bürgerlich im Kiefernholzschick.
■ **Hotel Wileński**③, ul. Ryszarda Knosały 5, 10-015 Olsztyn, Tel. 89 5350122, hotelwilenski.pl. Kleines, distinguiertes Boutiquehotel südlich der Altstadt; das Restaurant serviert europäische und litauische Gourmetküche.
■ **Hotel-Restaurant/Camping Pirat**②, ul. Bałtycka 95, Tel. 89 5239085, www.pirat.com.pl. Schöne Anlage, sehr beliebt, am Nordufer des Ukiel-Sees im Stadtteil Gutkowo (Straße 527 Richtung Morąg), die Gästezimmer bürgerlich gemütlich, die Taverne serviert u.a. Fischspezialitäten; mit Rad- und Bootsverleih, angeschlossenem Zelt- und Caravanplatz.
■ **Hotel Wysoka Brama**①, ul. Staromiejska 1, 10-017 Olsztyn, Tel. 89 5273675, www.hotelwysokabrama.olsztyn.pl. Freundlich, einfach, im Herzen Olsztyns am Hohen Tor.

Olsztyn (Allenstein)

Camping

- **Camping Dywity,** ul. Barczewskiego 47, 11-001 Dywity, Tel. 89 5120646, http://masuren-camping-polen.de. Ungefähr 11 km nördlich von Olsztyn (Straße Richtung Dobre Miasto) nahe dem Dorf Dywity, traumhaft schön auf einer von der Łyna umspülten Halbinsel gelegen, mit Ferienhäuschen und Paddelbootverleih. April bis Sept.
- **Camping Pirat,** siehe „Unterkunft".

Jugendherberge

- **Jugendherberge,** ul. Kościuszki 72/74, 10-555 Olsztyn, Tel. 89 5276650, www.ssmolsztyn.pl, ganzjährig.

Gastronomie

- **Restaurant Karczma Jana,** ul. Kołłątaja 11, Tel. 89 5222946, www.karczmajana.pl. Urig und rustikal im Geschmack altpolnischer Gasthäuser aufgemacht, kommen drinnen und draußen auf der Terrasse an der Łyna altpolnische und internationale Gerichte auf den Tisch.
- **Restaurant Przystań,** ul. Żeglarska 3, Tel. 89 5350181, www.przystanolsztyn.pl. Kultadresse am Ostufer des Ukiel-Sees nicht weit vom Stadtstrand. Im ausgebauten ehemaligen Bootshaus und draußen auf Holzstegen genießt man zum Seeblick im Restaurant oder Club internationale Gerichte bzw. Fusion-Küche.
- **Restaurant Casablanca,** ul. Zamkowa 5, Tel. 89 5228464, www.casablanca.olsztyn.pl. Kreative europäische Küche, im stilvollen Ambiente der im 19. Jh. erbauten Villa Casablanca zu Füßen der Burg.
- **Weitere Restaurants** siehe „Unterkunft".

Museen und andere Sehenswürdigkeiten

- **Museum von Ermland und Masuren** (Muzeum Warmii i Mazur), im Schloss der Bischöfe von Ermland, http://muzeum.olsztyn.pl, Mai/Juni und Sept. Di–Sa 9–17, So 10–18 Uhr, Juli/Aug. Di–So 10–18 Uhr, Okt.–April Di–Sa 10–16, So 10–18 Uhr.
- **Museum der „Gazeta Olsztyńska"** (Dom Gazety Olsztyńskiej), Targ Rybny (Fischmarkt), http://muzeum.olsztyn.pl, Juni bis Aug. tgl. 9–17 Uhr, außerhalb der Saison Di–So 9–16 Uhr.
- **Kopernik-Planetarium,** ul. Piłsudskiego 38, 10-450 Olsztyn, Tel. 89 6500420, www.planetarium.olsztyn.pl.

Kulturelle Veranstaltungen

- **Orgelkonzerte** polnischer und internationaler Organisten, www.organfestival.olsztyn.pl, Juli/Aug. immer So um 20 Uhr in der Kirche St. Jakob.
- **Olsztyner Kunstsommer** (Olsztyńskie Lato Artystyczne), Rock-, Folk-, Jazz-, Blues- und Klassikkonzerte, Theater, Kabarett, Film und viele Veranstaltungen mehr finden im Amphitheater zu Füßen der Burg statt, zwischen Mitte Juni und Anfang Sept. Informationen unter www.olsztynskielatoartystyczne.pl.

Aktivitäten

- **Baden und Wassersport:** Die städtischen Naherholungsgebiete mit einem großen Badestrand, einem Wassersportzentrum und Wassersportgeräteverleih liegen im Westen Olsztyns am Südostufer des Ukiel-Sees, ul. Jeziorana 8.

> Hochaltar in der Kirche der Heiligen Jungfrau Maria in Gietrzwałd

Gietrzwałd

Keine 20 km südwestlich von Olsztyn erhebt sich auf einer Anhöhe über dem kleinen Ort Gietrzwałd (**Dietrichswalde**) die **Kirche der Heiligen Jungfrau Maria** (Kościół św. Maryi Panny). Äußerlich wirkt das im Jahr 1500 geweihte, mehrfach erweiterte und zuletzt im 19. Jh. neugotisch umgebaute Gotteshaus relativ unscheinbar. Und doch handelt es sich um eine der bedeutendsten Marienwallfahrten in Polen. Gut eine Million Menschen pilgern jährlich ins „polnische Lourdes", um vor dem wundertätigen Gnadenbild der Muttergottes mit Jesuskind niederzuknien. Es befindet sich im Mittelpunkt des prunkvollen Hochaltars, eine silbergeschmückte Madonna mit Kind, über der Engel die Inschrift entfalten: „Ave Regina Caelorum, ave Domina Angelorum" (Sei gegrüßt, Königin des Himmels, sei gegrüßt, Herrin der Engel). Von wessen Händen das heilige Bildnis stammt und wann es entstand, ist nicht bekannt. 1568 fand es seine erste Erwähnung, und möglicherweise datiert es aus einer noch viel älteren Zeit. 1967 wurde es vom damaligen Primas der polnischen Kirche, Kardinal *Stefan Wyszyński*, gekrönt, in Anwesenheit zahlreicher Kirchenprominenz, darunter der Krakauer Kardinal *Karol Wojtyła*, der spätere Papst *Johannes Paul II.*

Noch heiliger als das Gnadenbild und somit wichtigster Ort im ganzen Wallfahrtsbezirk ist die Anfang der 2000er Jahre entstandene **Erscheinungskapelle** auf einer Freiluftterrasse linker Hand vom Kirchenportal. „Auf den ausdrücklichen Wunsch der Gottesmutter", wie die Kirchenverantwortlichen mitteilen, wurde das Heiligtum am Ort der Marien-Erscheinung erbaut. Im Jahr 1877 war die Unbefleckte Jungfrau höchstpersönlich zwei Mädchen aus dem Dorf erschienen, mehrmals über beinahe drei Monate hinweg, und von da an strömten Pilgerscharen aus allen Landen herbei

Ihre Bittgebete richten die Wallfahrer aber nicht nur an das Gnadenbild im Gotteshaus und an eine Marienfigur in der Erscheinungskapelle. Vom nahen Pilgerhaus aus führt der Rosenkranzweg hinunter zu einer von der heiligen Jungfrau gesegneten **Quelle**, die Kranken und Leidenden Genesung verspricht. Zusätzlich wird auf dem Kirchengelände seit Ende der 1990er Jahre ein **Kalvarienberg** angelegt, der die Kreuzwegsta-

tionen Jesu Christi nachvollzieht. Zahlreiche Kapellen sind bereits fertiggestellt, weitere werden folgen, sobald die Finanzierung sichergestellt ist. Denn ihre Errichtung erfolgt ausschließlich mit Hilfe von Spenden.

Das geräumige Pilgerhaus bietet den Gläubigen Unterkunft, und für das leibliche Wohl sorgt ein Imbiss-Café.

Praktische Tipps

Information

■ **Marienheiligtum in Gietrzwałd** (Sanktuarium Maryjne w Gietrzwałdzie), 11-036 Gietrzwałd, Tel. 89 5123102, www.sanktuariummaryjne.pl.

Unterkunft

■ **Pilgerhaus Johannes Paul II.**①, ul. Klasztorna 1, 11-036 Gietrzwałd, Tel. 89 5123102, www.sanktuariummaryjne.pl.

Gastronomie

MEIN TIPP: **Karczma Warmińska** (Ermländisches Wirtshaus), ul. Kościelna 1, Gietrzwałd 32, Tel. 89 5123423, www.karczma.pl. Deftige regionale Küche in urigem Ambiente. Zu Piroggen und Gänseklein sowie einer Vielzahl von Fleisch-, Fisch- und Wildgerichten wird im Juli und Aug. immer freitags 18–21 Uhr auf dem mittelalterlich ausstaffierten Wirtshaushof ermländische und masurische Folklore präsentiert. Das Restaurant selbst ist täglich 11–22 Uhr geöffnet.

> Für einen Ausflug ins Masurische Freilichtmuseum sollte man einen ganzen Tag einplanen

Südlich von Olsztyn – in Masuren

Im Süden von Olsztyn, da ist Masuren. Folgt man *Arno Surminskis* Erzählung „Die Reise nach Nikolaiken", liegt es da, wo „das Land ohne Eile beginnt, das gerne die Zeit verschläft. (...) Das elektrische Licht wurde ein Menschenleben später erfunden, das Telefon blieb lange stumm, die Ozeandampfer erreichten die Masurischen Seen nicht, und von den ersten Automobilen wird berichtet, dass sie ihren Dienst verweigerten, als sie der masurischen Wildnis ansichtig wurden."

Folgt man den alten Masuren selbst, wie sie früher ihr Land verorteten, hieß es augenzwinkernd: „Wo sich aufhört der Kultur, da sich anfängt der Masur". Oder es liegt da – wie es die Sage erzählt –, wo der Liebe Gott, als er von der Erschaffung der Welt bereits müde geworden war, seine letzten Perlen hinstreute. Und lässt man sich einfach von der Schönheit der Landschaft leiten, findet man Masuren da, wo die unzähligen Seen sind.

Zwischen der Dylewska Góra (Kernsdorfer Höhe) südlich von Ostróda und der Szeska Góra (Seesker Höhe) bei Gołdap ganz oben im Nordosten Polens erstreckt sich mondsichelförmig die Masurische Seenplatte. Niemand hat bisher die exakte Anzahl der Gewässer ermittelt. Zwischen 2000 und 3000, wird geschätzt, sollen es sein. Oft liegen sie bildschön im Wald, der zunächst noch als

Laubwald auftritt und weiter nach Osten dann dunklen Kiefern weicht. Dass das riesige Waldgebiet südlich von Olsztyn in seiner Urwüchsigkeit in großen Teilen bis heute erhalten ist, verdankt sich dem zynischen Umstand, dass sein Betreten bis 1983 für Normalsterbliche verboten war. Vom Lańskie- und Pluszne-See (Lansker und Plautziger See) bis nach Nidzica war das gesamte Gebiet der polnischen Staatsführung und ihren Gästen als Jagdrevier vorbehalten. Zwei Dörfer wurden eigens zu diesem Zweck geräumt und ihre Bewohner umgesiedelt.

Heute lädt der herrliche Mischwald aus Kiefern, Buchen, Erlen, Birken, Heidelbeersträuchern und „Kaddig" zu ausgedehnten Spaziergängen oder auch Radtouren ein. Kaddig ist der alte ostpreußische Spitzname für den immergrünen Wacholderstrauch, der, einer putzigen Zwergenarmee gleich, besonders gern in lichten Nadelgehölzen auf Moor- und Heideland aufschießt – in Masuren eben, wo der Liebe Gott, um noch einmal die Sage zu bemühen, am Ende der Schöpfung alle noch übrig gebliebenen Wasserkübel ausschüttete.

Olsztynek

Im Jahr 1349 veranlasste der Komtur von Osterode, *Günther von Hohenstein*, in der masurischen Wildnis an einem kleinen See den ersten Spatenstich zu einer kleinen Ordensburg, deren kleine sie umgebende Siedlung zehn Jahre später die Stadtrechte erhielt. Die Burg in ihrer ursprünglichen Form existiert schon lange nicht mehr; vielmals zerstört, neu wieder aufgebaut und umgebaut, fungiert sie bereits seit Mitte des 19. Jh. als Schule. Das Attribut „klein" ist dem 7000 Einwohner zählenden Ackerbürgerstädtchen Olsztynek (**Hohenstein**) dage-

gen geblieben – und dabei besitzt es einen der größten touristischen Anziehungspunkte in der gesamten Region. Am nördlichen Ortsausgang befindet sich das Museum für volkstümliche Baukunst (Muzeum Budownictwa Ludowego), das **Masurische Freilichtmuseum.** Auf dem fast 100 ha großen Gelände sind traditionelle Fischerkaten, Bauernhütten, weichselländische Windmühlen, Gehöfte und Gotteshäuser des alten Ostpreußen in das sanfte Hügelland gleichsam hineinkomponiert. Die original ausgestatteten Holzhäuschen, Ständer- und Fachwerkbauten aus der Zeit des 18. bis Anfang des 20. Jh stammen aus dem Samland, dem Weichselland, Ermland und Masuren. Entweder handelt es sich um in das Freilichtmuseum überführte und hier liebevoll wieder aufgebaute Objekte, oder es sind originalgetreue Rekonstruktionen. Mit Holzgattern und Brunnen, alten Kreuzen am Wegesrand, Scheunen, Hühnerställen, sogar einem Spritzenhaus, Glockentürmen, Bienenkörben und Ziegen glaubt man sich in manchem Moment in andere Zeiten zurückversetzt. Interessant ist auch der kulturelle Vergleich, den die Ansammlung sonst entfernt voneinander liegender Traditionszusammenhänge erlaubt: hier die großen, in Fachwerk und Stein errichteten Vorlaubenhäuser des fruchtbaren Weichsellands mit mächtigen Kornspeichern, dort die ärmlichen Holzkaten der Bauern aus dem kargen Masuren. In jedem Fall ist das Masurische Freilichtmuseum einen Ausflug

Wo sich die masurischen Störche tummeln

„Warmińsko-Mazurski Szlak Bociani", kurz „Bociani Szlak", nennt sich die ermländisch-masurische Route, auf der Storchenliebhaber den Spuren von Meister Adebar folgen. Kaum irgendwo ist die sommerliche Storchendichte höher als in der Einsamkeit kurz vor der russischen Enklave Kaliningrad. Die Route startet bei Toprzyny, etwa 15 km nordwestlich von Bartoszyce, und führt nach Żywkowo 500 m vor der russischen Grenze, wo auf 40 Einwohner vier Mal so viele Stöche kommen. Weiter geht die Tour ostwärts über die Weiler Lejdy, Styligi, Szczurkowo, Ostre Bardo und Sępopol nach Lwowiec; dort haben die Störche nahezu jede Stufe des Kirchengiebels zum Nisten genutzt. Über die Dörfchen Krielikejmy, Siligniny, Skandawa und Momajny erreicht die Bociani Szlak nach gut 150 km im Örtchen Duje ihr Ende.

nach Olsztynek wert, und man sollte auch einen ganzen Tag für ihn einplanen. Der Weg zum Museum ist mit Schildern mit der Aufschrift „Skansen" (Freilichtmuseum) gekennzeichnet.

An eines der dunkelsten Kapitel in der deutschen Geschichte erinnert ein Friedhof westlich der Stadtgrenze beim Flecken **Świętajny (Schwentainen).** Zahllose Kriegsgefangene liegen hier begraben, die zwischen 1939 und 1945 im Lager Stalag 1 b Hohenstein umkamen.

Dieses größte ostpreußische Kriegsgefangenenlager befand sich zwischen Hohenstein und dem Weiler Königsgut (Królikowo) in der Nähe des 1927 eingeweihten Tannenberg-Denkmals (Wegweiser am nördlichen Ortseingang von Królikowo). Eigentlich sollte es als Feldlager für viele Tausende deutsche Erste-Weltkrieg-Veteranen dienen, die man 1939 zur 25. Jubelfeier der ruhmreichen „Tannenberg"-Schlacht 1914 erwartete (siehe „Frisches Haff und Oberländische Seenplatte, Grunwald"). Mit Beginn des Zweiten Weltkriegs wurde das Lager jedoch unverzüglich umfunktioniert. Ungefähr 55.000 Kriegsgefangenen, hauptsächlich französischen und sowjetischen Soldaten, wurde es zum Verhängnis.

Nahebei, heute durch die Autobahn voneinander getrennt, wurde von 1924 bis 1927 auf achteckigem Grundriss mit acht Türmen und mächtigen Ringmauern das gigantomanische **Tannenberg-Denkmal** errichtet. Zum 80. Geburtstag des „Siegers von Tannenberg", des Reichspräsidenten *Paul von Hindenburg,* wurde es im September 1927 feierlich eingeweiht. Ein Jahr nach der Machtergreifung durch die Nationalsozialisten setzte man *Hindenburg* 1934 zu Füßen des Bauwerks bei und taufte es in „Reichsehrenmal Tannen[berg]". Gegen Kriegsende wurde [...] Leichnam evakuiert und [...] Denkmalkomplex von deutschen Truppen teilgesprengt. 1952/53 trugen polnische Soldaten die Ruine vollständig ab.

Von dem Spuk ist deshalb so gut wie nichts mehr zu sehen. In einer Grünanlage am Ortsrand von Olsztynek lassen sich noch ein paar grasüberwachsene Trümmer entdecken, und einer Erinnerungstafel weist auf das Tannenberg-Denkmal hin. (Anfahrt: Olsztynek auf der ul. Olsztyńska/ul. Gdańska via Ostróda verlassen, nach gut 1 km geht kurz nach der Zajazd Mazurski südlich die ul. Parkowa ab, dieser folgen, an der nächsten Wegegabelung links.)

Praktische Tipps

Information
- **Infopunkt** im Rathaus, ul. Ratusz 1, 11-015 Olsztynek, während der Bürozeiten geöffnet.
- **Homepage** der Stadt: www.olsztynek.pl.

Unterkunft und Gastronomie
- **Hotel Kormoran,** Kołatek 2, 11-015 Olsztynek, Tel. 89 5195100, www.kormoran-mierki.pl. Großes Hotel- und Konferenzzentrum 7 km östlich am Pluszne-See, Zimmer wahlweise im Haupthaus④, Pavillon③ oder Ferienhäuschen①, mit Restaurant, Tennis, Hallenbad und eigener Marina mit Bootsverleih.

Museen und andere Sehenswürdigkeiten
- **Masurisches Freilichtmuseum,** ul. Leśna 23, www.muzeumolsztynek.com.pl, Mitte bis Ende April/Sept. Di–So 9–17 Uhr, Mai/Juni tgl. 9–17 Uhr, Juli/Aug. tgl. 9–18 Uhr, Okt. Di–So 9–16 Uhr.

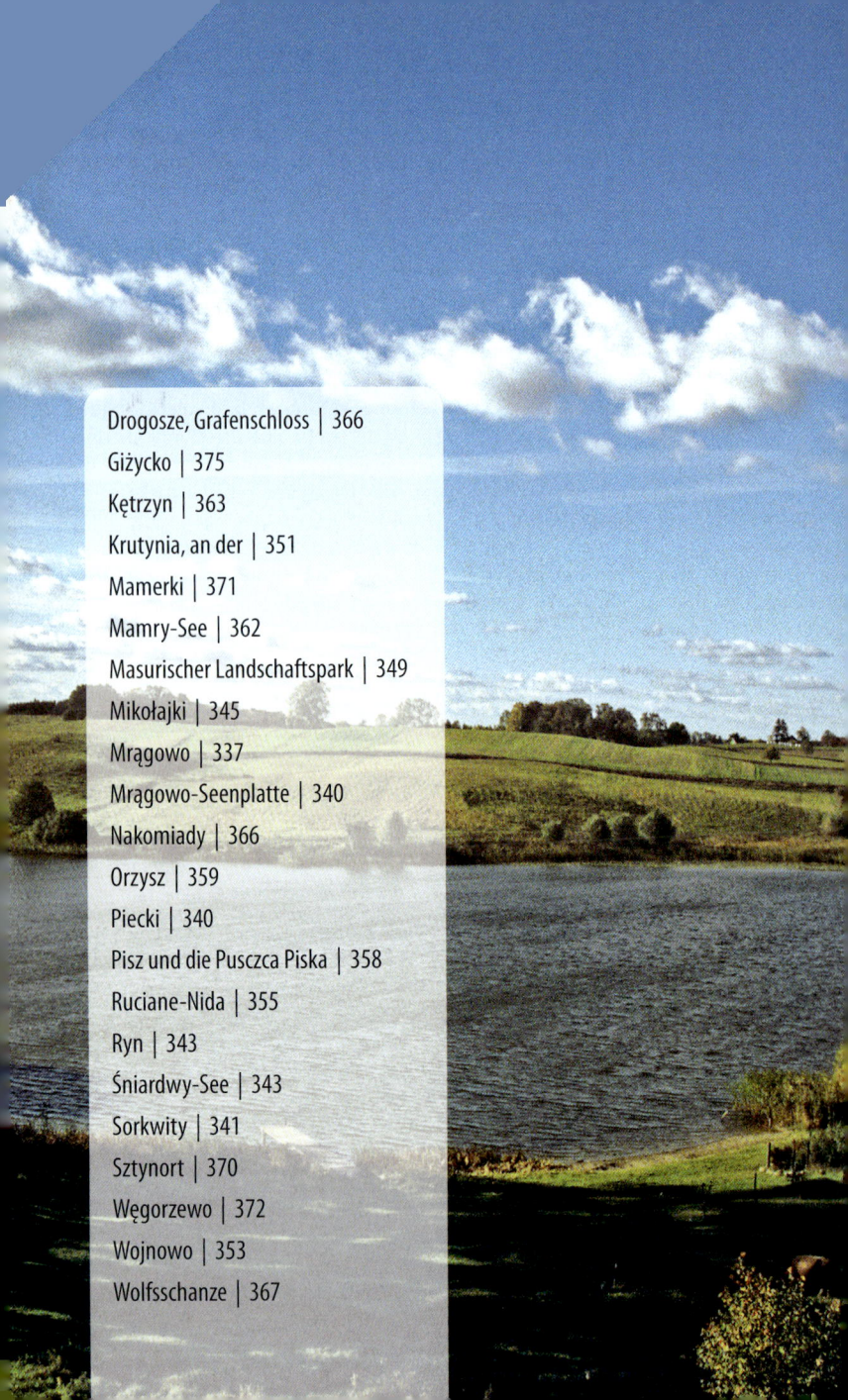

Drogosze, Grafenschloss | 366
Giżycko | 375
Kętrzyn | 363
Krutynia, an der | 351
Mamerki | 371
Mamry-See | 362
Masurischer Landschaftspark | 349
Mikołajki | 345
Mrągowo | 337
Mrągowo-Seenplatte | 340
Nakomiady | 366
Orzysz | 359
Piecki | 340
Pisz und die Pusczca Piska | 358
Ruciane-Nida | 355
Ryn | 343
Śniardwy-See | 343
Sorkwity | 341
Sztynort | 370
Węgorzewo | 372
Wojnowo | 353
Wolfsschanze | 367

12 Die Großen Masurischen Seen

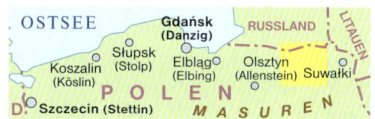

Als „Land der dunklen Wälder und kristall'nen Seen" wird die Region der Großen Masurischen Seen besungen. Tausende durch kleine Flüsse und Kanäle miteinander verbundene Gewässer bilden einen zauberhaften Flickenteppich aus Wasser und Land.

⟨ Im Masurischen Landschaftspark

DIE GROSSEN MASURISCHEN SEEN

Die Region rund um die Großen Masurischen Seen, dieses schöne Land der tausend Seen und dunklen Wälder, zählt – wen mag das wundern? – zu den beliebtesten Sommerreisezielen Polens. Im Westen bildet die Mrągowo-Seenplatte mit dem gleichnamigen Städtchen im Mittelpunkt den Auftakt zu dem traumhaften Flickenteppich aus Wasser und Land. Südlich schlängelt sich das Flüsschen Krutynia (Krutinna) durch Wiesen und Wälder, verbindet dabei zahlreiche Gewässer miteinander und stellt in dieser Form eine der beliebtesten Paddelrouten in Nordostpolen dar.

An den größten masurischen Seen, dem **Mamry-See** (Mauer-See) und dem **Śniardwy-See** (Spirding-See), liegen die bedeutenden Urlaubs- und Wassersportzentren der Region. Die Wassersporthochburgen **Giżycko** und **Mikołajki** locken in der schönen Jahreszeit Zehntausende Segler und Paddler an. Doch sobald die Saison vorüber ist, werden sie wieder zu den verschlafenen kleinen Orten, die sie in Wirklichkeit sind. Zumindest zur Stunde noch; denn es wird tüchtig investiert und gebaut.

Alte Mauern, wie Schloss Steinort in **Sztynort** oder auch die Bunkeranlage Mauerwald (Mamerki) am Mamry-See, erzählen von der deutschen Geschichte – im Guten wie im Schlimmen. Vor den

Die Großen Masurischen Seen

Toren von **Kętrzyn** erstrecken sich auf einem weitläufigen Gelände, verborgen im Wald, die Ruinen des Führerhauptquartiers Wolfsschanze, von dem aus *Adolf Hitler* und seine Schergen der Welt Tod und Vernichtung brachten.

Insgesamt ein Sechstel der Region der Großen Masurischen Seen ist von Wasser bedeckt. Dabei kommt dem Śniardwy-See mit fast 114 km² Ausdehnung noch vor dem Mamry-See die Ehre zu, das größte Binnengewässer Polens zu sein. Aufgrund seiner schier endlos wirkenden, manchmal zu hohen Wellen auftreibenden Wasserfläche wird er auch „Masurisches Meer" genannt. Der Bełdany-See verbindet ihn mit dem südlichen Urlaubszentrum **Ruciane-Nida**,

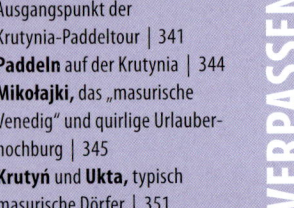

NICHT VERPASSEN!

- **Sorkwity,** Paddler-Mekka und Ausgangspunkt der Krutynia-Paddeltour | 341
- **Paddeln** auf der Krutynia | 344
- **Mikołajki,** das „masurische Venedig" und quirlige Urlauberhochburg | 345
- **Krutyń** und **Ukta,** typisch masurische Dörfer | 351
- Das **Kloster der russischen Altgläubigen** in Wojnowo | 353
- Die **Wehrkirche St. Georg** in Kętrzyn | 363
- Das **Führerhauptquartier Wolfsschanze** | 367
- Die Ruine des **Grafenschlosses** in Sztynort | 370
- **Giżycko,** das größte Wassersportzentrum Masurens | 375

Diese Tipps erkennt man an der gelben Hinterlegung.

von dem aus Wanderwege zu Wasser und zu Land in die weiten Kiefernwälder der Puszcza Piska und in den **Masurischen Landschaftspark** führen.

Zahlreiche bedrohten Pflanzen- und Tierarten haben hier ein Refugium. Insbesondere Wasservögeln deckt die Natur reich den Tisch. Die Wälder rund um die Seen bieten vielen seltenen Raubvogelarten Zuflucht. Gut zwei Dutzend Seeadler-Horste hat man allein in der **Puszcza Piska** (Johannisburger Heide) gezählt, und auch der äußerst scheue Schwarzstorch ist hier zu Hause. In den sumpfigen Urwäldern der **Puszcza Borecka** (Borker Forst) grasen in einem geschützten Gebiet Wisente, und in die lichteren, tundra-ähnlichen Waldgebiete des Nordostens wandern Elche aus dem Baltikum ein. Sogar Wölfe werden hier und da wieder gesehen.

Auch Fischotter schätzen die „kristall'nen Seen"

Mrągowo

Im Herzen der Mrągowo-Seenplatte (Pojezierze Mrągowskie) versprüht Mrągowo **(Sensburg)** an den Ufern der Seen Czos (Schoß) und Juno den Charme einer reizenden kleinstädtischen Sommerfrische. Zugleich ist die quirlige, 22.000 Einwohner große Stadt mit der Bärentatze im Wappen ein bedeutendes Touristenzentrum im Westen der Großen Masurischen Seen, Dreh- und Angelpunkt zahlreicher Paddel- und Wandertouren sowie Ausgangspunkt für mannigfaltige Erkundungstouren in die Region.

Eine erste Ansiedlung auf der Landenge zwischen den beiden Gewässern wird im Jahr 1397 erwähnt. Bereits 1348 errichteten die Ordensritter eine hölzerne Wehranlage, Anfang des 15. Jh. wurde den Hütten und Feuerstellen in ihrem Schutz vom Hochmeister des Deutschen Ordens das Stadtprivileg verliehen. Der Name Sensburg leitet sich, vermutet man, von „Seenburg", eventuell auch von „Segensburg" ab. Der polnische Name Mrągowo würdigt den evangelischen Pfarrer, Sprachwissenschaftler, Übersetzer und engagierten Verfechter für das Beibehalten der polnischsprachigen Gottesdienste *Christoph Cölestin Mrongovius* bzw. *Krzysztof Celestyn Mrongowiusz* (1764–1855).

Für Mrągowos in manchen Augen recht blutrünstig wirkendes **Stadtwappen** hat die Sage eine Erklärung: Sie berichtet von einer Bärenhatz im 15. Jh., an der Bürger, Bauern und sogar Soldaten beteiligt waren. Es galt einen gemeingefährlichen Meister Petz zu erledigen, der das Vieh riss, die Vorratskammern plünderte und den Honig stahl. Immer weiter nach Norden bis fast nach Rastenburg (Kętrzyn) wurde das Tier gejagt, wo man es schließlich tötete und ihm eine Tatze abschnitt. Als Beweis für die erfolgreiche Jagd ziert diese seitdem das Stadtwappen. Der letzte masurische Bär wurde übrigens 1804 im Süden von Sensburg erlegt.

Nach mehreren verheerenden Feuersbrünsten, zuletzt 1822, wurde der Ort vollkommen umgestaltet. Aus jener Zeit stammt das **Rathaus** mit Walmdach und Uhrtürmchen am Marktplatz. Es beherbergt ein **Heimatmuseum,** das über Stadt und Region informiert, und widmet eine weitere Ausstellung dem Autor *Ernst Wiechert* (1887–1950), der im Forsthaus Kleinort (Piersławek) bei Piecki etwa 10 km südlich von Mrągowo das Licht der Welt erblickte.

Die ursprünglich 1734 erbaute **Evangelische Kirche** überstand den Stadtbrand von 1822 ohne allzu großen Schaden. Ihr Wiederaufbau und die moderne Einrichtung gehen auf die Brandschatzung am Ende des Zweiten Weltkriegs zurück. Die nahe katholische **Kirche St. Adalbert** im neugotischen Stil stammt aus den Jahren 1860/61.

Jüngeren Datums, nämlich aus dem Jahr 2000, ist das Denkmal *Johannes Pauls II.* gegenüber vom Rathaus im kleinen Uferpark vor der **Mole** am Czos-See. Über die **Uferpromenade** lassen sich mit einem schönen Spaziergang der Stadtstrand und das Hotelviertel am nördlichen Seeufer bequem erreichen.

Jedes Jahr Ende Juli/Anfang August verwandelt sich das dort gelegene Amphitheater in einen Magneten für Country-Liebhaber; auf dem größten mitteleuropäischen **Countrymusik-Festival**

Übernachtung
1 Hotel Zielony Domek
2 Jugendherberge
4 Hotel Gościniec Molo
5 Pensjonat Edyta
6 Camping Nr. 3 Cezar
7 Hotel Mrongovia

Essen und Trinken
1 Restaurant Zielony Domek
3 Restaurant Stara Chata
4 Restaurant Gościniec Molo
7 Restaurant Mrongovia

„**Picknick Country**" gastieren namhafte Künstler aus aller Welt. Für die zahlreichen Western-Fans eröffnete außerdem 2008 die **Wild West City Mrongoville** mit Saloon, Ranch, Sheriff-Büro und vielen anderen Requisiten, die ein Cowboyherz höher schlagen lassen.

Mitte August geht es dann wieder traditioneller zu. Begleitet von Trachtenumzügen und Volkstänzen erklingt zum Festival der Musik ehemaliger polnischer Ostgebiete (Festiwal Kultury Kresowej/**Festspiele für die Grenzkultur**) in der ganzen Ortschaft Musik aus den ehemaligen polnischen Gebieten in Litauen, Lettland, Weißrussland und der Ukraine.

Praktische Tipps

Information

■ **Touristeninformation,** ul. Warszawska 26 (im Haus für Kultur und Tourismus), 11-700 Mrągowo, Tel. 89 7418039, www.it.mragowo.pl, Juli/Aug. Mo–Fr 8–18 Uhr, Sa/So 10–15 Uhr, Sept. bis Juni Mo–Fr 8–16 Uhr.
■ **Homepages der Gemeinde Mrągowo:** www.mragowo.pl und www.powiat.mragowo.pl.

Unterkunft und Gastronomie

■ **Zimmervermittlung** in der Touristeninfo.
■ **Hotel Mrongovia**⑤, ul. Giżycka 6, 11-700 Mrągowo, Tel. 89 7433100, www.mrongovia.hotel.pl. Große, schicke Anlage am Uferhang über dem Czos-Sees. Mit Restaurants, Pool, Sauna, Fitness, Tennis, Wassersportgeräteverleih und Privatstrand.
■ **Hotel Zielony Domek**②, ul. Młodkowskiego 24, 11-700 Mrągowo, Tel. 89 7425668, www.zielonydomek.com.pl. Kleines, nettes Hotel in einem schön restaurierten Fischerholzhaus direkt am Juno-See, mit kleinem Strand, Fahrrad- und Bootsverleih. Im Restaurant drinnen im Haus und draußen im Garten am See speist man altpolnische Küche und eine große Auswahl an Fischspezialitäten.
■ **Pensjonat Edyta**②, ul. Laskowa 10, 11-700 Mrągowo, Tel. 89 7414366, www.edytapensjonat.republika.pl. Schönes, gepflegtes Haus, nur wenige Gehminuten vom Nordufer des Czos-Sees entfernt, mit einem großen Garten und Swimmingpool. Man spricht deutsch.
■ **Hotel Gościniec Molo**②, ul. Jeziorana 1b, 11-700 Mrągowo, Tel. 89 7418700, www.gosciniecmolo.pl. 2007 eröffneter großer Komfort-Neubau im Holzhausstil direkt an der Mole und Seepromenade, im Restaurant werden masurische, altpolnische und internationale Gerichte serviert. Die Zimmer haben zum Teil Seeblick.
■ **Restaurant Stara Chata,** ul. Warszawska 9, Tel. 89 7414502, www.restauracja-starachata.pl. Behaglich im Landhausstil eingerichtet, kommt in der „Alten Hütte" im Herzen von Mrągowo moderne regionale Küche auf den Tisch, z.B. Wildfleischpastete mit Wacholdersauce oder Masurische Maronen in Sahnesauce, und auch Klassiker wie Barszcz (Rote-Rüben-Suppe) oder Żurek (Saure Mehlsuppe) fehlen nicht.

Camping

■ **Camping Nr. 3 Cezar,** ul. Jaszczurcza Góra 1-6, 11-700 Mrągowo, Tel. 89 7412533, http://mazury.info.pl/cezar. Ein terrassierter Platz in leichter Hanglage, vom Stadtstrand am Nordufer des Czos-Sees nur durch eine kleine Stichstraße getrennt, mit Drink-Bar und Ferienhütten. Mai bis Sept.

Jugendherberge

■ **Jugendherberge,** ul. Mrongowiusza 65b, 11-700 Mrągowo, Tel. 89 7412043, Juli/Aug.

Museen und andere Sehenswürdigkeiten

- **Heimatmuseum,** ul. Ratuszowa 5 (im Rathaus), www.muzeum.olsztyn.pl, Juni bis Sept. Di–So 9–17 Uhr, Okt. bis Mai Mo–Sa 10–16 Uhr.
- **Wild West City Mrongoville,** ul. Młynowa 50, 11-700 Mrągowo, Tel. 89 7433350, www.mrongoville.pl.

Kulturelle Veranstaltungen

- **Picknick Country,** größtes Countrymusic-Festival in ganz Mitteleuropa, Ende Juli/Anfang August im Amphitheater am Czos-See. Infos unter www.festiwalpiknikcountry.pl.
- **Festspiele für die Grenzkultur,** Festival der Musik ehemaliger polnischer Ostgebiete, August.

Aktivitäten

- **Baden/Wassersportgeräteverleih:** am Czos-See, Stadtstrand am Nordufer (ul. Jaszczurcza Góra) und Badestrand am Südwestufer südlich vom Segelhafen.

An der Mrągowo-Seenplatte

Piecki

10 km südlich von Mrągowo liegt das Dorf Piecki (**Peitschendorf**). Dort im Wald im Forsthaus Kleinort (Piersławek) wurde 1887 der Schriftsteller **Ernst Wiechert** (1887–1950) geboren. Vor der nationalsozialistischen Machtergreifung erzielten seine Werke Millionenauflagen und zählten zu den meistgelesenen Titeln jener Zeit. Von der Gestapo verhaftet und 1938 für vier Monate im KZ Buchenwald interniert, verarbeitete *Wie-*

An der Krutynia

chert, der bis zum Ende des Dritten Reichs unter Gestapo-Aufsicht stand, diese Erlebnisse in seinem 1946 erschienenen Roman „Der Totenwald". An seinem Geburtshaus erinnert eine Gedenktafel an den Schöpfer so bedeutender Romane wie „Die Jerominkinder" oder „Wälder und Menschen". Der Text auf Polnisch und Deutsch würdigt ihn als „rechtschaffenen Menschen, Gegner des Faschismus und Häftling in Buchenwald". Eine Ausstellung im Forsthaus widmet sich *Ernst Wiecherts* Leben und Werk.

Praktische Tipps

Museen und andere Sehenswürdigkeiten

Mein Tipp: Ernst-Wiechert-Museum, Forsthaus Kleinort (Piersławek), Mai bis Sept. Di–Sa 9–15 Uhr; Anfahrt: Am nördlichen Ortseingang von Piecki östlich in die Stichstraße nach Mikołajki einbiegen, nach gut 3 km auf einer großen Lichtung mit Picknickanlage am Waldrand; als Ausflug auch sehr schön mit dem Rad zu erreichen.

Sorkwity

Folgt man der Straße 16 von Mrągowo Richtung Olsztyn, würde man wahrscheinlich an dem Flecken Sorkwity (**Sorquitten**) vorüberbrausen, wäre dort nicht eine auffällige Erscheinung am Fahrbahnrand zu beobachten: Grüppchen von Menschen, Groß und Klein, die – rechts und links ein Paddel in der Hand – Kanus, Kajaks und Faltboote kopfüber balancieren. Sorkwity ist ein beliebter Einstieg in die **Krutynia-Tour,** die schönste und meistbefahrene Paddelroute in Masuren. Über mehr als 100 km und durch 20 Seen hindurch schlängelt sich die **Krutynia (Kruttinna)** durch ein wie verzaubert erscheinendes Land, bis sie zwischen Mikołajki und Ruciane-Nida in den Bełdany-See mündet. Siehe Kasten „Paddeln auf der Krutynia".

Unmittelbar neben der PTTK-Wasserstation am Nordufer des Lampackie-Sees erhebt sich das rote **Backsteinschloss** der Grafen *von Mirbach.* 1788 wurde es an Stelle eines Vorgängers errichtet und 1850 bis 1856 im neogotischen englischen Burgenstil mit zinnengekrönten Mauern und Türmchen umgebaut. Nach dem Zweiten Weltkrieg zunächst Verwaltungssitz der umliegenden kollektivierten Landwirtschaften, diente es von 1957 bis zur politischen Wende als Ferienheim des Warschauer Traktorenwerks „Ursus". Anschließend gelangte der **Pałacz Sorkwity** in Privatbesitz, wurde Ende der 1990er Jahre zum Hotel umfunktioniert, scheiterte mit dem Betrieb, eröffnete neu, scheiterte abermals. Der Hotelbetrieb wurde 2011 eingestellt, und so blickt die weitläufige historische Backsteinimmobilie einmal mehr einer ungewissen Zukunft entgegen.

Im kleinen Ortskern auf der Nordseite der Straße 16 lohnt die 1470 erstmals erwähnte, an der Wende vom 16. zum 17. Jh. neu errichtete **Dorfkirche** einen Besuch. Von außen mag sie zwar etwas unscheinbar wirken, doch stellt ihr Inneres ein bildschönes Kleinod des masurischen Bauernbarock dar – eine ebenso kuriose wie vergnügliche Mischung aus feierlicher Sakralkunst und bodenständiger Bauernkultur. So tragen die Figuren der Kreuzigungsszene des Altars selbstverständlich Sorquitter Tracht, und hinter dem Kreuzigungsberg Golgatha

macht man Schloss Sorquitten aus. Der obere Altarteil und der Schleier wurden 1701 vom Königsberger Holzschnitzer *Isaak Riga* geschaffen, von dem auch die Kanzel von 1694 und der von der Decke herabschwebende hölzerne Taufengel stammen. (Sollte die Kirche einmal verschlossen sein, hält man im Pfarrhaus gegenüber den Schlüssel parat.)

Wenige Schritte vom Gotteshaus entfernt, über die Wiese, befindet sich ein kleines Strandbad am Gielądzkie-See.

Praktische Tipps

Information/Camping/Aktivitäten

■ **PTTK-Wasserstation** (Stanica Wodna PTTK), ul. Zamkowa 13, 11-731 Sorkwity, Tel. 89 7428124, www.sorkwity.pttk.pl, Mai bis Sept., mit Campingplatz, Ferienhäuschen, Taverne, Fahrrad- und Bootsverleih.

Unterkunft und Gastronomie

Mein Tipp: **Hotel im Park**③, Jędrychowo 15, 11-731 Sorkwity, Tel. 89 7428084, www.hotelimpark.com.pl. Sorgfältig restauriertes Gutshaus aus dem 18. Jh. am Ufer des Lampasz-Sees in einem 5 ha großen, schönen Park; die Innenausstattung im ausgesucht eleganten Landhausstil. Mit empfehlenswertem Restaurant (Fisch- und Wildspezialitäten), Ferienhütten auf dem Gelände, kleinem Badestrand, Ruder- und Paddelbooten.

■ **Jełmuń Manor**③, Jełmuń, 11-731 Sorkwity, Tel. 781 410400, www.jelmundwor.pl. Klassizistisches Herrenhaus aus dem 19. Jh., 5 km nordwestlich von Sorkwity direkt am Jelmuń-See. Innen eine schöne Kombination aus Originalstücken, Antiquitäten und geschmackvollen zeitgenössischen Accessoires; das Restaurant bereitet Gerichte nach alten Rezepten mit Zutaten der Region und aus dem eigenen Garten zu; mit Fahrrad- und Bootsverleih.

△ Das eindrucksvolle Backsteinschloss in Sorkwity steht heute leer

Ryn

Nordöstlich von Mrągowo schmückt sich an den Ausläufern der langen Gewässerrinne, die sich südwärts über Mikołajki und Ruciane-Nida bis tief in die Puszcza Piska erstreckt, der kleine Ort Ryn (**Rhein**) mit einer riesigen **Burg**. Hochmeister *Winrich von Kniprode* ließ sie um 1377 an Stelle einer prußischen Feste auf einer Anhöhe über dem Rhein-See (Rynskie-See) errichten. Seitdem thront die Vierflügelanlage eindrucksvoll über dem Ort. Ab 1853 Gefängnis, nutzte man sie nach dem Zweiten Weltkrieg als Museum, Bücherei, Amtsstube und in weiteren Funktionen. Nach der Jahrtausendwende in Privatbesitz gelangt, folgten die sorgfältige Restaurierung und der Umbau in ein Vier-Sterne-Hotel de Luxe. Die 2006 eröffnete Edelherberge darf sich rühmen, eines der größten Burghotels in der Welt zu sein.

Auf halber Strecke zwischen Mrągowo und Ryn wartet im Weiler **Sądry (Zondern)** die **Mazurska Chata (Masurische Hütte)** auf einen Besuch. Das kleine private **Museum** zeigt im 200-jährigen Bauernhaus und in der Holzscheune Möbel, Haushalts- und Landwirtschaftsgeräte aus Urgroßvaters Zeiten. Es ist der Drei-Sterne-Pension Christel angeschlossen, die weit über die Grenzen der Region hinaus berühmt ist für ihren hausgebackenen Streuselkuchen.

Praktische Tipps

Unterkunft und Gastronomie

■ **Burghotel Zamek Ryn**⑤, pl. Wolności 2, 11-520 Ryn, Tel. 87 4297000, www.zamekryn.pl. In über 150 Einzel- und Doppelkemenaten lässt es sich im Komtur-, Ritter-, Jagd- oder Gefängnisflügel königlich logieren. Spa-Bereich mit Pool, Sauna, Solarium in den Kellergewölben. Das erlesene Restaurant unter gotischen Bögen im historischen Refektorium serviert altpolnische, regionale und europäische Spezialitäten.

■ **Hotel und Gaststätte Ryński Młyn**④, Hanki Sawickiej 3, 11-520 Ryn, Tel. 87 4297290, www.rynskimlyn.pl. In einer restaurierten und umfangreich ausgebauten Wassermühle nahe der Ordensburg am Seeufer, acht erlesene Gästezimmer, im Restaurant regionale Spezialitäten und köstlicher Fisch.

■ **Pensjonat Christel**②, Sadry 3, 11-700 Mrągowo, Tel. 87 7423611, www.christel.com.pl. Großes Drei-Sterne-Haus, die Zimmer im Kiefernholzdesign, berühmt für seine hausgebackenen Blechkuchen, mit Fahrradverleih und angeschlossen einem kleinen masurischen Museum.

Der Śniardwy-See

Vom Śniardwy-See (**Spirding-See**) heißt es, er besitze einen höchst launischen Charakter. Mit beinahe 114 km² Ausdehnung ist er das **größte Binnengewässer Polens**, weshalb man ihn auch das „Masurische Meer" nennt. Besonders im Frühling, sobald das Eis geschmolzen ist und ein noch rauer Wind das Wasser zu grüngrau schäumenden Wogen auftreibt, kann einen bei dem Brausen und Toben schon einmal ein „ozeanisches Gefühl" überkommen. Von 15 m hohen Wellen ist die Rede, doch handelt es sich dabei wohl um Seemannsgarn. Trotzdem sollten sich, wie auf dem Meer, bei schlechtem Wetter nur geübte Sportler auf das Wasser hinauswagen, zumal Gesteinsbrocken manchmal nur 20 bis 30 cm unterhalb der Oberfläche lauern.

Paddeln auf der Krutynia

Über 100 Wasserkilometer lang ist die berühmte Krutynia-Paddelroute. Vom Ausgangspunkt an der PTTK-Wasserstation bei **Sorkwity** westlich von Mrągowo führt die Tour mit sanfter Strömung durch idyllisches Auenland, durch grüne Baumtunnel und über 20 schilfumzogene, mit Wasserrosen betupfte Seen zum Endpunkt der Paddelroute nach **Ruciane-Nida.**

Seicht ist die Krutynia (Kruttinna) und das Wasser so klar, dass man die Kiesel auf dem Grund zählen kann. Insektensummen und Vogelkonzerte begleiten den Weg, den die Schönheitskönigin unter den masurischen Flüsschen in zahlreichen Kurven und Kehren nimmt. Kleine Inseln inmitten der Seen locken zum Picknick, und umgestürzte Gehölze versperren hier und da an schmalen Stellen den Weg.

Nach dem Örtchen **Babięta** zieht der Fluss in die Wälder der **Puszcza Piska** (Johannisburger Heide) ein, schlägt zwei Seen später bei **Spychowo** seine südlichste Spitzkehre und passiert unmittelbar danach die Grenze zum Masurischen Landschaftspark. Neben der schönen Natur laden auf der zweiten Hälfte der Wegstrecke nun auch von Menschenhand geschaffene Sehenswürdigkeiten zum Verweilen ein: in **Zgon** masurische Holzhäuser, in der Paddler-Hochburg **Krutyń** das Museum des Masurischen Landschaftsparks und in **Wojnowo** das kleine Kloster der russischen Altgläubigen (siehe „Im Masurischen Landschaftspark, An der Krutynia").

Ungefähr **zehn Paddeltage** rechnet man für die gesamte Strecke von Sorkwity bis Ruciane-Nida. Unterwegs bieten die **Wasserstationen** in Babięta, Zgon, Krutyń, Ukta, Nowy Most und Kamień einfache Übernachtungsmöglichkeiten in festen Häusern und verfügen außerdem über angeschlossene Zeltplätze, Boot- und Fahrradverleih.

Wer nicht die ganze Tour paddeln möchte, für den besteht die Möglichkeit, einzelne **Fluss-Abschnitte** mit **Rücktransport** zu buchen, sodass man sich die Krutynia auch auf einem schönen Tagesausflug erpaddeln kann. Wer selbst gar nicht aktiv werden möchte, hat bei Krutyń und Ukta die Möglichkeit, sich gemütlich im Boot über den Fluss **staken** zu lassen.

In der **Hochsaison** im August muss man allerdings ein bisschen Glück haben, um noch ein Leihboot zu ergattern, und die Unterkünfte in den Wasserstationen sind dann ebenfalls meistens ausgebucht. Spontan Entschlossenen stehen aber zahlreiche Biwak-Plätze, Privatquartiere und zunehmend auch kleine Pensionen als Übernachtungsquartiere zur Verfügung.

Von der im Śniardwy-See liegenden **Insel Czarci Ostrów** (Teufelsinsel) geht die Erzählung, dass dort den obersten prußischen Göttern Perkunos, Pekollos und Patrimpe Menschenopfer dargebracht wurden, und die Volkssage weiß, dass auf ihr böse Geister Schabernack treiben. Doch in der Regel zeigt sich das Masurische Meer von seiner freundlichen Seite. Meterbreite Schilfgürtel wiegen ihre Köpfe im Wind, und es funkelt das stille Wasser glatt wie ein Spiegel im Sonnenlicht. Ein verzaubertes Land, so weit das Auge nur reicht.

Mikołajki

Das 4000 Einwohner kleine Örtchen Mikołajki **(Nikolaiken)** genießt den Ruf, einer der größten masurischen Wassersport-Verkehrsknotenpunkte zu sein. Vom Śniardwy-See kommend, halten die Boote über den Mikołajki-See Einzug in den beliebten Ferienort, vom nördlichen Mamry-See aus geht es über das Tałty-Gewässer unter der Brücke hindurch nach Mikołajki hinein.

An einen Brückenpfeiler gekettet, schwimmt dort der sagenhafte **Stinthengst** im Wasser. Einst, erzählt die Sage, war der große Fisch mit einer goldenen Krone auf dem Haupt der Herrscher über die Seen. Die Fischersleute fürchteten ihn sehr, aber als sie gelernt hatten, größere Boote zu bauen, die der Stinthengst nicht mehr umstoßen konnte, und auch stärkere Netze zu knüpfen verstanden, nahmen sie ihn endlich gefangen. Um dem Tod zu entgehen, versprach ihnen der König der Fische stets volle Netze. Die Nikolaiker ließen sich auf den Handel ein, aber legten den Stinthengst, misstrauisch, wie sie waren, am besagten Brückenpfeiler sicherheitshalber in Ketten – damit er immer schön an sein Versprechen erinnert werde.

Alljährlich Ende Juni wird der Stinthengst, der in Wahrheit ein Plastikfisch ist, in große Unruhe versetzt. War kurz vorher noch kein Tourist weit und breit zu sehen und schlief der Ort seinen Dornröschenschlaf, wandelt sich Mikołajkis Bild von da an vollständig. Über den Hochsommer herrscht auf dem Dorfplatz des **„Masurischen Venedig"** und am Seeufer rund um den Segelhafen buntes Treiben. Bis in die späten Abendstunden sind die Cafés, Restaurants, Läden und Buden geöffnet, die Eis, Bier, Fisch und andere leckere Dinge servieren. Discomusik mischt sich mit dem Geklapper der Masten zahlloser Segelboote, die an der Marina vor Anker liegen. Im gesamten Hafengebiet wird darüber hinaus kostenloses WLAN angeboten, sodass Nerds nicht auf ihre Lieblingsbeschäftigung verzichten müssen.

Tagsüber ist der See, der mit dem Blau des Himmels wetteifert, von Segeln weiß getupft, und der arme Stinthengst bekommt im **Getümmel** der vielen Paddler, Segler und Motorboote ab und zu einen Schlag auf den Kopf. Ausflugsdampfer der Weißen Flotte schippern im Stundentakt zum Mamry- oder Śniardwy-See. Wenig erinnert noch an die einst dem Örtchen eigene Schläfrigkeit, wie sie *Arno Surminski* in seiner Erzählung „Die Reise nach Nikolaiken" beschrieb. Im Gegenteil werden große Bauanstrengungen unternommen, weshalb Mikołajki an manchen Plätzen kaum noch wiederzuerkennen ist.

Mikołajki (Nikolaiken)

- **Übernachtung**
  1. Hotel Gołębiewski
  2. Wohnmobilstellplatz
  3. Hotel Caligula
  4. Hotel Gościniec Pod Łabędziem
  5. Pensjonat Mikołajki
  7. Pensjonat Wodnik
  8. Hotel Amax
  9. Camping Wagabunda

- **Essen und Trinken**
  1. Restaurant Gołębiewski
  3. Restaurant Caligula
  4. Restaurant Gościniec Pod Łabędziem
  8. Restaurant Amax

- **Wassersport**
  6. Segelzentrum

An den Ufern des Mikołajki- und Tałty-Sees entstanden seit Anfang des neuen Jahrtausends im Rahmen eines ehrgeizigen Neubauprogramms zahlreiche Hotels und Ferienanlagen. Im Ort wurde zwischen Markt und Seeufer ein kleines **Fußgängerviertel** mit mehrgeschossigen Apartmenthäusern, Cafés, Restaurants und Boutiquen aus dem Boden gestampft. Weitere Restaurants haben sich gleich in der Nachbarschaft an der Seepromenade im denkmalgeschützten, schön restaurierten alten Speicher einquartiert, und auf der anderen Seite der Dorfstraße lädt ein neues Flanierviertel mit Bars, Restaurants, Galerien und Geschäften zum Bummel ein. Jüngstes Fünf-Sterne-Objekt ist das 2013 mit viel Glas und Beton errichtete Hotel Mikołajki auf einer Insel im Mikołajskie-See.

Bei all diesen Neuerungen und trotz allem Trubel, der zur Sommerzeit herrscht, ist Mikołajki dennoch das kleine Dorf geblieben, das es immer schon war. Sobald die Saison vorüber ist und Väterchen Frost seine ersten Vorboten schickt, schließen die meisten Lokale, Hotels und Pensionen, und der Ort fällt wieder in einen Dornröschenschlaf. Ebenfalls nur in der Sommerzeit hält neben der Pfarrkirche das **Museum der Polnischen Reformation** (Muzeum Reformacji Polskiej) seine Türen offen und zeigt Dokumente der polnischen Geschichte der Reformation in Masuren.

Keine 5 km östlich dehnt sich am **Łuknajno-See** eines der insgesamt neun polnischen UNESCO-Biosphärenreservate aus. Das durchschnittlich nur 60 cm tiefe Gewässer ist Europas größtes Reservat für **Höckerschwäne.** Alljährlich ziehen dort im Frühjahr im Schilf rund 1000 Höckerschwanpaare ihren Nachwuchs groß. Von Hochsitzen am westlichen Ufer aus lassen sich die Vögel sehr schön beobachten. Ein markierter Wanderweg führt von Mikołajki nach Folwark Łuknajno zum Reservat. Dort befindet sich im Schilfdickicht ein weiterer Hochsitz.

Praktische Tipps

Information

■ **Touristeninformation,** pl. Wolności 3, 11-730 Mikołajki, Tel. 87 4216850, www.it.mikolajki.pl, Juni bis Mitte Sept. tgl. 10–20 Uhr.
■ **Homepage** von Mikołajki: www.mikolajki.pl.

Unterkunft und Gastronomie

■ **Zimmervermittlung** in der Touristeninfo.
■ **Hotel Gołębiewski**④, ul. Mrągowska 34, 11-730 Mikołajki, Tel. 87 4290700, www.golebiewski.pl. Hotelstadt, erste große Bausünde und eine der schicksten Anlagen vor Ort. Auf einem Hügel über dem Tałty-See, mit 555 luxuriösen Zimmern, Friseur und Kosmetik, mehreren Bars und Restaurants, Nachtclub, Kasino, Spaßbad, Reitclub, Tennis und Fahrradverleih.
■ **Hotel Amax**④, al. Spacerowa 7, 11-730 Mikołajki, Tel. 87 4219000, http://hotel-amax.pl. Hübsches, solides Haus in schöner Lage direkt am See gegenüber vom Ortszentrum, die 16 Zimmer mit

▷ Der sagenhafte Stinthengst von Mikołajki

Stilmöbeln eingerichtet, das angeschlossene Restaurant serviert Köstlichkeiten der umliegenden Wälder und Seen.

■ **Hotel Caligula**③, plac Handlowy 7, 11-730 Mikołajki, Tel. 87 4219845, www.caligula.pl. Hübscher Walmdachneubau im Flanierviertelchen, die Zimmer behaglich möbliert, mit Biergarten und gutem Restaurant (polnische und regionale Spezialitäten). Das Caligula ist das Eissegelzentrum der Region, mit der größten Eisseglerflotte weit und breit, allen voran das masurische Schiff „Caligula"; mit angeschlossenem Wohnmobilstellplatz.

■ **Pensjonat Mikołajki**③, ul. Kajki 18, 11-730 Mikołajki, Tel. 87 4216437, www. pensjonatmikolajki.mazury.info. Große Villa mit Holzbalkonen, oberhalb an der Hauptstraße gelegen, die Rückseite direkt zum See, mit lauschigem Garten und Bootsanleger, Fahrrad- und Bootsverleih.

■ **Gościniec Pod Łabędziem**②, Łuknajno 2, 11-730 Mikołajki, Tel. 87 4216862, www. luknajno.pl. Der Gutshof Zum Schwan befindet sich ca. 5 km außerhalb in herrlicher Alleinlage im Biosphärenreservat am Łuknajno-See, die Zimmer mit Kiefernmöbeln, das Restaurant serviert regionale Spezialitäten.

■ **Pensjonat Wodnik**①-②, ul. Kajki 130, 11-730 Mikołajki, Tel. 87 4216141, http://mazury.info.pl/pensjonatwodnik. Freundliche gutbürgerliche Pension, ca. 2,5 km vom Ortszentrum entfernt am See;

Der kleine Ort Mikołajki am gleichnamigen See ist ein sehr beliebter Ferienort mit Campinghäuschen auf dem weitläufigen Gartengrundstück, Bootssteg, Wassersportgeräte- und Fahrradverleih, geöffnet Mai bis Okt.

Camping

■ **Camping Wagabunda,** ul. Leśna 2, 11-730 Mikołajki, Tel. 87 4216018, www.wagabunda-mikolajki.pl. Gut frequentierter, gepflegter Rasenplatz oberhalb des Sees gegenüber vom Ortszentrum, mit Speisegaststätte, Ferienhütten und Fahrradverleih. Mai bis Okt.
■ **Wohnmobilstellplatz,** ca. 150 m vom Ortszentrum entfernt beim Hotel Caligula (s.o.), mit überdachtem Grillplatz, Toiletten, Duschkabinen, Ver- und Entsorgungsstation. Mai bis Okt.

Museen und andere Sehenswürdigkeiten

■ **Museum der Polnischen Reformation,** Plac Kościelny 4, im Sommer tgl. 9–17 Uhr.

Aktivitäten

■ **Wassersportgeräteverleih:** beim Segelzentrum (Wioska Żeglarska) am Hafen, ul. Kowalska 3, Tel. 87 4216040, und auf dem Campingplatz (siehe „Camping").
■ **Baden:** am Stadtstrand am Nordwestufer des Mikołajki-Sees gegenüber vom Ortszentrum.
■ **Dampferfahrten:** mit den Schiffen der Weißen Flotte Masuren (Żegluga Mazurska) ab der Anlegestelle an der Fußgängerbrücke über den Mikołajki-See, nach Ruciane und Giżycko sowie Kreuzfahrten über den Śniardwy-See, Juni bis Sept. tgl. ab 9 Uhr ein bis zwei Mal pro Stunde. Fahrplan-Info: http://zeglugamazurska.com.pl.
■ **Golf:** Driving Range und Golfakademie am Hotel Gołębiewski (siehe „Unterkunft").

Im Masurischen Landschaftspark

Südlich von Mikołajki erstreckt sich der Masurische Landschaftspark (**Mazurski Park Krajobrazowy**). Auf 55.000 ha umfasst der im Jahr 1977 gegründete und damit älteste Naturpark in Ermland-Masuren die gesamte Region rund um den Śniardwy-See (Spirding-See) sowie westlich und südlich davon weite Teile der **Puszcza Piska (Johannisburger Heide),** die zu den größten Waldgebieten in Polen zählt.

Nicht weit von Mikołajki entfernt und mit einem schönen Tagesausflug auf dem Drahtesel gut zu erreichen, ist der Weiler **Popielno (Popiellnen)** auf der Spitze der Landzunge, die sich zwischen die Seen Mikołajki, Śniardwy und Bełdany drängt. Wo die Straße auf einmal endet, setzt in der Sommerzeit je nach Bedarf eine kleine Fähre (maximal fünf Pkw) über den Bełdany-See auf die Halbinsel zum Örtchen **Wierzba** über. In traumhaft schöner Lage befindet sich dort das Konferenzzentrum der Polnischen Akademie der Wissenschaften mit Hotel und kleinem Jachthafen. Weiter führt der Weg durch den Wald – fast die gesamte Halbinsel ist mit Wäldern, Sümpfen und Moorseen bedeckt – nach Popielno zur „Stacja Badawcza Rolnictwa Ekologicznego i Hodowli Zachowawczej Zwierząt" (Forschungsstation für ökologische Landwirtschaft und Züchtung bewahrenswerter Tiere). Bereits seit den 1950er Jahren widmet man sich in der **Forschungsstation** der Akademie der Wiederansiedlung von Bibern und insbesondere der Rückzüchtung des seit Ende des 19. Jh. ausgestorbenen **Tarpanpferds**. Die robusten kleinen Pferde, die heute die saftigen Koppeln und in freier Wildbahn auch die Wälder rundum bevölkern, sind der Erfolg von mittlerweile fünf Jahrzehnten Rückzüchtungsanstrengungen. Im Gebäude der Forschungsanstalt informiert ein kleines **Museum** darüber.

Der Flecken Popielno selbst, in der Nachbarschaft zur Station direkt am Ufer des Śniardwy-Sees gelegen, besteht aus ein paar vergessenen Plattenbauten, einer Handvoll malerischer masurischer Häuschen sowie einer Mini-Marina mit Zeltplatz und Gaststätte, die im Sommer für das leibliche Wohl der Ausflügler sorgt.

Praktische Tipps

Info/Museen und andere Sehenswürdigkeiten

■ **Forschungsstation der Polnischen Akademie der Wissenschaften Popielno,** 12-222 Wejsuny, Tel. 87 4231519, www.popielno.pl, Museum geöffnet Juni bis Mitte Sept. tgl. 10–17 Uhr.
■ **Autofähre bei Wiebrza,** Mai bis Sept. Mo–Sa 11–18 Uhr, So 10–20 Uhr.

Unterkunft und Gastronomie

■ **Hotel der Polnischen Akademie der Wissenschaften**③ (Dom Pracy Twórczej Polskiej Akademii Nauk), Wierzba 7, 12-220 Ruciane-Nida, Tel. 87 423 1619, www.wierzba.com.pl. Elegante, weitläufige Hotelanlage auf einer Landnase im Bełdany-See, direkt an der kleinen Pkw-Fähre, die Zimmer in Bungalows, mit Konferenzzentrum, Jachthafen und Restaurant.

Die Autofähre bei Wiebrza

An der Krutynia

Weiter westlich mäandert das Flüsschen Krutynia (**Kruttinna**) durch den Masurischen Landschaftspark seiner Mündung in den Bełdany-See entgegen. Möchte man sich nicht sportlich betätigen und die zehntägige beliebte Krutynia-Paddeltour (siehe Exkurs „Paddeln auf der Krutynia") unternehmen, bietet sich bei den Dörfern Krutyń (**Kruttinnen**) und Ukta (**Ukta**) die Gelegenheit, sich von einem Bootsmann über das seichte Gewässer staken zu lassen, durch grüne Baumtunnel hindurch und an idyllischen Ufern vorbei. Die Tradition des **Bootsstakens** geht auf die 1920er Jahre zurück, als die ersten Sommerfrischler ausströmten, um sich auf dem wohl schönsten Streckenabschnitt des Flüsschens ein bisschen spazierenfahren zu lassen. Zwischen Krutyń und Ukta ist die Krutynia durchschnittlich nur einen halben Meter tief. Auch wer das Paddel lieber selbst in die Hand nehmen möchte, ist in den beiden Paddelhochburgen am richtigen Ort. Zahlreiche **Verleiher** bieten die Möglichkeit, ein Kanu oder Kajak zu leihen und zwischen zwei bis acht Stunden von Krutyń bis Ukta oder Zgon bzw. bis Nowy Most oder Iznota einzelne Etappen der Krutynia-Route zu erschließen. Der Rücktransport ist dabei im Preis inbegriffen.

Dank des zunehmend beliebten Paddelsports haben sich Krutyń und Ukta, die Mitte der 1990er Jahre noch aus einigen wenigen windschiefen Holzhäuschen an schmalen, staubigen Sandwegen bestanden, herausgeputzt und ihr touristische Angebot ausgebaut. Pensionen, Zeltplätze, Cafés und Gaststätten sorgen für einen angenehmen Aufenthalt. Im Verwaltungssitz des Masurischen Landschaftsparks in **Krutyń** ist unter dem Dach des typisch masurischen Holzhauses aus dem frühen 20. Jh. ein kleines **Naturkundemuseum** (Muzeum Przyrodnicze Mazurskiego Parku Krajobrazowego) untergebracht. Weitere traditionelle Holzblockhäuser haben nicht weit entfernt im Weiler **Zgon** am Südufer des Mokre-Sees den Zeiten getrotzt.

2 km nordwestlich von Ukta kommen im Weiler **Gałkowo** alle diejenigen auf ihre Kosten, die ihr Glück nicht im Paddelboot, sondern auf dem Rücken der Pferde suchen. Reit- und Springunterricht, Ausritte, Kutschfahrten und im Winter Pferdeschlittenfahrten über die weichen Waldböden der Puszcza Piska stehen im **Gestüt Ferenstein** auf dem Programm. In der Nachbarschaft befinden sich auf dem schön gelegenen Anwesen außerdem Gästezimmer sowie ein Restaurant in einem historischen Jagdhaus aus dem 19. Jh., das aus Sztynort, dem ehemaligen Sitz der Grafen *von Lehndorff*, hierher versetzt und sorgfältig restauriert wurde. Dort im ersten Stockwerk erinnert der **Salon Marion Dönhoff** an Leben und Werk der Schriftstellerin, Publizistin und engagierten Fürsprecherin der deutsch-polnischen Versöhnung *Marion Gräfin Dönhoff* (1909–2002).

Praktische Tipps

Unterkunft und Gastronomie

■ **Gałkowo**②, Gałkowo 46, 12-220 Ruciane-Nida, Tel. 87 4257073, www.galkowo.pl. Gepflegtes Anwesen, 2 km nordwestlich von Ukta gelegen, die geschmackvollen Gästezimmer sind in zwei nach traditioneller masurischer Art errichteten Häusern

untergebracht, das Restaurant im restaurierten Jagdhaus serviert verfeinerte regionale Gerichte von frischen saisonalen Produkten. Das benachbarte Gestüt Ferenstein bietet Reiten und Kutschfahrten an.

■ **Pensjonat Magda**②, Krutyń 74, 11-710 Piecki, Tel. 89 7421407, www.pensjonat-magda.pl. Freundlicher Fachwerkneubau, die Zimmer funktional ausgestattet, das Restaurant bereitet wohlschmeckende einheimische Gerichte zu; mit Paddelboot- und Radverleih.

■ **PTTK-Wasserstation**① in Krutyń, Krutyń 15, 11-710 Piecki, Tel. 87 7421293, www.kajaki-krutynia.pl. Malerisch an der Krutynia gelegen, die Zimmer im Gästehaus mit Duschbad und TV; mit Zeltplatz, Campinghäuschen, Fischimbiss, Bar, Gaststätte (serviert leckere masurische Hausmannskost) und Bootsverleih.

△ Paddeln zählt an der Krutynia zu den beliebtesten Freizeitvergnügen

Museen und andere Sehenswürdigkeiten

■ **Naturkundemuseum des Masurischen Landschaftsparks,** Krutyń 66, 11-710 Piecki, Tel. 89 7421405, http://parkikrajobrazowewarmiimazur.pl (nur auf Polnisch), Mo–Fr 8–15 Uhr, Juli/Aug. zusätzlich Sa/So.

Aktivitäten

Mein Tipp: **Stakfahrten** und geführte **Paddelausflüge** mit den Krutynia-Guides vom Verband der Bootstaker „Perkun" in Krutyń, Krutyń 4, 11-710 Piecki, Tel. 89 7421430, www.krutynia.com.pl.

■ **Bootsverleih:**

In Krutyń: PTTK-Wasserstation (siehe „Unterkunft"); Wasserstation AS-Tour, Krutyń 4, 11-710 Piecki, Tel. 89 7421430, www.splywy.pl.

In Ukta: PTTK-Wasserstation, Ukta 42a, 12-210 Ruciane-Nida, Tel. 87 4257046; Bootsverleih NEMO, Most Ukta, 12-210 Ruciane-Nida, Tel. 697 215277, www.ukta.pl.

■ **Reiten** und **Kutschfahrten:** siehe bei Unterkunft „Gałkowo".

Wojnowo

Seit Mitte des 19. Jh. erhebt sich das kleine **Kloster der russischen Altgläubigen** (Philipponen) wenig südlich vom Örtchen Wojnowo (**Eckertsdorf**), 4 km südlich von Ukta, auf einer Anhöhe über dem Duś-See. Wegen ihrer religiösen Anschauung wurden die Philipponen seit der russisch-orthodoxen Kirchenreform 1667 im zaristischen Russland verfolgt. Seit den 1820er Jahren ließen sie sich in Eckertsdorf und in den Nachbarsiedlungen nieder – eine russische Enklave im Preußenland, in der noch bis weit ins 20. Jh. hinein Altrussisch gesprochen wurde (siehe auch Exkurs „Die Altgläubigen").

1836 wurde die erste Einsiedelei gegründet, 1847 die Abtei eingeweiht und im ausklingenden 19. Jh. in ein Frauenkloster umgewandelt. Neben ihren religiösen Übungen betreiben die Nonnen Landwirtschaft und pflegen Alte und Kranke in den Dörfern der Umgebung. Die letzten beiden verehrten Wächterinnen des alten Glaubens waren Schwester *Helena Stopka* (1913–2005) und Schwester *Afimia Kuschmierz* (1910–2006). Sie liegen auf dem winzigen Altgläubigen-Friedhof mit seinen charakteristischen russischen Christenkreuzen im Schatten der Klosterkirche zur ewigen Ruhe.

Den niedrigen Innenraum der **Klosterkirche der Heiligen Dreifaltigkeit und des Erlösers** schmückt eine reich verzierte Ikonostase, die dreitürige Holzwand, die in orthodoxen Gotteshäusern Altar- und Gemeinderaum voneinander trennt. Es sind zahlreiche schöne Ikonen

Altgläubigenkloster bei Wojnowo

Die Altgläubigen

Viele Namen hat man den Altgläubigen gegeben: Altkirchengebräucher, Philipponen oder Raskolniki (Abtrünnige), wie man sie im Russland des 17. Jh. nannte. Mit Unterstützung des Zaren führte der Moskauer Patriarch *Nikon* (1605–1681), inspiriert durch alte griechische Quellen, ab 1667 liturgische Reformen in der russisch-orthodoxen Kirche durch, das heißt **Reformen,** die den öffentlichen, von der Kirche **praktizierten Kultus** betrafen. Die Art des Bekreuzigens wurde in Frage gestellt (zwei oder drei Finger), die Häufigkeit des Worts „Halleluja" während des Gottesdienstes, die Richtung der Prozession um die Kirche herum, die Schreibweise von „Jesus" und vieles mehr. Die **Raskolniki,** meist einfache Leute, hielten dagegen am überkommenen Ritus fest. Weil sie damit aber auch die Machtfrage stellten, wurden die Altgläubigen als **Staatsfeinde** grausam verfolgt, gefangen genommen oder verschleppt und emigrierten, um diesem Schicksal zu entkommen, in Scharen. Zunächst ließen sie sich in Sibirien nieder, dann in Polen, im Gebiet zwischen Suwałki und Augustów, und schließlich, nach der Genehmigung durch den preußischen König *Friedrich Wilhelm III.,* am Flüsschen Kruttinna in Masuren, in dessen Wasser sie von da an ihre Kinder tauften.

Taufe und Beichte sind die einzigen Sakramente, die die **Philipponen** anerkennen. Als Symbol ihres Glaubens verehren sie das **russische Kreuz** mit zwei waagerechten oberen Kreuzarmen und unterhalb einem kleineren dritten, schräggestellten Fußbalken, der Tod und Auferstehung Jesu Christi symbolisiert. Sie rauchen und trinken nicht, und entsprechend den sechs Schenkeln ihres Kreuzes muss sich ein sündiger Betrunkener zur Buße 6000 Mal vor den Heiligenbildern verbeugen, die zahlreich nicht nur die Kirchen, sondern auch ihre Wohnstuben zieren. In den Dörfern in der Region um Wojnowo, die bis in die ersten Jahrzehnte des 20. Jh. das bedeutendste Zentrum der Altgläubigen war, leben inzwischen nur noch wenige, meistens sehr alte Menschen mit altrussischem Glauben.

Noch zirka eine halbe Million russisch-orthodoxe Christen zählt man überwiegend in den östlichen Regionen Polens, nur noch zwischen 2000 und 2500 Menschen gehen den Altkirchengebräuchen nach. Ihr religiöses Zentrum mit einer aktiven Kirchengemeinde und zugleich Sitz des Hauptrats der Altgläubigen bildet die Stadt **Suwałki** im äußersten nordöstlichen Winkel Polens.

Am Flüsschen Kruttinna tauften die Altgläubigen ihre Kinder

zu sehen, wobei sich die kostbarsten dieser auf Holz gemalten Heiligenbildnisse heute im Museum im Palast der Bischöfe von Ermland in Lidzbark Warmiński befinden.

In den ehemaligen Wohngebäuden der idyllischen Klosteranlage betreiben die Eigentümer einen kleinen **Agrotourismus** mit Imbiss und, unterhalb am Duś-See, einem einfachen Zeltplatz. Die Kirche wird auf Wunsch zur Besichtigung aufgeschlossen.

Das kaum noch 200 Einwohner zählende Straßendorf Wojnowo verfügt über eine stattliche Anzahl traditioneller masurischer Holzhäuser. Und auch die um 1840 erbaute orthodoxe Holzkirche lohnt einen Blick. Sie ist leicht an ihrem – in Masuren mehr als seltenen – Zwiebelturm auszumachen.

Praktische Tipps

Information/Unterkunft
■ **Klasztor (Kloster) Wojnowo**①, Wojnowo 76, 12-210 Ruciane-Nida, Tel. 87 4257030, www.klasztor.info. Einfache Unterkunft in den ehemaligen Wohngebäuden des Altgläubigenklosters, mit Zeltplatz am See, auch Kajak und Radverleih.

Ruciane-Nida

Zwischen Bełdany-See und Nidzkie-See (Beldahn-See und Nieder-See) erstreckt sich der 4700 Einwohner große Urlaubsort Ruciane-Nida. Erst 1966 wurde er aus den Dörfern Ruciane (**Rudschanny**) und Nida (**Niedersee**) zu einer Gemeinde zusammengeschlossen, doch war die Gegend schon vorher ein wichtiges **Wassersport- und Touristenzentrum**. Ruciane-Nida ist Endpunkt der Krutynia-Paddelroute sowie vieler Segeltörns über die Großen Masurischen Seen, Anlegestelle der Weißen Flotte und Ausgangspunkt einer Paddeltour über den malerischen Nidzkie-See durch die Puszcza Piska (Johannisburger Heide) nach Pisz.

Auf der Hauptverkehrsstraße und zugleich Hauptbummelmeile ul. Dworcowa sowie im Segelhafen geht es in den Sommerferien zwischen Buden und Restaurants hoch her. Wer Ruhe und Einsamkeit sucht, sollte Kurs auf den **Nidzkie-See** nehmen. Wie eine Mondsichel zieht er einen Bogen durch die Johannisburger Heide. Wegen seiner besonderen Schönheit und seiner vielfältigen Fauna und Flora wurde er als Naturreservat und als Ruhezone ausgewiesen. Motorboote dürfen ihn nicht befahren.

An den Ufern dieses Sees schrieb und erholte sich der Schriftsteller *Konstanty Ildefons Gałczyński* (1905–1953). Hier entstanden die schönsten seiner Gedichte und das Werk „Kronaka Olstyńska". In seinem ehemaligen Feriendomizil, dem **Forsthaus Pranie** (Leśniczówka Pranie), widmet sich das **Gałczyński-Museum** (Muzeum Gałczyńskiego Pranie) seit 1980 dem Erbe des Dichters. In der Sommersaison rezitieren dort außerdem jeden Sonntag bekannte polnische Schauspieler mit musikalischer Umrahmung Gałczyński-Gedichte.

Ruciane-Nida

Praktische Tipps

Information

■ **Touristeninformation,** ul. Dworcowa 14, 12-220 Ruciane-Nida, Tel. 87 4231989, Mai bis Sept. tgl. 8–19 Uhr, Okt. bis April Mo–Fr 8–15 Uhr.
■ **Homepage** von Ruciane-Nida: www.ruciane-nida.pl.

Unterkunft und Gastronomie

■ **Zimmervermittlung** in der Touristeninfo.
■ **Hotel Nidzki**④, ul. Nadbrzeżna 1, 12-220 Ruciane-Nida, Tel. 87 4236401, www.hotelnidzki.pl. (Am östlichen Ortseingang von Ruciane vor der Tankstelle links, dann noch wenige Hundert Meter.) Elegantes Hotel in malerischer Lage im Wald unmittelbar am Ostufer des Nidzki-See, mit Restaurant, Bootssteg, Badestelle und Spa-Bereich. 2004 war der spanische König *Juan Carlos* zu Gast.

■ **Pensjonat Janus**②, ul. Guzianka 1, 12-220 Ruciane-Nida, Tel. 87 4236450, www.pensjonatjanus.pl. Großes, freundliches Haus in traumhaft schöner Lage am Südzipfel des Bełdany-Sees, die Zimmer sind mit Kiefermöbeln eingerichtet. Mit Café, Restaurant, eigenem kleinen Hafen, Fahrrad- und Wassersportgeräteverleih.

Camping

■ **PTTK-Station,** al. Wczasów 17, 12-220 Ruciane-Nida (im Ortsteil Nida am Nidzkie-See), Tel. 87 4231012, http://domkiruciane-nida.pl. Platz im Kiefernwald, mit Café, Gaststätte, Ferienhütten, Marina, Wassersportgeräteverleih und Badestelle. Auf dem Gelände befindet sich eine **Pension**①-② in einem Klinkerhäuschen. Mai bis Mitte Sept.

An der Hauptstraße von Ruciane-Nida

◨ Seerose mit amphibischem Untermieter

◼ **Camping Wejsunek,** Wejsuny, 12-220 Ruciane-Nida, Tel. 87 4231484, www.wejsunek.pl. Lauschiger, gepflegter, schön angelegter Platz am See, 6 km nördlich im Weiler Wejsuny, mit Gaststätte, Kiosk, Campinghäuschen, Badestrand und Wassersportgeräteverleih; eine kleine Pension mit funktionaler Zimmerausstattung ist angeschlossen. Mitte Mai bis Mitte Sept.

Jugendherberge

◼ **Jugendherberge,** ul. Polna 2b, 12-221 Ruciane-Nida, Tel. 661 504083, www.zsl.org.pl, ganzjährig geöffnet.

Museen und andere Sehenswürdigkeiten

◼ **Gałczyński-Museum Pranie,** 12-220 Ruciane-Nida, Tel. 87 4256248, www.lesniczowkapranie.art.pl, Juli/Aug. tgl. 9.30–17 Uhr, Mai/Juni, Sept./Okt. Di–So 9.30–17 Uhr, Nov. bis April Mi–Sa 9.30–17 Uhr.

Aktivitäten

◼ **Ausflugsfahrten** mit den Schiffen der Weißen Flotte Masuren (Żegluga Mazurska), ab Anlegestelle im Ortsteil Ruciane am Guzianka-Wielka-See nach Mikołajki, Giżycko und über den Nidzkie-See, Juni bis Sept. tgl. ab 9.20 Uhr im Stundentakt und öfter. Fahrplan-Information: http://zeglugamazurska.com.pl.

Pisz und die Puszcza Piska

Mit mehr als 1000 km² ist die Puszcza Piska (**Johannisburger Heide**) das größte zusammenhängende Waldgebiet in Masuren. Über 20 Horste der bedrohten Seeadler hat man hier gezählt. In den ausgedehnten Kiefern- und Fichtenwäldern haben sie an den zahlreichen Gewässern eine von Menschenhand größtenteils noch unberührte Heimat gefunden. Auf einsamen Wanderungen wird man ab und zu trotzdem Menschen begegnen. Oftmals sind es Familien oder kleine Gruppen, die mit gesenkten Köpfen und einem Körbchen in der Hand durch das Wacholder-Unterholz streifen und sich einer beliebten Freizeitbeschäftigung hingeben: dem Sammeln von Beeren und Pilzen. Je nach Jahreszeit gedeihen Himbeeren und köstliche Walderdbeeren, später Blau- und Brombeeren und Pilze aller nur denkbaren Sorten.

Das fast 20.000 Einwohner zählenden Pisz (**Johannisburg**) am östlichen Rand der Puszcza Piska geht auf eine Gründung des Deutschen Ordens 1345 zurück. Einer ersten Wehranlage folgte ab 1378 der Bau einer Ordensburg. Sie verfiel bereits im 18. Jh., heute sind nur noch Reste der alten Mauern vorhanden.

Der Zweite Weltkrieg brachte dem Städtchen große Zerstörung. Bürgerhäuser der Gründerzeit rund um den großen Markt blieben aber erhalten. Ebenso das dortige, 1898 errichtete **Rathaus**, in dem ein **Heimatmuseum** über die Tier- und Pflanzenwelt der Johannisburger Heide sowie die Geschichte der Stadt informiert. Einen Blick verdient auch die 1843 erbaute **Kirche St. Johannes** (Kościół św. Jana). In der größten Fachwerkkirche der Region gehören ein Altar und eine Barockkanzel, die beide auf die Wende vom 17. ins 18. Jh. datieren, zu den besonderen Kostbarkeiten. Jüngste Attraktion ist der 1907 erbaute **Wasserturm**, frisch restauriert sowie mit Lift und Aussichtsplattform versehen, von der aus man einen Blick weit über die Puszcza Piska genießt.

Praktische Tipps

Information

■ **Touristeninformation**, pl. Daszyńskiego 16, 12-200 Pisz, Tel. 87 4232675, Mo–Fr 8–18 Uhr, Mai bis Mitte Sept. auch Sa/So 10–18 Uhr.
■ **Homepage** der Stadt Pisz: www.pisz.pl.

Unterkunft

■ **Zimmervermittlung** in der Touristeninfo.
■ **Hotel Nad Pisą**③, ul. Ratuszowa 13, 12-200 Pisz, Tel. 87 4233253, www.hotelnadpisa.pl. Großer Hotelkomplex in einer Art maurisch-neugotischem Schwarzwaldhaus-Stilmix in schöner Lage am Fluss Pisą, die Zimmer im gepflegten Mittelklassekomfort, mit Restaurant.

Museen und andere Sehenswürdigkeiten

■ **Heimatmuseum**, im Rathaus, Di–So 8–15 Uhr.

▷ Nowe Guty ist eine beliebte Sommerfrische

Orzysz

1507 wurde **Arys** oder auch Orsisch, wie die Masuren den Flecken nannten, erstmals erwähnt; 1725 wurden der heute 5800 Einwohner zählenden Gemeinde im Osten des Spirding-Sees (Śniardwy-See) die Stadtrechte verliehen. Das wichtigste Bauwerk am Ort ist die **Marienkirche** (Kościół pw. Matki Boskiej Szkaplerznej), deren Grundmauern auf das 16. Jh. zurückgehen. Von der historischen Inneneinrichtung blieben die Holzemporen aus dem 17. Jh. erhalten.

Für seine Armut an architekturhistorischen Sehenswürdigkeiten wird Orzysz vielfach mit Möglichkeiten zu Freizeitaktivitäten in der schönen Natur entschädigt. Vor allem Baden und Wassersport sind angesagt, am Stadtstrand in der ul. Leśna am Orzysz-See und mehr noch 10 km entfernt in der auf dem Gemeindegebiet liegenden Sommerfrische **Nowe Guty** am Śniardwy-See. An heißen Sommertagen gehört der dortige große **Badestrand** inklusive seiner angeschlossenen Freizeiteinrichtungen zu den beliebtesten Ausflugszielen rund um das „Masurische Meer". Die große Badewiese liegt am südlichen Ortsende; eine weitere, kleinere und auch ruhigere, findet man in der nördlichen Ortsmitte.

15 km östlich dient im Weiler **Ogródek** die Kate des masurischen Volksdichters *Michał Kajka* (1858–1940) als kleines Museum, das Leben und Werk *Kajkas* würdigt.

Praktische Tipps

Information

■ **Touristeninformation,** ul. Rynek 5, 12-250 Orzysz, Tel. 87 4237187, www.orzysz.pl, Mai bis Sept. Mo–Fr 9–17, Sa/So 9–13 Uhr, sonst Mo–Fr 8–17 Uhr.

Museen und andere Sehenswürdigkeiten

■ **Michał-Kajka-Museum** in Ogródek, Ogródek 5, 12-250 Orzysz, Tel. 87 4237426, www.lesniczowka pranie.art.pl, Juni bis Aug. Di–So 9–17 Uhr, sonst Di–Sa 9–17 Uhr.

Die Masuren

Einige der alten Masuren sprechen noch deutsch. Und wer als Gast heute die Gelegenheit bekommt, sich mit dem einen oder anderen älteren Einwohner länger unterhalten zu können, wird sich ein kleines Schmunzeln gewiss nicht verkneifen können. Die Artikel werden vertauscht, die Stellung der Wörter im Satz herumgedreht, und neben dem breiten, im alten „Ostpreissisch" rollenden „rrrr" ist da von Damchen und Herrchen die Rede, von Mariellchen für das Mädchen und von Lorbass für den heranreifenden Knaben. Es gibt das Mamchen, die Mutter, das Eimerchen, das Gabelchen, sogar das tückische Maschinchen wird mit einem niedlichen Diminutiv versehen. Und wer etwas besonders Kluges gesagt hat, tippt sich mit seinem Finger gegen die Stirn und sagt: Popöchen, Popöchen!

Woher aber kommt diese lustige **Sprache?** Das ist eine lange Geschichte, die vor rund 800 Jahren beginnt. Bis zur Eroberung durch den Deutschen Orden im 13. Jh. war der nordöstlichste Winkel des heutigen Polen mit den prußischen Stämmen der Barten und Sassen, Galinder, Nadrauen und Sudauen nur inselhaft dünn bevölkert. Etwa 15.000 Prußen lebten in jener Zeit in den masurischen Urwäldern. Nach ihrer blutigen Unterwerfung durch die Ordensritter, die man damals „Christianisierung" nannte, bestand für die **Kolonisierung** der Wildnis darum großer Bedarf an neuen Siedlern. Vor allem Schlesier und Sachsen ließen sich nieder, gegen Ende des 14. Jh. folgten dann Polen aus Pommerellen, dem Kulmer Land und vor allem aus dem südlich benachbarten polnischen Teilfürstentum Masowien. Mit Ende des Dreizehnjährigen Kriegs (1454–1466), der den Niedergang des Deutschen Ordens besiegelte, setzte die verstärkte Besiedlung besonders der südlichen Gebiete mit Menschen aus Masowien ein. Zwischen 20.000 und 25.000 Masowier kamen bis 1525 ins Land, dessen Bevölkerung damit auf rund 40.000 Einwohner anwuchs.

Man sprach polnisch, genauer gesagt eine masowische Mundart: **masaurisch,** und die Alteingesessenen wie die Eingewanderten bezeichneten sich als Masowier – Masauren – Mazury – Masuren. Eine weniger wahrscheinlich Version über die Herkunft des Wortes Mazur besagt, dass es vom litauischen *mazuras* herstamme, was so viel wie „kleiner Mensch" bedeutet.

Vollends zum Einwanderungsland wurde die Wildnis mit der **Reformation.** 1525 wurde der Deutsche Orden säkularisiert und Masuren Teil des preußischen Herzogtums unter polnischer Lehnshoheit. Protestantische **Glaubensflüchtlinge** aus aller Herren Länder fanden hier eine neue Heimat – aus Litauen, Frankreich und Holland, Österreich und der Schweiz, Masowien und Südpolen. Später kamen noch die russischen Altgläubigen hinzu.

Es entstand ein kunterbuntes Bevölkerungsgemisch, das gemeinsam versuchte, den kargen Böden des Lands ein paar Krumen für das tägliche Brot abzugewinnen. Nein, leicht hatten es die Masuren nicht. Unglücklich auf halbem Weg zwischen Moskau und Berlin gelegen, rollte immer wieder die große Politik in Form gewaltiger Heere über sie hinweg. Im 17. Jh. fielen überdies die Tataren ein (1656/57), danach kam der Schwarze Tod. Mehr als 100.000 Menschen wurden getötet oder verloren durch Pest und Hungersnöte ihr Leben. Am besten, man hielt einfach still und ließ sich im harten Winter mit ein paar Fläschchen Bärenfang einschneien. Dieser, ein Gemisch aus halb Honig, halb hochprozentigem Alkohol, soll bereits eine Erfindung der Prußen gewesen sein, mit der sie Bären anlockten und lahm legten. Später betäubte das Gebräu nur noch die einheimischen Zweibeiner.

„Die Leute sind so ganz ohne Bedürfnisse und Ehrgeiz", berichtet *Marion Gräfin Dönhoff* 1941 von ihrem „Ritt durch Masuren". „Es ist offenbar schwierig, sie zur Arbeit zu bringen. Sie tun grundsätzlich nur so viel, wie nötig ist, um gerade eben den Lebensunterhalt zusammenzubringen. (...) Dass sie angeblich stehlen wie die Raben und ständig Streit miteinander haben, wundert einen nicht, wenn man hört, wie kärgliche Frucht ihnen der Acker trägt. (...) Ich empfinde eine große Zärtlichkeit für dieses karge Land und seine barfüßige Bevölkerung. (...) Ausgewachsene Männer, die tagaus, tagein nichts anderes tun als mit einer armseligen Kuh umherzuziehen und sie irgendwo am Wald- oder Wegrand zu hüten."

Das 19. Jh. brachte dem unterentwickelten Land erstmals eine geringfügige Industrialisierung. Und es brachte einen dominanten **deutschen Nationalismus** mit sich. Neben einer allmählichen Assimilierung der Bevölkerung in Bezug auf die deutsche Sprache und Kultur setzte ab der Gründung des Deutschen Reichs 1871 im südlichen Ostpreußen auch eine institutionelle „Förderung des Deutschtums" ein, d.h. die polnische Sprache und Kultur wurden in den staatlichen Einrichtungen wie Schule, Armee und Kirche massiv unterdrückt. Im Kreis Johannisburg (Pisz) beispielsweise sprachen 1890 knapp 80 Prozent der Einwohner polnisch. 1925 sprachen knapp 80 Prozent deutsch. Es blieben jedoch, neben den prußischen Wurzeln, die die **Sprache** von jeher mit sich führte, zahllose **slawische Elemente** erhalten, darunter das rollende „r" und das niedliche „-chen" ebenso wie die für das Deutsche unübliche Grammatik. Demgemäß klingt eine Redensart, mit der sich die Masuren verschmitzt selbst beschrieben: „Wo sich aufhört der Kultur, da sich anfängt der Masur."

Im Vorfeld der nach dem Ersten Weltkrieg gemäß der Versailler Verträge für 1920 anberaumten Volksabstimmung über die zukünftige **Staatszugehörigkeit** des südlichen Ostpreußen zogen deutschsprachige Politiker, Lokalprominenz und insbesondere auch Pastoren durchs Land, um mit leidenschaftlichem Pathos gegen „die Slawenflut rings um die Grenzen dieses deutschen Bollwerks im Osten" zu predigen. Die „Abstimmungsschlacht" 1920 endete mit 97,5 Prozent Zustimmung der Bevölkerung für den Verbleib bei Deutschland.

Nach Ende des Zweiten Weltkriegs begannen **Flucht und Vertreibung** der Deutschen aus ihren Ostgebieten. Auch die Menschen in den polnischen Ostgebieten, die sich 1945 die Sowjetunion einverleibt hatte, wurden vertrieben. Viele von ihnen ließen sich in Masuren nieder und fanden dort eine neue Heimat. Gemeinsam mit einer litauischen, ukrainischen, altrussischen und deutschen Minderheit bewohnen sie heute in der dritten und vierten Generation das Land. Man spricht polnisch, natürlich, und besucht die katholischen Kirchen. Mit der politischen Wende 1990 bekamen aber auch die Minderheiten wieder die Möglichkeit, ihre Gebräuche zu pflegen, ihre kulturelle Identität und ihr Plätzchen als Masuren zu finden. Mit Betonung auf dem masurischen Charakter sind inzwischen nicht wenige interkulturell engagierte polnisch-deutsche Vereine in Warmia und Mazury tätig, unter ihnen die 1600 Mitglieder zählende Masurische Gesellschaft mit Sitz in Oslztyn. Ihr Zentralorgan ist – wie könnte es in Masuren wohl anders heißen? – die monatlich herausgegebene „Storchenpost" (Poczta Bociania).

Der Mamry-See

Mit 104 km² auf 20 km Länge und einer äußersten Breite von 12 km ist der Mamry-See (**Mauer-See**) der zweitgrößte See in Polen. Streng genommen besteht seine Gesamtfläche aus einer Reihe kleinerer, miteinander verbundener Gewässer: dem eigentlichen Mamry-See und dem romantischen Święcajty-See mit dem Urlaubs- und Segelsportzentrum **Węgorzewo** (Angerburg) an den Ufern, weiter den Seen Dargin und Łabap, an dessen Gestade sich in **Sztynort** das alte Schloss der Grafen *von Lehndorff* allmählich in eine Ruine verwandelt, sowie dem Dobskie- und dem Kisajno-See, die die Seenplatte im Süden beschließen. Auf über 30 Inseln und Eilanden, von denen eine stattliche Anzahl als Naturschutzgebiete ausgewiesen ist, nisten seltene Wasser-, Moor- und Raubvogelarten. Der Dobskie-See wird das „Königreich der Vögel" genannt, und viele bezeichnen ihn als das schönste masurische Gewässer.

Im Westen warten **Kętrzyn** (Rastenburg) und Umgebung mit Sehenswürdigkeiten auf, die – mit guten wie bösen Erinnerungen behaftet – zu den bedeutendsten in Masuren zählen: *Hitlers Wolfsschanze,* Schloss Dönhoffstädt in **Drogosze** und direkt auf der Grenze zum Ermland bei Reszel die Marienwallfahrt Heilige Linde (siehe „Ermland und südliches Masuren, Święta Lipka"). Zentraler Wassersportverkehrsknotenpunkt und Ferienhochburg Nummer 1 in der nördlichen Region der Großen Masurischen Seen ist **Giżycko** (Lötzen), die „Sommerhauptstadt Masurens", die schon seit der Erfindung der Sommerfrische Anfang des 20. Jh. zu den quirligsten masurischen Hotspots zählt.

Kętrzyn

Kętrzyn (**Rastenburg**) gehört historisch zum alten Bartener Land, dessen größter Teil sich heute jenseits der Grenze auf dem Gebiet des russischen Oblasts Kaliningrad (Bezirk Königsberg) befindet. Wie Warmia erhielt auch das Bartener Land seinen überkommenen Namen von dem prußischen Stamm, der einst dort lebte. Die Barten hatten am Standort von Kętrzyn, lange bevor der Deutsche Orden die Region eroberte, die Siedlung Rast (prußisch für „Pfahl") gegründet. Diesem Namen hängten die Ordensritter nach dem Bau ihrer Backsteinburg 1329 das Wörtchen „Burg" an, woraus „Rastenburg" entstand. 1357 wurden Rastenburg die Stadtrechte verliehen. Auf den tonigen, fruchtbaren Böden betrieb man recht bald einträglich Landwirtschaft, ab dem 19. Jh. kamen Industrieansiedlungen hinzu.

Heute ist Kętrzyn ein führender Wirtschaftsstandort der Region, wenngleich im Erscheinungsbild die ländliche Idylle die Industrieanlagen nach wie vor weit überwiegt. Die Gegend zählt zu den fruchtbarsten Anbaugebieten im Nordosten Polens. So wird man trotz der Nähe zu den Großen Masurischen Seen nicht auf die berühmten masurischen Wälder stoßen, sondern auf weite Äcker und Felder.

Der **Name** Kętrzyn, den die 28.000 Einwohner große Stadt seit 1946 trägt, würdigt den berühmten Masuren *Wojciech Kętrzyński* (1838–1918). Als Sohn eines preußischen Gendarmen wurde er 1838 in Lötzen (Giżycko) geboren und auf den Namen *Adalbert von Winkler* getauft. Der mehrfach inhaftierte Historiker und Ethnograf ging als engagierter Verfechter der polnischen Bewegung in Masuren und mit seiner Streitschrift „O Mazurach" als Nestor der polnischen Masurenforschung in die Geschichte ein.

Ein berühmter Sohn der Stadt ist der Lyriker, Dramatiker und Pionier des Naturalismus **Arno Holz** (1863–1929), der als Sohn eines Apothekers in Rastenburg das Licht der Welt erblickte. Nach ihm hat sich die Gesellschaft für polnisch-deutsche Verständigung in Kętrzyn „Arno-Holz-Gesellschaft" benannt. Ihr Sitz befindet sich im **Haus der Freimaurerloge** in einer Grünanlage am großen Innenstadtkreisel. 1818 gründete sich in der Stadt die Freimaurerloge „Drei Tore des Tempels", 1860 begannen die ersten Bauarbeiten zu ihrem neugotischen Logenhaus, das 1865 eingeweiht werden konnte. Im Zweiten Weltkrieg stark beschädigt und bis 1981 rekonstruiert, beherbergt es heute neben der Arno-Holz-Gesellschaft die städtische Bibliothek.

Kętrzyn überragt ausnahmsweise einmal keine Ordensritterburg, sondern der 48 m hohe Turm der mächtigen, von einer Ringmauer umzogenen **Wehrkirche St. Georg** (Kościół św. Jerzego). Das gotische Kirchenbollwerk wurde 1359 bis etwa 1370 durch den Deutschen Orden errichtet und mit bis zu anderthalb Meter dicken Mauern in die Stadtbefestigung integriert. Nach Erweiterungen im 15. Jh. und einem Stadtbrand erhielt sie

An der Marina von Węgorzewo

Kętrzyn (Rastenburg)

Übernachtung
1. Hotel Koch
2. Hotel Księżycowy Dworek
3. Hotel Zajazd pod Zamkiem

Essen und Trinken
1. Restaurant Koch
2. Restaurant Księżycowy Dworek
3. Restaurant Zajazd pod Zamkiem

abschließend bis 1515 ihre heutige Gestalt. Doch nicht nur die ungewöhnliche Vierschrötigkeit macht das Gotteshaus zu einem Unikum in Masuren. Unter dem schönen Kristallgewölbe, das den Innenraum schmückt, lässt sich mit einem Blick auf den nach 1500 angefügten Altarraum erkennen, dass sich dieser sichtlich nach links neigt. Die merkwürdige Neigung mag möglicherweise an der späten Anfügung des Presbyteriums liegen, das sich infolge der vorhandenen Architektur nicht anders bauen ließ. Die

▷ Die Kirche St. Georg in Kętrzyn

Kętrzyn (Rastenburg)

Gläubigen haben indes eine andere Erklärung: Die Neigung folgt dem auf die Schulter gesenkten Kopf Jesu Christi am Kreuz und symbolisiert dessen Leiden. An Kostbarkeiten besitzt die Kirche St. Georg eine 1594 geschaffene Kanzel, einen neugotischen Hochaltar aus dem Jahr 1862 sowie eine 1721 eingeweihte Orgel, die von Händen des königlich-preußischen Hoforgelbauers *Johann Josua Mosengel* stammt.

Nur wenige Schritte entfernt liegt die 1360 bis 1370 erbaute, zuletzt im 19. Jh. umgestaltete **Ordensburg** der Wehrkirche quasi zu Füßen. Unter ihrem Dach befindet ein **Museum,** das über die Geschichte Kętrzyns sowie über Schlösser und Herrenhäuser in der Region informiert und historisches Kunsthandwerk präsentiert.

Zahlreiche Bauwerke Ermlands und Masurens – Burgen wie die berühmte Marienburg, Kirchen wie Heilige Linde oder Schlösser wie der Palast von Drogosze – kann man im Kleinformat im **Miniaturpark Mazurolandia** bewundern. Etwa 10 km östlich von Kętrzyn, unweit des ehemaligen Führerhauptquartiers Wolfsschanze gelegen, darf auch ein Modell der riesigen Bunkeranlage der Nationalsozialisten im Wald bei Gierłoż (Görlitz) nicht fehlen.

Praktische Tipps

Information

■ **Touristeninformation,** pl. Piłsudskiego 10/1, 11-400 Kętrzyn, Tel. 89 7514765, www.it.ketrzyn.pl, Juni bis Aug. 9–18, Sa/So 10–15 Uhr, Sept. bis Mai Mo–Fr 8–16 Uhr.

■ **Homepage** der Stadt: www.ketrzyn.com.pl.

Unterkunft und Gastronomie

- **Zimmervermittlung** in der Touristeninfo.
- **Księżycowy Dworek**③, Gierłoż, 11-400 Kętrzyn Tel. 89 7524277, www.ksiezycowydworek.pl. Einen knappen Kilometer von der Wolfsschanze entfernt am See Siercze liegt das 1913 erbaute ehemalige Gutshaus der Hitler-Freundin *Eva Braun*. Es wurde aufwendig restauriert und eröffnete 2004 als exklusives Hotel, die Innenausstattung von erlesenem Geschmack, mit Restaurant und vor dem parkähnlichen Grundstück einem kleinen Badestrand am Siercze-See.
- **Hotel Koch**③, ul. Sportowa 1, Tel. 89 7511093, www.masuren2.de. 2010 eröffneter Neubau nahe Górne-See, ansprechender Mittelklassekomfort, im Restaurant internationale Gerichte, Fahrradverleih.
- **Zajazd pod Zamkiem**② (Gasthof am Schloss), ul. Struga 3, 11-400 Kętrzyn, Tel. 89 7523117, www.zajazd.ketrzyn.pl. Kleines, hübsches Hotel unmittelbar an der Ordensburg; das Restaurant mit großem Kachelofen und lauschiger Café-Terrasse bietet schmackhafte polnische Küche.

Museen und andere Sehenswürdigkeiten

- **Stadtmuseum** in der Ordensburg, pl. Zamkowy 1, Tel. 89 7523282, www.muzeum.ketrzyn.pl, Mitte Juni bis Mitte Sept. Mo 10–16, Di–So 10–17 Uhr, sonst Mo 9–15, Di–So 9–16 Uhr.
- **Mazurolandia,** Parcz 7/1 (östlich der Wolfsschanze), Tel. 693 616083, www.mazurolandia.pl, Mai/Juni und Sept. tgl. 9–18 Uhr, Juli/Aug. 9–20 Uhr, Okt. bis April tgl. 9 Uhr bis Sonnenuntergang.

Aktivitäten

- **Baden:** eine Badewiese befindet sich am Siercze-See beim Hotel Księżycowy Dworek (siehe „Unterkunft").

Sehenswertes in der Umgebung

Schloss der Grafen Dönhoff in Drogosze

Knapp 20 km nordwestlich von Kętrzyn thront bei Drogosze (**Dönhoffstädt**) das 1710 bis 1716 errichtete **Barockschloss** der Grafen *Dönhoff*. Das Bauwerk nach Entwürfen von *Jean de Bodt* und *John von Collas* mit seiner 100 m langen Fassade, das einst das größte aller ostpreußischen Schlösser war, veranlasste 1710 *Boguslaw Friedrich Dönhoff*. Durch Erbschaft und Heirat ging es 1816 an die Grafen *von Dohna* und 1863 schließlich an die Grafen *zu Stolberg-Wernigerode*. Nach dem Zweiten Weltkrieg war hier ein Mähdrescher- und Traktoristen-Schulungszentrum untergebracht. Heute ist das „ostpreußische Versailles" in Privatbesitz, steht jedoch leer und verfällt zusehends. Man kann das Schloss von außen besichtigen; außerdem schließt eine Nachbarin für ein Trinkgeld die Türen auf und gestattet einen Rundgang.

Nakomiady

10 km südlich von Kętrzyn steht in Nakomiady (**Eichmedien**) das 1664 bis 1680 für den preußischen Gesandten in Polen, *Johann von Hoverbeck*, errichtete **Schloss**, dessen zugehörige **Keramikmanufaktur** zur Besichtigung einlädt. Der Barockbau diente nach dem Zweiten Weltkrieg im sozialistischen Polen in

Wolfsschanze

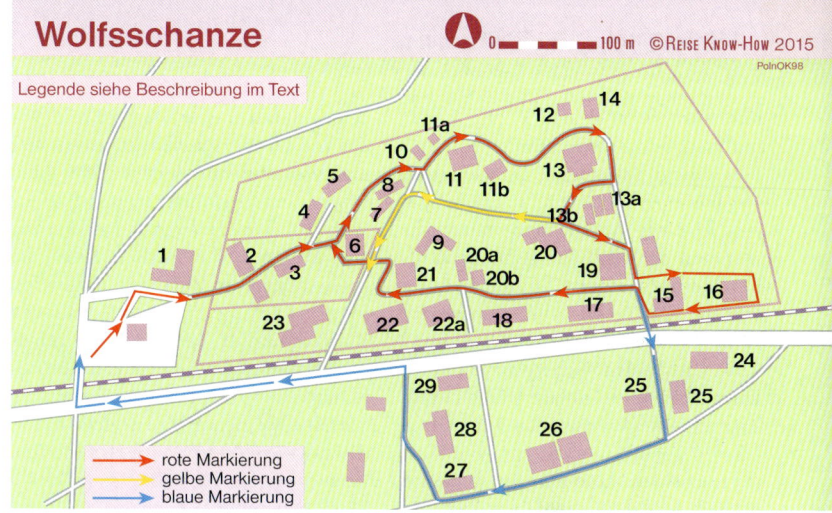

Legende siehe Beschreibung im Text

→ rote Markierung
→ gelbe Markierung
→ blaue Markierung

verschiedensten Funktionen, stand anschließend leer und verfiel. 1998 begannen die neuen Eigentümer mit der Restaurierung des Schlosses. Die dort für den Ausbau des Hauses Anfang des 18. Jh. eingerichtete Keramikmanufaktur hat den Betrieb wieder aufgenommen und produziert Nachbildungen historischer Keramiken und Kachelöfen aus den ostpreußischen Schlössern und Herrenhäusern. Man kann den Kunsthandwerkern bei der Arbeit über die Schulter schauen und ihre Produkte auch kaufen. Seit 2012 stehen in dem sorgfältig wieder hergerichteten Gemäuer auch sechs großzügig bemessene, in einem Mix aus Antiquitäten und Top-Design exquisit gestaltete Gästezimmer zur Verfügung.

Praktische Tipps

Unterkunft/Sehenswürdigkeiten

■ **Hotel**④ und **Keramikmanufaktur Nakomiady Pałac,** Nakomiady, 11-400 Kętrzyn, Tel. 661 255 653, www.nakomiady.pl, Manufakturbesichtigung Juni bis Mitte Sept. tgl. 7–18 Uhr, sonst 7–15 Uhr.

Führerhauptquartier Wolfsschanze

Nicht der Name Kętrzyn, nur der deutsche Name Rastenburg ist mit dem Führerhauptquartier Wolfsschanze (Kwatera Hitlera) verbunden. Ab September 1940 wurde es binnen kürzester Zeit im Rastenburger Stadtforst, im Wald von Görlitz (Gierłoż), aus dem Moor gestampft. Das mit dem dazugehörigen Wald insgesamt über 1000 ha umfassende, verminte Gelände mit all seinen Betonbunkern und Sicherheitsanlagen, eigenem Bahnhof und zwei Flugplätzen sollte dem Obersten Heereskommando als Ausgangsbasis für die „Operation Barbarossa" (Überfall auf die Sowjetunion) dienen. Seinen Namen erhielt dieser gewaltige, hermetisch von der Außenwelt abgeriegelte Hochsicherheitskomplex in Anlehnung an den „Herrn Wolf", wie sich *Adolf Hitler* in den 1920er Jahren mit Pseudonym gerne nannte.

Während Bauarbeiter der geheimen Organisation Todt noch die ersten Spatenstiche zur Wolfsschanze unternahmen, war der Wald bereits für die Zivilbevölkerung gesperrt. Im Sperrkreis 1 wurden die Beton-Unterschlupfe für *Hitler, Göring, Bormann, Jodl, Keitel* und ihre wichtigsten Schergen errichtet. Über die gesamte Anlage waren riesige Tarnnetze ausgebreitet, damit die feindlichen Flugaufklärer sie nicht vom Wald unterscheiden könnten. In gebauten Mulden auf den Bunkerdächern wurden Sträucher gepflanzt und Gras ausgesät und die Wände mit „Tarnbäumen" versehen. Von 1942 bis 1943 kamen Verwaltungs-, Telegrafen- und Bürobaracken sowie Gästehäuser, ein Kasino und ein Teehaus dazu. 1944 folgten die Luftschutzbunker und die Betonummantelung der bis dahin weniger geschützten Einrichtungen.

In einer der Lagerbaracken der Wolfsschanze, heute mit Nr. 3 auf dem Gelände gekennzeichnet, fand am 20. Juli 1944 das von Oberst *Stauffenberg* angeleitete und von ihm und seinen Adjutanten *Haeften* durchgeführte, missglückte Attentat auf *Adolf Hitler* statt. Auf den Tag vier Monate später verließ *Hitler* die Wolfsschanze im Zuge der „Operation Inselsprung", die nichts weiter als den Rückzug und die Sprengung der geheimen Betonbastion bedeutete, da die Rote Armee bereits vor den Toren stand.

Heute warnen Hinweistafeln davor, die ausgeschilderten Wege zu verlassen. Im nicht gesicherten, abseitigen Terrain könnte man immer noch auf eine nicht ausgehobene Mine treten, in einem unentdeckten Graben oder einer Fallgrube einsinken, und auch im Inneren der zahlreichen Bunkerruinen besteht akute Unfall-, wenn nicht gar Einsturzgefahr. Folgt man den verschlungenen, aber gut gekennzeichneten Pfaden durch das Gelände, begegnet man bis zu 45 Grad aus dem Lot gefallenen Betonwänden, die Birkenstämme als Stützen vor dem endgültigen Einsturz bewahren.

387po kj

Der je nach Wahl 1,3 km (gelbe Markierung), 1,8 km (rote Markierung) oder 2,4 km (blaue Markierung) lange **Rundgang** beginnt am ehemaligen Offiziershotel und heutigen Restaurant (1). An der Ruine des SS-Begleitkommandos vorbei (2) gelangt man zur Lagerbaracke, in der das Attentat auf *Hitler* verübt wurde (3), und zu weiteren Dienstleistungsbaracken (4, 5, 7, 8). Nur wenige Schritte entfernt ragt der gewaltige Gästebunker (6) empor. Kaum weniger kolossal sind die Trümmer des Bunkers der Verbindungsleute (9) sowie des Bormann-Bunkers (11), gesäumt vom Bormannschen Arbeitsbunker (11a) und Wohnhaus (11b). Im Anschluss an die Nummern 10, 12 und 14, die ein Proviantmagazin, einen Flakbunker und ein Löschwasserbecken markieren, folgt der riesige Hitlerbunker (13). Daran schließen sich an: das Haus und der Luftschutzbunker des Reichsmarschalls *Göring* (15, 16), der Bunker des Chefs des Wehrmachtführungsstabs *Jodl* (17), der Bunker des Chefs des Oberkommandos der Wehrmacht *Keitel* (19), der Bunker der persönlichen Adjutanten *Hitlers* (20), der Nachrichtenbunker (21) sowie verschiedene Betriebseinrichtungen wie Kasino (13a), Teehaus (13b), ein weiteres Kasino (18), Heizhaus (20b), Kino (20a), Fahrerhaus (22a) und Garagen (22). Fast schon zum Ausgangspunkt zurückgelangt, schließt der Bunker des Reichspressechefs (23) den Rundgang durch den ehemaligen Sperrkreis I ab.

Auf der anderen Seite der Landstraße von Kętrzyn nach Węgorzewo gelangt man zu den Häusern des Verbindungsstabs OKL und OKM (24, 25), einem weiteren Luftschutzbunker (26) und den Gebäuden des Führerbegleitbataillons (27), des Generalinspekteurs *Todt* bzw. des Hitlerarchitekten *Speer* (28) und des Verbindungsstabs Reichsaußenminister (29). Gegenüber vom Bahnhof dehnt sich ein weiteres Gelände mit Bunkern und Baracken des Wehrmachtführungsstabs, der Kommandanten des Führerhauptquartiers, des Stabs FBB und anderer Nazi-Bediensteter aus, das der Rundgang jedoch nicht mehr erschließt.

Insgesamt kann man sich heute nur noch schwer vorstellen, dass diese Ruinen einmal die Geheimwohnungen der obersten Nationalsozialisten waren. Wenig erinnert daran, dass von hier aus die Welt zugrunde gerichtet wurde. Vielmehr gleicht die Wolfsschanze mit ihrer großen Schar internationaler Besucher, welche als Nicht-Deutsche natürlich eine weniger schwierige Begegnung mit dem Gelände haben, einem riesigen historischen Abenteuerspielplatz. Dennoch: In diesen inzwischen einstürzenden Betonbauten wurde der Mord an Millionen von Menschen geplant und befohlen.

Um von Kętrzyn zur Wolfsschanze zu gelangen, muss man die Stadt auf der Straße 592 Richtung Giżycko/Ełk verlassen und hinter der Stadtgrenze nach den Bahnschienen links Richtung Gierłoż abbiegen. Von dort ist der Weg mit dem Schriftzug „Wolfsschanze, Wilczy Szaniec" ausgeschildert (6 km).

■ **Hitlerquartier „Wolfsschanze",** Gierłoż, 11-400 Kętrzyn, Tel. 89 7524429, www.wolfsschanze.pl, täglich von 8 Uhr bis Sonnenuntergang.

◁ Viele Gebäude auf dem Gelände sind akut vom Einsturz bedroht

Sztynort

Auf drei Seiten vom Wasser umgeben, erhebt sich auf einer Halbinsel zwischen Mamry- und Dargin-See (Mauer-See und Dargainen-See) im Flecken Sztynort **(Steinort)** das **Schloss der Grafen von Lehndorff.** Auf Grundmauern, die bereits aus dem 16. Jh. stammen, begann 1688 unter *Marie-Eleonore Dönhoff* nach dem Tod ihres Mannes *Ahasverus Lehndorff* der Neubau des Schlosses. Seine endgültige Gestalt erhielt es 1860 bis 1880 nach dem Anbau von zwei Seitenflügeln und zwei gotischen Erkern. „Steinort – die große Wildnis am See", schrieb *Marion Gräfin Dönhoff* (1909–2002) in den Erinnerungen an ihre „Kindheit in Ostpreußen", „war ein sagenumwobener Ort. Nicht nur, dass es dort – wie übrigens in jedem besseren Schloss in Ostpreußen – spukte, auch der See mit den vielen abenteuerlichen Geschichten, die die Fischer zu berichten wussten, sowie die Einsamkeit der Wälder, überhaupt der Natur, gab den lustigen Tagen dort eine unheimliche, fast magische Note. Natürlich spielte der Mauer-See, dieses Paradies nicht nur der Wasservögel, sondern aller Vögel, eine riesige Rolle."

Der wohl kauzigste Schlossherr war *Carol Meinhard Graf von Lehndorff*. *Marion Dönhoff* beschrieb ihren Onkel als jemanden, der es liebte, hinter vorgezogenen Vorhängen seine Bude einstauben zu lassen und kräftige Trinkgelage zu halten. Er starb 1936, doch vorher musste er noch die neuen Herren in Deutschland begrüßen. Aufgefordert, vom Balkon herab eine Rede an seinen „Führer" zu halten, rief der alte Mann: „Heil ...? Donnerwetter, wie heißt der Kerl doch gleich? ... Na, denn Waidmannsheil!"

408po kj

Als letzter gräflicher Herr auf dem Schloss und Verwalter der Lehndorffschen Güter ging *Marion Dönhoffs* Cousin und Freund in Kinderjahren *Heinrich „Heini" Graf Lehndorff* (1909–1944) in die Geschichte ein. Maßgeblich am Attentat auf *Adolf Hitler* am 20. Juli 1944 in der Wolfsschanze beteiligt, wurde er am 4. September 1944 in Berlin-Plötzensee hingerichtet. Die bekannteste seiner vier Töchter ist übrigens *Vera „Veruschka" Lehndorff* (*1939), die in den 1960er Jahren zum ersten Supermodel der Bundesrepublik aufstieg.

Die drei- bis vierhundertjährigen Eichen von Sztynort stehen inzwischen unter Naturschutz, doch von der einstigen Parkanlage im englischen Landschaftsstil ist kaum noch etwas übrig geblieben. Auch das Schloss befindet sich in einem jammerwürdigen Zustand. Seit vielen Jahren sind die verwaisten Gemäuer Wind und Wetter ausgesetzt und verfallen zusehends. Der Investor, der Anfang des dritten Jahrtausends die schicke Marina am Dargin-See baute und in den alten Mauern ein Schlosshotel projektierte, war angesichts der Größe der Aufgabe überfordert. Die Herausforderung übernahm anschließend die 2007 gegründete **Deutsch-Polnische Stiftung Kulturpflege und Denkmalschutz**. Sie engagiert sich für die Rettung von Schloss Steinort vor dem Verfall und sammelt Gelder und Unterstützer, damit es einmal wieder in neuem Glanz erstrahlen kann.

Der Schlossruine zu Füßen erstreckt sich am Seeufer eine moderne Marina mit Wassertankstelle, Einkaufsgelegenheit, Gastronomie und elegantem Hotel, das in einem 300-jährigen, zum Schloss gehörenden, schön restaurierten Wirtschaftsgebäude eröffnet hat.

Praktische Tipps

Unterkunft und Gastronomie

■ **Pensjonat Sztynort**③, Sztynort 10, 11-600 Węgorzewo, Tel. 87 4275181, www.pensjonatsztynort.pl. In einem ehemaligen Wirtschaftsgebäude von Schloss Steinort, die Zimmer modern ausgestattet, mit Restaurant, Bar und im Keller einer Weinstube.

Mamerki

Zwar weniger bekannt als die Wolfsschanze, aber wesentlich besser erhalten ist die Bunkeranlage des deutschen Oberkommandos des Heeres (OKH). 8 km südwestlich von Węgorzewo und etwa 18 km nordöstlich der Wolfsschanze dehnt sich die 1940 bis 1944 mit rund 250 Objekten für 40 Generäle, 1500 Offiziere und Wehrmachtsoldaten errichtete Anlage mit dem Decknamen **Mauerwald** aus – eine damals stacheldrahtumzogene, mit Meergras und Moosen getarnte Bunkerstadt, die in den Stahlbetonwänden sogar über Post, Kino und Krankenhaus verfügte. 30 Luftschutzbunker sind erhalten geblieben, der größte von ihnen misst 25 m Länge und 7 m dicke Mauern und Decken. Im Janu-

Das Schloss der Grafen von Lehndorff am Mamry-See ist heute nur noch eine Ruine

ar 1945 wurde Mauerwald kampflos von der Wehrmacht geräumt, weshalb die Anlage zu den besterhaltenen deutschen Bunkerkomplexen des Zweiten Weltkriegs zählt. Man kann sie auf Waldwegen durchstreifen; in einem Bunker ist ein Museum untergebracht, neuerdings noch bereichert um einen Kletterpark.

Anfahrt: ca. 6 km westlich von Węgorzewo südlich in die schmale Landstraße via Sztynort einbiegen, kurz nach dem Masurischen Kanal (Kanal Mazurskie) liegt linker Hand ein Waldparkplatz mit dem Eingang zum Bunkergelände.

■ **Mamerki/Mauerwald,** Karolewo 22/33, 11-400 Kętrzyn, Tel. 89 7524283, www.mamerki.com, Mai bis Sept. tgl. 8–20 Uhr.

Węgorzewo

Nördliches Urlauberzentrum an den Großen Masurischen Seen ist die 12.000 Einwohner große Stadt Węgorzewo (**Angerburg**). 20 km unterhalb der russischen Grenze, am Oberlauf der Węgorapa (Angerapp), liegt sie nur einen Steinwurf vom Mamry- und Święcajty-See (Schwenzait-See) entfernt. Irgendwo hier soll unter dem Hochmeister des Deutschen Ordens, *Dietrich von Altenburg,* 1335 eine erste hölzerne Wehranlage errichtet worden sein. Nach ihrer Zerstörung durch die Litauer 1365 erbaute man gegen Ende des 14. Jh. eine steinerne Burg, um die herum sich schnell eine Siedlung entwickelte. 1571 wurden Angerburg, das die Masuren Wegobork nannten, die Stadtrechte zuteil. Angerburg litt wie die anderen masurischen Städte unter den Tatareneinfällen, der Pest sowie den Verwüstungen, die der Schwedisch-Polnische Krieg mit sich brachte.

Glücklichere Zeiten brachen dann im 19. Jh. an. Bereits 1827 wurde ein Postamt eröffnet, zwei Jahre später folgte ein Lehrerseminar, und ab 1862 entstanden die ersten Pläne zum **Masurischen Kanal (Kanal Mazurski)**. Mit über 50 km Länge sollte er die Großen Masurischen Seen über den Pregel mit der Ostsee verbinden. 1911 begannen die Bauarbeiten, die, nach knapp drei Jahren mit Ausbruch des Ersten Weltkriegs wieder eingestellt, erst 1934 fortgesetzt wurden. Nach dem Zweiten Weltkrieg und der seither nahen russischen Grenze verlor das Projekt seine wirtschaftliche Bedeutung. Die verbliebenen 22 Wasserkilometer auf polnischem Staatsgebiet, an deren Ende der Kanal Mazurski westlich von Węgorzewo in den Mamry-See einmündet, dienen heute ausschließlich dem Paddelvergnügen.

Im Zweiten Weltkrieg wurden 80 Prozent der historischen Bausubstanz Węgorzewos zerstört. In der wiederaufgebauten Ordensburg am Młyński-Kanal befanden sich bis 2006 kommunale Einrichtungen, heute ist das als Burg kaum noch erkennbare Bauwerk in privater Hand. Die nahebei auf einer kleinen Anhöhe hinter dem zentralen Plac Wolności (Freiheitsplatz) thronende **Kirche Peter und Paul** (Kościół św. Piotra i Pawła) wurde an Stelle einer Vorgängerin von 1605 bis 1611 – noch im gotischen Stil – erbaut. 1729 um Querflügel erweitert, erhöhte man zwölf Jahre später den Turm und setzte ihm 1826 eine Haube auf. An Schätzen birgt das Got-

teshaus einen Barockaltar aus dem Jahr 1652, eine 1610 bis 1620 geschnitzte Kanzel, zwei Beichtstühle von 1696 und 1715 sowie als kostbarstes Stück die 1647/48 von *Joachim Thiele* aus Rastenburg gebaute älteste Orgel Masurens.

Am Stadthafen an der Węgorapa wartet das **Volkskulturmuseum** (Muzeum Kultury Ludowej) auf einen Besuch. Im Gebäude und im angeschlossenen ethnografischen Garten sind historische regionale Haushaltsgeräte, Keramik, Skulpturen und Trachten ausgestellt, in den Werkstätten kann man bei Festen und an anderen besonderen Tagen den Handwerkern beim traditionellen Weben, Töpfern und Korbflechten zusehen.

Bereits 1856 schipperten die ersten Liniendampfschiffe zwischen Angerburg und dem Wasserverkehrsknotenpunkt Lötzen (Giżycko) hin und her. Zwischen den Weltkriegen entwickelte sich die Stadt zu einem beliebten **Segelsportzentrum.** Und das ist sie bis heute geblieben. Zahllose Segelboote auf den Gewässern und die vielen Segler, die hier an Land gehen, um sich zu verproviantieren, prägen die Atmosphäre.

Ein anderer Anziehungspunkt ist die frühere **Jägerhöhe** über dem Ufer des Święcajty-Sees. Ein kleiner Soldatenfriedhof aus dem Ersten Weltkrieg erstreckt sich dort unter alten, hohen Kiefern. Aber nicht zum Gedenken spazieren die Touristen mit Picknickkörben herbei, sondern vor allem wegen der traumhaften Lage. Im Anschluss an einen Spaziergang am Ufer des Święcajty-Sees bietet die Anhöhe kurz nach dem Ortsausgang Richtung Giżycko eine fantastische Aussicht auf die weiten Wasserflächen.

Quasi gegenüber, am nordwestlichen Seeufer erstreckt sich kurz vor den ersten Häusern auf der Halbinsel Kal das städtische **Strandbad.** Im Juli und August kann man dort in die erfrischenden Fluten tauchen, ebenso wie am zweiten Stadtstrand von Węgorzewo am Ausgang des Masurischen Kanals in den Mamry-See, zu erreichen über die ul. Braci Ejsmontów.

△ Der Hafen von Węgorzewo

Praktische Tipps

Information

- **Touristeninformation,** Bulwar Loir-et-Cher 4, 11-600 Węgorzewo, Tel. 87 4274009, Juli/Aug. Mo–Fr 8–18, Sa/So 7–17 Uhr, sonst Mo 8–16, Di–Fr 7.30–15 Uhr.
- **Homepage** der Stadt: www.wegorzewo.pl.

Unterkunft und Gastronomie

- **Zimmervermittlung** in der Touristeninfo.
- **Hotel Ognisty Ptak**④, ul. Sztynorcka 6, 11-600 Węgorzewo-Ogonki (ca. 8 km südöstlich von Węgorzewo), Tel. 87 4272879, www.ognistyptak.pl. Weitläufige Edelanlage mit Hotelkomplex und Bungalows in traumhafter Lage am Święcajty-See, mit Pool, Spa, Wellness, das Restaurant serviert moderne, leichte polnische und internationale Gerichte.
- **Pensjonat Nautic**②-③, ul. Słowackiego 14, 11-600 Węgorzewo, Tel. 87 5682585, www.nautic.pl. Große gutbürgerliche Pension im Ortszentrum nahe Stadthafen, mit Café und mehreren Sonnenterrassen, Fahrrad- und Wassersportgeräteverleih.
- **Keja Tawerna,** ul. Braci Ejsmontów 2, 11-600 Węgorzewo, Tel. 87 4271843, www.keja.com.pl. Rustikal mit Holztischen und -bänken ausstaffierte Seemannskneipe im modernen Keja-Jachthafen neben dem Hafenamt; auf den Tisch kommen altpolnische Suppen, gebratener frischer Fisch in allen erdenklichen Variationen und deftige Fleischgerichte vom Grill, dann und wann begleitet von einem Shanty-Konzert.

Camping

- **Camping Nr. 175 Rusałka,** ul. Leśna 2, 11-600 Węgorzewo, Tel. 87 4272191, www.cmazur.pl. Schöner Platz unter hohen Kiefern in leichter Hanglage 4 km südlich am Święcajty-See, mit Gaststätte, Badewiese und Wassersportgeräteverleih. Geöffnet Mai bis Sept.

Jugendherberge

- **Jugendherberge,** ul. Prusa 10, 11-600 Węgorzewo, Tel. 87 4722367, www.lowegorzewo.pl, Juli und Aug.

Museen und andere Sehenswürdigkeiten

- **Volkskulturmuseum,** ul. Portowa 1, www.muzeum-wegorzewo.pl, Mitte Juni bis Mitte Sept. tgl. 10–18 Uhr, sonst Mo–Fr 8–16 Uhr.

Aktivitäten

- **Kreuzfahrten** mit den Schiffen der Weißen Flotte Masuren (Żegluga Mazurska) über den Mamry-See (tgl. 13 Uhr) sowie Ausflugsfahrt nach Giżycko (tgl. 15 Uhr), Juni bis Sept. ab Anlegestelle Węgorzewo, Bulwar Loir et Cher, Info: http://wegorzewo.zeglugamazurska.travel.pl.
- **Wassersportgeräteverleih:** auf dem Campingplatz Rusałka (siehe oben).

▷ Fahrt mit einem Ausflugsboot der „Weißen Flotte"

Giżycko

Was Mikołajki für die Region der südlichen Großen Seen darstellt, bedeutet Giżycko (**Lötzen**) für die nördliche. Die 30.000-Einwohner-Stadt ist das größte **touristische Zentrum** und der wichtigste **Wasserverkehrsknotenpunkt** weit und breit. Schon seit dem 18. Jh. sind die Seen von Węgorzewo ganz oben im Norden bis Ruciane-Nida ganz unten im Süden durch Flüsse und Kanäle miteinander verbunden. Bereits im 13. Jh. entstand an einer der schmalsten Passagen und damit lukrativsten Zollsperren auf dem Weg von Norden nach Süden zwischen dem Niegocin-See (Löwentin-See) und dem Kisajno-See (Kissain-See) ein von den Deutschordensrittern errichtetes festes Haus. 1365 von den Litauern zerstört, erbaute man 1390 nicht weit entfernt eine Ordensburg. Ein halbes Jahrhundert zuvor hatten sich bereits die ersten Siedler niedergelassen, und 1612 erhielt Lötzen, wie es die deutschsprachigen, bzw. Lec, wie es die polnischsprachigen Einwohner nannten, das Stadtprivileg. Seinen heutigen Namen verdankt Giżycko dem Johannisburger Pastor und Sprachforscher *Hermann Martin Gustav Gisevius* (1810–1848), der sich für die Pflege der polnischen Sprache in Masuren einsetzte.

Zunächst verläuft die Geschichte der Stadt mit den drei Brassen im Wappen nicht anders als die aller anderen Orte in der Region. Tatarenüberfälle und der Schwedisch-Polnische Krieg werden verwunden, und der Eisenbahnanschluss 1868 bringt erstmals einen spürbaren ökonomischen Aufschwung. 1890 aber werden dann neue Wege beschritten. Es gründet sich die „Gesellschaft zur Erleichterung des Personenverkehrs auf den Masurischen Seen", zwei Jahre später benennt sich die Schifffahrtslinie in „Masurische Dampferkompagnie Lötzen" um – und das kleine Städtchen zwischen den Seen entwickelt sich zur führenden Sommerfrische Masurens.

In den 1920er Jahren entstanden am Löwentin-See ein Strandbad, Gaststätten, Segel- und Ruderklubs, und seitdem ist der Ort einer der größten Freizeithä-

291po kj

Giżycko (Lötzen)

fen Masurens. Heute stehen Hobbyskippern **gut zwei Dutzend Marinas** mit rund 1400 Liegeplätzen in Giżycko und der näheren Umgebung zur Verfügung. Eine Vielzahl von Unterkünften, Sport- und Freizeiteinrichtungen und natürlich die große Urlauberschar rund ums Jahr prägen das quirlige Stadtleben.

Während der klirrend kalten masurischen Winter bevölkern **Eissegler** die zugefrorenen Seen. Schon seit den 1920er Jahren wird auf dem Kisajno-See und dem Niegocin-See Eissegeln betrieben. Noch mehr Segelschiffe gehen im Sommer vor Anker. Denn ob es sich nun um kleine Ein-Personen-Optimisten,

■ Übernachtung
1 Hotel Mazury
2 Hotel Europa
4 PTTK-Camping Wilkasy
5 Hostel Twierdzy Boyen
6 Hotel St. Bruno
7 Hotel Masovia
8 Gasthaus Pod Czarnym Łabędziem
9 Mazurskie Siedlisko Kruklin

■ Essen und Trinken
1 Restaurant Mazury
2 Restaurant Europa
4 PTTK-Camping Wilkasy
7 Restaurant Masovia
8 Gasthaus Pod Czarnym Łabędziem
9 Mazurskie Siedlisko Kruklin

■ Wassersport
3 Wassersportzentrum COS
4 PTTK-Camping Wilkasy

■ Sonstiges
4 Fahrradverleih

windschnittige Jollen oder auch stattliche Jachten handelt – ein jeder, der die insgesamt 171 km lange Bootspartie über die Großen Masurischen Seen unternimmt, schaut in Giżycko vorbei. Aber nicht nur für Segler, auch für Paddler und Radler ist bestens gesorgt. Ausgewiesene Wasserwanderwege, die man in einem Tagesausflug erpaddeln kann, und Radwanderwege zwischen 25 und 70 km Länge führen von Giżycko aus in die schöne Umgebung.

Aufgrund der strategisch wichtigen Lage wurde auf dem schmalen Landstrich zwischen Kisajno- und Niegocin-See 1843 bis 1851 die **Festung Boyen** errichtet, so benannt nach dem preußischen General der Befreiungskriege *Hermann von Boyen* (1771–1848). Lange Zeit fristete das sternförmige Backsteinfort mit seinen Wällen und Mauern ein verborgenes Dasein, bis die 1993 gegründete Gesellschaft der Freunde der Festung Boyen sie restaurierte und für den Fremdenverkehr zugänglich machte. Ein Café, eine Freilichtbühne, ein Hostel und ein Museum, das über die Stadt und die alte Militärfeste informiert, sind dort untergebracht.

Von der ehemaligen Ordensburg nahe dem Łuczański-Kanal (Lötzen-Kanal), wohl um 1335 gegründet, trotzte ein Flügel den Zeiten. 2010 wurde er aufwendig saniert, um einen vornehmen Neubau ergänzt und vom feudalen Vier-Sterne Hotel St. Bruno bezogen. In der Nachbarschaft führt seit 1860 eine **historische Drehbrücke** über den Kanal. Nach wie vor werden ihre 100 t Gewicht tagsüber alle 30 Minuten von Hand gedreht, damit auch die größeren Boote in den Niegocin-See einfahren können.

Schinkel-Jünger werden die 1826/27 nach Plänen der Berliner Oberbaudeputation unter Leitung des großen Baumeisters Preußens, *Karl Friedrich Schinkel*, errichtete **Evangelische Pfarrkirche** würdigen. In ihren Mauern finden im Sommer sonntags um 9.30 Uhr deutschsprachige Gottesdienste statt. Der Sonntagabend gehört ab 19 Uhr dann den Orgelkonzerten, die im Rahmen der Lötzener Orgeltage gegeben werden.

Katholiken verehren das auf einer Anhöhe über dem Niegocin-See 1910 aufgerichtete, nach dem Zweiten Weltkrieg wiedererrichtete **Brunokreuz**. Es erinnert an den Missionar *Bruno von Querfurt* (um 974–1009), der 1009 in der Nähe von Giżycko den Märtyrertod erlitt. Von der kleinen Anlage aus eröffnet sich ein schöner Blick über den See.

Vom Hafenkai an der Mündung des Łuczański-Kanals stechen Ausflugsdampfer in See und tragen die Passagiere in alle vier Himmelsrichtungen über die Großen Masurischen Seen. In der Nachbarschaft warten das Strandbad und der Segelhafen auf einen Besuch.

Naturfreunde kommen knapp 20 km östlich in der **Puszcza Borecka (Borkener Forst)** in der **Wisentzuchtstation in Wolisko** (Stacja Hodowli Żubrów) nahe dem Flecken Lipowo auf ihre Kosten. Über 70 prächtige Exemplare der Europäischen Bisons sind in einem Reservat im urwaldartigen Borker Forst zu Hause. Am schönsten lassen sich die scheuen Zotteltiere zu den Fütterungszeiten bei der Station beobachten. Siehe auch „Buckliges Masuren, Puszca Borecka".

Praktische Tipps

Information

- **Touristeninformation,** ul. Wyzwolenia 2, 11-500 Giżycko, Tel. 87 4285265, www.gizycko.turystyka.pl, Juli/Aug. tgl 9–19 Uhr, Mai/Juni/Sept. tgl. 9–18 Uhr, Okt. 9–17 Uhr.
- **Homepage** der Stadt: www.gizycko.com.pl.

Unterkunft und Gastronomie

- **Zimmervermittlung** in der Touristeninfo.
- **Hotel St. Bruno**⑤, ul. św. Brunona 1, 11–500 Giżycko, Tel. 87 7326500, www.hotelstbruno.pl. Im Jahr 2011 eröffnete Luxusherberge, mit stilvollen Komfortzimmern und Apartments, einem eigenen Schwimmbad und Spa; im Restaurant verbindet der

Chef de Cuisine das Beste der polnischen Küche mit globalen Trends.
- **Hotel Masovia**④, ul. Dąbrowskiego 8, 11-500 Gizycko, Tel. 87 7371322, www.hotelmasovia.pl. Restauriertes Gründerzeitgebäude von vornehmer Gediegenheit, die Zimmer großzügig geschnitten, das stilvolle Restaurant kombiniert regionale und polnische Küche.
- **Mein Tipp: Gasthaus Pod Czarnym Łabędziem** ④ (Zum schwarzen Schwan), ul. Mazurska 98, 11-513 Miłki-Rydzewo, Tel. 87 4211252, www.gospoda.pl. Schönes Fachwerkhaus mit Bootsanleger und Seeterrasse auf einer kleinen Landzunge zwischen Niegocin- und Boczne-See; das Restaurant, liebevoll mit Antiquitäten der Region eingerichtet, serviert traditionelle polnische, litauische und regionale Köstlichkeiten. Wer möchte, kann dort auch übernachten oder seine Textilhütte auf dem angeschlossenen Campingplatz aufschlagen (ca. 9 km südlich von Giżycko beim Flecken Rydzewo).
- **Hotel Europa**③, al. Wojska Polskiego 37, 11-500 Giżycko, Tel. 87 42930-01 bis -03, www.hoteleuropa-gizycko.pl. Postmodernes Bauwerk mit Komfortzimmern in herrlicher Lage unmittelbar am Ufer des Kisajno-Sees. Mit Restaurant, kleinem Badestrand und Bootsanleger.
- **Mazurskie Siedlisko Kruklin**③, Kruklin 47 (ca. 10 km östlich von Giżycko), 11-500 Giżycko, Tel. 87 7341200, www.mazurskiesiedliskokruklin.pl. Hübsche Walmdachvilla in traumhafter Alleinlage, zuvorkommender Service, die Zimmer elegant im modernen Landhausstil, mit eigenem kleinen See, das Restaurant bereitet gehobene regionale und europäische Küche zu.
- **Hotel Mazury**②, al. Wojska Polskiego 56, 11-500 Giżycko, Tel. 87 4285956, www.hotelmazury.pl. Großes Haus mit 47 Zimmern gegenüber dem Hotel Europa am Kisajno-See. Mit Bar und Restaurant, man spricht deutsch.
- **Hostel Twierdzy Boyen**①, in der Feste Boyen, ul. Turystyczna 1, 11-500 Giżycko, Tel. 87 4288393, www.boyen.gizycko.pl. Mai bis Okt.

Camping

- **PTTK-Camping Wilkasy,** ul. Niegocińska 1, 11-532 Wilkasy, Tel. 87 4280078, www.pttkwilkasy.pl. 6 km südlich von Giżycko im nicht so schönen Örtchen Wilkasy, dafür aber sehr schön am See gelegen; mit Ferienhütten, Gaststätte, Badestrand und Wassersportgeräteverleih. Mai bis Sept.

Museen und andere Sehenswürdigkeiten

- **Festung Boyen,** geöffnet April 9–16 Uhr, Mai/Juni/Sept. 9–18 Uhr, Juli/Aug. 9–19 Uhr, Okt. 9–17 Uhr, www.boyen.gizycko.pl.
- **Wisentzuchtstation** (Stacja Hodowli Żubrów), im Weiler Woliski (bei Lipowo, etwa 20 km östlich von Giżycko), Mai bis Sept. 9–11 und 16–18 Uhr.

Aktivitäten

- **Dampferfahrten** in alle vier Himmelsrichtungen über die Großen Masurischen Seen mit Schiffen der Weißen Flotte Masuren (Żegluga Mazurski). Info und Kartenverkauf im Hafen Giżycko, ul. Kolejowa 8, Tel. 87 4285278, http://gizycko.zeglugamazurska.travel.pl; Abfahrt ebendort Juni bis Sept. tgl. ab 9 Uhr etwa im 30-Minuten-Takt.
- **Wassersportgeräte- und Fahrradverleih,** am PTTK-Camping Wilkasy (siehe „Camping"); im Wassersportzentrum COS am Kisajno-See, ul. Moniuszki 22, 11-500 Giżycko, Tel. 87 4417100, www.gizycko.cos.pl.
- **Baden,** am Stadtstrand im Zentrum von Giżycko am Nordufer des Niegocin-Sees.

Der Storch

„Störche zwischen den Herden stolzierend, Störche im Flug, Störche auf dem Dachfirst, sich wie Denkmäler vom Himmel abhebend." So beschreibt *Arno Surminski* in seinem rührenden Liebesroman „Polniken" die Landschaft Masurens, und wahrhaftig ließe sich Meister Adebar beinahe als **hiesiges Haustier** betrachten, flöge er nicht Mitte August schon wieder davon. Wenn **Wojtek** (Adalbert), wie man den Storch in Masuren nennt, sein stattliches Nest auf dem Dachfirst baut, freut sich der Bauer, denn es bedeutet, dass sein Haus nicht vom Blitz getroffen wird. Niemals baut der große weiße Schreitvogel mit den am Ende schwarz eingefärbten Schwingen seinen Horst an Orten, wo sich unterirdische Wasserläufe kreuzen und deshalb Blitze einschlagen könnten. Auch ist der Storch ein treuer Gevatter. Nach seinem Winterausflug nach Afrika kehrt er in sein **angestammtes Nest** in seinem Heimatort zurück. Dort legt die Storchendame bis zu vier Eier ab, die von ihr und ihrem Gefährten arbeitsteilig während der folgenden 30 bis 35 Tage ausgebrütet werden. Besonders zur Paarungs- und Nistzeit ist die Luft von ihrem Schnabelklappern erfüllt, weshalb man sie ja auch „Klapperstörche" nennt. Laute gibt der Weißstorch keine von sich, er hat keine Stimme.

Dafür verfügt sein schwarzer, äußerst seltener Verwandter gleich über ein sehr umfangreiches Klapperklangrepertoire. In Polen und dort überwiegend in Masuren existieren noch etwa 700 Schwarzstorchpaare – das ist beinahe die Hälfte der gesamten europäischen Population –, und während der Weißstorch die weiten Felder und ausgedehnten, offenen Feuchtgebiete liebt, scheut der **Schwarzstorch** die Menschen. Er fühlt sich in urwüchsigen, undurchdringlichen Waldlandschaften wohl und findet in Masuren deshalb noch ausreichenden Lebensraum.

Rund **200 ha Jagdrevier** braucht ein Storchenpaar, um seine hungrige **Brut** großzuzie-

hen. Rund 400 g Futter pro Kopf und Tag – das sind 15 kleine Mäuse oder 60 Regenwürmer – müssen für die kleinen Schnabulierer, die immerfort aufgeregt ihre langen, schmalen Hälse aus dem Horst herausstrecken, herbeigeschafft werden. Die Ende Mai geschlüpften Jungvögel fressen Würmer, Schnecken und Insekten, wohingegen die bis zu 110 cm großen Altvögel Mäuse, Fische und natürlich Frösche bevorzugen und mühelos auch einen ganzen Aal verschlingen können. Schon wenig später sind die Kleinen ausgewachsen und beginnen mit ihren Flugübungen. Bis zu 2 m misst Meister Adebar von einer Flügelspitze zur anderen, was ihn zu einem ausgezeichneten Segelflieger macht.

◁ ⌃ Prachtexemplare von Meister Adebar in ihren Nestern

Mitte August beginnen die Störche sich auf den just abgeernteten Feldern für ihren **Abflug nach Afrika** zu sammeln. Hunderte der weißschwarzen Gesellen staksen dann über die Stoppeln, um hier oder da noch einen Happen als Wegzehrung für ihre lange Reise zu schnappen. Und so vertraulich, wie sie sich seit der Frühjahrszeit den Menschen gegenüber verhalten haben, sind sie mit einem Mal scheu und fliehen wie Rehe, sobald man sich ihnen auch nur auf 50 m annähert.

Anders als ihre westeuropäischen Kollegen, die im Frühherbst ihre Flugroute über Gibraltar nehmen, ziehen die masurischen Störche, wie auch alle anderen mittel- und osteuropäischen Storchenverbände, über den Bosporus, Kleinasien und das Rote Meer nach **Südafrika,** von wo aus sie, sobald der Winter vorüber ist, im darauf folgenden Jahr in ihre Sommerheimat zurückkehren.

Ełk | 391
Gołdap | 387
Olecko | 389
Puszcza Borecka | 386
Puszcza Romincka | 388

13 Buckliges Masuren

Die Hügellandschaft östlich der Großen Masurischen Seeplatte ist immer noch unentdeckt. Von Sümpfen und Mooren durchzogen, zeigt sich das Walddickicht des Borkener Forsts und der Rominter Heide. Ełk, die historische Hauptstadt Masurens, wartet mit einer hübschen Promenade am See und einer historischen Schmalspurbahn auf.

◁ Ein kleiner „Buckel"

BUCKLIGES MASUREN

Östlich des Mamry-Sees hebt sich plötzlich das Land. Wo soeben noch Anhöhen und Niederungen in sanften Wellen abwechselten, holt die Natur nun zu gewagteren Schwüngen aus, weshalb man die Landschaft jenseits der Großen Seen zwischen Olecko und Gołdap „Buckliges Masuren" (**Mazury Garbate**) nennt. Der höchste „Buckel" führt mit der Szeska Góra (Seesker Höhe) am Ostrand der Puszcza Borecka auf 309 m hinauf. Hier ist der nordöstlichste Punkt Masurens erreicht. In der Nähe von **Gołdap** hat man mit einem Sessellift sogar für alpinen Skisport gesorgt. Die Stadt deshalb als „Zakopane des Nordens" zu bezeichnen, wie es manchmal geschieht, ist dennoch ein bisschen zu gut gemeint. Der Piękna Góra, an dem sich im Buckligen Masuren die Brettelfans dem weißen Wintervergnügen hingeben, liegt gerade einmal 272 m über dem Meeresspiegel.

Anders als im Urlaubsparadies um die Großen Masurischen Seen finden nur wenige Touristen in dieses von stillen Wäldern, Sümpfen und Mooren durchzogene Land. In der urwaldartigen **Puszcza Borecka (Borkener Forst)** und der menschenleeren **Puszcza Romincka (Rominter Heide)** hat sich die Natur in ihr Recht gesetzt. Und mit einem einzigen Augenaufschlag wechselt auf einmal das Licht. Umspielten eben noch die Strahlen einer weichen, goldenen Sonne die Wälder und Seen und tauchten sie in zartes Pastell, öffnet sich nun mit gestochenen Farben der baltische Himmel: unendlich weit, klar, mit einem durchdringenden Blau, vor dem sich in kräftigen Konturen die Erde abhebt.

Östlich der Linie Gołdap, **Olecko** und südlich der alten „Hauptstadt Masurens" **Ełk** an der Ełk-Seenplatte verlief bis zum Ende des Zweiten Weltkriegs die Grenze Ostpreußens und damit die deutsch-polnische Grenze. Mit Inkrafttreten der Gebiets- und Verwaltungsreform in Polen 1999, in deren Folge sich die Anzahl der Woiwodschaften von 49 auf 16 verringerte, wurde die alte Woiwodschaft Suwałki aufgelöst und ihre Westhälfte mit den Großen Masurischen Seen und der Region Gołdap/Olecko/Ełk der neuen Großwoiwodschaft Warmia-Mazury angegliedert, womit die neue Woiwodschaftsgrenze in etwa der historischen Grenze des alten Ostpreußen entspricht.

NICHT VERPASSEN!

- Die **Wisent-Zuchtstation** in Wolisko in der Puszcza Borecka | 386
- Die höchste alte **Bahnbrücke Polens** beim Örtchen Stańczyki | 387
- Die **Puszcza Romincka** | 388
- Die **Schmalspurbahn** und das **Schmalspurbahnmuseum** in Ełk | 391, 392

Diese Tipps erkennt man an der gelben Hinterlegung.

Puszcza Borecka

Kaum jemandem wird man auf Wanderungen durch die Puszcza Borecka (**Borkener Forst**) begegnen. In dem 250 km² großen Gebiet, das überwiegend mit Kiefer und Fichte und ein wenig mit Laubmischwald bewachsen ist, hausen im Dickicht zwischen Seen, Tümpeln und Mooren Marder und Iltis, Biber, Dachs und seltene Raubvögel. Sogar Wölfe wurden in der jüngsten Zeit wieder gesichtet. Im Borecka-Urwald, über dem die sauberste Luft in ganz Polen gemessen wird, gibt es vier Reservate, in denen die Natur sich selbst überlassen ist. Mit Glück, Bedacht und vor allem viel, viel Geduld kann man vielleicht sogar eine Rotte **Wisente** beobachten. So ungetüm, wie die mächtigen Europäischen Wildrinder auch erscheinen, sind sie trotzdem sehr scheu und fliehen sofort, sobald sie die Witterung von Menschen aufnehmen. Anfang des 20. Jh. beinahe ausgestorben, widmete man sich im Białowieża-Nationalpark südöstlich von Białystok sehr frühzeitig der Wiederaufzucht dieser urtümlichen Viecher. 1956 wurde eine Gruppe Wisente von dort in ein weitläufiges Reservat in der Puszcza Borecka verbracht. Seitdem haben sie sich dort im Schutz der Wildnis fleißig vermehrt. Auf über 70 Wildrinder schätzt man heute den Bestand im Borkener Forst.

Am besten lassen sie sich in der ==Wisentzuchtstation in Wolisko== (Stacja Hodowli Żubrów) zu den Fütterungszeiten beobachten.

■ **Wisentzuchtstation** (Stacja Hodowli Żubrów), im Weiler Woliski (bei Lipowo, ca. 20 km östlich von Giżycko), Mai bis Sept. tgl. 9–11 und 16–18 Uhr.

Gołdap

Zwischen den Urwäldern der Puszcza Borecka und der Puszcza Romincka liegt Gołdap (**Goldap**), 1570 gegründet, allein auf weiter Flur. Ganze 4 km trennen die 14.000-Einwohner-Stadt von der Grenze zum russischen Bezirk Königsberg, die jahrzehntelang abgeriegelt war. Heute wird an der gut bewachten EU-Außengrenze vor allem ein kleiner Grenzverkehr abgewickelt. Ohne Visum von hüben nach drüben bewegt sich für Touristen jedoch leider gar nichts.

So abgelegen und durch die nahe Grenze benachteiligt, wird die Region dafür mit der saubersten Luft in ganz Polen entschädigt. 1945 zu mehr als 90 Prozent zerstört, wirbt die Stadt deshalb vor allem mit ihrer unverfälschten, gesunden Natur. Seit dem Jahr 2000 ist Gołdap **Kurort** – der einzige in der gesamten Woiwodschaft Warmia-Mazury –, wo mithilfe von Heilschlamm, einem Gradierwerk und Mineralwasser Beschwerden gelindert werden.

Einen Blick lohnt die aus dem späten 16. Jh. stammende, 1981 bis 1984 wieder aufgebaute **Marienkirche** (Kościół Naszej Marii Pannej), deren markanter Turm hinter dem großen zentralen Marktplatz aufragt. Im Norden der Stadt erstreckt sich bis zur Grenze der **Gołdap-See** mit Strand, schlichtem Campingplatz und anderen Sommerfreizeiteinrichtungen.

Im Süden der Stadt kommen am **Gołdapska Góra**, auch Piękna Góra („Schöner Berg") genannt, im Winter die Skihasen zum Zug. Mehrere Lifte tragen sie auf den 272 m hohen Hausberg von Gołdap hinauf, von dessen Kuppe aus man zu jeder Jahreszeit eine schöne Aussicht über die liebliche Moränenlandschaft mit ihren Hügeln und Seen genießt.

Gut 25 km östlich liegt am Rand der Puszcza Romincka beim Ort **Stańczyki** die höchste alte Bahnbrücke Polens. Auf 150 m Länge verläuft die Zwillingsbrücke 36 m hoch über das Tal. Die nördliche Brücke 1912 bis 1914 und die südliche Brücke 1923 bis 1926 erbaut, erinnern ihre Arkaden und Pfeiler an ein antikes römisches Viadukt. Dem Zugverkehr dient sie schon lange nicht mehr. Bereits 1945 wurden die Gleise von der Roten Armee demontiert. Seither fungiert sie als Sehenswürdigkeit Nummer 1 in der Region und wird neuerdings außerdem gerne von Bungee-Springern genutzt.

Praktische Tipps

Information

■ **Touristeninformation,** plac Zwycięstwa 16, 19-500 Gołdap, Tel. 87 6152090, http://uzdrowisko goldap.pl/informacja-turystyczna-centrum-promo cji-regionu-goldap, Juli/Aug. Mo–Fr 8–18, Sa 9–14 Uhr, So 10–13 Uhr, sonst Mo–Fr 9–15 Uhr.
■ **Homepage** der Stadt: www.goldap.pl.

Unterkunft und Gastronomie

■ **Zimmervermittlung** in der Touristeninfo.
■ **Hotel Jurand**②, ul. Stadionowa 3, 19-500 Gołdap, Tel. 87 6154935, www.jurand.goldap.net. Gemütliche Fachwerkanlage, nördlich der Bahngleise

◁ Über 70 Wisente leben heute im Borkener Forst

nahe Sportstadion, zehn Minuten Fußweg zum See, 15 Minuten ins Ortszentrum; das Restaurant serviert Spezialitäten der Region, z.B. Kartoffelkuchen oder *kartacze* (Kartoffelklöße mit Fleisch).

■ **Hotelik Gołdap**②, pl. Zwycięstwa 21, 19-500 Gołdap, Tel. 87 6150461, www.hotelikgoldap.pl. Freundliches kleines Mittelklassehotel im Zentrum am Marktplatz.

Camping

■ **Camping,** ul. Stadionowa 12, 19-500 Gołdap, Tel. 87 6150629. Schlichter Platz am Stadtstrand direkt am Gołdap-See, Mitte Mai bis Mitte Sept.

Aktivitäten

■ **Baden,** am Stadtstrand am Gołdap-See (ul. Stadionowa).

Puszcza Romincka

Die Puszcza Romincka (**Rominter Heide**) ist vom schnurgeraden Grenzverlauf zum Oblast Kaliningrad (Bezirk Königsberg) durchschnitten, der größte Teil des 260 km² umfassenden Walds liegt jenseits der Grenze. Grenznahe Ortschaften gibt es keine, die damals dort ansässige Bevölkerung wurde nach 1945 vertrieben oder zwangsumgesiedelt. So konnte sich die Natur, von da an ungehindert durch Menschenhand, das Land vollständig zurückerobern. Elche, Wölfe, Luchse und Biber finden ideale Lebensbedingungen. Spaziergängern bietet die Rominter Heide Möglichkeiten zu ausgedehnten Wanderungen durch die weite, einsame Wildnis. Von der Gołdaper

Tourismusorganisation wurden dafür einige Wanderwege unterschiedlicher Längen ausgewiesen.

Um nicht versehentlich nach **Russland** hineinzuspazieren, sollte man die **markierten Wege** besser nicht verlassen. Die Staatsgrenze besteht heute zwar nur noch aus einer in den Wald geschlagenen Schneise, und die Grenzpfähle im hohen Gras sind oft kaum noch auszumachen. Das unkontrollierte Einwandern nach Russland ist aber trotzdem verboten und kann teuer bestraft werden. Auch wenn Fuchs und Hase natürlich kein Visum verlangen.

Seit der Gründung des **Landschaftsparks Rominter Heide** (Park Krajobrazowy Puszczy Rominckiej) 1998 ist darüber hinaus das **Jagen** verboten. Jahrhundertelang war der Wald hochherrschaftliches Jagdrevier, preußische Könige und deutsche Kaiser gingen hier auf die Pirsch. Vor allem die kapitalen Geweihe der Rominter Rothirsche waren von jeher als Trophäen begehrt. Wilderei und seit dem Fall des Eisernen Vorhangs zunehmend auch Jagdtourismus hatten dem König unter den Hirschen in der Puszcza Romincka fast den Garaus gemacht. Mittlerweile konnte sich der Bestand dank Jagdverbot wieder erholen.

Die Marienkirche von Gołdap

In der Puszcza Romincka

Olecko

Die Geschichte der 16.000 Einwohner zählenden Stadt Olecko (**Marggrabowa/Treuburg**) reicht bis ins 16. Jh. zurück. Seinerzeit trafen sich hier zur Jagd die Cousins *Zygmunt II. August* (reg. 1548–1572), König von Polen, und *Albrecht von Brandenburg-Hohenzollern*, letzter Hochmeister des Deutschen Ordens vor dessen Säkularisierung und 1525 bis 1568 erster Herrscher über das Herzogtum Preußen. In Erinnerung an diese nette Begegnung beschlossen die beiden Verwandten, hüben im Preußenland und drüben in Polen jeweils eine Stadt zu gründen. Also entstanden anno 1560 Marggrabowa (masurisch für „Markgrafenstadt") und 40 km weiter östlich Augustów. So erzählt die Sage.

Tatsächlich gibt es bis auf das Gründungsjahr keine historischen Anknüpfungspunkte für die hübsche Geschichte. 1560 erhielt die kleine Siedlung in der Wildnis am See, die man Marggrabowa nannte, Stadtrechte. Tatareneinfälle 1656/57, die große Pestepidemie 1709 bis 1711 und immer wieder Stadtbrände setzten ihr zu. Den Namen „Treuburg" erhielt sie 1928, acht Jahre nach der Volksabstimmung der Masuren über ihre Staatzugehörigkeit zu Polen oder Deutschland. Nur zwei von knapp 29.000 Wahlberechtigten im Kreis hatten für Polen gestimmt, weshalb Marggrabowa als Dank für seine Treue zum Deutschen Reich in Treuburg umgetauft wurde. Die polnische Bevölkerung entschied sich 1945 für den Namen Olecko, der auf eine Jagdhütte an dieser Stelle im 16. Jh. zurückgeht.

An der Ostgrenze Ostpreußens gelegen, wurde die Stadt gegen Ende des Zweiten Weltkriegs fast völlig zerstört, weshalb sie über keine nennenswerten Sehenswürdigkeiten verfügt. Am großen Marktplatz blieb das **Rathaus** aus der ersten Hälfte des 19. Jh. erhalten. Am Ufer des Olecko-Wielkie-Sees steht auf Höhe des Sportstadions noch die historische Badeanstalt.

Praktische Tipps

Information

■ **Touristeninformation,** Kulturzentrum „Buckliges Masuren" (Regionalny Ośrodek Kultury w Olekku „Mazury Garbate"), plac Wolności 22 (am zentralen Marktplatz), 19-400 Olecko, Tel. 87 5204948, www.it.olecko.eu, Juni bis Mitte Sept. Mo–Fr 10–18, Sa/So 9–17 Uhr, sonst Mo–Fr 8–17 Uhr.
■ **Homepage** der Stadt: www.olecko.pl.

Das Bio-Landgut Marczak nahe Olecko

Unterkunft und Gastronomie

■ **Zimmervermittlung** in der Touristeninfo.
■ **Hotel Mazury**②, ul. Gołdapska 10a, 19-400 Olecko, Tel. 87 5204050, www.mazury-centrum.com.pl. Große Villa am Parkrand, 300 m vom See und der Badeanstalt entfernt, funktionale Zimmerausstattung, mit angeschlossenem Restaurant.
■ **Gościniec Olecki**②, ul. Gołdapska 32, 19-400 Olecko, Tel. 87 5201669, www.gosciniecolecki.pl. Ferienanlage im altpolnischen Blockhaus-Stil wenige Meter vom Olecko-See, bequeme Unterkunft im Gästehaus oder in Holzhütten, im Restaurant altpolnische Küche.
✿ **Bio-Landgut Marczak**②, Giże 41, 19-411 Świętajno, Tel. 87 5230266, www.ekoturystyka.com.pl. Traumhaft schön gelegener Hof auf einem 21 ha großen Gelände beim Weiler Giże, knapp 7 km südwestlich von Olecko; die behaglichen Gästezimmer befinden sich in zwei im Stil traditioneller masurischer Bauernhäuser errichteten Gebäuden inmitten der großen gepflegten Gartenanlage am eigenen See, die Küche serviert regionale Spezialitäten von frischen Produkten aus dem eigenen biologischen Anbau. Die gesamte Anlage wird ökologisch geführt und wurde 2001 erstmals zum schönsten Bio-Hof Polens gekürt. Man spricht deutsch.

Ełk

„Denken Sie sich ein wie endgültig verschneites Land, lassen Sie die Schneefahnen mit dem Wind gehen, werfen Sie ein paar erschöpfte Krähen in die Luft, geben Sie unserem Winter alles, was er in seiner Unwirschheit beansprucht: harte, blinkende Eisflächen also, das Singen des Frostes und diese Starre im Schilf und in den glasierten Weiden."

So beschreibt *Siegfried Lenz* die masurischen Winter, vielleicht mit einem Blick auf seine Heimatstadt Lyck. 1926 wurde der Schriftsteller, der wie kein anderer den masurischen „Leutchen" ein literarisches Denkmal setzte, in der südöstlichsten Stadt des ehemaligen Ostpreußens geboren. Damals wie heute ist Ełk **(Lyck)** im Herzen der Ełk-Seenplatte (Pojezierze Ełckie) mit aktuell 55.000 Einwohnern die größte Stadt in Masuren und darüber hinaus ein Zentrum des Wassersports. Die Seen sind zwar nicht so groß, und die touristische Infrastruktur ist weniger entwickelt als an den benachbarten Großen Masurischen Seen, doch lässt sich dafür selbst während der Hochsaison, unterwegs auf den Gewässern, überall ein stilles Plätzchen finden.

Ende des 14. Jh. baute der Deutsche Orden auf der kleinen Insel im Ełckie-See ein „Festes Haus". 1669 wurden Lyck die Stadtrechte zuteil, doch schon mit der Einrichtung der herzoglich-preußischen „Particular"-Schule 1587, die Eleven auf ein Studium an der Universität Königsberg vorbereitete, entwickelte sich die Stadt schnell zum geistigen und kulturellen Mittelpunkt im südlichen Ostpreußen. Der wirtschaftliche Aufschwung kam 1868 mit der für masurische Verhältnisse relativ frühen Anbindung an das Eisenbahnnetz, und mit Landratsamt, Landgericht und Gymnasium stieg Lyck zur heimlichen „Hauptstadt Masurens" auf. Nur 18 km von der damaligen deutsch-polnischen Grenze entfernt, wurde sie gegen Ende des Zweiten Weltkriegs nahezu ausradiert.

So verfügt Ełk heute über keine nennenswerten Sehenswürdigkeiten mehr, das Stadtbild ist vergleichsweise wenig ansprechend. Doch ist in den vergangenen Jahren an der Promenade am Ełk-See auch manches Neue entstanden. Restaurants und Cafés haben eröffnet, die drinnen und draußen zum Speisen und Spazierensitzen einladen.

Die ursprünglich 1847 bis 1850 im neugotischen Stil erbaute **Herz-Jesu-Kirche** (Kościół Najświętszego Serca Jezusowego) wurde 1914 im Ersten Weltkrieg zerstört und anschließend so wieder aufgebaut, wie man sie gegenwärtig erblickt. Vom Festen Haus auf der Insel im Lyck-See ist dagegen nicht sehr viel übrig geblieben. Bereits im 18. Jh. wurde es teilweise abgetragen, von Ende des 19. Jh. bis 1976 dienten die restlichen Gemäuer als Gefängnis. Seit 1910 verbindet eine Brücke Insel und Seeufer.

Die Attraktion, die Ełk während der Sommermonate zu bieten hat, ist eine Ausflugspartie mit der **Schmalspurbahn.** In zwei Etappen wurde die Dampfeisenbahn mit 750 mm Spurweite erbaut: zwischen 1910 und 1913 in südöstliche Richtung nach Zawady sowie in die nordöstliche nach Borzymy; von dort verlängerte man die Gleise 1917 bis nach Turowo. Nachdem die Schmalspurbahn lange Zeit stillgelegt war, geht es heute auf einem Teilabschnitt wieder auf

große Fahrt, wie sie schon *Arno Surminski* in seiner berühmten Erzählung „Die Reise nach Nikolaiken" beschrieben hat: „Die Eisenbahn näherte sich mit Bedacht. Ihr größter Fehler war es, dass bei ihrem Anblick die Pferde durchgingen. Darum stahlen sich die Züge unauffällig durchs Land, nahmen gern die lieblichere Form der Kleinbahn an und vermieden unterwegs jedes Läuten und Pfeifen. Auch bewahrte sich die masurische Eisenbahn eine gewisse Beschaulichkeit dadurch, dass sie an Steigungen erschöpft stehenblieb und den Fahrgästen Gelegenheit gab, mit Wassereimerchen zum nahen See zu laufen, um Flüssigkeit für den Dampfkessel zu holen. Wintertags war sie oft bockig, wollte bei Stiehmwetter nicht fahren oder gab den Reisenden Zeit, sie aus Schneeschanzen zu befreien."

Auf dem Kleinbahnhof präsentiert das Ełker **Schmalspurbahn-Museum** (Muzeum Ełckiej Kolei Wąskotorowej) eine kleine Sammlung an historischen Lokomotiven, Waggons und Triebwagen. Die Kleinbahn-Anlagen befinden sich direkt östlich hinter den Normalspurgleisen am Bahnhof von Ełk.

In **Ostrykól (Ostrokollen)**, ungefähr 20 km südlich von Ełk, steht eine der letzten authentischen **masurischen Holzkirchen**. Im Jahre 1667 dreischiffig mit Chor erbaut, birgt sie als Schätze einen Altar, eine Kanzel und einen Taufengel aus den Gründungsjahren.

Praktische Tipps

Information

■ **Touristeninformation,** ul. Wojska Polskiego 47, 19-300 Ełk, Tel. 87 6217010, www.turystyka.elk.pl, Juli/Aug. tgl. 9–17 Uhr, sonst Mo–Fr 8–16 Uhr.
■ **Homepage** der Stadt: www.elk.pl.

Unterkunft und Gastronomie

■ **Hotel Rydzewski**②, ul. Armii Krajowej 32, 19-300 Ełk, Tel. 87 6218900, www.rydzewski.pl. Gepflegtes Mittelklassehotel im Zentrum von Ełk nahe Bus- und Hauptbahnhof; das Restaurant bietet polnische Spezialitäten und internationale Gerichte.
■ **Hotel Horeka**②, ul. Pułaskiego 11, 19-300 Ełk, Tel. 87 6213767, www.hotelhoreka.pl. Großes Fachwerkhaus an der Uferpromenade am Ełk-See, die Zimmer ordentlich, der Pub an der Seepromenade serviert schnelle polnische und internationale Gerichte.
■ **Pensjonacik Grażyna**②, ul. Nadjeziorna 11, 19-300 Ełk, Tel. 87 6211700, www.grazyna.elk.com.pl. Freundliches, modernes Haus an der Uferpromenade am Ełk-See, die meisten Zimmer mit Balkon und Seeblick.

Camping

■ **Camping Nr. 62 Ełk,** ul. Parkowa 9, 19-300 Ełk, Tel. 87 6109700, www.mosir.elk.com.pl. Wiesenplatz am Stadtstrand, mit Gaststätte und Wassersportgeräteverleih. Juni bis Ende Aug.

Museen und andere Sehenswürdigkeiten

■ **Schmalspurbahn-Museum,** ul. Wąski Tor 1 (am Bahnhof Ełk östlich der Bahngleise), www.mosir.elk.com.pl/ekw/muzeum.html, Mai bis Sept. tgl. 8–15 Uhr, Okt. bis April Mo–Fr 8–15 Uhr.

Aktivitäten

■ **Ausflüge mit der Schmalspurbahn,** ab Schmalspurbahnmuseum, ul. Wąski Tor 1 (östlich der Bahngleise auf der dem Stadtzentrum abgewandten Seite vom Bahnhof), Info am Bahnhof Ełk, den aktuellen Fahrplan findet man unter www.mosir.elk.com.pl/ekw/rozklad.html.
■ **Baden** und **Wassersportgeräteverleih:** am Stadtstrand am Campingplatz, ul. Parkowa 9 (siehe „Camping"); an der PTTK-Wasserstation, ul. Parkowa 8a, Tel. 87 6103819.

Augustów | 399
Suwałki | 403
Suwałki-Landschaftspark | 406
Wigry-Nationalpark | 407

14 Suwałki-Seenplatte

Herrlich liegt das „Land der blauen Seen und Flüsse" im äußersten nordöstlichen Winkel Polens unter einem weiten baltischen Himmel. Der Urwald der Puszcza Augustówska und die beinahe noch unberührte Natur im Wigry-Nationalpark laden zu ausgedehnten Wanderungen mit dem Boot und auf Schusters Rappen ein.

◁ Der Hańcza-See ist der tiefste See Polens

SUWAŁKI-SEENPLATTE

Wenn der Liebe Gott, wie die Sage erzählt, seine letzten Perlen nach Masuren verstreute, sind ganz gewiss viele von ihnen in die **Suwalszczyzna,** die Region um die Städte Augustów und Suwałki, gekullert. Herrlich liegt das Land im äußersten nordöstlichen Winkel Polens unter einem klaren, tiefblauen Himmel. Kleine Holzhäuschen in leuchtendem Gelb, Rot und dem typischen baltischen Blau, wie man sie im benachbarten Litauen findet, prägen das Bild, und abermals öffnet sich vor den staunenden Augen ein fantastisches Mosaik aus Wasser und Land.

Das schönste Gewässer ist der von dichten Kiefernwäldern gesäumte Wigry-See im Herzen des 14.840 ha umfassenden **Wigry-Nationalparks.** Über 750 Pflanzenarten hat man hier gezählt – Bäume, Sträucher, Moose, Flechten und Schilfrohr – die Hälfte aller in Polen unter Naturschutz stehenden Pflanzen. In den Wäldern leben Wölfe und Füchse, Rehe, Hirsche und Wildschweine, am Wasser Bisamratten, Flussotter und Biber, der bunte Eisvogel und der Auerhahn sind hier zu Hause, und in der Luft ziehen Seeadler und Fischadler ihre majestätischen Kreise.

Östlich von Augustów dehnt sich die **Puszcza Augustowska** aus, das größte zusammenhängende Waldgebiet Polens. Ihre zahlreichen Seen, durch die Flüsse Róspuda und Czarna Hańcza sowie den Augustów-Kanal miteinander verbun-

den, laden zu wildromantischen Paddeltouren ein.

Rund 200 Seen zählt man in der Region, welche, anders als Masuren, nie zu Deutschland gehörte. Am Anfang der verbürgten Geschichte lebte in den Wäldern im Suwałki-Land der prußische Stamm der **Sudauen.** Im 13. Jh. wurde er von den von Süden heraufdrängenden Heeren der polnischen Fürsten attackiert, von Westen her eroberten die deutschen Ordensritter das Land. Den Sudauen blieb das Schicksal ihrer prußischen Verwandten nicht erspart: Sie wurden unterworfen oder vernichtet. Im 15. Jh. war die kriegerische Kolonisierung der Wildnis abgeschlossen.

Bis 1945 verlief östlich der Linie Gołdap/Olecko/Ełk mit wenigen Abänderungen die ostpreußische und damit deutsch-polnische Grenze. Masuren und das Gebiet zwischen **Suwałki** und **Augustów** gehörten 500 Jahre lang verschiedenen Ländern an, weshalb es hier auch keine nennenswerte deutsche Minderheit gibt. Im Dreiländereck Polen/Litauen/Weißrussland leben an religiösen und nationalen Minderheiten vielmehr noch etwa 3000 russische Altgläubige (Philipponen) sowie kleine litauische, russische und weißrussische Bevölkerungsgruppen.

Nach Ende des Zweiten Weltkriegs verloren die beiden Städte Augustów und Suwałki mit der polnischen Grenzverschiebung nach Westen den größten Teil ihres historischen Hinterlands, waren sozusagen von westlichen plötzlich zu östlichen Grenzstädten geworden. Ihr über die polnische Geschichte gewachsenes traditionelles Einzugsgebiet, das sich östlich bis Grodno ausdehnte, verleibte sich 1945 die Sowjetunion ein, seit der Auflösung des Sowjetimperiums gehört es zu Weißrussland. Suwałki wurde Woiwodschaftsstadt der gleichnamigen Woiwodschaft, die bis westlich der Großen Masurischen Seen reichte und infolge der Gebietsreform Anfang 1999 größtenteils in der Großwoiwodschaft Warmia-Mazury aufging. Die Region Suwalszczyzna mit den Städten Suwałki und Augustów im Zentrum ist seitdem Teil der Woiwodschaft Podlasien.

NICHT VERPASSEN!

- **Augustów,** Ausgangspunkt der Czarna-Hańcza-Paddelroute | 399
- **Suwałki** mit seinem klassizistischen Stadtzentrum | 403
- Der **Wigry-Nationalpark** mit dem **Nationalparkmuseum** in Stary Folwark | 407, 408
- Das **Kamaldulenser-Kloster** am Wigry-See | 409
- Die **Schmalspurbahn** in Płociczno | 409

Diese Tipps erkennt man an der gelben Hinterlegung.

> Der Marktplatz von Augustów

Augustów

Von drei Seen umgeben, dehnt sich am Rande der Puszcza Augustowska am Flüsschen Netta Augustów mit rund 30.000 Einwohnern aus. Seine Anfänge gehen auf *Zygmunt II. August* (reg. 1548–1572) zurück. Gemeinsam hatten der polnische König und sein Verwandter *Albrecht von Brandenburg-Hohenzollern* nach einem Jagdausflug 1560 die Gründung zweier Ortschaften beschlossen: westlich im Preußenland Marggrabowa (Olecko), und 40 km östlich in Polen Augustów – so berichtet die Sage, für die bisher aber noch niemand einen Beweis vorlegen konnte. Schön ist sie trotzdem, denn sie handelt von freundlichen familiären Beziehungen ebenso wie von Völkerverbundenheit. Und Tatsache ist: 1557 erhielt Augustów von König *Zygmunt II. August* die Stadtrechte.

Nach Tatareneinfällen 1656/57, der Pest 1709–1711 und verheerenden Feuersbrünsten 1738 und 1766 brachen im 19. Jh. mit dem Bau des **Augustów-Kanals** schließlich bessere Zeiten an. 1824 begannen die Bauarbeiten, 1839 konnte der Kanal eingeweiht werden. Fortan konnten die Schiffe auf der künstlichen Wasserstraße östlich nach Grodno zur Memel gelangen sowie mit einer Verbindung in südwestliche Richtung zur Biebrza und damit nach Warschau, was der gesamten Region einen wirtschaftlichen Aufschwung eintrug. Die Hoffnung, durch den Kanalbau günstiger zu transportieren, weil man zukünftig Ostpreußen und seine teuren Zollgebühren zur Ostsee umschiffen würde, erfüllte sich dagegen nicht.

Mit 18 Schleusen auf 102 km Länge seinerzeit von den Armee-Ingenieuren General *Malletskiego de Grandville* und Oberst *Ignacy Prądzyński* hauptverantwortlich konstruiert, gilt der Augustów-

Kanal als eine Meisterleistung der damaligen Ingenieurbaukunst. 14 seiner 18 Schleusen befinden sich heute auf polnischem Staatsgebiet, die anderen vier liegen in Weißrussland. Im Wechsel mit kleinen Flüssen verknüpft die künstliche Wasserstraße 26 Seen und dient heute ausnahmslos der Freude der Segler und Paddler. Für Menschen, die per Bordcomputer ihre Boote über die Weltmeere steuern, könnte ein handbetriebenes Manöver in die absolut schmalen, altertümlichen Schleusen deshalb vielleicht eins ihrer größten Abenteuer sein.

Über die Seen und den Augustów-Kanal ist Augustów Ausgangspunkt der **Czarna-Hańcza-Paddelroute,** der nach der Krutynia-Route schönsten und beliebtesten Paddel-Strecke in Nordostpolen (siehe Exkurs „Wassertouren in Masuren"). Unmittelbar östlich der Stadt steuern die Wassersportler in die **Puszc-**

za Augustowska hinein. 1100 km² misst das **größte zusammenhängende Waldgebiet Polens.** Zwischen Kiefern und Fichten, Erlen, Birken und Wacholder liegen die stillen Seen, die der Kanal miteinander verbindet; und von Norden her schlängelt sich die Czarna Hańcza, nachdem sie aus dem Wigry-See im Nationalpark ausgeflossen ist, durch romantische Baumtunnel und bunte Feuchtwiesen hindurch ihrem Rendezvous mit dem Kanal entgegen.

Anfang der 1920er Jahre, als Wassersport zunehmend in Mode kam, avancierte Augustów dank seiner zauberhaften Seen-Umgebung zur beliebten **Sommerfrische** der Oberen Zehntausend Polens. Warschauer, die auf sich hielten, fuhren zum Kuren in den Ort am Rand des Augustowska-Urwalds. Während der Saison pendelte ein speziell eingerichteter Zug, der Luxtorpedo, zwischen der polnischen Hauptstadt und dem mondänen Augustów, der kleinen Stadt an den drei Seen Necko, Białe und Sajno. In den 1960er Jahren besann man sich auf diese Tradition und richtete, nun für die Erholung suchende arbeitende Bevölkerung, zahlreiche Urlaubs- und Betriebsferienheime ein.

Ein kleines **Heimatmuseum** (Muzeum Ziemi Augustowskiej) zeigt historisches Handwerk, Fischerei- und Landwirtschaftsgeräte und informiert über die Geschichte von Stadt und Region. In einer Zweigstelle ist die **Geschichte des Augustów-Kanals** ausgestellt. Ansonsten besitzt der beliebte, quirlige Urlaubsort keine bedeutenden Sehenswürdigkeiten. Wohl aber verfügt er von Baden über Paddeln bis Segeln über eine Fülle von Wassersportmöglichkeiten, darunter eine ganz besondere Attraktion: den ersten **Wasserskilift** Polens, den man 1999 am Necko-See in Betrieb nahm.

Knapp 10 km östlich lockt im Weiler **Studzieniczna** am gleichnamigen See ein **Mariensanktuarium** Gläubige an. Bereits 1770 wurde bei einer heilkräftigen Quelle auf einem Eiland im See eine erste kleine Holzkapelle errichtet, und sogar bereits aus dem 17. Jh. stammt das verehrte Bild der Gottesmutter von Studzieniczna, eine Kopie der Schwarzen Madonna von Tschenstochau. 1847 folgte die Holzkirche, mit drei wertvollen Altären und volkstümlicher Kunst ausgestattet, 1872 wurden die neuromanische Steinkapelle gebaut und bald darauf ein Damm zur Insel aufgeschüttet. Ein Wanderweg führt von Augustów aus durch den Wald und am Ufer des Białe-Sees entlang zum Heiligtum. Alternativ lässt es sich mit den Ausflugsdampfern der Weißen Flotte ansteuern.

Praktische Tipps

Information

■ **Touristeninformation,** Rynek Zygmunta Augusta 44 (gläserner Bau auf dem Marktplatz), 16-300 Augustów, Tel. 87 6432883, Juli/Aug. 8–18, Sa/So 10–18 Uhr, Mai/Juni und Sept. Mo–Fr 8–16, Sa/So 10–15 Uhr.
■ **Homepage** der Stadt: www.augustow.pl.

Unterkunft und Gastronomie

■ **Zimmervermittlung** in der Touristeninfo.
■ **Hotel Warszawa**④, ul. Zdrojowa 1, 16-300 Augustów, Tel. 87 6438500, www.hotelwarszawa.pl. Die Nobelherberge in Augustów, am Necko-See, mit Spa-Bereich und gehobenem Restaurant.

■ **Restaurant und Pub Maska,** Rynek Zygmunta Augusta 40, 16-300 Augustów, Tel. 87 6447213, www.maska.augustow.pl. Serviert werden hier, direkt am zentralen Marktplatz, delikate polnische Küche und internationale Gerichte.

Camping

■ **Camping Necko,** ul. Sportowa 1, 16-300 Augustów, Tel. 603 378903, www.pole.necko.pl. Wiesenplatz am Ostufer des Necko-Sees, ungefähr 2 km nördlich von Augustów an der Straße nach Suwałki, mit Ferienhütten, eigenem Badestrand und Bootsverleih.

Museen und andere Sehenswürdigkeiten

■ **Heimatmuseum,** ul. Hoża 7, Mai bis Sept. Di–So 9–16 Uhr.
■ **Augustów-Kanal-Museum,** ul. 29 Listopada 5a, Mai bis Sept. Di–So 9–16 Uhr.

■ **Hotel Nad Netta**②, ul. Portowa 3, 16-300 Augustów, Tel. 87 6446154, www.nad-netta.pl. Gepflegtes Mittelklassehaus an der Netta, um eine Mini-Marina herumgebaut, mit Restaurant.
■ **Wassersportzentrum**①, ul. Nadrzenczna 70a, 16-300 Augustów, Tel. 6433850, www.szekla.pl. In Augustóws Segelhafen mit großer Marina an der Mündung der Netta in den Necko-See dreht sich alles um Segeln und Paddeln, die **Zimmer** preisgünstig und schlicht, Dusche/WC auf dem Gang, mit Gaststätte.

Aktivitäten

■ **Ausflugsfahrten** mit der Weißen Flotte (Żegluga Augustowska) April bis Okt. tgl. 1½ Stunden über den Necko-See zum Rospuda-See und retour sowie 2½ Stunden über den Białe-See nach Studzieniczna und zurück; ab Stadthafen, ul. 29 Listopada 7, Tel. 87 6432881, www.zeglugaaugustowska.pl.
■ **Wassersportgeräteverleih** im Wassersportzentrum, ul. Nadrzencza 70a; in der Touristenagentur „Szot", ul. Konwaliowa 2, Tel. 87 6446758, www.szot.pl, wo man auch geführte Paddelausflüge buchen kann.
■ **Baden,** am großen Stadtstrand am Südostufer des Necko-Sees.

In der Region locken wunderbare Paddelstrecken

Die Kirche St. Alexander in Suwałki

Suwałki

Die Erschließung der Wildnis im Suwałki-Land begann mit einem Geschenk. 1667 überließ König *Jan II. Kazimierz* (reg. 1648–1668) kamaldulensischen Mönchen den Urwald rund um den Fluss Czarna Hańcza. Im Herzen ihres neuen Besitzes legten die Ordensbrüder am Flussufer das Dorf Suwałki an, das 1690 aus ganzen zwei Bauernhäusern bestand, jedoch schnell wuchs und 1720 bereits die Stadtrechte erhielt. Nach dem Wiener Kongress 1815 dem russischen Zarenreich zugeschlagen, wurde Suwałki Garnisonsstadt und zugleich Kreisstadt. Nach der Gründung der Republik Polen 1918 zum zweiten Mal Kreisstadt und zum dritten Mal 1975, zählte Suwałki seinerzeit rund 30.000 Einwohner. Bis heute hat sich die Zahl mit 69.000 Einwohnern mehr als verdoppelt.

Ihr historisches Zentrum rund um den weiträumigen Plac Piłsudskiego ist durch hübsche spätklassizistische Bürgerhäuser geprägt. Unter ihnen fällt die strahlend weiße, mit einem prächtigen Portal versehene **Kirche St. Alexander** (Kościół św. Aleksandra) sofort ins Auge. Von 1820 bis 1829 nach einem Entwurf des bekannten Architekten des polnischen Klassizismus *Christian Piotr Aigner* (1756–1841) errichtet, erhielt sie nach Umgestaltungen 1842 bis 1845 mit dem Anbau der Kapellen 1856 ihre gegenwärtige Gestalt.

Die Südseite des Platzes flankiert die kleinere, 1840 bis 1845 nach Plänen *Enrico Marconis* (1792–1863) emporgewachsene **Herz-Jesu-Kirche** (Kościół pod wezwaniem Najświętszego Serca Pana Jezusa). Bis 1915 diente sie der orthodoxen Gemeinde.

Gegenüber erheben sich die beiden schönsten Profangebäude am Platz: das zwischen 1842 und 1844 entstandene

klassizistische **Rathaus,** unschwer an seinem Uhrenturm auszumachen, und nebenan das ebenfalls im Stil des Klassizismus 1843 bis 1846 nach Plänen *Antonio Corazzis* erbaute **Gymnasium.** Es trägt den Namen der in Suwałki geborenen Dichterin *Maria Konopnicka* (1842–1910). 1842 erblickte die Patriotin, aus deren Feder in der Teilungszeit die Zeilen der „Rota", der heimlichen polnischen Nationalhymne, flossen, nur ein paar Schritte entfernt in einem kleinen Bürgerhaus in der ul. Kościuszki 31 das Licht der Welt. Heute widmet sich dort ein **Museum** ihrem Leben und Werk.

Ebenfalls in der ul. Kościuszki befindet sich das **Bezirksmuseum,** das eine Sammlung polnischer Malerei präsentiert und über die Geschichte und Natur der Region informiert.

Berühmtester Sohn der Stadt ist der 1926 in Suwałki geborene Filmregisseur *Andrzej Wajda*. Auch der Literatur-Nobelpreisträger *Czesław Miłosz* (1911–2004) war über lange Zeit in Suwałki zu Hause.

Praktische Tipps

Information

- **Touristeninformation,** ul. Hamerszmita 16, 16-400 Suwałki, Tel. 87 5662079, http://um.suwalki.pl/dla-turysty/centrum-informacji-turystycznej, Juni bis Sept. Mo–Fr 8–18, Sa/So 9–15 Uhr, sonst Mo–Fr 8–16 Uhr.
- **Homepage** der Stadt: www.um.suwalki.pl.
- **Homepage der Region Suwalszczyzna:** www.suwalszczyzna.pl.

Unterkunft und Gastronomie

- **Zimmervermittlung** in der Touristeninfo.
- **Hotel Akvilon**④, ul. Kościuszki 4, 16-400 Suwałki, Tel. 87 563940, www.akvilon.pl. 2012 in einem restaurierten alten Bürgerhaus an der Czarna Hańcza eröffnetes Edelhotel; das Restaurant bereitet regionale Spezialitäten und internationale Gerichte zu.
- **Velvet Hotel**④, ul. Kościuszki 128, 16-400 Suwałki, Tel. 87 5635252, www.hotelvelvet.pl. Neues, modernes Haus im Business-Style, gutes Frühstück und Restaurant.
- **Hotel Logos**②, ul. Kościuszki 120, 16-400 Suwałki, Tel. 87 5666900, www.logos-hotel.pl. Auch wenn es von außen nicht so erscheint: Das Hotel ist eines der elegantesten vor Ort. Mit Bar und einem Restaurant.
- **Restaurant Na Starówce,** ul. Chłodna 2, Tel. 87 5632424. Die ganze Welt der polnischen Küche im buchstäblich „malerisch" ausstaffierten Restaurant in Suwałkis kleiner Fußgängerzone, von Barszcz und Żurek über Hering und gebratenen Aal bis hin zu Kotelett und Kartoffelpuffer mit Schmand und Sauerkraut. Drei Tage im Juli wird das Restaurant außerdem Bühne für das Suwałki Blues Festival (siehe unten).
- **Karczma Polska,** ul. Kościuszki 101a, Tel. 87 5664860, www.karczmasuwalki.pl. Serviert wird leckere, bodenständige Regionalküche im rustikalen Ambiente.

Museen und andere Sehenswürdigkeiten

- **Bezirksmuseum,** ul. Kościuszki 81, http://muzeum.suwalki.pl, Juli/Aug. Di–So 9–17 Uhr, sonst Di–Fr 8–16 Uhr, Sa/So 9–17 Uhr.
- **Maria-Konopnicka-Museum,** ul. Kościuszki, http://mk.muzeum.suwalki.pl, Juli/Aug. Di–So 9–17 Uhr, sonst Di–Fr 8–16 Uhr, Sa/So 9–17 Uhr.

Von der Cisowa Góra aus hat man einen schönen Blick über den Suwałki-Landschaftspark

Kulturelle Veranstaltungen

■ **Suwałki Blues Festival,** internationales Blues-Fest mit herausragenden Künstlern auf Freilichtbühnen, in der Stadthalle, in Pubs, Clubs und Restaurants an drei Tagen im Juli. Infos unter http://soksuwalki.eu.

Aktivitäten

■ **Paddeltouren:** Information und Organisation PTTK Suwałki, ul. Kościuszki 37, 16-400 Suwałki, Tel. 87 5665961, www.suwalki.pttk.pl.

Suwałki-Landschaftspark

Im Dreiländereck Polen/Litauen/Russland erstreckt sich auf rund 6300 ha Fläche der Suwałki-Landschaftspark (Suwalski Park Krajobrazowy). Seine Kuppen führen auf 300 m über dem Meeresspiegel hinauf, überwinden dabei Höhenunterschiede bis zu 100 m und bieten hier und da überwältigende Ausblicke.

Im Flecken **Jeleniewo**, 13 km nördlich von Suwałki an der südöstlichen Parkgrenze, lohnt die **Holzkirche** von 1878 noch einen Stopp, bevor es etwa 5 km später zur ersten schönen Aussicht geht. An der Landstraße 655 weist ein Schild zur **Cisowa Góra.** Mit einem kurzen Spaziergang lässt sich der 256 m hohe Kegel erklimmen, der relativ unvermittelt aus der Landschaft aufragt und von dem herab man einen fantastischen Panoramablick hat.

Wanderer, die statt einer Karte mit dem Kompass spazieren, werden vor allem im Norden des Landschaftsparks, in der Nähe des Örtchens **Smolniki**, etwas ganz Erstaunliches erleben: Wegen des stark **eisenhaltigen Gesteins** wird ihr **Kompass** dann und wann die Orientierung verlieren. Mehrere ausgewiesene Wander- und Fahrradwege führen durch die herrliche stille Landschaft, der längste Weg verläuft über 40 km, der kürzeste misst 2 km.

Zahlreiche Findlinge verleihen dem Land einen wildromantischen Charakter. Es sind Relikte der letzten Eiszeit, ebenso wie die Rinnenseen, die überall in den Senken aufleuchten. Berühmt ist der **Hańcza-See** – nicht nur aufgrund seiner Schönheit, sondern auch, weil er mit 108 m der tiefste See Polens ist. Sein glasklares Wasser mit ungewöhnlichen Sichtweiten macht ihn zum Mekka für **Taucher** und den winzigen Weiler **Błaskowiźna** mit seinem weit über die Landesgrenzen hinaus bekannten Taucherparkplatz am Südostufer des Hańcza-Sees zum „Hurghada Polens", wie man den Ort mit Spitznamen nennt.

Eine atemberaubende Aussicht auf den See genießt man von der hohen Kuppe oberhalb des **Forsthauses Turtul** herab. Turtul am südlichen Landschaftsparkrand ist Sitz der Parkverwaltung und unterhält eine kleine Touristeninformation (4 km südlich von Błaskowiźna zweigt an der Landstraße Jeleniewo – Przerośl eine Piste nach Turtul ab). Auf halbem Weg zwischen Jeleniewo und Turtul verdient eine Findlingsparade rechter Hand auf dem Feld einen Blick.

Praktische Tipps

Information

■ **Parkverwaltung,** Turtul 24 (2 km östlich von Kruszki), 16-404 Jeleniewo, Tel. 87 5691801, www.spk.org.pl, Juli und Aug. Mo–Fr 8–19 Uhr, Sa 10–17 Uhr, Sept. bis Juni Mo–Fr 8–16 Uhr.

Wigry-Nationalpark

Wenige Kilometer östlich von Suwałki lädt der Wigry-Nationalpark (**Wigierski Park Narodowy**) zu ausgedehnten Spaziergängen, zum Radeln, Paddeln und zur Naturbeobachtung ein. 1989 wurde er als 15. polnischer Nationalpark gegründet. In der nördlichen Puszcza Augustowska gelegen, funkeln zwischen Torfmooren und bis zu 200 Jahre alten Kiefern- und Fichtenbeständen mehr als 40 Seen unter dem klaren baltischen Himmel.

Über die Hälfte sämtlicher in Polen geschützter Pflanzen gibt sich im knapp 15.000 ha großen Nationalpark mit dem Biber im Wappen ein Stelldichein. Etwa ein Fünftel der Fläche ist mit Gewässern bedeckt, und im Herzen dieses bezaubernden Wasser-und-Land-Mosaiks liegt die Perle, der **Wigry-See,** der dem Nationalpark seinen Namen gab. Schon seit Langem ist er in die UNESCO-Liste zum Schutz der Wasserökosysteme, AQUA, aufgenommen, die in der Welt einzigartige Gewässer verzeichnet und schützt. An seinen Uferlinien leben in breiten Schilfgürteln Haubentaucher,

Höckerschwäne und Kormorane. In der Luft kreisen Seeadler und Schreiadler, Mäusebussarde und Weihen. 20 Fischarten tummeln sich in den Flüssen und Seen des Nationalparks, unter anderem Hecht und Maräne, und überall legen Biber ihre Staudämme an.

Zweibeinern eröffnet sich zu Lande ein markiertes **Wanderwegenetz** von 250 km Länge, das in weiten Teilen auch für Radler geeignet ist, sowie zu Wasser die mannigfaltigsten Möglichkeiten zum Paddeln. Die Gebäude der **Parkverwaltung** in **Krzywe,** 5 km östlich von Suwałki, beherbergen eine Ausstellung zur Ökologie der Region sowie die **Nationalpark-Informationsstelle,** wo man Karten zum Wandern und Paddeln erwerben kann. Ca. 150 m entfernt ist im Försterhaus auf dem Gelände eine ethnografische Ausstellung untergebracht.

Die Seen des Wigry-Nationalparks sind Teil der **Czarna-Hańcza-Paddelroute,** die südlich durch die Puszcza Augustowska bis nach Augustów führt. Unterwegs bieten Wasserstationen in Orten wie Płociczno, Bryzgiel oder Cimochowizna den Paddlern nachts ein schlichtes Quartier. Ausgangspunkt der beliebten zehn- bis elftägigen Wasserwanderung ist die PTTK-Wasserstation in **Stary Folwark,** etwa 12 km östlich von Suwałki bereits im Nationalpark gelegen. Mit Pensionen, Gastronomie, Campingplatz, Kanu- und Kajak-Verleih bildet das winzige Stary Folwark gewissermaßen die „Touristenhochburg" im Wigry-Nationalpark. Am Ort informiert das ==Nationalparkmuseum== (Muzeum Wigier) über Fauna und Flora im Wigry-See und rundum in den Wäldern sowie über die Geomorphologie der Region.

391po kj

Gegenüber vom Ort erhebt sich auf einer Halbinsel im Wigry-See, weiß wie das Ordensgewand, das die Kamaldulenser-Mönche tragen, das von ihnen zwischen 1694 und 1745 erbaute **Barockkloster**. Im Zuge der dritten Polnischen Teilung 1796 beschlagnahmte Preußen die reichen kamaldulensischen Güter und die Mönche wurden verjagt. Im Ersten Weltkrieg 1915 und ein zweites Mal während der Kämpfe 1944 wurde die Klosteranlage zu großen Teilen zerstört und anschließend wieder aufgebaut. Danach standen ihre Mauern und die den Haupttrakt umgebenden Einsiedlerhäuschen über 30 Jahre lang unter der Verwaltung des Warschauer Kulturministeriums und dienten Künstlern zu Stipendiatsaufenthalten. Darüber hinaus nahm das „Dom Pracy Twórczej" (Haus der schöpferischen Arbeit) Gäste auf; unter ihnen **Papst Johannes Paul II.**, der während seiner polnischen Pilgerreise 1999 drei Tage in Wigry weilte.

Die damals von ihm bewohnten Räume kann man als **Museum** besichtigen – die päpstliche Kapelle, seine Gemächer und Bibliothek – weshalb sich das Kloster zunehmend zu einer Wallfahrtsstätte entwickelt. Außerdem sind die Klosterkirche, der Uhrenturm, der eine schöne Aussicht bietet, und schließlich im Untergeschoss die **Katakomben** der Kamaldulenser-Mönche sehenswert.

Am Tage der Seligsprechung von *Johannes Paul II.* am 1. Mai 2011 ging die Verwaltung der Klosteranlage von der Politik wieder in kirchliche Hände über. Unter der Schirmherrschaft der Diözese Ełk bewirtschaftet sie seither die Organisation „Wigierski Areopag Nowej Ewangelizacji" (Wigry-Areopag der Neuevangelisierung), die nicht nur Pilger betreut, sondern, sehr zur Freude auch aller säkularen Touristen, ein kleines Hotel und Restaurant in den Klostermauern betreibt und außerdem Räder und Paddelboote verleiht.

Nicht zu Wasser, sondern zu Land geht es auf schmalen Gleisen in putzigen kleinen Waggons mit der **Wigry-Schmalspurbahn** von Płociczno aus (ca. 9 km südlich von Suwałki) durch den Süden des Nationalparks zum Dorf Krusznik. 1926 wurden die Schienen über 42 km Länge bis nach Zelwa nahe der litauischen Grenze gelegt, um den Holzschlag aus der Puszcza Augustowska abzutransportieren. Bis 1989 war die Bahn noch in Betrieb, wurde dann abgewickelt und erlebte Anfang des dritten Jahrtausends dank privater Initiative ihr touristisches Comeback. Auf 10 km ihrer ursprünglichen Strecke schuckelt sie seitdem wieder, 2½ Stunden hin und zurück, und hält, sehr zur Freude der Fahrgäste, auf Wunsch sogar hier und da zu Fotostopps an. Wenige Schritte vom hübsch angelegten Kleinbahnhof entfernt zeigt das **Wigry-Schmalspurbahnmuseum** (Muzeum Wigierska Kolej Wąkotorowa) Wissenswertes zum Bähnlein sowie auf dem Freilichtgelände einige historische Waggons.

Zur Weiterreise nach **Litauen** kann man 30 km nördlich den Grenzübergang Budzisko/Kalvarija benutzen. Ein weiterer Übergang befindet sich 45 km östlich von Suwałki bei Ogrodniki/Lazdijai, wo kurz vorher in **Sejny** noch die Besichtigung des 1602 bis 1632 erbauten ehemaligen Dominikanerklosters lohnt.

◁ Blick über den Wigry-See auf das berühmte Kloster

Wassertouren in Masuren

Das „Land der kristall'nen Seen" ist ein Paradies für Paddler und Kanuten. **Über 3000 Seen,** die durch zahllose Flüsse und Kanäle miteinander verbunden sind, machen ausgedehnte Wasserwanderungen möglich, auch für Anfänger und Kinder, da die Gewässer im Allgemeinen still und seicht sind und nur wenige Portagen (Tragen der Kanus) unternommen werden müssen. An den beliebten Paddelstrecken bieten in regelmäßigen Abständen PTTK-Wasserstationen Verpflegung, Unterkunft oder wenigstens ein Plätzchen zum Biwakieren an, mit Lagerfeuer und Duschgelegenheit.

Von **Mitte Juni bis Mitte August** müssen Individual-Paddler davon ausgehen, dass sie kein festes Dach über Nacht – etwa in Form von Camping-Bungalows oder Finnhütten – vorfinden werden. In dieser Zeit sind die Herbergen von den organisierten, geführten Touren restlos **ausgebucht.** Ähnliches gilt für die Bootsausleihe, die die großen PTTK-Stationen an den Anfangs- und Endpunkten der jeweiligen Routen betreiben.

Gegen Aufpreis besteht auch die Möglichkeit, sein Kanu an einer anderen PTTK-Wasserstation abzugeben, ohne es rückführen zu müssen. Angeboten werden Boote aus **Sperrholz** oder **Kunststoff,** wobei sich bei längeren Ausflügen wegen der Portagen die leichteren Kunststoffboote empfehlen. Bei den masurischen Paddelstrecken handelt es sich nicht um rauschende Wildwasser, sodass auch Anfänger keine Schwierigkeiten haben werden, die behänderen Kunststoffboote manövrieren zu können.

Nicht vergessen sollte man einen **Regenschutz,** nicht nur für sich selbst, sondern auch für alles andere, was nicht nass werden darf, wie etwa der Wollpulli für kühlere Abende, das Zelt und der Schlafsack, das zweite Paar Schuhe oder die Lebensmittel.

Meist liegen die **PTTK-Stationen** bei kleinen Dörfern, wo sich Selbstversorgern eine Einkaufsgelegenheit bietet.

Organisierte Touren von Mitte Juni bis Mitte August haben viele auf Wassersport spezialisierte Reiseveranstalter im Programm und vor Ort die PTTK-Abteilungen:

- **Suwałki,** ul. Kościuszki 37, 16-400 Suwałki, Tel. 87 5665961, www.suwalki.pttk.pl.
- **Olsztyn,** ul. Staromiejska 1, 10-950 Olsztyn, Tel. 89 5273665, www.mazury.pttk.pl.

Routen

Bei Weitem die beliebteste, weil landschaftlich schönste und romantischste Paddel-Route ist die **Krutynia-Tour.** Ausgangspunkt ist die PTTK-Station bei Sorkwity westlich von Mrągowo. Auf über 100 km führt die Tour durch idyllisches Auland, grün überwachsene Baumtunnel, zahlreiche Seen und die tiefen Wälder der Puszcza Piska hindurch bis nach Ruciane-Nida am Guzianka-Wielka-See. Für die Route plant man zehn bis elf Tage ein. Die Wasserstationen liegen stets bei kleinen Dörfern mit Einkaufgelegenheit, sodass man seinen Proviant jederzeit auffrischen kann. An der Strecke sind dies die Orte Sorkwity, Bieńki, Babięta, Spychowo, Zgon, Krutyń, Nowy Most, Ukta, Kamień und Ruciane-Nida.

> Die Krutynia-Tour ist die romantischste aller Paddel-Routen

An den **westmasurischen Seen** führt eine eintägige, sehr abwechslungsreiche Paddelfahrt von Ostróda am Ostufer des Drwęckie-Sees zum Bootshaus der PTTK in Stare Jabłonski (14 km). Mehrtägige Wasserwanderungen sind die Strecke **Ostróda – Miłomłyn – Iława** und die Tour **Stare Jabłonski – Piławki – Iława,** die über Abschnitte des Elbląg-Ostróda-Kanals und über den längsten polnischen See, den Jeziorak-See, führen.

PTTK-Stationen an der **Ełk-Seenplatte** liegen entlang der Route **Szwałk – Wielki – Ełk** (50 km). Sie beginnt bei dem Weiler Czernowy Dwór am Szwałk-Wielki-See inmitten des Urwalds der Puszcza Borecka und geht über viele, in wundervoller Natur gelegene Gewässer über das Flüsschen Ełk bis zur gleichnamigen Stadt.

Nordöstlich von Czernowy Dwór liegt bei Czarne im Buckligen Masuren der Rospuda-See. Nach ihm ist die **Rospuda-Tour** benannt, die in Czarne ihren Anfang nimmt. Sie führt gut sechs Tage lang auf 72 km über den Rospuda-Fluss, zahlreiche Seen und durch einsame Natur zum Endpunkt Augustów.

Augustów ist wiederum Ausgangspunkt für die neben der Krutynia-Strecke beliebteste Paddel-Route, die **Czarna-Hańcza-Tour.** Auf 142 km fließt die Czarna Hańcza linksseitig der Memel entgegen, 108 km des Flusses befinden sich auf polnischer Seite. An der Wasserstation in Augustów am Necko-See beginnt die zehn- bis elftägige Wasserreise. Über den Augustów-Kanal, der die Seen östlich der Stadt miteinander verbindet, paddelt man tief in die Puszcza Augustowska hinein, den größten geschlossenen Waldkomplex in ganz Polen. Unterwegs begegnen einem auf kleinen Inseln in vielen Reservaten Kormorane, Seeadler und Graureiher. Höhepunkt dieser Paddelstrecke ist die Fahrt durch den Wigry-Nationalpark mit über 750 Pflanzenarten und seinem Herzstück, dem Wigry-See, in dessen weiten Schilfgürteln viele vom Aussterben bedrohte Wasservögelarten nisten und Biber ihre Bauten errichten. Die Czarna-Hańcza-Tour ist insgesamt 150 km lang. PTTK-Anlegestellen befinden sich bei Stary Folwark, Wysoki Most, Frącki, Jałwoi Róg, Paska, Swoboda, Gawrych Ruda und Augustów.

Praktische Tipps

Information

■ **Informationsstelle des Wigry-Nationalparks,** Krzywe 82 (5 km östlich von Suwałki, 16-400 Suwałki, Tel. 87 5632562, www.wigry.win.pl, im Haus der Parkdirektion, Mo–Fr 7–15 Uhr, im Juli/Aug. Mo–Fr 7–16, Sa/So 9–16 Uhr.

Unterkunft und Gastronomie

Mein Tipp: Wigry-Kloster (Pokamedulski Klasztor w Wigrach)①-③, 16-412 Stary Folwark, Tel. 87 5662 499, www.wigry.pro. In den Räumlichkeiten im ehemaligen Kamaldulenserkloster übernachtete bereits Papst *Johannes Paul II*. Wahlweise stehen Zimmer und Einsiedelhäuser zur Verfügung, beides mit einfachem Kiefernholzmobiliar. Das Restaurant in den alten Klostergemäuern serviert täglich von 12 bis 22 Uhr Köstlichkeiten aus den Seen und Wäldern der Region sowie internationale Gerichte. Mit Fahrrad- und Bootsverleih.

■ **Camping und Pension U Haliny**①, Wigry 12, 16-412 Stary Folwark, Tel. 87 5637042, www.suwalszczyzna.com.pl/uhaliny. Zu Füßen des Kamaldulenserklosters Wigry malerisch auf der Halbinsel am See gelegen (am Ende der Straße zum Kloster), sehr gepflegte freundliche Anlage, mit Gaststätte, kleiner Pension, Badewiese und Wassersportgeräteverleih. Ganzjährig, man spricht deutsch.

Im ehemaligen Kamaldulenserkloster am Wigry-See kann man übernachten

Zugfahrt mit Spitzenvorhängen: die Schmalspurbahn im Wigry-Nationalpark

Camping

■ **Camping und Pension U Haliny**①, siehe „Unterkunft".
■ **PTTK-Camping Stary Folwark,** 16-412 Stary Folwark 55, Tel. 500 069339, www.suwalki.pttk.pl. Großer, schlichter Platz am Wigry-See mit Blick auf das Kamaldulenserkloster; bescheidenes Sanitär; mit Gastronomie, Ferienhütten, großer Badewiese und Wassersportgeräteverleih. Mai bis Ende Sept.

Museen und andere Sehenswürdigkeiten

■ **Nationalparkmuseum,** Stary Folwark 50, Stary Folwark, www.wigry.win.pl, tgl. 10–15 Uhr, Juli/Aug. 8–17 Uhr.
■ **Johannes-Paul II.-Museum** im Wigry-Kloster, Stary Folwark, www.wigry.pro, im Sommer tgl. 10–18 Uhr. Katakomben der Kamaldulenser-Mönche Mo–Sa 9–18 Uhr, So 13–18 Uhr, nicht während der Gottesdienste.
■ **Wigry-Schmalspurbahnmuseum,** Płociczno, Tartak 40, Suwałki, Mai bis Sept. tgl. 8–16 Uhr.

Aktivitäten

■ **Wassersportgeräte- und Fahrradverleih,** PTTK-Wasserstation, Kloster Wigry und Camping U Haliny in Stary Folwark (siehe „Unterkunft" und „Camping").
■ **Schiffsausflüge** über den Wigry-See, Mai bis Mitte Sept. mehrmals tgl. ab 10 Uhr vor dem Kloster im Dorf Wigry, www.statekwigry.pl.
■ **Wigry-Schmalspurbahn,** ab Płociczno, Płociczno Tartak 40, Tel. 603 165390, www.augustowska.pl, Juli/Aug. tgl. 10, 13 und 16 Uhr, sonst auf Anfrage für Gruppen ab 15 Personen.

- Anreise | 416
- Botschaften und Konsulate | 421
- Elektrizität | 422
- Essen und Trinken | 423
- Feiertage und Ferien | 425
- FKK | 426
- Fotografie | 426
- Geld | 426
- Gesundheit | 428
- Information | 430
- Kinder | 432
- Kleidung und Reisegepäck | 432
- Medien | 433
- Menschen mit Handicaps | 433
- Nationalparks | 434
- Notfälle | 435
- Öffnungszeiten | 436
- Post | 437
- Sicherheit | 438
- Sport und andere Aktivitäten | 439
- Telefon und Internet | 443
- Toiletten | 444
- Unterkunft | 444
- Unterwegs in Polen | 452
- Zollvorschriften | 461

15 Praktische Reisetipps von A bis Z

Von den herrlichen Ostseestränden bis zu den glasklaren masurischen Seen: Polen ist immer eine Reise wert! Und mit den richtigen Reisetipps im Gepäck wird sie gleich doppelt so schön. Wie sieht das polnische Verkehrsnetz aus? Wie findet man die passende Unterkunft, wo speist man die leckersten polnischen Spezialitäten? In welcher Region kann man seine Lieblingssportart betreiben, und was unternimmt man, wenn man seine Reisedokumente verloren hat? All diese Fragen und noch viele mehr werden hier beantwortet.

◁ Fischerboot an der Danziger Bucht

Anreise

Einreisebestimmungen

An den Binnengrenzen der Länder im Schengen-Verbund gibt es keine Grenzkontrollen mehr. Somit sind die Bürger der **Schengen-Länder** Deutschland, Österreich, Schweiz und Polen nicht verpflichtet, beim Grenzübertritt ins jeweils andere Land ein gültiges Grenzübertrittspapier vorzuweisen. Ebenso besteht keine Pflicht zur Benutzung von Grenzübergängen; die Landesgrenzen können an jedem beliebigen Punkt überschritten werden.

Allerdings muss ein vorgeschriebenes Dokument zur Feststellung der Identität mitgeführt werden. Für den Aufenthalt in Polen **bis zu 90 Tagen** in einem Zeitraum von sechs Monaten ist das für Bürger der EU und der Schweiz der gültige **Personalausweis oder Pass.**

Seit 2012 benötigen **Kinder** in der EU ein eigenes Reisedokument (Kinderreisepass, Kinderpersonalausweis). Einträge in den Pässen der Eltern sind nicht mehr gültig.

Möchte man als EU-Bürger länger als drei Monate in Polen bleiben, muss man seinen Aufenthalt bei der örtlichen **Meldebehörde** (Urząd Meldunkowy) registrieren lassen.

In Deutschland, Österreich oder der Schweiz lebende Nicht-EU-Bürger, die u.U. ein **Visum** für den Polenaufenthalt benötigen, wenden sich an die zuständige diplomatische Vertretung Polens (siehe „Botschaften und Konsulate").

Trotz entfallener Grenzkontrollen gibt es weiterhin nationale **Ein-, Aus- oder Durchfuhrbeschränkungen,** z.B. für Tiere, Pflanzen, Waffen, starke Medikamente und Drogen (auch Cannabis). Näheres siehe „Zollvorschriften".

Achtung: Für **Schweizer** besteht seit dem Beitritt zur Schengen-Zone 2008 zwar Reisefreizügigkeit. Der **Warenverkehr** ist davon jedoch nicht betroffen, da die Schweiz kein EU-Mitgliedsland ist. Bei der Einreise nach Polen gelten für Schweizer die üblichen EU-Zollbestimmungen (siehe „Zollvorschriften").

Für die Weiterreise nach **Litauen** genügt bei EU-Bürgern und Schweizern der Personalausweis. Für die Weiterreise nach **Russland** und **Weißrussland** sind der Reisepass und ein Visum erforderlich, das bei den jeweiligen Botschaften rechtzeitig vor Reiseantritt beantragt werden muss. An den Grenzübergängen werden keine Visa ausgestellt. Infos:

Rotweiße Grenzpfähle markieren in größeren Abständen die polnische Landesgrenze

- **Deutschland:** www.auswaertiges-amt.de (Stichwort „Reisen und Sicherheit"), Tel. (030) 1817 2000.
- **Österreich:** www.bmeia.gv.at (Stichwort „Reise und Aufenthalt"), Tel. (050) 11504411.
- **Schweiz:** www.dfae.admin.ch (Stichwort „Reisehinweise"), Tel. aus der Schweiz 0800-247365, Tel. aus dem Ausland: +41 800-247365, E-Mail: helpline@eda.admin.ch

Hunde und Katzen dürfen mit in den Urlaub, sofern sie mindestens 21 Tage und maximal 12 Monate vor Reiseantritt gegen Tollwut geimpft worden sind. Die Impfung wird vom Tierarzt in den EU-Heimtierausweis eingetragen, der an der Grenze vorgelegt werden muss. Damit das Tier dem Ausweis zweifelsfrei zugeordnet werden kann, muss es mit einem Mikrochip der ISO-Norm 11784 oder 11785 gekennzeichnet sein. Entspricht der Chip nicht dieser Norm, muss der Tierhalter ein geeignetes Lesegerät mitführen.

Anreise mit dem Auto

Siehe auch Abschnitt „Unterwegs in Polen, Autofahren".

Bürger aus der Schengen-Zone werden an den Grenzübergängen nach Polen in der Regel einfach durchgewinkt. Kleinere Grenzkontrollpunkte an Nebenstrecken wurden gänzlich geschlossen.

Für die Einreise nach Polen benötigen Deutsche, Österreicher und Schweizer den **nationalen Führerschein** und den **Kfz-Schein.** Die **Grüne Versicherungskarte** ist nicht mehr obligatorisch. Seit dem EU-Beitritt Polens reicht das Autokennzeichen als Nachweis des Versicherungsschutzes. Es empfiehlt sich jedoch, die Karte trotzdem so lange noch mitzuführen, bis sich die neue Regelung auch bis zum entlegensten kleinen Außengrenzposten herumgesprochen hat. Darüber hinaus erleichtert sie erfahrungsgemäß die Abwicklung im Schadensfall.

Fährt nicht der Kfz-Halter selbst, sondern jemand anders den Wagen, benötigt der Fahrer eine **Bescheinigung,** in der ihm der Halter die Erlaubnis erteilt, das Auto zu nutzen und damit nach Polen zu reisen. Selbst wenn der Halter als Beifahrer anwesend ist und seine Erlaubnis somit persönlich bestätigen könnte, ist die schriftliche Bescheinigung obligatorisch. Ein Musterformular zum Herunterladen findet sich auf der Seite der

Hier scheint der gesamte Hausstand nebst einheimischer Fauna auf die Reise zu gehen

Polnischen Botschaft Berlin, http://berlin.msz.gov.pl, Stichworte „Konsularinformationen/Straßenverkehr und Transport".

Vorsorglich empfiehlt sich der Abschluss eines **Auslandschutzbriefes,** da bei einem Unfall gegebenenfalls hohe Kosten für den Pkw-Rücktransport oder auch eine Verschrottung des Wagens in Polen anfallen könnten.

Zur **Pflichtausstattung** des Wagens gehören in Polen Warndreieck, Verbandskasten, Sicherheitsweste und Feuerlöscher.

Anreise mit der Bahn

Zu Bahnreisen und Fahrradmitnahme in Polen siehe „Unterwegs in Polen".

Der Grenzübertritt auf der Schiene von Deutschland nach Polen ist unkompliziert, in der Regel wird er nicht mal bemerkt. Es gelten die üblichen Einreisebestimmungen (siehe oben und „Zollvorschriften").

Von Süden her besteht aus Deutschland keine direkte schnelle Verbindung nach Polen. Aus Österreich steuert der EC Wien – Warschau die polnische Hauptstadt an. Von der Schweiz fährt man entweder über Prag oder Wien, von Prag aus geht ein Mal am Tag ein Eurocity (EC) über Dresden und Berlin nach Stettin.

In Ost-West-Richtung verkehrt der EC Berlin – Warschau über Frankfurt/Oder und Poznań (Posen), der EC Berlin – Danzig sowie nachts der Euronight (EN) „Jan Kiepura" vom Ruhrgebiet aus nach Warschau über Köln, Berlin und Poznań.

Im **Nahverkehr** verbinden den deutschen und den polnischen Norden auf direktem Weg Züge auf den Strecken Lübeck – Stettin und Berlin – Stettin. In Stettin besteht Anschluss mit dem Low-Cost-Schnellzug im Fernverkehr TLK 85100 über Koszalin, Słupsk, Gdynia,

Sopot, Danzig, Tczew, Malbork und Elbląg nach Olsztyn im Ermland. Der TLK 81104 mit Start in Stettin führt mit Stopps in zahlreichen kleineren Städten über Gdynia, Sopot und Danzig weiter nach Malbork, Elbląg, Olsztyn, Kętrzyn, Giżycko und Ełk in Masuren bis Białystok nahe der weißrussischen Grenze.

Um in den polnischen Großstädten nicht in der Peripherie zu landen, steigt man erst auf dem Bahnhof mit der Bezeichnung **Städtename plus „Głowny" oder „Centralna"** („Haupt-", „Zentral-") aus. Die Bahnhofs-Tafeln, die über die Ankunfts- und Abfahrtszeiten der Züge informieren, sind gelb für die Abfahrten („Odjazdy") und weiß für die Ankünfte („Przyjazdy").

Fahrradmitnahme

In **ICs, ECs und ENs** ist mit wenigen Ausnahmen generell die Fahrradmitnahme vorgesehen. Über die deutsch-polnische Grenze hinweg werden die Drahtesel außerdem in einigen **RE- und RB-Nahverkehrszügen** transportiert, so z.B. von Frankfurt/Oder nach Poznań (Posen) und von Berlin nach Stettin oder auch Kostrzyn (Küstrin).

Da die Fahrradmitnahme insgesamt **uneinheitlich geregelt** ist, empfiehlt es sich, für die gewünschte Verbindung gezielt Auskünfte bei der DB (Tel. 01806 996633, Menü 6) einzuholen.

Im **IC/EC** ist die Mitnahme **reservierungspflichtig**. Aufgrund der begrenzten Platzzahl ist die Reservierung spätestens einen Tag vor der Reise am Schalter, online oder bei der Radfahrerhotline vorzunehmen.

Die für die Fahrradmitnahme nach Polen obligatorische **Internationale Fahrradkarte** kostet 10 € (einfache Fahrt) unabhängig von der Entfernung des Zielorts. Sie gilt grundsätzlich nur im Abfahrtsland, d.h. für die Hinfahrt nach Polen ist sie bei der Deutschen Bahn (DB) zu lösen, für Binnenfahrten in Polen sowie die Rückfahrt bis zur Grenze kauft man sie an einem Schalter der Polnischen Staatsbahnen (PKP) zum umgerechnet ungefähr selben Preis (siehe „Unterwegs in Polen").

Ermäßigungen

Der Sparpreis **Europa Spezial Polen** bietet Bahnverbindungen von Deutschland ins Nachbarland ab 39 € (2. Klasse) bzw. 69 € (1. Klasse) für die einfache Fahrt; auf einigen Strecken werden sogar nur 19/29 € verlangt. Das Ticket muss spätestens drei Tage vor Reiseantritt erworben werden und gilt 15 Tage auf den grenzüberschreitenden Strecken zwischen Deutschland und Polen (nicht in den grenzüberschreitenden Nahverkehrszügen über Kostrzyn und Zgorzelec). Kinder bis fünf Jahre fahren kostenlos mit. Ebenfalls zum Nulltarif reisen Familienkinder bis 15 Jahre in Begleitung mindestens eines Eltern- oder Großelternteils mit Europa Spezial-Fahrkarte (Eintrag der Kinder auf dem Ticket).

Mit der **Bahncard 25 oder 50** gibt es für den deutschen Streckenabschnitt 25 oder 50 Prozent Ermäßigung. Zusätzlich werden für BahnCard-Inhaber Zugrei-

◁ Keine Sorge, diese Bahn ist ein Museumsstück

sen in über 30 europäische Länder – darunter Polen – mit dem internationalen Railplus-Tarif bei grenzüberschreitenden Reisen um 25 Prozent auf den gewöhnlichen Fahrpreis der Auslandsstrecke günstiger.

Ein weiteres Angebot ist der Tarif **Regio Spezial Polen.** Er gilt im Nahverkehr jeweils 120 km vom/bis zum deutsch-polnischen Grenzpunkt und ermäßigt die Zugfahrt für den polnischen Streckenabschnitt um 50 Prozent auf den Normalpreis. Im Geltungsbereich liegen die folgenden Bahnhöfe: Berlin, Cottbus, Dresden, Stettin, Świnoujście (Swinemünde), Stargard Szczeciński (Stargard), Międzyzdroje (Misdroy), Kostrzyn (Küstrin), Zielona Góra (Grünberg) und Jelenia Góra (Hirschberg). Auf den PKP-Strecken dürfen Personen- und Schnellzüge genutzt werden (nicht ICE, IC, EC, Expresszüge), auf denen der DB D-Züge, S, SE, RB und RE (nicht ICE, IC, EC).

Achtung: Die baltischen Länder sowie Russland und Weißrussland sind nicht mit im Verbund.

Infos
- **DB,** www.bahn.de, Tel. 01806-996633, Service-Hotline mit Weiterleitung zu weitergehenden DB-Auskunftsdiensten.
- **DB Radfahrerhotline,** Tel. 01805-151415.
- **ÖBB,** www.oebb.at oder in Österreich Tel. 05-1717.
- **SBB,** www.sbb.ch oder in der Schweiz Tel. 0900-300300.
- **Polnische Staatsbahnen PKP,** Fahrplanauskunft im Netz (auch auf Deutsch): http://rozklad-pkp.pl.

Anreise mit dem Flugzeug

Seit dem EU-Beitritt Polens und damit zusammenhängend der Liberalisierung des Luftverkehrs tummeln sich neben der Lufthansa und der polnischen Fluggesellschaft LOT zahlreiche Mitbewerber am Himmel. Sie bieten preisgünstige Verbindungen zwischen deutschen und polnischen Großstädten an, darunter in Nordpolen nach Danzig. Weiter südlich werden unter anderem Breslau, Posen und Warschau angeflogen. Anzahl und Destinationen verändern sich im Augenblick ständig, sodass man sich besser direkt bei den Airlines informiert.

Im Frühjahr 2016 eröffnet der Flughafen in **Szymany** bei Szczytno, ca. 30 km südöstlich von Olsztyn, der die schnellste Verbindung nach Masuren herstellen wird. Welche Airlines ihn von Deutschland, Österreich und der Schweiz anfliegen werden, stand zur Drucklegung dieses Reiseführers noch nicht fest.

> Auch er reist auf dem Luftweg an

> **Flüssigkeiten im Handgepäck**
>
> Fluggäste dürfen Flüssigkeiten oder Substanzen ähnlicher Konsistenz nur in einer **Höchstmenge von 0,1 Liter** als Handgepäck mit ins Flugzeug nehmen. Die Flüssigkeiten müssen in einem **durchsichtigen Plastikbeutel** transportiert werden. Weitere Infos: www.auswaertiges-amt.de.

Dies sind die **wichtigsten Fluggesellschaften** mit Direktverbindungen ins nördliche Polen:

- **Air Berlin,** www.airberlin.com, Tel. (030) 3434 3434. Von Berlin nach Danzig.
- **Austrian Airlines,** www.aua.com, Tel. (0043) (0)5 17661001. Von Wien nach Danzig.
- **Deutsche Lufthansa,** www.lufthansa.com, Tel. (069) 86799799. Von Frankfurt/M., München nach Danzig; von Frankfurt/M., Düsseldorf, München nach Poznań; von Frankfurt/M. nach Bydgoszcz.
- **LOT Polish Airlines,** www.lot.com, Tel. 0180-3000346 (Polnisch und Englisch). Von Frankfurt/Main und München nach Danzig und Poznań; von Düsseldorf nach Poznań und Warschau; von Zürich nach Warschau.
- **Wizzair,** www.wizzair.com, Tel. 0900-1204021. Von Hamburg-Lübeck, Frankfurt-Hahn, Dortmund und Köln nach Danzig.

Anreise mit dem Bus

Es gibt zahlreiche Linienbusverbindungen von deutschen Städten in den polnischen Norden. Die Busse verkehren zwei bis vier Mal die Woche.

- **Eurolines Touring,** Streckennetz, Informationen und Fahrpläne unter Tel. (06196) 2078501.

Anreise mit dem Boot

Es gelten die üblichen **europäischen Schifffahrtsgrundsätze.** Ausländische Bootsleute müssen über dieselben **Schifffahrtsberechtigungen** (Segelschein, Registrierschein für das Boot etc.) verfügen wie in ihren Heimatländern. Seit dem Beitritt Polens zum Schengen-Abkommen finden in den Seehäfen keine Grenzkontrollen für Boote aus Schengen-Ländern mehr statt. Dennoch können der polnische Grenzschutz und die Wasserpolizei im Einzelfall Kontrollen durchführen.

Botschaften und Konsulate

Polnische Vertretungen

In Deutschland

- **Botschaft der Republik Polen,** Lassenstr. 19–21, 14193 **Berlin,** Tel. (030) 223130, Fax 22313155, http://berlin.msz.gov.pl/de.
- **Generalkonsulate** gibt es in Hamburg, Köln und München, **Honorarkonsulate** befinden sich in Bremen, Frankfurt/Main, Schwerin, Weimar, Leipzig und Lübeck, siehe http://berlin.msz.gov.pl/de.

In Österreich

- **Botschaft der Republik Polen,** Hietzinger Hauptstr. 42c, 1130 **Wien,** Tel. (01) 87015100, Fax 87015222, http://wieden.msz.gov.pl/de.

In der Schweiz

■ **Botschaft der Republik Polen,** Elfenstr. 20a, 3000 **Bern** 15, Tel. 3580213, Fax 3580210, http://berno.msz.gov.pl/de.

Vertretungen in Polen

Beim **Verlust der Personalunterlagen** stellen die Botschaften Ersatzpapiere aus. Zwei Passbilder und eine durch die örtliche Polizei ausgestellte Verlustanzeige müssen dazu vorgelegt werden.

Deutsche Vertretungen

■ **Warschau:** Botschaft der Bundesrepublik Deutschland (Ambasada Republiki Federalnej Niemiec), ul. Jazdów 12, 00-467 Warszawa, Tel. 22 584 1700, Fax 22 584173, www.warschau.diplo.de.
■ **Danzig:** Deutsches Generalkonsulat (Konsulat Generalny Republiki Federalnej Niemiec), al. Zwycięstwa 23, 80-219 Gdańsk-Wrzeszcz, Tel. 58 340 6500, Fax 58 3406538, www.danzig.diplo.de.

Österreichische Vertretung

■ **Warschau:** Botschaft der Republik Österreich (Ambasada Republiki Austrii), ul. Gagarina 34, 00-748 Warszawa, Tel. 22 8410081, Fax 22 8410085, www.ambasadaaustrii.pl.

Schweizer Vertretung

■ **Warschau:** Botschaft der Konföderation Schweiz (Ambasada Konfederacja Szwajcarska), al. Ujazdowskie 27, 00-540 Warszawa, Tel. 22 6280481, Fax 22 6210548, www.eda.admin.ch/warsaw.

Elektrizität

Die **Steckdosen** entsprechen der europäischen Norm. Deutsche sollten deshalb für ihre Schuko-Stecker (das sind die dicken, runden) einen Adapter mitnehmen.

Die **Netzspannung** beträgt 230 Volt Wechselstrom.

▷ An vielen polnischen Imbissbuden kann man richtig gut essen

Essen und Trinken

Gastronomische Einrichtungen

Kaum jemand kann sich die untergegangenen sozialistischen Zeiten noch vorstellen, als normalsterbliche Hungrige in den Restaurants der Valuta-Hotels unter dem wählerischen Auge des Kellners geduldig anstehen mussten, um irgendwann freundlicherweise platziert zu werden. Heute ist für jeden ein Plätzchen frei, und die Auswahl ist vielfältig. Grundsätzlich betreiben alle großen **Hotels** eine eigene Küche mit variationsreicher Speisekarte und leckerem Essen zu vernünftigen Preisen. Geht man nach 21 Uhr zu Tisch, darf man sich aber nicht wundern, wenn einen der Ober mit leisem Knurren begrüßt. Die Hotelrestaurants **schließen** oft bereits um 22 Uhr.

Daneben haben sich zur Freude der polnischen Feinschmecker eine ganze Reihe Restaurants mit **internationaler Küche** etabliert – chinesisch, griechisch, italienisch und vieles mehr, was man auf der Weltkarte findet. Doch was des einen Freud', ist des anderen Leid. Ausländer, die sicherlich erst einmal die polnische Küche entdecken möchten, haben es gar nicht so leicht. Restaurants mit ausgewiesen **polnischen Spezialitäten** sind vergleichsweise **selten.** Wozu auch, das wird schließlich zu Hause gekocht. Neben internationalen Gerichten werden sie aber in jedem Fall in den Hotel-Restaurants angeboten.

Typisch polnisch sind auch die zahllosen **Snackbars** und **Imbissbuden,** und sie sind meistens viel besser als der Ruf, der diesen beiden Wörtern vorauseilt. Ja, in einigen Snackbars kann man sich besser durch die landestypischen Köstlichkeiten futtern als in manch einem Lokal. Pommes und Bratwurst gibt es dort selbstverständlich auch. Außerdem amerikanische Pizza, gelegentlich sogar noch die alte polnische Pizza, die bei Italienern wahrscheinlich zu einem mittleren Ohnmachtsanfall führen würde (Hefeteig mit Tomatenketchup und Spiegelei), und seit Polens EU-Beitritt 2004 auch immer mehr Döner Kebab.

Trinkgeld *(napiwek)* ist im Preis inbegriffen. Es zusätzlich zu geben, gilt jedoch wie überall als Ausdruck besonderer Zufriedenheit, die auch bei der Bedienung Freude auslöst. Üblich sind etwa zehn Prozent der Rechnungssumme.

Spezialitäten

An der Ostseeküste und an den zahllosen Seen ist eine der klassischen Spezialitäten natürlich **Fisch.** In allen nur denkbaren Arten, Variationen und Zubereitungen. Die Preise der Fischgerichte werden in der Regel nach ihrem Gewicht berechnet, an der Imbissbude ebenso wie im vornehmen Restaurant.

Typisch polnische Gerichte werden nach Rezepten der altpolnischen Küche zubereitet, die vielfach von der russischen und litauischen Küche beeinflusst ist. Plinsen (kleine russische Pfannkuchen) beispielsweise werden in Polen als **Blińczyki** serviert, Kartoffelpuffer als **Racuchy.**

Als **Vorspeise** reicht man gerne Hering in Sahne, Öl oder Zwiebeln sowie Fleisch in Aspik.

> ### Kein Tabak und Alkohol in der Öffentlichkeit!
>
> In Polen herrscht ein umfassendes **Rauchverbot**. Es gilt in allen öffentlichen Einrichtungen wie Behörden, Schulen und Krankenhäusern, außerdem in Museen, Theatern, auf Spielplätzen, Bahnhöfen und an Bushaltestellen, in öffentlichen Verkehrsmitteln sowie in Hotels, Restaurants, Bars und Gaststätten, sofern diese nicht über abgesonderte, ausreichend belüftete Räume verfügen. Wer mit dem Glimmstängel erwischt wird, muss mit einer Geldstrafe bis zu 500 Złoty rechnen.
>
> Der **Alkoholkonsum an öffentlichen Plätzen** ist ebenfalls strikt **verboten,** das gilt selbst für ein Gläschen Wein zum romantischen Sonnenuntergang abends am Strand oder Seeufer. Zuwiderhandlungen werden mit einem Bußgeld belegt. Ausgenommen sind lizensierte Einrichtungen wie etwa Straßencafés, Restaurants mit Außenbereich oder entsprechend gekennzeichnete Imbissbuden.

Anschließend kommt **Suppe** auf den Tisch. Die Nummer 1 ist **Żurek**: Roggenmehlsuppe mit Ei, Knoblauch und Wurststückchen, entweder im Brotteig oder mit Kartoffeln und zerlassenem Speck serviert. Ebenso gerne lässt man sich **Barszcz** schmecken, eine klare Rote-Bete-Suppe, mit Teigtaschen oder Pastetchen gereicht; oder **Kapuśniak**, Sauerkrautsuppe mit Pilzen, Zwiebeln und Fleisch von der Rippe; **Flaki**, eine Kaldaunensuppe; oder **Czernina**, eine Gänseblutsuppe, um nur die typischsten der großen Vielfalt von Suppenzubereitungen zu nennen.

Berühmte landestypische **Hauptgerichte** sind: **Bigos**, Polens Nationalspeise schlechthin, ein Eintopf aus Weißkohl, Sauerkraut, getrockneten Pflaumen, Pilzen und verschiedenen Sorten Fleisch; **Pierogi**, herzhaft oder süß gefüllte Teigtaschen; **Gołąbki**, deftige Kohlrouladen; und nicht zu vergessen das obligatorische **Kotlet schabowy**, Schweinekotelett, zusammen mit Kartoffeln und Kohl das traditionelle polnische Sonntagsgericht.

An **Fleischgerichten** bereit man vor allem Schwein, Rind, Wild und Ente zu (berühmt ist die Bratente mit Äpfeln), oft mit heimischen Pilzen und gelegentlich, anstelle einer Kartoffelbeilage, gerösteter oder gebratener Buchweizengrütze *(kasza gryczana)*.

Und was trinkt man zu diesen deftigen Speisen? **Wodka**, natürlich. Die berühmtesten Sorten sind Wyborawa, Polonaise und der grünlich schimmernde, mit einem Bison-Gras aus dem Białowieski-Urwald versehene Żubrówka. Natürlich werden überall auch Säfte, Softdrinks und Mineralwasser serviert. Wein ist eine zu vernachlässigende Größe, aber das **Bier** *(piwo)* – vorzüglich!

Als polnisches Lieblingsgetränk löst **Kaffee** zunehmend den traditionellen Tee ab. Die schwarzen Bohnen genießt man bevorzugt auf italienische Art als Espresso, Cappuccino oder Latte Macchiato. Gelegentlich wird auch einfach Nescafé gereicht, und selten findet man sogar noch Kaffee nach überlieferter polnischer Art: das Pulver in der Tasse mit heißem Wasser aufgossen, ungefiltert, stark, schwarz.

Im **Anhang** zu diesem Reiseführer findet sich eine kleine **Übersetzungshilfe** mit den wichtigsten Worten für Speisen und Getränke.

Feiertage und Ferien

Wie in den anderen europäischen Ländern auch, ist der erste Tag im neuen Jahr zum Ausschlafen da: Der **1. Januar** ist arbeitsfrei. Ebenso der Sonntag und fast alle Samstage. Die höchsten **kirchlichen Feiertage** sind Ostern (nur Sonntag und Montag, Karfreitag nicht), Fronleichnam (im Mai), Mariä Himmelfahrt (15. August), Allerheiligen (1. November) und Weihnachten (25. und 26. Dezember). **Gesetzliche Feiertage** sind der Tag der Arbeit (1. Mai) und gleich darauf der Tag der Verfassung (3. Mai), der an die Verfassungsgebung von 1791 erinnert. Am 11. November begeht man den Nationalfeiertag der Unabhängigkeit.

Anders als in Deutschland werden die polnischen Schüler alle zusammen in die **Sommerferien** geschickt. Sie dauern mit Abstand am längsten, von Ende Juni bis Ende August. Die **Winterferien** gehen je nach Region von Mitte Januar bis Ende Februar, die **Osterferien** beschränken sich auf fünf bis sechs Tage rund um das Osterfest, und **Weihnachten** ist frei von Heiligabend bis Neujahr.

Lokale Feste und **kulturelle Veranstaltungen** werden in den Ortskapiteln vorgestellt; Bräuche rund um die kirchlichen Feiertage siehe „Menschen und Kultur/Sitten und Bräuche".

◹ Prozession in Olsztyn

FKK

Die Nackedei-Kultur ist generell **nicht erlaubt,** offiziell für FFK eingerichtete Badestrände findet man so gut wie keine mehr. Waren in sozialistischen Zeiten die „Naturisten", wie man die FKK-Anhänger in Polen nennt, fast schon eine Volksbewegung, so heißt es heute – in Rückbesinnung nicht zuletzt auf die konservativen Werte der katholischen Kirche: Seine Blößen bitte bedeckt halten.

Fotografie

Spezielle Batterien und produktspezifische Datenträger sollte man besser **von zu Hause** mitbringen, sofern man nicht in die nächste Großstadt zum Einkaufen fahren will.

Geld

In Polen bezahlt man mit **Złoty** und **Groszy.** Würde man die Bezeichnung „Złoty" wortwörtlich verstehen, müsste die Republik Polen zu den reichsten Ländern der Erde gehören: Ins Deutsche übersetzt bedeutet *złoto* das schillernde Wörtchen **„Gold".**

Im Umlauf befinden sich Złoty-Scheine im Nennwert 10, 20, 50, 100 und 200 Złoty sowie Münzen im Nennwert 1, 2, 5, 10, 20, 50 Groszy und 1, 2, 5 Złoty.

Die polnische Währung ist frei konvertierbar, der Wechselkurs unterliegt Schwankungen.

☐ An den meisten polnischen Stränden gilt es, seine Blößen bedeckt zu halten

Wechselkurse
(Stand April 2015)

- 1 € = 4,14 Zł.   1 Zł. = 0,24 €
- 1 sFr. = 3,88 Zł.   1 Zł. = 0,25 sFr.

Karten und Geldtausch

Eine unkomplizierte Art der Geldbeschaffung ist die Barabhebung **am Geldautomaten** mit der **Maestro-Karte**. Geldautomaten *(bankomaty)* sind in allen größeren Städten und touristischen Ortschaften vorhanden. Die meisten bieten Menüs auch in deutscher Sprache. Je nach Hausbank wird pro Abhebung eine **Gebühr** von ca. 5 bis 7 € bzw. etwa 6 bis 8 sFr. berechnet. Bei manchen Banken ist dieser Service im In- und Ausland im Grundpreis der Kontoführung enthalten. Der **Höchstbetrag**, den man abheben kann, liegt bei 1000 bis 2000 Złoty pro Tag. Bei Bankomat-Abhebungen von höheren Beträgen ist zu empfehlen, sich vorher über den aktuellen **Złoty-Wechselkurs** zu informieren. An manchen Geldautomaten wird die Fremdwährung bis zu 10 Prozent ungünstiger berechnet. Falls der Geldautomat eine Belastung des Kontos in Złoty oder Euro anbietet, sollte man Złoty wählen, dann übernimmt die Hausbank die Umrechnung.

Für **Barabhebungen** per **Kreditkarte** kann das Kreditkartenkonto je nach ausstellender Bank mit einer Gebühr von bis zu 5,5 Prozent der abgehobenen Summe belastet werden, für **bargeldloses Bezahlen** werden dagegen nur ca. 1 bis 2 Prozent pro Auslandseinsatz berechnet.

Gängige **Kreditkarten** wie Eurocard, MasterCard und Visa werden von den meisten Hotels und Tankstellen sowie in vielen Restaurants und Geschäften akzeptiert.

Bei **Verlust der Geldkarte** sollte man sie sofort sperren lassen (s. „Notfälle").

Wer **mit Bargeld anreist,** kann dies problemlos in Banken und Wechselstuben sowie in vielen größeren Hotels **tauschen**. Banken bieten mit Garantie den aktuellen Wechselkurs. In der Regel sind sie Mo–Fr 8–18 Uhr und Sa 9–14 Uhr geöffnet. **Kantors (Wechselstuben)** bieten oft rund um die Uhr ihre Tauschdienste an, ebenfalls in der Regel zum aktuellen Wechselkurs (Ankaufskurs = *kupno,* Verkaufskurs = *sprzedaż*).

> So sieht es aus, das polnische „Gold"

Gesundheit

Für Polen gelten **dieselben Bestimmungen wie in allen EU-Ländern**. Entstehen im Urlaub Kosten für ärztliche Leistungen, die aus medizinischer Sicht nicht bis zur Rückkehr nach Hause warten können, werden sie von den Krankenkassen übernommen. Für gesetzlich versicherte Deutsche, Österreicher und Schweizer erfolgt die Behandlung vor Ort gegen Vorlage der **Europäischen Krankenversicherungskarte** (European Health Insurance, EHIC). Die Karte gilt in allen EU-Ländern, der Schweiz sowie einigen weiteren europäischen Staaten. Sie ist auf der Rückseite der Versichertenkarte aufgedruckt und muss nicht extra beantragt werden. Privat Versicherten empfiehlt sich der Abschluss einer Auslandskrankenversicherung.

Gesetzlich Versicherte müssen für die Kostenübernahme der Behandlung einen Vertragsarzt oder ein Vertragskrankenhaus des **Nationalen Gesundheitsfonds** (Narodowy Fundusz Zdronia/NFZ) aufsuchen, zu erkennen am NFZ-Logo auf dem Praxisschild an der Tür. An **Behandlungskosten** wird üblicherweise übernommen, was der Krankenversicherungsschutz in Polen vorsieht. Der Umfang der Leistungen richtet sich nach den polnischen Rechtsvorschriften und ist nicht immer mit denen anderer EU-Länder identisch; ferner bestehen andere gesetzliche Zuzahlungen. Liegen die Behandlungskosten über dem Versicherungsschutz, muss man den Restbetrag aus eigener Tasche begleichen, und auch die Kosten für Krankenrücktransporte übernehmen die gesetzlichen Krankenkassen im Heimatland nicht. Daher ist der Abschluss einer zusätzlichen **Auslandskrankenversicherung** und **Rücktransportversicherung** anzuraten.

Abgerechnet wird gewöhnlich über die **EHIC-Karte**. Trotzdem kann es gelegentlich vorkommen, dass Arzt oder Krankenhaus die Karte nicht akzeptieren und eine Privatrechnung ausstellen. Gegen die Vorlage ausführlicher **Quittungen** (mit Datum, Namen, Bericht über Art und Umfang der Behandlung sowie Kosten der Behandlung und verordneten Medikamenten) werden die Behandlungskosten dann bis zur Höhe des geltenden Versicherungsschutzes erstattet. Die Konsultation von **Privatärzten** geht vollständig auf eigene Kosten.

Weitere ausführliche Informationen erteilen die Deutsche Verbindungsstelle Krankenversicherung Ausland unter www.dvka.de sowie der polnische Nationale Gesundheitsfonds (Narodowy Fundusz Zdrowia) unter www.nfz.gov.pl (Symbol „deutsche Fahne" anklicken).

Apotheken (*apteka*) gibt es in allen größeren Ortschaften. Sie verfügen von Aspirin über Hustensaft bis zum Pflaster über alle gängigen Bagatellpräparate. Wer auf spezielle Arzneimittel angewiesen ist, sollte diese sicherheitshalber von zu Hause mitnehmen.

Notrufnummern siehe „Notfälle".

▷ Auch in der polnischen Traumkulisse lauern kleine Blutsauger, die tückische Krankheiten übertragen können

Schutz vor Zeckenbissen

Die Gefahr, nach einem Zeckenbiss zu **erkranken,** wird nicht nur in Deutschland und Österreich von Jahr zu Jahr größer. Infolge des Klimawandels vermehren sich die Mini-Vampire auch in Polen massiv. Steigen die Temperaturen dauerhaft über 8 °C, beginnt die Zecken-Saison. Dann lauern die winzigen „Holzböcke" am Waldrand, im hohen Gras, im Laub und Gebüsch.

Ihr Biss bleibt meistens harmlos, kann aber auch folgenschwer sein. Denn Zecken sind Überträger der **Frühsommer-Meningoenzephalitis (FSME),** einer Form der Hirnhautentzündung, sowie der **Borreliose,** eines Rückfallfiebers, das wegen der diffusen Symptomatik schwer zu diagnostizieren und daher besonders heimtückisch ist.

Gegen FSME kann und sollte man sich **impfen** lassen, gegen Borreliose gibt es dagegen keinen zuverlässigen Impfschutz. Auch auf die handelsüblichen Anti-Insektensprays ist kein Verlass, denn sie wirken zeitlich nur sehr begrenzt. Also heißt es vorbeugen, indem man ein paar **wichtige Regeln** beherzigt:

Am besten ist es natürlich, Zeckenbiotope zu meiden. Möchte man trotzdem gern durch hohes Gras oder Unterholz streifen, empfiehlt sich **geschlossene, helle Kleidung.** Nach dem Ausflug sollte man den Körper nach Zecken absuchen. Die Blutsauger mögen am liebsten warme Körperstellen und weiche Haut.

Wurde man trotz aller Vorsicht **gebissen,** besteht noch lange kein Grund zur Panik. Bis maximal vier Tage nach dem Befall können sich Erwachsene nachträglich gegen **FSME** immunisieren lassen. Eine **Borreliose** kann durch rechtzeitiges Entfernen der Zecke sogar gänzlich verhindert werden. Der Erreger gelangt nicht sofort, sondern meist erst Stunden später von der Zecke in den Wirt – weshalb es so wichtig ist, den Körper zeitig abzusuchen.

Und wie **entfernt** man die Viecher? Grundsätzlich nie mit den Fingern! Dabei könnte die Zecke zerquetscht werden, und die erregerhaltige Flüssigkeit würde in die Bissstelle gedrückt. Besser ist, sie mit der **Pinzette** zu greifen, so nah an der Haut wie nur möglich, und sie ganz, ganz langsam herauszuziehen. Anschließend wird die Stelle mit Jod oder Alkohol **desinfiziert.**

Konnte die Zecke nicht restlos entfernt werden oder bilden sich trotz Entfernung innerhalb weniger Tage bis zu zehn Wochen **kreisförmige Hautrötungen** rund um den Einstich, sollte man unbedingt einen Arzt konsultieren.

Weitere detaillierte **Informationen** findet man auf den Seiten des Robert-Koch-Instituts, www.rki.de.

Information

Fremdenverkehrsamt

Für allgemeine Infos, das Neueste aus Polen, Reisetipps, Fragen nach Freizeitaktivitäten und kulturellen Veranstaltungen, Leistungen der Reiseveranstalter und vieles mehr steht das Polnische Fremdenverkehrsamt zur Verfügung.

Für Deutschland

■ **Polnisches Fremdenverkehrsamt,** Hohenzollerndamm 151, 14199 Berlin, Tel. (030) 2100920, Fax 21009214, www.polen.travel, Mo–Fr 9–16 Uhr.

Für Österreich und die Schweiz

■ **Polnisches Fremdenverkehrsamt,** Fleschgasse 43/2a, 1130 Wien, Tel. (0043) 01 5247191, www.polen.travel, Mo–Do 9–16 Uhr, Fr 9–15 Uhr.

Touristeninformationen

Touristeninformationen sind mit „it" (für „informacja turystyczna") gekennzeichnet. Sie bieten Auskunft über den Ort und die Region, Unterkunfts- und Verkehrsmöglichkeiten, Auto-, Fahrrad- und Sportgeräteverleih, kulturelle Veranstaltungen, Freizeitangebote sowie

△ Die Touristeninformationen halten für (fast) alle Belange eine Auskunft parat

Angebote von ansässigen Reisebüros, Touristikunternehmen und vieles mehr.

Die Touristeninformationen in größeren Städten und beliebten Ferienorten unterhalten in der Regel einen **Zimmernachweis** für Hotels, Pensionen und Privatquartiere. Die „its" in kleineren Orten und Dörfern sind, sofern sie über keine Zimmervermittlung verfügen, zumindest bei der Unterkunftssuche behilflich. Manche von ihnen haben jedoch nur während der Sommermonate geöffnet.

In den **Großstädten** befinden sich **zentrale Touristeninformationen,** die oft nicht nur über die Stadt und ihre Umgebung, sondern auch über die ganze Region Auskunft geben. Hotels der gehobenen Kategorie bieten meist ebenfalls einen Informationsservice.

Adressen von Touristeninformationen finden sich jeweils am Ende der Ortsbeschreibungen unter „Praktische Tipps".

Informationen im Internet

Viele touristische Unternehmen vom großen Reiseveranstalter bis zum Privatzimmervermieter präsentieren ihre Angebote im Internet, sodass man sich sein künftiges Feriendomizil meist schon von daheim anschauen kann.

Vielfältige und fundierte Informationen rund um Land und Leute sowie Urlaub in Polen bieten die folgenden Internet-Adressen:

■ **www.polen.travel:** Die offizielle Internetseite der Polnischen Tourismusorganisation (POT) für Reiselustige aus aller Welt. In zahlreichen Sprachen, darunter auch Deutsch, bieten die Seiten allgemeine Informationen über Land und Leute, praktische Reisetipps von A bis Z, Wissenswertes zu Kultur und Traditionen, einen Kalender mit den schönsten kulturellen und touristischen Veranstaltungen über das Jahr, Vorschläge zur aktiven Erholung in allen Jahreszeiten, ausgewählte Unterkunftstipps, Beschreibungen der einzelnen Regionen mit ihren Städten, Sehenswürdigkeiten und touristischen Attraktionen und vieles mehr.

■ **http://ermland-masuren-journal.de:** Ebenso lesenswertes wie informatives Journal der Journalistin *Brigitte Jäger-Dabek* rund um Warmia und Mazury, seien es Stadtbeschreibungen, Historisches oder auch aktuelle touristische Tipps und politische Nachrichten.

■ **www.welcome2poland.com:** Umfassendes Reiseportal mit vielen Informationen und Angeboten rund um den Urlaub an der polnischen Ostseeküste, in Pommern und Ermland-Masuren; mit Online-Reiseführer zu den Regionen und ihren kulturellen, touristischen und natürlichen Sehenswürdigkeiten, zu Sport und aktiver Urlaubsgestaltung, zu Essen und Trinken sowie mit zahlreichen allgemeinen reisepraktischen Informationen. Das vielfältige Angebot an Unterkunftsmöglichkeiten – von Hotels und Pensionen über Ferienhäuser bis hin zu Reiter- und Bauernhöfen – lässt sich jeweils mit einem Klick detailliert in Augenschein nehmen und, wenn's gefällt, mit zehn Prozent Rabatt auf den angegebenen Preis auch direkt online buchen (Deutsch).

■ **www.polen-news.de:** Der gemeinsame Netzauftritt der Zeitschrift „Polen und wir" und der Deutsch-Polnischen Gesellschaft mit allem, was es Neues zu Polen gibt.

■ **www.pttk.pl:** Homepage der Polnischen Gesellschaft für Touristik und Heimatkunde (Polnisch/ Englisch/Deutsch).

Sucht man im Web nach polnischen Namen und Begriffen, braucht man übrigens **keine Sonderzeichen** einzugeben; es reicht z.B. „Lech Walesa" statt „Lech Wałęsa".

Kinder

Polen ist ein sehr **kinder- und familienfreundliches Land.** Wenn es bis auf die obligatorischen Karussell- und Rummelplatzeinrichtungen in den Urlaubsorten kein gesondertes Freizeitangebot für die Kleinen gibt, liegt es einfach daran, dass Kinder in Polen nicht als exotische Wesen betrachtet werden, sondern ganz selbstverständlich überall mit dabei sind.

◸ Polen bietet kleinen Reisenden eine Menge, etwa im Slowinzischen Freilichtmuseum in Kluki

Kleidung und Reisegepäck

- **Kleidung** für alle Wetterlagen: Vom Badekostüm über leichte Kleidung, Gummistiefel und Regenjacke bis zu dicken Socken und Wollpulli.
- **Regenschirm**
- **Sonnencreme**
- **Mückenschutz**
- **Kompass und Karten** für ausgedehnte Wasser- und Waldwandertouren.
- **Fernglas**
- Bei einigen schlechter gepflegten Campingplätzen empfehlen sich **Badelatschen** für die Duschkabine.
- **Adapter** für Schukostecker
- Zu **Camping- und Wohnmobilausrüstung** siehe „Unterwegs in Polen/Wohnmobil".

Medien

Radio

In sozialistischer Zeit wurde die Sendersuche der Radiobesitzer aus dem kapitalistischen Ausland mit tiefem Schweigen beantwortet. Nach der osteuropäischen Norm lagen die polnischen Radiosender jenseits des westeuropäischen Frequenzbereichs. Doch dies ist mittlerweile lange Geschichte, die gängigen Rundfunkprogramme werden heute allerorten empfangen. Neben den Programmen des staatlichen **Polnischen Rundfunks,** der auf Lang-, Mittel-, Kurz- und Ultrakurzwelle sendet, sind auch zahlreiche Dudelstationen auf Sendung.

Fernsehen

Um nicht den polnischen Untergrund aufbuddeln zu müssen, hat sich beim Fernsehen die Devise „Schüssel statt Kabel" durchgesetzt. Vom großen Hotel bis zur kleinen Pension verfügen heute die meisten Unterkünfte über **Satelliten-TV,** das auch verschiedene deutschsprachige Programme ins Zimmer bringt.

Zeitungen

Internationale Presse erhält man an großen Kiosken und in den Bahnhöfen. Im Sommer erscheint in manchen größeren Badeorten ein deutschsprachiges buntes **Blättchen extra für Urlauber** mit zahlreichen Tipps zu kulturellen Veranstaltungen und Freizeitaktivitäten.

Menschen mit Handicaps

Die Reisemöglichkeiten für Menschen mit Behinderungen sind in Polen leider **eingeschränkt.** Abgesenkte Bordsteine, Aufzüge statt Treppen, Blindenleitsysteme und akustische Ampelanlagen sind – wenn überhaupt – nur in den großen Städten zu finden, auf dem Land fehlen sie gänzlich.

Zwar verfügen immer mehr öffentliche Gebäude sowie zahlreiche **Hotels** der gehobenen Kategorie über behindertengerechte Einrichtungen, doch bleiben Barrierefreiheit und geeignete Sanitäranlagen in preiswerten Unterkünften, auf **Campingplätzen** wie auch in den meisten **Restaurants** eine Ausnahme. Besonders problematisch ist die Reise mit Bussen, Bahnen und anderen **öffentlichen Verkehrsmitteln.**

Die Interessen der Menschen mit Handicap in Polen vertritt die **Organisation Integracja.** Dort kann auch alle wichtigen Informationen zu den Themen Reisen und Aufenthalt von Behinderten in Polen erhalten:

■ **Integracja,** ul. Dzielna 1, 00-162 Warszawa, Tel. 22 5306570, www.integracja.org.

Nationalparks

Auf der in diesem Buch beschriebenen Reiseroute befinden sich der **Woliner Nationalpark** mit steilen Küstenkliffs und herrlichen Buchenmischwäldern, der **Slowinzische Nationalpark** mit einer abenteuerlichen Wanderdünenlandschaft sowie der **Wigry-Nationalpark** mit einem märchenhaften Flickenteppich aus Wasser und Land. Besonders bedrohte Tier- und Pflanzenarten haben hier eine letzte Zuflucht gefunden. In den **Kernzonen** der Nationalparks ist die Natur sich selbst überlassen, ohne Eingriff von Menschenhand, weshalb sie für Besucher in der Regel nicht zugänglich sind.

Außerhalb der Kernzonen führt ein **Wanderwegenetz** durch die Nationalparks hindurch, und es versteht sich von selbst, dass die ausgeschilderten Wege in diesen streng naturgeschützten Reservaten auf keinen Fall verlassen werden dürfen. Dafür wird man mit wunderschönen ursprünglichen Landschaften belohnt, wie man sie nur noch sehr selten findet.

Die Nationalparks im nördlichen Polen bieten märchenhaft schöne Landschaften

Notfälle

Die Polnische Organisation für Tourismus bietet in Zusammenarbeit mit dem polnischen Wirtschaftsministerium und der polnischen Polizei in den Sommermonaten eine **deutschsprachige Notfall-Hotline** unter den folgenden Nummern an:

- **Tel. (0048) 22 2787777,** gebührenpflichtig, Tarif je nach Netzbetreiber.
- **Tel. (0048) 608 599999,** gebührenpflichtig vom Handy und aus dem Festnetz.

Die Telefonleitung ist in der Regel vom 1. Juni bis 30. September von 10 bis 22 Uhr in Betrieb. Achtung: Die Hotline wird **jedes Jahr neu geschaltet,** möglicherweise mit neuer Nummer und anderen Zeiten. Bitte informieren Sie sich sicherheitshalber vor Ihrem Reiseantritt beim Polnischen Fremdenverkehrsamt (siehe „Information").

Autopanne/-unfall

Bei Autopannen hilft der Polnische Motorverband PZM (Polski Związek Motorowy) polenweit unter der Rufnummer **19637.**

- **Polnischer Motorverband (PZM),** ul. Kazimierzowska 66, 02-518 Warszawa, Tel. 22 8499361, www.pzm.pl.

Deutschsprachig erreicht man den **ADAC,** den **ÖAMTC** und den **TCS** unter folgenden Telefonnummern:

Notrufnummern

- **Notruf:** Tel. 112
- **Polizei:** Tel. 997
- **Feuerwehr:** Tel. 998
- **Unfallrettung:** Tel. 999
- **Pannenhilfe:** Tel. 981

- **ADAC,** www.adac.de, Notruf-Tel. aus dem Festnetz (0049) (0)89 222222, Notruf-Tel. über das Handy (ohne Vorwahl aus allen Netzen) 222222.
- **ÖAMTC,** www.oeamtc.at, Tel. (0043) (0)1 251 2000 und in Polen selbst Tel. (0048) 61 8319902.
- **TCS,** www.tcs.ch, Notruf für Inhaber des Schutzbriefs: (0041) 58 8272220.

Verlust von Geldkarten

Bei Verlust oder Diebstahl der Kredit- oder Maestro-Karte sollte man diese umgehend sperren lassen. Dafür steht Kreditkarteninhabern bei deutschen Sparkassen, Landesbanken wie auch den meisten Privatbanken der einheitliche **Sperr-Notruf 116116** (aus dem Ausland mit deutscher Landesvorwahl 0049) sowie im Ausland zusätzlich 0049-30-40504050 zur Verfügung. Zum Sperren muss man den Namen des kartenausgebenden Geldinstituts, die Kartenart (Maestro-Karte, VISA, MasterCard o.Ä.) und die Kartennummer angeben. Weitere zusätzliche persönliche Details werden am Telefon erfragt, die die Identität des Karteninhabers belegen.

Österreicher können ihre Karten unter der Rufnummer 0043 1 7170 14500 sperren lassen.

In der **Schweiz** gibt es keine einheitliche Sperrnummer. Die Konditionen sollten vor Reiseantritt bei den Karten ausgebenden Banken eingeholt werden.

Ausweisverlust/ dringender Notfall

Werden der Reisepass oder Personalausweis gestohlen oder kommt auf anderem Wege abhanden, muss man den Verlust bei der örtlichen **Polizei** melden. Darüber hinaus sollte man sich an die nächste **diplomatische Auslandsvertretung** seines Landes wenden, um Missverständnisse an der Grenze nach Hause zu vermeiden.

Auch in **dringenden Notfällen,** z.B. medizinischer oder rechtlicher Art, sind die Auslandsvertretungen bemüht zu helfen (siehe hierzu „Botschaften und Konsulate").

Öffnungszeiten

Nirgendwo in Polen müssen sich abgearbeitete Bürger an den Registrierkassen der Einkaufsläden in die Schlangen einreihen, um abends schnell noch eine Milchtüte zu erstehen. Es gibt **kein Ladenschlussgesetz.**

Die **Geschäfte** sind in der Woche im Allgemeinen von 9 bis 19 Uhr geöffnet, viele auch länger; samstags öffnen sie von 9 bis 13 Uhr und länger, die Entscheidung bleibt dem Ladeninhaber überlassen. Fast überall bieten Lebensmittelläden ihre Waren auch sonntags (nach dem Kirchgang) an. Supermärkte in Städten und großen touristischen Zentren öffnen ihre Türen oft werktags von 6 bis 22 Uhr, Sa/So bis 13 Uhr.

> Museen halten ihre Türen meist am Montag geschlossen

Möchte man auswärtig speisen, sollte man dagegen rechtzeitig aufbrechen. Dinierzeiten, wie sie im mediterranen Raum gepflegt werden, sind in Polen unbekannt. Bis auf ganz wenige Ausnahmen setzen sogar die großen **Restaurants** ihre Gäste **zwischen 22 und 23 Uhr** vor die Tür.

Dienstleister halten werktags von 10 bis 18 Uhr ihre Tore offen, Behörden von 8 bis 15 Uhr.

Die Schalter bei den **Banken** sind in der Regel Montag bis Freitag von 7.30 bis 17 Uhr, Samstag bis 14 Uhr geöffnet. **Kantors** wechseln Valuta auch über diese Zeiten hinaus, und bis in späte Stunden bieten die meisten großen Hotels einen Geldwechsel-Service an (nur gegen Bares).

Die Schalterzeiten der **Post** sind von Montag bis Samstag 8 bis 19 Uhr, teils auch bis 20 Uhr. Postämter in kleineren Ortschaften haben oft nur bis 15 Uhr offen, manche Postämter in Großstädten dagegen rund um die Uhr.

Die Öffnungszeiten der **Touristeninformationen** finden sich in den Info-Anhängen zur jeweiligen Ortsbeschreibung. Sie sind allerdings nicht in Stein gemeißelt und können sich besonders in kleineren Ortschaften von Saison zu Saison auch einmal ändern.

Große **Museen**, Freilichtmuseen und **Burgen** haben in der Regel Dienstag bis Sonntag geöffnet, kleinere Museen, vor allem in Ferienorten, halten oft nur in der Saison ihre Türen offen. Nicht wenige Kirchen in kleineren Ortschaften, die früher einmal rund um die Uhr zugänglich waren, sind wegen Diebstahl und Vandalismus (leider auch durch Touristen) mittlerweile nur noch zu den Gottesdienstzeiten geöffnet.

Post

Postkartengrüße, die sofort in den ersten Urlaubtagen auf den Weg kommen, wird eine gute Chance eingeräumt, den Empfänger noch vor der Rückkehr des Absenders zu erreichen. Für einen Brief rechnet man zwei bis drei Werktage.

Briefmarken werden in den Postämtern verkauft und überall, wo man Postkarten erhält (Kioske, Touristeninformationen, Hotels). Dort weiß man auch, welche Marke für wie viel Złoty auf welches Schreiben gehört (zum Zeitpunkt der Recherche für dieses Buch betrug das Porto für Postkarte und Standardbrief von Polen ins westeuropäische Ausland 5,20 Zł.).

Die **Briefkästen** sind rot und tragen die Aufschrift „Poczta".

So sehen die Briefkästen in Polen aus

Sicherheit

Hartnäckig halten sich leider die verschiedensten **Vorurteile,** vom Handtaschendiebstahl über Trickbetrügereien bis hin zum Autoklau. Woher sie kommen, wissen wir nicht, aber wir können versichern: Sie stimmen nicht. Polen verzeichnet im europäischen Vergleich sogar eine **vergleichsweise niedrige Kriminalitätsrate.** Laut Statistischem Amt der Europäischen Union, Eurostat, stand im Jahr 2012 beim Autoklau Griechenland an der Spitze, gefolgt von Montenegro und den Niederlanden auf Platz 2 und 3. Polen und sein Nachbar Deutschland teilten sich unter „ferner liefen" Platz 25 von 39 ausgewerteten Ländern. Im Ranking der 20 gefährlichsten europäischen Städte taucht keine einzige polnische Stadt auf (auf dem ersten Platz liegt London, 10. Platz Berlin, 20. Platz Lissabon).

Trotzdem wird eine Dame, die weithin sichtbar ihr Brillantcollier spazieren führt, im Hafenviertel von Danzig mit wohl ebenso großer Wahrscheinlichkeit Opfer von Langfingern werden wie auf der Hamburger Reeperbahn oder im Hafen von Rotterdam. Und wer seinen Schlüssel im Auto stecken lässt, darf sich nicht wundern, wenn sich das Vehikel bald darauf selbstständig macht. Ähnliches gilt für offen herumliegende Geldbörsen – wie überall auf der Welt. Gelegenheit macht Diebe. Deshalb sei noch einmal ausdrücklich angemahnt: Lassen Sie keine Wertgegenstände im Wagen liegen, selbst wenn Sie „nur mal ganz kurz" irgendwo hineinspringen!

Zusätzliche Sicherheit bieten eine große Anzahl **bewachter Parkplätze,** selbst noch im winzigsten Dorf kann man sein Auto sicher abstellen. Beinahe jedes Hotel verfügt über eine Gelegenheit, seine Wertgegenstände im **Safe** zu deponieren (wenn man sie denn unbedingt auf seine Reise mitnehmen muss).

Und sollte einem tatsächlich einmal ein Dieb in die Tasche greifen, genügt oft ein Aufschrei, damit sofort Passanten zu Hilfe eilen. So gastfreundlich wie die Menschen sind, so hilfsbereit sind sie auch. Auch die örtlichen **Polizeidienststellen** sind sehr bemüht, freundlich und hilfsbereit – weit über ihre eigentliche pflichtgemäße Tätigkeit hinaus.

Umsichtiges Verhalten ist jedoch auf den **Transitstrecken** Richtung Russland, Weißrussland und Litauen geboten.

Sport und andere Aktivitäten

Informationen zum **Fahrradfahren** siehe auch „Unterwegs in Polen"; Hinweise zu weiteren Sportarten finden sich in den Ortskapiteln unter „Praktische Informationen".

Angeln

Rund **70 Fischarten** kann man in den polnischen Gewässern angeln, darunter solche Köstlichkeiten wie Aale, Barsche, Hechte, Karpfen, Maränen, Zander und sogar Lachse, die in Polen lange als ausgestorben galten. Schenkt man dem Anglerlatein Glauben, wog der schwerste Wels, der je aus polnischem Süßwasser gezogen wurde, 74 kg, und der längste jemals in Polen gefischte Aal maß stolze 119 cm.

Das Angeln ist in Polen **erlaubt** vom **1. April bis 31. Dezember** täglich von Sonnenaufgang bis zur Abenddämmerung. Nachtangeln in Seen ist vom 1. Juni bis 30. September gestattet. Für Eisangeln gelten gesonderte Regelungen. Vom 1. Juni bis zum 31. Oktober darf man außerdem auch vom Boot aus angeln. Leihboote müssen dafür registriert sein und auf beiden Seiten sichtbar eine Registriernummer tragen. Das Angeln mit lebenden Köderfischen ist erlaubt, sofern sie nicht einem Schonmaß unterliegen und außerdem aus dem Gewässer stammen, in dem mit ihnen geangelt werden soll.

Fangbeschränkungen, Schonzeiten und **Mindestmaße** der Fischarten müssen natürlich eingehalten werden.

Eine **Angelgenehmigung** *(karta wędkarska)* ist unbedingtes Muss, der deutsche Angelschein ist in Polen nicht gültig. Gegen eine Gebühr von 15 bis 60 € je nach Dauer, Gebiet und Gewässer wird sie von den jeweiligen Gewässerverwaltern ausgestellt und berechtigt zum Angeln auf den allgemein zugänglichen Gewässern des Polnischen Anglerverbandes. Die Adressen der Gewässerverwalter halten vor Ort die Touristeninformationen parat.

Für alle Angelegenheiten rund um den Angelsport ist der **Polnische Anglerverband PZW** (Polski Związek Wędkarski) zuständig. Er informiert über die aktuellen Bestimmungen sowie die auf den Gewässern des PZW geltende Mindestmaße, Schonzeiten, Tageslimits und Fangbeschränkungen.

◁ An einem Danziger Bernsteinschmuckstand muss man vor Langfingern genauso viel oder wenig Angst haben wie in anderen europäischen Großstädten

■ **Polski Związek Wędkarski,** ul. Twarda 42, 00-831 Warszawa, Tel. (0048) 22 6208966, www.pzw.org.pl, www.fishing.pl.

Baden

Die Bademöglichkeiten in der Ostsee und den polnischen Seen hängen vom Wetter ab. Im Schnitt liegen die **Wassertemperaturen** der Ostsee im Sommer um 19 °C, ist es ein schöner Sommer mit viel Sonnenschein, können es auch einmal 22 °C werden. Ähnliches gilt für die Seen, die sich allerdings etwas schneller und früher erwärmen.

Wer jenseits der ausgewiesenen Badestellen einmal in einem See schwimmen möchte, dem seien wegen der schlammigen oder auch steinigen Gewässerböden **Badeschuhe** und eine Luftmatratze empfohlen.

◿ Die polnischen Ostseestrände sind in der Hauptsaison oft sehr gut besucht

Die **Wasserqualität** der Seen und der polnischen Ostsee ist gut bis sehr gut. Zur Möglichkeit des **Nacktbadens** siehe „FKK".

Segeln

Viele Wasserwege führen nach Polen, ob an der Küste entlang, über die zahllosen Seen oder die Kanäle und Flüsse, die in einem weit verzweigten Wasserwegenetz miteinander verbunden sind. Unter vollen Segeln darf nach Polen einreisen, wer die international gültigen **Ausweise** und **Schifffahrtspapiere** vorweisen kann, anschließend steht ihm der Weg offen (siehe auch „Anreise").

Hochseehäfen der Ostseeküste befinden sich in Świnoujście, Dziwnów, Mrzeżyno, Dźwirzyno, Kołobrzeg, Darłowo, Ustka, Rowy, Łeba und Władysławowo; an der Danziger Bucht liegen die folgenden Häfen: Jastarnia, Hel, Puck, Gdynia und Danzig. Segeln auf der Ostsee ist gestattet:

Sport und andere Aktivitäten

- in der Zeit zwischen Sonnenaufgang und Sonnenuntergang;
- bis Windstärke 4;
- bei Sicht über 2 Seemeilen;
- bei einem Uferabstand zwischen 0,1 und 2 Seemeilen;
- auf eisfreiem Wasser.

In **Bade- oder Naturschutzgebieten** ist Segeln grundsätzlich verboten.

Segelzentren an den **Großen Masurischen Seen** sind Węgorzewo, Giżycko, Mikołajki und Ruciane-Nida sowie an der **westmasurischen Seenplatte** Iława. Wegen mancher niedrigen Brücke sollte das Boot über eine Mastlegevorrichtung verfügen. Flautenschieber bis sechs PS sind erlaubt. Nachts herrscht Fahrverbot auf den Seen.

Zuständig für die Segeltouristik ist der Polnische **Seglerverband PZŻ** (Polski Związek Żeglarski), auf dessen Website sich ausführliche Informationen zum Segeln in Polen finden.

- **Polski Związek Żeglarski,** al. ks. J. Poniatowskiego 1, 03-901 Warszawa, Tel. (0048) 22 5416363, www.pya. org.pl.

Surfen

Wind- und Kitesurfer finden ihr Dorado an der Pucker Bucht/Danziger Bucht auf der **Halbinsel Hel,** die zu den besten Surfspots an der gesamten Ostsee zählt. Eine stattliche Anzahl von Surfzentren mit Surfschulen, Ausrüstungsverleih und einfacher Unterkunftsmöglichkeit reiht sich dort aneinander. Als weiterer beliebter Spot gilt der Urlaubsort Krynica Morska auf der **Frischen Nehrung** am Scheitel der Danziger Bucht.

Paddeln

Ebenfalls großer Beliebtheit erfreut sich an den Seen und auf den zahlreichen Flüssen der Paddelsport. Über Hunderte von Kilometern sind die Gewässer miteinander verbunden, sodass man wochenlang mit Kanu oder Kajak unterwegs sein kann. Entlang der Paddelrouten sind ausreichend **Biwakplätze** vorhanden, wo man über Nacht sein Zelt aufschlagen kann, sowie gelegentlich auch ein größerer Campingplatz oder eine Wasserstation mit Versorgungseinrichtungen. In den Ortschaften rund um die Seen finden sich zahlreiche **Bootsverleihe,** die in der Regel auch einen Rücktransport anbieten.

Die Paddelstrecken sind mehrheitlich – zumindest abschnittsweise – auch für **Anfänger** gut geeignet, denn die Wasserläufe sind seicht und fließen bis auf wenige Ausnahmen gemütlich. Gelegentlich muss man mit dem Boot umgestürzte Bäume umschiffen oder es über ein Hindernis hinwegtragen. Die Seen, deren Oberfläche sich an strahlenden Sommertagen glatt in der Sonne spiegelt, können sich bei Wetterumschwung in tückische Gesellen verwandeln, weshalb Anfänger sich stets im **Uferbereich** halten sollten. Darüber hinaus wertet das **Wasserrecht** ein Paddelboot als kleinste Schiffseinheit, das deshalb jeder größeren Schiffseinheit ausweichen muss. Insofern bietet es sich an, insbesondere wenn man die Gegend nicht kennt, an einer durch professionelle Guides **geführten Wasserwanderung** teilzunehmen. Die Touristeninformationen halten die Adressen der lokalen Anbieter parat.

Über die **schönsten Wasserwege** und ihr landesweites Netz an Wasserstationen informiert die Polnische Gesellschaft für Touristik und Landeskunde (PTTK).

■ **Polskie Towarzystwo Turystyczno-Krajoznawcze PTTK,** ul. Senatorska 11, 00-075 Warszawa, Tel. (0048) 22 8262251, www.pttk.pl.

Für den Kajaktourismus ist außerdem der **Polnische Kajakverband** zuständig, auf dessen Website man alles Wissenswerte rund ums Paddeln findet.

■ **Polski Związek Kajakowy,** ul. Erazma Ciołka 17, 01-445 Warszawa, Tel. (0048) 22 8371470, www.pzkaj.pl.

Radeln

Man darf nicht zuviel erwarten. **Radwege** sind erst allmählich im Entstehen, und üblicherweise teilen sich Pedalritter die Fahrbahn mit Pkw, Lkw und auf dem Land außerdem Traktoristen und schweren Landwirtschaftsmaschinen. Ausgewiesene Radwanderwege führen nicht selten über Sandpisten oder matschige Waldböden – was besonders mit Reisegepäck auf dem Rad recht beschwerlich sein kann –, nur um kurze Zeit später wieder in eine stark befahrene Landstraße einzumünden. Ohne Zweifel, noch ist Polen kein Radelparadies.

Aber man arbeitet daran. So dürfen Radfahrer seit 2011, um ihrer Gefährdung im Straßenverkehr entgegenzuwirken, auf dem **Bürgersteig** fahren. Allerdings nur, wenn dieser mindestens 2 m breit ist und auf der Fahrbahn eine Geschwindigkeit von mehr als 50 km/h gestattet ist. In der **Dunkelheit** ist außerhalb von geschlossenen Ortschaften das Tragen einer Warnweste bzw. von reflektierenden Leuchtstreifen Pflicht.

Die **Anreise** nach Polen mit dem eigenen Rad ist unproblematisch. Die Fahrradmitnahme in grenzüberschreitenden Zügen ist nach dem Erwerb einer Internationalen Fahrradkarte möglich (siehe hierzu „Anreise/Fahrradmitnahme" und „Unterwegs in Polen/Fahrrad").

Telefon und Internet

Telefon und Handy

Um von Polen nach **Deutschland** zu telefonieren, muss man die **Landesvorwahl 0049** wählen und anschließend, wie bei den meisten europäischen Ländern im internationalen Telefonverkehr zurzeit noch üblich, die erste Null der Ortskennzahl weglassen. Die Vorwahl in die **Schweiz** lautet **0041**, die nach **Österreich 0043**. Die Ländervorwahl für **Polen** ist **0048**.

Die **Ortsvorwahlen** in Polen bestehen, anders als etwa in Deutschland, nur aus zwei Ziffern – **ohne Null** – und sind Bestandteil der Rufnummer. Das heißt, auch bei Gesprächen innerhalb eines Ortsnetzes muss die jeweilige Vorwahl mitgewählt werden; für ein Telefonat z.B. von Stettin nach Stettin die Vorwahl 91 und anschließend die Rufnummer, für ein Gespräch von Danzig nach Stettin die 91 und anschließend die Rufnummer, für ein Telefonat von Berlin nach Stettin die 0048, dann die 91 und anschließend die Rufnummer.

◁ Noch ist Polen kein Fahrradparadies, doch es gibt genügend Regionen, in denen es sich entspannt radeln lässt

Die örtliche **Telefonauskunft** erreicht man unter der Nummer 913, die Auskunft für Fernverbindungen unter 912.

Die öffentlichen **Fernsprechzellen** werden mit **Telefonkarten** betrieben. Man erwirbt sie auf Postämtern, in manchen Hotels und an Kiosken.

Das eigene **Mobiltelefon** lässt sich in Polen problemlos nutzen. Ist im Handy die Funktion „Automatische Netzwahl" aktiviert, bucht es sich automatisch in das vor Ort jeweils sendestärkste polnische Netz ein. Dieses muss aber nicht zwangläufig auch das günstigste sein. Wegen der unterschiedlich anfallenden Roaming-Gebühren, die für die Nutzung fremder Mobilfunknetze fällig werden, sollte man vor Reiseantritt bei seinem Mobilfunk-Anbieter nachfragen oder auf dessen Internetseite nachschauen, welcher seiner **Roaming-Partner** in Polen der preiswertere ist, dann die automatische Einwahl-Funktion deaktivieren und den gewählten Partner per manueller Netzeinwahl einstellen.

Nicht zu vergessen sind die **passiven Kosten,** die anfallen, wenn man von zu Hause angerufen wird (**Mailbox** besser abstellen!).

Günstig für den Urlaub sind **Polen-Callingcards.** Sie lassen sich nach Eingabe einer Einwahlnummer und anschließend einer PIN von der Telefonzelle und auch vom Handy aus nutzen, sind mit einem bestimmten Guthaben aufgeladen, das abtelefoniert werden kann, und können an Tankstellen, in Supermärkten und gut sortierten Kiosken oder auch im Internet gekauft werden. Bis zu 75 Prozent Telefonkosten kann man so sparen. Allerdings sollten Mobiltelefonierer darauf achten, dass eine in Polen eigentlich kostenfreie Einwahlnummer in Kombination mit einer deutschen SIM-Karte nicht unverhofft zum Gebührentreiber wird. Deshalb ist es auf jeden Fall ratsam, sich rechtzeitig vor der Reise zu informieren (z.B. bei www.verivox.de).

Falls man länger in Polen bleibt oder viele Telefonate innerhalb Polens führen möchte, bietet sich eine **Prepaid-Karte** von einem polnischen Anbieter an, z.B. von Tak Tak, Orange, T-Mobile oder Simplus, die man in Telefonshops sowie in Tankstellen, Elektro- und Supermärkten erhält.

Quasi umsonst lässt es sich mit dem Smartphone via **Skype** telefonieren (www.skype.com/de). Polen verfügt über ein dichtes Netz offener WLAN-Hotspots, von der Großstadt bis in das kleinste Dörfchen. Bei Skype anmelden und sich am Urlaubsort ins offene WLAN einwählen – und schon kann man den Lieben daheim ohne Reue ausführlich seine tagtäglichen Urlaubserlebnisse erzählen.

Internet

Netztechnisch zeigt sich Polen gut ausgerüstet. Fast zwei Drittel der polnischen Haushalte verfügen über einen Internet-Anschluss. Internetcafés sind eine aussterbende Spezies. Im Gegenzug wächst das Netz der öffentlichen WLAN-Hotspots unaufhörlich und ist in Polen – wo die Störerhaftung nicht gilt – erheblich engmaschiger als etwa in Deutschland. In 98 Prozent aller Hotels, in Restaurants, Pubs und Tankstellen, in Großstädten und beliebten Seebädern ebenso wie im kleinsten Dörfchen werden überall freie WiFi-Zugänge bereitgestellt.

Alternativ gelangt man mit dem Mobiltelefon oder dem UMTS-Webstick am günstigsten mit einer **Prepaid-Karte** ins Internet, die es in Telefonshops, an Tankstellen, in Elektro- und Supermärkten gibt (frei wählbare Aufladebeträge).

Toiletten

Öffentliche Toiletten sind neben respektive anstelle der Aufschrift „Damski" und „Męski" oft mit einem **Kreis** und einem **Dreieck** gekennzeichnet. Um nicht das verkehrte Türchen zu erwischen:

- **Kreis** = dla Pań = Damski = **Damen**
- **Dreieck** = dla Panów = Męski = **Herren**

Unterkunft

Grundsätzlich gelten drei Dinge:
1) Die **Begriffe „Hotel" und „Pensjonat"** (Pension) sagen nicht zwangsläufig etwas über die Qualität und den Komfort einer Unterkunft aus. Es kann durchaus der Fall sein, dass ein Pensjonat für 30 bis 40 € pro Doppelzimmer und Nacht luxuriöser ausgestattet ist und einen wesentlich besseren Service bietet als manches Hotel am Ort. Auch

▷ Das Luxushotel Neptun am Strand von Łeba

dem „**Sternesystem**" – Hotels und Pensionen werden in Kategorien von eins bis fünf Sterne gekennzeichnet, wobei die Sternezahl bei entsprechendem Luxus in der Regel auch die Höhe des Preises bezeichnet – sollte man nicht blindlings Vertrauen schenken. Die Kriterien für ihre Vergabe sind zwar gesetzlich geregelt, doch sagt das Vorhandensein beispielsweise eines Bads noch lange nichts über dessen Zustand aus. Umgekehrt kommt es im Sternesystem nicht nur zu Aufwertungen, sondern ebenso zu formellen Abwertungen, die der Hotelbetreiber insbesondere aus steuerlichen Beweggründen vornimmt.

2) Im **Winterhalbjahr** haben manche Hotels und Pensionen vor allem in kleineren Orten **geschlossen.** Außerhalb der Saison empfiehlt es sich deshalb, sich vorher telefonisch zu erkundigen.

3) Solange man sich nicht frühzeitig um ein Übernachtungsquartier bemüht oder rechtzeitig eine Reise gebucht hat, kann es während der **Hochsaison** im Juli und August bei der Suche nach einem preisgünstigen Dach über dem Kopf zu Engpässen kommen. Vor allem die Ostseeküste und die Region der Großen Masurischen Seen zählen zu den viel besuchten Reisezielen in Polen. Dagegen wird man in der Kategorie über 70 € pro Nacht für ein Doppelzimmer mit Frühstück auch zu frequentiertesten Zeiten ein Plätzchen finden (außerhalb der Saison gewähren alle Hotels und Pensionen Preisnachlässe).

Und wer nicht auf eigene Faust und gut Glück fahren möchte: Zahlreiche auf Polenreisen spezialisierte **Reisebüros und Veranstalter** bieten neben Pauschalreisen auch die Organisation der

persönlichen **Reiseroute** an, ganz nach individuellem Geschmack mit Unterbringung und allem Drum und Dran, sofern klar ist, wann man wo gerne sein möchte.

In den **Ortsbeschreibungen** haben wir die Unterkunftstipps in diesem Buch in **fünf Kategorien** unterteilt. Es handelt sich dabei lediglich um **Preisklassen**, nicht um Qualitätsmerkmale. Diese sowie die individuelle Beschaffenheit der Unterkünfte werden jeweils im Info-Anhang zum Ort beschrieben.

Preiskategorien in diesem Buch

①	= 20–35 €	(ca. 85–145 Zł.)
②	= 35–50 €	(ca. 145–210 Zł.)
③	= 50–70 €	(ca. 210–290 Zł.)
④	= 70–100 €	(ca. 290–415 Zł.)
⑤	= über 100 €	(über 415 Zł.)

Alle Angaben sind **Richtpreise** und beziehen sich auf die **Hochsaison** (Juli/August) für ein **Doppelzimmer pro Nacht für zwei Personen mit Frühstück**. Sie spiegeln somit den jeweiligen Höchstpreis, der üblicherweise bei einem individuellen Spontanaufenthalt über Nacht anfällt. Daneben gibt es eine Fülle an Angeboten und Arrangements sowie die unterschiedlichsten Rabatte und Preisnachlässe für Wochenenden, für die Nebensaison (Mai/Juni/September) und außerhalb der Saison; weshalb es sich immer lohnt, für einen Preisvergleich zum Telefonhörer zu greifen oder im Internet nachzuschauen.

Hotels und Pensionen

Vertreter der **Spitzenklasse** sind **internationale Hotelketten** wie Marriott oder Radisson, in der Regel in Großstädten, sowie Fünf-Sterne-Verwöhnoasen, oft in herrlicher Natur in Alleinlage. Sie kosten **über 100 €** (= ⑤) pro Doppelzimmer und Nacht, Preisausschläge nach oben inbegriffen, wie beispielsweise für das berühmte Grand Hotel in Sopot (die schönsten Zimmer ab 200 € aufwärts).

Darunter rangiert die kaum weniger luxuriöse Klasse von Hotelketten wie Mercure oder Novotel mit Preisen zwischen **70 und 100 €** (= ④). Daneben haben sich in dieser Kategorie zahlreiche elegante Hotels etabliert, die entweder in Neubauten oder in sorgfältig restaurierten Schlössern, Villen und historischen Herrschaftssitzen ihren Gästen einen angenehmen Aufenthalt bieten.

Wer weniger tief in die Tasche greifen möchte, um einmal Schlossfrau oder Schlossherr zu sein, wird in alten Gemäuern insbesondere im Landesinneren eine gehobene Mittelklasse-Unterkunft finden. In der Kategorie zwischen **50 und 70 €** (= ③) firmieren neben manchen historischen Herrenhäusern außerdem zahlreiche Burghotels in alten Backsteinburgen der Deutschordensritter sowie kleine und feine private Hotels, die etwa in restaurierten alten Fischerkaten, Hafenspeichern, Villen und Gutshäusern eine ebenso vornehme wie individuelle Unterkunft offerieren.

▷ Wasserstation bei Sorkwity

Unterkunft

Viele schöne Pensionen zwischen **35 und 50 €** (= ②) lassen an Service, Komfort und Annehmlichkeiten nichts missen. Die Zimmer sind meist großzügig geschnitten und verfügen in der Regel über Sat-TV, Radio und Telefon.

In der Preisklasse **20 bis 35 €** (= ①) finden sich familiäre kleine Pensionen mit gemütlichen Zimmern und eine große Zahl private Ferienzimmervermietungen.

Verzeichnis polnischer Hotels und Pensionen im Internet

- www.polhotels.com
- www.welcome2poland.com
- www.hotelsinpoland.com
- www.staypoland.com

Wasserstationen, Wander- und Ferienheime

Sie sind preisgünstig, schlicht und im Juli/August restlos belegt. Die oft malerisch hinter einem Dünenstrand oder in einem Wäldchen am See gelegenen ehemaligen betrieblichen **Ferienheime** wurden renoviert und haben ihre Tore längst auch für Individualreisende geöffnet. Wer keinen Service benötigt, sein eigenes Handtuch mitbringt und seinen Urlaub gerne mit vielen anderen teilt, ist hier goldrichtig.

Auch die **Wanderheime und Wasserstationen der PTTK** (Polnische Gesellschaft für Touristik und Landeskunde) lassen in Bezug auf Komfort und Bequemlichkeit manches missen. Der

Beim Urlaub auf einem Bauernhof lernen Stadtkinder die heimische Fauna kennen

Standard ist einfach, die Atmosphäre dafür umso gemütlicher. Dem Polen-Reisenden einmal mehr ein Kingsize-Schlafdomizil anzubieten, ist auch gar nicht das Ansinnen der seit vielen Jahrzehnten im Umweltschutz und Naturtourismus aktiven Organisation, eine der ältesten Touristikvereinigungen in Europa überhaupt. Mit ihren Berghütten, Wanderheimen, Bootshäusern, Wasserstationen und angeschlossenen Biwakplätzen bietet sie vielmehr polenweit Alpinisten, Fuß- und Wasserwanderern eine preisgünstige Einkehr für die Nacht. Nach einer Tagespaddelreise trifft man am Abend in den PTTK-Stationen auf andere Aktivurlauber, findet schnell Kontakt und tauscht Tipps, Erfahrungen und Erlebnisse aus, weshalb sich diese Unterbringungsmöglichkeit großer Beliebtheit erfreut. Dies bedeutet einmal mehr: Während der Hochsaison im Juli und August ist in den Häusern nur mit viel Glück ein freies Plätzchen zu finden.

Natürlich besteht bei allen PTTK-Stationen die Gelegenheit, gegen eine geringe Gebühr sein **Zelt** auf dem Gelände aufzuschlagen und die sanitären Einrichtungen mitzubenutzen. Wer aber auf ein festes Dach über dem Kopf nicht verzichten möchte, dem sei empfohlen, seinen Paddelurlaub rechtzeitig zu buchen.

■ **Polskie Towarzystwo Turystyczno-Krajoznawcze PTTK,** ul. Senatorska 11, 00-075 Warszawa, Tel. (0048) 22 8262251, www.pttk.pl.

Privatzimmer

Vom großen Kurort am Ostseestrand bis zum entlegensten Weiler im Masurischen Seenland werden fast überall Privatzimmer angeboten. Sie kosten nicht viel (meist zwischen 10 und 15 € pro Tag und Person), und man hat netten **Kontakt** zu den Gastgebern – vielleicht eine der schönsten Möglichkeiten, das Land wirklich kennenzulernen. Ein Schild „Wolne Pokoje" an Häusern und Gartenzäunen weist auf freie Zimmer hin.

Die meisten **Touristeninformationen** unterhalten einen Zimmernachweis und sind gerne bei der Suche behilflich.

Ferien auf dem Bauernhof

Die *agroturystyk* erfreut sich auch in Polen **immer größerer Beliebtheit,** zumal die über zwei Millionen polnischen Bauernhöfe oft sehr klein und damit seit dem EU-Beitritt in der Landwirtschaft kaum noch konkurrenzfähig sind. So bietet die agrotouristische Zimmervermietung ein kleines Zubrot, nicht nur für Landwirte, sondern für alle, die über ein eigenes Häuschen und Grundstück verfügen. Auf über 4000 schätzt man die Zahl der Anbieter in Polen, mehr als 600 von ihnen haben sich in der Polnischen Föderation für Tourismus auf dem Lande (Polskiej Federacji Turystsyki Wieskiej „Gospodarstwa Goscinne") zusammengeschlossen. Die Vereinigung, die einen Storch auf dem Dach im Zeichen führt, kategorisiert die Zimmerangebote von Standard (7 m²/Zimmer ohne Bad) bis drei Sterne (mindestens 10 m²/Zimmer mit Bad). Die Ausstattung ist vorwiegend einfach und das Essen deftig, wie es sich für eine ordentliche Landwirtschaft gehört. Die Preise liegen im Durchschnitt bei 10 bis 15 € pro Tag und Person.

Auf der **Website** des Verbands (leider nur auf Polnisch) kann man sich die Unterkunftsangebote in der gewünschten Region auf Fotos und mit umfassenden Beschreibungen ansehen und sich einen guten Überblick über Preise und Leistungen verschaffen. Es besteht die Möglichkeit, online zu buchen.

■ **Polska Federacja Turystyki Wiejskiej „Gospodarstwa Goscinne",** ul. Plac Powstańców Warszawy 2, 00-030 Warszawa, Tel. (0048) 22 8150 14311, www.agroturystyka.pl.

Camping

Zahlreiche Campingplätze sind in der **Polnischen Föderation für Camping und Caravaning (PFCC)** zusammengeschlossen. Je nach Ausstattung, Bewirtschaftung und Dienstleistungsangebot sind sie nach dem Sternesystem in vier **Kategorien** eingeteilt. Ein Sternchen kennzeichnet Plätze mit Mindeststandard (d.h. Sanitäranlage, Warmwasserdusche, Stromanschluss), vier Sterne krönen die Plätze mit dem höchsten Komfort. Daneben findet man seltener auch noch die alte Qualifizierung nach Ziffern, da die Umstellung auf das Sternesystem noch nicht vollständig abgeschlossen ist. Kategorie 1 bedeutet hier bessere, Kategorie 2 schlichtere Ausstattung. Man sollte sich aber nicht blindlings auf solche Kennzeichnung verlassen, im konkreten Vergleich von diesem mit jenem Platz ist sie manchmal nicht nachvollziehbar.

Die Campingplätze liegen in der Regel am Ortsrand oder auch außerhalb der Ortschaften, meist sehr schön: gleich hinter dem Strand, in einem herrlichen Wald oder idyllisch am Seeufer. In den Urlauberhochburgen am Ostseestrand oder rund um die Großen Masurischen Seen ist die Auswahl sehr groß. In der Kaschubischen Schweiz ebenso wie im agrarisch geprägten Ermland findet man dagegen nur wenige größere Plätze mit Versorgungseinrichtungen für höhere Ansprüche.

Die **Platzausstattung** bewegt sich in einem weiten Spektrum von sehr gepflegt, mit neu gebauten oder ausgezeichnet modernisierten Sanitäreinrichtungen, Shop, Gaststätte und vielfältigem Freizeitangebot bis hin zu Verhältnissen, die kaum noch die Bezeichnung „rumpelig" verdienen. Wir haben uns bemüht, die schönsten Plätze für Sie zu finden. Alle empfohlenen verfügen über fließend Warmwasser, Elektroanschlüsse, Stellplätze für Zelte und bis auf ganz wenige Ausnahmen auch für Wohnwagen und Wohnmobile.

Auf vielen Plätzen kann man auch ein kleines **Campinghäuschen** mieten, oft in Form einer Holz- oder Finnhütte (siehe auch „Unterwegs in Polen/Campingwagen und Wohnmobile").

Die **Camping-Saison** auf den großen Anlagen geht von Anfang Mai bis Ende September, manche stark frequentierten Plätze haben bis Mitte Oktober geöffnet, einige sind sogar ganzjährig in Betrieb.

Wildes Kampieren ist nicht erlaubt.

Einmal im Jahr gibt die PFCC ein **Verzeichnis** mit Adressen und Ausstattung von Campingplätzen in Polen heraus. Campingkarte und Reiseführer kann man postalisch anfordern. Außerdem kann man sie über die Website des Verbands aufrufen und sich über Links zu den einzelnen Plätzen leiten lassen.

■ **Polska Federacja Campingu i Caravaningu PFCC,** ul. Grochowska 331, 03-823 Warszawa, Tel. (0048) 22 8106050, www.pfcc.eu.

Eine schöne Möglichkeit, seine Textilhütte aufzuschlagen, bieten darüber hinaus **Zeltplätze** *(pole namiotowe)* und **Biwakplätze** *(pole biwakowe).* In Größe und Ausstattung sind sie recht unterschiedlich, die Bandbreite reicht von relativ komfortablen Anlagen mit Sanitäreinrichtung und Stromanschluss bis hin zum umzäunten Wald- und Wiesenplatz mit Plumpsklo und einer einfachen Waschgelegenheit. Manche bieten noch nicht einmal das, sondern die Gemeinde stellt den Urlaubern einfach einen Platz zur Verfügung, wie es hier oder da an den kaschubischen Seen der Fall ist, wo man am romantischen Seeufer kostenfrei sein Zelt oder Vehikel aufstellen kann. Natürlich mit dem Wunsch, dass dort kein Müll hinterlassen wird.

Oft handelt es sich auch um Zeltmöglichkeiten, die Einheimische in der Sommersaison auf ihren **Privatgrundstücken** bereitstellen, ausgesprochen preisgünstig, herzlich und familiär, und geduscht wird im Haus der Gastgeber. Für Caravan sind diese natürlich nicht geeignet, manche von ihnen besitzen gar keine Straßenzufahrt.

Jugendherbergen

Neben den ganzjährig geöffneten Herbergen findet man in den Monaten Juli und August gelegentlich auch **Saison-Jugendherbergen.** Sie sind meistens in Schulen eingerichtet, bieten dementsprechend in Schlafsälen einfachste Wohnlichkeit, aber immerhin ein Dach über dem Kopf. Sowohl die ganzjährig betriebenen als auch die Saison-Jugendherbergen unterstehen der **Polnischen Gesellschaft für Jugendherbergen (PTSM),** die Mitglied der internationalen Jugendherbergsföderation ist, d.h. Inhabern eines internationalen JH-Ausweises wird ein Preisnachlass gewährt. Weitere Informationen unter www.hihostels.com oder hier:

■ **Deutsches Jugendherbergswerk,** Bismarckstr. 8, 32657 Detmold, Tel. (05231) 74010, www.jugendherberge.de.
■ **Österreichischer Jugendherbergsverband,** Zelinkagasse 12, 1010 Wien, Tel. (01) 5335353, www.oejhv.at.
■ **Schweizer Jugendherbergen,** Schaffhauserstr. 14, 8042 Zürich, Tel. (044) 360 1414, www.youthhostel.ch.
■ **Polskiego Towarzystwo Schronisk Młodzieżowych (PTSM),** ul. Mokotowska 14, Warszawa, Tel. 22 8498128, www.ptsm.org.pl.

◁ Zeltplatz bei Wojnowo im Masurischen Landschaftspark

Unterwegs in Polen

Autofahren

Über 400.000 Straßenkilometer durchziehen das Land. Die **Straßenverhältnisse** sind insgesamt relativ gut, je nachdem, welche Ansprüche man an asphaltversiegelte Landschaft hat.

Autobahnen

Mehr als **800 Autobahnkilometer** gibt es mittlerweile in Polen, und es wird fleißig gebaut. In den kommenden Jahren sollen weitere Autobahnabschnitte fertiggestellt werden und Danzig im Norden über Łódź und Kattowice mit südlich Tschechien verbinden (A 1) sowie in West-Ost-Richtung Frankfurt (Oder)/Świecko über Poznań, Łódź, Warschau mit Weißrussland (A 2) und Görlitz/Jędrzychowice über Breslau und Krakau mit der Ukraine (A 4).

Im nördlichen Polen bereits eröffnet sind die **Teilabschnitte** A 1 Danzig – Toruń (Thorn) und A 2 Frankfurt (Oder)/Świecko – Warschau. Im Süden führt die A 4 vom Grenzübergang bei Görlitz über Wrocław, Opole und Katowice bis Kraków. Auf allen Autobahnen wird von den Betreibergesellschaften **Maut** erhoben. Die Höhe der Wegegebühr richtet sich nach der Fahrzeugkategorie und der Länge der Strecke.

Pkw unter 3,5 t zulässigem Gesamtgewicht können wählen, ob sie die Gebühr an der Mautstation manuell (bar in Złoty oder Euro, mit MasterCard oder Visa an extra gekennzeichneten Spuren) oder elektronisch mit dem viaTOLL-Mautsystem zahlen wollen.

Für Lkw, Busse mit über neun Sitzplätzen sowie **Wohnmobile und Pkw-Gespanne mit mehr als 3,5 t** zulässigem Gesamtgewicht ist das **elektronische viaTOLL-Mautsystem obligatorisch**, auf den Autobahnen ebenso wie auf bestimmten Schnellstraßen. Dazu muss eine sogenannte **viaBox** auf die Innenseite der Frontscheibe geklebt werden, die an jedem Mautportal die Streckengebühr automatisch berechnet. Man erhält die Box nach Anmeldung im viaToll-System und der Vertragsunterzeichnung sowie Hinterlegung einer Kaution an einer viaTOLL-Distributionsstelle. Die Anmeldung lässt sich auch im Internet tätigen unter www.viatoll.pl (auch auf Deutsch). Dort erfährt man außerdem die Standorte der lokalen Distributionsstellen.

■ **Weitere Informationen** erteilt das viaTOLL-Kundenzentrum unter Tel. (0048) 22 5211010 sowie kostenlos aus dem polnischen Festnetz unter Tel. 800 101101 oder per Post unter der Anschrift viaTOLL, Postfach 528, 60-967 Poznań.

Wohnmobilisten und Wohnwagen-Camper, denen diese Prozedur zu aufwendig ist und die deshalb auf einen Sprint über die polnische Autostrada verzichten wollen, müssen wissen, dass für Kraftfahrzeuge über 3,5 t zulässigem Gesamtgewicht auch immer mehr Schnellstraßenabschnitte und in Ballungsgebieten sogar einige Landstraßen mautpflichtig werden.

▷ Fuhrwerke mit 1 oder 2 PS sind in Polen nur noch seltene Verkehrsteilnehmer

Weitere Fernstraßen

Auf den meisten Fernstraßen fährt man indes immer noch kostenlos, und zwar zwei- oder dreispurig. Sind sie dreispurig, dient die **mittlere Spur zum Überholen,** sowohl für den hin- als auch den rückfließenden Verkehr; und auf jeden Fall ist Weitsicht geboten, denn manche einander entgegenkommenden Raser tragen auf der Mittelspur ihre Machtkämpfe aus. Um anzuzeigen, dass man weder gedrängelt noch geschubst werden möchte und sich an die vorgeschriebene Geschwindigkeit hält, gilt die Gepflogenheit, sich, soweit vorhanden, möglichst weit rechts auf dem **Seitenstreifen** zu halten. Voraussetzung dafür ist, dass die **Linie** nach rechts außen **gestrichelt** und nicht durchgezogen ist.

Besonders unfallträchtige Stellen, sowohl auf Fernstraßen als auch auf Landstraßen und Nebenstrecken, sind als **Schwarzer Punkt (Czarny Punkt)** gekennzeichnet. Rechtzeitig vor der Gefahrenstelle weist ein Schild auf den Czarny Punkt hin.

Streckenweise finden sich tiefe **Spurrillen** auf den Fernstraßen und ebenso auf den **Landstraßen.** Diese führen, wie der Name schon sagt, über Land von einer Ortschaft zur anderen und entsprechen insofern theoretisch den deutschen Bundesstraßen. Praktisch handelt es sich um schmale Asphaltbänder, oft wunderschöne Alleen, die nur in Ausnahmefällen über eine Randbefestigung oder gar einen Fußgänger- oder Radweg verfügen. Sie werden neben Lastern, Rasern und vernünftigen Autofahrern von

Zulässige Höchstgeschwindigkeiten

	Pkw/Motorrad	Pkw m. Anhänger	Lkw
■ Geschlossene Ortschaften:	50 km/h	50 km/h	50 km/h
■ Landstraße mit einer Fahrbahn:	90 km/h	70 km/h	70 km/h
■ Landstraße mit zwei Fahrbahnen:	100 km/h	80 km/h	80 km/h
■ Schnellstraße mit einer Fahrbahn:	100 km/h	80 km/h	80 km/h
■ Schnellstraße mit zwei Fahrbahnen:	120 km/h	100 km/h	80 km/h
■ Autobahnen:	140 km/h	100 km/h	80 km/h

Traktoren, Pferdefuhrwerken, Radlern, Fußgängern, Kühen und Gänsefamilien bevölkert und verpflichten darum besonders in der Dämmerung oder Dunkelheit zum vorausschauenden Fahren.

Nebenstrecken sind oft nur einspurig, links und rechts von Bäumen gesäumt und ohne Seitenstreifen, und auch sie werden von allen Verkehrsteilnehmern genutzt. Vorsicht ist auf Nebenstrecken darüber hinaus bei Straßenbauarbeiten geboten, die einem ohne Vorwarnung manchmal unmittelbar hinter einer Haarnadelkurve begegnen.

Anstelle von Kreuzungen mit Ampelregelung herrscht häufig **Kreisverkehr,** insbesondere an den Ortseingängen. Vorfahrt haben, wie in Deutschland auch, die Autos im Kreisverkehr, wer in den Kreis einbiegt, muss warten.

Gleise an Bahnübergängen befinden sich oft nicht zu ebener Erde, weshalb sie grundsätzlich im Schneckentempo überfahren werden müssen.

Fußgänger sollten sich besser nicht auf **Zebrastreifen** verlassen, selbst Polizei und Fahrschulwagen brettern ungebremst darüber hinweg. Und auch dem einen oder anderen Traktoristen, der nach Feierabend mit ein paar Gläschen Wodka intus sein nahezu unbeleuchtetes Vehikel heimwärts kutschiert, sollte man Aufmerksamkeit schenken und sicherheitshalber gemächlich hinter ihm hertuckern, bis er schließlich irgendwann abbiegt.

Verkehrsregeln

Es herrschen die internationalen Straßenverkehrsvorschriften. Außerdem ist es für Pkw von Oktober bis Februar obligatorisch, auch **tagsüber mit Abblendlicht** zu fahren. Für Mopeds und Motorräder gilt dies ganzjährig.

Schon nach dem Genuss geringer Mengen von Alkohol ist das Führen eines Fahrzeugs verboten. Die zulässige **Alkoholhöchstmenge** beträgt 0,2 Promille. Das entspricht einem kleinen Glas Bier (0,33 l) oder einem Schoppen Wein (0,2 l). Auch geringfügige Überschreitungen werden geahndet und können hohe Geldstrafen oder sogar eine Freiheitsstrafe nach sich ziehen.

Es besteht **Anschnallpflicht** und **Telefonierverbot** ohne Freisprechanlage während der Fahrt.

Straßenkarten

Zwei empfehlenswerte Karten sind im world mapping project bei REISE KNOW-HOW erschienen: „**Polen**" im Maßstab 1:675.000 und „**Polen, Nord**" im Maßstab 1:350.000.

Tankstellen

Tankstellen gibt es **flächendeckend**. Sie verteilen sich über das Land in durchschnittlichen Entfernungen zwischen 20 und 50 km und werden von den bekannten internationalen Mineralölkonzernen, vom polnischen Tankstellenriesen PKN Orlen sowie einigen freien Anbietern betrieben. In der Regel sind sie werktags von 6 bis 22 Uhr geöffnet, an Sonn- und Feiertagen von 7 bis 18 Uhr, an Haupt- und Fernstraßen sowie in größeren Städten rund um die Uhr. Es werden alle gängige **Kreditkarten** akzeptiert. Das Benzin kostet pro Liter umgerechnet etwa 10 bis 20 Cent weniger als in Deutschland.

Die Bezeichnung der Treibstoffe an den Tankstellen (bleifreies Benzin ist mit einem durchgestrichenen „Pb" markiert) lautet wie folgt:

- **98E:** Europlus, bleifrei, Oktanzahl 98
- **95E:** Eurosuper, bleifrei, Oktanzahl 95
- **95U:** Uniwersalna, bleifrei für Autos ohne Kat, Oktanzahl 95
- **ON:** Diesel
- **LPG:** Autogaz, Autogas

Panne

Bei Autopannen hilft der **Polnische Motorverband PZM** (Polski Związek Motorowy). Weitere Informationen sowie Rufnummern deutscher, österreichischer und schweizer Automobilclubs siehe „Notfälle".

Unfall

Sollte es einmal gerumst haben: In jedem Fall sind die in einen Autounfall verwickelten Kraftfahrer verpflichtet, den Unfallort ordnungsgemäß **abzusichern** und das Eintreffen der Polizei abzuwarten (**Polizeiruf 997, Unfallrettung 999**). Notarztwagen heißt auf Polnisch *pogotowie ratunkowe*.

Mietwagen

Viele **internationale Autoverleiher** verfügen über Niederlassungen in Polen. Die Wagen entsprechen dem neuesten technischen Stand und Komfort, und die Mietpreise befinden sich ebenfalls auf internationaler Höhe. Direkt ausleihen kann man an **Flughäfen** und bei den meisten internationalen **Hotelketten.** Ansonsten sind die Rezeptionen größerer Hotels und die Touristeninformationen beim Automieten behilflich und informieren über die Anbieter vor Ort.

Wohnwagen und Wohnmobil

Zweifellos eine der schönsten Möglichkeiten, Polens Norden zu erkunden, ist die Reise mit dem eigenen Haus auf vier Rädern. Für Individual-Urlauber bedeutet dies Mobilität und Unabhängigkeit von der Quartiersuche, was besonders während der Hochsaison im Juli und August ein Vorteil sein kann.

Bei Komplettbelegung bieten die Campingplatz-Betreiber meistens die Gelegenheit, sein Vehikel auf die grüne Wiese zu rollen, sodass man eigentlich immer ein Plätzchen findet. Doch ob Wiese oder komfortabelste Kategorie, nur in den seltensten Fällen wird man eine ganz ebene **Stellfläche** vorfinden. Meistens sind sie **naturbelassen** und können kleine Buckel, Steinchen und Wurzeln aufweisen. Zum wohlausgerichteten, geradlinigen Schlaf empfiehlt es sich deshalb, **Unterlegkeile** mit auf die Reise zu nehmen.

Auf etwa einem Viertel der Plätze besteht die Möglichkeit zur **Chemietoiletten-Entsorgung.**

Um sich unnötige Sucherei und lange Fahrwege zu ersparen, empfiehlt es sich, eine **Ersatz-Gasflasche** mitzunehmen. **Stromanschlüsse** auf Campingplätzen sind vorhanden, und selbst bei den kleinsten, die über keine spezifischen Einrichtungen für Caravans verfügen, stets mit einem **Verlängerungskabel** zu erreichen.

Die „WoMo"-Kultur ist in Polen noch nicht sehr verbreitet

Unterwegs in Polen

Zu gegebenenfalls anfallender **Straßenmaut** für Wohnmobile und Wohnwagen über 3,5 t siehe „Unterwegs in Polen/Autofahren/Autobahnen", zu Campingplätzen im Allgemeinen siehe „Unterkunft".

Öffentliche Verkehrsmittel

Bahn

Im Vergleich mit den Tarifen der Deutschen Bahn sind die Fahrkarten in Polen recht preiswert. Das gut ausgebaute Streckennetz wird im **Fernverkehr** von den **Polnischen Staatsbahnen (PKP)** und für die **Regionalverbindungen** von der Gesellschaft **Przewozy Regionalne (PR)** und anderen Privatunternehmen unterhalten. Im Fernverkehr unterwegs sind ECs, ICs, EICs, EuroNightzüge (EN), Expresszüge (Ex) und TLK-Züge. Den Regionalverkehr (Prewozy Regionalne) bedienen Regio-(R), InterRegio-(IR) und RegioExpresszüge (RE), die an jeder Gießkanne stoppen (R), in allen Kleinstädten (IR) oder als Schnellzüge (RE) auch größere Städte miteinander verbinden. Die schnellsten und zugleich komfortabelsten Verbindungen innerhalb Polens bieten die Züge des aus Expresszug und InterCity fusionierten neuen Typs „Express InterCity" (EIC). **TLK-Züge** (Twoje Linie Kolejowe/Deine Bahnverbindungen) sind spezielle Low-Cost-Schnellzüge im Fernverkehr, mit denen man bei frühzeitiger Buchung bis zu 30 Prozent günstiger fährt.

Die **Fahrrad-Mitnahme** innerhalb Polens ist nach dem Kauf eines Fahrradtickets in folgenden Zügen möglich:

- In Zügen, die einen geeigneten Wagen führen (in Fahrplan und Kursbuch mit Fahrradpiktogramm gekennzeichnet). Dabei handelt es sich meist um Regionalzüge; aber auch TLK-Züge mit geeigneten Wagen der 2. Klasse ermöglichen den Radtransport.
- In EC, IC und Expresszügen an den obligatorischen Abstellplätzen in den für die Fahrradbeförderung geeigneten Wagen der 2. Klasse.
- In Zügen mit einem Abteilwagen für Reisende mit größerem Handgepäck oder Kinderwagen.

Eine **Fahrradplatzreservierung** im polnischen Binnenverkehr ist nicht möglich; für grenzüberschreitende Züge wird sie dagegen erbeten. Der Tickettarif für die einmalige Radbeförderung beträgt für Fernverbindungen 9,10 Złoty und im Regionalverkehr 7 Złoty, jeweils unabhängig von der Entfernung.

Für **Wochenendreisende** haben die Przewozy Regionalne sowie einige andere private Bahngesellschaften (z.B. Koleje Dolnośląskie, Arriva RP) für 79 Złoty das **Bilet Turystyczny** (Touristenfahrkarte) im Programm. Es gilt von freitags 18 Uhr bis montags 6 Uhr für eine unbegrenzte Anzahl von Fahrten in Zügen dieser Gesellschaften.

Mit dem **REGIOkarnet** reist man an drei frei gewählten Tagen innerhalb von zwei Monaten. Das Ticket für 75 Złoty gilt in den Regio-Zügen, die wirklich überall halten. Für 129 Złoty fährt man damit im etwas schnelleren Regioekspres, Interregio-Zug und dem Interregio-Bus.

Ein ähnliches Angebot für EIC, IC, TLK- und Expresszüge bietet das **Bilet Weekendowy** (Wochenendticket) der PKP Intercity. Für 154 Złoty (2. Klasse) bzw. 247 Złoty (1. Klasse) fährt man damit ab Freitag 19 Uhr bis Montag früh 6 Uhr so viel man möchte.

Plant man Nordpolen vor allem vom Zug aus zu entdecken, lohnt es sich, die Angebote der PR und weiterer Bahngesellschaften wie Arriva RP oder Koleje Dolnośląskie für ein **Bilet Tygodniowy** (Wochenkarte) einzuholen.

Unschlagbar preisgünstig sind die Fahrten mit dem **Bilet Podróżnik**a (Reisenden-Fahrkarte). Es kostet pauschal 74 Złoty bzw. 1. Klasse 104 Złoty und gilt in ICs und TLK-Zügen ab Freitag 19 Uhr bis Montag 6 Uhr auf einer beliebigen Strecke für beliebig viele Fahrten. Das Angebot kann nur an der Tageskasse erworben werden.

Ein besonderer Spaß zur Sommerzeit sind Ausflugsfahrten mit den teils noch von Dampfloks betriebenen historischen **Schmalspurbahnen.** Auf Ausflüge mit den alten Schmalspurgesellen machen wir jeweils in den einzelnen Kapiteln der Reisebeschreibung aufmerksam.

Aktuelle **Fahrpläne** und zahlreiche weitere **Informationen** der polnischen Eisenbahngesellschaften findet man unter den folgenden Adressen:

■ **Fernverkehr:** PKP Intercity, ul. Żelazna 59a, 00-848 Warszawa, Tel. (0048) 22 4745500, http://intercity.pl.
■ **Regionalverkehr:** Przewozy Regionalne (PR), ul. Wileńska 14a. 03-414 Warszawa, Tel. (0048) 703 202020, www.przewozyregionalne.pl.
■ Bei der Suche nach einer guten Verbindung hilfreich ist der Online-Finder unter **http://de.e-podroznik.pl.**

Bus

Busse des ehemals **Staatlichen Autoverkehrs** (PKS) verbinden Orte im Nah- und im Fernverkehr. Tickets erhält man an den Busbahnhöfen *(dworzec PKS)*, die sich gewöhnlich bei den zentralen Eisenbahn-Stationen befinden, sowie in Reisebüros oder auch beim Busfahrer, sofern noch freie Plätze im Bus vorhanden sind.

Zahlreiche Buslinien verbinden die Dörfer und Städte

Die **Überlandbusse** verkehren auf Normalstrecken *(autobusy zwykle)* mit Stopp in jedem Ort sowie auf Schnellverkehrslinien *(autobusy pospieszne)*, die auf den Abfahrtstafeln rot gekennzeichnet sind. Kinder bis vier Jahre ohne eigenen Sitzplatz fahren gratis, Kinder zwischen vier und zehn Jahre zahlen die Hälfte.

Von **Dorf zu Dörfchen** verkehren reguläre Buslinien des PKS. Die Haltestellen sind mit blauen Schildern gekennzeichnet, auf denen schwarz auf weiß ein Bussymbol und das gelbe Logo des PKS prangen.

Städtische Verkehrsmittel sind Straßenbahnen, Omnibusse und Trolleybusse. Fahrkarten erhält man an Zeitungskiosken und in einigen Läden *(bilet na autobus, bilet na tramwaj)*.

■ Bei der Suche nach einer guten Verbindung hilfreich ist der Online-Finder unter **http://de.e-podroznik.pl**.

Taxi

Ein bequemes und im Vergleich zu Deutschland **relativ preiswertes** Fortbewegungsmittel sind Taxis. Die Tarife schwanken von Stadt zu Stadt und sind auch zwischen den einzelnen innerstädtischen Fuhrunternehmen recht unterschiedlich. Als seriös gelten die **Funktaxen,** deren Tarife von außen gut sichtbar im Wagen ausgehängt sind, und selbstverständlich gilt es darauf zu achten, dass der Taxameter bei Fahrtantritt eingeschaltet wird.

Bei **Privattaxen**, die keinerlei Korporation oder Kooperative angehören, empfiehlt es sich außerdem, vor der Fahrt den zu erwartenden Preis mit dem Taxichauffeur abzusprechen.

In der Nacht zwischen 23 und 5 Uhr sowie sonn- und feiertags wird ein **Zuschlag** erhoben.

Fahrrad

In Polen ist das Fahrrad als Fortbewegungsmittel noch zu keinen besonderen Ehren gekommen. In größeren Städten wird man nur wenige Menschen antreffen, die ihre Gänge per Velozipped verrichten. Zumal es recht abenteuerlich sein kann, als schwächstes Glied in der Kette durch den brausenden Straßenverkehr zu strampeln. Separate **Radwege** sind so gut wie unbekannt, sowohl in den Städten als auch an den Landstraßen (siehe hierzu auch „Sport und andere Aktivitäten, Radfahren").

An **Radwanderrouten** und -ausflugsvorschlägen herrscht dagegen speziell in den touristischen Regionen kein Mangel, und Jahr für Jahr kommen neue dazu. Sie sind meist gut gekennzeichnet, allerdings bestehen sie teils aus holprigen Waldwegen, uralten Kopfsteinpflastern und staubigen Sandpisten, die besonders Pedalrittern mit viel Gepäck manches abfordern. Dort, wo wieder angenehm glatter Asphaltbelag herrscht, muss man ihn mit allen anderen Verkehrsteilnehmern teilen. Vorsicht ist da vor allem vor den dahindonnernden **Lastwagen** geboten! Und auch die Autofahrer in Polen nehmen leider keine besondere Rücksicht auf Radler. Nachts müssen sie darum außerhalb von geschlossenen Ortschaften obligatorisch eine leuchtende Warnweste oder reflektierende Leuchtstreifen an der Kleidung tragen.

Dennoch: Im sanften Auf und Ab inmitten einer zauberhaften Natur bieten sich ganz besonders die polnische Ostseeküste und Masuren zu ausgedehnten Radwanderungen oder auch längeren Radreisen an.

Über knapp 480 km führt der markierte **Internationale Ostsee-Radfernweg R10** von Świnoujście (Swinemünde) auf der Insel Usedom an der polnischen Ostseeküste entlang nach Danzig. Er ist Teil der von der ECF (European Cycling Federation) initiierten **Euro Velo Route 10,** die einmal auf 8000 km sämtliche Ostseeanrainer-Staaten verbinden soll. In Polen ist der mit grünem Rad auf weißem Grund und der Beschriftung „R10" beschilderte Weg nur abschnittsweise als Radweg ausgebaut, überwiegend verläuft er auf Waldwegen, Feldwegen und Auto-Nebenstrecken.

Weiter im Süden überschreitet bei Küstrin-Kietz/Kostrzyn an der Oder der **Internationale Radfernweg R1** die deutsch-polnische Grenze, durchquert ganz Nordwestpolen und erreicht über Chełmo, Elbląg und Braniewo nach 675 km die polnisch-russische Grenze zur Enklave Kaliningrad.

Da auf dem Land und in den kleineren Städten nur wenige **Fahrradwerkstätten** über einen Vorrat an importierten Ersatzteilen verfügen, wird empfohlen, von daheim ein kleines persönliches **Ersatzteillager** mit auf die Radelreise zu nehmen.

Die Mitnahme des Velozipeds auf **Pendelfähren** über Flüsse und Seen ist unproblematisch.

Fahrrad-Verleihe finden sich in nahezu allen touristischen Ortschaften. Die Adressen der Anbieter vor Ort halten die Touristeninformationen parat. Darüber hinaus verleihen auch die meisten größeren Hotels und Pensionen Drahtesel.

Infos zum Radwandern in Polen erteilen folgende Organisationen:

- **Allgemeiner Deutscher Fahrrad-Club ADFC,** Friedrichstraße 200, 10117 Berlin, Info-Tel. (030) 20914980, www.adfc.de.
- **Polnischer Radfahrerverband** (Polski Związek Kolarski) PZKol, ul. Andrzeja 1, 05-800 Pruszków, Tel. (0048) 22 7388380, www.pzkol.pl.

Zollvorschriften

Seit dem Beitritt Polens zur Europäischen Union am 1. Mai 2004 bestehen für Bürger Deutschlands und Österreichs an der polnischen Grenze **keine Zollkontrollen** mehr. Als EU-Mitgliedstaat ist die Republik Polen Teil des Europäischen Binnenmarkts, an dessen Binnengrenzen keine Einfuhr- und Ausfuhrabgaben wie Zölle, Einfuhrumsatzsteuern oder besondere Verbrauchsteuern erhoben werden. Sämtliche Waren dürfen im EU-Binnenraum unbegrenzt ein- und ausgeführt werden, sofern sie dem Eigenbedarf dienen (keine gewerbliche Verwendung), unter Bezahlung aller Steuern und Abgaben gekauft wurden und vom Reisenden selbst eingebracht werden. Als **Richtmengen** für den Eigenbedarf (nicht als Höchstgrenzen) gelten:

- 90 l Wein (davon max. 60 l Schaumwein);
- 110 l Bier;
- 20 l alkoholische Getränke bis max. 22 Vol.-%;
- 10 l Spirituosen.

Eine Ausnahme bildet die Ausfuhr von **Tabak** aus Polen. Da der polnische Fiskus deutlich weniger hohe Steuern auf Tabakwaren erhebt, ist für EU-Bürger die zollfreie Ausfuhr auf 800 Zigaretten bzw. 1000 Gramm Tabak pro Person über 18 Jahren beschränkt.

Für **Schweizer** gelten die Zollbestimmungen der Europäischen Union; d.h. bei der Einfuhr muss alles über den persönlichen Eigenbedarf hinaus deklariert werden. Schweizer können bei Rückeinreise in die Schweiz pro Tag und Person folgende Mengen zollfrei einführen:

- **Alkohol:** 2 l bis 15 Vol.-% u. 1 l über 15 Vol.-%;
- **Tabakwaren:** 200 Zigaretten oder 50 Zigarren oder 250 g Schnitttabak;
- **Sonstiges:** neu angeschaffte Waren für den Privatgebrauch (ausgenommen Lebensmittel) bis zu einem Gesamtwert von 300 sFr.

Für alle gilt: Die Ausfuhr von **Antiquitäten, Kunstwerken** und **kulturhistorisch wertvollen Objekten,** die vor dem **9. Mai 1945** hergestellt wurden, ist grundsätzlich durch den Denkmalkonservator der betreffenden Woiwodschaft genehmigungspflichtig.

Darüber hinaus gelten in EU-Mitgliedstaaten weiterhin nationale Ein-, Aus- oder Durchfuhrbeschränkungen. Nähere Informationen:

- **Deutschland:** www.zoll.de, Tel. (0351) 4483 4510.
- **Österreich:** www.bmf.gv.at, Tel. (01) 5143 3564053.
- **Schweiz:** www.zoll.admin.ch.

◁ Radwandern ist eine besonders schöne Art, Polens Norden kennenzulernen

Flora und Fauna | 472

Klima | 470

Polens nördliche Regionen | 464

Umwelt- und Naturschutz | 478

16 Land und Natur

Nordpolens Landschaften sind von den letzten Eiszeiten geprägt. Von den Ostseestränden bis zu den masurischen Seen gibt es viel Platz und eine über weite Strecken immer noch nahezu unberührte Natur.

◁ Nicht alle polnischen Gänse führen ein so glückliches Leben wie diese – viele landen zu Weihnachten auf deutschen Tischen

Polens nördliche Regionen

Märchenhaftes Land zwischen den Wassern, von den Eiszeiten geformt – das ist der Norden von Polen. Knapp 500 km ist die **polnische Ostseeküste** lang, und wie ein endloses weißes Band zieht sich an ihr, nahezu ohne Unterbrechung, ein schöner Sandstrand entlang. Im Unterschied zum zerlappten Küstensaum im westlichen deutschen Vorpommern zeigen sich die Gestade von der Oder bis zur Danziger Bucht ohne spektakuläre Vorsprünge und Einschnitte. Breite Strände und steile Kliffs, riesige Sanddünen und stille Strandseen unmittelbar hinter dem Meeresufer prägen die Region vom Stettiner Haff (Zalew Szczeciński) bis zum Frischen Haff (Zalew Wiślany).

Östlich schließt sich **Ermland-Masuren** an. Seine zahllosen Gewässer sind durch Flüsse, Flüsschen und Kanäle miteinander verbunden. Weites Ackerland, bunte Wiesen und herrliche Wälder wechseln einander ab. Als „Land der dunklen Wälder und kristall'nen Seen" wird der Nordosten Polens im alten Ostpreußenlied besungen. Ein Paradies für Segler und Paddler ebenso wie für Naturliebhaber – ein bezaubernder Flickenteppich aus Wasser und Land.

▷ Nur selten trifft man die Strände der polnischen Ostseeküste so menschenleer an

Westpommern (Zachodniopomorskie)

Die Landesgrenzen der 22.900 km² großen Woiwodschaft Westpommern (Zachodniopomorskie) entsprechen in etwa denen des ehemals deutschen, **historischen Hinterpommern.** Westlich bildet die Oder (Odra) die Woiwodschafts- wie auch die Staatsgrenze nach Deutschland, östlich verläuft die Woiwodschaftsgrenze auf Höhe des Wicko-Sees.

An der Ostseeküste ziehen sich vom **Stettiner Haff** (Zalew Szczeciński) mit seinen vorgelagerten Inseln Usedom (Uznam) und Wolin puderzuckerfeine, breite Sandstrände, steile Abbruchkliffs und malerische Strandseen entlang. Dank der jodhaltigen Seeluft und zahlreicher Mineralquellen begleitet den Strand eine lange Kette von **Kur- und Seebädern.** Heilende Moor- und Solevorkommen haben **Kołobrzeg** (Kolberg) zum größten Kurbad an der polnischen Ostseeküste gemacht.

Im Juli/August, wenn in Polen Schulferien sind, ist alles auf Badeurlaub eingestellt. In den traditionsreichen Seebädern Świnoujście auf Usedom und Międzyzdroje (Misdroy) auf der Insel Wolin sowie besonders in den **Sommerpartyhochburgen** Pobierowo und Niechorze oder östlich in Mielno/Unieście geht es dann tagsüber im heißen Sand und nachts auf den Straßen hoch her.

Nach den Slowinzen, die hier einst lebten, wird der Küstenstrich bis nach Kaschubien kurz vor der Danziger Bucht **Slowinzisches Küstenland** (Pobrzeże Slowińskie) genannt. Viele Ortschaften erinnern in ihren Namen noch an die alte slawische Siedlungszeit, die vor rund

1500 Jahren begann. So geht z.B. Kołobrzeg auf das westslawische Wort *chol* = Salz zurück; der Ort hieß zuerst Kolbreg (= Salzufer), danach Kolberg und schließlich Kołobrzeg.

Kulturell wartet Zachodniopomorskie mit den **Schlössern der pommerschen Herzöge** in Stettin und in **Darłowo** (Rügenwalde) auf. Außerdem lohnen zahlreiche gotische **Backsteinkirchen** einen Besuch – so die altehrwürdigen Kathedralen in **Kamień Pomorski** (Cammin) und Kołobrzeg oder in **Koszalin** (Köslin). Dörfchen mit kleinen Fachwerk- und Feldsteinkirchen prägen das dünn besiedelte Land.

Knapp über 1,7 Mio. Menschen leben im Land, davon fast ein Viertel in der **Landeshauptstadt Szczecin** (Stettin), historische Hauptstadt der Herzöge von Pommern und zugleich wirtschaftlicher und kultureller Mittelpunkt der Westpommern-Region. Zusammen mit dem Ostseebad **Świnoujście** (Swinemünde) auf Usedom (Uznam) bildet Stettin darüber hinaus den größten Hafenkomplex an der polnischen Ostseeküste. Die einzige weitere Großstadt der Woiwodschaft ist **Koszalin** (Köslin) mit 109.000 Einwohnern. An dritter Stelle rangiert mit nur noch 70.000 Köpfen das Tor zur Pommerschen Seenplatte, **Stargard Szczeciński** am Miedwie-See, gefolgt von den Ostseebädern **Kołobrzeg** (Kolberg) und **Świnoujście** (Swinemünde), in denen 47.000 bzw. 42.000 Menschen leben.

Alle anderen Landstädtchen überschreiten kaum die 10.000-Einwohner-Marke, wobei die Faustregel gilt: Je weiter landeinwärts, desto menschenleerer die Gegend. Hier und da stehen in den **Dörfchen** noch Milchbänke vor den verwitterten Maschendrahtzäunen. Federvieh hat sich wohlig an den Weihern eingerichtet, und gelegentlich klappert sogar noch ein Pferdefuhrwerk über die schmalen Alleen.

130po kj

Woiwodschaften (Provinzen)

1. **Zachodniopomorskie** (Westpommern)
2. **Pomorskie** (Pommern)
3. **Warmińsko-Mazurskie** (Ermland-Masuren)
4. **Podlaskie** (Podlachien)
5. **Lubuskie** (Lebus)
6. **Wielkopolskie** (Großpolen)
7. **Kujawsko-Pomorskie** (Kujawien-Pommern)
8. **Mazowieckie** (Masowien)
9. **Dolnośląskie** (Niederschlesien)
10. **Łódzkie** (Lodsch)
11. **Lubelskie** (Lubliner Land)
12. **Opolskie** (Oppelner Land)
13. **Śląskie** (Oberschlesien)
14. **Świętokrzyskie** (Heiligkreuz)
15. **Podkarpackie** (Vorkarpaten)
16. **Małopolskie** (Kleinpolen)

Es soll aber auch nicht verschwiegen werden, dass die **Zersiedlung** der Landschaft voranschreitet, wobei der typische polnische Individualismus manchmal recht kuriose Blüten treibt. Zu bewundern am eklektizistischen Stil, in dem manches postmoderne Eigenheim mit dorischen Säulen und gotischer Loggia unter kobaltblau glänzendem englischem Walmdach wild auf die grüne Wiese gesetzt worden ist.

Des ungeachtet liegt Westpommern in Sachen **Naturschutz** ganz vorne, nicht nur in Polen, sondern europaweit. Etwa ein Fünftel der gesamten Fläche ist naturgeschützt. Neben ausgedehnten Naturparks zählt die Woiwodschaft zwei Nationalparks: im Süden den Drawa-Nationalpark rund um das Flüsschen Drawa und im Norden den mit Buchenwäldern und steilen Küstenkliffs geschmückten **Woliner Nationalpark** (Woliński Park Narodowy) auf der Ostsee-Insel Wolin.

Pommern (Pomorskie)

An Westpommern schließt sich östlich die Woiwodschaft Pommern (Pomorskie) an. 18.300 km² groß, umfasst sie den östlichen Teil des **ehemaligen Hinterpommern** und die Region **Pomorze Wschodnie** (Ostpommern, das ist das historische Pommerellen), außerdem die fruchtbare **Weichselniederung** sowie die bewaldeten Höhenrücken, Täler und Seen **Kaschubiens.**

Einzige Großstadt weit und breit vor der Danziger Bucht ist das 94.000 Einwohner zählende **Słupsk** (Stolp), „Klein-Paris von Pommern" genannt. Größte

Badeorte vor der Danziger Bucht dürfen sich **Ustka** (Stolpmünde), 16.000 Einwohner klein, und danach **Łeba** (Leba) mit nur noch 4000 ständigen Einwohnern nennen. Zwischen Ustka im Westen und Łeba im Zentrum des Küstenlands erheben sich zwischen Ostseewellen und Strandseen im **Slowinzischen Küstenland** (Pobrzeże Słowińskie) die gewaltigen Wanderdünen des **Slowinzischen Nationalparks** (Słowiński Park Narodowy) – dank seiner himmelstürmenden Sandberge auch „Polnische Sahara" genannt. Dort, beim Örtchen Kluki, hat das **Slowinzische Freilichtmuseum** die Kultur und Lebensart der Slowinzen bis heute bewahrt.

Östlich von Łeba schließt sich das **Kaschubische Küstenland** (Pobrzeże Kaszubskie) an. Herausragende landschaftliche Attraktion ist hier die schmale und tief in die Danziger Bucht greifende **Halbinsel Hel** (Hela), ein europaweites Dorado für Surfer und Strandläufer und deshalb im Juli und August manchmal fast überfüllt.

Die Kaschuben haben dem malerischen Küstenstrich und ebenso weiten Teilen des Binnenlands den Namen geschenkt. Von jeher bewohnte das kleine westslawische Völkchen das Kaschubische Küstenland und die mit zahllosen Seen geschmückten, von tiefen Tälern durchschnittenen Höhenzüge der **Kaschubischen Seenplatte** (Pojezierze Kaszubskie). Und bis heute hat es sich seine eigene Kultur und Sprache bewahrt.

Im Westen der Danziger Bucht erstreckt sich mit grünen Hügeln und Tälern und in den Senken zahlreich aufblitzenden Seen die **Kaschubische Schweiz.** Wohl nirgends im nördlichen Polen lässt sich schöner bewundern, wie die letzte Eiszeit vor Zehntausenden von Jahren ihren Schutt auf dem Rückzug in eine zauberhafte Hügellandschaft verwandelte und mit welcher Kraft sie die Rinnen für die Wasser ihrer auftauenden Gletscher ausgrub. Die landschaftlich atemberaubendsten Teile sind heute im **Kaschubischen Naturpark** (Kaszubski Park Krajobrazowy) geschützt, in dessen Süden der **Berg Wieżyca** mit 329 m über dem Meeresspiegel (und obendrauf einem Aussichtsturm) nicht nur die höchste kaschubische Erhebung, sondern die höchste überhaupt der mitteleuropäischen Tiefebene ist.

Südlich davon bildet das 24.000 Einwohner kleine **Kościerzyna** einen städtischen kaschubischen Mittelpunkt, und noch einmal weiter südlich dehnen sich mit unzähligen Seen und lichten weiten Kiefernwäldern die Sandergebiete der **Tucheler Heide** (Bory Tucholskie) aus. Dort in der Einsamkeit befindet sich im Örtchen Wdzydze im **Wdzydzki-Naturpark** (Wdzydzki Park Krajobrazowy) das sehenswerte **Kaschubische Freilichtmuseum.**

Ganz anders zeigen sich Landschaft und Kultur in der **Weichselniederung** (Żuławy Wiślane). Unzählige kleine **Kanäle** durchziehen das fruchtbare Niederungsland, in dem Getreide, Obst und Gemüse üppig gedeihen. Gelegentlich erblickt man noch ein altes, prachtvolles Vorlaubenhaus, das vom Reichtum der früheren Bauern kündet, und sehr selten sogar noch die Ruine einer historischen **Holländermühle**, wie sie die **Mennoniten** erbauten, die im 16. Jh. als protestantische Glaubensflüchtlinge ins Land kamen, die Weichselsümpfe entwässerten und die Region urbar machten.

Am Scheitel der **Danziger Bucht,** wo sich die Weichsel mit ihren Mündungsarmen in die Ostsee ergießt, liegt das Ballungsgebiet **Trójmiasto** (Dreistadt). Nirgendwo in Nordpolen leben mehr Menschen als dort: 800.000 sind es – über ein Drittel der Gesamtbevölkerung der Woiwodschaft. Auf 35 km Länge ziehen sich die drei zusammengewachsenen Städte **Gdynia** (Gdingen), **Sopot** (Zoppot) und schließlich **Gdańsk** (Danzig), eintausendjährigen Hansestadt und Perle der Ostsee, an der Bucht entlang.

Ermland-Masuren (Warmińsko-Mazurskie)

Ein noch älteres Zeugnis der – in diesem Fall kriegerischen – Besiedlung der Weichselniederung legen die mächtigen **Backsteinburgen** der Deutschordensritter ab, die von Kwidzyn (Marienwerder) über Gniew (Mewe) und Sztum (Stuhm) bis zur gewaltigen **Marienburg** in Malbork (Marienburg), drittgrößter Burgkomplex ganz Europas, die Weichselniederung säumen. Einst Ordenszentrale einer mittelalterlichen Weltmacht, heute UNESCO-Weltkulturerbe, stellt die Marienburg sicherlich einen der kulturellen Höhepunkte jeder Reise durch den Norden von Polen dar.

24.200 km² groß ist die Woiwodschaft Ermland-Masuren und damit flächenmäßig die **viertgrößte Region Polens.** Im Hinblick auf ihre nicht einmal anderthalb Millionen zählende Einwohnerschaft nimmt sie jedoch nur den 12. von insgesamt 16 Plätzen im Woiwodschaftsranking ein. Auf einem Quadratkilometer leben durchschnittlich weniger als 60 Menschen, das ist halb so viel wie im Landesdurchschnitt und bald zwei Drittel weniger als in der größten Woiwodschaft Masowien.

Die Region mit ihren über 3000 Seen, weitem Ackerland und im Süden und Osten großen Wäldern wird die „grüne Lunge Polens" genannt. Im Nordwesten reicht sie bis zur Danziger Bucht, wo zwischen Elbląg, Frombork und Braniewo das seichte, stille **Zalew Wiślany (Weichselhaff/Frisches Haff)** mit dichten Schilfgürteln die Landschaft prägt.

Von der alten Hansestadt **Elbląg** (Elbing) südwärts bis nach **Ostróda** (Oste-

◹ Das prächtige Goldene Tor in Gdańsk

▷ Landschaft bei Ostróda

rode) und **Iława** (Deutsch Eylau) an der **Pojezierze Iławskie (Oberländischen Seenplatte)** erstreckt sich das sanfte Hügelland mit dem historischen Namen „Oberland". Seine Gewässer sind seit dem 19. Jh. durch den **Elbląg-Ostróda-Kanal (Oberländischen Kanal)** miteinander verbunden – eine technische Kuriosität, bei der die Schiffe zur Überwindung von Höhenunterschieden auf sogenannten Schiefen Ebenen über Land gerollt werden.

Frombork und Braniewo am Frischen Haff bilden zugleich den nordwestlichsten Zipfel von **Warmia** (Ermland). Anders als die übrigen Landschaften im seit der Reformation protestantischen alten Ostpreußen blieb das Ermland immer katholisch. So prägen prachtvolle Kirchen, Bischofsburgen und Klöster das traditionelle Bauernland mit seinen fruchtbaren Böden. Vom stark befestigten Domhügel in **Frombork** (Frauenburg) über die historische Residenz der Fürstbischöfe in **Lidzbark Warmiński** (Heilsberg) bis zum Burgschloss des ermländischen Domkapitels in **Olsztyn** (Allenstein), der 175.000 Einwohner großen Woiwodschaftshauptstadt und zugleich historischen Hauptstadt des Ermlands, besticht Warmia mit einer Fülle an kulturhistorischen Sehenswürdigkeiten.

Auf den unfruchtbaren Sandergebieten südlich von Olsztyn erstrecken sich, von Niedermooren und Sümpfen durchzogen, große Kiefern- und Fichtenwälder. Hier beginnt das „Land der dunklen Wälder und kristall'nen Seen", **Mazury (Masuren),** das sich der mit der tausende Gewässer umfassenden **Masurischen Seenplatte (Pojezierze Mazurskie)** mondsichelförmig von der Dylewska Góra (Kernsdorfer Höhe) südlich von Ostróda – mit 312 m über dem Meeresspiegel die höchste Erhebung in der

Woiwodschaft – bis hin zur Szeska Góra (Seesker Höhe, 309 m) bei Gołdap im nordöstlichsten Winkel Polens ausdehnt.

Masuren steht für so geschichtsträchtige Orte wie **Grunwald/Tannenberg** oder das **Hitlerquartier „Wolfsschanze"** bei Kętrzyn (Rastenburg). Masuren steht aber vor allem für seine zahllosen Gewässer, von der **Mrągowo-Seenplatte** mit der traditionsreichen Sommerfrische **Mrągowo** (Sensburg) und nicht weit entfernt dem romantischen Flüsschen **Krutynia** bis zu den **Großen Masurischen Seen.** Die Orte **Węgorzewo** (Angerburg) und **Giżycko** (Lötzen), die Urlauberhochburg **Mikołajki** (Nikolaiken) sowie südlich **Ruciane-Nida** (Rudschanny) und **Pisz** (Johannisburg) gehören zu den bedeutendsten masurischen Wassersportzentren.

Insgesamt ein Sechstel Masurens ist von Wasser bedeckt. Der **Śniardwy-See** (Spirding-See) ist der größte See Polens und wird aufgrund seiner endlosen, manchmal zu hohen Wellen auftreibenden Wasser auch „Masurisches Meer" genannt. Die weiten Wälder rund um die Seen sind Refugien vieler Raubvogelarten. 20 Seeadler-Horste hat man allein in den Wäldern der **Puszcza Piska** (Johannisburger Heide) gezählt. In den sumpfigen Urwäldern der **Puszcza Borecka** (Borkener Forst) grasen in einem geschützten Gebiet Wisente, und in die lichteren, tundraähnlichen Waldgebiete des Nordostens kommen Elche aus dem Baltikum herab.

Schon auf dem Gebiet der östlichsten Woiwodschaft Podlaskie schließt sich im Vierländereck Russland/Litauen/Polen/Weißrussland die **Pojezierze Suwałskie** (Suwałki-Seenplatte) an. **Die Suwalszczyzna (Suwałki-Land)** mit der klassizistischen Kreisstadt **Suwałki** im Zentrum wird dank ihres klaren baltischen Himmels, ihrer kühleren Jahresdurchschnittstemperaturen und einer von den Gletschern der letzten Eiszeit geformten Landschaft auch „polnisches Alaska" genannt. Von Norden her schlängelt sich die Czarna Hańcza durch das einsame Land, durchfließt den verträumten Wigry-See im **Wigry-Nationalpark,** dann den Urwald der Puszcza Augustowska und wendet sich schließlich ostwärts dem Njemen jenseits der weißrussischen Grenze zu. Mit der **Puszcza Augustowska (Augustów-Wald),** an deren Ausläufer sich der Urlaubsort **Augustów** schmiegt, besitzt die Region eines der größten zusammenhängenden Urwaldgebiete Europas.

Klima

Polen liegt in einer **gemäßigten Klimazone.** An der Ostseeküste herrschen ozeanische Luftmassen vor, es ziehen aber auch trockene, kontinentale Lüftchen aus dem Osten heran, oder auch nördliche, polaren Ursprungs, und manchmal sogar südliche, tropische. Die Folge davon ist ein recht **unbeständiges Wetter** mit strahlendem Sonnenschein und dann plötzlich Regen. Die Niederschlagsmenge an der Ostseeküste ist im Sommer relativ hoch, knapp zwei Wo-

▷ Auch bei strahlendem Sonnenschein können gefühlte Temperaturen recht unterschiedlich sein

chen in einem Monat fällt Regen. Doch so schnell, wie die Wolken sich aufgetürmt haben, so schnell hat sie der Wind wieder weggepustet. Über Tage anhaltender Dauerregen ist selten, und meistens lacht bald darauf wieder die Sonne.

Etwa entlang der **Parsęta**, die bei Kołobrzeg (Kolberg) in die Ostsee einmündet, verläuft die „Kampfzone" zwischen atlantischen und kontinentalen Luftmassen. Westlich des Flusses ist es milder und die Temperaturen sind ausgewogener, östlich wird es rauer und das Klima ist durch größere Temperaturgegensätze zwischen Sommer und Winter geprägt.

Durch die sehr langsame Erwärmung der Ostsee hält auch der **Frühling** später Einzug im Land. Die Durchschnittstemperatur im April liegt beispielsweise in Stettin bei 7 °C. An der Danziger Bucht beträgt sie schon anderthalb Grad weniger, und in Masuren können die Seen zu dieser Zeit in sehr kalten Jahren sogar noch gefroren sein. Im **Sommer** liegt die durchschnittliche Tagestemperatur am Ostseestrand bei 20 °C. Gelegentlich klettert das Thermometer tagsüber sogar bis zur 30-Grad-Marke hinauf. Um die 20 °C warm kann in sonnenverwöhnten Jahren im Juli und August auch die Ostsee werden. Der **Herbst** zeigt sich am Meer im Allgemeinen von seiner goldenen Seite und ist trocken und mild – so lange, bis die ersten Stürme hereinbrechen. Die Wärmeabgabe der Wassermassen wirkt sich verzögernd auf den Eintritt des **Winters** aus.

Je weiter ostwärts in Polen, umso größer der **kontinentale Einfluss.** So können die Sommer in Ermland-Masuren recht heiß werden und die Winter bitterkalt. Masuren zählt zu den kältesten Flachgebieten in Polen. „Brachen neue Zeiten an, erreichten sie Masuren mit gehöriger Verspätung", erzählt *Arno Sur-*

Wetterregeln

Wie wird das Wetter in Masuren?

Schön wird es: Wenn es sich abends auf dem freien Land abkühlt, während sich im Wald die Wärme des Tages hält. Wenn am Abend ein leichter Nebel aufzieht. Wenn sich vor der Nacht ein starker Wind legt. Wenn die Nacht klar ist und die Sterne nur schwach flimmern.

Schön bleibt es: Wenn der Horizont klar und der Himmel tiefblau ist. Wenn zur Mittagszeit Kumuluswolken am Himmel erscheinen und bis zum Abend wieder verschwunden sind. Wenn die Sonne goldfarben am Horizont untergeht. Wenn die Mücken stechen.

Wie wird das Wetter am Ostseestrand?

Eine **Bauernregel,** nach der man sich noch heute richten kann, besagt:
„Ein rechter Pommer alter Art
trägt seinen Pelz bis Himmelfahrt.
Und vierzehn Tage nach Johann [29.8.],
da zieht er ihn schon wieder an."

---

minski in seiner „Reise nach Nikolaiken". Das gilt auch für die Frühlingszeit, die spät, manchmal sehr spät beginnt, erst gegen Ende April/Anfang Mai, dann aber das Land wie mit einem Zauberstreich über Nacht in ein farbenleuchtendes Blütenmeer taucht. Nach Sonnenuntergang kann es dennoch empfindlich kalt werden.

Die **Durchschnittstemperatur** von Juni bis August ist im nordöstlichen Polen mit 18 °C um zwei Grad kühler als an der Küste. Aber auch Tage mit 30 °C Hitze werden gemessen. Bis zu 20 °C warme Seen bieten dann eine angenehme Erfrischung. Häufig muss im Sommer auch mit Regen gerechnet werden, meist in Form **abkühlender Gewitter,** die mit grellen Blitzen, abenteuerlichem Rumpeln und gewaltigen Güssen auf das Land niedergehen. Der Herbst bietet bis Ende September goldenes, trockenes Sonnenwetter. Danach wird es kühl. Nebel steigen aus den Seen auf, starke Winde und Regenfälle setzen ein, und schließlich erobert Väterchen Frost Wälder und Seen. Die masurischen Winter sind eisig. Die Durchschnittstemperatur im Januar beträgt -3 °C, doch sind Nächte mit bis zu -20 °C keine Seltenheit.

Flora und Fauna

Flora

Die polnische Pflanzenwelt ist charakteristisch für die **Laub- und Mischwaldzone Mitteleuropas.** Eiche *(dam),* Linde *(lipa)* und Eibe *(zis)* haben bereits in der Zeit der Völkerwanderung, als die westslawischen Stämme die Ostseeküste besiedelten, vielen Orten ihre Namen gegeben. Wegen ihrer Giftigkeit für das Vieh wurde die **Eibe** jedoch schon sehr früh weitgehend abgeholzt und kommt heute nur noch, streng geschützt, als Wiederanpflanzung vor. Auch die **Linde** ist schon lange kein Waldbaum mehr, sondern ziert weit verbreitet Dorfplätze und Kirchhöfe. Dagegen zeigt die **Eiche** nach wie vor in Wäldern ihr prachtvolles

Kleid und bewächst am liebsten die hügeligen Endmoränen. Wie die **Buche** bevorzugt sie nährstoffreiche, mineralhaltige Böden und mischt sich auf ihnen, über Schachtelhalmen und riesigen Huflattichblättern, mit Ahorn, Kiefer, Birken und Erlen. Im Frühling, wenn die Natur zum Leben erwacht, bedeckt den Waldboden ein Teppich von Anemonen, Veilchen und Leberblümchen. Solch schöner Eichen- und Buchenwald findet sich beispielsweise im Nationalpark auf der Insel Wolin, im Westen der Masurischen Seen an der Iława-Seenplatte oder bei Kadyny am Frischen Haff im Naturpark Elbinger Höhen (Park Krajobrazowy Wysoczyzny Elbląskiej).

Am **Meeresstrand** fühlen sich im Sand Strandgras, Strandhafer, Binse und Stranddistel wohl. Auch die kriechende Weide versucht hier oder da Wurzeln zu schlagen, und im Hinterland hält der Sanddorn die Sandhänge zusammen. Sobald sich der Boden etwas verfestigt hat, stellen sich, von vorwitzigen Krüppelkiefern durchsetzt, weite Teppiche von zartrosa über tiefrot bis dunkelviolett blühendem Heidekraut ein.

An den Ufern der **Haffe, Strandseen und Binnengewässer** ziehen sich dichte Schilfgürtel entlang. Stille Gewässer sind oft von Teichrosen bedeckt, und mancher See ist im Begriff zu vermooren. Kleine Inseln von verknäulten Wurzeln, sogenannte „Triebkämpen", treiben auf ihm, während vom Ufer her Rohrkolben und Kalmus das Wasser erobern. Wollgras und (fleischfressender) Sonnentau, Sumpfporst und Moosbeere bewachsen vermoorte Wiesen und Torfmoore.

Klatschmohn wächst an den Feldern

Auf den unfruchtbaren **Sanderflächen**, wo sich Moore mit Torfgebieten und sandigen Böden abwechseln, überzieht die anspruchslose **Kiefer** das Land. Krähenbeere, Bärlapp und Knabenkraut, Moose und Farne machen sich im Unterholz breit, über denen, wie in der Puszcza Augustowska (Augustów-Urwald), die Kiefern ihre Schirme in bis zu 40 m Höhe ausbreiten. Vor allem im südlichen Masuren in der Puszcza Piska (Johannisburger Heide) gesellt sich zur Kiefer neben Fichten, Birken und Erlen **Wacholder** hinzu, der mit seinem alten ostpreußischen Namen „Kaddig" heißt.

Im **Kulturland** blüht auf weiten Flächen der Raps, und zwischen Kirsch-, Apfel-, Birnen- und Pflaumenbäumen drehen Sonnenblumen ihre Köpfe dem Licht entgegen. An den Zäunen klettern Wicken empor, und am Rain der Felder leuchten rot der Klatschmohn, blau die Kornblumen und weiß die Margeriten.

Fauna

Die Tierwelt Nordpolens zählt zur Kategorie der **europäisch-westsibirischen Zone.** Bis weit über das Mittelalter hinaus hausten in den Wäldern riesige Hirsche, Wölfe, Wisente und **Bären.** 1750 erschlug man im Wasser bei Stepnica am Stettiner Haff den letzten pommerschen Meister Petz, als er sich vor seinen Verfolgern in die Oderausdehnung retten wollte. 1804 wurde südlich von Mrągowo der letzte masurische Bär erlegt. Der **Wolf** wich, stark gejagt, immer weiter nach Nordosteuropa zurück, und der letzte frei lebende **Wisent** wurde 1921 in Polen gewildert. Nur wenig später begannen Wissenschaftler im Białowieża-Urwald an der polnisch-weißrussischen Grenze ein mühsames Wisent-Wiederaufzuchtprogramm. So überlebten die Verwandten der Amerikanischen Bisons als Art und grasen heute wieder in größerer Schar im Białowieża-Nationalpark, in der masurischen Puszcza Borecka, im Woliner Nationalpark auf der Ostsee-Insel Wolin und in einigen weiteren Reservaten.

In den Wäldern tummeln sich Füchse, Luchse und Dachse, an den Flüssen Biber und Fischotter. Hirsche und Rehe, Wildschweine und Hasen kommen sogar oft bis nah an die menschlichen Siedlungen heran, und gelegentlich sieht man vor allem in den nordöstlichen Regionen Tierarten, die wie der Ural-Waldkauz, der Schneehase oder der majestätische Elch eher für Tundra und Taiga typisch sind.

Dank seiner unzähligen Gewässer ist Nordpolen aber vor allem ein **Wasservogelparadies.** „In großen Schwärmen erscheinen die Wildschwäne", berichtet eine Landeskunde von 1912, „Wildenten,

die im Röhricht aller Seen nisten, werden im Jahr 10.000 an der Zahl erbeutet. An manchen Stellen existieren Kranich- und Reiherhorste, sehr zum Schaden der Fischerei, so daß Schußprämien ausgesetzt werden."

Heutzutage geht natürlich niemand mehr auf die Jagd nach dem frei fliegenden Federvieh. Dafür werden von Ornithologen und Vogelliebhabern in den zahlreichen polnischen **Vogelschutzreservaten** umso mehr Fotos geschossen. Feuchtwiesen, Wasser- und Sumpfbiotope bieten ausreichend Nahrung für selten gewordene Vögel wie Rohrdommeln, Uferschnepfen und Seggenrohrsänger. In den Überschwemmungsgebieten der weitgehend unregulierten Flüsse rasten zahlreiche europäische Zugvogelarten. Große Graureiher- und Kormoran-Kolonien, wie man sie insbesondere an der Weichselmündung oder am Dobskie-See an den Großen Masurischen Seen vorfindet, stehen allesamt unter Schutz, ebenso wie allerorts die Brutgebiete der vom Aussterben bedrohten **Seeadler** und **Fischadler**. 140 Seeadler-Horste hat man in Nordpolen gezählt. Neben diesen majestätischen Raubvögeln bewohnen Fisch- und Schelladler die Wälder rund um die großen Gewässer, außerdem Uhus, Mäusebussarde, Sperber und Turmfalken, und auch die seltene Sumpfohreule hat hier ein Refugium.

> Meister Adebar ist in der schönen Jahreszeit allgegenwärtig

< Ein Forschungszentrum im masurischen Popielno widmet sich der Zucht von Tarpan-Pferden

In besonderen Schutzgebieten wie dem Slowinzischen Nationalpark oder dem Wigry-Nationalpark nisten weit **über 200 Vogelarten,** darunter Wildenten, Schreischwäne und Seeschwalben. Rund um die Seen bauen in feuchten Niederungen Kraniche und Kiebitze ihre Nester. Im offenen Gelände suchen sich Schleiereulen und Steinkäuze in Mauerlöchern und Baumhöhlen, Steinbrüchen, Ruinen und verlassenen Scheunen ihre Brutplätze, während Habichte und die seltenen Schwarzstörche dichte Wälder bevorzugen. Haubentaucher, Gänsesäger und Eisvogel bevölkern die fischreichen masurischen Seen, und in der Nacht schwärmen die fliegenden Säuger aus: Rauhautfledermaus, Braunes Langohr, Mausohr- und Wasserfledermaus.

Ein bisschen Erdgeschichte – die Entstehung der Ostsee

Die Geschichte der Ostsee beginnt vor etwa 17.000 Jahren mit dem Ausklang der letzten **Eiszeit** im späten Pleistozän. Infolge der Erwärmung des Erdklimas zog sich damals das Inlandeis aus der Nordeuropäischen Tiefebene nach Skandinavien zurück, und die ausgedehnte Senke, die es hinterließ, füllte sich allmählich mit **Schmelzwasser.** Es staute sich zwischen dem Eisrand im Norden und den Geröllschuttmassen im Süden, die die Gletscher auf ihrem Rückzug zurückgelassen hatten. Ein bitterkalter Süßwassersee entstand: der **Baltische Stausee.**

Kontinuierlich wurde ihm Schmelzwasser zugeführt, sodass sein Wasserspiegel allmählich auf 20 bis 30 m über das damalige Weltmeeresniveau anstieg. Vor 10.000 Jahren **brach** der riesige Stausee schließlich über Mittelschweden **zur Nordsee durch.** Salzwasser flutete ein – ein Meer war entstanden –, und mit dem Salzwasser drang die Muschel *Yoldia arctica* ein. Nach der in entsprechenden Gesteinsschichten gefundenen Muschel bezeichnet man diesen ersten Vorläufer der Ostsee heute als **Yoldia-Meer.**

Zwischenzeitlich schmolz nun auch in **Skandinavien** das Eis. Von der Last der gewaltigen Eismassen befreit, hob sich langsam der skandinavische Schild, und zum Ausgleich senkte sich das Gebiet am südlichen Meeressaum. So **fiel der Nordsee-Zugang** bald wieder **trocken** und wurde vor etwa 9000 Jahren vollends geschlossen. Die **Verbindung zum Atlantik** war damit erneut **unterbrochen,** somit der Salzwasserzustrom versiegt, und das Yoldia-Meer begann im Lauf der Zeit wieder auszusüßen. Ein **Süßwasser-Binnenmeer** bildete sich, größer als die heutige Ostsee, das man nach der in den entsprechenden Gesteinsschichten gefundenen Süßwasserschnecke **Ancylus-See** nannte.

Doch der Kampf der Elemente war noch lange nicht ausgefochten. Mit der Freisetzung unvorstellbarer Wassermengen durch das fortlaufende Abschmelzen der Gletscher **stiegen die Meeresspiegel** solcherart an, dass die **Nordsee** vor 8000 Jahren über den Großen und Kleinen Belt wieder **einfließen** konnte. Die Ancylus-See wurde zum **Litorina-Meer,** dem nach der Salzwasserstrandschnecke *Litorina littorea* bezeichneten unmittelbaren Vorläufer der heutigen Ostsee.

Vor etwa **4000 Jahren** waren die heutigen Küstenlinien dann im Wesentlichen ausgebildet, und auch das Meer hatte seine ungefähre **heutige Entwicklungsstufe** erreicht – begleitet von einem zwar regional begrenzten, jedoch umso nachhaltigeren Ereignis: Im Bereich der dänischen Inseln vollzog sich eine stärkere Landhebung, und durch die erwachsenden Hindernisse nahm der **Wasseraustausch** zwischen Nord- und Ostsee wieder ab. Dieser Prozess hält bis heute an. Seit 4000 Jahren süßt die Ostsee gemächlich wieder aus und trägt als **größtes zusammenhängendes Brackwassergebiet der Erde** nach der Wasserschnecke *Limnea ovata* den geologischen Namen **Limnea-Meer.**

Die **Hebung der skandinavischen Landmasse** ist ebenfalls noch nicht abgeschlossen, was einen kontinuierlichen Landgewinn an der nördlichen Ostseeküste und ein entsprechendes Absinken am Südufer zur Folge hat. Dazu gesellen sich die elementaren Kräfte von Wasser und Wind, die vorspringende Küstenabschnitte abhobeln und untergraben, die Sedimente forttragen und an anderem Ort wieder ablagern, wodurch im ständigen Fluss eine zwar nur in Millimetern gemessene, aber doch stets neue Landkarte der Ostsee entsteht.

Entstehung des mitteleuropäischen Tieflands

Über den selben Zeitraum entstand auch das mitteleuropäische Tiefland, das sich von der niederländischen Nordseeküste über Norddeutschland nach Nordpolen erstreckt und dessen heutige Oberflächengestalt vor allem das Resultat pleistozäner Vereisungen ist. Der Norden Polens, von der Oder bis zur russisch-litauisch-weißrussischen Grenze, ist ein Kind der gewaltigen Eismassen, die vor ungefähr 500.000 Jahren von Skandinavien her nach Süden vordrangen.

Mehrfach überzogen sie die Gebiete der südlichen Ostsee und schoben dabei wie Planierraupen gewaltige Mengen an Geröll, Kies, Sand und Gestein vor sich her. Jeweils beim Rückzug der Gletscher hinterließen sie quergestellte, bis zu 200 m hohe Schutthaufen, die man heute **Endmoränen** nennt. Eine solche Endmoräne ist der **Baltische Höhenrücken.** Von den Eiszeitgletschern zu einem vielfach hintereinander gestaffelten, abwechslungsreichen Hügelland zusammengetragen, zieht er sich jenseits von Stettin mit Höhen um 100 m gegen Osten nach Kaschubien, wo er am dichtesten an die Ostsee herantritt und Erhebungen über 300 m erreicht, bis nach Gołdap mit dem Szeska-Berg (308 m) im nordöstlichen Polen.

Die zweite geomorphologische Form, die man in Nordpolen antrifft, sind **Grundmoränenlandschaften.** Sie sind aus zwischen den Eismassen und den Gletscherbetten gemahlenen Gesteinen entstanden, die absanken und zusammen mit an den Gletscherböden ausgeschürften Geschieben ein sanft gewelltes Land mit teils recht fruchtbarer Erde hinterließen.

Dazwischen blinken die Seen der **Pommerschen Seenplatte** auf. Bei ihnen handelt es sich entweder um Grundmoränenseen, d.h. Seen, die aus Schmelzwasseransammlungen in großen Becken entstanden, oder Rinnenseen, also durch abfließendes Gletscherwasser gegrabene lange Furchen, die sich mit Süßwasser füllten.

An der Ostseeküste überwiegen **sandige** und **sandig-tonerdene Böden,** die sich nicht zum Anbau anspruchsvoller Kulturpflanzen eignen. Eine Ausnahme bildet die fruchtbare Weichsel-Niederung. Wo tonige, wasserundurchlässige Böden dominieren, haben sich **Salzwiesen** sowie eine Vielzahl von **Flach- und Hochmooren** gebildet.

Zum letzten Mal erreichten die Gletscher das heutige Küstengebiet ungefähr 10.000 Jahre vor unserer Zeitrechnung. Sie formten dabei steile **Kliffküsten** mit Inseln wie Rügen, Usedom und Wollin. Östlich der Oder beginnt eine sogenannte **Ausgleichsküste,** die sich bis zur Danziger Bucht ohne spektakuläre Einschnitte und Vorsprünge, aber mit schönen Strandseen und einer streckenweise atemberaubenden Wanderdünenlandschaft zeigt.

Und woher kommt all der **Sand** am Ostseestrand? Die Zerstörungskraft von Brandung und Wind allein würde selbst über Zehntausende Jahre nicht ausreichen, diese riesigen Sandberge zu mahlen. Man nimmt deshalb an, dass die heute der Ostseeküste vorgelagerten großen Bänke, wie die Oder- und die Stolpebank, einmal Inselkerne waren, die während der Litorina-Senkung unter den Meeresspiegel gezogen wurden. Unter Wasser wurde die Substanz der versunkenen Inseln ausgewaschen, abgetragen und klein gemahlen (allein die Oderbank würde noch heute 4 Mrd. m³ bewegliche Masse hergeben). Um diese Barrieren herum lagerten sich mit der Strömung Sandbögen und Dünenketten ab, die teils mit dem neuen Festland in Verbindung traten und bei der nächsten Meereshebung abermals im Wasser versanken. Der nun nicht mehr gebundene Sand wanderte weiter, jeweils so weit, wie es die wiederum neu entstandene Küste mit ihren Vorsprüngen erlaubte. Diesem Vorgang verdanken auch die **Bodden, Haffe und Strandseen** ihre Entstehung.

Nicht zu vergessen der **Schwan,** der stolze König der Schwimmvögel, den man am Ostseestrand ebenso wie an den Binnengewässern findet.

Als **Hausvögel** werden Hühner und Gänse gehalten, und der Begleiter der Menschen über die schöne Jahreszeit ist der **Storch.** Überall hat Meister Adebar auf Dachfirsten, Schornsteinen und Telefonmasten in den Dörfern seine Horste gebaut. Immer im Frühjahr kehrt der Klappergeselle aus Afrika in seine Sommerheimat zurück, um dort zwei bis vier Nachkommen auszubrüten. Ende Mai schlüpfen die Jungen, und ab Mitte August sammeln sich die Störche schon wieder für ihre lange Reise zurück ins afrikanische Winterquartier (siehe auch Exkurs „Der Storch").

◿ Die Wasserqualität in Polen hat sich deutlich verbessert

Umwelt- und Naturschutz

Polen besitzt eine große Zahl **einzigartiger Natur- und Wildnisgebiete,** die anderswo in West- und Mitteleuropa oft längst verschwunden sind. Ein Drittel der polnischen Landesfläche steht unter Naturschutz in insgesamt 23 Nationalparks, gut 1350 Naturreservaten, 120 Landschaftsschutzparks, über 400 Landschaftsschutzgebieten und knapp 6500 ökologischen Nutzflächen. Wobei das Schutzniveau „Landschaftsschutzpark" oder kürzer auch „Landschaftspark" – eine Kategorie, die es in Deutschland nicht gibt –, dem eines Nationalparks durchaus entsprechen kann. Der Unterschied zwischen einem **Nationalpark** und einem **Landschaftsschutzpark** liegt

Umwelt- und Naturschutz

in Polen lediglich in der administrativen Zuordnung. Nationalparks sind der Zentralregierung in Warschau zugeordnet, während Landschaftsschutzparks zu den Woiwodschaften gehören. Beide bieten gleichermaßen einen streng geschützten Lebensraum für zahlreiche seltene und bedrohte Pflanzen- und Tierarten.

Nichtsdestotrotz gibt es in Sachen Umweltschutz noch jede Menge zu tun. Insbesondere in den **Ballungsgebieten** und **industriellen Zentren** sind die Böden, Wasser und Luft oftmals belastet – ein Erbe nicht zuletzt der alten Volksrepublik. Wie alle Staaten, die aus der sozialistischen Planwirtschaft entlassen wurden, kämpft auch Polen mit zahlreichen Altlasten.

Bis zur Wende 1989 spielte der Umweltschutz außerhalb der streng geschützten Naturreservate nur eine untergeordnete Rolle. Es wurden im Gegenteil in den **Wiederaufbau** der nach dem Zweiten Weltkrieg neu hinzugekommenen Nordgebiete, die bis auf die Industrie- und Werftzentren von Danzig und Stettin traditionell See- und Landwirtschaft trieben, desaströse Złoty-Mengen zur Entwicklung einer ortsuntypischen **Schwerindustrie** gepumpt. Von 1946 bis 1966 belief sich die Summe zum Wiederaufbau der kriegszerstörten Regionen auf etwa 300 Milliarden Złoty, davon flossen fast 50 Prozent in die Errichtung von Großindustrieanlagen.

Die Energie dafür lieferte überwiegend die Verstromung von **Steinkohle und Braunkohle.** Ganze Landstriche versanken im giftigen Nebel. Die Emission ging ungefiltert in die Luft, und auch die Abwässer leitete man ungeklärt in die Flüsse. Das Resultat: Die polnische Küste galt als der am stärksten verschmutzte Abschnitt der ganzen Ostsee. So rückte die Umweltverschmutzung bereits in den 1980er Jahren ins Bewusstsein einer breiteren Öffentlichkeit. Noch in den letzten Jahren der Volksrepublik entstand eine kleine **Ökologie-Bewegung,** und bis heute arbeitet man daran, die umweltpolitischen Versäumnisse der Vergangenheit wettzumachen.

Die **Umstrukturierung** der veralteten Produktionsbetriebe kostete viel Geld und leider auch sehr viele Arbeitsplätze. Umso erstaunlicher ist es, was sich im Bereich Umweltschutz seit 1990 getan hat. Bis 1998 vergrößerte sich die Fläche der Nationalparks um 88 Prozent, der Naturschutzgebiete um 21 Prozent, und die der Landschaftsparks verdoppelte sich sogar.

Der Ausstoß an Schwefelverbindungen in die Luft verringerte sich bis 1997 um die Hälfte, der Staubanteil in der Luft sogar um 57 Prozent. Mittlerweile nutzt man die wieder frische Brise zur Energiegewinnung. Mit Hunderten **Windkraftanlagen** wurden 2011 über 1600 Megawatt Strom erzeugt. 7,5 Prozent der polnischen Energieerzeugung stammten 2011 bereits aus regenerativen Energiequellen (zum Vergleich: in Deutschland etwa 10 Prozent), und bis zum Jahr 2020 soll sich der Anteil der Erneuerbaren auf 15 Prozent verdoppeln. Denn 90 Prozent stammen aktuell immer noch aus Kohlekraftwerken.

So war Polen 2014 europaweit der sechstgrößte Produzent von Treibhausgasen. 349 Mio. Tonnen Kohlendioxid wurden zwischen Oder und Bug in die Luft geblasen. Nur Großbritannien, Spanien, Frankreich und Italien standen noch schlechter da. Gar nicht zu reden von Deutschland, das mit sagenhaften

Umwelt- und Naturschutz

800 Mio. t CO_2-Ausstoß pro Jahr der Luftverpester Nummer 1 in Europa ist.

Leider wurde 2011 vom Sejm außerdem der Einstieg Polens in die Kernenergie beschlossen. 2024 soll im Kaschubischen Küstenland das erste polnische Atomkraftwerk ans Netz gehen. Eine zweite Anlage an der polnischen Ostseeküste soll sechs Jahre später folgen.

Durch den Bau moderner Kläranlagen ist die Einleitung ungereinigter Abwässer um fast drei Viertel zurückgegangen. So konnte die **Wasserqualität** spürbar verbessert werden. In Flüssen und Seen wimmeln heute wieder die Fische, und an den Stränden trifft man nirgends mehr auf ein Schild mit der Aufschrift „Uwaga! Kąpiel wzbroniony" („Achtung! Baden verboten"). Die Wasserqualität auch der Ostsee ist gut.

Dank der relativ großen Zahl kleinbäuerlicher **Landwirtschaftsbetriebe** kam es auch niemals zu einer flächendeckenden Verseuchung der Böden mit Düngern und Pestiziden. Mit durchschnittlich nur 5 ha kleinen Parzellen reichten und reichen sie auch heute oft gerade zum Leben. Für chemischen Schnickschnack bleibt da kaum etwas übrig, auch wenn es sich mancher Landwirt sicherlich anders wünschen würde.

Einzig mit dem **Verkehr** läuft es unter umweltpolitischen Gesichtspunkten völlig verkehrt. Zuwachsraten von 500.000 Benzinkutschen pro Jahr werden verzeichnet. Die durch Auspuffgifte verursachte Luftverschmutzung steigt dementsprechend, und mancher Großstadt droht der Verkehrskollaps. Zehn Milliarden Euro flossen bis 2014 in den Bau neuer **Autobahnen und Schnellstraßen** sowie in den Ausbau der Flughäfen. Denn die Zahl der Touristen, die Polens schöne Natur mit einem Billigflieger ansteuern, steigt jährlich, zur großen Freude der Low Cost Carrier.

Daneben sind weitere Milliardeninvestitionen für Umwelt und Natur vorgesehen. Auf 20 bis 45 Milliarden Euro schätzt man die Kosten, die nach 2015 noch anfallen werden. Doch sind es gute Investitionen, für die Umwelt ebenso wie für die Wirtschaft.

Die ökonomische Chance insbesondere der deindustrialisierten nördlichen Woiwodschaften, welche die schönsten polnischen Sommerurlaubs- und Erholungsgebiete umfassen, liegt im **sanften Tourismus.** Das haben die Verantwortlichen längst erkannt. Man baut auf ökologische Campingplätze, Hotelanlagen, die sich in die Landschaft einschmiegen, und Freizeiteinrichtung, die vor allem den Naturgenuss herausstellen als ein Gut, das wahrhaftig immer seltener und kostbarer wird.

◁ Die Steilküste im Woliner Nationalpark

Geschichte | 484

Medien | 523

Polen im neuen Jahrtausend | 514

Staat und Verwaltung | 521

Tourismus | 528

Wirtschaft | 525

17 Staat und Gesellschaft

Polen blickt auf eine tausendjährige Geschichte voller glorreicher Epochen und schmerzhafter Niederlagen zurück. Diese Geschichte hat die Nation zwischen Oder und Bug entscheidend geprägt. Seit dem Fall des Eisernen Vorhangs kommt als weitere prägende Kraft wieder die katholische Kirche dazu.

◁ Fischer bei Mikoszewo an der Weichselmündung

Geschichte

Die Anfänge

Vergleichsweise spät in der Ära der großen Völkerwanderungen begann **Anfang des 6. Jh. n. Chr.** die Besiedlung der von den Germanen verlassenen Gebiete zwischen Weichsel und Elbe durch slawische Stämme. Woher die **Slawen** ursprünglich kamen, lässt sich nicht mit Gewissheit sagen, doch kann man das Land zwischen mittlerer Weichsel, Bug und Dnjepr, das heute etwa das östliche mittlere Polen, das südliche Weißrussland und die Westukraine umfasst, als den Ursprungsraum der slawischen Sprachen ausmachen. Ein Teil der dortigen Völkerschaften wanderte ostwärts, ein anderer nach Süden bis zur Donaumündung ins Schwarze Meer, fiel von dort aus in die Donauprovinzen des **Römischen Reiches** ein und fand in diesem Zusammenhang in den spätantiken römischen Chroniken auch erstmals unter dem Namen „Slawen" Erwähnung. Ein dritter Teil zog Richtung Nordwesten und ließ sich im Verlauf des 6./7. Jh. in der Region zwischen Weichselmündung und dem östlichen Holstein nieder.

Es waren **heidnische Völker,** die ein Pantheon voller Naturgottheiten anbeteten, in losen Sippenverbänden zusammenlebten, Viehzucht, Fischfang und eine spärliche Ackerwirtschaft unterhielten, später Burgen und in deren Schutz feste Dörfer errichteten und bereits vor der Jahrtausendwende Fernhandel mit Russland, Byzanz und sogar Arabien trieben: **Abodriten,** die im heutigen Holstein sesshaft wurden, **Wilzen** und **Liutizen,** die den Raum Mecklenburg-Vorpommern besiedelten, **Ranen** auf Rügen, **Polanen** zwischen Warthe und mittlerer Weichsel und schließlich **Pomoranen** zwischen Oder- und Weichselmündung.

Ihrer Heimat gaben die Ostseeanrainer den Namen **Pomorje,** was soviel wie „am Meer entlang" heißt. Im Unterschied zu den Pomoranen, den Küstenbewohnern, nannten sich ihre Verwandten in der Gegend um Gniezno (Gnesen) und Poznań (Posen) „Polanen", also „Feldbewohner". Allen gemeinsam wiederum war, dass sie ihre westlichen Nachbarn fremder Zunge, mit denen sie sich schwerlich verständigen konnten, als **Niemy** (Stumme) bezeichneten, wie es heute noch beinahe wortgleich im polnischen Niemcy für „Deutschland" anklingt.

Namensgeber für die Regionen östlich der Weichsel bis zum Memel-Delta hinauf war das baltische Volk der **Prußen.** Von der Jungsteinzeit an bis zur Eroberung durch den Deutschen Orden im 13. Jh. siedelten prußische Stämme in den Landschaften von Pomesanien über Warmien bis Schalauen und von Sassen über Galinden bis Nadrauen. Das von ihnen gesprochene, zur westbaltischen Sprachgruppe gehörenden Altpreußisch, auch Prußisch oder Prussisch genannt, starb im 17. Jh. aus.

▷ Details am Goldenen Tor in Danzig

Mieszko I.

Das polanische Siedlungsgebiet zwischen Wisła (Weichsel) und Warta (Warthe) ist die Keimzelle Polens. Bereits im **8. Jh.** wurde Gniezno (Gnesen) gegründet, Hauptort der Polanen und erste Residenz des **Piasten-Geschlechts**, aus dem bis 1370 die polnischen Herrscher hervorgehen sollten. Die Herkunft der Piasten ist unbekannt, doch erzählt die Legende, dass ein Bauernjunge namens Piast einst freundlich zwei Fremde bewirtete, die, vom Königshof zuvor abgewiesen, sich schließlich als Engel offenbarten und dem jungen Piast und seiner Heimat eine große Zukunft vorhersagten.

Erster historisch verbürgter Herrscher aus der Piasten-Dynastie ist **Mieszko I.** (reg. um 960–992). Unter dem großen Herzog dehnten die vereinigten Polanen-Stämme ihr Hoheitsgebiet weit nach Westen und Norden aus. 963 waren sie bis zum Elbestrand vorgedrungen, wo *Mieszko* nach erfolglosem Waffengang **Kaiser Otto I.** (deutscher König 936–973, römischer Kaiser 962–973) den Treueid schwor und ihm für das Land zwischen Oder und Warthe fortan Tribut entrichtete. Gegen 980 hatten die Polanen, nun mit Unterstützung des Kaisers, die gesamte Ostseeregion zwischen der Oder- und Weichselmündung gewonnen.

Im Jahr 965 bereits beging der heidnische *Mieszko* feierlich **Hochzeit** mit der christlichen böhmischen Fürstentochter *Dubrava*. 966 ließ er sich nach lateinischem Ritus taufen und trat damit – und mit ihm sein ganzes Volk, wie es damals Gepflogenheit war – in die Gemein-

Glanz und Glorie

In die Zeit *Bolesławs des Tapferen* fiel die **erste glorreiche Blüte Polens.** Mit der Eroberung Krakaus und der Wislanen-Stämme, die an der Weichsel siedelten, baute der Herzog die Vormachtstellung Polens unter den Westslawen aus. Und nicht nur das. Im **Jahr 1000** ernannte ihn Otto III. (deutscher König 983–1002, römischer Kaiser 996–1002) im Akt von Gnesen zum **„Bruder und Mitstreiter"** im Heiligen Römischen Reich. Damit wurde das Piasten-Reich zum gleichberechtigten Partner im Sacrum Imperium und war von allen Tributpflichten befreit.

Die beiden in Freundschaft miteinander verbundenen Herrscher waren in den frühen Märztagen des Jahres 1000 in Gniezno zusammengekommen, um dort die sterblichen Überreste des **heiligen Adalbert** *(Wojciech)* feierlich beizusetzen. Drei Jahre zuvor hatte der böhmische Adlige *Adalbert,* Bischof von Prag, im Prußenland nordöstlich der Weichsel den **Märtyrertod** gefunden; während seiner Missionsreise 997 war der heutige polnische Nationalheilige von den heidnischen Prußen erschlagen worden. Seine Gebeine handelte Herzog *Bolesław* den Ungläubigen ab und ließ sie nach Gniezno verbringen – in jener gottesfürchtigen Zeit mehr als nur ein symbolischer Akt. Noch im Jahr 1000 folgte die

schaft des christlichen Abendlands ein. Die Taufe *Mieszkos* trug dem polanischen Herrscherhaus die **gleichberechtigte Stellung** im europäischen Hochadel ein. Und mehr noch wurde der Herzog nicht nur ein Bundesgenosse, sondern ein **amicus imperatoris,** ein „Freund des römischen Kaisers". Noch im selben Jahr 966 wurde das **Missionsbistum Poznań** gegründet, womit das Polanen-Land zum nordöstlichen Vorposten der Christenheit wurde. 991 stellte es *Mieszko* unter den Schutz des Stuhls Petri in Rom.

Als erster großer Herrscher der Polanen ging *Mieszko I.* in die Geschichte Europas ein, Abkömmling des sagenhaften Ahnen *Piast,* von dem alle Könige Polens der Piasten-Dynastie abstammen sollen. Er verstarb im Jahr 992 und fand seine letzte Ruhestätte in der Kathedrale zu Poznań. Auf dem Herzogthron folgte ihm sein ältester Sohn **Bolesław I. Chrobry** (der Tapfere) (reg. 992–1025), unter dem Polens glanzvoller Aufstieg begann.

◿ Das Wappen der Stadt Danzig

Erhebung Gnieznos zum **Erzbistum**, dem man die Bistümer Kolberg, Breslau, Krakau und später Posen unterstellte, womit eine von der westlichen Erzdiözese Magdeburg unabhängige, souveräne Kircheneinheit entstanden war.

Die Ernennung *Bolesław Chrobrys* zum „Bruder und Mitstreiter" und die Einrichtung einer eigenständigen Kirchenprovinz im Akt von Gnesen bedeuteten entscheidende Schritte auf dem Weg zur polnischen Staatswerdung; durch die Heirat von *Bolesławs* Sohn, *Mieszko II.*, mit einer Nichte *Ottos III.* wurden darüber hinaus auch verwandtschaftliche Bande geknüpft.

Nach dem Tod des Kaisers, der 1002 mit nur 22 Jahren verstarb, änderte sich jedoch die politische Großwetterlage. Zwischen 1004 und 1018 kam es wegen umstrittener Gebiete östlich der Elbe zu drei langen **Kriegen** und mehreren **Feldzügen** der deutschen Krone gegen den Nachbarn. 1018 fanden die Auseinandersetzungen im **Frieden von Bautzen** ein Ende, mit dem **Kaiser Heinrich II.** (reg. 1014–1024) die Grenzen des polnischen Herzogtums anerkannte und *Bolesław* ihm im Gegenzug für das Lausitzer und das Milzener Land den Lehnseid leistete.

Der Tapfere befand sich auf dem Höhepunkt seiner Macht. Das **Piasten-Reich** erstreckte sich von der Odermündung bis hinunter zur ungarischen Grenze, im Osten wurde es jenseits der Flüsse San, Bug und Narew begrenzt, und im Nordosten reichte es bis zur Danziger Bucht. In seinem Todesjahr 1025 erfüllte sich schließlich *Bolesław I. Chrobrys* größter Wunsch: Mit päpstlichem Segen wurde er zum **ersten König von Polen** gekrönt.

Bruderstreit und Zerfall

Doch das Reich war nicht von Dauer. Auf Landgewinne folgten Verluste, über das gesamte Mittelalter hinweg zählten allein Großpolen, Kleinpolen und Masowien sowie mit wenigen Ausnahmen Schlesien – um das die Piasten mit der böhmischen Krone zahlreiche Kriege führten – kontinuierlich zum polnischen Staatswesen. Und auch die **Königswürde ging** wiederholte Male **verloren**. Bereits *Bolesławs* Sohn *Mieszko II.* (reg. 1025 und 1032–1034) büßte, im Konflikt mit Kaiser *Konrad II.* (reg. 1024–1039), die Krone wieder ein. Piastische Erbstreitigkeiten, Feindseligkeiten von Seiten des erstarkenden Adels und eine Reihe heidnischer Revolten von Pommern bis Schlesien schwächten die Macht. Im Sommer 1039 wurde schließlich die Residenz Gniezno durch den böhmischen Herzog *Břetislav* zerstört, welcher das Grab des heiligen Adalbert öffnen und die Reliquie nach Prag überführen ließ.

Unter dem Spross und Nachfolger *Miezkos II.*, **Kazimierz I.** (reg. 1034 und 1039–1058), erfolgte die Restauration Polens, nun mit Krakau als neuem Herrschersitz, das für das kommende halbe Jahrtausend Hauptstadt und geistig-kultureller Mittelpunkt des Landes werden sollte. Als **„Odnowiciel"**, der **„Erneuerer"**, ging *Kazimierz I.* in die Geschichtsbücher ein.

Der Zerfall der Zentralgewalt war dennoch nicht aufzuhalten. Die äußeren Grenzen von allen Seiten bedroht, versank Polen innenpolitisch im piastischen Bruderzwist und zerfiel in der Folge in sich dauerbefehdende Kleinfürstentümer. Einzig **Bolesław III. Krzywousty** („Schiefmund", reg. 1102–1138) gelang noch einmal eine kurzzeitige staatliche Erneuerung. Überdies ließen ihm seine friedlichen Beziehungen zu Böhmen wie zum deutschen Reich Raum, sich der **Eroberung Pommerns** zuzuwenden, das seit dem Tod *Mieszkos II.* wieder unabhängig war. 1113 bis 1116 unterwarf er zunächst Pommerellen, den Landstrich zwischen Łeba-Fluss und der Danziger Bucht. Anschließend bezwang er in drei Feldzügen 1116, 1119 und 1121 die Heiden zwischen Łeba und Oder.

Innenpolitisch führte *Bolesław III.* mit dem sogenannten **Senioratsprinzip** eine Neuregelung der Thronfolge ein: Dem männlichen Erstgeborenen, dem Seniorherzog mit Sitz in Krakau und Herrschaft über Pommern und das südliche Großpolen, gebührte die Oberhoheit über die unter allen weiteren Söhnen aufgeteilten Gebiete. Eine verhängnisvolle Neuerung, wie sich schon kurze Zeit später herausstellen sollte. Denn es entstand eine Vielzahl miteinander konkurrierender piastischer **Territorialherzogtümer,** die oft nur die Empörung gegen den Senior miteinander verband – wer auch immer in Krakau gerade den Thron bestieg oder wieder abgesetzt wurde. Nachdem 1180 die Versammlung der polnischen Herzöge und Bischöfe zu Łęczyca die Senioratsverfassung wieder abgeschafft hatte, verlor sich noch der letzte Anschein einer staatlichen Einheit.

Pommern unter den Greifenherzögen

1121, als *Bolesław III. Krzywousty* im Zuge der dritten Schlacht um Pommern Stettin eroberte, wird **Wartislaw I. von Stettin** (reg. 1121–1135) als erster sicher bezeugter Herrscher aus dem Geschlecht der Greifen erstmals erwähnt. Nach seiner Niederlage musste der pommersche Herzog die polnische Oberhoheit anerkennen und sich zu Tribut, Heerfahrt und Christianisierung verpflichten. 1124 und 1128 entsandte *Bolesław III.* den Bamberger Bischof *Otto* zu zwei Missionsreisen ins Land. Ebenfalls 1128 wurde auf einem Landtag zu Usedom die **Christianisierung** ganz Pommerns beschlossen. *Wartislaw,* und mit ihm sein Volk, empfing die christliche Taufe.

Im Jahr 1175 wurde der Grundstein für die gotische Kathedrale St. Johannes in Kamień Pomorski gelegt

Es folgten Eroberungen des Greifen im Siedlungsgebiet der Liutizen – nun wahrscheinlich mit Unterstützung durch *Bolesław III.* –, die westlich der Oder bis nach Demmin im heutigen Vorpommern ausgriffen. Im Osten reichten die Lande des **„ducatus Stettinensis et Dimminensis"** bis zum Góra Chełmska (Gollenberg) bei Koszalin (Köslin). Und von dort bis zur Łeba (Leba) lenkte in den Landen Schlawe-Stolp sein Bruder **Ratibor I.** (reg. 1124–1155) Pommerns Geschicke.

Wartislaw wurde von revoltierenden Heiden ermordet, nichtsdestotrotz fiel das Wort Christi auf weithin fruchtbaren Boden. Schon **1140** wurde das **Bistum Wolin** gegründet, 1153 folgte die Eröffnung des Klosters Stolpe bei Anklam, 1173 die Gründung von Kloster Kolbatz (Kołbacz) nicht fern von Stettin, 1178 die Einweihung von Belbuck bei Treptow an der Rega (Trzebiatów), und auch der **Zug deutscher Siedler** über die Oder begann. Förderer der Einwanderung waren neben der Geistlichkeit vor allem die Greifenherzöge, die sich von einer höheren Einwohnerzahl in ihrem dünn besiedelten Territorium eine produktivere Wirtschaftskraft und sprudelnde Steuereinnahmen versprachen.

So zügig wie **Christianisierung** und **Kolonisierung** verliefen, so verworren zeigte sich die politische Lage. 1164 wurden die Nachkommen *Wartislaws* Lehnsleute des Sachsen *Heinrich der Löwe,* 1181 erhob Kaiser *Friedrich I. Barbarossa* (reg. 1155–1190) den Greifen **Bogislav I. von Stettin** (reg. 1155–1187) als „Herzog von Slavien" in den Reichsherzogstand und gab ihm Pommern zum Lehen, das damit in den Reichsverband eintrat. Nur vier Jahre später wurde Pommern-Stettin bis zur Schlacht bei Bornhöved 1227 kurzzeitig dänisches Lehen, ab 1231 geriet es zusammen mit Schlawe unter brandenburgische Lehnshoheit, während östlich das Land Stolp nach einem dänischen Zwischenspiel im Jahr 1236 an Pommern-Danzig (Pommerellen) unter den Samboriden-Herzögen ging.

Mehr und mehr deutsche Siedler strömten ins Land. Zwischen 1250 und 1350 wurden Städte nach Magdeburger oder Lübischem Recht gegründet, und die Küstenorte schlossen sich größtenteils der **Hanse** an. Das Haus mit dem Greifenvogel im Wappen splitterte im Lauf der Zeit in eine Reihe winziger Fürstentümer auf, doch konnte es sich bis zum Aussterben in männlicher Linie bis 1637 insgesamt mehr als 500 Jahre lang in Pommern behaupten.

Deutschherren im Prußenland

Im Baltikum und im heutigen nordöstlichen Polen lebten in jener Zeit **prußische Stämme.** Den historischen Landschaften Pomesanien (Malbork/Marienburg) und Pogesanien (Elbląg/Elbing), Warmien (Olsztyn/Allenstein), Natangen und Samland (Kaliningrad/Königsberg) haben sie ihre Namen gegeben, ebenso Lubava (Lubawa/Löbau) und Sassen (Stębark/Tannenberg), Galinden (Große Masurische Seen) und Barten (Kętrzyn/Rastenburg), Sudauen (Suwałki), Nadrauen (Tschernjachowsk/Insterburg) und Schalauen (Sowetsk/Tilsit). **Bis etwa 1800 v. Chr.** reichen die Spuren ihrer Besiedlung zurück.

Viele Jahrhunderte lang konnten sie sich ihrer äußeren Feinde erwehren. Seit der piastischen Landnahme gerieten sie nun jedoch zunehmend in Bedrängnis. Unter dem Deckmantel der christlichen Missionierung wurden Kriegszüge gegen sie organisiert, die aber ebenso scheiterten wie die Eroberungskriege, die **Herzog Konrad von Masowien** (reg. 1199–1247) ab 1209 gegen seine nördlichen Nachbarn führte. Im Gegenteil beantworteten die Prußen die Angriffe ihrerseits mit Einfällen in das polnische Teilfürstentum.

So rief Herzog *Konrad* 1226 den **Deutschen Orden** zum militärischen Beistand ins Land. Während der Kreuzzüge ins Heilige Land war der Ritterorden aus dem „Orden des Spitals St. Marien vom Deutschen Haus zu Jerusalem" in Akko hervorgegangen. Die Ritter im weißen Mantel mit schwarzem Kreuz verstanden sich als eine Art **mittelalterliche „Weltpolizei"**; seit ihrer Vertreibung aus dem Heiligen Land waren sie ohne feste Adresse und dienten europäischen Herrschern ihre Kriegskünste an. Also folgten sie dem Ruf Herzog *Konrads* und erhielten von ihm im Gegenzug für die kriegerische Dienstleistung gegen die Prußen das Kulmer Land zugesprochen sowie sämtliche Ländereien, die sie noch hinzugewinnen würden.

Im Jahr 1230 zog ein erster Ordens-Konvent an die Weichsel, 1234 sicherte Papst *Gregor IX.* in der Goldenen Bulle von Rieti die Schenkung an die Deutschherren ab. Unter dem Landesmeister von Preußen, *Hermann von Balk,* begann die **Eroberung der Region.** Mit dem Schwert wurden die Prußen „missioniert", d.h. getauft oder getötet. Wohl ein Drittel, vielleicht sogar die Hälfte der schätzungsweise 200.000 Menschen zählenden prußischen Bevölkerung verlor ihr Leben.

Die Landnahme durch den Deutschen Orden vollzog sich rasant. 1231 erfolgte die Gründung von Thorn, 1232 von Kulm, 1237 von Elbing und 1255 schließlich die der Burg Königsberg. Siedler aus Flandern, Westfalen, Sachsen und dem benachbarten Masowien ließen sich am Fuß der backsteinernen Burgen in der „Großen Wildnis" nieder und machten sie urbar. Aufstände der Prußen 1260 bis 1274 wurden blutig niedergeschlagen. Bereits 1283 war die **Unterwerfung Preußens** vollzogen. Das bisher von Prußen bewohnte Land befand sich in Ordenshand.

Ebenso rasch wuchs das Ordensland zu einem wirkungsvoll organisierten Staatswesen an, das als hochgerüstete Militärmacht den polnischen Teilfürstentümern auf einmal bedrohlich gegenübertrat.

Kampf um Pommerellen

Polen, dessen Küste in piastischer Blütezeit von der Oder zur Weichsel reichte, hatte mittlerweile **keinen Zugang zur Ostsee** mehr. Pommern im Westen war Teil im deutschen Reichsverband, östlich der Weichsel herrschten die Deutschritter. Allein wer die Oberhoheit über das noch unabhängige Pommerellen gewann, stand noch offen. In dem schmalen Landstrich westlich der Danziger Bucht und der Weichselmündung herrschten die Herzöge von Ostpommern aus dem Samboriden-Geschlecht.

Nach dem Tod des ostpommerschen Herzogs *Swantopolk* 1266 entflammte zwischen seinen Söhnen ein folgenschwerer Krieg um die Nachfolge. **Mestwin II.**, der ältere der beiden Sprösslinge, bat um Waffenhilfe beim Markgrafen von Brandenburg und trug diesem als Belohnung seines Bruders **Burg und Stadt Danzig** an. Ein verlockendes Angebot. 1271 rückten die Brandenburger in Danzig ein.

Doch schon bald bereute *Mestwin* den Handel. Er verbündete sich mit Herzog *Przemysław von Großpolen,* gewann mit dessen Unterstützung Pommerellen zurück und überantwortete das Herzogtum der **polnischen Krone.** 1294 verstarb der Samboride ohne männliche Erben, sein Geschlecht war erloschen. *Przemysław* trat in Pommerellen die Herrschaft an. 1295 wurde er als **Przemysław II.** zum polnischen König gekrönt – und ein halbes Jahr später ermordet.

Dasselbe grausame Schicksal ereilte 1306 seinen Schwiegersohn und Nachfolger auf dem polnischen Thron, *Wenzel II. von Böhmen.* Anschließend erklärte sich **Władysław Łokietek** („Ellenlang"), Herzog von Kujawien, zum rechtmäßigen Erben Polens und Pommerellens. Nun hatte die Schaukeldiplomatie *Mestwins* aber zu den unterschiedlichsten Ansprüchen auf den schmalen Landstrich an der Ostsee geführt. Zum zweiten Mal marschierten also brandenburgische Truppen in Danzig ein. *Władysław Łokietek,* alleine militärisch zu schwach, rief darum **1308** den **Deutschen Orden** zur Hilfe. 1309 hatten die Ordensritter die Brandenburger aus der Stadt wieder fortgejagt. 10.000 Silbermark verlangten sie für den Dienst, und da *Władysław* die Summe schuldig blieb, annektierten sie kurzerhand Danzig und Pommerellen.

Der polnische Traum von der Wiederherstellung des Piastenreichs, wie es zur

Zeit *Bolesław Chrobrys* bestand, fand damit ein Ende. In der **Feindschaft zwischen Polen und Deutschem Orden** kristallisierte sich bereits die fatale geopolitische Konstellation heraus, die später noch unendlich viel Leid über die Menschen bringen sollte: das Streben Polens nach einem Zugang zur Ostsee gegen das Streben der deutschen Mächte nach einer Landverbindung mit Ostpreußen.

◨ Die Marienburg in Malbork
war einst Sitz des Deutschen Ordens

◨ Detail am Portal der Basilika von Pelplin, mit deren Bau 1280 begonnen wurde

Der Weg zur Macht

So unglücklich, wie *Władysław Łokietek* auch in Pommerellen agierte, so erfolgreich war seine Politik, was die **Konsolidierung Polens** betraf. 1314 gelang ihm die Vereinigung der beiden wichtigsten polnischen Provinzen **Groß- und Kleinpolen.** Das Fundament für ein einheitliches Staatsgebilde war damit gelegt. 1320 wurde *Władysław* auf dem Wawel, dem Burgberg zu Kraków, zum König des vereinigten Königreichs Polen gekrönt. Eine glanzvolle Ära kündigte sich an.

Nach dem Tod *Łokieteks* folgte ihm **1333** sein Sohn **Kazimierz III.** (reg. 1333–1370) auf dem Thron. Weise und weitblickend, zugleich cleverer Taktiker und Diplomat von großem Format, knüpfte er an das Werk seines Vaters an. Mit zahlreichen **Reformen** konnte er das

Land innenpolitisch stabilisieren: Der **Szlachta**, dem polnischen Klein- oder Landadel, eröffnete er den Zugang zu Staatsämtern, während die **Magnaten**, der ungleich reichere Hochadel, mit einem gewichtigen Einfluss auf die Thronfolge zufriedengestellt wurden. Sobald keine männlichen Erben mehr zur Verfügung stünden, würde fortan der **Sejm**, der polnische Reichstag, über die Kronwürde entscheiden – ein **Wahlkönigtum** sollte sich etablieren. Gleichzeitig wurde die Macht der Teilfürstentümer zurückgedrängt. Als Woiwodschaften hatten sie zwar auch weiterhin ein gewisses Eigenleben, wurden aber nun von Starosten (königlichen Statthaltern) verwaltet.

Kazimierz führte darüber hinaus einen verbindlichen **Rechtskodex** ein, außerdem einen Schutz für die Bauern gegen Willkürakte von Seiten des Adels. Mitte des 14. Jh., als in Europa die Pest wütete und im Deutschen Reich die Juden dafür grausam verfolgt wurden, gewährte er ihnen Zuflucht in seinem Land, woraufhin in Polen die **größte jüdische Gemeinschaft Europas** entstand. Durch den Verzicht auf Schlesien erwirkte der König nach Jahrhunderten voller Kriege den Frieden mit Böhmen. Im selben Atemzug konnte er sein Land weit nach Osten hin ausdehnen. **1364** wurde die **Universität Kraków** gegründet – nach Prag die zweite Universität in Mitteleuropa.

Als einzigem polnischen König wurde *Kazimierz III.* von der Nachwelt der Titel **„Wielki", „der Große"**, verliehen. Mit seinem Tod 1370 erloschen über 400 Jahre Piastenherrschaft, das Reich fiel an seinen Neffen *Ludwig von Ungarn*. Doch hatte *Kazimierz* Polen eine Achtung gebietende Stellung im Konzert der europäischen Mächte erstritten. In seiner Regierungszeit wurden die Grundlagen für Polens Aufstieg zur Großmacht gelegt.

Das jagiellonische Großreich

In Personalunion führte *Ludwig der Große*, König von Ungarn und Polen (reg. 1370–1380), fortan die Regierungsgeschäfte. Bereits 1339 hatte der kinderlose *Kazimierz III.* seinen Schwestersohn aus dem Hause Anjou zum Nachfolger bestimmt. Diese Anwartschaft sicherte sich der Ungar 1355 im **Privileg von Buda** durch weitgehende Zugeständnisse an den polnischen Adel ab. So verzichtete *Ludwig* darauf, außerordentliche Steuern zu erheben, ebenso wie auf den Waffendienst polnischer Adliger außerhalb Polens ohne Vergütung. Solcherlei Sonderrechte stärkten den Adel und schwächten die Königsmacht. Vier Jahre nach *Ludwigs* Krönung erkaufte er sich, ebenfalls ohne männliche Erben im Stamm, mit dem **Privileg von Kaschau** 1374 die Thronfolge für eine seiner beiden Töchter. Im Gegenzug garantierte er den Bestand Polens als eigenständiges Königreich und gewährte dem polnischen Adel nahezu vollständige Steuerfreiheit.

1384 setzte man seiner Tochter und Thronerbin **Hedwig (Jadwiga) von Anjou** als elfjährigem Mädchen die polnische Krone aufs Haupt und arrangierte ihre Ehe mit dem litauischen Großfürsten *Jogaila*. Zwischenzeitlich war dem christlichen Polen mit dem **heidnischen Litauen,** dessen Grenzen in etwa das heutige Litauen, Weißrussland sowie Teile Westrusslands und der Ukraine umfassten, ein bedeutender Rivale erwachsen. Andererseits verband Polen und Litauen ihre gemeinsame Feindschaft gegen den Deutschen Orden.

1386 wurde **Jadwiga** mit *Jogaila* vermählt, der das Christentum annahm und unter dem Taufnamen **Władisław Jagiełło II.** (reg. 1386–1434) zum König von Polen-Litauen gekrönt wurde. Quasi über Nacht war ein riesiges **polnisch-litauisches Großreich** entstanden – ein Markstein in der Geschichte des östlichen Mitteleuropa. *Jadwiga* und *Władisław Jagiełło* wurden zu den Begründern der **Jagiellonen-Dynastie,** die für die nächsten knapp 200 Jahre die Geschicke des Reichs lenken sollten. Und – mit dem polnisch-litauischen Doppelreich stand dem **Deutschen Orden** erstmals eine Großmacht gegenüber.

Die Schlacht von Tannenberg

Bereits 1308 hatten die Deutschritter Danzig und Pommerellen annektiert. Im Jahr darauf verlegte der Ordenshochmeister seinen Sitz von Venedig auf die **Marienburg** (Malbork) an der Nogat, deren gewaltiger Ausbau damit begann. Stramm organisiert, effizient verwaltet und effektiv wirtschaftend stieg der Ordensstaat schnell zu höchster Blüte auf. Ende des 14. Jh. gehörten ihm etwa 3000 Ritter an – die größte Zahl, über die er jemals verfügte. 1398 wurden Gotland erobert und der Besitz von Samaiten bestätigt, 1402 die Neumark erworben. Das Ordensterritorium erstreckte sich nun von Thorn im Süden über Königsberg bis nördlich zum Rigaer Meerbusen, endete im Westen an Oder und Warthe und im Osten östlich der Großen Masurischen Seen.

Infolge des unaufhörlichen Expansionsdrangs wuchsen zugleich die Spannungen mit dem benachbarten Großreich Polen-Litauen. Sie entluden sich ab 1409 in einem Krieg des Königreichs gegen den Deutschen Orden, mit der entscheidenden Schlacht im **Juli 1410** bei Tannenberg im südlichen Ordensland.

Die Schlacht von Tannenberg, in Polen nach dem Nachbarort „Schlacht von Grunwald" genannt – ging als die **größte militärische Auseinandersetzung des Mittelalters auf mitteleuropäischem Boden** in die Geschichte ein. Zwischen 12.000 und 15.000 Deutschritter und ihre Söldner standen auf dem Feld einem 20.000 Mann starken polnisch-litauischen Heer gegenüber. Der Waffengang endete mit einer **katastrophalen Niederlage für den Deutschen Orden.** Gewaltige Reparationszahlungen waren die Folge sowie der Verlust verschiedener Ländereien, die der Verlierer gemäß den Buchstaben des Ersten Thorner Friedens 1411 zu entrichten hatte. Sie läuteten den Niedergang des Ordens ein. Denn nun mochten sich auch die reich und selbstbewusst gewordenen Hansestädte, Danzig allen voran, von den Deutschherren nicht mehr länger am Gängelband führen lassen.

1440 schlossen sich 19 Städte und die preußischen Stände unter der Führung von Danzig zum **Preußischen Bund** zusammen. 1453 unterstellte sich der Bund dem Schutz Polens, und noch im selben Jahr brach der **Dreizehnjährige Krieg** gegen den Orden aus. Am Ende waren die Deutschritter personell wie ökonomisch auf ganzer Linie besiegt. Vor allem der exorbitanten Finanzkraft der Hansestädte, welche die polnische Krone unterstützten, vermochte der Orden nichts entgegenzusetzen. Zur Auslösung seiner Söldnerheere musste er 21 Burgen an die Kriegsdienstleister verpfänden, darunter auch den Ordenshochmeistersitz, die berühmte Marienburg.

Im Oktober 1466 wurde der **Zweite Thorner Frieden** geschlossen. Der Orden verlor u.a. Pommerellen mit Danzig, das Kulmer Land sowie die Gebiete von

▷ Statuen der Deutschordensritter in der Marienburg in Malbork

Marienburg (Malbork), Elbing (Elbląg) und das Bistum Ermland (Warmia), die als „Preußen Königlich Polnischen Anteils", kurz „Königlich Preußen", der polnischen Krone zugesprochen wurden. Der Hochmeister leistete König *Kazimierz IV.* (reg. 1447–1492) den Treueid und gelobte die Heeresfolge. Der **Untergang des Deutschen Ordens** in Preußen war damit besiegelt.

Das Goldene Zeitalter

Das 15. und besonders das 16. Jh. unter der Regierung der letzten beiden Jagiellonen *Zygmunt I. Stary* („der Ältere", reg. 1506–1548) und *Zygmunt II. August* (reg. 1548–1572) ging als das Goldene Zeitalter in die Geschichte ein. Durch weitere Landnahme und dank einer klugen Heiratspolitik war das Polnisch-Litauische Reich zum **größten Staatswesen Europas** herangewachsen. Es erstreckte sich vom Baltikum bis zum Schwarzen Meer und von Pommerellen bis weit nach Russland hinein. Wirtschaft und Handel florierten, ab 1514 erschienen die ersten Bücher in polnischer Sprache, und **Nikolaus Kopernikus** revolutionierte vom Ermland aus die Welt mit seiner Entdeckung, dass sich die Erde um die Sonne dreht.

Eine weitere Revolution war der **Protestantismus,** dem sich überwiegend die deutschsprachigen polnischen Hoheitsgebiete anschlossen. Der alte Ordensritterstaat wurde 1525 unter Hochmeister *Albrecht von Brandenburg-Ansbach-Hohenzollern* (1490–1568) säkularisiert und in ein erbliches **protestantisches Herzogtum**, kurz „Herzoglich Preußen", im Lehnsverband der polnischen Krone umgewandelt. Albrecht huldigte seinem Onkel, dem polnischen König *Zygmunt I. Stary,* welcher ihn offiziell mit dem Herzogtum Preußen belehnte.

Fortan unterschied man das katholische Ermland, das, von den Ermländischen Bischöfen regiert, seit 1466 als Teil **„Königlich Preußens"** unter direkter Herrschaft der polnischen Krone stand, und das protestantische **„Herzoglich Preußen"** in den Grenzen des einstigen Deutschordenslands. Über seinen Herzog, den Ordenshochmeister und Hohenzollern-Prinz *Albrecht von Brandenburg-Ansbach,* stand es in enger verwandtschaftlicher Beziehung mit dem deutschen Kurfürstentum Brandenburg.

Brandenburg-Preußen entsteht

Bis zu seinem Tod 1568 regierte *Albrecht* das Herzogtum Preußen von der Burg Königsberg aus mit glücklicher Hand. Unterstützt von dem glühenden Luther-Verehrer breitete sich die **Reformation** überall im Herrschaftsbereich aus. Evangelische Kirchen entstanden, und in Lyck (Ełk) im südöstlichen Winkel Masurens wurden in den ersten Druckereien des Landes *Luthers* Werke in polnischen Lettern gesetzt. Der überwiegende Teil der Bevölkerung im südöstlichen Preußen sprach Polnisch, genauer einen masowischen/masurischen Dialekt, und

▷ Berühmtester Sohn von Frombork (hier der Kathedralhügel der Stadt) war Nikolaus Kopernikus in Masuren hielt man die Gottesdienste in vielen evangelischen Kirchen nicht auf Deutsch, sondern auf Polnisch ab.

Nachfolger *Albrechts* auf dem Herzogthron wurde 1568 sein Sohn *Albrecht Friedrich*. Da dieser jedoch geistig umnachtete, übernahm die Brandenburger Verwandtschaft die Regierungsgeschäfte, zunächst vormundschaftlich, ab 1605 dann in der Rolle eines **Administrators von Preußen**. Bereits 1594 hatte der brandenburgische Kurfürst *Joachim Friedrich* (reg. 1598–1608), zur Festigung der östlichen Bande, seinen Spross *Johann Sigismund* mit der Tochter des umnachteten preußischen Herzogs vermählt. 1608 trat **Kurfürst Johann Sigismund** (reg. 1608–1619) das väterliche brandenburgische Erbe an, 1609 wurde er Vormund seines geistesgestörten Schwiegervaters in Preußen; und als dieser 1618 ohne männlichen Erben verstarb, ging die Erblichkeit des preußischen Lehens auf die Kurfürsten von Brandenburg über. Von da an leiteten die Brandenburger die Geschicke Herzoglich Preußens.

Nihil novi

Das lange währende polnische Goldene Zeitalter barg zugleich den Keim des Untergangs. 1505 wurde er bereits auf dem Reichstag zu Radom mit der Konstitution **Nihil Novi Nisi Commune Consensu** (Nichts Neues ohne gemeinsamen Konsens) gesät. In dieser gelobte der König, ohne Einwilligung des Sejm, der aus Senat (Magnaten und Klerus) und Landbotenkammer (Szlachta, Kleinadel) bestand, keine neuen Gesetze zu erlassen, sofern sie die Belange des Adels berührten – und das taten nahezu alle.

Schon lange vorher hatten sich die Anwärter auf den polnischen Thron, um

415po kj

Das polnische Staatswappen ist in dieser Form bereits seit 1241 bekannt

Darüber hinaus sah die Konstitution ein **Liberum Veto** vor, ein Einspruchsrecht im Sejm für jeden Abgeordneten. Jeder Einzelne hatte also die Möglichkeit, mit seinem Veto einen Beschluss zu verhindern. Zwar wurde das Einspruchsrecht erst 1652 das erste Mal angewandt, doch führte bereits der Zwang zur Einstimmigkeit zur Lähmung des gesamten Regierungsbetriebs. In der politischen Praxis bedeutete das Liberum Veto, dass bis zu seiner Abschaffung 1764 faktisch kein Reichstagsbeschluss mehr gefasst werden konnte.

Die Adelsrepublik

die Krone für sich zu gewinnen, zu stets größeren **Zugeständnissen an den Adel** gezwungen gesehen. Jener war längst von der Steuer und auch vom Kriegsdienst befreit. Mehr und mehr Privilegien schwächten die Stellung des Monarchen, und mit Inkrafttreten der Konstitution 1505 konnte nun ohne die Zustimmung von Edelleuten und Geistlichkeit *nihil novi*, nichts Neues mehr durchgesetzt werden. Der König war ein mit gewissen Kompetenzen ausgestatteter Gleicher unter Gleichen geworden und Polen zu einer **Adelsrepublik**.

Die Landbotenkammer als Vertretung des Kleinadels (Szlachta) baute konsequent ihre Stellung gegenüber dem König aus. Überdies hielt beim polnischen Adel der **Sarmatismus** Einzug; so genannt nach dem märchenhaften Land Sarmatien, von dem die Vornehmen Polens, wie es die wissenschaftlichen Thesen jener Zeit erläuterten, angeblich herstammten – ein reiches und riesiges Land irgendwo im heutigen Iran, dessen edle Bewohner luxuriöse Geschmeide trugen und dem süßen Müßiggang frönten. Mit einer solchermaßen konstruierten Vergangenheit sicherten die Adelsvertreter ihr Herrschaftsrecht genealogisch ab. Man schmückte sich mit orientalischen Klunkern, baute prunkvolle Paläste und übersah fatalerweise dabei, dass sich mittlerweile die politische Landkarte Europas bedrohlich verschob.

1569 wurde auf dem **Reichstag zu Lublin** die seit fast 200 Jahren bestehende Personalunion zwischen dem Königreich Polen und dem Großfürstentum

Litauen in eine Realunion umgewandelt und vertraglich festgeschrieben. 815.000 km² umfasste nun die **Adelsrepublik der beiden Nationen** (Rzeczpospolita Obojga Narodów). Acht Millionen Menschen bevölkerten sie: Ukrainer, Weißrussen, Litauer, Tataren, Deutsche, Juden, Armenier und etwa 40 Prozent Polen. Die neuen Außengrenzen beschworen Kriege mit Russland und der Türkei herauf, innenpolitisch machte das Liberum Veto das Regieren unmöglich.

Mit dem Tod König *Zygmunts II. August* 1572 gingen die Herrschaft der Jagiellonen und auch das Goldene Zeitalter zu Ende. Ohne Erben im Mannesstamm war das Jagiellonen-Geschlecht ausgestorben. Fortan wurde der König vom Adel gewählt.

Die Sintflut

Nach dem Ableben *Zygmunts II.* sollte sich das polnische Wahlkönigtum als verhängnisvoll erweisen. Im Osten war Russland inzwischen zur wichtigen politischen Größe in Europa aufgestiegen, im Norden Schweden, und im Westen stand Preußen kurz davor sich zu formieren.

Schaut man sich einmal die Liste der **polnischen Könige von 1572 bis 1795** an: Wer dieser Herrschaften hätte sich wohl für Polen stark machen wollen? Neben vier Polen – darunter *Jan III. Sobieski* (reg. 1674–1696), der berühmte Türkenbezwinger vor Wien – waren es ein Franzose, ein Habsburger, ein Ungar, zwei Sachsen und drei Schweden. Schon zu Zeiten *Sigismund III. Wasas* (reg. 1587–1632), zugleich König von Schweden und Polen, waren die **Skandinavier** bestrebt, das Baltikum und die südliche Ostseeküste für sich zu gewinnen. 1618 bis 1648 verwüstete der Dreißigjährige Krieg das Land, und von Süden her fielen die Türken ein. 1629 musste Polen Livland an Schweden abtreten. Dem brandenburgischen **Kurfürsten Friedrich Wilhelm** (reg. 1640–1688) gelang es durch zweimaligen Parteiwechsel zwischen Schweden und Polen, die polnische Lehnsherrschaft über das östliche Preußen abzuschütteln. Das Fundament für das spätere Königreich Preußen (ab 1701) war damit gelegt. Im **Westfälischen Frieden 1648** fielen Vorpommern, die Inseln Usedom und Wolin plus ein weiterer kleiner östlicher Landstreifen an Schweden. Kurfürst *Friedrich Wilhelm* erhielt Hinterpommern, das Land zwischen Oderhaff und Pommerellen.

Das **Ringen um Polen** aber ging weiter. Durch Kosaken-Aufstände ging die Ukraine verloren. Russische Truppen drangen 1654 in Polen ein, eroberten Smolensk und große Teile Litauens. Mit *Karl Gustav von Schweden* wurde von 1655 bis zum Frieden von Oliva 1660 der **Schwedisch-Polnische Krieg** ausgefochten. Die ermländische Bevölkerung, und mehr noch die im benachbarten Masuren, litt unter den Brandschatzungen und Plünderungen durchziehender Truppen. Besonders grausam zeigten sich dabei die im polnischen Heer kämpfenden Tataren. Jeder zweite Masure überlebte die „**Tatarenwut**" nicht. Unmittelbar danach zog 1656/57 der Schwarze Tod durch das Land. Verheerende Hungersnöte schlossen sich an. Es war wie die Sintflut, und so nannte man diese Zeit auch. Polen hatte riesige Gebiete verloren, seine Großmachtstellung

Die Preußenkönige führten einst die Kartoffel ein. Noch lange Zeit waren Pferd und Pflug gängige Bewirtschaftungsmittel

eingebüßt, und die Hälfte der Bevölkerung war getötet worden.

Nachdem 1697 der sächsische Kurfürst *August der Starke* (reg. 1697–1733) gegen zehn Konkurrenten auf den polnischen Thron gelangt war, entfesselte er gegen Zar *Peter den Großen* den **Nordischen Krieg** (1700–1721). Um Schweden Livland wieder abzunehmen, griffen sächsische Truppen 1700 Riga an. Daraufhin besetzte *Karl XII. von Schweden* Warschau, und nach vielen weiteren kriegerischen Verwicklungen war der Zar der lachende Dritte. Livland wurde russisch, die Vormachtstellung Schwedens war gebrochen, und **Russland** stieg zur europäischen Großmacht auf. 1720 sicherten sich Russland, Schweden, Preußen und hinzukommend Österreich gegenseitig zu, die **polnische Verfassung aufrechtzuerhalten** – also keine der so dringend nötigen Reformen in Polen zuzulassen. Zum „Schutz" blieben russische Truppen im Land.

Königreich Preußen

Bereits im Jahr 1701 hatte sich der brandenburgische Kurfürst *Friedrich III.* in Königsberg eigenhändig zum ersten **König in Preußen** gekrönt. Unter seinem Sohn, dem „Soldatenkönig" *Friedrich Wilhelm I.* (reg. 1713–1740), begann die Wiederbesiedlung der von Kriegen, Pest und Hunger verödeten Landstriche. Lutherische Bauern aus Salzburg, Litauer, reformierte Polen, Schweizer und Deutsche siedelten sich in Ostpreußen an, wobei die deutschsprachigen **Kolonisten** sich bevorzugt in den sogenannten „litauischen Ämtern" niederließen (etwa das Gebiet der heutigen russischen Enklave Kaliningrad), während in den „polnischen Ämtern" (Masuren) die polnische Einwanderung überwog.

Preußenkönig **Friedrich der Große** (reg. 1740–1786) setzte das Aufbauwerk seines Vaters fort, ließ die nahrhafte Kartoffel in Masuren einführen und die ausgedehnten Sümpfe entwässern. Wo sich das Landvolk vorher noch mit schneeschuhartigen Holzbrettern an den Füßen fortbewegte, um auf den übersäuerten Feldern nicht im Morast zu versinken, entstanden nun neue Äcker und Futterwiesen.

Als Konsequenz aus dem **Siebenjährigen Krieg** (1756–1763) der europäischen Mächte gegen Preußen, bei dem Ostpreußen von 1758 bis zum Kriegsende unter russische Hoheit geriet, begann die Errichtung fester Kasernen im östlichen preußischen Grenzland. Mit den Soldaten und Offizieren gelangten deutsche Kultur und Lebensart in die Region, und allmählich bildet sich eine kleinstädtische deutschsprachige bürgerliche Oberschicht in Masuren heraus.

Der Untergang

Der letzte polnische König war *Stanislaus II. Poniatowski* (reg. 1764–1795), ein Günstling Zarin *Katharinas II. der Großen* (reg. 1762–1796). Bürgerkriegsähnliche Zustände zwischen der katholischen Adelspartei, die den „Russen" vom Thron jagen wollte, und den „Dissidenten" (den Nichtkatholiken) lieferten immer wieder willkommene Vorwände für ein politisches und **militärisches Eingreifen von russischer Seite.** 1772 zwackte sich Russland die überwiegend von Christlich-Orthodoxen besiedelten polnischen Gebiete östlich der Düna und Weißrusslands ab. **Preußen** verleibte sich das Ermland und das teils protestantische Westpreußen ein, womit die deutsche Landverbindung von Pommern nach Ostpreußen hergestellt war. **Österreichs** Kaiserin *Maria Theresia* (reg. 1740–1780) weinte bittere Tränen um Polen und schluckte als kleines Trostpflaster – „weil so viele große und gelehrte Männer es wollen" – Süd- und Südostpolen. **1772** hatte Polen insgesamt 203.000 km^2 mit 4,5 Mio. Einwohnern verloren. Die **erste polnische Teilung** war vollzogen.

Mit diesem Schock in den Gliedern rafften sich nun endlich die Reformkräfte auf. Gegen alle Erwartung erwies sich König *Stanislaus* auch nicht als Marionette Moskaus. Mit seiner Billigung gab sich Polen am **3. Mai 1791** eine **Verfassung** – noch vor der französischen die erste niedergeschriebene Verfassung Europas! Das Liberum Veto wurde abgeschafft, die Thronfolge erblich, die Religionsfreiheit proklamiert und vor allem die Gewaltenteilung festgeschrieben. Eine **konstitutionelle Demokratie** war entstanden, zumindest auf dem Papier.

Gegen diese „französische Pest an der Weichsel", wie Zarin *Katharina die Große* die Ereignisse nannte, schickte sie 100.000 Soldaten ins Land und okkupierte sämtliche ostpolnischen Gebiete. Preußen nahm sich Großpolen und Danzig.

1793 war die **zweite Teilung Polens** vollzogen. *Tadeusz Kościuszko* (1746–1817), der bereits im amerikanischen

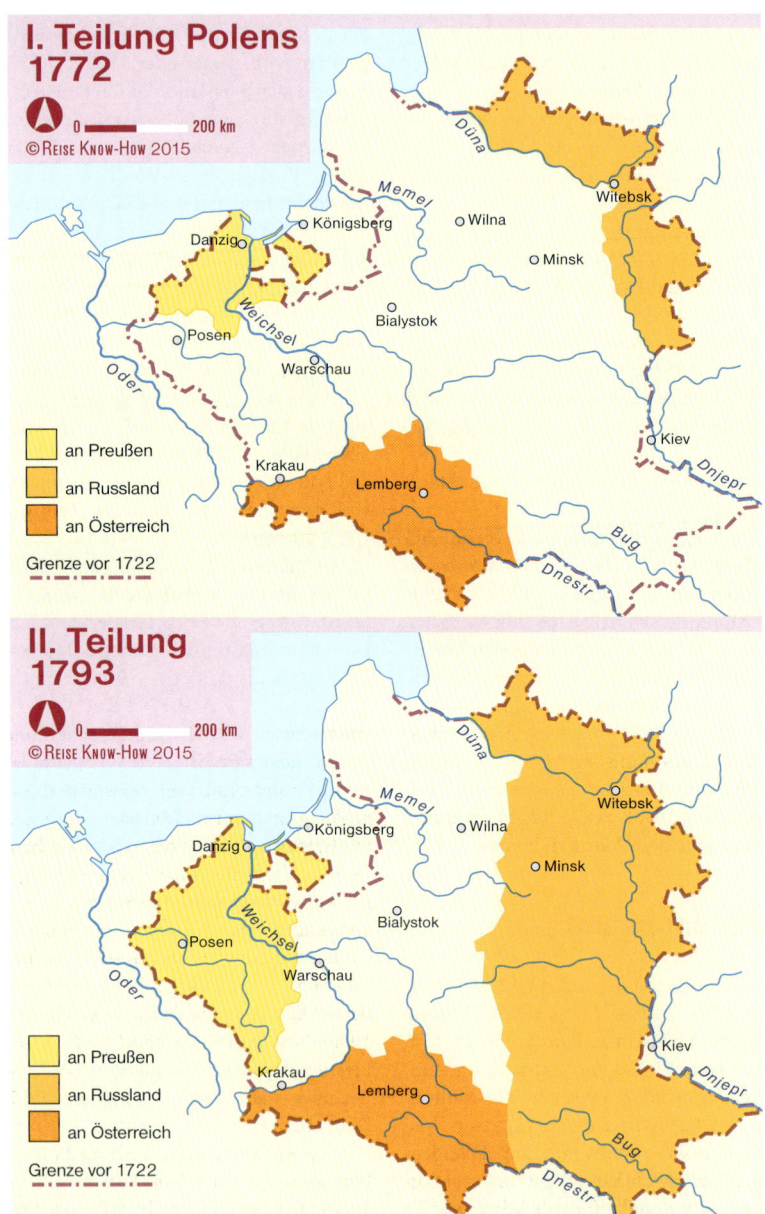

Unabhängigkeitskrieg gekämpft hatte, errang 1794 zwar noch einen glanzvollen Sieg über das russische Heer, doch war es der letzte vor der endgültigen Katastrophe. Mit der **dritten Teilung 1795** dehnte sich Preußen bis Warschau aus. Den Rest teilten Russland und Österreich unter sich auf. Polen war von der Landkarte verschwunden.

Volk ohne Land

Die Nationalhymne „Polen gehört uns immer noch auf ewig" sangen 1797 erstmals polnische Soldaten in Italien. In Scharen zogen sie mit dem kleinen Korsen und großen französischen **Kaiser Napoleon** in den Krieg gegen Preußen und Russland, in der Hoffnung, dass er ihren Kampfesmut mit der Wiederherstellung ihres Landes belohnen würde. Stattdessen teilten die europäischen Großmächte, die nach der Niederlage *Napoleons* auf dem **Wiener Kongress 1815** die europäische Landkarte neu absteckten, Polen zum vierten Mal auf. Preußen verzichtete zwar auf die meisten der 1795 hinzugeraubten Gebiete, umfasste aber auch weiterhin die alten polnischen Regionen Posen und Westpreußen. Das südliche Polen um Kraków und Lwów (Lemberg/Lviv) wurde unter dem Namen Galizien Teil des Habsburger Reichs, und die riesigen ostpolnischen Territorien verleibte sich Russland ein.

Unter Kontrolle der **Teilungsmächte** entstand eine Freie Stadt Kraków (ab 1846 bei Österreich) sowie das nach seiner Urheberschaft „Kongresspolen" genannte Restherzogtum Warschau, dessen König allerdings der Zar von Russland war.

Es folgten **Aufstände** in allen Teilungsgebieten: 1846 in Kraków, 1848 im preußischen und österreichischen Teil, 1863/64 in Warschau unter *Romuald Traugutt,* dessen Name wie der von *Kościuszko* heute zahlreiche Straßen und Plätze in Polen ehrt, 1904/05 in Russisch-Polen. Sie alle wurden blutig niedergeschlagen, die Aufständischen hingerichtet. Gerade 20 Jahre alt, organisierte der aus einer litauischen Adelsfamilie stammende, spätere polnische Staatschef *Józef Piłsudski* (1867–1935) ein **Attentat auf den Zaren** und wurde für fünf Jahre nach Sibirien verbannt.

Zahllose Menschen emigrierten, viele nach Frankreich und ein sehr großer Teil in die Vereinigten Staaten. Als 1914 der **Erste Weltkrieg** ausbrach, standen sich 3 Mio. polnische Soldaten unter deutscher, österreichischer oder russischer Fahne gegenüber.

Dank der russischen Oktoberrevolution gelangte die polnische Frage am Ende des Ersten Weltkriegs zurück auf die internationale politische Agenda. Die Westmächte dachten sich **Polen als Puffer,** als „Cordon Sanitaire" gegen das sich im Osten formierende Sowjetregime. Im **14-Punkte-Programm** des US-Präsidenten *Woodrow Wilson,* das Anfang 1918 die alliierten Kriegsziele verlautbar machte, wurde unter dem vorletzten Punkt die Errichtung eines **unabhängigen polnischen Staates** mit einem Zugang zur Ostsee vorgestellt.

Ermland und Masuren bis Ende des Ersten Weltkriegs

Im Windschatten der großen historischen Ereignisse änderte sich für das Ermland, seit 1772 unter der Krone Preußens, und das besonders rückständige Masuren wenig. Sie blieben weiterhin **vergessene Regionen.** Trotz umfangreicher Entwässerungsmaßnahmen und 1868 einer Eisenbahnverbindung bis Lyck (Ełk) zählte vor allem Masuren zu den unterentwickeltsten Regionen Preußens. Während sich in den Kleinstädten ein kleines deutschsprachiges Provinzbürgertum etablierte, lebte die Mehrheit der polnischsprachigen Landbevölkerung in sehr armseligen Verhältnissen.

Nach der deutschen Reichsgründung 1871 wich der bis dahin gepflegte preußische Patriotismus einem **fiebrigen Nationalismus.** Deutsch gesinnte Kreise machten eine angebliche „Slawen-" und „Polengefahr" aus, wogegen die Verfechter einer polnischen Nation Masuren für sich entdeckten. *Wojciech Kętrzyński,* 1838 in Lötzen (Giżycko) als *Adalbert von Winkler* geboren, wurde mit seiner 1872 erschienenen Schrift „Über Masuren" zum Begründer des polnischen Anspruchs auf die Region als „urpolnisches" Land. In Ämtern und Volksschulen wurde die **deutsche Sprache zur Pflicht.** Deutsche Räte, Beamte, Händler und Gutsbesitzer und vorneweg Pasto-

▷ Zu feierlichen Anlässen wird die polnische Flagge gehisst

ren und Lehrer brachten ihren slawischen Landsleuten fortan das deutsche Wesen bei.

Einen Monat nach Ausbruch des **Ersten Weltkriegs** überschritt die russische Narew-Armee im August 1914 die ostpreußische Grenze, wenige Tage darauf waren bereits zahlreiche masurische Ortschaften besetzt. Zur Rettung des bedrohten Ostpreußen eröffnete Generalfeldmarschall *Paul von Hindenburg* am 26. August die Attacke, die die deutsche Propaganda später die **„Schlacht von Tannenberg"** nannte. In einem Gebiet, das die Orte Olsztynek (Hohenstein), Nidzica (Neidenburg) und Pasym (Passenheim) als Endpunkte eines Dreiecks beschreiben, schlugen deutsche Truppen die Narew-Armee in vier Tagen vernichtend. Fortan wurde *von Hindenburg* als Retter von Ostpreußen gefeiert.

Vier Jahre später hatte der Krieg das Land in Trümmer verwandelt. Ungezählte Menschen befanden sich auf der Flucht oder wurden nach Sibirien verschleppt. Es herrschte Hunger, da das Militär die Nahrungsmittel beschlagnahmte, im harten „Rübenwinter" 1916/17 sogar mit Waffengewalt.

1918 hatte das Deutsche Reich den Krieg verloren. Vor allem Ostpreußens Zukunft war ungewiss.

Die Zweite Republik

Am Tag der Waffenstillstandserklärung, dem **11. November 1918,** wurde Marschall *Piłsudski* der Oberbefehl über die polnischen Streitkräfte und die provisorische Staatsgewalt übertragen. Polen hatte seine Unabhängigkeit wiedererlangt – und seit der Wende 1989 wird der 11. November als Nationalfeiertag begangen. Am 22. November ernannte man **Józef Piłsudski** (1867–1935) zum

vorläufigen Staatschef. Seine Idee war die Wiederherstellung des alten jagiellonischen Reichs als eine Art Bundesstaat, der sich weit nach Osten hinein, also auf Kosten Russlands erstrecken sollte. Sein nationaldemokratischer Gegenspieler *Roman Dmowski*, der vom Ausland her dem Polnischen Nationalrat und der Exilarmee vorgestanden hatte, bevorzugte dagegen die piastische Variante, also ein Polen, das bis zur Oder reichen und demgemäß die Feindschaft der Deutschen auf sich ziehen würde. Nicht zuletzt dank *Dmowskis* Engagement verfügten die Alliierten auf der **Versailler Friedenskonferenz** die Abtretung Pommerellens an Polen, das damit wieder einen Zugang zur Ostsee erhielt. Nur Danzig wurde entgegen der polnischen Wünsche zur „Freien Stadt" unter Aufsicht des Völkerbunds erklärt.

Die Bewohner Ostpreußens sprachen sich im Rahmen einer **Volksabstimmung 1920** über ihre künftige nationale Zugehörigkeit mit überwältigender Mehrheit für **Deutschland** aus. Dem waren Verleumdungen und Rufmordkampagnen, Störungen politischer Versammlungen durch rabiat auftretende Bürgerwehren und wüste Schlägertrupps vorangegangen, die das Klima nachhaltig vergiftet hatten. Wer für Polen votiert hatte, wechselte besser auf die andere Seite der neuen Grenze, und der junge polnische Nachbarstaat stieg schnell zum Feindbild auf.

Marschall *Piłsudski* erschütterte das nicht allzu sehr. Noch im selben Jahr entfesselte er den **Russisch-Polnischen Krieg,** der 1921 mit dem Friedensvertrag von Riga und einem beträchtlichen **Gebietsgewinn Polens** im Osten endete. Mit 6 Mio. Ukrainern und 2 Mio. Weißrussen sowie den im Versailler Vertrag gewonnenen Gebieten mit deutscher Bevölkerung war die junge polnische Republik zum **Vielvölkerstaat** geworden. Östlich waren Erhebungen und Revolten, westlich Ablehnung die Folge.

Nach französischem Vorbild wurde **1921** eine polnische **Verfassung** konstituiert. Die Wahlen am 5. November entschieden die Nationaldemokraten für sich, woraufhin *Piłsudski* beleidigt zurücktrat und 14 Regierungen später, im Frühjahr 1926, mit Hilfe des Militärs putschte. Ein Sechstel der Bevölkerung war zu dieser Zeit arbeitslos, ein Viertel aller Erwachsenen konnte weder lesen noch schreiben. *Piłsudski* schloss einen **Nichtangriffspakt** mit Russland und Deutschland, Oppositionelle wurden verhaftet und die Verwaltung von Piłsudski-Gegnern „gesäubert". 1932 kam ein Ermächtigungsgesetz, und im April 1935 trat eine neue Verfassung in Kraft, die den Marschall zum **Alleinherrscher** machte. Einen Monat später war er tot und Polen eine Diktatur ohne Diktator. Sein Nachfolger wurde Armeechef *Edward Rydz-Śmigły.*

In Deutschland hatte mittlerweile **Adolf Hitler** die Macht ergriffen. Ab 1938 forderte der nationalsozialistische Führer immer lauter die Rückkehr der Freien Stadt Danzig ins Reich, deren Bewohner zu 90 Prozent Deutsche waren, sowie die Lösung des sogenannten „Kor-

▷ Das Mahnmal an der Danziger Westerplatte erinnert an den Beginn des Zweiten Weltkriegs

ridor-Problems". Eine exterritoriale Autobahn sollte Pommern und Ostpreußen miteinander verbinden. Gegenleistung der Nazis: Verlängerung des Nichtangriffspaktes um 25 Jahre und die Anerkennung der neuen deutsch-polnischen Grenze. Doch spätestens seit dem Einmarsch in die Tschechoslowakei war klar, was von *Hitlers* Zusagen wirklich zu halten war.

Am 23. August 1939 wurde im Rahmen des **Hitler-Stalin-Pakts** per geheimem Zusatzprotokoll zwischen den Außenministern *Ribbentrop* und *Molotow* die **fünfte Aufteilung Polens** vereinbart. Am 1. September um 4.45 Uhr eröffnete der deutsche Schlachtkreuzer „Schleswig-Holstein" das Feuer gegen die Danziger Westerplatte, womit der Zweite Weltkrieg begann.

Der Zweite Weltkrieg

Über kaum ein Land in der Welt wurde im schlimmsten Krieg aller Zeiten mehr Leid gebracht. Kein Land musste im Verhältnis zur Einwohnerzahl mehr Tote beklagen als Polen. Mehr als ein Fünftel der polnischen Bevölkerung verlor ihr Leben – sechs Millionen Menschen. In Konzentrations- und Vernichtungslagern wurde der größte Teil der jüdischen Bevölkerung Europas ermordet – sechs Millionen Menschen.

Polen verlor über die Hälfte seines Nationalvermögens. Ziel der nationalsozialistischen Politik war es, mit der Eroberung des **„Lebensraums im Osten"** die polnischen „Untermenschen" zu **versklaven.** Sie sollten die einfachsten Verrichtungen nicht mehr erlernen dürfen und nur noch den germanischen „Herrenmenschen" zu Diensten stehen. Die polnische Sprache wurde verboten, die Intelligenz und der Klerus wurden verfolgt und getötet.

Die westlichen Gebiete Pommerellen und Danzig gliederten die Nazis als „Reichsgau Danzig-Westpreußen", Kujawien und Großpolen als „Reichsgau Wartheland" unverzüglich in das Dritte Reich ein. Im Dreieck Warschau, Krakau und Lublin, das Zentralpolen und Westgalizien umfasste, entstand das berüchtigte „Generalgouvernement" unter der Leitung *Hans Franks*. Hier befanden sich die **Massenvernichtungslager:** Auschwitz (Oświęcim), Bełżec, Sobibór, Majdanek, Treblinka und Chełmno. In den größeren Städten wurden **Gettos** eingerichtet, in denen die jüdischen Einwohner unter menschenverachtenden Umständen eingepfercht wurden und auf ihren Abtransport in die Gaskammern warteten.

Wie kann man diesen Wahnsinn beschreiben? Wie von den 27 Tagen im **April 1943** erzählen, dem blutigen, hoffnungslosen **Aufstand im Warschauer Getto?**

In den Ostgebieten, welche die Sowjetunion besetzt hielt, wurden weitere 1,5 Millionen Menschen verschleppt. Die meisten kehrten nicht mehr zurück. Am **1. August 1944** rief die polnische Exilregierung in London zum **Aufstand in Warschau** auf. 32.000 Warschauer wurden getötet, Soldaten der polnischen Heimatarmee ebenso wie unzählige Zivilisten. Anschließend legten die deutschen Besatzer die polnische Hauptstadt, die es bis dahin noch gab, in Schutt und Asche. Kein Stein blieb auf dem anderen. Auf Hilfe gegen die Nationalsozialisten hatten die Menschen bis zum letzten

Moment vergeblich gewartet. Dafür rückten im Januar 1945 sowjetische „Befreiungskomitees" in das zerstörte Warschau ein.

In Jalta auf der Krim wurde auf der Konferenz der großen Drei, *Josef Stalin, Franklin D. Roosevelt* und *Winston Churchill,* im Februar 1945 die **Westverschiebung Polens** beschlossen. Für den Verlust seines östlichen Territoriums an die Sowjetunion, immerhin knapp die Hälfte des polnischen Staatsgebiets der Vorkriegszeit, erhielt Polen die deutschen Gebiete Schlesien, Neumark, Hinterpommern, das südliche Ostpreußen und Danzig.

Die **Vertreibung** begann. Aus den ehemals polnischen Ostgebieten zogen Hunderttausende Polen gegen Westen, um dort eine neue Heimat zu finden, so wie sie die Deutschen gerade verlassen hatten. „Repatrianten" wurden die Zwangsumgesiedelten von der kommunistischen Propaganda genannt. 100 Złoty und 1000 kg (Stadtbewohner) bzw. 2000 kg (Landbewohner) Gepäck durften sie mitführen. Aus den ehemals deutschen Ostgebieten flohen die Deutschen mit Pferdewagen und zu Fuß Richtung Westen. Ihre Ortschaften waren besetzt worden, sie konnten ein kleines Bündel mit dem Notwendigsten zusammenraffen und mussten sich in klirrender Kälte auf den langen Marsch über das Haff und die Grenzflüsse machen. Unzählige Menschen kamen dabei ums Leben, wurden auf den Transportschiffen versenkt, wurden erschossen oder vergewaltigt, ertranken, erfroren, verhungerten.

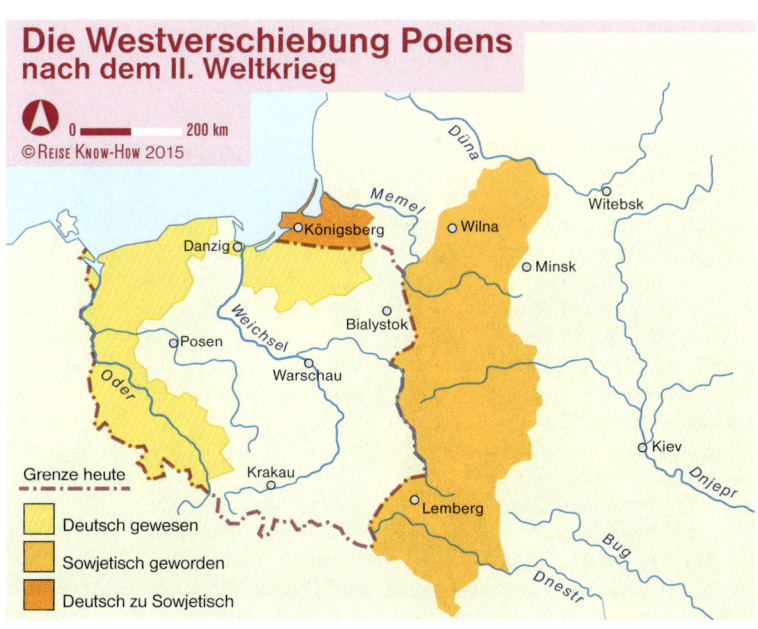

Volksrepublik und Wende

Einer der polnischen Kommunisten, die das Hitlerreich überlebt hatten, war **Władysław Gumołka.** 1905 in Krosno geboren, führte er während der deutschen Besatzung den kommunistischen Partisanenkampf an. 1943 übernahm er das Amt des Generalsekretärs der Polnischen Arbeiterpartei (PPR). Nachdem im Januar 1945 russische Truppen in Warschau einmarschiert waren, erklärte *Gumołka* dort die **Provisorische Polnische Regierung.** Schnell wurde die bürgerliche Heimatarmee ausgeschaltet. Man behinderte die Vertreter der bürgerlichen Parteien, wo es nur ging, und besetzte den Verwaltungs- und Sicherheitsapparat mit Moskaugetreuen. Bei den **Wahlen** zum verfassungsgebenden Sejm im **Januar 1947** erhielt der Demokratische Block mit mehrheitlich Sozialisten und Kommunisten 80 Prozent aller Stimmen. Und was lange Zeit nur hinter vorgehaltener Hand ausgesprochen werden durfte, ist mit dem heutigen Forschungsstand offiziell: Der neue polnische Staat erwuchs auf dem Fundament einer Wahlfälschung.

Es erfolgten Enteignungen, Verstaatlichungen und eine Bodenreform, die Wirtschafts- und Handelsbeziehungen wurden auf die Sowjetunion ausgerichtet. Im Juni 1948 verabschiedete man den ersten **Dreijahresplan** mit dem ehrgeizigen Ziel, dass die im Krieg völlig zerstörten neuen Westgebiete nach Dreijahresfrist ein Drittel (!) der gesamten industriellen Produktion liefern sollten. Noch im selben Jahr musste *Gumołka* wegen „Rechtsabweichung" zurücktreten und wurde verhaftet. Er hatte sowohl den Propaganda-Feldzug gegen *Tito* in Jugoslawien als auch die Zwangskollektivierung der polnischen Landwirtschaft abgelehnt. In der sich anschließenden

Zeit zog sich die stalinsche Klammer immer enger zusammen. Im Würgegriff der **Staatssicherheit** wurden Tausende inhaftiert, darunter auch der Primas von Polen, Kardinal *Stefan Wyszyński*. Erst der Tod *Stalins* 1953 brachte eine gewisse Lockerung der Verhältnisse.

Bereits ein Jahr zuvor, 1952, war Polen **Volksrepublik** geworden, eine „Volksdemokratie", in der alle Macht von den Werktätigen ausging. Während der **Streiks und Unruhen** im Sommer 1956, die nach einer „Erhöhung der Arbeitsnorm" ausbrachen, schoss die Armee allerdings auf sie. Offiziell fanden 53 Arbeiter den Tod. Das Politbüro holte *Gumołka* ins Amt des Parteichefs zurück.

1970 kam es abermals zu Streiks, diesmal aufgrund einer Erhöhung der Lebensmittelpreise bei gleichzeitig extremer Lebensmittelknappheit. 1165 Menschen wurden dabei verwundet, 70 getötet. *Edward Gierek* löste *Gumołka* als Parteichef ab.

Zahllose Haftstrafen bis zu zehn Jahren wurden nach den **Arbeiteraufständen** 1976 verhängt. Zur Unterstützung der Inhaftierten bildete sich unter den Bürgerrechtlern *Adam Mischnik* und *Jacek Kuroń* das „Komitee für gesellschaftliche Selbstverteidigung" (KOR) – der intellektuelle Wegbereiter der **Solidarność-Bewegung**.

Am 14. August 1980 traten die Arbeiter der **Danziger Leninwerft** in den Ausstand und verschanzten sich in ihrem Betrieb. Am Tor II strömten die Menschen zusammen, bald schon aus allen Teilen des Landes. An die Spitze der Streikbewegung stellte sich der Elektriker **Lech Wałęsa**. Nun befand sich ganz Polen im Ausstand. Zwei Wochen später unterzeichneten am 31. August der stellvertretende Ministerpräsident *Jagielski* und *Lech Wałęsa* die „Danziger Vereinbarung", welche die Zulassung freier Gewerkschaften garantierte. Am 24. Oktober wurde sie unter dem Namen „Solidarność" registriert, wenige Wochen später zählte sie über zehn Millionen Mitglieder. Die Warschauer-Pakt-Staaten beraumten eine Sondersitzung ein. Die amtliche sowjetische Nachrichtenagentur TASS empfahl eine „sozialistische Lösung", woraufhin die NATO den Kreml-Chef *Breschnew* vor einem Einmarsch der Warschauer-Pakt-Armeen in Polen warnte. Ende Dezember 1981 verhängte General *Jaruzelski* das Kriegsrecht. Es wurde 1983 wieder aufgehoben, doch die Solidarność nach jahrelanger subversiver Tätigkeit erst im April 1989 wieder zugelassen. Bei den sich anschließenden Parlamentswahlen errang sie sämtliche Sitze, die den Unabhängigen überhaupt eingeräumt werden mussten. Im November 1990 vereidigte man *Lech Wałęsa* als den **ersten frei gewählten Staatschef** in der Geschichte Polens.

Fotoausstellung am plac Solidarność in Danzig: Tadeusz Mazowiecki und Lech Wałęsa nach dem Sieg der Solidarność 1989

Republik Polen

45 Jahre nach Ende des Krieges erkannte die wiedervereinigte Bundesrepublik Deutschland im Grenzvertrag vom 14. November 1990 die **Oder-Neiße-Linie** als völkerrechtlich verbindliche polnische Westgrenze an. Am 17. Juni 1991 wurde zwischen Polen und Deutschland ein **Vertrag über freundschaftliche Zusammenarbeit und Nachbarschaft** geschlossen.

1993 wählten bei nur 52 Prozent Wahlbeteiligung 20,4 Prozent der polnischen Bevölkerung die Ex-Kommunisten, die sich als „Bündnis der demokratischen Linken" (SDL) neu formiert hatten, zur stärksten Partei im Sejm. Zwei Jahre später löste **Aleksander Kwaśniewski**, Ex-Kommunist und Mitbegründer der Sozialdemokratischen Partei, den konservativen Friedensnobelpreisträger *Wałęsa* als Staatspräsident ab.

Hier bereits machte sich die sogenannte „**Solidarność-Paradoxie**" bemerkbar: Zwar hatte die industrielle Arbeiterschaft den Sozialismus gestürzt, dessen Bollwerk sie der reinen Lehre zufolge doch war. Zugleich aber fielen ihre Fabriken als Industrie-Dinosaurier als erste den marktwirtschaftlichen Reformen zum Opfer. 1993 betrug die **Arbeitslosenquote** stattliche 16,4 Prozent, knapp drei Millionen Menschen standen außer Lohn und Brot.

Im selben Jahr, 1993, trat Polens Vertrag mit den Ländern der Europäischen Freihandelszone (**EFTA**) in Kraft. 1994 wurde das Land mit der **EU** assoziiert, 1995 trat es der Welthandelsorganisation (**WTO**) bei, 1996 der Organisation für Wirtschaftliche Zusammenarbeit und Entwicklung (**OECD**), und im Frühjahr 1998 begannen die Beitrittsverhandlungen mit der Europäischen Union.

Mit Wirkung zum 17. Oktober 1997 war bereits die **neue Verfassung** in Kraft getreten. Sie löste die sogenannte „Kleine Verfassung" ab, die seit 1990 das ordnungsgemäße Funktionieren der polnischen Nachwende-Republik garantierte.

Bereits im September 1997 hatte das Mitte-Rechts-Bündnis „Wahlaktion Soli-

◁ Flaggen in Danzig

Das Land im Überblick

- **Name:** Rzeczpospolita Polska (Republik Polen)
- **Lage:** Das Land grenzt im Norden an die russische Exklave Kaliningrad und an Litauen, im Osten an Weißrussland und die Ukraine, im Süden an die Slowakei und Tschechien sowie im Westen an Deutschland.
- **Hauptstadt:** Warschau/Warszawa
- **Staatsform:** Parlamentarische Demokratie
- **Staatsoberhaupt:** Präsident Bronisław Komorowski (seit Juli 2010)
- **Regierungschefin:** Ministerpräsidentin Ewa Kopacz (seit September 2014)
- **Fläche:** 312.678 km^2
- **Einwohner:** 38 Millionen
- **Bevölkerungsdichte:** 123 Einwohner/km^2
- **Amtssprache:** Polnisch
- **Nationalhymne:** Mazurek Dąbrowskiego
- **Nationalfeiertage:** 3. Mai (erste polnische Verfassung) und 11. November (Unabhängigkeit 1918)
- **Währung:** Złoty (Zł.)
- **Kfz-Kennzeichen:** PL
- **Internet-TLD:** .pl
- **Vorwahl:** +48

Das polnische Staatswappen zeigt einen weißen Adler auf rotem Grund

---

darność" (AWS) die Parlamentswahlen gewonnen und war als stärkste Kraft in die Regierungsverantwortung getreten. Ein **gewaltiges Reformprogramm** wurde angeschoben: Durch die Verwaltungsreform zum 1. Januar 1999 verringerte sich die Zahl der Woiwodschaften von 49 auf 16, eine Bildungs-, eine Renten- und eine Gesundheitsreform wurden auf den Weg gebracht und das Land außenpolitisch fit für die NATO und den EU-Beitritt gemacht. Im Hinblick auf die EU-Mitgliedschaft forcierte die Regierung unter Ministerpräsident *Jerzy Buzek* Polens Haushaltskonsolidierung und die wirtschaftliche Liberalisierung. Der Preis dafür waren zunehmende soziale Erschütterungen, die Arbeitslosigkeit stieg über die Fünf-Millionen-Marke. Am 12. Mai 1999 wurde Polen Mitglied im Nordatlantik-Pakt **(NATO.)** Im Sommer 2000 beging man in Danzig feierlich den 20. Jahrestag der Gründung der Solidarność.

Polen im neuen Jahrtausend

Kirche, Konservative und Postsozialisten

Anfang Oktober 2000 gewann der Sozialdemokrat **Aleksander Kwaśniewski** zum zweiten Mal die Präsidentschaftswahl und wurde für weitere fünf Jahre im höchsten Staatsamt bestätigt. Durch nichts war die Talfahrt der konservativen **Wahlaktion Solidarność** (AWS) noch aufzuhalten, von der sich vor allem die einfachen Menschen mit großer Enttäuschung abgewandt hatten. Bei den Sejm-Wahlen im September 2001 scheiterte das Mitte-Rechts-Bündnis AWS an der gesetzlichen Acht-Prozent-Hürde für Wahlbündnisse. Nicht ein einziger Vertreter der alten Regierungsfraktion zog ins neue Parlament ein. Ein einzigartiger Vorgang – wie es damals noch schien.

Aber nur vier Jahre später wurde die neue Regierungskoalition, bestehend aus dem Bündnis der Demokratischen Linken (SDL) mit der Union der Arbeit (UP) und der Polnischen Bauernpartei (PSL), ebenso rabiat abgestraft. Denn ausgerechnet die Postsozialisten verpassten dem Land 2001 bis 2005 eine marktradikale Rosskur von bis dahin ungeahntem Ausmaß, die Polen zwar einen enormen **wirtschaftlichen Aufschwung** eintrug, dem 38-Millionen-Volk aber auch acht Millionen **Arbeitslose** bescherte. Während die städtischen „Leuchttürme" prosperierten, allen voran die Hauptstadt Warschau, wurden die ländlichen Regionen zunehmend abgehängt, besonders im polnischen Osten. Von den Regionen Europas mit dem niedrigsten Bruttoinlandsprodukt rangierten 2002 gleich sechs Regionen Polens unter den schlechtesten zehn; darunter Warmińsko-Mazurskie mit einem Index von 34 (EU-Durchschnitt liegt bei 100), untertroffen nur noch von Podkarpackie (33) und schließlich Lubelskie (32) auf dem untersten Rang aller Regionen Europas. Zum Vergleich: Inner London (315), Hamburg (188) und Wien (174).

Am **1. Mai 2004** trat die Republik Polen der **Europäischen Union** bei. Mit dem Geldregen, der sich danach über die östlichen Grenzregionen ergoss, wurden unter anderem Straßen asphaltiert, Ortskerne saniert und Beschäftigungsprogramme aufgelegt.

Doch nichts von all dem konnte bisher das **Auseinanderdriften der einzelnen Wirtschaftsregionen** stoppen. Polen zerfällt immer weiter in florierende Großstädte und in Gebiete, in denen Perspektivlosigkeit den Alltag bestimmt. In Ostpolen wissen die Armen oft nicht, wovon sie leben sollen. Dörfer mit **100 Prozent Arbeitslosigkeit** sind keine Seltenheit. Wer jung und fit ist, zieht in die Stadt. Zurück bleiben die Alten, die in ihren Gärtchen wieder Kartoffeln anbauen und Subsistenzwirtschaft treiben. Das Tourismusgeschäft, wie es in Nordpolen über drei Sommermonate blüht, machen andere. Und was am Ende vom Tag übrig bleibt, ist oft nur noch Gottvertrauen.

Am 2. April 2005 stirbt Karol Wojtyła (1920–2005), **Papst Johannes Paul II.,** nach über einem Vierteljahrhundert

Pontifikat. Im Juni 1987 hatten Tausende auf der Westerplatte bei Danzig die Heilige Messe mit ihm gefeiert. Im Jahr darauf waren die katholischen Arbeiter in den Streik getreten – Fanal für den Untergang des kommunistischen Ostblocks. So genießt kein anderer Mensch in Polen eine solche **Verehrung** wie der „berühmteste Pole der Welt". Bereits zu seinen Lebzeiten wurde er wie ein Heiliger verehrt, gleichermaßen von Säkularen wie Religiösen. Über die Person *Karol Wojtyła* waren Glaube und Freiheit untrennbar miteinander verbunden. Sechs Jahre nach seinem Tod sprach ihn am 1. Mai 2011 sein Nachfolger auf dem Stuhl Petri, Papst *Benedikt XVI.,* selig.

Die Kluft zwischen Stadt- und Landbevölkerung ist groß in Polen

Rechtsruck in Polen

Die Parlamentswahlen im September 2005 gewann die nationalkonservative Partei **Recht und Gerechtigkeit** (PiS) unter ihrem Vorsitzenden *Jarosław Kaczyński.* Dem voran ging ein erbitterter Wahlkampf, wie ihn das Land bis dahin noch nicht gesehen hatte. Erklärtermaßen trat die PiS gegen den **„Uklad"** an, eine Art Krake, der in Gestalt der Postkommunisten, Liberalen und Antiklerikalen, der Homosexuellen und Feministinnen die Moral der polnischen Gesellschaft untergraben würde. Die „moralische Revolution" mit „Säuberungen" unter Kommunisten und vermeintlichen Vaterlandsverrätern sollte das Fundament einer künftigen, vierten polnischen Republik legen, für die das Parlament geschwächt, Polizei und Armee gestärkt und die Todesstrafe eingeführt werden müssten.

Geschichte im Überblick

- **966:** *Mieszko I.* nimmt das Christentum an. Gründung des Bistums Poznań.
- **992:** *Bolesław I. Chrobry* besteigt den Herrscherstuhl.
- **1000:** Akt von Gnesen: *Bolesław I.* wird „Bruder und Mitstreiter" im Heiligen Römischen Reich, Gniezno wird Erzbistum.
- **1121:** *Bolesław III. Krzywousty* unterwirft die heidnischen Pomoranen.
- **1124/28:** Missionsreisen des Bischofs *Otto von Bamberg* nach Pommern. 1128 Einführung des Christentums in Pommern.
- **1025:** Krönung *Bolesławs I.* zum ersten König von Polen.
- **1181:** Kaiser *Friedrich I. Barbarossa* belehnt den Greifen *Bogislav von Stettin* mit Pommern.
- **1226:** Herzog *Konrad von Masowien* ruft den Deutschen Orden ins Land.
- **1308:** Die Ordensritter besetzen Danzig und Pommerellen.
- **1333:** *Kazimierz III. Wielki* besteigt den polnischen Thron. Mit seinem Tod 1370 erlischt die Piasten-Dynastie.
- **1364:** Gründung der Universität Kraków.
- **1386:** Vermählung *Jadwigas von Polen* mit *Władysław Jagiełło II.*, Großfürst von Litauen. Das polnisch-litauische Großreich entsteht.
- **1410:** Siegreiche Schlacht des polnisch-litauischen Heeres gegen den Deutschen Orden bei Grunwald/Tannenberg.
- **1411:** Erster Thorner Frieden: Der Deutsche Orden verliert Ländereien und muss hohe Reparationen zahlen.
- **1440:** Gründung des Preußischen Bunds.
- **1454–1466:** Krieg des Preußischen Bunds gegen den Deutschen Orden.
- **1466:** Zweiter Thorner Frieden: Der Orden verliert Pommerellen mit Danzig, das Ermland, das Kulmer Land sowie die Gebiete von Marienburg und Elbing an die polnische Krone.
- **1525:** Der Ordensstaat wird Herzogtum unter polnischer Lehnshoheit.
- **16. Jh.:** „Goldenes Zeitalter" unter *Zygmunt I. Stary* und seinem Nachfolger *Zygmunt II. August*. Mit dem Tod Zygmunts II. erlischt die Jagiellonen-Dynastie.
- **1648:** Ende des Dreißigjährigen Kriegs. Vorpommern mit Usedom und Wolin fällt an Schweden, Hinterpommern an Preußen.
- **1654:** Russische Truppen fallen nach Polen ein, erobern Smolensk und große Teile Litauens.
- **1660:** Der Friede von Oliva beendet den Schwedisch-Polnischen Krieg., Preußen wird souveränes Herzogtum.
- **1700–1721:** Nordischer Krieg: Warschau wird von Schweden besetzt. Russland steigt zur europäischen Militärmacht auf.
- **1772:** Erste polnische Teilung.
- **1791:** Am 3. Mai tritt die polnische Verfassung in Kraft.
- **1793:** Zweite polnische Teilung.
- **1795:** Dritte polnische Teilung. Polen ist von der Landkarte verschwunden.
- **1815:** Wiener Kongress: Die Grenzen Europas werden neu gezogen. Die Regionen Posen und Westpreußen verbleiben bei Preußen. Das südliche Polen um Kraków und Lwów (Lemberg/Lviv) wird Teil des Habsburger Reichs, die ostpolnischen Territorien verleibt sich Russland ein. Unter Kontrolle der Teilungsmächte entstehen eine Freie Stadt Kraków (ab 1846 bei Österreich) und das „Kongresspolen" genannte Restherzogtum Warschau mit dem russischen Zar als König.
- **Mitte 19. Jh. bis Anfang 20. Jh.:** Aufstände in den Teilungsgebieten.
- **1914–1918:** Erster Weltkrieg.
- **1918:** Am 11. November werden Marschall *Józef Piłsudski* der Oberbefehl über die polnischen Streitkräfte und die provisorische Staatsgewalt übertragen. Dieser Tag gilt als Gründungsdatum der Zweiten polnischen Republik.

- **1920:** Nach einer Volksabstimmung verbleibt Ostpreußen bei Deutschland. Pommerellen wird polnisch und Danzig Freie Stadt unter Aufsicht des Völkerbunds. *Piłsudski* erweitert die Grenzen der jungen Republik kriegerisch Richtung Osten.
- **1935:** Eine auf *Piłsudski* zugeschnittene, autoritäre Verfassung tritt in Kraft. Bald darauf stirbt er.
- **23.8.1939:** Hitler-Stalin-Pakt. In einem geheimen Zusatzprotokoll wird die Aufteilung Polens zwischen Deutschland und der Sowjetunion vereinbart.
- **1939–1945:** Zweiter Weltkrieg.
- **1.9.1939:** Mit dem Angriff des deutschen Schlachtkreuzers „Schleswig-Holstein" auf die Danziger Westerplatte beginnt der Zweite Weltkrieg. Innerhalb eines Monats hat die deutsche Wehrmacht Polen besetzt.
- **1943:** Aufstand im Warschauer Getto.
- **1944:** Aufstand in Warschau gegen die deutschen Besatzer.
- **1945:** Auf der Konferenz von Jalta vereinbaren *Stalin, Roosevelt* und *Churchill* die Westverschiebung Polens. Polen verliert knapp die Hälfte seines Territoriums an die Sowjetunion und erhält dafür die Gebiete Schlesien, Neumark, Hinterpommern, das südliche Ostpreußen und Danzig.
- **1952:** Polen wird Volksrepublik.
- **1956:** Streiks und Unruhen nach einer Erhöhung der Arbeitsnorm.
- **1970:** Abermals schwere Unruhen. Staatschef *Gomułka* wird von *Edward Gierek* abgelöst.
- **1980:** Im August treten die Arbeiter der Danziger Lenin-Werft in den Streik, kurz darauf befindet sich ganz Polen im Ausstand. Am 31. August unterzeichnen der Arbeiterführer *Lech Wałęsa* und der stellvertretende Ministerpräsident *Jagielski* die „Danziger Vereinbarung", die freie Gewerkschaften zulässt. Am 24. Oktober wird die Solidarność als erste freie Gewerkschaft des Ostblocks registriert.
- **1981–1983:** Kriegsrecht in Polen. Bis 1989 ist die Solidarność verboten.
- **1989:** Bei den Parlamentswahlen erringt die Solidarność alle unabhängigen Sitze.
- **1990:** *Lech Wałęsa* wird der erste frei gewählte Staatspräsident in der polnischen Geschichte. Am 14. November erkennt die Bundesrepublik Deutschland die Oder-Neiße-Linie als völkerrechtlich verbindliche deutsch-polnische Grenze an.
- **1991:** Vertrag über freundschaftliche Zusammenarbeit und Nachbarschaft mit Deutschland.
- **1995:** Der sozialdemokratische *Aleksander Kwaśniewski* löst den konservativen *Wałęsa* als Staatspräsident ab.
- **1997:** Die neue Verfassung tritt in Kraft. Sie löst die so genannte „kleine Verfassung" von 1990 ab.
- **1999:** Polen wird NATO-Mitglied.
- **2004:** Polen wird Mitglied der EU.
- **2005:** Aus den Parlamentswahlen geht die nationalkonservative Partei Recht und Gerechtigkeit (PiS) unter *Jarosław Kaczyński* als Sieger hervor. Sein Zwillingsbruder *Lech Kaczyński* wird Staatspräsident.
- **2007:** Vorgezogene Neuwahlen: Die siegreiche Bürgerplattform (PO) und die Bauernpartei PSL bilden eine Regierungskoalition unter Ministerpräsident *Donald Tusk*. Mit Inkrafttreten des Schengen-Abkommens am 21. Dezember entfallen an den polnischen EU-Binnengrenzen die Grenzkontrollen.
- **2010:** Absturz der polnischen Präsidentenmaschine am 10. April beim Landeanflug nahe dem weißrussischen Katyn. Staatspräsident *Lech Kaczyński* und zahlreiche Vertreter der polnischen Elite kommen ums Leben. Die vorgezogenen Präsidentschaftswahl im Sommer 2010 gewinnt *Bronisław Komorowski* von der Bürgerplattform (PO).
- **2011:** Bei den Parlamentswahlen am 9. Oktober wird die Regierungskoalition aus PO und PS unter Ministerpräsident *Tusk* bestätigt.
- **2012:** Polen und die Ukraine sind Gastgeber der Fußballeuropameisterschaft.
- **2014:** Polen wird Volleyball-Weltmeister. Nach einer Abhöraffäre reicht *Donald Tusk* Anfang September seinen Rücktritt ein. Neue Ministerpräsidentin ist *Ewa Kopacz*.
- **2015:** Im Herbst stehen die nächsten Parlamentswahlen an.

Mit diesem Programm gewann die PiS die Wahl gegen die Linksparteien, die für viele zu Recht aus der Regierung fortgejagt wurden. Mit dem Votum 2005 erhielten die Linken die Quittung für Günstlingswirtschaft und Korruptionsskandale, für Raffgier und Inkompetenz sowie die beharrliche Weigerung, zu Ungunsten der eigenen alten Seilschaften die kommunistische Geschichte des Landes endlich aufzuarbeiten.

Im Oktober 2005 folgten die **Präsidentschaftswahlen.** Gegen **Donald Tusk** von der konservativ-neoliberalen Bürgerplattform (PO) trug der Zwillingsbruder des PiS-Chefs, **Lech Kaczyński** (1949–2010), mit schrillen Tönen den Sieg davon. Der Staatsapparat, die Justiz und die Vorstandsetagen, die Bildungseinrichtungen und Redaktionen wurden von Andersdenkenden und politischen Gegnern „gesäubert". Die Gräben im Land vertieften sich; während zugleich der fundamentalistische **katholische Privatsender Maryja** fünf Millionen gläubige Radiohörer mit PiS-Propaganda berieselte.

Anfang Mai 2006 traten die rechtsradikale, antisemitische **Liga der polnischen Familien** (LPR) und die populistische Bauernpartei **Selbstverteidigung** (Samoobrona) in die Regierung ein. Ganz oben auf der Agenda des Pakts zwischen Nationalkonservativen, Populisten und Rechtsradikalen stand neben dem Schutz von Ehe, Familie und dem ungeborenen Leben der Aufbau eines „Zentralen Antikorruptionsbüros", einer Art Geheimpolizei, die das Land nach inneren Feinden durchstöberte.

Nach einer Regierungskrise im Juli 2006 musste Ministerpräsident *Marcinkiewicz* seinen Hut nehmen, und Staatschef *Lech Kaczyński* ernannte seinen Zwillingsbruder *Jarosław* zum Premier. Fortan regierten die Zwillinge Polen im

Doppelpack, begleitet von zahlreichen politischen Intrigen und Skandalen.

Stand der Dinge

Anfang August 2007 warf Premier *Jarosław Kaczyński* Bauernparteiführer und Vizepremier *Andrzej Lepper* (1954–2011) aus der Regierung. Es folgten weitere Demissionen, die darin gipfelten, dass der Inlandsgeheimdienst den kurz vorher entlassenen Innenminister vor laufenden Fernsehkameras verhaftete. Das Rechtsaußenbündnis, angetreten, um Polen zu „säubern", scheiterte an seinen eigenen unsauberen Machenschaften. Im September löste sich das Parlament auf und machte den Weg für Neuwahlen frei.

Mitte Oktober 2007 siegte die liberalkonservative **Bürgerplattform** (PO) von *Donald Tusk* mit 41,5 Prozent der Stimmen. Als zweitstärkste Kraft, aber mit 32,1 Prozent abgeschlagen, zog die **PiS** wieder in den Sejm ein – im Unterschied zu ihren ehemaligen Koalitionspartnern Samoobrona und Liga der polnischen Familien, die beide die Fünf-Prozent-Hürde nicht überwanden. Drittstärkste Kraft mit 13,2 Prozent war das Parteienbündnis **Linke und Demokraten** (LiD), als Nummer 4 ging die gemäßigte **Bauernpartei** PSL mit 8,9 Prozent aus den Wahlen hervor.

Kurz vor Weihnachten 2007 fielen getreu den Buchstaben des **Schengen-Vertrags** die Schlagbäume zwischen den alten und neuen EU-Ländern. Die Grenzkontrollen zwischen Deutschland und Polen sind damit abgeschafft, die alten Grenzanlagen verwaisen.

Auch die Aussöhnung mit Russland schritt zwischenzeitlich vorsichtig voran – durch die Ukraine-Krise ist diese Entwicklung jedoch zu einem vollständigen Stillstand gekommen. Zum 70. Jahrestag des Massakers von Katyn kamen am **7. April 2010** erstmals die Staats- bzw. Regierungschefs von Russland und Polen, *Wladimir Putin* und *Donald Tusk,* am Ort des Verbrechens zu einer gemeinsamen **Gedenkfeier** zusammen. 1940 hatte der sowjetische Geheimdienst in einem Wald bei **Katyn** nahe Smolensk über 20.000 Angehörige der polnischen Elite umgebracht.

Ein privater Besuch von Staatspräsident *Lech Kaczyński* in Katyn war anschließend für den 10. April 2010 geplant. Doch beim Landeanflug auf Smolensk stürzte die Präsidenten-Maschine im Nebel ab. Keiner der 96 Passagiere überlebte das **Flugzeugunglück,** darunter Staatschef *Kaczyński* und seine Frau *Maria,* führende Vertreter von Kirche und Militär, die Heldin der Solidarność-Bewegung *Anna Walentynowicz* sowie fast alle ranghohen Politiker der Partei Recht und Gerechtigkeit. Ausgerechnet die Wälder bei Katyn wurden ihnen zum Grab. Ganz Polen war bestürzt, die Trauer unermesslich.

Am 18. April 2010 wurde das Ehepaar *Kaczyński* unter der Anteilnahme Zehntausender auf der Krakauer Wawel-Burg beigesetzt, wo es nun – nicht unumstritten in Polen – neben Königen, Dichtern und Nationalhelden ruht.

Parlamentspräsident **Bronisław Komorowski** übernahm verfassungsgemäß die vorläufigen Amtsgeschäfte. Im Som-

◁ Angesichts der hohen Arbeitslosigkeit auf dem Land zieht es viele junge Menschen in die Städte

mer 2010 gewann der beliebte Politiker der Bürgerplattform (PO) die vorgezogenen Präsidentschaftswahlen und dient seitdem seinem Land als Staatsoberhaupt.

Bei den Parlamentswahlen im Herbst 2011 wurde – erstmals seit Ende der Volksrepublik – mit 39 Prozent Stimmen für die PO eine Regierungspartei wiedergewählt und mit **Donald Tusk** ein Ministerpräsident im Amt bestätigt. Juniorpartner in der aktuellen Regierungskoalition ist wie in der Wahlperiode zuvor die Polnische Bauernpartei (PSL). Neu in den Sejm wählten rund zehn Prozent der Bevölkerung die antiklerikale „**Palikot-Bewegung**" des ehemaligen PO-Politikers *Janusz Palikot*. Mit 40 Parlamentariern ist die „Bunte-Vögel-Partei", die für Antidiskriminierung und Gleichstellungspolitik, für Antirassismus, Feminismus und homosexuelle Lebenspartnerschaften eintritt, kurz, die einen Frontalangriff gegen die gesellschaftliche Macht der polnischen katholischen Kirche führt, auf Anhieb drittstärkste Kraft im Parlament geworden.

Im Juni 2012 war Polen zusammen mit der Ukraine Gastgeberin der **Fußballeuropameisterschaft.**

Zwei Jahre später fand im Volleyballbegeisterten Polen die Weltmeisterschaft in dieser Sportart statt – und Polen trug den Sieg davon. Nach einer **Abhöraffäre** mit anschließend knapp überstandener Vertrauensfrage reichte *Donald Tusk* Anfang September 2014 seinen Rücktritt ein. Drei Monate später wurde er zum EU-Ratspräsidenten ernannt. Als neue polnische Ministerpräsidentin legte **Ewa Kopacz**, bis dato Parlamentspräsidentin, am 15. September 2014 den Amtseid ab. Im Herbst 2015 stehen die nächsten **Parlamentswahlen** an.

◪ Kommunikationsmittel der Großstädte

Staat und Verwaltung

Staatsgebiet, Verwaltungseinheiten und Bevölkerungszahlen

Das Territorium der Republik Polen beläuft sich auf **312.700 km²**. Die Landesgrenzen umfassen knapp 3600 km. **Nachbarn** sind von Nordost nach Nordwest im Uhrzeigersinn: Russland, Litauen, Weißrussland, die Ukraine, die Slowakei, Tschechien und Deutschland.

Das Staatsgebiet ist in **16 selbstverwaltete Verwaltungsgebiete/Provinzen (Woiwodschaften)** unterteilt, die von der Größe her etwa mit den deutschen Bundesländern vergleichbar sind. Verwaltungseinheiten in den Woiwodschaften sind die städtischen und die ländlichen Kreise sowie, als kleinste Beschluss- und Kontrollorgane der Selbstverwaltung, die Gemeinden.

Rund 38 Mio. Menschen leben im Land, davon etwa ein Drittel in Dörfern und zwei Drittel in den Städten. Am dichtesten drängelt sich die Bevölkerung in den Ballungsräumen um Kattowitz (4 Mio.), Warschau (2,5 Mio.), Danzig (1,5 Mio.) und Posen (1,5 Mio.). Am dünnsten besiedelt sind die ländlichen Regionen im Nordwesten und Nordosten Polens.

Mit 1,7 Mio. zählt die Landeshauptstadt Warschau die meisten Einwohner, gefolgt von der Dreistadt Gdynia/Sopot/Gdańsk (Gdingen/Zoppot/Danzig) mit ca. 800.000 und Lódź mit rund 760.000 Menschen. Krakau mit 750.000, Breslau mit 635.000, Posen mit 550.000 sowie Stettin mit 408.000 Einwohnern schließen sich an.

Von den 38 Mio. polnischen Staatsbürgern rechnen sich geschätzte 1,5 Mio. zu **nationalen Minderheiten.** Unter ihnen bilden die größten Gruppen die Deutschen (ca. 400.000), Ukrainer (ca. 300.000) und Weißrussen (ca. 200.000).

Geschätzte 14 bis 17 Mio. Menschen polnischer Herkunft leben auf alle Kontinente verstreut in **anderen Ländern.**

Staatliche Konstitution

Konstitutive Grundlage der Republik Polen ist die am 17. Oktober 1997 in Kraft getretene **Verfassung.** Sie löste die sogenannte „Kleine Verfassung" ab, die von 1990 an bis zur Verabschiedung der neuen, umfassenden Konstitution das ordnungsgemäße Funktionieren des polnischen Staates garantierte. Den Buchstaben der Verfassung von 1997 gemäß ist Polen ein einheitlicher, demokratischer, freiheitlicher Rechtsstaat und eine parlamentarische Demokratie.

Die **Legislative** besteht aus einem **Zweikammer-Parlament:** dem Sejm mit 460 Abgeordneten und dem Senat mit 100 Mitgliedern. Der **Senat** als zweite Kammer wird in den Woiwodschaften gewählt und verfügt über eine beratende Funktion bei der Gesetzgebung. Erste Kammer und höchste gesetzgebende Instanz ist der **Sejm.** Beide Kammern des Parlaments werden alle vier Jahre in freien und geheimen Wahlen gewählt.

Die Abgeordneten im Sejm sind an der Regierungsbildung beteiligt, entweder indem sie den vom Staatspräsident

Staatssymbole

Am 30. Dezember 1989 wurde mit der Reformnovelle zur polnischen Verfassung der alte Name „Volksrepublik Polen" in „Republik Polen" geändert, und auch der **Adler im Staatswappen,** weiß auf rotem Grund, erhielt seine angestammte Krone zurück, die er nach dem Zweiten Weltkrieg hatte ablegen müssen.

In farbigen Abbildungen ist das Staatswappen bereits **seit 1241** bekannt. Der Adler selbst stammt sogar schon von 1228. Fürst *Leszek der Weiße* soll ihn als Erster im Siegel verwendet haben. Auch die Farben Weiß und Rot tauchen zuerst im 13. Jh. auf, als Zeichen des Militärs.

Rot und weiß sind auch die **Farben der Nationalflagge,** die Polen seit der Gründung der Zweiten Republik 1918 hisst. Dabei versinnbildlicht **Weiß** Unschuld und moralische Integrität, und **Rot** steht für die Unmengen an vergossenem Blut in den Kämpfen für die Freiheit und Unabhängigkeit der Nation.

Auf die Teilungszeit geht die *Mazurek Dąbrowskiego,* die polnische **Nationalhymne** zurück. Nach einer Dichtung *Józef Wybickis* (1747–1822) stimmten sie, als Polen auf keiner Landkarte mehr zu finden war, erstmals polnische Soldaten im Heer Napoleons in Italien an: „Noch ist Polen nicht verloren, in uns lebt sein Glück. Was an Obmacht ging verloren, bringt das Schwert zurück." Auch die Melodie stammt möglicherweise aus der Feder *Wybickis.* (siehe auch Exkurs „Józef Wybicki".)

Seit 1997 sind Wappen, Flagge und Hymne in dieser Form in der polnischen Verfassung festgeschrieben.

berufenen Ministerrat (die Regierung) bestätigen oder auch selbst den Ministerpräsidenten und sein Kabinett wählen. Als oberstes Organ der Exekutive ist der Ministerrat dem Sejm gegenüber verantwortlich. Dem Ministerrat steht der Ministerpräsident als Regierungschef vor.

Staatsoberhaupt Polens ist der für eine Amtszeit von fünf Jahren direkt vom Volk gewählte **Staatspräsident.** Er ist der oberste Landesrepräsentant und verfügt über weitreichende Kompetenzen. So kann der Staatspräsident unabhängig vom Parlament den Ministerpräsidenten benennen, das Parlament vorzeitig auflösen und mit seinem Vetorecht außerdem Einfluss auf die Gesetzgebung nehmen. Darüber hinaus ist er Oberbefehlshaber der Streitkräfte und kann im Verteidigungsfall die allgemeine Mobilmachung anordnen.

- **http://berlin.msz.gov.pl/de:** Die Seite der polnischen Botschaft in Berlin mit vielen Informationen zu Land und Leuten, Wirtschaft und Politik, Wissenschaft und Kultur (Deutsch).
- **www.premier.gov.pl:** Die Seite der polnischen Regierung (Polnisch/Englisch).
- **www.prezydent.pl:** Die Seite des polnischen Staatspräsidenten (Polnisch/Englisch).
- **www.sejm.gov.pl:** Die Seite des polnischen Parlaments (Polnisch/Englisch).

Medien

Radio und Fernsehen

Wie überall in Europa ist die Flimmerkiste auch in Polen nicht wegzudenken. Über den Äther, das Kabel, zunehmend das terrestrische digitale Fernsehen und, ganz besonders beliebt, die Satellitenschüssel lassen sich **mehr als 400 Programme** empfangen, fast die Hälfte davon in polnischer Sprache.

Die drei gebührenfinanzierten Programme des öffentlich-rechtlichen Senders **Telewizja Polska** (Polnisches Fernsehen) – TVP1, TVP2 sowie die dritten Regionalprogramme – erreichen 99 Prozent der Bevölkerung. Für die Auslandspolen strahlt **TV Polonia** Bilder aus der Heimat aus. Daneben haben sich eine Reihe kommerzieller **Privatsender** wie PolSat oder TVN sowie verschiedene Pay-TV-Anbieter etabliert, die mit Serien, Talkshows und bunter Nachrichtenwelt Quote machen. Nichtsdestotrotz hält das öffentlich-rechtliche Fernsehen immer noch gut die Hälfte des Marktes.

Ganz anders sieht es beim **Radio** aus. Nur noch ein Drittel der Bevölkerung lauscht den öffentlich-rechtlichen Rundfunkprogrammen von **Polskie Radio,** PR1, PR2 und PR3. Sie funken landesweit gegen 200 regionale oder lokale private und kirchliche Radioanstalten an, die sich bei über 70 Prozent der Polen großer Beliebtheit erfreuen. Die Marktführer unter den **Dudelsendern,** RMF FM und Radio Zet, sind im Unterschied zur Konkurrenz außerdem polenweit zu empfangen, ebenso wie der umstrittene radikalklerikale Sender Radio Maryja.

Die Sendeerlaubnis erteilt der **Staatliche Rat für Hörfunk und Fernsehen** (Krajowa Rada Radiofonii i Telewizji, KRRiT). Seit 1993 lizensiert die staatliche Aufsichtsbehörde Funk- und TV-Anstalten und überwacht die Einhaltung der Mediengesetze. Seit der Öffnung des polnischen Medienmarkts für ausländische Investoren mit dem EU-Beitritt 2004 ist diese Arbeit nicht leichter geworden. Kapitalstarke Medienkonzerne wie Springer und Bertelsmann strömen ins Land.

Werbung für Radio Maryja

Zeitungen und Zeitschriften

Wer im polnischen Blätterwald die Marktführerschaft innehat, lässt sich bereits an den in Großbuchstaben aufgemachten bunten Schlagzeilen auf den Titelseiten ablesen. Es ist die täglich überregional erscheinende **Boulevardzeitung „Fakt"**, die wie die polnische Schwester der deutschen „Bildzeitung" anmutet. Und tatsächlich stammt „Fakt" aus dem Springer-Verlag, seit 2010 als Joint Venture mit dem Schweizer Ringier-Konzern. Dass das ebenso schlichte wie populäre Kleine-Leute-Blatt gerne als Sprachrohr der PiS fungiert, daraus wird in den Redaktionsstuben in Warschau kein Hehl gemacht.

Da gibt sich **„Dziennik"** („Tageszeitung"), die Nummer 3 der überregionalen polnischen Tageszeitungen, schon einen seriöseren Anstrich. Weltanschaulich rechtskonservativ und in der Aufmachung an die deutsche „Welt" angelehnt, wird „Dziennik" ebenfalls im Hause Springer Polska produziert. Im Jahr 2006 startete das Blatt mit der Ansage: Frontalangriff auf die unter dem Chefredakteur und Bürgerrechtler *Adam Mischnik* erscheinende, liberale **„Gazeta Wyborcza"** („Wahlzeitung").

Bereits 1989 wurde die kurz **„Gazeta"** genannte Tageszeitung gegründet, um die ersten freien Wahlen in Polen publizistisch zu unterstützen. Meinungsbildend, kritisch, debattenstark, stieg sie schnell zum auflagenstärksten Blatt im Lande auf. Mit dem Erscheinen von „Fakt" auf dem polnischen Markt wurde sie dann vom Thron gestürzt und auf Platz 2 verwiesen. Zusammen mit „Dziennik" erreicht der Springer-Verlag mittlerweile einen Marktanteil von über 40 Prozent im Zeitungssegment. Doch gilt die vom Medienkonzern Agora verlegte „Gazeta Wyborcza" nach wie vor als das wichtigste politische Blatt.

Weitere bedeutende überregionale Tageszeitungen sind die liberal-konservative **„Rzeczpospolita"** („Republik"), vergleichbar mit der deutschen „FAZ", sowie ferner die nationalkatholische **„Nasz Dziennik"** („Unsere Tageszeitung").

Zu den wichtigen **politischen Wochenzeitschriften** gehören das Magazin **„Polityka"** („Politik"), herausgegeben von *Adam Krzemiński*, einem der führenden polnischen Intellektuellen, und das Magazin **„Wprost"** („Direkt"), außerdem die liberal-katholische Wochenzeitung **„Tygodnik Powszechny"** („Allgemeine Wochenzeitung") und **„Newsweek Polska"**, Letztere einmal mehr aus dem Axel-Springer-Verlag.

Mit bald 20 täglich oder wöchentlich erscheinenden Publikationen und einer 25-Prozent-Beteiligung an einem der größten privaten TV-Sender verfügt **Springer** inzwischen über eine geballte Medienmacht in Polen. Weitere internationale Konzerne wie **Murdoch** und **Bertelsmann** blasen mit bunten Hochglanzblättern für Modebewusste, Hobbygärtner, Autoschrauber und dergleichen Special-Interest-Organen mehr zur Aufholjagd. Exoten wie intellektuelle Kunst- und Literaturzeitschriften oder gar die sozialkritischen Magazine **„Nowy Obywatel"** („Neuer Bürger") und **„Nowy Robotnik"** („Neuer Arbeiter") wird man dagegen nur noch schwerlich in den Geschäften finden.

Insgesamt werden in Polen über **5000 Titel** verlegt: lokale und überregionale

Tageszeitungen, Wochenzeitungen, Magazine und Zeitschriften.

Wirtschaft

Nach dem Fall des Eisernen Vorhangs 1989 waren die Probleme der polnischen Volkswirtschaft die aller postsozialistischen Länder. Jahrzehnte der **Planwirtschaft** und die Konzentration auf die **Schwerindustrie** hatten einen flexiblen Konsumgüter- und Dienstleistungssektor nicht aufkommen lassen. Mangelwirtschaft mit niedrigem Lebensstandard war der Normalzustand, man improvisierte. Darüber hinaus gingen die Exporte fast ausnahmslos in die sozialistischen Bruderländer, und mit dem Zusammenbruch des COMECON (Rat für gegenseitige Wirtschaftshilfe, unter Führung der Sowjetunion) waren dort die Absatzmärkte auf einmal verloren.

Schon 1989 schnürte die Regierung deshalb ein Maßnahmenpaket für den Übergang in die **Marktwirtschaft**. Nach dem damaligen Finanzminister *Leszek Balcerowicz* „**Balcerowicz**-Plan" genannt, war es an Radikalität kaum zu überbieten. Schocktherapieartig leitete es den Systemwandel ein. Durch nichts wurde er abgefedert und brachte neben sozial kaum flankierten Privatisierungen, Betriebsschließungen und Massenentlassungen zunächst eine galoppierende **Inflation.** In der zweiten Jahreshälfte 1989 belief sich der Preisauftrieb auf 1500 (!) Prozent, 1990 betrug er noch 600 Prozent, schrumpfte 1991 auf 70 Prozent, lag 2001 bei 7,5 Prozent und unterschritt 2003 die Einprozentmarke.

Trotz anhaltendem Wirtschaftswachstum entwickelte sich die **Arbeitslosigkeit** zum zentralen Problem. Freier Wettbewerb wuchs sich zu rüdem **Manchesterkapitalismus** aus. Oder gehört etwa nicht alles, was die Firma umsetzt, dem Chef? Mit dem verblassenden Stern der Solidarność-Bewegung verschwand zusehends auch die Idee der sozialen Verantwortung und Solidarität. Wohl hatte vor allem die großindustrielle Arbeiterschaft den Kommunismus hinweggefegt, aber nun fielen als Erstes ihre eigenen eingerosteten Betriebe den marktwirtschaftlichen Reformen zum Opfer.

Des ungeachtet erwies sich Polen bereits kurz nach der Wende als Musterschüler unter den ostmitteleuropäischen Ländern, die sich um eine **EU-Mitgliedschaft** bewarben. Mit jährlichen Wachstumsraten von sechs bis sieben Prozent Mitte der 1990er Jahre zog es den anderen Beitrittskandidaten davon. Aber um welchen Preis?

Die **Kluft zwischen Stadt und Land** vergrößerte sich. Während Warschau boomte und Finanzinvestoren aus aller Herren Länder anlockte, versanken ganze Landstriche in Armut. Und war ausnahmslos allen polnischen Regierungen an der Privatisierung von Banken und Unternehmen gelegen, hat bislang noch keine einzige einen tragfähigen Entwurf für den ländlichen Strukturwandel aus der Schublade gezogen.

Insbesondere die Situation der **Bauern** verschlechterte sich dramatisch. Hunderttausende Kleinbauern, die sich einst siegreich gegen die Kollektivierung stemmten, können sich mit ihren kleinen Parzellen dem internationalen Wettbewerb nicht mehr stellen. Die Mitgliedschaft in der EU fordert vor allem im

Agrarsektor ihren Tribut. Und das in einem Land, in dem die Bauern einen so hohen Bevölkerungsanteil stellen wie kaum irgendwo sonst in Europa.

15 Prozent aller Berufstätigen in Polen sind in der Landwirtschaft beschäftigt, gut die **Hälfte der Höfe** gilt als **unrentabel.** Sie sind zu klein und dienen überwiegend der Eigenversorgung.

Im Januar 1999 kam es unter Anführung des Chefs der radikalen Bauernpartei Samoobrona („Selbstverteidigung"), *Andrzej Lepper,* zu **bürgerkriegsähnlichen Tumulten.** Tausende Landwirte folgten seinem Ruf und blockierten landesweit die Straßen, um für eine **höhere Subventionierung ihrer Produkte** sowie die stärkere Abschottung Polens vor lächerlich billigen Lebensmitteleinfuhren aus der EU zu demonstrieren.

Nicht dass man als Bauer deshalb nun gleich Kommunist wäre … Aber man verdiente im Sozialismus schließlich das Anderthalbfache des Städters, heute dagegen nur noch 40 Prozent. Und überhaupt war die Welt zur Zeit der Volksrepublik eindeutiger, selbst am schlechten Wetter hatten die Kommunisten Schuld.

Dass sich 2002, zwei Jahre vor dem Beitritt zur Europäischen Union, nur noch knapp die Hälfte der Polen für die Gemeinschaft aussprach – 1998 waren es immerhin 80 Prozent –, war gewiss auch der für den Beitritt erforderlichen rück-

Die Situation der polnischen Bauern ist schwierig

Angler mit Federvieh

sichtslosen Haushaltskonsolidierung und den damit zusammenhängenden ständig wachsenden **gesellschaftlichen Spannungen** zu verdanken. Die sozialen Härten, die der ökonomische Transformationsprozess mit sich brachte, dämpften die Europa-Begeisterung zunehmend.

Die andere, **positive Seite des EU-Beitritts** 2004 zeigte sich spätestens 2007. Zig-Milliarden-Beträge flossen und fließen seither ins Land und tragen zum **Wirtschaftsboom** bei, in Form von EU-Fördermitteln ebenso wie durch kapitalgewaltige ausländische Investitionen. Auf 6,5 Prozent belief sich 2007 die Wachstumsrate des Bruttoinlandsprodukts, damit lag Polen in der Spitzengruppe der Europäischen Union. 4,3 Prozent **Wachstum** waren es 2011, selbst im internationalen Krisenjahr 2009 legte Polen – als einziges EU-Land – um 1,7 Prozent zu. 2014 wuchs das reale Bruttoinlandsprodukt um rund 3 Prozent gegenüber dem Vorjahr. Bis Ende 2011 sank die Erwerbsarbeitslosenquote auf 12,4 Prozent, Mitte 2014 betrug sie 11,7 Prozent. In den Großstädten herrscht Mangel an qualifizierten Arbeitskräften. Das gut ausgebildete Stadtbürgertum lebt gut mit der Globalisierung.

Polen ist heute die **sechstgrößte Volkswirtschaft** in der EU. Zu den polnischen Umsatzgiganten zählen Unternehmen der Öl- und Gasbranche, der Telekommunikation und Versorgungsgesellschaften, außerdem Bergbau, Stahl und Autobau. Gut ein Viertel des Bruttoinlandsprodukts wird im industriellen Sektor erwirtschaftet, etwa 60 Prozent im Dienstleistungsbereich, unterstützt durch eine solide Binnennachfrage und wachsende, durch EU-Kofinanzierungen begünstigte Investitionen.

Die ursprünglich für 2012 geplante **Euro-Einführung** wurde angesichts der europäischen Schuldenkrise allerdings in unbestimmte Zukunft verschoben. Nicht einmal mehr die Hälfte der Polen würde gegenwärtig ihre Złoty gegen die Gemeinschaftswährung eintauschen wollen. Dies jedoch vor dem Hintergrund einer nach wie vor ungebrochen hohen Zustimmung zur Mitgliedschaft in der Europäischen Union. Sie liegt seit dem Beitritt 2004 in Meinungsumfragen stets über 80 Prozent. So wie es ein alter kaschubischer Herr einmal ausdrückte: „Schauen Sie doch mal auf die Landkarte", sagte er, „durch unser Land führt der 15. Meridian östlicher Länge, nach dem die Mitteleuropäische Zeit eingestellt wird. Soll Polen also etwa im Osten liegen? Nein, Polen liegt im Herzen Europas."

Tourismus

Dass Polen im Herzen Europas liegt, über zahllose herausragende Sehenswürdigkeiten und außerdem eine zauberhaft schöne Natur verfügt, hat sich mittlerweile unter mehr und mehr Touristen herumgesprochen. Längst ist das Land zwischen Ostsee und Hoher Tatra kein exotisches Reiseziel mehr. Im Gegenteil verzeichnet es kontinuierlich gut drei Prozent jährliche **Zuwachsraten** an ausländischen Besuchern. Nicht zuletzt auch dank der berühmten polnischen Gastfreundschaft.

2006 stieg Polen erstmals in die **Top Ten** der beliebtesten europäischen Reiseländer auf und rangiert seitdem im oberen Bereich. So hat sich der Tourismus in Polen zu einem gewichtigen **Wirtschaftsfaktor** entwickelt. Die Zahlen des Warschauer Instituts für Tourismus belegen dies: 15,7 Millionen touristische Ankünfte ermittelte es für 2006. Mit 15 Millionen Besuchern 2007 und 13 Millionen 2008 konnte man an den Erfolg anknüpfen. Erst im Zeichen der internationalen Finanz- und Wirtschaftskrise kam es 2009 zu größeren Einbußen. Doch bereits 2011 wurde die 14-Millionen-Marke wieder überschritten, kletterte dann 2012 auf knapp 15 Millionen und hat sich seither dort eingepegelt.

Unter den Gästen bilden die **Deutschen** mit jährlich zwischen fünf und sechs Millionen Besuchern die stärkste Gruppe. Dabei reist die überwältigende Mehrheit von ihnen mit dem eigenen Auto ins Nachbarland, knapp 60 Prozent besonders gerne für einen **Kurzurlaub**

zwischen zwei und vier Tagen, überwiegend zur Städtebesichtigung. Fast 30 Prozent Deutsche blieben bis zu einer Woche in Polen, zehn Prozent noch einmal länger, um das Land von der Küste bis zum Gebirge zu erleben.

Insgesamt ist die Tourismusbranche zur **drittstärksten Wirtschaftskraft** in Polen herangewachsen. Fast jeder zehnte von 100 Złoty Steueraufkommen stammt direkt oder indirekt aus der Tourismuswirtschaft, jeder zwölfte Arbeitsplatz ist vom Tourismus abhängig.

Und die Erfolgsgeschichte ist ausbaufähig. Folgt man den Verlautbarungen der chinesischen Regierung, wünschen sich rund 100 Millionen **Chinesen,** in den kommenden Jahren durch Europa zu reisen. So wird nach dem Tower von London, nach Eiffelturm, Vatikan und Neuschwanstein die eine oder andere Million sicherlich auch nach Polen gelangen. Und wer weiß? Vielleicht wird man am schönen Ostseestrand und in Masuren dann nicht mehr nur Polnisch, Deutsch, Englisch und zahlreiche weitere europäische Sprachen hören, sondern schon bald Kantonesisch vernehmen?

Nicht nur die wunderschöne Natur lockt Touristen ins Land, ...

... auch die Landpartie auf dem Oberland-Kanal ist vielen eine Reise wert

Alltagskultur | 546

Architektur | 549

Die Frau in der Gesellschaft | 545

Literatur | 553

Malerei, Musik und Film | 557

Menschen und Mentalitäten | 532

Religion und Gesellschaft | 535

Sitten und Bräuche | 540

18 Menschen und Kultur

Die Liebe zum eigenen Land wie der Glaube an die katholische Kirche gehen in Polen Hand in Hand. Kunst und Kultur waren lange Zeit vom Katholizismus geprägt, wogegen sich vor allem in den Großstädten heute Widerstand regt. Davon völlig unberührt ist die berühmte polnische Gastfreundschaft, die nach wie vor ganz Polen vereint.

◁ Religion spielt im heutigen Polen eine sehr große Rolle

Menschen und Mentalitäten

Rund **38 Millionen Einwohner** zählt das Land. Statistisch betrachtet leben durchschnittlich 123 Menschen auf einem Quadratkilometer, was etwa der **Bevölkerungsdichte** Dänemarks entspricht. Auch das Zahlenverhältnis von Frauen zu Männern bewegt sich im europäischen Durchschnitt. 51,7 Prozent Frauen und 48,3 Prozent Männer machen Polens Bevölkerung aus, nicht zuletzt, da Evas statistische **Lebenserwartung** (79,6 Jahre) die Adams um acht Jahre übertrifft.

Mehrheiten, Minderheiten

Über den längsten Zeitraum seiner Geschichte hinweg war Polen ein **Vielvölkerstaat**. Noch in der Zeit zwischen den Kriegen 1918 bis 1939 zählte mehr als ein Drittel der Menschen, die auf dem Territorium der Zweiten Republik lebten, zu nationalen, ethnischen oder religiösen Minderheiten. Durch die Schrecken des Zweiten Weltkriegs, durch die Judenvernichtung und schließlich Polens Westverschiebung mit Massenvertreibungen und Neuansiedlungen änderte sich dieses Bild.

Infolge der **Grenzverschiebung** nach Ende des Zweiten Weltkriegs fanden sich 6,5 Millionen Menschen im alten polnischen Osten zwangsweise als Neubürger der **Sowjetunion** wieder. Viele von ihnen flohen oder wurden vertrieben und von der polnischen Führung, zusammen mit den zahlreichen aus dem Exil Heimgekehrten, im südlichen Ostpreußen, in Westpreußen, Hinterpommern und Schlesien angesiedelt; Gebiete, aus denen zuvor viele Millionen **Deutsche** vertrieben worden waren.

Ukrainer, Weißrussen, Litauer und zahlreiche weitere Bevölkerungsgruppen wurden ebenfalls dazu gezwungen, das neue Polen zu verlassen. Wer dennoch blieb, sah seine **Sprache und Kultur unterdrückt.** Zuwiderhandlungen hatten Verbote und Repressionen bis hin zu langen Gefängnisstrafen zufolge. Polen wurde homogen polnisch – zumindest der offiziellen Propaganda gemäß.

Nach dem Fall des Eisernen Vorhangs rückten die Minderheiten dann wieder ins Licht. Bereits seit 1991 ist etwa die Stellung der deutschen Minorität im Deutsch-Polnischen Nachbarschaftsvertrag völkerrechtsverbindlich geregelt, mit dem Recht auf eine eigene Vertretung im polnischen Parlament, der Möglichkeit, Vereine und Verbände zu gründen sowie eigene Publikationen herauszugeben. Anfang 2005 verabschiedete der Sejm, die gesetzgebende Kammer des polnischen Parlaments, nach jahrelangen Diskussionen schließlich ein **Minderheitengesetz.** Seither sind in Städten und Gemeinden mit einem nichtpolnischen Bevölkerungsanteil von mindestens 20 Prozent mehrsprachige Ortsschilder und Amtsbezeichnungen erlaubt, außerdem darf die Minderheitensprache bei Amtshandlungen als Hilfssprache benutzt werden.

Offiziell zählt man heute anderthalb Millionen polnische Staatsbürger, die insgesamt **acht nationalen Minderheiten** angehören: der deutschen, weißrussischen, ukrainischen, tschechischen, li-

tauischen, armenischen, russischen und slowakischen. Dazu kommen **vier ethnische Minoritäten:** Karaimer, Lemken, Roma und Tataren.

Einen Sonderfall stellen die **Kaschuben** dar, die in Ostpommern leben und eine dem Polnischen sehr nahe verwandte Sprache sprechen. Von polnischer Seite her wurde das Kaschubische deshalb lange Zeit als polnischer Dialekt aufgefasst und die Kaschuben als eine polnische Volksgruppe. So war ihr rechtlicher Status über viele Jahre hinweg nicht eindeutig geregelt. Mit dem Minderheitengesetz 2005 fand das Kaschubische nun aus der rechtlichen Grauzone heraus und wurde in den Rang einer gesetzlich anerkannten Sprache gehoben.

◨ Die Polen sind ein feierfreudiges Völkchen

Stereotypen und Klischees

Ob aber Kaschube, Pommer oder Podlasier, Großpole, Kleinpole oder Kujawier, man kultiviert, wie überall in der zivilisierten Welt, liebevoll seine **Stereotypen.** Besonders gerne gepflegt werden sie mit Blick auf die Warschauer, die wie alle Hauptstädter auf der Welt als hochnäsig, laut und ruppig gescholten werden. Dagegen sagt man den Krakauern eine distinguierte Lebensart nach, während den Einwohnern von Poznań und der Woiwodschaft Großpolen der Ruf vorauseilt, tüchtig, diszipliniert und außerdem die „Schotten von Polen" zu sein. Die Masuren gelten – mit einem Augenzwinkern, versteht sich – als rückständig und die Goralen in der südlichen Bergwelt als Hinterwäldler.

Nun sind das natürlich alles **Klischees.** Aber bleiben wir noch ein bisschen dabei. Denn selbst dem „Fremd-

ling", wie man in Polen bisweilen noch altmodisch zu Ausländern sagt, bleibt nicht verborgen, dass sich in manchem Klischee auch ein winziges Körnchen Wahrheit versteckt.

Zum Beispiel wäre da das, was man neupolnisch **„Networking"** nennt, was aber gleichwohl auf eine lange Tradition zurückblicken kann: der Umstand, dass es garantiert niemals schaden kann, einen Bekannten oder Verwandten zu haben, der jemanden kennt, der einen Bruder oder Cousin hat, der eine Position innehat, über die man mit jemand in Kontakt treten kann, der an der Stelle arbeitet, bei der man eigentlich vorsprechen möchte. Zu Zeiten der Volksrepublik waren solche Bekanntschaften absolut unverzichtbar, heute sind sie noch viel mehr als das – nämlich eine Frage der Höflichkeit. Undenkbar, mit einem Anliegen direkt mit der Tür ins Haus zu fallen. Ohne eine Reihe kommunikativer Zwischenstationen unverblümt seine Sache voranzutreiben, das wäre einfach respektlos. „Bekanntschaft haben" ist dagegen die hohe Schule der zwischenmenschlichen Umgangsformen. Auf den persönlichen Kontakt kommt es an. Darauf, sich glänzend miteinander unterhalten zu können, wird viel Wert gelegt.

Aufgrund ihrer Lebendigkeit und großen Kontaktfreudigkeit gelten die Polen als die **„Italiener des Nordens"**. Fröhlich, großzügig, warmherzig, ein Völkchen eigensinniger **Individualisten,** das gleichwohl die Geselligkeit über alles liebt, das gerne und viel miteinander redet und debattiert und am liebsten mit der Familie und den Freunden zusammen ist.

Nur eines, das mag man nicht, auch wenn man dabei gewiss auf eine Reihe geschätzter Gesprächspartner träfe: diszipliniert **Schlange stehen.** Denn das hat man in den Jahren der sozialistischen Mangelwirtschaft zur Genüge getan, und nun heißt es, vor Einlasskontrollen, Ticketschaltern und Marktständen kommunikative Knäulchen zu bilden.

Verhaltenstipps

Der polnischen **Sprache** unkundige Fremdlinge dürfen in der Unterhaltung gerne Hände und Füße zu Hilfe nehmen. Schon das Beherrschen der einfachsten **Vokabeln** – *dziękuję* (danke), *prozsę* (bitte), *dzień dobry* (guten Tag), *do widzenia* (auf Wiedersehen) – löst beim Gegenüber **freudige Anerkennung** aus. Denn den Polen ist durchaus bewusst, dass sie die mit Abstand schwierigste slawische Sprache sprechen. Auf den Versuch kommt es an! Selbst wenn sich gleich beim dritten Wort die Zunge verknotet.

Die am weitesten verbreitete Fremdsprache ist **Englisch,** insbesondere unter den jüngeren Leuten, in den touristischen Regionen außerdem oft **Deutsch.** **Russisch** wird nicht so gerne gehört und sollte darum besser vermieden werden.

In ein weiteres **Fettnäpfchen** könnte man bei der Wahl der korrekten höflichen **Anrede** tappen. Anders als in anderen europäischen Ländern spricht man sich in Polen nicht mit „Frau" (Pani) oder „Herr" (Pan) plus Nachname an – das wäre ausgesucht unhöflich –, sondern ganz altmodisch mit „Pani/Pan" und der **Berufsbezeichnung.** Sofern Unsicherheit darüber besteht, welche Position das Gegenüber in der Firmenhierarchie einnimmt, ob Büroboote oder Geschäftsführer, ist es in jedem Fall richtig, sie/ihn frohgemut mit „Frau/Herr Direktor" anzureden. Diese Titulierung drückt grundsätzlich Hochachtung aus und ist deshalb niemals verkehrt.

> **Literaturtipp**
> „KulturSchock Polen", erschienen im Reise-Know-How Verlag. Fundierte Informationen zur polnischen Kultur, zu Politik, Religion, Sitten, Traditionen und Tabus.

Kommt man sich näher, aber noch nicht so nah, dass man vom Sie zum Du übergeht, spricht man sich mit **„Frau/Herr und Vorname"** an. Jemanden nur beim Vornamen zu nennen, ist auch in Polen Ausdruck von Vertrautheit und naher Bekanntschaft. Zur Begrüßung gibt man sich die Hand, Freundinnen hauchen sich einen Kuss auf die Wange, und selbst der gute alte **Handkuss,** mit dem Er Ihr Ehrerbietung erweist, ist noch nicht ganz aus der Mode geraten.

Dass man **Kirchen** nicht in freizügiger Kleidung betritt, versteht sich sicher von selbst.

Religion und Gesellschaft

Nach wie vor ist Polen ein Land im Umbruch, bewegt sich im Spannungsfeld zwischen einer fest verankerten, traditionellen Normen- und Werteorientierung hier und einem radikalen Modernisierungsbestreben dort. Ein tiefer Riss durchzieht die Gesellschaft. Anders als in den Jahren nach dem Fall des Eisernen Vorhangs verläuft die Trennlinie heute aber nicht mehr zwischen Kommunisten und Solidarność-Anhängern,

◁ Ist dies eines der berühmten polnischen „kommunikativen Knäulchen"?

sondern geht als Auseinandersetzung – manche nennen es einen **Kulturkampf** – quer durch alle Gesellschaftsschichten.

Da sind die **Vertreter der traditionellen „drei Ks"** (Kirche, Küche, Kinder), die sich, konservativ-patriotisch, im örtlichen Taubenzüchterverein ebenso wie in den Vorstandsetagen international tätiger Unternehmen finden. Auf der anderen Seite stehen die Verfechter einer **offenen, pluralen Bürgergesellschaft**, in der eine Vielzahl an individuellen Lebensentwürfen gleichberechtigt nebeneinander existiert. Sie sind eher in den Großstädten als auf dem Land anzutreffen, eher in den westlichen als in den östlichen Landesteilen, und umfassen ein politisches Spektrum, das von der Vorstellung einer solidarischen Umverteilungsgesellschaft bis hin zur radikalen Marktfreiheit reicht. Dann sind da noch die sogenannten **„Modernisierungsverlierer"**, zu denen der jugendliche Warschauer Punk ohne Ausbildungsplatz ebenso zählt wie der Kleinbauer an der weißrussischen Grenze, der dort im Nirgendwo keine Frau mehr zum Heiraten findet, und außerdem eine nicht unerhebliche Zahl **katholisch-fundamentalistischer Glaubenseiferer**, die sich auf der Suche nach der verlorenen Eindeutigkeit die Wiederkehr einer „starken Hand" für die Zukunft wünscht.

Denn nichts ist mehr einfach, alles ist vieldeutig und verändert sich dauernd. Die Umwälzungen in Polen seit 1989 waren gewaltig, und auch in den Köpfen mussten seither enorme Kraftakte gemeistert werden. Selbst das altehrwürdige Sprichwort, das auf den berühmten polnischen Individualismus anspielt und besagt: „Wenn zwei Polen diskutieren,

entstehen daraus drei Parteien", bekommt im Zeichen der Globalisierung einen anderen Sinn.

In zwei Dingen ist sich aber der Großteil der Menschen immer noch einig. Es ist die Angst vor der Arbeitslosigkeit. Und es ist der **katholische Glauben.** 96 Prozent der Menschen in Polen gehören der römisch-katholischen Kirche an, und viele von ihnen praktizieren ihre Religion. Vor allem die ältere Generation besucht oft noch täglich die Kirche, doch auch unter den Jüngeren gilt zumindest der sonntägliche Besuch eines Gotteshauses als elementare Glaubenspflicht. Die Sonntagsmessen sind so voll, dass man zum Kirchportal hinaus ansteht und der Gottesdienst über Lautsprecher ins Freie übertragen wird. Nachdem der kirchliche Segen erteilt worden ist, hält am heiligen Ruhetag der Supermarkt gleich gegenüber in einem Eckchen Kondome parat. Das ist die Freiheit, sagen die einen. Schande!, rufen die anderen. Und man bekämpft sich erbittert.

◁ „Jesus, ich vertraue auf dich", heißt es hier

◁◁ Im tief gläubigen Polen findet man geschmückte Christuskreuze auch noch an den entlegensten Wegen

Die Stellung der Kirche

Der Richtungsstreit der jungen polnischen Republik resultiert nicht zuletzt aus der außergewöhnlich starken Stellung der katholischen Kirche; wobei die Wurzeln für ihren heute noch nahezu ungebrochenen Einfluss tief in der polnischen **Nationalgeschichte** liegen.

Bereits im 17. Jh. entstand während der „Sintflut" die Gleichung „Pole = Katholik". Zur Zeit der Schwedeneinfälle hatte im Jahre 1655 die wundertätige **Schwarze Muttergottes von Częstochowa** (Tschenstochau) ihr Kloster auf dem Jasna Góra (Leuchtenden Berg) vor den protestantischen skandinavischen Feinden gerettet und stieg zum Nationalheiligtum auf. 1683 bezwang **König Jan Sobieski** die Türken vor Wien und ging als Retter des christlichen Abendlands in die Annalen ein. Zwei unumstößliche Beweise für die richtige, die katholische Weltenlehre und für Polen als östliches Bollwerk der katholischen Christenheit.

Von dieser heute „**Messianismus**" genannten polnischen Geistesströmung wurden im 17. Jh. große Teile der Gesellschaft ergriffen. Umso traumatischer waren im darauf folgenden Jahrhundert dann die drei Teilungen der Heimat. Zumal von den drei Großmächten, die Polen von der Landkarte fegten, zwei zu den Anhängern irriger Glaubenslehren zählten: das protestantische Preußen und das russisch-orthodoxe Zarenreich.

Während der Teilungszeit wurde der Mythos von Częstochowa, die wundersame Errettung durch die heilige Muttergottes, zum nationalen Erlösungsversprechen. Im westeuropäischen Exil vollendete *Adam Mickiewicz* 1834 sein

Versdrama **„Pan Tadeusz"** („Herr Thaddäus"), das polnische Nationalepos und nach der Bibel meistgelesene Buch Polens. Wie in Deutschland am „Faust" oder in Italien an den „Promessi Sposi", kommt in Polen kein Oberschüler am „Pan Tadeusz" vorbei. *Mickiewicz* erblickte in seinem Heimatland Gottes auserwählte Nation, die den Kampf zur Erlösung der Welt führen sollte. Irgendwann, prophezeite er, würde aus seinem Volk ein von Gott gesandter Held hervorgehen und den europäischen Befreiungskampf anführen. In ihrem christlichen Sendungsbewusstsein blieben die Polen im Katholizismus **auch ohne ihr Land geeint.** Der Glaube versetzte hier nicht Berge, sondern ersetzte die Erde, die ihnen geraubt worden war. Beten bedeutete Kämpfen, der Heimatverlust war ein Martyrium. Spätestens mit *Mickiewicz* wurden im 19. Jh. polnischer **Katholizismus, Patriotismus und Nationalismus** eins.

Während der deutschen Okkupation kamen im **Zweiten Weltkrieg** im Widerstand **2500 Geistliche ums Leben,** das war ein Fünftel des gesamten polnischen Klerus. Sie wurden verfolgt, auf offener Straße erschossen oder starben in Konzentrationslagern.

In der Nachkriegszeit wurde Parteichef *Władysław Gomułka,* wohl wissend, dass niemand gegen die polnische Kirche Staat machen konnte, infolge seines Versuchs, ein nationalkatholisch-kommunistisches Regime einzurichten, von Moskau abgesetzt und in Haft genommen. Auch *Stefan Wyszyński* (1901–1981), damals Primas von Polen, wurde 1953 verhaftet und ohne Gerichtsurteil hinter Klostermauern verbannt. Abermals entwickelte sich der katholische **Glaube** zum **Zeichen des Widerstands.** Gegen die Staatsdoktrin feierte man Messen, ließ sich kirchlich trauen, die Kinder taufen, lebte nach dem katholischen Moralkodex und demonstrierte nationalreligiöses Brauchtum, wo es nur möglich war.

Die Wahl von **Karol Wojtyła**, Erzbischof von Krakau, 1978 zum **Papst,** verlieh der bis dahin innerbefindlichen Glaubensopposition eine ungemeine Dynamik. Der, der den heiligen Namen *Johannes Paul II.* annahm, war einer der wenigen in der Papstgeschichte, der kein Italiener war. Und dann gleich ein Pole! Der Heilige Vater und Stellvertreter Gottes auf Erden – ein Pole. Die Wahl *Wojtyłas* zum römischen Pontifex läutete den **Untergang des Kommunismus** nicht nur in Polen, sondern im gesamten Ostblock ein. Die Werftarbeiter, die sich 1980 hinter den Toren der Danziger Lenin-Werft verschanzten, stimmten neben politischen Parolen vor allem religiöse und patriotische Lieder an. In einer ihrer veröffentlichten Schriften aus dieser Zeit heißt es: „Die Streikenden haben jemanden zum Garanten, der sich nicht mit historischen (...) oder militärischen Argumenten zur Ordnung rufen lässt. Dieser Jemand ist Gott."

Weihnachten 1989, kurz vor der Verfassungsreform, beging man im Sejm mit Primas *Józef Glemp* das christliche Abendmahl. Das stelle man sich einmal im Bundestag vor ... Ohne öffentliche Debatte und trotz der verfassungsmäßigen Trennung von Kirche und Staat wurde gleich 1990 vom Kindergarten bis zum Gymnasium der verbindliche katholische Religionsunterricht eingeführt.

Nun kann man aber nicht sagen, dass von der katholischen Kirche besonders innovative Impulse für die Herausforderungen der Zukunft ausgingen. Das Gegenteil ist häufig der Fall, auch in Polen. 1991 hielten über 60 Prozent der Bevölkerung den Einfluss der Kirche für zu groß. Seitdem sind die christlichen Fundamentalisten nicht untätig geblieben. Ebenfalls seit 1991 funkt aus der Glaubenshochburg Toruń (Thorn) an der Weichsel der radikalkatholische, antisemitische Privatsender **Radio Maryja**. Bis zu fünf Millionen Hörer lauschen täglich der „katholischen Stimme in ihren Häusern", die mit eindeutigen Feindbildern ein Ventil schafft für alle, die mit der neuen Gesellschaft nicht klarkommen. Die Zensur der katholischen Presse, die einen nicht unbedeutenden Teil des polnischen Blätterwalds beherrscht, ist rigide, und es kommt leider auch vor, dass man in einem Gotteshaus ganz unverhofft einer antisemitischen Predigt lauscht.

1997 feierte die katholische Gewerkschaftsbewegung in Gestalt der erzkonservativen **Wahlaktion Solidarność** ihre Rückkehr an die Macht. „Immer Polen, Freiheit, Familie", lautete ihre Devise. Des ungeachtet wurde drei Jahre später der „Pornopräsident", wie christliche Politiker *Aleksander Kwaśniewski* titulierten, ins höchste Staatsamt wiedergewählt. Denn *Kwaśniewski* war es, der mit seinem Veto im Frühjahr 2000 ein Gesetz verhinderte, das Pornografie mit bis zu fünf Jahren Gefängnis bestrafen wollte. Einige tüchtige Abgeordnete hätten es seinerzeit sogar gern gesehen, wäre gleich noch das Küssen in der Öffentlichkeit mit unter Strafe gestellt worden.

Und sie haben ihre Versuche bis heute nicht aufgegeben. Im Frühjahr 2007 löste der Vorschlag eines nationalkatholischen Abgeordneten, das Tragen von Miniröcken als „Verlockung zum Sex" zu verbieten, eine heiße Debatte aus. Anfang Juni 2007 musste die Kinderbeauftragte der polnischen Regierung von ihrer Behauptung abrücken, dass von der Kindersendung „Teletubbies" eine „homosexuelle Propaganda" ausgehe. 2013 lehnte der Sejm die „Homo-Ehe" mehrheitlich ab.

So herrscht zwischen den Befürwortern und Gegnern einer gesellschaftlichen Liberalisierung nach wie vor Glaubenskrieg. Viele, die einst als Oppositionelle Schutz unter dem Dach der Kirche fanden, haben sich mittlerweile zu ihren entschiedenen Gegenspielern entwickelt. Das Land ist tief gespalten, die Lager stehen sich unversöhnlich gegenüber.

Ein Papstdenkmal, wie es zahlreiche Städte und Städtchen in ganz Polen ziert

Sitten und Bräuche

Ob streng religiös oder volksfrömmig, ob Agnostiker oder ganz und gar ungläubig, unbestritten ist: **In Polen feiert man gerne,** und neben Namenstagen, Jubiläen und gesetzlichen Feiertagen bietet dazu die schönsten Gelegenheiten der traditionelle Kirchenkalender.

Wie fast überall im christlichen Abendland, wird auch in Polen mit Eintritt ins **neue Kirchenjahr am ersten Adventsonntag** die erste Kerze angezündet. Bunte, laute Weihnachtsmärkte mit viel Glitter, Kitsch und Kommerz wird man zwischen Oder und Bug dagegen nur wenige finden. Es ist eine stille Zeit der Besinnlichkeit und der Buße, um dann mit reinem Herzen dem Weihnachtsfest entgegenzusehen. Für viele ist der Advent außerdem **Fastenzeit,** wenngleich am 6. Dezember der **Nikolaus** (Św. Mikołaj) selbstverständlich auch den artigen polnischen Kindern die Schuhe mit Süßigkeiten füllt.

Weihnachten

An Heiligabend (Wigilia), dem wichtigsten polnischen Familienfest, stehen die Kleinen am Fenster und warten darauf, dass der erste Stern am Himmel aufleuchtet. Denn dann versammelt sich – längst ist der Baum geschmückt und das Festessen vorbereitet – die Familie um den Tisch, weshalb man Heiligabend in Polen auch das „**Sternfest**" (Gwiazdka) nennt. Es wird gesungen, gebetet und das Weihnachtsevangelium vorgelesen. Schließlich kommt der große Moment: das Teilen der geweihten Oblate. Von dieser bricht sich jeder ein Stückchen ab und wünscht dabei den anderen alles Gute. Den alten Brauch des **Oblatenbrechens** pflegt beinahe noch jede Familie, unabhängig von Glauben und Weltanschauung, als Zeichen der Liebe und der Versöhnung. Spätestens jetzt werden alte Streitereien begraben, erst danach werden die Geschenke ausgepackt, und man setzt sich zum **Festessen.**

Dieses besteht, den zwölf Aposteln gemäß, aus **zwölf Gängen.** Allerdings ohne die berühmten polnischen Weihnachtsgänse, die werden überwiegend für die ausländischen Märkte gestopft. Heiligabend in Polen ist **fleischlos,** als einzige nicht vegetarische Speise kommt, gebraten, paniert oder auch auf jüdische Art mit Rosinen gespickt, meist ein Karpfen als Hauptgericht auf den Tisch. Dabei wird immer **ein Gedeck zusätzlich** aufgelegt, für einen Gast, der unvermutet noch vorbeischauen könnte. Denn niemand soll in Polen Heiligabend alleine sein! Unter dem Tischtuch liegt etwas Stroh, Symbol für das Stroh in der Krippe und gleichzeitig für das Glück, das man sich wünscht.

Die feierliche **Christmesse** kurz vor Mitternacht (Pasterka) beschließt für die meisten Menschen den Heiligen Abend.

Den ersten Weihnachtstag verbringt man im Kreis der **Familie,** den zweiten nutzt man in der Regel, um sich mit Freunden zu treffen.

▷ Zu Weihnachten geht man in die Kirche

Karneval und Fastenzeit

Silvester und Neujahr läuten mit lautem Knall gleich den Karneval ein, eine fröhliche, vergnügliche Zeit mit vielen Festen und Tanzveranstaltungen. **Faschingsdonnerstag** wird in Polen „Fetter Donnerstag" *(Tłusty Czwartek)* genannt, Auftakt zur letzten Woche vor Anbruch der **40-tägigen Fastenzeit,** zu dem das ganze Land mit Marmelade oder Eierlikör gefüllte Berliner Pfannkuchen *(pączki)* verspeist. Oder auch Liebesschleifen *(faworki),* in Fett ausgelassene, puderzuckerbestreute Teigstreifen, die den Pfannkuchen als Kalorienbomben keinesfalls nachstehen. In der Nacht von Faschingsdienstag zu Aschermittwoch wird auf der **„Heringsfeier"** noch einmal ausgelassen getanzt, dazu isst man Hering in allen nur denkbaren Variationen – Fanal der heraufziehenden Fastenzeit. Denn am Aschermittwoch ist ja bekanntlich alles vorbei.

Mit einer Ausnahme: Am vierten Sonntag der Fastenzeit, also am Frühlingsanfang, ertränkt man vergnügt die **„Marzanna".** Die arme Strohpuppe, die den Winter symbolisiert, wird dazu durch die Orte geschleift, mit Schimpf und Schande bedacht, ihrer Kleider beraubt und schließlich im Fluss, See, Teich oder Tümpel ertränkt. Falls nicht vorhanden, tut es sogar eine Pfütze. Das „Ertränken der Marzanna" ist bei Kindern und Jugendlichen ganz besonders beliebt, da mit dem Absaufen der Strohdame nicht nur der Frühlingsanfang, sondern auch der „Tag des Schuleschwänzens" gefeiert wird.

Ostern

Palmsonntag, der an den Einzug Jesu Christi in Jerusalem erinnert, leitet die Feierlichkeiten der vorösterlichen Karwoche *(Wielki Tydzień)* ein. Hauptgegenstand dieses farbenfrohen Kirchenfests wären eigentlich Palmzweige, doch ist Polen nicht Palästina, und so greift man in Ermangelung einer subtropischen Vegetation auf Weiden- und Buchsbaumzweige zurück. Bis zu acht Meter hoch werden sie kunstvoll mit bunten Blumen, Bändern und Schleifen geschmückt, vom Priester geweiht und anschließend in einer **Prozession** feierlich durch die Orte getragen.

Unter der Karwoche finden zahlreiche **Mysterienspiele** statt, die das Leiden des Heilands auf dem Kreuzweg nachstellen. Berühmt sind die Mysterienspiele von Kalwaria Zebrzydowska südwestlich von Krakau oder auch im kaschubischen Wejherowo nahe der Danziger Bucht.

Karfreitag ist in Polen, anders als in Deutschland, **kein Feiertag.** Der Todestag Jesu wird nicht gefeiert, sondern mit großer Trauer und fastend begangen. Streng Gläubige nehmen außer Wasser und Brot nichts zu sich, nirgendwo erklingt Glockengeläut, und in den Kirchen wachen die Menschen am symbolischen Christusgrab.

Karsamstag ist die lange Fastenzeit bald endlich vorbei. Die traditionellen **Fastengerichte** Hering und Żur (Sauermehlsuppe) haben ausgedient; Fisch und Suppentopf finden sich in manchen Regionen als Dankeschön an einem Baum aufgehängt wieder. Daheim in den Kü-

chen werden derweil die **Osterkörbchen** gerichtet, von den Kindern anschließend zur Kirche getragen und dort vom Priester gesegnet. Mindestens **sieben verschiedene Speisen** müssen die Körbchen beinhalten: Brot für den Leib Christi, bunte Ostereier als Zeichen der Auferstehung, Salz für das Leben, Wurst und Käse für Gesundheit und Wohlstand, Meerrettich, Rote Bete und außerdem Kuchen, am liebsten einen Napfkuchen, und nicht zu vergessen Mazurek, den köstlichen Osterblechkuchen.

Ostersonntag, der höchste christliche Feiertag, beginnt in Polen sehr früh. Bereits zu den Auferstehungsandachten in der Nacht von Samstag auf Sonntag sind die Gotteshäuser zum Bersten gefüllt, morgens um 5 Uhr begeht man dann die große Messe der Auferstehung. Das Osterfeuer bricht durch die Dunkelheit, immer mehr Lichter werden an der Osterkerze entzündet, Gesang und brausender Orgelklang erfüllen den Raum, während draußen von allen Kirchtürmen die Glocken läuten und fröhliches Böllerkrachen die Auferstehung des Gekreuzigten verkündet.

Nun ist sie endlich vorbei, die Fastenzeit, und die Familie eilt heim zum traditionellen **Osterfrühstück.** Die geweihten Speisen werden verputzt, aber auch eine Fülle anderer Köstlichkeiten. Die Tafeln biegen sich unter den Leckerbissen, weshalb von „Frühstück" eigentlich keine Rede sein kann, sondern eher von Schlemmerei, zumal sie oft bis in die Nachmittagsstunden andauert. Eine besondere Rolle nehmen dabei die bunt bemalten, gesegneten Ostereier *(pisanki)* ein. Sie werden geteilt und gemeinsam gegessen, wobei man sich gegenseitig Glück und Segen ausspricht. Eine weitere besondere Rolle spielt natürlich auch in Polen der **Osterhase,** der für die Kinder viele leckere Süßigkeiten versteckt.

Ostermontag ist es vorbei mit der Festlichkeit, und es heißt aufgepasst! Denn es ist **Ostertaufe** *(Smigus Dyngus),* der Tag des Wassergießens, an dem selbst bei strahlendem Sonnenschein Gummijacke und Regenschirm angesagt sind. Aus Wasserpistolen, Beuteln, Kanistern und randvoll gefüllten Eimern prasselt das kühle Nass auf nichtsahnende arme Osterspaziergänger nieder. Ein Heidenspaß vor allem für die Jugendlichen. Woher dieser Brauch ursprünglich stammt, weiß man nicht. Möglicherweise geht er auf den ersten polnischen Herrscher, *Mieszko I.,* zurück, der sich im Jahre 966 taufen ließ. Vielleicht handelt es sich aber auch um einen noch viel älteren, heidnischen Fruchtbarkeitsritus, der sich in Form einer Wasserschlacht in die heutige Zeit hinübergerettet hat? Nur eines ist sicher: Smigus Dyngus ist der Tag mit dem jährlich höchsten Wasserverbrauch in ganz Polen.

Weitere Feiertage

Wie in allen katholischen Ländern, ist **Mariä Himmelfahrt am 15. August** auch in Polen ein hoher Feiertag. Überall werden Gottesdienste abgehalten, finden Prozessionen und **Wallfahrten** statt, darunter die berühmte zum polnischen Nationalheiligtum, dem Bildnis der

◁ Religion muss nicht immer in der Kirche gelebt werden

Schwarzen Madonna im Paulinenkloster zu Częstochowa (Tschenstochau), das Millionen von Pilgern nach tagelanger Wanderung pünktlich am 15. August erreichen.

Erntedank *(Dożynki)* wird vor allem in den ländlichen Regionen oft noch mit bunten Trachtenumzügen und fröhlichen Volksfesten gefeiert, während am 1. November zu **Allerheiligen** *(Wszystkich Świętich)* dann wieder Stille und Besinnlichkeit einkehren. Man schmückt die Ruhestätten der verstorbenen Lieben mit Kerzen und Blumen, ebenso wie die Gräber der längst Vergessenen, um die sich sonst niemand mehr kümmert. Darüber hinaus hat Allerheiligen eine **große nationale Bedeutung.** Die Grabstätten der zahllosen Aufständischen, Hingerichteten und in den Kriegen Gefallenen werden geehrt, und an den wichtigsten nationalen Gedenkstätten finden Staatsakte statt. Der Besuch auf dem Friedhof ist erste Bürgerpflicht, ganz Polen ist unterwegs, weshalb es alljährlich zu Allerheiligen auch zum großen Verkehrschaos kommt.

Ein letztes Mal ausgelassen geht es am 30. November am **Andreastag** *(Andrzejki)* zu. In den Studentenclubs werden Partys gefeiert, und mithilfe von Sternzeichen, Orakelkärtchen und Wachsgießen sagt man sich gegenseitig die Zukunft voraus. Bevor man am ersten Advent wieder die erste Kerze anzündet und das neue Kirchenjahr seinen Anfang nimmt.

◰ Bei der „Schwarzen Hochzeit" in Kluki wird der Abschluss der Torfernte gefeiert

Die Frau in der Gesellschaft

Zwischen Marienkult und Avantgardekultur – viele Gegensätze bestimmen heute das gesellschaftliche Leben in Polen. Doch ob modern oder konservativ, fortschrittlich oder vergangenheitsverliebt, das **traditionelle polnische Frauenbild** bleibt davon merkwürdig unberührt – bei den Männern wie bei den Frauen. Zwar waren in den 1990er Jahren 80 Prozent der Frauen berufstätig, heute ist es immer noch gut die Hälfte, und auch etwa die Hälfte der Studenten ist weiblich. Doch selbst mit akademischen Weihen und beiden Beinen voll im Berufsleben bleibt das schönste Ziel die Hochzeit in Weiß. Die **Familie geht über alles,** und ein harmonisches Familienleben ist mehr wert als Geld und berufliche Stellung. Für Frauen zumindest. Das zeigen seit Jahren Meinungsumfragen mit stets gleichen Ergebnissen.

„Eine Frau ist in Polen Frau, wenn sie weiblich gekleidet ist, geschminkt und auf Absätzen herumläuft", so die führende polnische Feministin *Kazimiera Szczuka* in einem Zeitungsinterview 2007. „Frau wird in Polen mit Sexualität in Verbindung gebracht. Frau ist Frau, wenn sie **erotisch** ist, für Männer nett anzuschauen ist und damit zum Flirt einlädt. Meiner Ansicht nach geschieht das nicht freiwillig."

Die Einschätzung von *Kazimiera Szczuka* mag in manchen Augen recht rigoros erscheinen. Tatsache ist: Verglichen mit der Lage von Männern empfinden die meisten Frauen ihre Situation als relativ schwierig. Weiblichkeit, Berufstätigkeit, Haushalt und Kindererziehung müssen in der Regel unter einen Hut gebracht werden. Darüber hinaus sind die Frauen stärker von **Arbeitslosigkeit** betroffen, und auch in Polen verdienen sie, wie beinahe überall auf der Welt, für die gleiche Arbeit weniger Geld als ihre männlichen Kollegen. Und selbstverständlich bestehen die sogenannten Repräsentanten auch in der polnischen Gesellschaft überwiegend aus Männern – wenngleich die Frauen langsam und stetig immer mehr Ämter und Positionen erklimmen. So wurde 2011 die studierte Medizinerin, Gesundheitsministerin 2007 bis 2011 und PO-Politikerin *Ewa Kopacz* (*1956) zum ersten weiblichen Sejmmarschall, also zur ersten Parlamentspräsidentin Polens gewählt.

Ein **Feminismus** nach westeuropäischem Muster ist in Polen dennoch nicht sehr verbreitet. Man **heiratet** relativ jung (Mitte zwanzig) und gründet eine Familie mit statistisch 1,2 Kindern. Wobei die Faustregel gilt: Je höher ihre Ausbildung, desto später die Hochzeit. Ihre **Kinder** bringen die Polinnen mittlerweile ebenfalls später zur Welt. Wurden sie Anfang der 1990er Jahre durchschnittlich noch zwischen dem 20. und 24. Lebensjahr Mutter, ist es heute zwischen dem 25. und 29. Lebensjahr. Eine unverheiratete kinderlose Frau um die 30 gilt nach wie vor als eher ungewöhnlich.

Schwangerschaftsabbrüche sind in Polen seit 1993 nur noch nach Vergewaltigung und Inzest nicht unter Strafe gestellt, außerdem, wenn die Leibesfrucht schwer geschädigt ist oder, in extremen Ausnahmefällen, die Gesundheit der Mutter auf dem Spiel steht. Etwa 100 legale Abtreibungen werden jährlich in

Polen gezählt, das damit zu den restriktivsten Ländern Europas gehört. Erklärtes Ziel der klerikal-konservativen politischen Kräfte ist es, die polnische Verfassung so zu ändern, dass Abtreibung grundsätzlich verboten wird.

Dazu steht nicht im Widerspruch, dass die polnische Frau in der Gesellschaft traditionell **hoch geachtet** wird. Im Umgang der Geschlechter miteinander herrschen Respekt und Höflichkeit. Mann ist ein Gentleman alter Schule, öffnet Ihr gerne die Tür, räumt für Sie den Platz in der Straßenbahn, und sogar der altehrwürdige Handkuss ist noch nicht gänzlich aus der Mode geraten. Dass der **Familienvorstand** natürlicherweise der Mann ist, wird dabei nicht in Frage gestellt, und auch die Familienkutsche lenkt in der Regel der Papa. Versuchen Sie einmal, als Beifahrerin auf einem Parkplatz dem Wächter die Gebühr in die Hand zu drücken. Er wird sie nicht annehmen und warten, bis Adam mit dem Abstellen des Gefährts fertig ist. Denn auch die Brieftasche zückt in der Regel der Mann, selbst wenn er arbeitslos ist und die Frau das Familieneinkommen nach Hause bringt.

Alltagskultur

Familienbande werden in Polen ganz groß geschrieben. Nichtsdestotrotz sinkt die **Geburtenrate** stetig, wie überall in den Industrieländern. Der Babyboom-Jahrgang 1955, als man 532.000 kleine polnische Neubürger zählte, wird wohl nicht wieder erreicht. 1996 erblicken noch 428.200, im Jahr 2000 378.000, im Jahr 2013 370.000 Kinder die Welt. Das

beliebteste Familienmodell, auch dies in Europa nichts weiter Ungewöhnliches, ist „Eltern plus zwei Kinder", obwohl sich neuerdings immer mehr Paare in Polen für ein einziges Kind entscheiden.

Dem **Geburtstag** wird, anders als etwa in Deutschland, keine allzu große Bedeutung beigemessen. Das Wiegenfest eines Freundes zu verschwitzen, wird maximal als kleiner Fauxpas angesehen. Seinen **Namenstag** darf man dagegen auf keinen Fall vergessen! Dieser ist das wichtigste persönliche Fest. Man feiert es im Kreis der Familie und Freunde, schenkt Blumen, Bücher, CDs und andere schöne kleine Dinge. Und damit man Maryja und Jan und alle anderen Heiligennamen, die mehrmals im katholischen Kalenderjahr vorkommen, nicht gleich zwei- bis dreimal jährlich beschenken muss, wird der Namenstag an dem Tag begangen, der dem Geburtstag als nächster im Kirchenkalender folgt.

In letzter Zeit setzt sich aber mehr und mehr auch das Geburtstagfeiern durch. Vielleicht, weil man so oft wie möglich viele liebe Menschen um sich versammeln möchte? Ein offenes Haus gilt in Polen außerordentlich viel. „Gość w domu – Bóg w domu" („Gast im Haus – Gott im Haus") ist viel mehr als nur ein Sprichwort, es ist praktizierte Realität. Nicht umsonst rühmt man die Menschen zwischen Oder und Bug als besonders herzlich und **gastfreundlich.**

◁ In Polen herrscht nach wie vor das traditionelle Frauenbild und Familienmodell vor

Nun eilt den Polen aber gleichzeitig der Ruf voraus, sie würden bei Festen und Feiern unglaubliche Mengen **Wodka** hinunterspülen. Um sofort mit diesem Klischee aufzuräumen: Die polnischen Nationalgetränke sind Kaffee und Tee. Ein kühles Blondes genehmigt man sich gelegentlich zum Feierabend, auf Partys werden Weine und Cocktails serviert, und ein Gläschen Wodka wird eisgekühlt zur Verdauung am Ende von üppigen Festessen gereicht.

Kaffee und Tee trinkt man dagegen rund um die Uhr; den Tee gerne mit Zitrone und viel Zucker, den Kaffee traditionell als grob gemahlene Bohne, einfach mit heißem Wasser aufgebrüht, oder, wenn es schnell gehen muss, was oft der Fall ist, als Nescafé.

Denn der **Arbeitstag** in Polen beginnt vergleichsweise früh, in der Regel um 7 Uhr morgens, egal ob in der Fabrik oder in der Bürostube. Mittagspausen sind eher unüblich, dafür kann man aber meist schon gegen 15 Uhr wieder nach Hause gehen. Dann ist spätestens auch die Schule aus, und man versammelt sich daheim zum warmen Essen rund um den Tisch. Abends wird kalt gegessen, am liebsten am Couchtisch zum Fernsehprogramm, und dazu gibt es Tee.

Durchschnittlich vier Stunden am Tag verbringt man in Polen vor der Flimmerkiste, damit ist **Fernsehen** mit Abstand die liebste **Freizeitbeschäftigung.** Es folgen Shopping und mit dem Hund Gassi gehen, Fitnesstraining, Kino, Theater und Konzerte. Und sogar Radfahren, das lange als kuriose Tätigkeit von Polen-Urlaubern galt, kommt allmählich in Mode.

König **Fußball** nicht zu vergessen! Egal ob aktiv gekickt oder passiv ge-

guckt, das runde Leder spielt polenweit eine eminent wichtige Rolle. Nicht nur, dass die rotweiße Nationalelf seit je weltweit in der Liga der Besten mitmischt. 2012 richtete Polen, zusammen mit dem Nachbarland Ukraine, die Fußball-Europameisterschaft aus. Damit fand erstmals seit 1960 im ehemals sogenannten „Osten" Europas wieder eine Fußball-EM statt.

Architektur

So vielfältig die schöne Natur, so reich ist auch das kulturelle Erbe. Zwar gingen im Feuersturm des **Zweiten Weltkriegs** ungezählte Kunst- und Architekturschätze **verloren**, aber eine Fülle an Kostbarkeiten überdauerte auch oder wurde liebevoll wieder aufgebaut.

An der Küste im westlichen Westpommern, insbesondere in Świnoujście (Swinemünde) und Międzyzdroje (Misdroy), finden sich viele schöne Beispiele der historischen **Bäderarchitektur**: schmucke Villen im klassizistischen Geschmack oder im Gründerzeitstil mit Giebeln, Spitztürmchen und den charakteristischen weißen Holzbalkonen und -veranden. In den **Dörfern** im Hinterland ist oft noch die ursprüngliche Anlage als Straßendorf oder Angerdorf erkennbar, mit einem Weiher und einer kleinen Feldsteinkirche geschmückt.

Weithin sichtbar im flachen Land ragen dagegen die mächtigen roten **Backsteinkirchen** empor, die selbst noch die kleinsten Landstädtchen zieren. Zu vielen dieser eindrucksvollen Sakralbauten wurde der Grundstein bereits im 13. Jh. gelegt. Wehrhaft, im Stil der **norddeutschen Backsteingotik** sind sie errichtet, wie man ihn von Lübeck bis ins Baltikum findet, und im Inneren mit wundervollen Sternengewölben verziert. So die Kathedrale im alten Bischofssitz Kamień Pomorski (Cammin), die zu den wertvollsten Architekturdenkmälern Pommerns zählt, die Kathedrale von Frombork (Frauenburg), die eindrucksvoll auf dem Domhügel am Frischen Haff thront, und, alles überragend, die Marienkirche in Danzig, eine der größten Kirchen der Welt.

Seltener, dafür umso prachtvoller, zieren **barocke Gotteshäuser** das Land. Unmittelbar auf der historischen Glaubensgrenze zwischen dem ehemals protestantischen Masuren und dem katholischen Ermland ließen Jesuitenmönche Ende des 17. Jh. die Wallfahrtskirche **Święta Lipka** (Heilige Linde) errichten, eines der schönsten sakralen Bauwerke Nordpolens. Mit Heilige Linde entwickelte sich im Ermland der Typ einer von einem Laubengang umgebenen Wallfahrtskirche, wie man sie außerdem in Krosno nahe Orneta (Wormditt) und, in abgewandelter Form, im Kloster Stoczek bei Lidzbark Warmiński vorfindet.

Eine Rarität sind die hölzernen kleinen Gotteshäuser von Rożental und Rychowo südlich von Ostróda (Osterode) sowie von Ostrykół in der Nähe von Ełk (Lyck). Der Rożentaler Sakralbau wurde im 18. Jh. errichtet, die beiden anderen bereits im 17. Jh. gebaut. Es handelt sich

◁ Polens Backsteingotik ist weltberühmt

um die **letzten Holzkirchen Masurens**. Eine weitere lässt sich noch in Olsztynek (Hohenstein) im **Masurischen Freilichtmuseum** besichtigen. Ebendort kann man masurische Höfe und Fischerkaten, Weichselländische Mühlen und Vorlaubenhäuser, ermländische Bauernhäuser und vieles mehr entdecken – kurz: dörfliche Architektur aus dem ganzen ehemaligen Ostpreußen.

Von der Oder bis nach Masuren erinnern in den größeren Ortschaften Backsteinbauten, Giebel- und Fachwerkarchitektur an die deutsche Vergangenheit. Gelegentlich haben sich noch die **mittelalterlichen preußischen Stadtanlagen** bewahrt. Typisch dafür dehnt sich im Zentrum ein weitläufiger Marktplatz aus, mitten darauf erhebt sich ein kleines, im Kern meistens gotisches Rathaus, umringt von hübschen zwei- bis dreigeschossigen Bürgerhäusern im schlichten barocken oder klassizistischen Gewand, während das backsteinrote große Gotteshaus sich vornehm im Hintergrund hält. Oft sind auch noch die gotischen Stadttore und gelegentlich sogar Reste der mittelalterlichen Stadtmauern erhalten.

Von der Zeit Pommerns als Junkerland künden die schlossähnlichen **Gutshäuser** der alten Adelsfamilien *von Maltzahn, Kleist, Zitzewitz, Krockow* und anderen, die bis 1945 im Pommernland über ausgedehnten Landbesitz verfügten. Vom 16. bis zum Anfang des 19. Jh. eignete sich der Adel durch „Bauernlegen", das Einziehen von kleinen Bauernstellen, riesige Güter an, auf denen die ehemals freien Landleute fortan leibeigenenähnliche Frondienste verrichten mussten. Bis zum Ende des Zweiten Weltkriegs befanden sich ausgedehnte Ländereien östlich von Elbe und Oder im Besitz weniger preußischer Adelsfamilien.

Von Lehnsdorff, Dohna, Dönhoff und *Eulenburg* lauten die berühmtesten ostpreußischen Namen, deren **Herrenhäuser** im Land zwischen Weichsel und Memel den pommerschen Häusern an Stattlichkeit nicht nachstanden. Über 2100 Gutsbezirke zählte man Anfang des 20. Jh. in Ostpreußen, und die meisten nannten ein Ensemble von – mal palastartig großem, mal wieder kleinerem – Herrenhaus mit Nebengebäuden und Park ihr eigen. Viele wurden bereits im Ersten Weltkrieg zerstört, weitere fielen im Zweiten Weltkrieg in Schutt und Asche.

Was erhalten blieb, wurde in der Volksrepublik in Schulen und Feierabendheime umfunktioniert, nicht selten auch in Viehställe für die staatlichen Landwirtschaftsbetriebe PGR (Państwowe Gospodarstwo Rolne). Heute sind die meisten altehrwürdigen Landsitze, die überdauert haben, sorgfältig **restauriert.** Sie beherbergen vornehme Hotels oder Institutionen und Stiftungen; beispielsweise die Stiftung Europäische Begegnung in Krokowa, die sich am alten Familiensitz der *Krockows* im kaschubischen Küstenland der polnisch-deutschen Wissenschaftskooperation und dem Jugendaustausch widmet. Andere wiederum, wie in Masuren das legendäre Schloss Steinort (Sztynort), „die große Wildnis am See", als das es *Marion Gräfin Dönhoff* beschrieb, warten noch auf ihre Rettung.

Großartige Hinterlassenschaften im nordwestlichen Polen sind die **Renais-**

◩ Masurisches Holzhaus

◩ Das Gutshaus von Zaleskie

18

sance-Schlösser der pommerschen Greifenherzöge in Stettin, Darłowo (Rügenwalde) oder Słupsk (Stolp), Gründungen des späten 15. und des frühen 16. Jh. Von der mittelalterlichen **pomoranischen Siedlungszeit** hat sich dagegen nicht viel erhalten. Die hölzernen Burgen, Tempel, Dorfstellen und Befestigungswälle der Pomoranen liegen noch unter der wechselhaften polnisch-deutschen Geschichte im Erdreich verborgen und warten darauf, von den Archäologen ausgegraben zu werden.

Herausragendes architekturhistorisches Erbe im nordöstlichen Polen sind die imposanten **Deutschordensburgen,** die backsteingemauerten, mittelalterlichen Klosterhochhäuser der Deutschordensritter, wie sie von der Weichsel bis nach Masuren zahlreiche Orte zieren. Unter ihnen das Epizentrum des historischen Ordensstaats: die **Marienburg** (Malbork) an der Nogat, Europas größte Backsteinburg und UNESCO-deklariertes Weltkulturerbe der Menschheit.

Eng verknüpft mit der Backsteingotik sind auch die **Hansestädte,** allen voran das 1000-jährige **Danzig.** Das im niederländischen Manierismus errichtete Rechtstädtische Rathaus oder auch die gotische Marienkirche zählen zu den bedeutendsten Bauwerken dieser Art in der Welt. Einzigartige Renaissance- und Barockbauten, mit denen die reichen Patrizier ihre Hansestadt schmückten, Königsweg, Langgasse und Langer Markt mit Artushof und Neptunbrunnen, nicht zu vergessen das wuchtige Krantor am Ufer der Motława (Mottlau) – das alles und noch viel mehr gehört zu den Wahrzeichen, die Danzig zur Perle der Architektur und zur Königin an der südlichen Ostsee machen.

Und noch eine weitere, seetypische Attraktion erstrahlt backsteinrot zwischen Pommerscher und Danziger Bucht: **Leuchttürme.** Die meisten von ihnen können erstiegen werden, und oben angelangt hat man eine herrliche Sicht über Wasser und Land.

Literatur

Vier polnische Schriftsteller wurden bislang mit dem höchsten Preis geehrt, den ein Schriftsteller empfangen kann, dem **Nobelpreis** für Literatur. 1996 war es die Krakauer Lyrikerin *Wisława Szymborska*, 1980 der Dichter und Exil-Autor *Czesław Miłosz*, 1924 der Romancier *Władysław Reymont* und 1905, als erster in der Geschichte der polnischen Literatur, **Henryk Sienkiewicz** – bis heute der am meisten übersetzte Schriftsteller Polens. *Sienkiewicz'* Roman **„Quo Vadis"**, der zur Zeit der Christenverfolgung im antiken Rom angesiedelt ist, erschien sogar auf Arabisch und Japanisch, und spätestens durch seine Verfilmung 1951 mit *Peter Ustinov* in der Rolle des verrückten römischen Kaisers *Nero* erlangte er auch unter Nichtbücherwürmern weltweit Bekanntheit.

Von den Anfängen bis zu den polnischen Teilungen

Zeugnisse der polnischen Schriftsprache finden sich bereits im **12. Jh.** Erste Werke, die nicht mehr in Latein, sondern in Polnisch niedergelegt wurden, verfasst im 15. Jh. *Biernat von Lublin* (um 1465–1529). Im 16. Jh. schließlich wird **Jan Kochanowski** (1530–1584) zum Wegbereiter der Literatursprache. Mit seinen Klageliedern „Treny" übt der Humanist und bedeutende Dichter der polnischen Renaissance einen weitreichenden Einfluss auf die gesamte spätere polnische Lyrik aus.

Das **17. Jh.**, so reich an Kriegen und religiösen Auseinandersetzungen, bringt in der Adelsrepublik besonders viele Tagebücher und politische Traktate hervor. Sie sind vom Geist des **Sarmatismus** geprägt, jener kuriosen Weltanschauung des polnischen Adels, der sich als Abkömmling der antiken Sarmaten wähnte. Herkunft, Tradition und seine umfassenden Privilegien führte der Adel auf dieses Volk zurück, das dem polnischen Mythos zufolge über außergewöhnlichen Mut, Ehre, Tugendhaftigkeit und Patriotismus verfügte – und damit die wahre, einzige, unumstößliche polnische Denk- und Lebensart repräsentierte. Die Aufklärer im 18. Jh. schreiben dem Sarmatismus zumindest eine Mitverantwortung für den Niedergang Polens und die sich anschließenden Teilungen zu.

Gegen Mitte des **18. Jh.** erreicht die **Aufklärung** das Land. Unter dem umstrittenen russischen König *Stanislaus II. Poniatowksi* (1764–1795), Gönner und fürsorglicher Schutzpatron der schönen Künste, erlebt die Literatur eine bis dahin ungekannte Blüte. Als bedeutendster Literat jener Epoche geht **Ignacy Krasicki** (1735–1801), Bischof im ermländischen Lidzbark Warmiński (Heilsberg), in die Geschichte ein. Aus seiner Feder stammen Komödien, Gedichte, Märchen, Fabeln und Satiren voll mit subtilem Humor, und mit „Die Fälle des Mikołaj Doświadczyński" (1776) wird er zum Begründer des polnischen Romans.

◁ Giebelparade in Danzig

Romantik und Messianismus

Nach der dritten Teilung 1795 ist Polen von der europäischen Landkarte verschwunden. Zusammen mit dem Katholizismus wird die Literatur zur **Bewahrerin der Sprache und der Nation.** Patriotische, religiöse und romantische Empfindungen verschmelzen miteinander und bringen **„das lange 19. Jahrhundert"** hervor, die literarische Epoche zwischen 1795 und der Neukonstituierung Polens am Ende des Ersten Weltkriegs.

Die Zeit der Heimat- und Staatenlosigkeit prägt bis in die Mitte des 19. Jh. hinein das **„Dreigestirn der polnischen Romantik":** *Adam Mickiewicz, Juliusz Słowacki* und *Zygmunt Krasiński.* Die drei Verkünder des polnischen „Messianismus" erkennen im Leidensweg Jesu Christi den Leidensweg Polens wieder und schreiben ihrem Land also die herausragende Rolle im Kampf gegen Tyrannei und Unterdrückung zu. Vor allem **Adam Mickiewicz** (1798–1855) kleidet das Schicksal und die Gefühle eines ganzen Volks meisterhaft in Literatur. Er wird zum wichtigsten Vertreter der polnischen Romantik, zum Dichterfürsten der nichtexistierenden Nation und sein 1834 erscheinendes Werk **„Pan Tadeusz"** zum **Nationalepos Polens.**

Geschichte als ein langsamer, zäher Prozess, der sich nichtsdestotrotz auf die Verwirklichung des Königreichs Gottes auf Erden zubewegt: Davon erzählen auch die messianischen Heldengeschichten von *Juliusz Słowacki* (1809–1849) und die vielrezitierten Werke von *Zygmunt Krasiński* (1812–1859). „Z szlachta polska polski lud" (das polnische Volk mit dem polnischen Adel), wie es der konservative Krasiński vertritt, und „Duch – wieczny rewolucjonista" (der Geist – ewiger Revolutionär) stehen sich aber selbst im Messianismus als hier restaurative und da fortschrittlich gesinnte Kraft gegenüber.

Eintritt in die Moderne

Nach dem gescheiterten Aufstand 1863 kommt es zur Abkehr von den romantischen Heilsvorstellungen. Der **Positivismus,** die Hinwendung zur beobachteten Wirklichkeit, entsteht als neue Strömung in der Literatur. Der Roman strebt neuen Glanzzeiten entgegen. *Henryk Sienkiewicz'* (1846–1916) Historienromane „Feuer und Schwert" (1884), „Die Sintflut" (1886) und „Oberst Wołodyjowski" (1888), „Quo Vadis" (1896) und auch „Die Kreuzritter" (1900) begeistern die ganze Welt. „Aufgrund seiner großartigen Verdienste als epischer Schriftsteller", so das Preis-Komitee, wird *Sienkiewicz* als erstem Polen 1905 der Nobelpreis für Literatur verliehen.

In der Tradition des Positivismus entstehen auch die Gesellschaftsromane von *Bolesław Prus* (1847–1912) und *Władysław Reymont* (1867–1925). Für sein umfangreiches vierbändiges Epos „Die Bauern" nimmt *Reymont* als zweiter Pole in der Literaturgeschichte 1924

▷ Die Stadt Danzig ist ein häufiges Sujet in der polnischen Literatur

den Nobelpreis in Empfang. Er gehört dem **Dichterkreis Młoda Polska** (Junges Polen) an, mit dem um 1890 die polnische literarische Moderne anbricht.

Genialer Vertreter des Jungen Polen ist der Dichter, Dramatiker, Maler und Zeichner, Grafiker, Designer, Regisseur und Nestor des modernen polnischen Theaters: **Stanisław Wyspiański** (1869–1907). Sein Drama „Die Hochzeit" (1901), eine humorvolle Parabel über die nationalen Befindlichkeiten im geteilten Polen, avanciert zu einem der meistgespielten Bühnenwerke seiner Zeit.

Asche und Diamant

Mit Gründung der Zweiten Republik 1918 entfaltet sich eine Vielzahl literarischer Stile. Die Kunst, von der Verpflichtung zur Errettung der Nation befreit, wird zum Experimentierfeld. Die Warschauer Gruppe **Skamander** um *Julian Tuwim* (1894–1953) und *Stefan Żeromski* (1864–1925) propagiert eine Literatur um der Literatur Willen. 1925 gründet *Żeromski* den polnischen PEN-Club.

Der Name der Krakauer Gruppe **Awandgarda** um *Witold Gombrowicz* (1904–1969), *Bruno Schulz* (1892–1942) und *Stanisław Ignacy Witkiewicz* (1885–1939) ist ihr Programm. Die drei zählen heute zu den wichtigsten Schriftstellern der polnischen Moderne. Wie vor ihm *Wyspiański*, ist auch *Witkiewicz*, der unter dem Künstlernamen **Witkacy** Berühmtheit erlangt, ein begnadetes Multitalent: Maler, Zeichner und Fotograf, Philosoph, Kunsttheoretiker, Dramatiker und Romancier, dessen umfangreiches Werk sich mit den Gefahren des Totalitarismus und der Freiheit der Menschen beschäftigt. Am Tag nach dem Einmarsch der Roten Armee in Ostpolen nimmt sich *Witkacy* 1939 aus Ver-

zweiflung das Leben. *Bruno Schulz*, der in seinen Erzählungen „Die Zimtläden" die Welt der jüdischen Schtetl unvergessen macht, wird 1942 im Getto von einem Nazi-Schergen erschossen.

Asche oder Diamant, in welcher Gestalt würde Polens Zukunft erscheinen? Kaum ein Land hatte im Zweiten Weltkrieg so entsetzlich gelitten wie Polen. **„Asche und Diamant"** heißt denn auch der **Klassiker** schlechthin der polnischen Nachkriegsliteratur. 1948 erscheint der Roman aus der Feder von *Jerzy Andrzejewski* (1909–1983). Ein Jahr später erhebt der polnische Schriftstellerverband den **Sozialistischen Realismus** zur künstlerischen Doktrin. *Andrzejewski* steigt zu einem seiner führenden Protagonisten auf. Doch des Dichters Begeisterung hält nicht allzu lange an. 1957 erscheint sein Roman „Finsternis bedeckt die Erde" über die Schrecken der spanischen Inquisition – eine Abrechnung mit der Stalin-Ära und zugleich der Beginn der polnischen „Tauwetterliteratur".

„Tauwetterliteratur"

Das Tauwetter nach dem Tod *Stalins* bringt eine neue Autoren-Generation hervor, beispielsweise Querdenker wie *Stanisław Jerzy Lec* (1909–1966), dessen „Unfrisierte Gedanken" (1959) auch auf dem deutschen Buchmarkt Erfolge feiern. *Stanisław Lem* (1921–2006) ist zweifellos einer der ganz Großen in der Geschichte der Science-Fiction-Literatur. Den Dramatiker und Prosaschriftsteller *Tadeusz Róźewicz* (1921–2014) halten nicht nur in Polen eine Vielzahl von Kritikern für einen der heißesten Kandidaten für den Literatur-Nobelpreis. Der Dramatiker und Satiriker *Sławomir Mrożek* (1930–2013) ist der beliebteste Prosaiker und meistgespielter zeitgenössischer Dramatiker Polens. *Zbigniew Herbert* (1924–1998), Lyriker, Dramatiker und Essayist, wurde mit zahllosen nationalen und internationalen Literaturpreisen überschüttet und posthum als bester Nachkriegslyriker mit der höchsten polnischen Auszeichnung, dem Orden des Weißen Adlers, geehrt.

Noch unter der stalinistischen Knute verlässt 1951 **Czesław Miłosz** (1911–2004) das Land, lebt erst in Frankreich und lässt sich 1960 in den Vereinigten Staaten nieder. Im Anschluss an den das ganze Land in seinen Grundfesten erschütternden Streik-Sommer der Solidarność 1980 überreicht das Osloer Komitee *Miłosz*, „der mit kompromissloser Klarsicht der Stellung des Menschen in einer Welt von schweren Konflikten Ausdruck verleiht", den **Nobelpreis** für Literatur. Noch bis zur Wende 1989 können seine Gedichte, Romane und Erzählungen nur illegal unter dem Ladentisch weitergereicht werden, ebenso wie die Romane von *Andrzej Szczypiorski* (1928–2000) oder die Gedichte *Wisława Szymborskas* (1923–2012). *Drugi brieg* („zweiten Umlauf") nannte man diesen heimlichen Weg der Bücherverbreitung.

1996 nimmt **Wisława Szymborska** als jüngstes Mitglied im polnischen Dichter-Olymp den Literatur-Nobelpreis entgegen. In den 1980er Jahren im Solidarność-Untergrund aktiv, ehrt sie das Nobelpreis-Komitee „als Mozart der Poesie", die in ihrem Werk „ironisch-präzise den historischen und biologischen Zusammenhang in Fragmenten menschlicher Wirklichkeit hervortreten lässt."

Polnische Gegenwartsliteratur

Heute wird kein Schriftsteller mehr von der politischen Zensur bedroht und muss eine Sprache zwischen den Zeilen finden. Das bedeutet aber auch, eine neue Sprache zu finden. So hat sich die jüngste Autoren-Generation auf den Weg gemacht, z.B. **Olga Tokarczuk** (*1962). Gleich ihr Debütroman „Reise der Buchmenschen" (1993) bringt ihr große Aufmerksamkeit ein, und mit „Ur und andere Zeiten" (1996) gelingt ihr auch in der internationalen Lesegemeinde der Durchbruch.

Seit Anfang des 3. Jahrtausends wirbelt **Dorota Masłowska** (*1983) die polnische Literaturszene auf. 2002 erscheint ihr Erstling „Schneeweiß und Russenrot", den das Schriftsteller-Küken bereits als 18-Jährige schrieb und den die Kritik als ein ebenso poetisches wie punkiges Subkulturporträt feierte. *Masłowskas* zweiter, im zynischen Hiphop-Stil vorgetragener Roman „Die Reiherkönigin" (2005), der sich mit der Warschauer Medien- und Konsumschickeria befasst, spaltet die Leserschaft in glühende Verehrer und entschiedene Gegner.

Als Pazifist und Armee-Deserteur kassierte **Andrzej Stasiuk** (*1960) sechs Monate Gefängnisaufenthalt. Seine Knast-Erlebnisse schildert er drastisch im Erzählband „Die Mauern von Hebron" (1992) und wird damit zum Star der jungen polnischen Literaturszene. **Pawel Huelle** (*1957) macht sich mit seinem Erstlingswerk „Weiser Dawidek" (1987) sofort einen Namen und wird in viele Sprachen übersetzt. Es folgen 1991 „Schnecken, Pfützen, Regen und andere Geschichten aus Danzig", die jenseits von Heimatduseleien die Beziehung der deutschen zur polnischen Geschichte der alten Hansestadt in ihrer Kontinuität wieder herstellen. **Stefan Chwin** (*1949) wird, wie *Pawel Huelle,* als poetischer Chronist der deutsch-polnischen Geschichte Danzigs bekannt. Sein Roman „Hanemann" (1995), auf Deutsch unter dem Titel „Tod in Danzig" erschienen, gilt als die schönste Liebeserklärung eines in Danzig aufgewachsenen Polen an die ehemals deutsche Hansestadt.

Malerei, Musik und Film

Malerei, Fotografie und Plakatkunst

Noch viel mehr als die polnische Literatur war im „langen 19. Jahrhundert" die Malerei in den Dienst der von der Landkarte gefegten Nation gestellt. Die Palette umfasste nationalromantisch historische und heroische Themen, man malte im Auftrag der **patriotischen Mission.** Die Darstellung des Kościuszko-Aufstands 1794 von *Piotr Michałowski* (1800–1855) und das Monumentalgemälde „Schlacht bei Grunwald" des herausragenden polnischen Malers jener Epoche, *Jan Matejko* (1838–1893), erlangten weltweite Bekanntheit, ebenso wie der Ausspruch *Matejkos,* dass die Kunst „gewissermaßen eine Waffe" sei und „die Trennung der Kunst von der Heimatliebe unzulässig!"

Der Matejko-Schüler, Schriftsteller, Dramatiker, Maler, Zeichner und Regisseur **Stanisław Wyspiański** (1869–1907) begründet die **Moderne** in der polnischen Kunst. Er revolutioniert das Theater, modernisiert die Gebrauchskunst und verknüpft in seinem bildnerischen Werk Ausdrucksformen des Jugendstils und des Symbolismus mit Elementen der polnischen Volkskunst. Seine Ausstattung der Krakauer Franziskanerkirche zählt zu den schönsten Beispielen der modernen Dekorationskunst.

Stanisław Ignacy Witkiewicz (1885–1939), **Witkacy** genannt, ist das zweite Multitalent dieser Zeit, Dramatiker, Kunsttheoretiker, Maler und Fotograf. Im Sinne seiner Theorie der „reinen Form" entstehen surreal-expressive Kompositionen und apokalyptische Visionen, nicht selten unter Rauschgifteinfluss. 1939 wählt er den Freitod und hinterlässt neben seinem künstlerischen und dramatischen Werk außerdem ein bedeutendes Œuvre experimenteller Fotografie.

Experimentelle Offenheit kennzeichnet die Tauwetter-Periode nach dem Tod *Stalins* ab Mitte der 1950er Jahre. In Polen bringt sie eine ganz eigene Symbiose von Gebrauchskunst und bildender Kunst hervor, die **Plakatkunst,** mit **Henryk Tomaszewski** (1914–2005) als Nestor und führendem Exponenten der polnischen Plakat-Schule. Dem internationalen Siegeszug der Plakatkunst tragen das 1968 in Warschau eröffnete Plakatmuseum und die bereits seit 1966 veranstaltete Plakat-Biennale Rechnung. Und auch manche Vertreter der jungen Künstler-Generation knüpfen daran an. So etwa *Piotr Młodożeniec* (*1956) und *Marek Sobczyk* (*1955), die unter dem Logo „Za Fryki" zusammen Plakate kreieren.

Weltruhm erlangte der Fotograf **Ryszard Horowitz** (*1939), Auschwitz-Überlebender und in den USA lebender polnischer Künstler, einer der wichtigsten Fotokünstler des 20. Jh. und mehrmals zum besten Fotografen der Vereinigten Staaten gekürt. Internationale Erfolge feiert auch die Bildhauerin **Magdalena Abakanowicz** (*1930). Ihre Wandtextilien, Skulpturen und Installationen werden weltweit mit Auszeichnungen bedacht.

Musik – Patriotisches, Avantgardistisches, Jazz

Fryderyk Franciszek Szopen (1810–1849) ist es, der die Klänge seiner Heimat, die Volkstänze, Polonaisen und Mazurkas, in den europäischen Konzertsälen salonfähig macht. Besser bekannt als **Frédéric Chopin,** wird der große Komponist und Klaviervirtuose im Pariser Exil zum musikalischen Botschafter Polens.

Viele Elemente der polnischen Volksmusik verarbeitet auch der neun Jahre jüngere **Stanisław Moniuszko** (1819–1872) in seinem Werk. Es findet im Ausland kaum größere Beachtung, doch *Moniuszkos* Vertonungen von Gedichten *Adam Mickiewicz'* macht ihn in den Teilungsgebieten zum beliebtesten Kompo-

▷ Straßenmusiker in Danzig

nisten. 1854 wird seine tragische Oper „Halka" uraufgeführt und avanciert sofort zur polnischen Nationaloper. Sein Begräbnis 1872 in Warschau gerät zur politischen Demonstration, und bis heute zählen die Arien aus „Halka" zum Repertoire jedes polnischen Opernsängers.

Die Verschmelzung von Tonkunst und Politik verkörpert **Ignacy Jan Paderewski** (1860–1941). Dem Einfluss des Komponisten und begnadeten Pianisten ist es mit zu verdanken, dass die Polen-Frage am Ende des Ersten Weltkriegs Eingang in US-Präsident *Wilsons* 14-Punkte-Plan fand. 1919 wird *Paderewski* polnischer Ministerpräsident, 1940 steht er als Präsident dem Exilparlament vor. Zu seinen bekanntesten Werken gehört die Oper „Manru" (1901), mehr noch wird er aber als Klavierkünstler berühmt. Nach *Franz Liszt* gilt er als der beste Pianist seiner Zeit.

Von polnischen Volksweisen inspiriert sind auch die Opern und Sinfonien von **Karol Szymanowski** (1882–1937), der, zugleich von der Kunst *Ravels* und *Strawinskis* beeinflusst, zum Vater der musikalischen Moderne in Polen wird.

Die Schrecken des Zweiten Weltkriegs, die Besatzung und der Holocaust prägen die polnische Musik in der Nachkriegszeit. Das Oratorium „Dies Irae" zum Gedenken an die Opfer von Auschwitz, das „Polnische Requiem" und „Threnos – für die Opfer von Hiroshima" finden weltweit Gehör. Sie stammen aus der Feder von **Krzysztof Penderecki** (*1933), der mit Clustern und Viertelton-Frequenzdifferenzen – klangliche Provokationen im Spannungsfeld zwischen Musik und Geräusch – bereits in den 1950er Jahren zum Shootingstar der internationalen musikalischen Avantgarde aufsteigt. Als einer der wenigen Avantgardisten findet Pendereckis unglaublich umfangreiches, vielfältiges Werk sogar bei einem breiten Publikum Gehör. Seine Kompositionen werden

ebenso an der Met in New York wie an der Mailänder Scala und im Salzburger Festspielhaus aufgeführt.

Wenn man von Musik in Polen spricht, darf natürlich der **Jazz** nicht fehlen. Was in der Nachkriegszeit in Kellern und Hinterhofschuppen als musikalischer Aufstand gegen den von oben verordneten sozialistischen Gleichklang begann, entwickelte sich schnell zur musikalischen Volksbewegung. Bereits 1956 fand in Sopot an der Danziger Bucht ein erstes großes Jazz-Festival statt, Vorläufer des Warschauer „Jazz Jamboree", das heute zu den ältesten und renommiertesten Veranstaltungen dieser Art in Europa zählt.

Berühmte polnische **Jazz-Musiker** sind u.a. der Trompeter, Komponist und Dixielander *Henryk Majewski* (1936–2005) sowie der Free-Jazzer *Tomasz Stańko* (*1942). Früh gestorben ist Polens Jazzheiliger **Krzysztof Komeda** (1931–1969), der dieser Musikrichtung zahlreiche neue Impulse verlieh und in seinen Bands das Who is Who der polnischen Jazz-Szene versammelte: von *Zbigniew Namysłowski* und *Tomasz Stańko* über *Michał Urbaniak* bis *Jan Ptaszyn Wróblewski*. Als 25-Jährigem gelang *Komeda* 1956 beim Jazzfestival von Sopot der Durchbruch. Zwei Jahre später schrieb er die Musik für den ersten Film von *Roman Polanski*. Zahlreiche weitere Kompositionen folgten für nahezu alle namhaften polnischen Regisseure und schließlich für Hollywood. Darunter die Filmmusik 1968 für *Polanskis* Welterfolg „Rosemaries Baby".

Das jüngste Kapitel in der polnischen Jazzmusik hat die 1988 gegründete Gruppe **Miłość** um den Gitarristen *Tymon Tymański* (*1968) und den gefeierten Pianisten *Leszek Mozdzer* (*1971) aufgeschlagen. Sie machen „Yass", ein Crossover aus Rock, Neuer Welle und Free-Jazz, gemischt mit surrealistisch instrumentalem Theater und – das darf in Polen nicht fehlen – Poesie.

Polnischer Film – zwischen Łódź und Hollywood

Polnische Filmemacher arbeiten in der Liga der Weltbesten. *Roman Polanski, Andrzej Wajda, Krzysztof Zanussi, Krzysztof Kieślowski* und *Agnieszka Holland*, um nur die bekanntesten zu nennen, begeistern Millionen von Kinofans auf der ganzen Welt. Sie alle absolvierten die berühmte Filmhochschule in Łódź (Lodz), wo 1899 im Kino „Iluzjon" auch die Bilder in Polen laufen lernten.

Roman Polanskis (*1933) erster Erfolg stellt sich 1958 mit „Zwei Männer im Schrank" in den nationalen Filmtheatern ein. Da ist er gerade mal 25 Jahre alt. Fünf Jahre später verlässt der Überlebende des Krakauer Gettos das Land wegen antisemitischen Schmähungen und der rigiden Zensur. Mit „Tanz der Vampire" und „Rosemaries Baby" gelingt ihm Ende der 1960er Jahre in Hollywood der Durchbruch. Er dreht zahlreiche Welterfolge, darunter „Chinatown", den die Film Academy gleich elf Mal für den Oscar nominiert. Angebote, die den Holocaust thematisieren, lehnt er dagegen ab, so etwa für die Regie zum Film „Schindlers Liste", den dann *Steven Spielberg* realisiert. Erst Anfang des neuen Jahrtausends kehrt *Polanski* nach Polen zurück, um das Leben des Pianisten Władysław Szpilman im Warschauer

Malerei, Musik und Film

Getto auf die Leinwand zu bannen. 2003 wird er für „Der Pianist" mit dem Regie-Oscar ausgezeichnet.

Für sein umfangreiches Lebenswerk erhält im Jahr 2000 **Andrzej Wajda** (*1926) den Oscar. Sein erstes international gefeiertes Meisterwerk ist 1958 „Asche und Diamant" nach dem Roman von *Jerzy Andrzejewski*. Und so viele internationale Produktion *Wajda* fortan dreht – darunter „Danton" mit *Gérard Depardieu* in der Hauptrolle, „Die Dämonen" nach *Dostojewski* mit *Isabelle Huppert* und *Omar Sharif*, „Eine Liebe in Deutschland" mit *Hanna Schygulla* –, widmet er sich immer wieder auch der Verfilmung polnischer Literatur: 1973 „Die Hochzeit" nach dem gleichnamigen Theaterstück *Stanisław Wyspiańskis*, 1995 „Das gelobte Land" nach dem Roman von *Władysław Reymont,* die ihm zwei Oscar-Nominierungen einträgt, und 1998 schließlich die Monumentalverfilmung von *Adam Mickiewicz'* Nationalepos „Pan Tadeusz" – weltweit kein Kassenschlager, aber in Polen schlägt der Film mehr als fünf Millionen Zuschauer in seinen Bann.

Zahlreiche Auszeichnungen werden auch *Krzysztof Zanussi* (*1939) für seine Filme zuteil. So die Goldenen Löwen der Filmfestspiele in Venedig 1984 für „Das Jahr der ruhigen Sonne" und 2000 für „Das Leben als eine geschlechtlich übertragene tödliche Krankheit".

Krzysztof Kieślowski (1941–1996) wird durch seinen „Dekalog" weltbekannt, einen Zyklus von zehn Filmen, die thematisch um die zehn Gebote und ihre Bedeutung zur Zeit des Kriegsrechts und des Solidarność-Verbots in den 1980er Jahren kreisen. Der fünfte Teil dieser Reihe, „Ein kurzer Film über das Töten", erschüttert 1988 in Cannes selbst die hartgesottene Filmkritik und führt zu *Kieślowskis* kometenhaftem Aufstieg nicht nur beim Publikum, sondern sogar in der Filmfachwelt. Seine Trilogie „Drei Farben" zählt heute zu den wichtigsten Produktionen der europäischen Filmgeschichte. Ein Goldener Löwe 1993 für „Drei Farben: Blau", ein Silberner Bär 1994 für „Drei Farben: Weiß", eine Oscar-Nominierung 1994 für „Drei Farben: Rot" gehören zu den unzähligen Ehrungen des Regisseurs, der 1996 leider viel zu früh starb.

Drei Oscar-Nominierungen – 1986 für „Bittere Ernte", 1990 für „Hitlerjunge Salomon" und 2012 für „In Darkness" kann **Agnieszka Holland** (*1949) für sich verbuchen. Die gebürtige Warschauerin, die ihre Karriere als Regieassistentin von *Krzysztof Zanussi* und *Andrzej Wajda* begann, zählt zu den wenigen ausländischen Regisseurinnen, die den Sprung nach Hollywood geschafft haben. Als bester fremdsprachiger Film wurde „Hitlerjunge Salomon" 1992 mit einem Golden Globe ausgezeichnet.

Autorin | 600
Literaturtipps | 568
Ortsnamenkonkordanz | 570
Register | 586
Sprachhilfe | 564

19 Anhang

Dieses Kapitel bietet einen kleinen Einblick in die Besonderheiten der polnischen Sprache und gibt Literaturtipps für alle, die mehr über Sprache, Land und Leute erfahren möchten. Für historisch Interessierte folgt eine Ortsnamenkonkordanz zum nördlichen Landesteil. Im ausführlichen Register findet man sicher den gesuchten Begriff.

◁ Von diesem Steg möchte man sich doch sofort in die Fluten stürzen ...

Sprachhilfe

... Familie der **westslawischen Sprachen**. Es ist eine sehr alte Sprache, die sich über viele Jahrhunderte nahezu unverändert bewahrt hat und von allen slawischen Sprachen dem Altkirchenslawischen am nächsten steht.

Am schwierigsten erscheinen Nicht-Polen gewiss die immensen **Konsonantenanhäufungen**. Wie soll man bloß die Stadt Międzyrzecz aussprechen? Die Bemühungen enden meistens damit, dass man jede zweite Stadt irgendwann kurzerhand „Wrtschibitsch" nennt.

Doch selbst großen Geistern wollte die Sache mit der polnischen Aussprache nicht recht gelingen. Das berühmteste Beispiel ist in *Heinrich Heines* „Schnabelipowski-Memoiren" zu lesen: Den Diener der Familie taufte der Dichter schlicht „Prrschtzztwitsch".

Die Polen **wissen um ihre schwierige Sprache** und geraten vor Freude schier aus dem Häuschen, wenn es einem Ausländer gelingt, den folgenden Satz wenigstens halbwegs flüssig zu formulieren: „W Szczebrzeszynie chrząszcz brzmi w trzcinie." (In Szczebrzeszyn brummt ein Käfer im Schilf.) Die richtige Aussprache lautet: „F Schtschebscheschünnje chschonschtsch bschmi f tschtchinje."

Wer für unterwegs wenigstens ein bisschen **Polnisch lernen** möchte, dem sei das Buch **„Polnisch – Wort für Wort"** von Bob Ordish aus der Kauderwelsch-Reihe empfohlen, erschienen im REISE KNOW-HOW Verlag. Es ist speziell für Reisende konzipiert und enthält neben einer grundlegenden Grammatik reisetypische Beispielsätze und Vokabeln. Die wichtigsten Sätze und Redewendungen aus dem Konversationsteil dieses Buches werden auf der ebenfalls bei REISE KNOW-HOW erschienenen CD **AusspracheTrainer Polnisch** bzw. auf der CD-ROM **Kauderwelsch digital Polnisch** hörbar.

Aussprache

ą	wie französisch „on"
ę	wie französisch „t**ein**t"
y	ein Laut zwischen kurzem „**i**" (wie „B**i**tte") und kurzem „**e**" (wie Gab**e**"); gelingt am besten, wenn man die Zunge in den Gaumen zurückzieht
o	offen wie „**o**" in „**o**ffen"
ó	wie „**u**" in „Schn**u**rrbart"
ł	wie das englische „**w**" in „**w**ater"
ń	wie ein weiches „**nj**" in „A**nj**a"
c	wie „**ts**" in „**Z**eit"
ch	wie „**ch**" in „hu**ch**"
h	wie „**ch**" in „hu**ch**"
ć	wie „**tsch**" in „Ki**tsch**"
cz	auch ein „**tsch**", wird aber etwas härter ausgesprochen, wie „**Tsch**üss"
s	scharf wie „**ss**" in „Ku**ss**"
ś	„**sch**" wie in „**Sch**ale"
sz	auch ein „**sch**", nur ein bisschen härter, wie bei einem wütenden „**Sch**itt!"
szcz	„**schtsch**"; dafür ist uns leider kein Beispiel eingefallen ...
z	ein weiches „**s**", wie in „**s**ausen"
ź	wie französisch „**j**alousie"
ż	ähnlich wie „**ź**", nur ein bisschen härter, wie französisch „**g**endarme"
rz	wie „**ż**"
dz	am Anfang des Wortes „**ds**" (mit weichem „**s**"), am Ende „**ts**" (wie „Wu**tz**")
dż	am Anfang des Wortes „**dsch**", am Ende „**tsch**"
dź	wie „**dsch**" in „**Dsch**ungel"

Schilder und Hinweistafeln

- Artykuły spożywcze — Lebensmittel
- Basen — Schwimmbad
- Benzyna bezołowiowa — bleifreies Benzin
- Biuro zakwaterowania — Zimmervermittlung
- dla Pań — Damen(toilette)
- dla Panów — Herren(toilette)
- Godziny przyjęć — Sprechstunden
- Kantor — Wechselstube
- Kasa biletowa — Kartenkasse
- Koniec — Ende (Verkehrsbeschränkung)
- Lekarz — Arzt
- Objazd — Umleitung
- Otwarty — geöffnet
- Parking strzeżony — bewachter Parkplatz
- Poczta — Post
- Pogotowie Ratunkowe — Erste Hilfe
- Pokój — Zimmer frei
- Policja — Polizei
- Przejście wzbronione — Durchgang verboten
- Restauracja — Restaurant
- Roboty drogowe — Straßenbauarbeiten
- Skansen — Freilichtmuseum
- Stacja benzynowa — Tankstelle
- Stacja obsługi — Autowerkstatt
- Uwaga! — Achtung!
- Wejście — Eingang
- Wyjazd — Ausfahrt
- Wypożyczalnia — Verleih
- zamknięty — geschlossen
- Znaczek pocztowy — Briefmarke

Die wichtigsten Fragen

- Sprechen Sie Deutsch? — Czy pan (pani) mówi po niemiecku?
- Englisch? — po angielsku?
- Französisch? — po francusku?
- Haben Sie Zimmer frei? — Czy są wolne pokoje?
- Können Sie mir bitte helfen? — Proszę o pomoc?
- Wann ist ... geöffnet — Kiedy ... jest otwarte?
- Was kostet das? — Ile to kosztuje?
- Wie komme ich nach ..? — Jak dojść do ..?
- Wie viel Uhr ist es? — Która godzina?
- Wo befindet sich ..? — Gdzie znajduje się ..?

Höflichkeitsfloskeln

- Guten Tag — Dzień dobry
- Auf Wiedersehen — Do widzenia
- bitte — proszę
- danke — dziękuję
- Frau — pani
- Herr — pan
- ja — tak
- nein — nie
- Entschuldigung! — przepraszam!
- Ich verstehe Sie nicht — Nie rozumiem
- Ich spreche leider kein Polnisch — Niestety, nie mówię po polsku

Kleine Sprachhilfe

Zahlen

1 jeden
2 dwa
3 trzy
4 cztery
5 pięć
6 sześć
7 siedem
8 osiem
9 dziewięć
10 dziesięć

Die Wochentage

- Montag — poniedziałek
- Dienstag — wtotek
- Mittwoch — środa
- Donnerstag — czwartek
- Freitag — piątek
- Samstag — sobota
- Sonntag — niedziela

Essen und Trinken

- Brot — Chleb
- Zucker — Cukier
- Geflügel — Drób
- Kartoffeln — Kartofle (ziemniaki)
- Kaffee — Kawa
- Wurst — Kiełbasa
- Limonade — Lemoniada
- Butter — Masło
- Fleisch — Mięso
- Milch — Mleko
- Obst — Owoce
- Pfeffer — Pieprz
- Bier — Piwo
- Fisch — Ryba
- Käse — Ser
- Salz — Sól
- Gemüse — Warzywa
- Mineralwasser — Woda mineralna

Speisekarte — jadłospis

- Przekąska — Vorspeise
- Zupa — Suppe
- Główne danie — Hauptgericht
- Dodatki — Beilagen
- Desery — Nachspeisen

Vorspeise — przekąska

- Galareta — Sülze
- Ozorek w galarecie — Zunge in Aspik
- Pasztet — Pastete
- Ryba w galarecie — Fisch in Aspik
- Salatka śledziowa — Heringssalat
- Śledź w majonezie/oliwie — Hering in Mayonnaise/Öl

Suppe — zupa

- Barszcz czerwony — Rote-Bete-Suppe
- Chłodnik — kalte saure Suppe mit Gemüse
- Flaki — Kaldaunensuppe
- Kapuśniak — Sauerkrautsuppe
- Rosół — Fleischbrühe
- Żur — saure Roggenmehlsuppe

Teigwaren und Gemüsegerichte — potrawy mączne i z jarzyn

- Bigos — Sauerkraut mit gedünstetem Fleisch
- Gołąbki — Kohlrouladen
- Kasza gryczana — Buchweizengrütze
- Kluski — Nudeln
- Knedle — Knödel
- Pierogi — gefüllte Teigtaschen

Kleine Sprachhilfe

Fleischgerichte	potrawy mięsne
Baranina	Hammel
Befsztyk	Beefsteak
Bryzol (kotlet) schabowy	Schweineschnitzel (-kotelett)
Cielęcina	Kalbfleisch
Gulasz	Gulasch
Kiełbasa smażona	Bratwurst
Móżdżek	Hirn
Ozór	Zunge
Stek wotowy	Rindersteak
Rolada	Roulade
Stek	Steak
Szaszłyk	Schaschlik
Sztuka mięsa	gekochtes Rindfleisch
Wątróbka	Leber
Wieprzowina	Schweinefleisch
Wołowina	Rindfleisch

Wild, Geflügel	dziczyzna, drób
Gęś pieczona	Gänsebraten
Kaczka pieczona	Entenbraten
Królik	Kaninchen
Kurczę	Hähnchen
Pieczeń z dzika	Wildschweinbraten
Pieczeń z sarny	Rehbraten
Pieczeń z zająca	Hasenbraten

Fisch, Schalentiere	ryby, skorupiaki
Dorsz	Dorsch
Gładzica	Scholle
Karp	Karpfen
Krewetki	Krabben
Łosoś	Lachs
Okoń	Barsch
Pstrąg	Forelle
Sandacz	Zander
Sielawa	Maräne
Szczupak	Hecht
Śledź	Hering
Węgorz	Aal

Gemüse, Beilagen	jarzyny dodatki
Borowiki	Steinpilze
Buraczki	Rote Bete
Cebulka smażona	Röstzwiebeln
Fasola	Bohnen
Frytki	Pommes
Groch	Erbsen
Kapusta	Kohl
Kartofle (Ziemniaki)	Kartoffeln
Kurki	Pfifferlinge
Marchewka	Mohrrüben
Ogórki	Gurken
Pieczarki	Champignons
Pomidory	Tomaten
Pory	Porree
Sałatka	Salat
Selery	Sellerie
Szparagi	Spargel
Szpinak	Spinat
Ziemniaki w (zwody, smażone)	Salz-, Bratkartoffeln

Nachspeisen	desery
Budyń	Pudding
Kompot	Kompott
Krem	Creme
Lody	Eis
Owoce	Früchte

Smacznego! **Guten Appetit!**

Literaturtipps

Geschichte und Politik

- *Bundeszentrale für politische Bildung (Hg.):* **Polen,** Bonn.

Ein Rückblick auf die Geschichte Polens sowie eine Bestandsaufnahme seiner aktuellen politischen, wirtschaftlichen und gesellschaftlichen Situation beim Aufbruch in das 21. Jahrhundert.

- *Fuhrmann, Rainer W.:* **Polen. Geschichte, Politik, Wirtschaft,** Fackelträger Verlag, Hannover.

Spannende, solide und umfassende Darstellung der politischen und ökonomischen Geschichte sowie der Gesellschaftsgeschichte Polens.

- *Jäger-Dabek, Brigitte:* **Polen. Eine Nachbarschaftskunde,** Bundeszentrale für politische Bildung, Bonn.

Ebenso profunde wie unterhaltsame Darstellung von Geschichte, Politik, Kultur und Alltagsleben unseres östlichen Nachbarn.

- *Krzemiński, Adam:* **Polen im 20. Jahrhundert,** Beck'sche Reihe, München.

Ein dramatischer historischer Essay über die wechselhafte Geschichte Polens im vergangenen Jahrhundert aus der Feder des bedeutenden polnischen Publizisten, politischen Kommentators und Intellektuellen *Krzemiński*.

- *Skorupski, Jan Stanisław:* **… um die Polen zu verstehen,** Aufbau Taschenbuch Verlag, Berlin.

Gespräche mit prominenten Politikern, Künstlern und Intellektuellen Polens.

- *Urban, Thomas:* **Polen,** C.H.Beck, München.

Polen in Geschichte und Politik aus der Sicht des langjährigen Osteuropa-Korrespondenten der Süddeutschen Zeitung.

- *Zimmerling, Dieter:* **Der deutsche Ritterorden,** Econ-Verlag, München.

Ausführliche Darstellung des Deutschen Ordens im Mittelalter, informativ, spannend und amüsant.

Land und Leute

- *Gawin, Izabella:* **KulturSchock Polen,** Reise Know-How Verlag Bielefeld.

Orientierungshilfe für Reisende, um die Erlebnisse in Polen leichter zu verstehen und in einen größeren Rahmen einzuordnen.

- *Knapp, Radek:* **Gebrauchsanweisung für Polen,** Piper Taschenbuch, München.

Pfiffig, witzig, schelmisch. Mit Augenzwinkern beschreibt der polnische Autor und Romancier seine Landsleute, ihre Sitten und Unsitten, Herausragendes, Denkwürdiges, Kurioses.

- *Kossert, Andreas:* **Masuren. Ostpreußens vergessener Süden,** Siedler, München.

Die ungeschminkte Geschichte Masurens als Grenzregion zwischen Deutschland und Polen seit der Eroberung der prußischen Stämme, auf dem neusten Forschungsstand und frei von jeglichem Nationalismus.

- *Krockow, Christian Graf:* **Die Reise nach Pommern,** dtv, München.

Erinnerungen, Eindrücke, Erzählungen über die historische Heimat seiner Familie, die Geschichte Pommerns, über Land und Leute, Vergangenheit und Gegenwart, aufgezeichnet vom Autor nach einer Reise 1984 durch Pommern.

Romane und Erzählungen

- *Andrzejewski, Jerzy:* **Asche und Diamant,** Heyne Verlag, München.

Ergreifender Roman über die Abgründe der menschlichen Seele und das Entstehen der realsozialistischen Macht in Polen am Ausgang des Zweiten Weltkriegs, leider zurzeit nur antiquarisch erhältlich.

- *Chwin, Stefan:* **Tod in Danzig,** Rowohlt Taschenbuch Verlag, Berlin.

Roman aus der Feder des 1949 in Danzig geborenen Literaturwissenschaftlers *Chwin* über die Jahre nach 1945 im kriegszerstörten Danzig, in dem sich die Geschichten der alten deutschen und neuen polnischen Bewohner verflechten.

■ *Marion Gräfin Dönhoff:* **Kindheit in Ostpreußen,** Siedler Verlag, Berlin.

Erinnerungen der publizistischen Grande Dame der Bonner Republik an ihre Kindheit als Spross einer alten ostpreußischen Adelsfamilie; ein persönliches und gleichermaßen zeitgeschichtliches Dokument, unsentimental und doch tief berührend.

■ *Marion Gräfin Dönhoff:* **Namen, die keiner mehr nennt,** Eugen Diederichs Verlag, Düsseldorf Köln.

Die berühmte Auseinandersetzung der Gräfin über den schmerzhaften Verlust ihrer alten ostpreußischen Heimat zu Gunsten der Anerkennung der Oder-Neiße-Linie als deutsch-polnische Friedensgrenze löste seinerzeit heftige Kontroversen aus.

■ *Grass, Günter:* **Die Blechtrommel,** dtv, München.

Grass' berühmter Danzig-Roman über den zwergwüchsigen Blechtrommler Oskar Matzerath, angesiedelt in der Zeit der Freien Stadt Danzig über Hitler-Deutschland und den Zweiten Weltkrieg bis in die westdeutsche Nachkriegszeit.

■ *Lenz, Siegfried:* So zärtlich war Suleyken, Fischer Verlag, Frankfurt a.M.

Geschichten von den masurischen Leutchen aus einer Zeit, die es längst nicht mehr gibt, zärtlich, amüsant, zum Schmunzeln. Lenz' kurze Erzählungen wurden damals ein Bestseller und gehören auch heute noch in jedes Reisegepäck.

■ *Masłowska, Dorota:* **Schneeweiß und Russenrot,** Kiepenheuer & Witsch, Köln.

Der Debüt-Roman, den die 1983 in Wejherowo geborene Popliteratin mit 18 Jahren verfasste, lautet mit Originaltitel „Polnisch-russischer Krieg unter weiß-rotem Banner". In politisch unkorrektem Wortsalven-Stakkato wird das Porträt einer perspektivlosen Jugend in einer ostpolnischen Kleinstadt gezeichnet, in der Andrzej von seiner Freundin verlassen wird und Drogen konsumiert, während Polen in der Fantasie der Menschen vermeintlich auf einen neuen Krieg gegen Russland zusteuert.

■ *Sienkiewicz, Henryk:* **Die Kreuzritter,** Area-Verlag, Erfstadt.

Packender Schmöker über den Konflikt der Deutschordensritter (die Bösen) gegen die polnische Krone und die polnischen Fürstentümer (die Guten) rund um die Schlacht bei Tannenberg/Grunwald im Jahr 1410, zugleich rührende Liebesgeschichte und fesselnder Abenteuerroman.

■ *Staemmler, Klaus* (Hg.): **Die Federn des weißen Adlers,** suhrkamp taschenbuch, Frankfurt.

Erzählungen von zeitgenössischen polnischen Dichtern aus 40 Jahren, leider nur noch antiquarisch zu bekommen.

■ *Surminski, Arno:* **Die Reise nach Nikolaiken,** Hoffmann und Campe, Hamburg.

Erzählungen aus Surminskis alter Heimat Masuren, herzzerreißend komisch und anrührend.

Sprachführer

■ *Ordish, Bob:* **Polnisch – Wort für Wort,** Reise Know-How Verlag, Bielefeld, aus der Reihe Kauderwelsch.

Sprachführer, speziell für Reisende konzipiert; begleitendes Audiomaterial (AusspracheTrainer) ist ebenfalls erhältlich, ebenso eine Version auf CD-ROM für den heimischen PC (Kauderwelsch Digital).

Ortsnamen-
konkordanz

Polnisch – Deutsch

B

Babięta	Babenten
Barczewo	Wartenburg
Barlinecko-Gorzowski Park Krajobrazowy	Berlinchen-Landsberger Landschaftspark
Barlinek	Berlinchen
Biały Bór	Baldenburg
Bisztynek	Bischofstein
Borne Sulinowo	Groß Born
Bory Tucholskie	Tucheler Heide
Braniewo	Braunsberg
Bukowo Morskie	See Buckow
Bursztynowe Wybrzeże	Bernsteinküste
Buszyniec	Buchwald
Bytów	Bütow

C

Cedynia	Zehden
Cedyński Park Krajobrazowy	Landschaftspark Zehden
Chałupy	Ceynowa
Chłopy	Bauerhufen
Chmielno	Ludwigsdorf
Chociwel	Freienwalde in Pommern
Chojna	Königsberg in der Neumark
Chojnice	Konitz
Czaplinek	Tempelburg
Czelin	Zellin
Czarci Ostrów	Teufelsinsel
Człuchów	Schlochau

D

Dąbki	Neuwasser
Darłówko	Rügenwaldermünde
Darłowo	Rügenwalde
Dobre Miasto	Guttstadt
Dobrzyca	Kordeshagen
Dolina Charlotty	Charlottental
Drawa	Drage
Drawno	Neuwedell
Drawski Park Krajobrazowy	Drawsko-Landschaftspark
Drawsko Pomorskie	Dramburg
Drogosze	Dönhoffstädt
Drwęca	Drewenz
Duninowo	Dünnow
Dylewska Góra	Kernsdorfer Höhe
Dźwirzyno	Kolberger Deep
Dziwna	Dievenow
Dziwnów	Berg Dievenow

E

Elbląg-Ostróda-Kanal	Oberländischer Kanal
Ełk	Lyck
Elbląg	Elbing

F

Frombork	Frauenburg

G

Galiny	Gallingen
Gąski	Funkenhagen
Gdańsk	Danzig
Gdynia	Gdingen
Gietrzwałd	Dietrichswalde
Giżycko	Lötzen
Głotowo	Glottau
Gniew	Mewe
Gołdap	Goldap
Goleniów	Gollnow
Góra Chełmska	Gollenberg
Góra Gosań	Gosanberg
Góra Kawcza	Kaffeeberg
Gozdowice	Güstebiese

Ortsnamenkonkordanz

Grunwald	Grünfelde	Jez. Mikołakji	Nikolaiker See
Gryfice	Greifenberg/Pommern	Jez. Miedwie	Madü-See
Gryfino	Greifenhagen	Jez. Modła	Modła-See
Gudowo	Baumgarten	Jez. Morzycko	Morzycko-See
		Jez. Narie	Narie-See
I		Jez. Nidzkie	Nieder-See
Iława	Deutsch Eylau	Jez. Niegocin	Löwentin-See
Ińsko	Nörenberg	Jez. Omulew	Omulew-See
		Jez. Orzysz	Orzysz-See
J		Jez. Pluszne	Plautziger See
Jantar	Pasewark	Jez. Radolne	Radolne-See
Jarosławiec	Jershöft	Jez. Rynskie	Rhein-See
Jastarnia	Putziger Heisternest	Jez. Sarbsko	Sarbsker See
		Jez. Skiertag	Scherting-See
Jastrzębia Góra	Habichtsberg	Jez. Śniardwy	Spirding-See
Jez. Bełdany	Beldahn-See	Jez. Święcajty	Schwenzait-See
Jez. Bukowo	Bukowo-See	Jez. Szymbarskie	Haus-See
Jez. Czos	Schoß-See	Jez. Tałty	Talter Gewässer
Jez. Dąbie	Dammscher See	Jez. Turkusowe	Türkissee
Jez. Dargin	Dargainen-See	Jez. Wdzydze	Wdzydze-See
Jez. Dobskie	Doben-See	Jez. Wdzydzki	Wdzydzki-See
Jez. Drawsko	Drawsko-See	Jez. Wicko	Vietzer See
Jez. Druzno	Drausen-See	Jez. Wielki Jeziorak	Großer Geserich-See
Jez. Drwęckie	Drewenz-See	Jurata	Danziger Heisternest
Jez. Duś	Duś-See		
Jez. Gardno	Garder See		
Jez. Gołun	Gołun-See	**K**	
Jez. Ińsko	Enzig-See	Kadyny	Cadinen
Jez. Jamno	Jamund-See	Kaliningrad	Königsberg
Jez. Jeleń	Jeleń-See	Kalisz Pomorski	Kallies
Jez. Jeziorak	Geserich-See	Kamień Pomorski	Cammin
Jez. Kisajno	Kissain-See	Kanal Mazurski	Masurischer Kanal
Jez. Klasztorne	Kloster-See	Kap Rozewie	Rixhöft
Jez. Kłokowskie	Kłokowskie-See	Karsibór	Caseburg
Jez. Kopań	Vitter See	Kartuzy	Karthaus
Jez. Łabap	Labap-See	Karwia	Karwen
Jez. Lampackie	Lampackie-See	Kąty Rybackie	Bodenwinkel
Jez. Lańskie	Lansker See	Kętrzyn	Rastenburg
Jez. Łebsko	Leba-See	Kluki	Klucken
Jez. Lubie	Lubie-See	Kołbacz	Kolbatz
Jez. Łuknajno	Luknainer See	Kołobrzeg	Kolberg
Jez. Mały Jeziorak	Kleiner Geserich-See	Kościerzyna	Berent
Jez. Mamry	Mauer-See	Koszalin	Köslin

Anhang

Krajnik Dolny	Niederkränig	Mrzeżyno	Treptower Deep
Krokowa	Krockow	Myślibórz	Soldin
Królikowo	Königsgut		
Krosno	Krossen	**N**	
Krutyń	Kruttinnen	Nakomiady	Eichmedien
Krutynia	Krutinna	Nidzica	Neidenburg
Krynica Morska	Kahlberg-Liep	Niechorze	Horst
Kuźnica	Kußfeld	Nogat	Nogat
Kwidzyn	Marienwerder	Noteć	Netze
Kwitajny	Quittainen	Nowęcin	Neuhof
L		**O**	
Łącka Góra	Lonske-Düne	Objazda	Wobesde
Łazy	Laase	Odra	Oder
Łeba	Leba	Olecko	Marggrabowa/ Treuburg
Lidzbark Warmiński	Heilsberg		
Lublin	Lebbin	Oliwa	Oliva
Łyna	Alle	Olsztyn	Allenstein
		Olsztynek	Hohenstein
M		Orłowo	Adlerhorst
Małe Swornegacie	Klein Schwornigatz	Orneta	Wormditt
Malbork	Marienburg	Orzysz	Arys
Mamerki	Mauerwald	Osetnik	Stilo-Katen
Martwa Wisła	Tote Weichsel	Osinów Dolny	Niederwutzen
Mazury	Masuren	Ostróda	Osterode
Mazury Garbate	Buckliges Masuren	Ostrykól	Ostrokollen
		Ostrzyce	Ostritz
Mazurski Park Krajobrazowy	Masurischer Landschaftspark	**P**	
Międzyzdroje	Misdroy	Park Krajobrazowy Dolina Dolnej Odry	Landschaftspark Unteres Odertal
Mielno	Großmöllen		
Mierzeja Wiślana	Weichsel-Nehrung, Frische Nehrung	Park Krajobrazowy Puszczy Rominckiej	Landschaftspark Rominter Heide
Międzywodzie	Heidebrink	Pasłęk	Preußisch Holland
Mieszkowice	Bärwalde	Pasłęka	Passarge
Mikołajki	Nikolaiken	Piaski	Neukrug
Miłomłyn	Liebemühl	Piecki	Peitschendorf
Mirachowo	Mirchau	Pieniężno	Mehlsack
Mirosławiec	Märkisch Friedland	Pisz	Johannisburg
Morąg	Mohrungen	Płonia	Plöne
Moryń	Mohrin	Pobierowo	Poberow
Morze Bałtyckie	Ostsee	Pobrzeże Kaszubski	Kaschubisches Küstenland
Mrągowo	Sensburg		

Ortsnamenkonkordanz

Pogorzelica	Fischerkaten	Siekierki	Zäckerick
Pojezierze Bytowskie	Bytower Seenplatte	Słobity	Schlobitten
		Słupsk	Stolp
Pojezierze Ełckie	Lycker Seenplatte	Smolajny	Schmolainen
Pojezierze Iławskie	Oberländische Seenplatte	Smołdzino	Schmolsin
		Sobieszewo	Neufähr
Pojezierze Kaszubski	Kaschubische Seenplatte	Sopot	Zoppot
		Sorkwity	Sorquitten
Pojezierze Mazurskie	Masurische Seenplatte	Stare Drawsko	Drahim
		Stare Łysogórki	Alt Lietzegöricke
Pojezierze Mrągowskie	Sensburger Seenplatte	Stargard Szczeciński	Stargard/Pommern
		Stębark	Tannenberg
Pojezierze Myślibórzkie	Myślibórz- Seenplatte	Stegna	Steegen
		Stoczek	Springborn
Pojezierze Pomorskie	Pommersche Seenplatte	Suwalski Park Krajobrazowy	Suwałki- Landschaftspark
Połczyn-Zdrój	Bad Polzin	Świbno	Schievenhorst
Popielno	Popiellnen	Świdwin	Schivelbein
Przelewice	Prillwitz	Świętajny	Schwentainen
Puck	Putzig	Święta Lipka	Heilige Linde
Puszcza Borecka	Borkener Forst	Świerzno	Schwirsen
Puszcza Goleniowska	Gollnower Heide	Świna	Swine
Puszcza Piska	Johannisburger Heide	Świnoujście	Swinemünde
Puszcza Romincka	Rominter Heide	Swołowo	Schwolow
Puszcza Wkrańska	Ueckermünder Heide	Swornegacie	Schwornigatz
Pyrzyce	Pyritz	Symsarna	Simser
		Szczecin	Stettin
R		Szczecinek	Neustettin
Recz	Reetz	Szczeciński Park Krajobrazowy Puszcza Bukowa	Stettiner Landschaftspark Buchheide
Reszel	Rößel		
Rewal	Rewahl		
Rowy	Rowe	Szczytno	Ortelsburg
Rożental	Rosenthal	Szeska Góra	Seesker Höhe
Ruciane-Nida	Rudschanny/ Niedersee	Sztum	Stuhm
		Sztutowo	Stutthof
Rychnowo	Reichenau	Sztynort	Steinort
Ryn	Rhein	Szymbark	Schönberg
S		**T**	
Sądry	Zondern	Tczew	Dirschau
Sarbinowo	Sorenbohm	Tolkmicko	Tolkemit
Sianowo	Schwanau	Trójmiasto	Dreistadt

Trójmiejski Park Krajobrazowy	Dreistädter Landschaftspark
Trzcińsko Zdrój	Bad Schönfließ
Trzebiatów	Treptow an der Rega
Trzęsacz	Hoff

U

Ukta	Ukta
Unieście	Nest
Ustka	Stolpmünde
Ustronie Morskie	Henkenhagen

W

Wałcz	Deutsch Krone
Wapnica	Kalkofen
Warmia	Ermland
Warmia-Mazury	Ermland-Masuren
Wdzydze Kiszewskie	Sanddorf
Wdzydzki Park Krajobrazowy	Wdzydzki-Landschaftspark
Węgorzewo	Angerburg
Węgorzyno	Wangerin
Wejherowo	Neustadt
Wiele	Wielle
Wieprza	Wipper
Wieżyca Góra	Turmberg
Wigierski Park Narodowy	Wigry-Nationalpark
Wisła	Weichsel
Władysławowo	Großendorf
Wogra	Wugger
Wojnowo	Eckertsdorf
Wolin	Wollin
Woliński Park Narodowy	Woliner Nationalpark
Wzgórze Zielonka	Grüner Hügel
Wzniesienia Elbląskie	Elbinger Höhen

Z

Zakota Gdańska	Danziger Bucht
Zalesie	Laatziger Ablage
Zalewo	Saalfeld
Zalew Wiślany	Frisches Haff
Zalew Kamieński	Camminer Bodden
Zalew Szczeciński	Stettiner Haff
Żarnowiec	Zarnowitz
Zatoka Pomorska	Pommersche Bucht
Zielin	Sellin
Złocieniec	Falkenburg
Złota Góra	Goldener Berg
Żuławy Wiślane	Weichselniederung
Żukowo	Zuckau

▣ Auf diesem Bootssteg kann man Beine und Seele gleichermaßen baumeln lassen

Ortsnamenkonkordanz

Deutsch – Polnisch

A

Adlerhorst	Orłowo
Alle	Łyna
Allenstein	Olsztyn
Alt Lietzegöricke	Stare Łysogórki
Angerburg	Węgorzewo
Arys	Orzysz

B

Babenten	Babięta
Bad Polzin	Połczyn-Zdrój
Bad Schönfließ	Trzcińsko Zdrój
Baldenburg	Biały Bór
Bärwalde	Mieszkowice
Bauerhufen	Chłopy
Baumgarten	Gudowo
Beldahn-See	Jez. Bełdany
Berent	Kościerzyna
Berg Dievenow	Dziwnów
Berlinchen	Barlinek
Berlinchen-Landsberger Landschaftspark	Barlinecko-Gorzowski Park Krajobrazowy
Bernsteinküste	Bursztynowe Wybrzeże
Bischofstein	Bisztynek
Bodenwinkel	Kąty Rybackie
Borkener Heide/Forst	Puszcza Borecka
Braunsberg	Braniewo
Buchwald	Buszyniec
Buckliges Masuren	Mazury Garbate
Bukowo-See	Jez. Bukowo
Bütow	Bytów
Bytower Seenplatte	Pojezierze Bytowskie

C

Cadinen	Kadyny
Cammin	Kamień Pomorski
Camminer Bodden	Zalew Kamieński
Caseburg	Karsibór
Cedyński-Landschaftspark	Cedyński Park Krajobrazowy
Ceynowa	Chałupy
Charlottental	Dolina Charlotty

D

Dammscher See	Jez. Dąbie
Danzig	Gdańsk
Danziger Bucht	Zakota Gdańska
Danziger Heisternest	Jurata
Dargainen-See	Jez. Dargin
Deutsch Eylau	Iława
Deutsch Krone	Wałcz
Dietrichswalde	Gietrzwałd
Dievenow	Dziwna
Dirschau	Tczew
Doben-See	Jez. Dobskie
Dönhoffstädt	Drogosze
Drage	Drawa
Drahim	Stare Drawsko
Dramburg	Drawsko Pomorskie
Drausen-See	Jez. Druzno
Drawsko-Landschaftspark	Drawski Park Krajobrazowy
Drawsko-See	Jez. Drawsko
Dreistadt	Trójmiasto
Dreistädter Landschaftspark	Trójmiejski Park Krajobrazowy
Drewenz	Drwęca
Drewenz-See	Jez. Drwęckie
Dünnow	Duninowo
Duś-See	Jez. Duś

E

Eckertsdorf	Wojnowo
Eichmedien	Nakomiady
Elbing	Elbląg
Elbinger Höhen	Wzniesienia Elbląskie
Enzig-See	Jez. Ińsko
Ermland	Warmia
Ermland-Masuren	Warmia-Mazury

Ortsnamenkonkordanz

F

Falkenburg	Złocieniec
Fischerkaten	Pogorzelica
Frauenburg	Frombork
Freienwalde in Pommern	Chociwel
Frische Nehrung, Weichsel-Nehrung	Mierzeja Wiślana
Frisches Haff	Zalew Wiślany
Funkenhagen	Gąski

G

Gallingen	Galiny
Garder See	Jez. Gardno
Gdingen	Gdynia
Geserich-See	Jez. Jeziorak
Glottau	Głotowo
Goldap	Gołdap
Goldener Berg	Złota Góra
Gollenberg	Góra Chełmska
Gollnow	Goleniów
Gollnower Heide	Puszcza Goleniowska
Gołun-See	Jez. Gołun
Gosanberg	Góra Gosań
Greifenberg in Pommern	Gryfice
Greifenhagen	Gryfino
Groß Born	Borne Sulinowo
Großendorf	Władysławowo
Großer Geserich-See	Jez. Wielki Jeziorak
Großmöllen	Mielno
Grüner Hügel	Wzgórze Zielonka
Grünfelde	Grunwald
Güstebiese	Gozdowice
Guttstadt	Dobre Miasto

H

Habichtsberg	Jastrzębia Góra
Haus-See	Jez. Szymbarskie
Heidebrink	Międzywodzie
Heilige Linde	Święta Lipka
Heilsberg	Lidzbark Warmiński
Henkenhagen	Ustronie Morskie
Hoff	Trzęsacz
Hohenstein	Olsztynek
Horst	Niechorze

J

Jamund-See	Jez. Jamno
Jeleń-See	Jez. Jeleń
Jershöft	Jarosławiec
Johannisburg	Pisz
Johannisburger Heide	Puszcza Piska

K

Kernsdorfer Höhe	Dylewska Góra
Kaffeeberg	Góra Kawcza
Kahlberg-Liep	Krynica Morska
Kalkofen	Wapnica
Kallies	Kalisz Pomorski
Karthaus	Kartuzy
Karwen	Karwia
Kaschubische Seenplatte	Pojezierze Kaszubski
Kaschubisches Küstenland	Pobrzeże Kaszubski
Kernsdorfer Höhe	Dylewska Góra
Kissain-See	Jez. Kisajno
Klein Schwornigatz	Małe Swornegacie
Kleiner Geserich-See	Jez. Mały Jeziorak
Kłokowskie-See	Jez. Kłokowskie
Kloster-See	Jez. Klasztorne
Klucken	Kluki
Kolbatz	Kołbacz
Kolberg	Kołobrzeg
Kolberger Deep	Dźwirzyno
Königsberg	Kaliningrad
Königsberg in der Neumark	Chojna
Königsgut	Królikowo
Konitz	Chojnice
Kordeshagen	Dobrzyca
Köslin	Koszalin
Krockow	Krokowa
Krossen	Krosno
Krutinna	Krutynia

Ortsnamenkonkordanz

Kruttinnen	Krutyń	Mewe	Gniew
Kußfeld	Kuźnica	Mirchau	Mirachowo
		Misdroy	Międzyzdroje
L		Modła-See	Jez. Modła
Laase	Łazy	Mohrin	Moryń
Laatziger Ablage	Zalesie	Mohrungen	Morąg
Labap-See	Jez. Łabap	Morzycko-See	Jez. Morzycko
Lampackie-See	Jez. Lampackie	Myślibórz-Seenplatte	Pojezierze Myślibórzkie
Landschaftspark Rominter Heide	Park Krajobrazowy Puszczy Rominckiej		
Landschaftspark Unteres Odertal	Park Krajobrazowy Dolina Dolnej Odry	**N**	
		Narie-See	Jez. Narie
		Neidenburg	Nidzica
Landschaftspark Zehden	Cedynski Park Krajobrazowy	Nest	Unieście
		Netze	Noteć
Lansker See	Jez. Lańskie	Neufähr	Sobieszewo
Leba	Łeba	Neuhof	Nowęcin
Leba-See	Jez. Łebsko	Neukrug	Piaski
Lebbin	Lublin	Neustadt	Wejherowo
Liebemühl	Miłomłyn	Neustettin	Szczecinek
Lonske-Düne	Łącka Góra	Neuwasser	Dąbki
Lötzen	Giżycko	Neuwedell	Drawno
Löwentin-See	Jez. Niegocin	Niederkränig	Krajnik Dolny
Lubie-See	Jez. Lubie	Nieder-See	Jez. Nidzkie
Ludwigsdorf	Chmielno	Niederwutzen	Osinów Dolny
Luknainer See	Jez. Łuknajno	Nikolaiken	Mikołajki
Lyck	Ełk	Nikolaiker See	Jez. Mikołajki
Lycker Seenplatte	Pojezierze Ełckie	Nogat	Nogat
		Nörenberg	Ińsko
M			
Madü-See	Jez. Miedwie	**O**	
Marienburg	Malbork	Oberländische Seenplatte	Pojezierze Iławskie
Marienwerder	Kwidzyn		
Marggrabowa/Treuburg	Olecko	Oberländischer Kanal	Elbląg-Ostróda-Kanal
Märkisch Friedland	Mirosławiec	Oder	Odra
Masuren	Mazury	Oliva	Oliwa
Masurische Seenplatte	Pojezierze Mazurskie	Omulew-See	Jez. Omulew
Masurischer Kanal	Kanal Mazurski	Ortelsburg	Szczytno
Masurischer Landschaftspark	Mazurski Park Krajobrazowy	Orzysz-See	Jez. Orzysz
		Osterode	Ostróda
Mauer-See	Jez. Mamry	Ostritz	Ostrzyce
Mauerwald	Mamerki	Ostrokollen	Ostrykól
Mehlsack	Pieniężno	Ostsee	Morze Bałtyckie

P

Pasewark	Jantar
Passarge	Pasłęka
Peitschendorf	Piecki
Plautziger See	Jez. Pluszne
Plöne	Płonia
Poberow	Pobierowo
Pommersche Bucht	Zatoka Pomorska
Pommersche Seenplatte	Pojezierze Pomorskie
Popiellnen	Popielno
Preußisch Holland	Pasłęk
Prillwitz	Przelewice
Putzig	Puck
Putziger Heisternest	Jastarnia
Pyritz	Pyrzyce

Q

Quittainen	Kwitajny

R

Radolne-See	Jez. Radolne
Rastenburg	Kętrzyn
Reetz	Recz
Reichenau	Rychnowo
Rewahl	Rewal
Rhein	Ryn
Rhein-See	Jez. Rynskie
Rixhöft	Kap Rozewie
Rominter Heide	Puszcza Romincka
Rosenthal	Rożental
Rößel	Reszel
Rowe	Rowy
Rudschanny/Niedersee	Ruciane-Nida
Rügenwalde	Darłowo
Rügenwaldermünde	Darłówko

S

Saalfeld	Zalewo
Sanddorf	Wdzydze Kiszewskie
Sarbsker See	Jez. Sarbsko
Scherting-See	Jez. Skiertag
Schievenhorst	Świbno
Schivelbein	Świdwin
Schlobitten	Słobity
Schlochau	Człuchów
Schmolainen	Smolajny
Schmolsin	Smołdzino
Schönberg	Szymbark
Schoß-See	Jez. Czos
Schwanau	Sianowo
Schwentainen	Świętajny
Schwenzait-See	Jez. Święcajty
Schwirsen	Świerzno
Schwolow	Swołowo
Schwornigatz	Swornegacie
See Buckow	Bukowo Morskie
Seesker Höhe	Szeska Góra
Sellin	Zielin
Sensburg	Mrągowo
Sensburger Seenplatte	Pojezierze Mrągowskie
Simser	Symsarna
Soldin	Myślibórz
Sorenbohm	Sarbinowo
Sorquitten	Sorkwity
Spirding-See	Jez. Śniardwy
Springborn	Stoczek
Stargard in Pommern	Stargard Szczeciński
Steegen	Stegna
Steinort	Sztynort
Stettin	Szczecin
Stettiner Haff	Zalew Szczeciński
Stettiner Landschaftspark Buchheide	Szczeciński Park Krajobrazowy Puszcza Bukowa
Stilo-Katen	Osetnik
Stolp	Słupsk
Stolpmünde	Ustka
Stuhm	Sztum
Stutthof	Sztutowo
Suwałki-Landschaftspark	Suwalski Park Kraj.
Swine	Świna
Swinemünde	Świnoujście

T

Talter Gewässer	Jez. Tałty
Tannenberg	Stębark
Tempelburg	Czaplinek
Teufelsinsel	Czarci Ostrów
Tolkemit	Tolkmicko
Tote Weichsel	Martwa Wisła
Treptow an der Rega	Trzebiatów
Treptower Deep	Mrzeżyno
Tucheler Heide	Bory Tucholskie
Türkissee	Jez. Turkusowe
Turmberg	Wieżyca Góra

U

Ueckermünder Heide	Puszcza Wkrańska
Ukta	Ukta

V

Vietzer See	Jez. Wicko
Vitter See	Jez. Kopań

W

Wangerin	Węgorzyno
Wartenburg	Barczewo
Wdzydze-See	Jez. Wdzydze
Wdzydzki-Landschaftspark	Wdzydzki Park Krajobrazowy
Wdzydzki-See	Jez. Wdzydzki
Weichsel	Wisła
Weichsel-Nehrung, Frische Nehrung	Mierzeja Wiślana
Weichselniederung	Żuławy Wiślane
Wielle	Wiele
Wigry-Nationalpark	Wigierski Park Narodowy
Wipper	Wieprza
Wobesde	Objazda
Woliner Nationalpark	Woliński Park Narodowy
Wollin	Wolin
Wormditt	Orneta
Wugger	Wogra

Z

Zäckerick	Siekierki
Zarnowitz	Żarnowiec
Zehden	Cedynia
Zellin	Czelin
Zondern	Sądry
Zoppot	Sopot
Zuckau	Żukowo

🔼 Die polnischen Gewässer sind natürlich auch bei diesem kleinen Raubinsekt beliebt

19

Das komplette Programm zum Reisen und Entdecken von
REISE KNOW-HOW

- **Reiseführer** – alle praktischen Reisetipps von kompetenten Landeskennern
- **CityTrip** – kompakte Informationen für Städtekurztrips
- **CityTrip**[PLUS] – umfangreiche Informationen für ausgedehnte Städtetouren
- **InselTrip** – kompakte Informationen für den Kurztrip auf beliebte Urlaubsinseln
- **Wohnmobil-Tourguides** – alle praktischen Reisetipps für Wohnmobil-Reisende
- **Wanderführer** – exakte Tourenbeschreibungen mit Karten und Anforderungsprofilen
- **KulturSchock** – Orientierungshilfe im Reisealltag
- **Kauderwelsch Sprachführer** – vermitteln schnell und einfach die Landessprache
- **Kauderwelsch plus** – Sprachführer mit umfangreichem Wörterbuch
- **world mapping project**[TM] – aktuelle Landkarten, wasserfest und unzerreißbar
- **Edition REISE KNOW-HOW** – Geschichten, Reportagen und Abenteuerberichte

Zu Hause und unterwegs – intuitiv und informativ
▶ www.reise-know-how.de

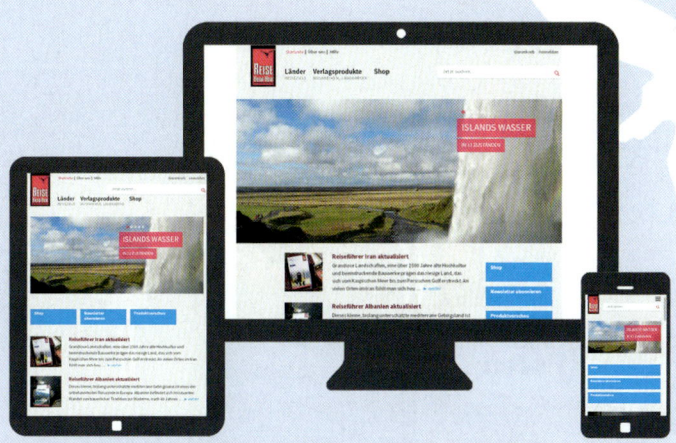

- **Immer und überall** bequem in unserem Shop einkaufen
- Mit **Smartphone, Tablet** und **Computer** die passenden Reisebücher und Landkarten finden
- **Downloads** von Büchern, Landkarten und Audioprodukten
- Alle **Verlagsprodukte** und **Erscheinungstermine** auf einen Klick
- **Online** vorab in den Büchern **blättern**
- Kostenlos **Informationen, Updates** und **Downloads** zu weltweiten Reisezielen abrufen
- **Newsletter** anschauen und abonnieren
- Ausführliche **Länderinformationen** zu fast allen Reisezielen

Weiterer Titel für die Region von REISE KNOW-HOW

Ausgezeichnet von der Internationaler Tourismusbörse 2010 mit dem Preis "Besondere Reiseführer-Reihe"

KulturSchock Polen
I. Gawin, D. Schulze
978-3-8317-2648-6
276 Seiten

Aus dem Inhalt:
Streiflichter aus dem polnischen Alltag
Kultur und Kirche
Tücke der polnischen Sprache
14,90 Euro [D]

Der Kulturführer beschreibt die Denk- und Verhaltensweisen des Landes. Geschichtliche, religiöse und soziale Hintergründe, die zu diesen Lebensweisen führen, werden erklärt. Familienleben, Moralvorstellungen und Anstandsregeln werden genauso erläutert wie das Verhältnis zum Ausland oder die landestypischen Besonderheiten von Sprache und Musik. Damit bietet das Buch eine Orientierung im Alltag des fremden Landes. Besonders nützlich sind die ausführlichen Verhaltenstipps für Geschäftsreisende, Urlauber und Auswanderer.

www.reise-know-how.de

Mit Reise Know-How ans Ziel

Landkarten aus dem *world mapping project*™ bieten beste Orientierung – weltweit.

Landkarte Polen
1:675.000
ISBN
978-3-8317-7169-1
8,90 Euro [D]

Landkarte Polen Nord
1:350.000
ISBN
978-3-8317-7168-4
8,90 Euro [D]

- Aktuell über **180** Titel lieferbar
- Optimale Maßstäbe ▪ 100%ig wasserfest
- Praktisch unzerreißbar ▪ Beschreibbar wie Papier ▪ GPS-tauglich

Kulinarisches von Danzig bis Krakau

160 S., Hardcover,
Fotoseiten
ISBN 978-3-89533-414-6
€ 16,90

VERLAG DIE WERKSTATT

Die traditionsreiche Küche unserer östlichen Nachbarn macht einiges her. Wurst, Bigos und Piroggen sind da nur der Anfang: Wie wäre es z.B. mit einem Mittagsmenü aus Rote-Rüben-Blättersuppe, Hackbraten nach polnischer Art und Fruchtgelee? Abgerundet wird dieses Kochbuch mit einer ausführlichen Einführung in Polens Geschichte, Kultur und Alltag, auch abseits von Herd und Backofen.

www.werkstatt-verlag.de

Weitere Titel für die Region von REISE KNOW-HOW

Polnisch – Wort für Wort
B. Ordish
978-3-89416-527-7
176 Seiten | Band 35

Umschlagklappen mit Aussprache und wichtigen Redewendungen, Wörterlisten
Polnisch – Deutsch, Deutsch – Polnisch

7,90 Euro [D]

Polnisch – Wort für Wort plus Wörterbuch
B. Ordish
978-3-89416-719-6
304 Seiten | Band 35+

Umschlagklappen mit Aussprachehilfen
Wichtige Redewendungen für den Urlaubsalltag
Umfangreiche Wörterlisten mit 10.000 Einträgen
Polnisch – Deutsch, Deutsch – Polnisch

12,80 Euro [D]

Im Kauderwelsch Sprachführer sind Grammatik und Aussprache einfach und schnell erklärt. Wort-für-Wort-Übersetzungen machen die Sprachstruktur verständlich und helfen, das Sprachsystem kennen zu lernen. Die Kapitel sind nach Themen geordnet, um sich in verschiedenen Situationen zurechtfinden und verständigen zu können – vom ersten Gespräch bis zum Arztbesuch. In einer Wörterliste sind die wichtigsten Vokabeln alphabetisch einsortiert und ermöglichen so ein rasches Nachschlagen. Einige landeskundliche Hinweise runden diese handlichen Sprachführer ab.

Register

A

Abakanowicz, Magdalena 558
Abodriten 484
Adebar 380
Adelsrepublik 498
Adlerhorst 197
Airlines 421
Aktivurlaub 439
Alkohol 424
Allenstein 318
Allerheiligen 544
Alltagskultur 546
Altgläubige 353, 354
Ancylus-See 476
Andreastag 544
Andrzejewski, Jerzy 556
Angeln 439
Angerapp 372
Angerburg 372
Anreise 416
Antiquitäten 461
Apotheken 428
Aquarien 93, 197
Arbeiteraufstände 511
Arbeitslosigkeit 514, 525
Architektur 105, 125, 237, 289, 330, 549
Arys 359
Aufklärung 553
Aufstand im Warschauer Getto 508
Augustów 399
Augustów-Kanal 399
Auslandschutzbrief 418
Auslandskrankenversicherung 428
Ausrüstung 432
Auto 417, 452
Autobahnen 452
Automobilclubs 435
Autopanne 435, 455
Awandgarda 555

B

Backsteingotik 549
Baden 440
Bäderarchitektur 549
Bahn 418, 457
Bahnbrücke 387
Bahnhöfe (Orientierung) 419
Balcerowicz-Plan 525
Barockkirchen 549
Barrierefreiheit 433
Barszcz 424
Batterie Vineta 56
Bauerhufen 103
Bauern 525
Bauernhof-Ferien 449
Bauernregeln 472
Będomin 183
Behinderungen 433
Beischläge 219
Beldahn-See 355
Bełdany-See 355
Benzin 455
Berent 179
Berg Dievenow 68
Bernstein 100, 123, 158, 239
Bernsteinküste 237
Bernsteinmuseum 212, 237
Bevölkerungszahlen 521, 532
Białogóra 150
Bielawskiego Błota 152
Bier 424
Bigos 424
Bischofstein 309
Bisztynek 309
Biwak 451
Błaskowiźna 407
Blińczyki 423
Błotna Góra 136
Błyskawica 197
Bodenwinkel 240
Bogislav I. von Stettin 489
Bolesław I. Chrobry 486
Bolesław III. Krzywousty 487

Boot, Anreise per 421
Borkener Forst 378, 386
Borreliose 429
Botanischer Garten 103
Botschaften 421
Brandenburg-Preußen 496
Braniewo 275
Bräuche 540
Braunsberg 275
Briefmarken 437
Brodnica Dolna 176
Bryzgiel 408
Buchwald 272
Buckliges Masuren 383
Buckow-See 117
Buczyniec 272
Budzistowo 93
Buhnen 98
Bukowo Morskie 117
Bukowo-See 117
Bunkermuseum 67
Burgen 552
Bursztynowe Wybrzeże 237
Bus 421, 458
Bütow 181
Bytów 181

C

Cadinen 268
Cammin 74
Camminer Bodden 46
Camping 448, 449
Caseburg 51
Castellum Lubinum 67
Ceynowa 155
Chałupy 155
Charlottental 133
Chłapowo 153
Chłopy 103
Chmielno 176
Chopin, Frédéric 558
Christentum 314
Christianisierung 488

Chrobry-Wälle 33
Chwin, Stefan 557
Cimochowizna 408
Cisowa Góra 406
Ciuchcia-Retro-Ekspres 78
Countrymusik 337
Czarci Ostrów 345
Czarna-Hańcza-Paddelroute 400, 411
Czarny Punkt 453
Czernina 424
Czołpino 137
Czos-See 337

D

Dąbie-See 23
Dąbki 117
Dammscher See 23
Danzig 205
 - Altstadt 220
 - Goldenes Tor 213
 - Großes Zeughaus 212
 - Hohes Tor 212
 - Kirche St. Marien 217
 - Kohlenmarkt 211
 - Krantor 220
 - Langer Markt 215
 - Langgasse 213
 - Rechtstadt 211
 - Rechtstädtisches Rathaus 214
Danziger Bucht 190
Danziger Heisternest 159
Danziger Werft 225
Dar Pomorza 196
Darłówko 113
Darłowo 111
Dębki 150
Deutsch Eylau 293
Deutscher Orden 248, 490, 491, 494
Deutschordensburgen 552
Dietrichswalde 327
Dievenow 46
Diplomatische Vertretungen 421
Dirschau 242

Döblin, Alfred 23
Dobre Miasto 304
Dobrzyca 103
Dokumente 416, 417, 421
Dolina Charlotty 133
Dönhoff, Grafengeschlecht 366
Dönhoff, Marion Gräfin 280, 351, 370
Dönhoffstädt 366
Drachenfliegen 99
Drausen-See 263, 270
Dreistadt 189
Dreistädter Landschaftspark 190
Dreizehnjähriger Krieg 495
Droga Kaszubska 174
Drogosze 366
Druzno-See 263, 270
Dünen 136, 140
Duninowo 125
Duś-See 353
Dylewska Góra 288
Dziwnów 68
Dziwna 46
Dziwnówek 68
Dźwirzyno 84

E

Eckertsdorf 353
Eichen 99, 316
Eichmedien 366
Einreisebestimmungen 416
Einwohnerzahl 521, 532
Eisbaden 104
Eisenbahn-Freilichtmuseum 180
Eissegeln 376
Eiszeit 476
Elbing 262
Elbinger Höhen 267
Elbląg 262
Elbląg-Ostróda-Kanal 270
Elektrizität 422
Ełk 391
Ełk-Seenplatte 391
Emanzipation 545

Erdgeschichte 476
Erik VII. 111
Erika 152
Ermäßigungen 36, 192, 419
Ermland 302
Ermland-Masuren 464, 468
Erntedank 544
Essen 423
Ethnografischer Park von Kaschubien 185
Euro Velo Route 460
Euro-Einführung 527
Europäische Krankenversicherungskarte 428

F

Fahrrad 419, 442, 457, 459
Familienbild 545
Fastenzeit 541
Fauna 64, 121, 380, 408, 474
Feiertage 425
Feininger, Lyonel 84
Feminismus 545
Ferien 425
Ferienheime 447
Fernsehen 433, 523
Fernstraßen 453
Fernwanderweg Ostsee – Atlantik 77
Festung Boyen 377
Film 89, 560
Fisch 423
Fischerkaten 81
Fischerwallfahrt 155, 163
FKK 84, 104, 155, 242, 426
Flagge 522
Flaki 424
Flora 472
Flug 420
Fontane, Theodor 50
Fotografie 426, 557
Frauenbild 545
Frauenburg 269
Freilichtmuseum Sägewerk 178
Freilichtmuseum Swołowo 133
Freilichtmuseum Vorzeitburg 203

Fremdenverkehrsamt 430
Friedrich der Große 501
Friedrich Wilhelm I. 500
Frische Nehrung 233, 239
Frisches Haff 259
Frombork 269
Frühsommer-Meningoenzephalitis 429
Fuchssand 121
Führerhauptquartier 367
Führerschein 417
Funkenhagen 102

G

Gałczyński, Konstanty Ildefons 355
Galiny 310
Gałkowo 351
Gallingen 310
Garder See 137
Gardno-See 137
Gąski 102
Gastronomie 423
Gazeta Wyborcza 524
Gdańsk 205
Gdingen 193
Gdynia 193
Geburtstag 547
Geld- 426
Geldautomaten 427
Geldkarten 427, 435
Geneigte Ebenen 271
George, Heinrich 23
Gepäck 432
Geschichte 26, 51, 89, 207, 484, 516
Gesellschaft 483
Geserich-See 283
Gestüte 77, 83, 102, 140, 268, 287, 310, 351
Gesundheit 428
Getränke 424
Gierłoż 367
Gietrzwałd 327
Giżycko 375
Głotowo 304
Glottau 304

Gniew 255
Goebbels, Joseph 89
Gołąbki 424
Goldap 387
Gołdap 387
Gołdapska Góra 387
Goldener Berg 176
Goldenes Zeitalter 496
Goldwasser 216
Golf 63, 68, 102
Gollenberg 106, 109
Gombrowicz, Witold 555
Góra Chełmska 106, 109
Góra Gosań 46, 66
Góra Kawcza 66
Görlitz 367
Gosań-Berg 46, 66
Greifenberg in Pommern 83
Greifenherzöge 488
Großendorf 153
Großmöllen 104
Groszy 426
Grüne Versicherungskarte 417
Grüner Hügel 67
Grünfelde 290
Grunwald 290
Gryfice 83
Gumołka, Władysław 510
Gutshäuser 550
Guttstadt 304

H

Habichtsberg 152
Halbinsel Hel 154
Hańcza-See 407
Handgepäck 421
Handicaps 433
Handy 443
Hansestädte 552
Harlan, Veit 89
Hauptgerichte 424
Haustiere 417
Hedwig (Jadwiga) von Anjou 494

Heidebrink 68
Heidekraut 152
Heilige Linde 313, 314
Heilsberg 305
Hel 154, 159
Hela 159
Heliozentrisches Weltbild 276
Henkenhagen 98
Herder, Johann Gottfried 280
Herrenhäuser 551
Herzogsschloss Stettin 28
Hinterpommern 464, 466
Hitler, Adolf 506
Hitler-Stalin-Pakt 508
Hochsaison 445
Hochseehäfen 440
Höchstgeschwindigkeiten 454
Höckerschwäne 347
Hoff 77
Hohenstein 329
Holland, Agnieszka 561
Holz, Arno 363
Holzkirchen 550
Horowitz, Ryszard 558
Horst 80
Hotelrestaurants 423
Hotels 446
Huelle, Pawel 557
Hügelgräber 49
Hunde 417

I

Iława 293
Imbissbuden 423
Industrie 479, 525
Inflation 525
Information 430
Internet 431, 444

J

Jagiellonen-Dynastie 494
Jalta-Konferenz 509
Jamno 105
Jamno-Kultur 105, 108
Jamno-See 104
Jamund 105
Jamund-See 104
Janowo 263
Jantar 237
Jantar-Ekspres 237
Jarosławiec 117
Jastarnia 156
Jastrzębia Góra 152
Jazz 37, 203, 205, 295, 560
Jeleniewo 406
Jelmuń-See 342
Jershöft 117
Jessel, Leon 23
Jeziorak-See 283
Johannes Paul II. 109, 409, 514, 538
Johannisburg 358
Johannisburger Heide 349, 358
Jugendherbergen 451
Juno-See 337
Jurata 158, 159

K

Kaczyński, Jarosław 515
Kaczyński, Lech 518
Kadyny 268
Kaffee 424
Kaffeeberg 66
Kahlberg-Liep 241
Kajka, Michał 359
Kaliningrad 388
Kalkofen 67
Kalwaria Wejherowska 166
Kamień Pomorski 74
Kanal Mazurski 372
Kanu 283, 341, 344, 355, 400, 410, 441
Kap Rozewie 152
Kapuśniak 424
Karneval 541
Karsibór 51
Karten 455
Karthaus 172

Kartoffel 116
Kartuzy 172
Karwen 152
Karwia 152
Kaschuben 142, 533
Kaschubisch-Pommersches Museum für Schrifttum und Musik 166
Kaschubische Schweiz 169
Kaschubische Straße 174
Kaschubische Volkshochschule 177
Kaschubischer Landschaftspark 174
Kaschubisches Freilichtmuseum 185
Kaschubisches Küstenland 147
Kaschubisches Museum 172
Kaszubski Park Etnograficzny 185
Kaszubski Park Krajobrazowy 174
Kategorien Unterkunft 445
Katharina die Große 23
Katholizismus 537
Kąty Rybackie 240
Katzen 417
Kazimierz I. 487
Kazimierz III. 492
Kępa Redłowska 197
Kernsdorfer Höhe 288
Kętrzyn 363
Kieślowski, Krzysztof 561
Kinder 416, 432
Kite-Surfen 154, 441
Klasztorne-See 172
Kleidung 432
Klima 470
Klischees 533
Kłodkowo 83
Kloster Wigry 409
Kloster-See 172
Klucken 138
Kluki 138
Kochanowski, Jan 553
Kolberg 85
Kolberger Deep 84
Kołobrzeg 85
Kolonisierung 489
Komeda, Krzysztof 560
Königsberg 388
Konrad von Masowien 490
Konsolidierung 492
Konsulate 421
Konzentrationslager 508
Konzentrationslager Stutthof 238
Kopacz, Ewa 520
Kopań-See 117
Kopernikus, Nikolaus 273, 276
Kordeshagen 103
Kościerzyna 179
Köslin 106
Kosten 36, 192, 419, 428
Koszalin 106
Krankenversicherungskarte 428
Krantor 220
Krasicki, Ignacy 305, 553
Kreditkarte 427
Kreisverkehr 454
Kretowiny 282
Kreuzweg 166
Kriminalität 438
Krockow 150
Krokowa 151
Krosno 303
Kruttinna 341, 351
Kruttinnen 351
Krutyń 351
Krutynia 341, 344, 351, 355, 410
Krynica Morska 241
Krzywe 408
Kukinia 98
Kunst 31, 57, 91, 131, 132, 136, 227, 265
Kunsthandwerk 37, 176, 367
Kuren 72, 88, 99, 122, 387
Kußfeld 155
Kutschfahrten 93
Kuźnica 155
Kwaśniewski, Aleksander 514
Kwatera Hitlera 367
Kwidzyn 253
Kwitajny 280

L

Laase 105
Laatziger Ablage 66
Labus 105
Łabusz 105
Łącka Góra 140
Ladenschluss 436
Landkarten 455
Landstraßen 453
Landwirtschaft 525
Łazy 105
Łeba 139
Leba-See 137
Lebbin 67
Lebenserwartung 532
Łebsko-See 137
Lec, Stanisław Jerzy 556
Legislative 521
Lem, Stanisław 556
Lenin-Werft 222, 225
Leuchtturm-Miniaturen 68, 80
Leuchttürme 552
Liberum Veto 498
Lidzbark Warmiński 305
Liebemühl 283
Limnea-Meer 476
Linden 316
Litauen 409, 416
Literatur 134, 553
Literaturtipps 568
Litorina-Meer 476
Liutizen 484
Lokale 423
Lonske-Düne 140
Lötzen 375
Lötzen-Kanal 378
Lubin 67
Łuczański-Kanal 378
Ludwigsdorf 176
Łuknajno-See 347
Lyck 391

M

Madü-See 42
Maestro-Karte 427
Malbork 247
Malerei 557
Mały-Szeląg-See 287
Mamerki 371
Mamry-See 362
Marggrabowa 389
Mariä Himmelfahrt 543
Marienburg 243
Marienheiligtum Koszalin 109
Marienverehrung 314
Marienwerder 253
Marktwirtschaft 525
Martwa Wisła 236
Marzanna 541
Masłowska, Dorota 557
Massenvernichtungslager 508
Masuren 288, 297, 328, 468, 469
Masuren (Volksgruppe) 360
Masurische Seenplatte 328
Masurischer Kanal 372
Masurischer Landschaftspark 349
Masurisches Freilichtmuseum 330
Mauer-See 362
Mauerwald 371
Maut 452
Mazurek Dąbrowskiego 183
Mazurska Chata 343
Mazurski Park Krajobrazowy 349
Mazury Garbate 384
Medien 433, 523
Medizinische Versorgung 428
Meeresmuseum 220
Mehlsack 302
Meldebehörde 416
Mentalität 532
Messianismus 537, 554
Mestwin II. 491
Mewe 255
Mewia Łacha 237
Mickiewicz, Adam 554

Miedwie-See 42
Międzywodzie 68
Międzyzdroje 59
Mielno 104
Mierzeja Wiślana 239
Mieszko I. 485
Mietwagen 455
Mikołajki 345
Mikołajki-See 345
Mikoszewo 236
Miłomłyn 283
Miłosz, Czesław 556
Minderheiten 532
Mirachowo 174
Mirchau 174
Misdroy 59
Mittelpommersches Museum 131
Młoda Polska 555
Mobiltelefon 443
Modła-See 125
Mohrungen 280
Moniuszko, Stanisław 558
Morąg 280
Moränen 477
Morąskie-See 281
Mrągowo 337
Mrągowo-Seenplatte 340
Mrzeżyno 84
Museum
   - Bernstein 213, 237
   - Brot 123
   - Ermland und Masuren 282, 307, 324
   - Fischerei 156
   - Keramik 176
   - Meer 220
   - Mineralien 75
   - Nationalhymne 183
   - Oldtimer 110
   - Ozeanografie 197
   - Polnische Waffe 92
   - Pommersche Schmalspurbahn 83
   - Schmalspurbahn 392
   - Seefischerei 56

Musik 558
Mysterienspiele 542

N

Nachtleben 59, 76, 104, 140
Nacktbaden 84, 104, 155, 426
Nadole 150
Nakomiady 366
Namen (ehem. deutsche) 570
Namenstag 547
Napoleon 503
Narie-See 282
Nationalhymne 183, 522
Nationalismus 504, 538
Nationalparks 46, 66, 136, 140, 407, 434, 478
Nationalsozialismus 89, 238, 506
Naturpark Elbinger Höhen 262, 267
Naturschutz 466, 478
Nest 104
Netzspannung 422
Neufähr 236
Neukrug 242
Neustadt 165
Neuwasser 117
Nidzkie-See 355
Niechorze 80
Nieder-See 355
Niederschlagsmenge 470
Niedersee 355
Niegocin-See 378
Nihil novi 497
Nikolaiken 345
Notfälle 435
Notrufnummern 435
Nowa Karczma 242
Nowe Guty 359
Nowęcin 140

O

Oberland 260
Oberländischer Kanal 270
Objazda 125
Oblatenbrechen 540

Oceanarium 93
Oder 68
Öffnungszeiten 436
Ogródek 359
Olecko 389
Oliva 227
Oliwa 227
Olsztyn 318
Olsztynek 329
Ordensburgen 552
Orłowo 197
Orneta 303
Orsisch 359
Ortsnamenkonkordanz 570
Orzysz 359
Osetnik 141
Ostern 542
Osterode 283
Ostritz 176
Ostróda 283
Ostróda-Iława-Kana 283
Ostrokollen 393
Ostrykól 393
Ostrzyce 176
Ostsee 464, 476
Ostsee-Radfernweg 460

P

Paddeln 283, 341, 344, 351, 355, 400, 408, 410, 441
Paderewski, Ignacy Jan 559
Palast der Bischöfe von Ermland 306
Pan Tadeusz 554
Panne 455
Parkplätze 438
Parteien 514, 519
Pasewark 237
Pasłęk 279
Pass 416
Pechstein, Max 136, 138
Peene 46
Peitschendorf 340
Pelplin 253
Penderecki, Krzysztof 559
Pensionen 446
Personalausweis 416
Pferde 77, 83, 93, 102, 125, 126, 140, 268, 287, 310, 351
Pflanzenwelt 472
Philipponen 353, 354
Piaski 242
Piasten 485
Piecki 340
Pieniężno 302
Pierogi 424
Piłsudski, Józef 505
Piraten 111
Pisz 358
Plakatkunst 557
Planetarium 273, 324
Planwirtschaft 525
Płociczno 408, 409
Poberow 77
Pobierowo 77
Pogorzelica 81
Pojezierze Ełckie 391
Polanen 484
Polanski, Roman 560
Polnisch 564
Politik 514
Polizei 439
Pommerellen 466, 491
Pommern 466
Pomoranen 142, 484, 552
Pomorskie 466
Pomorze Wschodnie 466
Popiellnen 349
Popielno 349
Porto 437
Positivismus 554
Post 437
Postwesen 127
Preiskategorien Unterkunft 446
Presse 433, 524
Preußen 500
Preußisch Holland 279
Preußischer Bund 495

Privatzimmer 449
Promillegrenze 454
Protestantismus 496
Prußen 314, 484, 489
Przemysław II. 491
PTTK 447
Puck 161
Pucker Bucht 154
Puszcza Augustowska 400
Puszcza Borecka 378, 386
Puszcza Piska 349, 358
Puszcza Romincka 388
Putzig 161
Putziger Heisternest 156

Q
Quittainen 280
Quo Vadis (Roman) 553

R
Rabatte 36, 192, 419
Rąbka 140
Radfahren 419, 442, 457, 459
Radio 433, 523
Radio Maryja 539
Radwandern 459
Raskolniki 354
Rastenburg 363
Rauchverbot 424
Ręboszewo 176
Rechtsruck 515
Redłowo-Kliff 197
Reformation 496
Regatta 37, 58, 231
Regionen 464
Reichenau 289
Reisekosten 36, 192
Religion 314, 535
Renaissance-Schlösser 551
Resko-Przymorskie-See 84
Restaurants 423
Reszel 311
Rewahl 78

Rewal 78
Rhein 343
Rhein-See 343
Richtmengen Ein- und Ausfuhr 461
Ritterorden 248
Rixhöft 152
Romantik 554
Rominter Heide 388
Rosenthal 294
Rospuda-Tour 411
Rößel 311
Rowe 125, 133
Rowokół 137
Rowy 125, 136
Rożental 294
Ruciane-Nida 355
Rücktransportversicherung 428
Rudschanny 355
Rügenwalde 111
Rügenwaldermünde 113
Russisch-Polnischer Krieg 506
Russland 416
Russland (Grenze) 242, 278, 389
Rychnowo 289
Ryn 343
Rynskie-See 343

S
Sądry 343
Sagen und Mythen 46, 48, 158, 160, 172, 216, 314, 345
Sand 477
Sanddorf 185
Sander 473
Sandstein 120
Sarbinowo 103
Sarmatismus 498, 553
Schievenhorst 236
Schlacht bei Tannenberg 290
Schlacht von Grunwald 290
Schlobitten 280
Schloss der Herzöge von Pommern, Darłowo 111
Schloss der Herzöge von Pommern, Stettin 28

Schloss des ermländischen Domkapitels 324
Schlösser 552
Schmalspurbahn 78, 237, 391, 409
Schmidt-Rottluff, Karl 136
Schmolainen 305
Schmolsin 137
Schönberg 178, 293
Schoß-See 337
Schwanau 174
Schwarzer Punkt 453
Schwarzstorch 380
Schwedisch-Polnischer Krieg 499
Schweizer 416, 461
Schwentainen 331
Schwenzait-See 372
Schwimmen 440
Schwirsen 76
Schwolow 133
See Buckow 117
Seehunde 160
Segeln 440
Sejm 521
Sejny 409
Senat 521
Sensburg 337
Sianowo 174
Sicherheit 418, 438
Siebenjähriger Krieg 501
Sienkiewicz, Henryk 134, 553, 554
Sitten 540
Skamander 555
Skifahren 289, 387
Skype 444
Slawen 49, 484
Słobity 280
Słowiński Park Narodowy 136, 140
Slowinzen 142
Slowinzischer Nationalpark 140
Slowinzisches Freilichtmuseum 138
Slowinzisches Küstenland 119
Słupsk 127
Smigus Dyngus 543
Smolajny 305

Smołdzino 137
Smołdziński Las 137
Smolniki 407
Snackbars 423
Śniardwy-See 343
Sobieszewo 236
Sole 74
Solidarność 222, 511
Sonderzeichen 431
Sopot 200
Sorenbohm 103
Sorkwity 341
Sorquitten 341
Sozialistischer Realismus 556
Sperr-Notruf Geldkarten 435
Sperrgebiete 81, 84, 117
Spezialitäten 423
Spirding-See 343
Sport 439
Sprachhilfe 564
Springborn 308
Staat 483, 521
Staatsgebiet 521
Staatsoberhaupt 522
Staatssymbole 522
Staken 344, 351
Stańczyki 387
Stargard in Pommern 38
Stargard Szczeciński 38
Stary Folwark 408
Stasiuk, Andrzej 557
Steckdosen 422
Steegen 237
Stegna 237
Steinort 370
Stereotypen 533
Sternfest 540
Stettin 21
Stettiner Haff 23, 46
Stilo-Katen 141
Stinthengst 345
Stoczek 308
Stolp 127

Stolpmünde 122
Störche 330, 380, 478
Strandleben 440
Straßenkarten 455
Strom 422
Studzieniczna 401
Stuhm 252
Stutthof 238
Sudauen 398
Suppen 424
Surfen 154, 441
Suwałki 403
Suwałki-Landschaftspark 406
Suwałki-Seenplatte 395
Suwalski Park Krajobrazowy 406
Suwalszczyzna 396
Świbno 236
Święcajty-See 372
Świerzno 76
Święta Lipka 313
Świętajny 331
Świna 46
Swine 46
Swinemünde 50
Świnoujście 50
Swołowo 133
Szczecin 22
Sztum 252
Sztutowo 238
Sztynort 370
Szymanowski, Karol 559
Szymany 420
Szymbark 178, 293
Szymborska, Wisława 556

T

Tabakwaren 461
Tankstellen 455
Tannenberg, Schlacht von 494
Tarpan 350
Tatarenwut 499
Tauchen 407
Tauwetterliteratur 556

Taxi 459
Tczew 242
Teilungen Polens 501
Telefon 443
Temperaturen 472
Teufelsinsel 345
Thorner Frieden 495
Tierwelt 64, 121, 380, 408, 474
Toiletten 444
Tokarczuk, Olga 557
Tolkemit 268
Tolkmicko 268
Tomaszewski, Henryk 558
Tor 138
Tote Weichsel 236
Tourismus 481, 528
Touristeninformationen 430
Treptow an der Rega 81
Treptower Deep 84
Treuburg 389
Trinkgeld 423
Trójmiasto 189
Trójmiejski Park Krajobrazowy 190
Truso 263
Trzebiatów 81
Trzęsacz 77
Türkissee 66
Turkusowe-See 66
Turtul 407
Tusk, Donald 518, 520

U

Ukta 351
Umweltschutz 478
UNESCO 121, 347, 407
Unfall 435, 455
Unieście 104
Untergrundstadt auf der Insel Wolin 56
Unterkunft 431, 444
Usedom 46
Ustka 122
Ustronie Morskie 98
Uznam 51

V

Verfassung 501, 506, 521
Verhaltenstipps 535
Verkehrsmittel, öffentliche 457
Verkehrsnetz 452
Verkehrsregeln 454
Versailler Friedenskonferenz 506
Versicherungen 428
Vertreibung 509
Verwaltungseinheiten 521
viaTOLL 452
Vietzer See 117
Vineta 48
Visum 416
Vitter See 117
Vögel 121, 474
Volksgruppen 142, 360
Volksrepublik 510
Volksstämme 314, 484
Vorlaubenhäuser 237
Vorspeisen 423
Vorwahlen 443
Vorzeitburg 201

W

Wachsfigurenkabinett 59
Wahlaktion Solidarność 514
Währung 426
Wajda, Andrzej 561
Wald 472
Wałęsa, Lech 222, 511
Wallfahrt 176, 180, 313, 327, 401, 543
Wały Chrobrego 33
Wanderheime 447
Wandern 77, 99, 123, 125, 293, 408, 434
Wapnica 66
Wappen 522
Warmia 298, 469
Warmier 298
Warmińsko-Mazurskie 468
Wartislaw I. von Stettin 488
Wasserqualität 440, 481
Wasserski 288
Wasserstationen 447
Wassertemperaturen 440
Wdzydze Kiszewskie 185
Wdzydzki Park Krajobrazowy 185
Wdzydzki-Landschaftspark 185
Websites 431
Wechselkurse 427
Wechselstuben 427
Węgorapa 372
Węgorzewo 372
Weichsel 236
Weichsel-Nehrung 239
Weichselbrücke 242
Weichselmündung 236
Weichselniederung 233
Weihnachten 540
Weißrussland 416
Wejherowo 165
Weltkrieg, Erster 504
Weltkrieg, Zweiter 89, 227, 238, 361, 508
Weltkulturerbe 243
Werftarbeiter-Denkmal 225
Westerplatte 227
Westfälischer Frieden 499
Westkaschubisches Museum 181
Westpommern 22, 464
Westverschiebung 509
Wetter 470
Wetterregeln 472
Wicko 67
Wicko-See 117
Wiechert, Ernst 340
Wiener Kongress 503
Wierzba 349
Wieżyca 177
Wieżyca Góra 178
Wigierski Park Narodowy 407
Wigry-Kloster 409
Wigry-Nationalpark 407
Wigry-See 407
Wikinger 49, 111
Wild West City Mrongoville 339
Wildschweine 242

Wilzen 484
Windkraftanlagen 479
Windsurfen 441
Wirtschaft 525
Wisente 62, 64, 378, 386, 474
Wiśla 236
Witkacy 131, 555, 558
Władysław Jagiełło II. 494
Władysław Łokietek 491
Władysławowo 153
WLAN-Hotspots 444
Wobesde 125
Wodka 37, 424
Wohnmobil 456
Woiwodschaften 464, 521
Wojnowo 353
Wojtek 380
Wölfe 474
Wolfsschanze 367
Wolin 45
Wolin (Stadt) 48
Woliner Nationalpark 46, 62, 66
Woliński Park Narodowy 46, 62, 66
Wolisko 378
Wollin 46
Wollin (Stadt) 48
Wormditt 303
Wybicki, Józef 184
Wyrzutnia 140
Wyspiański, Stanisław 555, 558
Wzgórze Zielonka 67
Wzniesienie Elbląskie 262, 268

Y
Yoldia-Meer 476

Z
Zachodniopomorskie 22, 464
Zalesie 67
Zalew Szczeciński 23, 46
Zalew Wiślany 260
Żarnowiec 151
Zarnowitz 151
Zatoka Gdańska 190
Zatoka Pucka 154
Zawory 176
Zecken 429
Zeitungen 433, 524
Zelten 448, 449
Zgon 351
Zimmervermittlung 431
Złota Góra 176
Złoty 426
Zoll 461
Zondern 343
Zoppot 200
Zuckau 172
Żukowo 172
Żurek 424
Zweite Republik 505

Die Autorin

Kristine Jaath, 1962 in Würzburg geboren, studierte Germanistik, Italienisch und Religionswissenschaften in Rom und Berlin, wo sie seit 1981 lebt. Nach sechsjähriger Tätigkeit für Funk und Fernsehen widmet sie sich seit 1995 ausschließlich dem Schreiben (und Reisen), veröffentlichte Reiseführer und zahlreiche Fotobildbände.

Seit dem Fall des Eisernen Vorhangs ist sie – ein Katzensprung von Berlin – in unserem Nachbarland Polen unterwegs. Im REISE KNOW-HOW Verlag sind von Kristine Jaath außerdem „CityTrip Berlin" und der CityGuide „Berlin mit Potsdam" erschienen.